꼭 알아야 할 사회복지

사회복지정책

하루읽으며여는지식 사회 3

꼭 알아야 할 사회복지

사회복지정책

한만봉 · 이필호 공저

Social welfare policy

한국학술정보(주)

머리말

사회복지는 우리가 살아가는 동안에 삶을 관여하는 중요한 제도이다. 이러한 복지를 제대로 이해하지 못하고 정치를 한다는 것은 불행한 일이다. 우리는 복지와 정책을 다양한 적용점을 두고 적용시킬 수 있는 능력과 학식과 재능을 가지고 있어야 한다. 이 책은 행정학, 정책학, 경영학, 교육학 등 다양한 시각과 관점을 가지고 있는 사람들에게 판단력과 분석력을 길러 주기 위하여 저술되었다. 즉 사회문제가 되고 있는 이슈들을 복지와 정책적인 측면에서 논의하고 조사하고 분석한 것이다. 학문적으로만 아는 이론적인 복지가 아닌 현실문제와 접촉하는 살아 있는 복지와 정책인 것이다. 그러므로 이 책은 정치학, 경제학, 행정학, 교육학, 기획학, 정책학, 경영학, 마케팅학을 두루 넘나드는 포괄적인 교재라고 할 수 있다. 한마디로 희망의 사회복지학이며, 미래의 바람직한 정책적 교재라고 할 수 있다.

젊은이들에게 비전과 꿈과 소망을 심어 주며 학문만으로서의 책이 아니라 현장교육, 현실적용이 살아 있는 책인 것이다. 이 책은 학문의 기본적인 내용을 포괄적으로 다루는 데 중점을 두고 있다. 전공분야를 전공하지 않은 사람들까지 이 책을 읽음으로써 어렵지 않게 전문가가 될 수 있게 배려를 하였다. 다만 내용을 개괄적으로 다루다 보니 각 학문에서 필히 다루어야 할 부문들을 누락시킨 부문들이 없진 않다. 내용 및 전개상 여러 부분들을 국내외 학계, 전문가의 이야기들을 요약 발췌한 부문이 많이 있다. 그러나 독창적인 아이디어로 예화, 적용을 통해 재미있게 접근함은 필자의 독창성임을 밝혀 둔다.

[저술작업 중 자료를 찾아 주고 도움을 준 교수님과 학생들]

[자료수집 및 교정을 도와준 학생들]

한 권의 책을 만들고 난 후의 느낌은 '좀더 잘 만들걸.' 하는 후회가 남게 된다. 그러나 미흡한 부문들은 앞으로 계속 보완해 나가 세계에 두루 사용되는 책으로서 손색이 없도록 만들겠다. 끝으로 이 책이 출판되기까지 물심양면으로 도움을 주신 분들께 감사를 표한다. 특히 세밀하게 출판관계의 모든 면을 챙겨 주신 강태우 선생님과 한국학술정보(주) 사장님께 감사를 표한다. 또한 이론적 근거를 찾아 준 혜전대학교 장석숙 선생님, 박명순 선생님, 이론적 정보를 항상 자세히 알려 주신 한국폴리텍대학 학장님이셨던 민영오 학장님, 고려대학교 은사님이신 김동규 학장님, 고려대학교 표시열 부총장님께도 감사를 표한다. 아무쪼록 본 책을 통하여 국민 모두, 하나가 되어 보다 재미있고, 활기차며, 크게 배우는 효과적인 국민교육의 좋은 결실이 이루어졌으면 하는 바이다.

2009년 2월 고려대학교 중앙도서관에서
저자 씀

목 차

I

사회복지정책의
개념 및 의의

1. 사회복지의 개념

사회복지의 개념은 시대에 따라 약간의 변형을 가져온다. 과거는 단순하게 지원체제를 의미하였으나 현재는 공적 부조뿐만 아니라 정신적, 신체적 지원 시스템까지 사회복지로 보고 있다. 변화 방향을 보면, 가정 내에서 자체 해결을 하는 잔여적, 사적 복지에서 제도적, 공적 복지로 변화, 확대되어 가 종래에는 복지국가를 출범하게 되는 방향으로 바뀌고 있다. 20세기 말에는 신자유주의의 조류로 사회복지국가의 위기를 맞이할 수도 있다. 그러나 국가가 잘 살고 편안해지고 물질과 과학문명이 발달하면 복지도 그만큼 늘어난다는 점을 잊어서는 안 된다.

1) 한정적 개념으로서 사회복지

사회복지를 소극적이고 한정된 협의의 개념으로 받아들이는 견해로서 개인과 그 가족의 삶에 대한 일차적 책임은 먼저 그 개인에게 있다는 자유주의적 사상과 삶을 위한 모든 재화는 시장에서 얻어야 한다는 시장경제의 원칙을 바탕으로 하며, 국가와 사회의 공동체적 책임과 노력은 그다음의 문제로 인식한다. 이 한정적 의미의 사회복지는 최소한의 복지를 지향하여 지금 당장 현저하게 삶의 질이 떨어져서 개인이나 그 가족의 노력으로는 정상적인 사회생활을 영위할 수도, 회복할 수도 없는 상태에 이르러 삶 자체가 파괴될 정도에 이른 경우에만 한정하여 국가가 개입해야 한다는 입장이다. 사회복지를 자신이나 그 부양자에게 스스로의 노력으로써는 도저히 물질적 자원이나 건강유지가 곤란하거나 불가능한 개인 또는 가족들에게 일정한 서비스를 실시·제공하는 일로서 정의하는 이 한정적 개념은 사회복지를 일시적·대체적·보충적인 것으로 이해하고 비상대책적인 기능으로 인식함으로써 요보호자가 사회적 기능을 회복하여 시장으로부터 삶을 위한 재화와 용역을 공급받을 수 있게 되면 그 개입을 중단하게 된다. 이 개념에 의하면 사회복지의 혜택을 받는 사람은 비정상적이며 병리적인 사람으로 간주되어 사회적 낙인(stigma)을 찍히게 할 위험이 따르게 된다.

2) 광의적 개념으로서 사회복지

사회복지를 넓은 의미로 받아들이는 광의적 개념은 국민 또는 사회 성원 일반을 대상으로 하여 그 생활의 각 측면에 나타나는 비복지(diswelfare)를 다루거나 해결하고자 하는 것이다. 사회복지는 특수한 처지에 놓인 요보호자만을 대상으로 하는 일시적·선별적·보충적 개념이 아니라 모든 사회 구성원을 대상으로 하는 항구적·보편적·제도적 개념으로서 모든 인류가 생애의 전 과정을 통해서 언제, 어디서나 제공받게 되는 개념이 되는 것이다. 사회복지를 적극적인 면에서 위에서와 같은 광의의 개념으로 이해할 수 있겠지만, 소극적인 면에서도 광의의 개념을 도출할 수 있다. 즉 사회의 성원들이 비복지에 떨어지지 않게 하기 위한 최저의 기초적인 요건을 확보·충족해야 한다는 생각이다. 여기에서 의미하는 사회복지는 최저수준의 확보(minimum standard)로서 예방적이며 사전적 조치를 의미하게 된다.

3) 통합적 개념으로서 사회복지

로마니신(Romanyshyn)의 정의에 의하면 사회복지란 용어는 적극적인 의미와 한정적인 의미를 공히 내포하고 있다. 사회복지는 사회문제에 대한 조치와 예방, 인적 자원의 개발, 생활의 질적 향상 등에 직접적으로 관심을 갖는 서비스나 과정을 포함하며, 사회제도의 강화 및 수정에 대한 노력과 개인이나 가족에 대한 서비스까지 포괄한다고 보는 것이다.

사회복지는 법령, 프로그램, 급여 및 서비스의 제도이고 그 것은 인간의 복지와 사회질서의 기능을 위하여 기본적인 것으로 인정된 사회적 욕구를 해결하기 강화시켜거나 보증하는 것이다.

4) 사회복지의 목적

(1) 인간다운 생활보장

사회복지의 목적은 무엇보다도 모든 국민의 인간다운 생활을 보장하는 것이다. 이는 곧 생존권적 기본권을 의미하며 이 생존권은 1919년 바이마르 헌법을 통해서 처음으로 등장하였다. 즉 종래 자유권에만 머물러 있던 기본적인 인권을 확대하여 인간이 인간답게 살아갈 권리이자, 국가에 대하여 생존을 유지할 수 있는 최소한의 요구를 할 수 있는 권리를 법적으로 확립한 것이다.

우리나라는 국민의 생존권을 보장하기 위해 헌법 제34조제1항에 "모든 국민은 인간다운 생활을 할 권리를 갖는다."라고 규정하고 있다. 사회복지는 바로 이러한 인간의 생존권을 규정한 헌법 제34조를 구체적으로 구현해 가는 제도인 것이다.

(2) 자립적 생활 추구

사회복지의 주요한 목적은 개인이 의존에서 벗어나 자기 스스로 삶을 영위하도록 하는 데 있다. 사회복지제도나 정책 차원에서의 사회복지의 궁극적인 목표는 공공부조제도나 사회보험제도를 통한 각 개인의 경제적 자립이라고 할 수 있다. 동시에 사회복지는 각종 제도적 보장과 함께 요보호자가 스스로 판단하고 결정하며 스스로 책임지는 능력을 기를 수 있도록 요보호자에게 내재되어 있는 잠재적 능력을 최대한 발휘하도록 도와주는 것을 포함한다. 프리드랜더(W. A. Friedlander)가 말하는 사회복지의 기본적 가치관은 바로 이러한 점을 잘 말해 준다고 하겠다.

① 개인존중의 원리, ② 자발성 존중의 원리(자기결정의 원리).

③ 기회균등의 원리, ④ 사회연대의 원리(상부상조의 원리).

결국 사회복지의 가치는 개인이 지니고 있는 성장의 가능성을 최대한으로 실현하는 것을 강조하고 있으며, 따라서 사회복지는 사회의 복지이기 이전에 개인의 사회적 복지라고 할 수 있는 것이다.

(3) 사회통합

사회통합이란 사회 성원 간 또는 인간사회 내의 여러 집단, 단체, 기관들 간에 서로 결속력을 갖도록 해 주는 것을 말한다. 현대사회에서의 사회복지는 요보호자를 사회에서 제거시키려는 것이 아니라 그들을 경제적으로 자립시키거나 신체적으로 재활시켜 생산적인 인간으로 만들어 사회통합을 이루려는 데 목적을 두고 있다.

2. 사회복지정책의 개념

정책은 국가가 성장하면서 나아가는 바람직한 추진력이라고 할 수 있다. 즉 바람직한 방향(정책목적)과 이를 이룩하기 위한 방법(수단)에 대한 권위 있는 기관이 결정한 것 이라는 것이다.

사회복지정책(social welfare policy)의 개념 규정 또는 정의는 각기 시대와 국가에 따라 그리고 개념 규정입장의 상이에 따라 다양하다.

때로는 공공정책, 사회정책 등과 혼용하여 사회복지와 정책을 사용하기도 한다.

사회복지정책의 재정은 공공재정의 지출을 수반하기 때문에 공공정책과 혼용, 사용가능하다. ⇒공공정책은 사회복지활동 이상의 것을 포함한다. 사회복지정책보다 더 포괄적이다.

사회복지정책은 사회복지와 정책이라는 두 용어의 합성어인 것이다.

정책이란: 권위 있는 공공기관이 정책목표(공익 및 사회적 형평의 실현, 사회문제의 해결)를 달성하기 위해 정치적, 의도적으로 선택한 미래의 행동지침이다.

영국 사회정책과 독일 사회정책과의 비교를 통하여 복지와 정책을 알아보면 다음과 같다.

1) 독일의 사회정책

하나는 자본주의 경제를 수정하려는 계급협조론 또는 노사협조론이고, 다른 하나는 자본주의를 부정, 극복하려는 계급투쟁론 또는 노사대립론이다.

독일의 사회정책은 사회문제를 다루는 것이 전통이었기 때문에 주로 산업사회의 주요한 사회문제인 노동문제를 다루었다.

2) 영국의 사회정책

영국에서는 사회복지제도라는 의미가 강하다. 요람에서 무덤까지를 들고 사회복지를 실천한 국가이기 때문이다. 사회입법과 사회행정의 개념과 동일시하여 사용한다. 사회정책의 현대적 개념이 상호 밀착되어 가는 경향: 영·미계 사회정책의 개념으로 접근하여 사용하고 있다.

영·미계 사회정책의 개념을 대표하는 Marshall의 정의를 보면, "사회정책이란 서비스 혹은 소득을 제공함으로써 사람들의 복지에 직접적인 영향을 미치는 정부의 정책"이라고 정의한다. 여기에 해당하는 핵심 프로그램으로 사회보험, 공공부조, 건강 및 복지서비스 그리고 주택을 들고 있다.

"사회정책이란 일정의 물질적 및 사회적 욕구 특히 요구호 욕구에 관하여 시장이 충족(만족)하지 못하거나 충족시킬 수 없는 특정의 사람(사회적 약자)에게 부여하는 정부의 행위"라고 정의한다.

3) 사회복지정책의 정의

영·미계 사회정책의 개념으로 서비스나 소득을 제공함으로써 시민들의 복지에 영향을 미치는 정부의 정책이다. 여기에 해당되는 핵심프로그램으로는 사회보험, 공공부조, 사회복지서비스 등이 있다.

4) 사회복지정책의 영역

Townsend(1970)는 소득보장, 건강, 교육, 주택, 그리고 대인적 사회서비스 등 다섯 가지를 사회복지정책의 영역으로 간주한다.

DiNitto(1995)는 미국의 사회복지정책의 영역을 소득보장, 영양, 건강, 사회서비스 등 네 가지 영역으로 나누어 설명한다.

Titmuss(1969)는 좀 더 포괄적으로 해석: 조세정책을 사회복지정책의 영역에 넣었다.

Kahn(1979)과 Hill(1980)은 노동시장정책(고용정책)을 사회복지정책에 넣기도 한다.

사회정책의 고유영역을 설정하는 작업은 궁극적으로 공공행정상의 편의를 고려할 때 가능한 것: 절대적인 구분은 사실상 불가능하다. 그러나 사회정책의 영역에 사회보장 또는 소득보장, 대인적 사회서비스 및 보건이나 건강을 포함시키는 데에 아무런 이의를 제기하지 않는다.

사회복지정책은 좁게 보면 소득보장, 건강, 주택, 대인적 사회서비스 등 네 가지 영역이고, 넓게 해석하면 소득보장, 건강, 주택, 교육, 대인적 사회서비스, 조세정책, 노동시장정책 등 7대 영역으로 구성된다.

5) 사회정책의 발달이론

하나의 연구 분야가 표준과학으로 되기 위해서는 몇 가지 기본 조건을 충족하는 것이다. 그 조건은 고유한 연구 주제, 주로 사용되는 연구방법 및 이론체계의 확립을 말한다. 지금까지의 사회정책학이 축적해 온 이론체계는 사회정의론, 사회욕구론, 그리고 복지국가론 등이 있고 사회정책이 사회과학에 기여한 바로는 사회정책론이 으뜸이 된다.

6) 사회복지정책의 형성과정

사회복지정책의 형성과정은 일련의 순환과정으로 이해: 정책의제의 형성 – 정책의 결정 – 정책의 집행 – 정책평가 등으로 구성된다.

(1) 사회복지정책 의제의 형성

사회복지문제는 사회복지정책을 형성하게끔 하는 가장 중요한 요인이자 사회복지정책의 주원료인 것이다. 사회복지문제는 인간으로서의 기본적인 생활을 누리지 못하여 고통받고 있는 사람들이 그러한 상황이나 조건을 해결해야 할 문제로 인식할 때 비로소 문제로 성립된다. 이러한 사회복지문제의 해결을 정부에 대하여 요청하는 구체적인 행동을 정치학적인 의미에서 요구(demand)라 한다.

정치체제에 어떤 사회복지문제의 해결에 대한 요구가 성공적으로 투입되면 그것은 정책꾼(policy actor)들의 관심을 받으면서 그 해결방법들이 논의된다. 이때 정책자들이 논의가 이루어지는 문제나 요구를 의제라 하며, 의제들의 모음을 아젠다(agenda)라 한다.

▪ 아젠다란 일련의 정치적 논쟁거리로서 특정한 시기에 대중의 관심을 끌 만하다고 인식되는 문제 또는 기존 정부기구의 합법적 관할권에 속하는 문제이며, 정치체계의 구성원들에 의해 간주되는 문제(Cobb & Elder, 1984)를 말한다.

사회복지문제나 요구가 정책위에 오르도록 하기 위해서는 정치적 논점으로 부각시킬 필요가 있고, 이때 정치적 논점으로 부각된 문제나 요구를 이슈(issue)라 부른다.

▪ 사회복지정책문제가 이슈화되기 위해서는 첫째, 공공의 관심을 끌어야 하고, 둘째, 공공정책상의 논점으로 제시되어야 한다.

그렇게 되기 위해서 클라이언트, 사회복지전문가, 언론, 정치인들의 노력이 필요하다.

(2) 사회복지정책 아젠다의 형성

아젠다 형성: 정부가 정책적 해결을 위해 사회문제를 정책문제로 채택하는 과정 또는 행위, 즉 사회문제가 정책문제로 전환되는 과정이나 행위를 의미한다.

사회복지정책 아젠다 형성은 학자들의 관점에 따라 다양하다.

사회복지 아젠다의 형성과정: 한마디로 사회복지문제나 요구의 이슈화 과정이다.

아젠다 형성과정

사회문제(social problem) → 사회적 이슈(social issue) 공중 아젠다(public agenda) → 정부 아젠다(government agenda)

(3) 사회복지정책대안 형성

문제나 요구가 일단 정책의제로 성립되면 정책꾼들에 의해 그 해결 논의를 말하며, 여러 가지 해결방안 가운데 하나를 선택: 이때의 해결방안들은 정책대안을 제시한다.

정책문제가 무엇인지를 파악하고 문제를 둘러싼 상황을 파악하고, 정책목표를 세우고, 그 목표를 달성할 수 있는 정책수단으로서의 정책대안을 개발하며 어떠한 정책대안이 가장 바람직한 것인가를 분석하는 과정이다. 문제의 해결방안에 관한 모색과정이자 정책결정자를 위해 정보를 제공하는 과정이다.
문제를 해결하는 가장 효과적인 정책대안들을 개발하여 비교, 검토하는 과정이므로 비교적 비정치적 성격, 합리적, 기술적 의미를 둔다.
이러한 정책결정을 통해 공공기관(정부)이 문제해결을 위해 여러 개의 대안 중에서 하나를 의식적으로 선택한다.

(4) 사회복지정책의 결정

정책결정과정의 구분은 학자들이 관점에 따라 정책결정과정, 정책분석과정, 정책개발과정 등 다양하게 표현한다.
정책결정이란 권위 있는 정책결정자가 문제해결을 위해 제시된 여러 가지 대안들 가운데 하나를 선택하는 행위 또는 과정이다.
일반적으로 정책대안의 비교·분석 행위나 과정이 포함된다.

① 문제의 인지와 목표설정, ② 정보의 수집 및 분석, ③ 대안의 탐색 및 평가, ④ 최선의 정책, ⑤ 대안의 선택 등으로 이루어진다.

II

다양한 복지정책들

1. 이슈별 보건복지정책

보건복지부의 ≪5대 중점 추진 정책≫

정부의 정책 5~10개를 선택한 후 정책목표 및 정책수단을 밝히고 그러한 정책을 내리게 된 사회문제를 밝히시오.

정책	관련용어

- **정책**: 바람직한 사회상태를 이룩하려는 정책목표와 이를 달성하기 위해 필요한 정책수단에 대하여 권위 있는 정부기관이 공식적으로 결정한 기본방침
- **정책목표**: 정책을 통해 이룩하고자 하는 바람직한 상태(desirable state)
- **정책수단**: 정책목표달성을 위한 수단
- 실질적 정책수단(Substantive Policy Means) ─ 상위목표에 대해서는 정책수단으로서, 하위수단에 대해서는 목표로서 역할을 하는 수단
- 실행적 정책수단(보조적 정책수단) ─ 실질적 정책수단을 현실로 실현시키기 위하여 필요한 수단들

1) 국민기초생활 보장 및 저소득층 자활지원 강화

ⅰ) 정책목표: 시혜적 단순 보호 차원의 생활 보호세로부터 저소득층에 대한 국가책임을 강화하는 종합적 빈곤대책으로 수급권자의 권리성을 부각·빈곤에 대한 사회적 책임을 강조, 보호를 필요로 하는 절대빈곤층의 기초생활을 국가가 보장하고 종합적 자립·자활·서비스 제공으로 생산성의 복지구현

ⅱ) 정책수단:

① 2000년 10월부터 거택·자활보호의 구분을 폐지하고 근로능력 여부·연령 등에 관계없이 최저생계비에 미달하고 소득과 재산이 일정수준 이하이며 부양의무자 요건에 충족하는 빈곤층에 대하여 생계비를 지급하고 있다.

　㉠ 생계비는 최저생계비와 가구소득의 차액을 보충적으로 지급하되 근로

능력자가 구직활동, 직업훈련 등에 참여하는 조건으로 생계비 지급

　ⓛ 저소득층의 주거안정을 위하여 주거급여를 처음으로 지급하고, 긴급
　　보호 필요시 긴급 급여 실시

　ⓒ 대상자의 합리적인 선정과 급여수준을 정하기 위해 사회복지 전문
　　요원과 조사보조요원을 활용하여 소득·재산 실시를 하고 있다.

　⇒①은 '국민기초생활보장 및 저소득층의 자활지원 강화' 정책을 실현하기 위한 정책수단으로, ⓐⓛⓒ, 즉 하위수단에 대해서는 목표로서의 역할을 하는 실질적 정책수단이 된다. 그리고 ⓐⓛⓒ은 ①을 현실로 실현시키기 위하여 필요한 수단들이므로 실행적 정책수단이 된다.

② 근로능력이 있는 자는 일을 통해 자립할 수 있도록

　ⓐ 대상가구별 특성에 맞는 자활지원계획 수립, 자활지원센터 확대 및
　　기초생활보장기금을 설치

　ⓛ 노인 일거리 마련을 위해 사업추진본부와 노인전문인력은행 설치 →
　　노인 일거리 마련운동을 범사회적으로 전개하는 등 종합대책 마련,
　　추진

　ⓒ 「장애인고용촉진및직업재활법」 시행에 따른 직업재활종합계획 수
　　립·추진

　ⓔ 절대빈곤 및 빈부격차 해소, 차상위 저소득층 빈곤문제 해결 등 빈
　　곤퇴치 종합대책 수립(3월) 추진

　⇒②는 '국민기초생활보장 및 저소득층의 자활지원 강화' 정책을 실현하기 위한 정책수단이 되고, 하위수단에 대해서는 목표로서의 역할을 하는 실질적 수단이 된다. ⓐⓛⓒⓔ은 근로능력자의 자립을 실현하기 위한 실행적 수단이 된다.

iii) 사회문제 KBS 방송 '우리 사는 세상' 칼럼 中)

| 집 때문에 거절당한 기초생활 |

　보장제도 1급 장애인인 민 씨는 이번에 저소득층 보조금을 신청하러 갔다가 거절당했다. 보건복지부 수급권의 조건을 보면 부양능력이 없거나 부양

능력이 있는 가족이 없어야 하며, 전용면적 15평을 초과하는 주택을 소유한 사람은 제외되고 있다. 민 씨의 집은 94년 정부에서 장애인을 위해 무주택 장애인들에게 1, 2층을 특별 분양한 17평 아파트. 민 씨는 국민기초생활보장법은 전 국민의 최소한의 생활을 보장하기 위한 것이므로 현실적인 도움을 받을 수 있는 제도가 되어야 한다고 말한다.

2) 노인·장애인 등 취약계층의 복지사업을 내실화하고 이들 취약계층의 문제를 예방하기 위한 '가정살리기'에 중점을 두어 추진

ⅰ) 정책목표: 복지정책의 결정과 상호 보완, 발전으로 노인·장애인·영세민 등 생활보호대상 등 취약계층에 대해서 국가 책임하에 최저 생활을 보장하여 생활개혁을 통한 국민의 삶의 질을 향상시키려는 것을 목표로 한다.

ⅱ) 정책수단:
① 건강하고 활기찬 노후생활 보장
    ㉠ 경로연금 지급 대상 및 수준을 확대, 노인 장기요양보호 종합대책을
        마련(10월)하고, 경로당을 여가·건강관리의 중심기관으로 육성
    ㉡ 가족의 노인보호기능 지원 강화를 위해 노인부양가정에 대한 세
        제·금융지원 확대, 가정봉사원 파견 등 재가 복지서비스 확대
  ⇒①은 정책목표를 실현하기 위한 정책수단으로, ㉠㉡에 대해서는 목표이므로 실질적 정책수단이 된다. 그리고 ㉠㉡은 보다 구체적으로 실질적 수단을 실현하기 위한 실행적 수단이다.
② 장애인 재활사업을 내실화하고 사회참여 촉진
    ㉠ 장애인 범주를 만성 신장·심장 질환, 중증 정신질환·자폐증 등까
        지 확대하고, 장애 수당 및 의료비·자녀교육비 지원 확대
    ㉡ 재가장애인에게 보건복지통합서비스를 제공하기 위해 지역사회중심
        의 재활사업 실시
    ㉢ 재활보조기구 산업 활성을 위해 의지·보조기사 국가자격제도 시행

㉣ '편의시설 확충 5개년 계획' 시행 및 편의시설 설치 촉진기금 설
　　　치·운영(30억 원)

　⇒②는 장애인 지원금 확대와 편의시설 계획, 지역사회중심의 재활사업
실시 등에 대해 목표의 역할을 한다. 따라서 ②는 실질적 정책수단이 되고
㉠㉡㉢㉣은 장애인 재활사업의 내실화와 사회참여 촉진을 현실적으로 실현
하기 위해 필요한 수단들이므로 실행적 정책수단이라고 할 수 있다.

　③ 아동 건전 육성 및 여성의 경제활동·사회참여 촉진
　　㉠ 아동학대 예방 및 보호체계 확립을 위해 신고의무화, 긴급전화 및
　　　아동보호 전문기관 설치
　　㉡ 결식아동 신고센터 설치 등 종합보호 대책 마련(3월), 저소득층 보
　　　육료 지원 확대, 아동 놀이시설, 아동용품 등에 대한 안전기준 제정
　　　(7월)

　③ 종교단체 등에서 운영하는 미인가 윤락여성 선도보호시설 양성화

　⇒아동이나 여성의 지원 확대는 취약계층의 복지사업을 내실화하고 이들
문제를 예방하기 위한 정책수단이다. — 실질적 정책수단

　그러나 ㉠㉡, 즉 하위수단들은 실질적 정책수단을 실현하기 위한 구체적
사항이므로 실행적 또는 보조적 정책수단이라고 할 수 있다.

　iii) 사회문제

┌─────────────────────┐
│ 가정해체 위기 극복 급하다.
└─────────────────────┘

　가정의 해체를 보여 주는 듯한 흉포한 사건이 유난히 많았던 올해를 보내
며 부모를 무참하게 살해한 유학생 아들, 자식을 때려죽인 부모 등이 언론
에 잇따라 보도되면서 우리의 가정이 어떻게 이 지경이 되었는지 생각하지
않을 수 없다. 가족문제는 문제를 가진 그 가족이 스스로 해결하기 어렵다
는 게 특징이다. 내부적으로는 이미 더 이상 가족이 아닌 가족이 엄청나게
많다. 올해 가정의 해를 계기로 고정관념에 찬 가족 윤리만 강조할 것이 아
니라 국가가 가정의 해체를 막을 사회복지책을 세우고 우리 전래의 효를 실

천할 수 있는 환경을 만들 가족 정책을 세워야 할 때다. 아동, 청소년, 노인, 여성, 장애인, 이혼 등 갖가지 문제들은 결국 가족과 연관돼 있다. 그런데도 이 문제들은 개별적으로 다뤄지기 일쑤이다. 뒤늦게나마 우리 가족 정책이 새로 출발하는 기회로 삼았으면 한다.

3) 사회보험제도 내실화를 통해 중산층 중심 사회 구현

ⅰ) 정책목표: 현대 사회는 복지국가라 할 만큼 '복지'에 대한 중요성이 강조되고 있다. 복지사회의 건설을 위해 국민복지 기본권 보장과 생산성 복지이념의 추구를 그 목적으로 한다.

ⅱ) 정책수단:
① 95년부터 실시된 농어촌 지역 국민연금에 가입한 60세 이상 농어민에게 농어민 특례노령 연금 지급
② 국민연금의 안정적 정착 추진
  ㉠ 공적자료 활용 및 적극적인 홍보 → 납부 예외자 및 미신고자의 보험료 납부유도
  ㉡ 영세사업장 근로자를 직장가입자로 10월부터 단계적 편입 추진
  ㉢ 신규 연금 수급자의 연금급여액이 감소되지 않도록 보전 조치
  ㉣ 지역가입자의 실질소득을 반영하는 합리적인 보험료 부과기준 마련
  ㉤ 연금기금의 민간 위탁 시범사업 및 기금운용 외부평가제 실시
⇒국민연금은 '사회보험제도를 내실화를 통해 중산층 중심 사회를 구현'하려는 상위목표의 정책수단으로서, ㉠㉡㉢㉣㉤, 즉 하위수단에 대해서는 목표로서 역할을 담당하기 때문에 실질적 정책수단이 된다. 이와는 달리 ㉠㉡㉢㉣㉤은 국민연금을 현실 속에서 구현하기 위한 수단들이므로 실행적 정책수단이 된다.
③ 의료보험 통합의 차질 없는 추진 및 의료보험의 내실화 도모
  ㉠ 직장의료보험과 국민의료보험관리공단의 조직 통합, 보험료 부과·

징수·자격 관리를 위한 통합전산망 구축

      ⓛ 의료보험 심사 평가의 공정성과 전문성 제고를 위한 '건강보험심사
         평가원' 설립, 형평성 있는 보험료 부과체계 개발

      ⓒ 의료보험 통합 후 관리운영조직의 비효율화 방지를 위해 인사보수
         체계의 혁신 및 일선 지사 간 경쟁시스템 도입

      ⓔ 의료보험 통합 후 의료보험재정의 안정적 운용방안 마련을 위해 '의
         료보장발전기획단' 구성·운영(7월)

⇒③은 ㉠ⓛⓒⓔ에 대해서는 상위목표로서의 역할을 담당한다. — 실질
적 정책수단

   반대로 ㉠ⓛⓒⓔ은 ③의 실질적 정책수단에 대해 하위수단이면서 정책을
실현하기 위한 수단이므로 실행적 정책수단이라고 할 수 있다.

iii) 사회문제

| 대량 실업시대 사회안전망이 없다. |

   고용보험 등 4대 사회보험과 생활보호법 등 사회보호법 등 사회안전망 구
실을 거의 하지 못하고 있는 생활보호장치들에 대한 전반적인 개선작업이
시급한 것으로 지적되고 있다. 특히 구제금융 여파로 실직자가 급증하면서
이들을 위한 사회안전망의 필요성은 더욱 절실해지고 있다. 23일 보건복지
부에 따르면 현재 국민복지 기본선을 위한 사회안전망은 1차 안전망인 4대
사회보험과 2차 안전망의 공공부조가 있다. 그러나 모두 제 구실을 전혀 못
하고 있다는 비판이 높다. 4대 보험의 경우 일단 틀만 갖추었을 뿐이다. 각
제도별 적용률은 국민연금이 47.4%, 산재보험이 61.5%, 고용보험이 32.35
에 불과하다.

   "선진국의 경우 나라가 어려운 시기에 사회안전망을 구축하는 사회보장체
계를 확립했다."면서 "우리도 경제적으로 위기에 처한 지금 진정한 복지의
틀이 될 각종 법과 제도, 제·개정 작업을 활발히 이뤄내야 할 것"이라고
말했다.

4) 보건의료서비스 체계를 재편하고 보건사업을 지식기반 산업으로 육성

ⅰ) 정책목표: 도시화, 산업화, 노인 인구의 증가 등으로 질병구조가 급성 전염성 질환에서 만성퇴행성 질환으로 변화하고 국민의 보건의료 수요가 치료 중심에서 건강증진 측면으로 변화함에 따라 헌법에 정한 국민의 인간다운 삶을 살 권리를 보장하기 위한 국가보건 책임을 완수하고 보건의료의 균형성 및 효율성을 조화롭게 추구한다는 기본이념을 바탕으로 국민의 삶의 질을 높이고 건강수명 연장을 목표로 한다.

ⅱ) 정책수단:
① 의약분업을 차질 없이 실시
   ㉠ 의약분업의 대국민 홍보활동 적극 전개
   ㉡ 국민 불편을 최소화하기 위해 지역별 의약분업협력회의 구성, 의약
      품 배송센터 설치
   ㉢ 의료계와 약계의 적극적 참여 유도 위해 의료보험수 조정
⇒㉠㉡㉢은 의약분업을 현실적으로 실현하기 위한 보조수단들로서 실행적 정책수단이 되고 반면 의약분업을 실시는 홍보활동, 의료보험수 조정 등의 목표이므로 실질적 정책수단이다.
② 의약품 유통부조리 근절·물류비를 절감하기 위해 유통개혁 지속 추진
   ㉠ 의약품 보관 및 배송업무 전담할 의약품물류조합과 공동물류센터 설치
   ㉡ 의약품 거래의 투명성 제고 위한 의약품 바코드 표시 의무화(7월)
      및 의약품 거래의 EDI화 등 종합정보망 구축
   ㉢ 의료보험 약품비는 물류조합을 통해 보험자가 의료기관을 거치지
      않고 제약회사에 직접 지급
⇒②는 '보건의료서비스체계 재편과 보건산업을 지식기반 산업으로 육성'이라는 정책을 실현하기 위한 하나의 수단이다. 따라서 ②는 실질적 정책수단이다. 하지만 ②를 제외한 ㉠㉡㉢은 유통개혁 지속 추진을 위한 수단들이므로 실행적 또는 보조적 정책수단이 된다.

③ 보건의료자원의 효율적 활용을 통한 서비스체계 구축
  ㉠ 의원·병원·종합병원 등 의료기관 간에 기능별 특성에 적합한 진료 위해 '차등수가제'를 도입하여 효율적인 의료전달 – E = _ 구축
  ㉡ 의료기관 간 시설·장비·인력 등을 공동으로 이용하는 '개방형 병원제도' 및 병원중심 가정간호사업 본격 실시
  ㉢ 전국적인 중앙응급의료센터를 유비쿼터스 응급의료정보시스템 구축
  ㉣ 의료보험 급여기간을 연중 365일로 확대, 포괄수가제를 일부 질병군에 대해 모든 의료기관에 확대 적용

⇒보건의료자원의 서비스체계 구축은 ㉠㉡㉢㉣ 수단들의 상위수단으로 목표로서의 역할을 한다. ― 실질적 정책수단

또 이 정책수단을 좀 더 구체적으로 실현하기 위해서는 하위수단들이 필요한데 이 수단들이 차등수가제도입이라든가 응급의료정보시스템 구축 등으로 실행적 정책수단이라고 한다.

④ 누적된 의료보호 진료비 체불 등 문제의 근본적 해결을 위해 의료보호제도 개혁 추진
  ㉠ 「국민기초생활보장법」의 시행에 따라 의료보호대상자 분류 및 차등 보호기준 마련
  ㉡ 의료보호 재정안정을 위해 고액·다빈도 상병군을 대상으로 포괄적 수가제 실시 검토
  ㉢ 의료보호 대상자관리, 기금관리 진료비 심사 및 지불업무 등을 전문기관에 위탁 추진

⇒누진진료비를 해결하기 위한 의료보호제 개혁 추진은 '보건의료서비스체계 재편, 보건산업을 지식기반 산업으로 육성'하려는 상위목표의 정책수단이다. ― 실질적 정책수단

반면, 의료보호대상자 분류 및 포괄적 수가제 실시 등은 실질적 정책수단의 하위개념으로 현실로 실현시키기 위해 필요한 수단들이다. ― 보조적 정책수단

iii) 사회문제

항생제가 필요 없는 감기환자에게 항생제를 처방한 경우가 성인환자는 85.6%, 어린이환자는 90.65나 됐다. 또 감기환자 대부분이 약을 먹을 수 있는데도 불필요하게 주사를 놓은 경우도 성인환자가 74.5%, 어린이환자가 59.3%였다. 더욱이 부작용이 심해 극도로 가려 써야 하는 스테로이드제제 처방도 성인 감기환자의 9.5%가 받은 것으로 드러났다. 이런 약물 남용은 한국을 세계 제1의 항생제 내성균 보유국으로 만들었다. 지난 97년의 국제 심포지엄에서 발표한 자료에 따르면, 우리나라의 폐렴구균 항생제 내성비율은 70.3%로 세계 최고 수준을 기록했다. 이처럼 항생제 내성률이 높아지면 쉽게 치료될 수 있는 질병에 걸린 환자도 치료기간이 길어지거나 속수무책으로 죽음을 맞기도 한다. 모르는 사이에 약물 오·남용에 찌든 국민들이 얼마나 치명적인 결과를 맞을 수 있는지 보여 주는 것이다.

5) 국민의 평생건강을 보장하기 위한 보건사업의 틀을 새롭게 구축

ⅰ) 정책목표: 평생건강관리는 지역사회 공공보건의료기관을 중심으로 영·유아, 아동, 청소년, 중·장년, 노인 등 태어나서 노인까지 전 생애주기에 따른 인구집단별로 해당주기에 있어서 주요한 건강문제를 파악하고 이를 지속적으로 관리함으로써 삶의 질 향상을 도모하려는 21세기 보건 예방정책의 목표개념이라 할 수 있다.

ⅱ) 정책수단:
① 개인 건강증진 및 모자보건사업 강화
  ㉠ 생애주기별 건강생활실천 유도 위해 대상별·건강 이슈별 건강생활
    실천 지침서 개발, 보급, '건강박람회'를 개최
  ㉡ 임신부 산전진찰의 의료보험 적용, 미숙아·선천성대사이상아의 등
    록 관리 및 치료비 지원
  ⇒개인의 건강증진 및 모자보건사업 강화는 '국민의 평생건강 보장'이라

는 정책을 실현하기 위한 정책수단으로 ㉠㉡의 하위수단에 대해서 목표로서의 역할을 하므로 실질적 정책수단이 되고 ㉠㉡은 개인의 건강증진 및 모자보건사업 강화를 현실적으로 실현시키기 위한 수단들이므로 실행적 정책수단이라 할 수 있다.

② 지역사회 중심의 평생건강관리체계 구축을 위해 지역유형별 보건소의 기능을 재정립, 방문 간호사업의 활성화

③ 주요 질병에 대한 국가 관리체계를 구축하기 위해 국가가 중점 관리해야 할 주요 질병에 대한 종합 대책 수립과 전염병 예방관리 대책 강화

④ 보건산업을 고부가가치 지식기반 첨단 전략산업으로 육성

   ㉠ 신약, 생명공학, 의과학 등 기초과학 및 제품화 연구개발비를 성과가 기대되는 전략품목에 집중 지원(2010년까지 1조 3,000억 원, 2000년: 500억 원)

   ㉡ 연구소·임상실험센터 등 신약개발 시설·장비비 등 지원

   ㉢ 난치성 질환 치료기술 및 한약제제 개발을 위한 한방 치료기술연구 개발사업 지속 추진

   ㉣ 産·學·硏·官 간의 연구체계 구축을 위한 '보건의료과학단지' 조성사업 계속 추진

⇒위의 ㉠㉡㉢㉣은 보건산업을 고부가가치 지식기반 첨단 전략산업으로 육성하기 위한 하위개념의 수단들로서 현실적으로 실현하기 위해 필요한 것들이다. 따라서 이는 실행적 정책수단이라 할 수 있고 고부가가치 전략산업은 평생건강보장 정책을 실현하기 위한 실질적 정책수단이다.

iii) 사회문제

국민 건강수명 64.3세. 10년 이상 질병

우리나라 사람들의 건강수명은 64.3세이고 10년 이상 질병에 시달리는 것으로 나타났다. 국민들이 평균 10년 이상을 각종 질병에 시달리며 살아가는 것으로 분석됐다. 특히 인구 100명당 만성질환자 수가 지난 92년 20.5명에서 95년 29.9명, 98년엔 41명으로 크게 늘어나고 있는 것으로 나타났다.

한편 질병과 사고에 따른 활동 제한으로 인한 국민경제 손실액은 질병의
경우 연간 국내총생산(GNP)의 1.55 정도인 6조 5천500억 원, 사고는 GDP
의 0.24% 정도인 1조 733억 원에 각각 이르는 것으로 추산됐다.

⊙ 보건복지부의 주요 기능 및 역할을 밝히시오.

보건복지부는 국민의 삶의 질과 가장 관련이 깊은 건강과 복리를 담당하
는 부처로서 우리 국민 모두 건강하고 골고루 잘 사는 사회를 건설하는 정
책을 책임지고 있다.

⊙ 정책의 수혜집단과 정책비용부담자 내지는 피해자를 밝히시오.

1. 국민기초생활보장 및 저소득층 자활지원 강화

① 수혜집단: 연령이나 근로능력 여부와는 상관없이 소득이 최저생계비
수준 이하이면서 가족의 부양을 받지 못하고 재산이 일정 기준 이하인 국민
이다.

· 부양의무자 조건으로는 부양의무자(부모 또는 자녀 등 직계혈족)가 없
  는 가구 혹은 부양의무자가 있어도 부양능력이 없거나, 부양의무자로부
  터 부양을 받을 수 없는 가구
· 보건복지부 장관이 정하는 소득·재산 기준 이하인 자

국민기초생활보장제도를 통해 위의 조건에 해당하는 사람이나 집단은 국
가로부터 생계비를 지원받아 기초적 생활을 보장받고 또한 자활계획을 통해
서 생산성 복지를 실현한다.

② 정책비용부담자 내지 피해자: 정부는 생존할 권리의 제도적 보장을 통
한 사회정의와 인권보호를 실현하기 위해서 저소득층을 중심으로 기초적인

복지서비스를 제공한다. 따라서 이 정책에 대한 정책비용부담자는 정부라 할 수 있다. 하지만 정부가 제공하는 서비스는 국민의 세금으로부터 나오는 것이므로 국민 또한 정책의 비용부담자이다.

2. 노인·장애인 등 취약계층의 복지사업을 내실화하고 이들 취약계층의 문제를 예방하기 위한 '가정살리기'에 중점을 두어 추진
① 수혜집단: 이 정책으로 제공되는 재화와 서비스를 받는 자의 집단은 노인·장애인·아동·여성 등의 사회적 취약계층
② 정책비용자 내지 피해자: 정부는 헌법상 "신체장애자 및 질병·노령 기타의 사유로 생활능력이 없는 국민은 법률이 정하는 바에 의하여 국가의 보호를 받는다."는 규정에 따라 국가가 그 비용을 부담한다.

3. 사회보험제도 내실화를 통해 중산층 중심 사회 구현
① 수혜집단:
국민연금제도: 지금까지는 사업장 종사자와 농어민 및 농어촌 지역의 거주자에 국한하여 적용되었으나, 적용대상이 전 국민으로 확대. 특히 대규모 사업장 근로자 등 안정적이고 소득이 높은 계층
의료보험제도: 모든 국민(헌법 제34조 1항 — 모든 국민은 인간다운 생활을 할 권리를 가진다.)
② 정책비용부담자 내지 피해자:
국민연금제도: 지금까지는 가입자가 수혜집단이자 정책비용 부담자였으나 적용대상이 전 국민으로 확대된 후부터는 신고자 중 무소득자 등 보험료 납부 예외자와 학생, 군인 등을 제외한 납세자 + 정부
의료보험제도: 전 국민이 수혜집단이자 정책비용부담자이나 그중 신체장애자 및 질병, 노령 기타의 사유로 생활능력이 없는 국민은 법률이 정하는 바에 의해 국가의 보호 → 납부자에서 제외됨 + 정부

4. 보건의료서비스체계를 재편하고 보건사업을 지식기반 산업으로 육성
① 수혜집단: 보건의료서비스체계의 재편으로 국민은 의료비 절감의 혜택

을 받는 수혜집단이 된다. 정부의 이러한 정책추진의 이면에는 정부·의료
기관에 대한 지원을 감축함으로써, 재정확보를 얻을 수 있으므로 정부 또한
수혜집단이 된다.

② 정책비용부담자 내지 피해자: 국민은 의료비 절감의 혜택을 누릴 수
있지만 동시에 진찰과 조세의 분리로 인한 불편함을 겪는 피해자이기도 하
다. 그리고 이러한 보건의료서비스체계 재편으로 의사·약사를 포함한 의료
기관은 의료활동에 대한 수익이 감소되어 피해자가 된다. 정부도 지원이 감
축되기는 하나 여전히 일정한 수준의 비용은 감수해야 하므로 정책비용부담
자에 포함된다.

5. 국민의 평생건강을 보장하기 위한 보건사업의 틀을 새롭게 구축

① 수혜집단: 모든 국민＋정부는 국민의 건강을 보장함으로써 질병으로
인한 후GDP 국민경제손실액을 줄일 수 있으므로 수혜자가 된다.

② 정책비용부담자 내지 피해자: 국민의 평생건강을 보장하는 국가가 정
책비용부담자가 된다.

◉ 정책이 소극적 목표인지 적극적 목표인지

1. 국민기초생활 보장 및 저소득층 자활지원 강화

관련용어	설명
▶ 소극적 목표(치유적 목표): 문제발생 이전에 존재하던 상태를 정책목표로 삼는 경우이다. 이는 정책목표가 발생하지 않았던 상태로 되돌아가는 것을 지향하고 있기 때문에 소극적 목표가 된다. ▶ 적극적 목표(창조적 목표): 과거에 경험해 보지 않은 새로운 상태를 창조하려는 것으로 정부가 적극적인 태도를 취하는 경우이다.	

정책목표는 적극적 목표라 할 수 있다. 정부는 국민기초생활보장제도의
시행으로 지난 40여 년 동안 시행해 온 생활보호법에 따른 단순 시혜적 보
호 차원을 탈피해 저소득층에 대한 국가 책임을 강화하는 적극적 목표의 정
책을 펴고 있다. 이에 따라 정부는 기초적인 생존보장을 위한 생계비를 지

급하고, 근로능력자에게 자활사업 기회를 부여함으로써 생활수준을 향상시켜 인권을 보호하고 사회정의를 실현 할 수 있다. 따라서 정부의 정책목표는 적극적으로 볼 수 있다.

2. 노인·장애인 등 취약계층의 복지사업을 내실화하고 이를 취약계층의 문제를 예방하기 위한 '가정살리기'에 중점을 두어 추진

노인이나 장애인, 아동, 여성 등에 대한 정부의 시책은 경제적으로나 문화적, 사회적으로 낙후되었던 80년대까지는 상상할 수 없었던 것이었다. 그러나 20세기를 맞이하면서 국민은 물질적, 정신적으로 풍요로운 삶을 영위할 수 있게 되었다. 따라서 정부는 사회적으로 소외된 계층인 노인이나 장애인, 여성 등에 관심을 가질 수 있게 되었고 정책의 필요성을 느끼게 되어 하나의 정책으로 선택, 추진하게 되었다. 결국 이 정책은 과거에는 경험해 보지 못했던 정부의 적극적인 목표라고 할 수 있다.

3. 사회보험제도 내실화를 통해 중산층 중심 사회 구현

자본주의 사회는 '빈익빈 부익부' 현상으로 인한 계층 간의 격차가 심각하다. 복지제도가 모든 국민에게 공평하게 적용된다면 계층격차의 폭은 좁혀지지 않는 것이다. 그렇다면 복지제도의 기본목표, 즉 모든 국민의 인간다운 생활을 보장하고 개개인의 생활수준을 향상시키는 것은 실현될 수 있다. 사회보험제도는 소득수준에 따라 세금 납부방식을 달리하여, 사회의 저소득층과 빈민층을 구제하기 위한 정책이다. 사회구성원의 불평등적 삶을 최대한 평등한 사회로 이끌어 내고, 개선하고자 하는 적극적 목표의 정책이라 할 수 있다.

4. 보건의료서비스체계를 재편하고 보건사업을 지식기반 산업으로 육성

현대사회는 국민의 건강에 대한 욕구가 크게 증대되고, 다양화되고 있다. 따라서 정부는 이와 같은 시대의 변화에 대응하여 성숙한 보건의료서비스체계를 확충해 나가야 한다. 이를 위한 정책으로 정부는 의약분업의 실시, 의약체제의 정보망 구축, 그리고 모든 국민이 의료기관의 서비스를 효율적으로

활용할 수 있는 전국적인 의료서비스체계를 구축하고 또한 의료보호제도 개혁을 추진함으로써 국민의 질병을 예방하고 건강증진을 위한 위와 같은 정책을 펴고 있다. 따라서 정부의 이러한 정책은 적극적 목표를 지니고 있다.

5. 국민의 평생건강을 보장하기 위한 보건사업의 틀을 새롭게 구축

평생건강관리는 지역사회 공공보건 의료기관을 중심으로 영유아, 아동, 청소년, 중장년, 노인 등 태어나서 노인까지 전 생애주기에 따른 인구집단별로 해당 생애주기에 있어서 주요한 건강문제를 파악하고 이를 지속적으로 관리함으로써 삶의 질을 도모하려는 21세기 보건정책이다. 즉 2000년대에는 모든 국민의 평생건강보장이 초점으로 된다. 정부는 이를 위해서 국민 개개인의 건강증진과 지역사회 중심의 평생관리체계를 구축하고, 보건산업을 고부가가치의 지식기반 · 첨단 전략산업으로 육성하는 등의 정책을 펴고 있다. 이러한 측면에서 정부의 정책은 적극적이라고 할 수 있다.

◉ 정책을 세 사람의 분류에 따라 적용(Lowi, Almond – Powell, 정정길)

정책관련 용어

- Lowi의 분류
① 배분정책: 국민들에게 권리나 이익, 또는 서비스를 배분하는 내용을 지닌 정책
② 규제정책: 개인이나 일부집단에 대해 재산권 행사나 행동의 자유를 구속, 억제하여 반사적으로 다른 사람들을 보호하려는 목적의 정책
③ 재배분정책: 고소득층으로부터 저소득층으로 소득이전을 목적으로 하는 정책
④ 구성정책(Constitutional Policy): 정치체제에서 투입을 조직화하고 체제의 구조와 운영에 관련된 정책
- Almond – Powell의 분류
①, ②은 Lowi와 동일하다
③ 추출정책: 자원을 민간부문에서 추출하는 내용을 지닌 정책
④ 상징정책: 다른 정책의 성공적 추진을 위해 펴는 정책
- 정정길 저자의 분류
① 요구충족정책
  · 규제정책 – 부의 횡포로부터 타인의 보호
  · 배분정책 – 서비스와 재화의 공급
② 지지획득정책
  · 추출정책 – 징병, 조세 등 인적 · 물적 자원 획득
  · 순응확보정책 – 상징정책, 구성정책, 여론 조작 정책 등

---

1 . 국민기초생활보장 및 저소득층의 자활지원 강화

• Lowi의 분류: 배분정책

국민기초생활보장제도와 자활사업을 통해서 정부는 전 국민들에게 기초적인 생활을 보장하고 저소득층에게는 자활의 기회를 제공해 줌으로써 국민들의 권리나 이익, 서비스를 배분하려는 정책이므로 배분정책에 속한다.

• Almond – Powell의 분류: 배분정책

• 정정길 저자의 분류: 요구충족 중 배분정책

－생존권은 국민의 가장 기본적인 권한이므로 정부는 이를 충족시켜 주기 위해서 권리나 이익, 서비스를 배분한다.

2 . 노인·장애인 등 취약계층의 복지사업을 내실화하고 이를 취약계층의 문제를 예방하기 위한 '가정살리기'에 중점을 두어 추진

• Lowi의 분류: 배분정책

정부는 사회적으로 취약계층의 복지를 위해 노인에게는 건강하고 활기찬 노후생활을 보장함으로써, 장애인에게는 장애인 재활사업을 내실화하고 사회참여를 촉진시킴으로써, 또 아동과 여성에게는 경제활동이라든가 사회참여를 지원하는 등등 모두에게 재화와 서비스를 배분한다.

• Almond – Powell의 분류: 배분정책

• 정정길 저자의 분류: 요구충족 중 배분정책

3 . 사회보험제도 내실화를 통해 중산층 중심 사회 구현

• Lowi의 분류: 배분정책

정부는 국민연금제도와 의료보험제도의 대상을 전 국민에게 확대, 실시함으로써 모든 국민이 최대한의 혜택을 누릴 수 있도록 권리나 이익 등을 배분한다.(하지만 이 정책은 구성정책으로 볼 수도 있다. 왜냐하면 기존 제도의 구조와 운영 면에서 수정, 보완하여 새로운 제도정책을 확립했기 때문이다.

• Almond – Powell의 분류: 추출정책

정부가 정책을 구현하기 위해서 자원을 국민으로부터 추출했기 때문에 추출정책이다.

- 정정길 저자의 분류: 지지획득 중 추출정책

정부는 사회보험제도를 내실화하는 과정에서 그에 필요한 자원의 거의 대부분을 조세 등을 통해 민간으로부터 거둬들인다. 따라서 이 제도는 추출정책임을 알 수 있다.

4. 보건의료서비스체계를 재편하고 보건사업을 지식기반 산업으로 육성
- Lowi의 분류: 배분정책

정부는 의약분업과 의료보험 등의 의료서비스체계 재편을 통해서 국민에게 보다 나은 보건의료서비스를 제공하는 배분정책을 실시하고 있다.
- Almond – Powell의 분류: 배분정책(또한, 추출정책이 될 수 있다. 설명은 위의 3번 정책을 참고)
- 정정길 저자의 분류: 지지획득 중 추출정책

현재 우리가 실시하고 있는 의약분업과 의료보험제도의 원천은 거의 대부분이 국민이 가지고 있다고 해도 과언이 아닐 것이다. 정부의 모든 정책은 국민의 조세에 의해 이루어지고 있는 데서 그 이유를 찾아볼 수 있다.

5. 국민의 평생건강을 보장하기 위한 보건사업의 틀을 새롭게 구축
- Lowi의 분류: 배분정책
- Almond – Powell의 분류: 배분정책
- 정정길 저자의 분류: 요구충족 중 배분정책

정책의 가치성과 정책연구의 필요성
현대국가의 정책은 양적 · 질적으로 많은 영향을 주고받고 있다.

현대국가의 정책은 질적으로 영향이 크며 양적으로도 인간생활의 모든 부문에 침투하고 있을 정도로 확대, 다양화되고 있다. 현대국가는 국토방위, 치안 등 전통적인 국가기능 이외에 국제문제, 사회문제, 환경문제, 개인문제 등 거의 모든 중요한 문제의 해결을 위하여 활동하고 있으며, 이를 위한 인적 · 물적 자원의 획득과 배분을 하고 있다.

정책의 중요성 -영향의 광범위성 및 큰 충격-

정책의 영향력

원자탄의 투하는 2차대전의 종식을 가져왔지만 이의 정책결정은 또 다른 문제를 생각하게 한다. 케네디 대통령의 쿠바문제에 대한 대처에서도 알 수 있듯이 중요한 정책결정이 잘못되면 인류가 멸망하는 상황이 발생할 수 있다는 점에서 합리적인 정책결정은 매우 중요하다.

국내 정책의 영향력

6·25전쟁에서 원자탄이 투하되었을 경우, 지금의 우리 역사는 크게 달라졌을 것이다. 그리고 우리의 국내 정책에서도 중화학공업 육성 정책, 중학교 입학시험폐지 등이 있었는데, 이러한 정책들로 인하여 우리나라에 많은 직접, 간접 영향을 미쳤다.

정책학 연구 필요성

정책이 잘못 결정되거나 잘못 집행되고 평가되면 크게 인류의 운명이 잘못될 수 있고, 잘되는 경우는 인류 발전에 큰 도움이 된다. 현실에서 정책의 결정, 집행, 평가는 바람직하게 수행되고 있지는 않다. 왜 정책이 잘못 결정되고, 집행되며, 평가되는 것인가, 그리고 이를 극복할 수 있는 방법은 무엇인가 등에 관한 질문에 답변을 찾기 위하여 정책학이 등장하였고 공적인 의미에서 다루게 되었다.

다시 말하면 정책학은 정책의 결정, 집행, 평가를 위한 필요한 지식을 제공하기 위하여 필요한 것이다.

현대적 정책학의 등장과 그 목적 -Lasswell의 제안과 현대적 정책학의 등장-

현대적 정책학은 1951년 Lasswell의 정책지향이라는 논문에서 시작되었다. 그가 주창한 현대적 정책학은 1950년대 이후 미국적 환경에서 정치학자와 행정학자가 주도하고 개발시킨 것으로 다분히 정치적·행정적 시각에서 여러 사회과학 및 자연과학의 이론과 방법을 원용하면서 발전시킨 것이다.

Lasswell은 정책학적 경향이 여러 분야에서 진전되고 있다고 보았다. 하나는 정책과정에 관한 것이고 둘째는 정책에 필요한 지식에 관한 것이라고 보았다. 정책과정이란 정책형성이나 집행에 대한 과학적 연구, 즉 정책이 어떻게 결정되고 어떻게 집행되는가에 대한 체계적이고 경험적인 연구로서 사회과학과 심리학의 연구방법을 적용한다. 두 번째는 정책결정자들이 이용하는 정보의 구체적 내용과 해석을 개선시키는 것이다. Lasswell은 이 두 번째의 발전을 정책학의 미래로 보았다. 즉 근본적인 문제를 해결하기 위한 지식의 개발에 정책학의 중점이 두어질 것이라고 전망하였다. 그러나 이러한 Lasswell의 주장은 미국 정치학계를 휩쓸었던 행태주의 혁명에 밀려나고 1960년대 말에 이르러 비로소 정책학은 재출발하게 되었다.

행태주의의 퇴조와 후기 행태주의의 등장 -행태주의적 정치학-

행태주의의 핵심적 연구대상은 인간의 행태이다. 인간의 행태란 동일한 행동이 반복되어 어떤 확립된 유형을 형성하고 있는 것을 의미한다. 따라서 일시적인 행동보다는 예측가능성과 정형성이 높다. 이러한 행태주의 연구의 종래 제도를 주요 연구대상으로 하던 전통적 정치학 또는 행정학의 연구와 차이를 보인다. 제도 중심이란 민주제도, 독재제도, 의원내각제, 삼권분립제 등을 연구대상으로 하는 것이다.

행태주의에서는 같은 대통령이라도 권한의 행사가 다른 것에서 착안하여 제도의 움직임이나 제도 내의 인간의 행태, 실제의 활동을 중시한다. 행태주의 정치학에서 가장 많은 연구가 진행된 분야가 개개인의 투표행태에 관한 것이다.

두 번째로 행태주의에서는 연구방법론에서 과학적 방법을 강조한다. 과학적 방법이란 경험적, 객관적 현상을 대상으로 법칙을 정립하기 때문에 계량적인 분석을 중요시한다.

이러한 행태주의는 경험적, 실증적이기 때문에 관념적, 규범적 방법과 대립된다. 정치철학에서는 정치가 어떻게 되어야 한다가 중요하나 행태주의에서는 정치가 실제로 어떻게 되고 있는가에 관심을 가진다. 그리고 행태주의에서는 가치판단은 피하기 때문에 가치문제를 연구대상에서 중시하지 않는다.

이와 같이 행태주의는 1) 연구대상에서 인간행태의 강조, 2) 연구방법에서 과학적 방법과 계량화, 3) 가치판단의 회피와 가치문제의 경시 등으로 인하여 바람직스럽지 못한 결과를 초래하였다.

먼저 투표행태의 연구에 치중하다 보니 정책문제의 해결이나 정치의 보다 본질적인 측면인 정치권력이나 제도적 장치의 중요성 등을 경시하게 되었다. 또한 과학적 방법을 중시하다 보니 연구목적이 아니라 오히려 연구방법이 연구대상을 결정하는 주객전도의 현상이 발생하였다. 과학적 방법의 요소는 규명하고자 하는 경험적 사실에 대한 정밀한 측정과 충분한 사례의 확보인데, 이러한 방법론적 요건을 충족하는 것에 연구가 치중되었다.

60년대 사회혼란과 후기행태주의 등장

60년대 말 70년대 초 미국은 흑인의 폭동과 월남전 등을 겪으면서 혼란 속에 빠졌다. 연방정부는 이러한 문제에 직면하여 사실판단과 가치판단의 종합에 의한 처방적 지식이 필요하였는데, 행태주의는 현실문제 해결에 도움을 주지 못하였다. 이러한 행태주의의 결점을 현실적합성의 결여라고 불렀는데 60년대 말 Easton은 후기행태주의가 시작되었다고 말하였다.

후기행태주의는 현실적합성(Relevance)을 크게 중시하여 1) 현재 급박한 사회문제의 해결에 의미가 있고 적절한 연구를 하고, 2) 가치에 대한 연구와 새로운 가치의 개발도 하며, 3) 인류의 가치를 보호하고 사회를 개혁하는 데 관여해야 한다.

60년대 후반에서 정책학의 재출발

후기행태주의에서는 정책연구를 핵심으로 하고 있다.

Lasswell은 정책학의 두 가지 목적인 1) 정책과정에 대한 경험적 지식, 2) 정책과정에서 필요한 지식의 제공 등을 되풀이하면서 정책학이 추구하여야 할 세 가지 기본 속성으로 1) 의사결정이 보다 큰 사회적 과정의 부분에 해당됨을 뜻하는 맥락성(Contextuality), 2) 문제지향성, 3) 이용되는 방법의 다양성을 들었다.

Dror는 1) 정책학의 목적은 정책결정체제에 대한 이해를 증진시키고 이를 개선하는 것이고 이를 위해 정책학은 바람직한 정책결정을 위한 방법(Methods), 지식(Knowledge), 체제(System)에 직접적인 관심을 가지며, 2) 연구의 초점은 대안의 개발, 대안의 비교·선택을 위한 정책분석, 정책결정의 전략(Mega – Policy Making: 혁신적인 것이냐 아니면 점진적인 개선이냐, 많은 위험을 무릅쓰느냐 아니냐 등), 기본정책결정(Meta – Policy Making: 정책결정체제의 설계, 정책결정자의 자질 향상, 정보와 의사전달망의 구성·개편 등)이며, 3) 정책결정에 대한 최적모형은 기본 정책결정단계, 정책결정단계, 정책결정 이후 단계로 나누었고, 4) 정책학은 방법론상 처방적 접근을 채택하며, 순수연구와 응용연구를 연계시키고 역사적인 접근도 하며 범학문적 접근을 한다고 지적하였다.

정책학의 연구목적과 제 특성

정책학의 최종목표는 인간사회의 근본적인 문제 등을 해결하여 인간 존엄성을 충분하게 실현시키는 것이며, 중간목표는 정책과정의 합리성을 제고하는 것이고, 구체적으로 보면 바람직한 정책결정, 정책집행, 정책평가를 위하여 필요한 지식을 제공하는 것이 구체적인 목표이다. 이러한 지식을 Lasswell은 정책과정에 대한 실증적·과학적 지식과 정책과정에서 필요한 지식으로 구분하였다. (교재의 15페이지 그림)

정책학의 특성은 1) 정책학은 정책문제 해결이라는 실천적인 목표를 지니고 있으므로 문제지향적이며, 2) 문제해결에 필요한 이론·논리·기법 등을 여러 학문분야에서 받아들여 범학문적이고 방법론상 다양성을 지니며, 시간적·공간적 상황이나 역사성을 강조하는 맥락성을 가지며, 3) 가치판단을 위한 규범적 접근과 사실판단을 위한 실증적 접근을 융합하여 처방적 접근을 시도한다.

정책학의 연구대상과 접근방법 −정책학의 연구대상−

정책학은 정책을 연구하는 학문이며, 정책은 바람직한 사회상태를 이룩하려는 정책목표와 이를 달성하기 위하여 필요한 정책수단에 대하여 권위 있는 정부기관이 공식적으로 결정한 기본방침이다. 정책은 사회문제의 해결을 정책목표로 하여 이를 달성하기 위한 정책수단을 그 내용으로 할 때가 많다. 그래서 정책학은 문제지향성을 띠고 있다. 수많은 사회문제 중 일부는 정부에서 정책적 해결을 위하여 신중한 검토를 하게 되는데 이렇게 검토하기로 결정한 사회문제를 정책문제라고 한다. 정부는 모든 사회문제를 정책문제로 채택하지 않고 일부는 정책문제로 채택하는데 이를 정책의제설정이라고 한다. 즉 사회문제 중 정책의제설정이 된 것이 정책문제이다.

어떤 문제가 정책문제로 거론되면 이를 해결하여 달성할 정책목표를 설정하고 이 목표를 달성할 수 있는 여러 가지 대안을 고안, 검토하여 하나의 정책대안을 채택하게 되는데 이 모든 활동이 정책결정이며 이 결과로써 나오는 산출물이 정책이다. 이때, 보다 바람직한 정책결정을 위하여 수행되는 지적 작업이 정책분석이며 이는 정책결정에 필요한 지식을 제공한다.

결정된 정책은 보다 구체화되어 현실적으로 실현되어야 하는데 이 정책의 현실활동을 정책집행이라고 부르며, 이 결과 정책목표가 달성되는 등의 정책효과와 집행을 위하여 사용된 사회적 가치인 정책비용 등의 정책결과가 다시 정책환경으로 나가게 된다.

정책집행과정의 제 측면을 검토하여 보다 바람직한 집행전략을 제공하려는 지적 작업이 정책평가의 일부이며, 집행결과 정책효과의 발생 여부를 검토하는 것이 또 다른 중요한 정책평가 작업이다. 정책평가는 정책의 종결이나 수정 등을 위한 지식을 제공하여 정책결정에 기여하게 된다.

정책학의 연구방법 −경험적 실증적 접근−

행태주의에서 채택하는 과학적 방법과 거의 같은 의미이나 엄격한 과학적 방법과 사실에 대한 기술적 묘사도 포함한다. 이는 경험한 사실을 연구대상으로 하기 때문에 존재에 대한 연구이다. 경험적 실증적 접근이 보다 치밀

하고 정교하게 되면 과학적인 방법을 채택하게 되는데 과학적 방법은 가설을 설정하고 이를 관찰에 의해 검증하여 타당성이 인정되면 법칙으로 받아들이고 그렇지 않으면 기각한다.

정책과정에 대한 경험적·실증적 접근은 엄격한 과학적 방법을 크게 환영하지 않는다. 오히려 정책과정의 동태적 움직임과 정치권력적 작용을 파악하기 위해서는 연구자의 직관이나 통찰력을 이용하고 다각적인 관찰을 행하여 계량화가 어려운 대상이라도 중요한 측면을 놓치지 않고 연구하는 것이 바람직하다.

규범적·처방적 접근

규범적 접근은 바람직한 가치가 무엇인지를 판단하는 가치판단적 접근이며, 당위에 관한 연구이다. 사회문제 중에서 어떤 것을 정책문제로 채택하여 거론하는 것이 옳은지, 정책문제 중에서 어느 것을 해결해야 옳은지, 그래서 무엇을 정책목표로 해야 하는지(인플레와 실업이 동시에 존재하고 양자가 상충관계가 있는 경우) 등을 판단하는 것이 가치판단이다.

처방적 접근방법은 일단 목표가 결정된 후에 이를 달성하기 위한 최선의 수단을 선택하는 방법을 의미하는데 합리적·분석적 정책결정에서 대표적으로 나타나고 있다. 처방적 접근을 하게 되면 반드시 경험적·실증적 접근방법에서 사용하는 과학적 방법을 도입해야 하는 경우가 많다. 처방적 접근은 과학적 접근을 토대로 한다.

정책학의 연구내용과 전개과정 −정책학이 제공하는 두 가지 유형의 지식−

정책과정에 관한 지식

정책과정에 관한 지식은 과학적 방법에 의하여 정책결정 및 정책집행 등의 정책과정을 연구하여 밝혀낸 지식이다. 정책과정에 대한 경험적 지식이 필요한 이유는 1) 정책과정에서 필요한 지식이 이용되는 데에 있어서의 여러 가지 제약조건을 알기 위해서이고 2) 정책과정 자체의 개선이 있어야만 정책과정에 필요한 훌륭한 아이디어도 받아들여져서 이용될 수가 있는데, 이 정책과정의 개선을 위해서는 먼저 정책과정의 실태를 정확히 실증적으로 파악하여야 하기 때문이다.

정책과정에서 필요한 지식

정책과정에서 필요한 지식은 1) 정책과정에서 규범적·처방적 접근으로 얻어진 지식으로서 모든 정책에 공통적으로 적용될 수 있는 것과 2) 구체적인 정책분야에서 정책의 실질적 내용을 뒷받침하는 이론이나 모델로서 흔히 말하는 실질적 지식 또는 실질적 정책에 관한 지식이다.

정책학에서 제공할 수 있는 지식 중에서 핵심적인 것은 하나하나의 정책이 아니라 모든 정책의 결정·집행·평가의 바람직한 수행을 위해서 공통적으로 적용될 수 있는 지식이다.

정책연구의 전개 -정책분석-

규범적·처방적 연구가 가장 먼저 시작된 것은 정책결정을 위한 미시적 의사결정 분야이다. 의사결정을 합리적으로 하기 위하여 어떻게 해야 하는가에 도움을 주기 위하여 처방적 논리나 기법으로 OR, 체제분석, 비용-효과분석 등이 2차대전 후에 개발되어 왔다.

정책평가

바람직한 정책집행을 위해서 정책과정을 점검하고 잘못된 부분을 시정하기 위한 논리나 작성이 형성평가, 과정평가라는 이론으로 정책평가의 일부분으로 1970년대 중반부터 본격적으로 연구되기 시작하였다.

정책결정론

정책의제설정이론, 정책결정론, 정책집행론 중에서 정책학자들이 가장 많은 관심을 보인 부분이 정책결정론이며 1980년대 후반부터 현재까지도 가장 많은 연구가 이루어진 부분이다. 정책결정론은 행정학자들을 중심으로 하여 연구된 의사결정론, 정치학자들을 중심으로 하여 연구된 정책결정과정에 대한 정치제도론 및 이익집단론, 재정학자 정책학자들에 의해 연구된 정책결정요인론 등 다양한 연구결과를 포함하고 있다.

정책의제설정론

정책의제설정이론은 사회문제 중에서 왜 어떤 문제는 정책문제로 채택되고 다른 것은 거론조차 못 되고 방치되는가에 대한 경험적 연구로 정책학과 별개로 1960년대 초부터 진행되었다.

정책집행론

행정은 정책집행을 의미하므로 행정학은 정책집행론으로 생각할 수 있다. 행정학은 행정조직의 구성이나 운영에 초점이 있고 개별적인 정책의 집행과정에는 관심이 적은 데 비하여 정책학에서 논의되고 있는 정책집행론은 정책에 초점을 두고 이것이 집행되는 과정에서 일어나는 여러 가지 현상에 관심을 가진다.

정책학의 한계와 과제 −정책학의 유용성에 대한 의문−

정책학의 대상이 되는 정책은 아주 다양한 측면과 이해관계자, 전문분야를 포함하고 있어 정책연구가 정책결정이나 집행 등에서 고려해야 할 요소를 포괄하기가 어렵다. 또 연구의 질이 높고 내용이 적절한 경우에도 연구결과를 활용하는 과정에서 충분한 의사전달이 되지 않거나 정책담당자의 이해관계나 정치적 이익과 충돌하는 경우에는 이를 정책에 반영하지 않는 경우도 있다.

정책학의 독자성

정책학은 수많은 학문분야로부터 정책과정상의 활동을 합리화할 수 있도록 이론이나 기법·논리들이 정책학의 논리체계 내에 포괄·통일되지 않고 오히려 정책학이 차용한 학문분야로 회귀하려는 현상이 부분적으로 나타나고 있고, 정책학이 하나의 독자적 학문으로서의 지위를 지니고 있는가에 대한 의문이 있다.

정책연구의 악용가능성

정책학이 정부 내에서 중앙집권, 권한의 상부집중, 국회에 대한 행정부의 우위현상을 초래하게 되고, 관료들의 정당한 전문적 권위와 국회의 바람직한 권위를 잠식하게 한다. 또 국민보다는 정부의 입장을 옹호하고 정부의 시녀 역할을 하는 경우도 있고, 사회 내에서는 하류층이 아니라 상류기존세력을 위해 정책연구가 악용될 수 있다.

정책학과 가치판단 및 윤리 -논의의 핵심-

정책목적이 과연 바람직한지에 대해서는 판단하지 않고 어떤 목적이든지 이를 가장 잘 달성할 수 있는 수단을 찾기 위해 지혜를 동원하게 되면, 잘못된 목적을 가장 잘 달성할 수 있는 수단을 부지런히 탐색하게 된다.

그러면 정책의 결정이나 분석이라는 활동이 어떠한 가치판단활동을 지니고 있는지, 정책이 어떠한 가치문제를 내포하고 있는지를 알아야 한다.

정책과 관련된 가치-정책목적과 정책수단 속에 내재된 가치-

정책목표는 정책을 통해서 달성하고자 하는 바람직한 상태를 의미하기 때문에 그 자체가 정책을 통해서 획득하고자 하는 가치이다. 그런데 정책의 종류에 따라 정책목표가 다르기 때문에 정책이 추구하는 가치도 정책의 종류에 따라 다르다. 또한 정책수단에도 가치가 내재되어 있다. 정책수단은 자체가 가치의 집합체이다. 교통을 원활하게 소통하는 목적을 지닌 교통정책의 수단으로서 지하철 건설을 하게 되는 경우 여러 피해를 야기할 수 있다 (남대문 피해).

가치로서의 정책효과와 정책비용

정책분석에서는 정책 속에 포함된 가치들을 정책효과와 정책비용으로 표현한다. 정책효과는 정책목적이 실현되어 나타나는 바람직한 상태를 의미한다. 정책비용은 정책목표의 달성 등 정책효과를 얻기 위하여 지불하는 희생을 의미한다.

실체적 가치와 절차적 가치

정책수단이 지니고 있는 절차적 가치 중에서 가장 중요한 부분은 정책목표와의 관계에서 나타나는 것이다. 여기에는 효과성, 능률성, 공평성으로서 정책대안의 소망성 평가기준이 있다. 효과성은 정책목표를 어느 정도 잘 달성할 수 있는가를 나타내는 것이다.

정책수단은 얻게 되는 총효과가 크고 희생으로 지불하는 비용은 적어야 바람직스러운 것이 되는데 이를 능률성이라 한다. 공평성의 경우도 비슷하다.

정책과 관련된 절차적 가치에는 정책의 결정과 집행과정에서 이해관련자의 참여라든지 합의를 얻는 것 등과 같은 정치적 가치도 있다.

정책에 내포된 중요한 실체적 가치에는 정치적 경제적 문화적 가치 등이 있다.

정책학과 가치판단 및 가치 연구−정책과정 속의 가치판단이 지닌 정치적 성격−

정책결정에 포함된 가치판단은 흔히 대립되고 경쟁하는 가치 중에서 어느 것이 얼마만큼 바람직스러운지를 판단하는 것이다. 국가의 한정된 예산을 경제정책에 제일 많이 배정하고 국방정책에 그다음으로 배정하는 것은 경제가 제일 가치 있고 국방이 다음으로 바람직하다는 것이다.

정책결정에 내포된 가치판단은 정책목표와 수단 속에 내재된 가치들 중에서 어느 것이 얼마만큼 더 중요한지를 판단하는 것이며 그 가치들을 향유하는 개인이나 집단들 중 누구에게 얼마만큼 더 혜택이나 피해를 주는지를 결정하는 활동이다. 가치를 배분하는 활동, 즉 정치 활동이다. 그러므로 관련되는 개인이나 집단들은 자신들에게 유리하게 가치판단이 이루어지도록 노력하게 되고 정책결정은 필연적으로 정치적인 성격을 가진다. 정책집행과정에서도 정치성은 존재한다.

정책학자의 가치판단

정치적인 책임이 없고 공식적 권한도 없는 정책학자가 정책결정을 할 수 없는 것은 당연하다. 그러나 정책학자는 가치문제에 대한 연구를 해야 한다. 먼저 정책분석가는 정책목적이 추구하는 가치가 무엇이며, 정책수단이 가져오는 부수적인 가치들과 희생시키는 가치들을 명백히 밝혀내어 정책결정자와 관련 집단에게 제시하여야 한다.

그렇지 않은 경우, 잘못된 정책목적을 위하여 지식을 제공하는 잘못을 범할 수 있고 정치적 강자를 위한 기득권 보호의 앞잡이가 될 가능성이 있다. 또한 정책결정자들이 편견이나 착각에 의하여 또는 특정 집단을 위하여 고의적으로 바람직하지 못한 가치판단을 하여도 이를 막을 수 있는 방법이 없다.

정책학자와 정책분석가의 윤리

정책분석가는 스스로 가치판단을 해서는 안 되고 정책에 내포된 가치를 밝힐 때에도 객관적이고 공정한 태도를 유지해야 한다. 또 정책분석가가 부득이 가치판단을 할 때에는 중립적이고 공익을 우선하는 태도를 지녀야 한다. 정책분석가에게 주어진 분석과제가 분석가로서의 중립성과 객관성을 보장하지 않으면 분석작업을 회피하는 것이 바람직하다.

또 일반 조사연구에서나 마찬가지로 연구자의 행동규범이 요구되는데 자료를 제공하는 자를 보호하는 것 등이다. 마지막으로 정책실험을 하는 경우 분석가의 윤리가 요구되는데 위험이 수반하는 경우 그를 알리고 자원배정을 하는 경우 기준을 명확히 하여야 한다.

정책학과 인접학문 ―정책학과 정치학―

정책학은 정치학의 품에서 출생하였다. 정책이 결정되는 과정은 전통적으로 정치학자의 가장 큰 관심이었다. 그러나 정치학에서의 관심은 정치권력, 정치제도, 정치체제의 구성과 운영, 정치적 기관의 행태 등에 주로 초점이 있고, 정책학에서는 정책과 관련이 있는 범위에서만 연구를 한다.

정책결정과정에 대한 것도 정책학자는 일반적인 정치과정이 아니라 정책의 성질에 따라 달라지는, 즉 정책을 중심으로 하는 정책과정에 초점이 있으며, 접근방법에서도 정치학은 경험적·실증적인 데 비하여 정책학에서는 비록 경험적·실증적이기는 하지만 처방적 의도를 언제나 지니고 접근한다.

정책학과 행정학

초기에는 정책이 정치현상으로 이해되었지만 정치·행정일원론이 행정학에서 일반화되자 정책은 정치와 행정을 연결하는 중간영역으로서 등장하게 되었다.

정책학과 경제학, 경영학, 법학

정책분석기법에 경제학 경영학의 기법이 사용되고 있으며, 법학에서의 논리가 정책학에 이용된다. 기타 심리학, 사회학 등 많은 분야가 정책학에서 개별 정책 또는 실질적 정책을 연구할 때 이용된다.

III

브랜드 복지 마인드

1. 경영학적 사례(삼성)

1) 서론

(1) 가족친화경영의 의미

사회복지에 있어서 정책과 상황을 제대로 이해하기 위해서는 경영학적인 사례가 필요하여 가족친화적인 경영을 하는 삼성을 예를 들어 보도록 하겠다. 그리고 가족친화경영의 시각으로 복지정책을 볼 것인데, 우선은 경영을 살펴보도록 하겠다.

가족친화 경영방식을 설명하기에 앞서 '가족친화'라는 개념에 대해 살펴보고자 한다. 이것은 근로자가 직장에서의 요구와 부모로서의 요구를 적절히 조정하는 것을 의미한다. 그러한 의미에서 직장이 근로자들이 가족친화적인 삶을 살 수 있도록 경제적 지원, 실제적 보살핌, 정서적 보살핌과 같은 세 가지 기본적인 요구를 충족시켜 준다면 가족친화적 직장이라고 할 수 있다. 여기서 경제적 지원은 좋은 보수, 고용 안정, 추가 수입을 의미하고, 실제적 보살핌은 자녀를 데려다 주고 데려오기, 장보기, 요리하기, 아픈 자녀 보살피기, 의사 방문 등과 같은 모든 일상적인 보살핌을 말한다. 후자의 경우 가족친화의 정도는 부모가 자녀를 돌볼 수 있도록 기업이 지원해 주거나 다른 사람이 부모를 대신해 보살필 수 있도록 기업이 주선해 주는지에 따라 결정된다. 정서적 보살핌은 특히 어린자녀에게 중요한 관심, 자극, 사랑을 제공할 필요성을 의미한다. 이 경우 가족친화의 정도는 부모가 직장에서 지치고, 스트레스를 받아 기진맥진하여 귀가하면 정서적 보살핌을 제공할 수 없으므로 이러한 상태에서 귀가하지 않도록 정신적, 물리적 근무 환경을 만들어 주는 조치들에 의해 정해진다. 직장이 이러한 근무 환경을 마련해 주면 가족친화적인 직장이라고 할 수 있다. 즉 '가족친화경영'이란 현장에서 일하는 직원뿐 아니라 그 가족들까지도 만족시켜 가정의 안정을 통해 임직원의 안정을 최대화할 수 있는 경영환경을 만들어 간다는 개념이다.

(2) 가족친화경영의 등장 배경

과거에는 일의 세계와 가족의 세계를 분리된 영역으로 간주하는 경향이 있었다. 일의 세계는 주로 조직 심리학이나 사회학 분야에서 노동자 개인에 초점을 맞추어 다루고, 가족 세계는 가족 학자들이 다루게 되었다. 가족 분야에서의 연구에도 성 고정관념이 반영되어 남성의 경우에는 이들의 실직이 가족에 미치는 영향이 관심을 받아 온 반면, 여성의 경우에는 취업이 일탈로 간주되어 여성의 취업으로 인해 가족에 발생되는 여러 문제들이 규명되어 왔다. 그러나 취업여성의 증가와 양육적 아버지에 대한 문화적 기대가 확산되면서 일과 가족 사이의 분리는 더 이상 가능하지 않게 되었다. 여성과 남성 모두 일터에서, 그리고 가정에서 요구되는 역할을 다 잘 수행해 내야만 하는 상황이 된 것이다. 따라서 두 영역으로부터의 경쟁적인 요구 사이에서 갈등을 겪는 남성과 여성이 늘어나고 있는 것이 현실이다. 이제 일/가족 갈등문제는 더 이상 취업 여성만의 문제가 아니라 성 중립적인 이슈가 되어 가고 있다. 서구에서는 기업들이 근로자들의 일/가족 갈등으로 인한 생산성 하락의 문제를 줄이기 위하여, 그리고 노동력 감소로 인한 우수한 근로자 충원의 문제를 해소하기 위해 주도적으로 근로자의 가족생활을 배려하는 가족친화적 정책을 수립하여 시행하고 있는 추세이다. 우리 사회도 이미 우수한 인력이 직장의 구속을 덜 받는 직종으로 빠져나가고 있으며, 이혼이 급속도로 증가하고 있고, 출산율이 세계 최저 수준으로 떨어지고 있다. 남성이나 여성 모두 자기실현의 욕구가 높을 뿐 아니라 가정에 대한 또한 행복한 결혼생활에 대한 기대 또한 높다. 따라서 일과 가정에 대한 양립이 가능한 다양한 장치들이 마련되지 않는다면 이러한 현상은 더욱 확산될 것으로 전망된다. 가정에서의 요구가 예전보다 훨씬 더 강력해지고 있고, 직장에서의 요구를 충족시키기 위해 가정생활을 희생하는 그리고 이를 묵인해 주는 문화가 이제 더 이상 아니기 때문이다. 직장과 가정생활의 균형을 이룰 수 있는 방법으로 제시되고 있는 것이 바로 가족친화경영이다.

(3) 기업 소개 및 선정 이유

삼성전자는 명실상부한 국내 최고의 기업에서 시작해서 글로벌 기업으로서 막강한 브랜드 파워를 지닌 세계 기업 중 하나로 성장했다. 삼성전자의 경영이념(Philosophy)은 "인재와 기술을 바탕으로 최고의 제품과 서비스를 창출하여 인류사회에 공헌한다."이다. 이를 위한 핵심가치들로는 1. 인재제일(People), 2. 최고지향(Excellence), 3. 변화선도(Change), 4. 정도경영(Integrity), 5. 상생경영(Co prosperity)이 있다. 또한 삼성전자는 현재 디지털미디어총괄, 생활가전사업부, 반도체총괄, 정보통신총괄, LCD총괄, 기술총괄 6개의 사업부로 구성되어 있다. 삼성그룹은 고(故) 이병철 회장의 창업 이념에 바탕을 두고 창립 초기부터 가족이란 가치를 중시하여 왔으며, 2대 회장인 이건희 현 회장도 이미 1980년대부터 여성 인력의 활용필요성을 강조하면서 여성친화적인 기업 환경을 조성할 것을 주문해 오고 있다. 최근에는 여기서 진일보한 가족친화적인 기업 환경 마련에 만전을 기하고 있다. 이 같은 가족중심적 기업분위기는 '가화만사성(家和萬事成)'이 이뤄져야 '기업만사성'이 가능하다는 믿음 때문이다. 특히 삼성그룹의 가장 큰 계열사인 삼성전자가 내건 '또 하나의 가족'이라는 슬로건은 11년째 지속되고 있는 캠페인으로서 오랜 생활 동안 친구나 따뜻한 가족으로서 고객 가까이에서 함께해 온 삼성전자의 이미지를 부각시키는 데 큰 기여를 하였다. 이렇듯 삼성전자는 끊임없이 가족과 이웃에 대해 깊은 관심과 사랑을 가지고 있다는 기업이미지를 만들기 위해 많은 노력을 해 왔다. 국내 최고의 기업인 만큼 우리 경제 전반뿐만 아니라 우리 사회에 커다란 영향력을 가진 조직으로서 그 역할을 다하겠다는 의지가 돋보이는 슬로건이다. 특히 '가족친화 경영'은 일과 가족 사이에서 갈등을 해소할 수 있는 '또 하나의 가족'으로서의 기업이미지로 삼성전자가 추구하는 가치와도 잘 부합된다.

2) 본론

최근 국내 대기업 직원들을 대상으로 한 '직장 생활에서 무엇이 가장 중요한가'라는 조사에서 11개 기업 중 7개 기업에서 '일과 생활의 균형(WLB, Work Life Balance)'이 급여 수준, 고용 안정성, 승진 등을 제치고 1위를 차지했다고 삼성경제연구소가 밝힌 바 있다. 여기서 '일과 생활의 균형'이란 기업에 근무하는 개인들이 일과 생활을 모두 잘 해내고 있다고 느끼는 상태라고 정의되는데, 이것은 최근 '삶의 질'을 추구하는 직장인이 늘어나고, '일과 생활의 균형이 조직구성원들을 동기부여시키고, 훌륭한 인재를 확보/유지하는 중요한 수단'이라는 기업의 인식 변화에 따라 화두가 되기 시작했다. 또 얼마 전부터는 이러한 일과 생활의 균형에 대한 프로그램이 법으로서 정해지기도 하는 등, 중요한 복지 형태로 시행되게 되었다. 이러한 일과 생활의 균형에 대한 프로그램(WLB 프로그램) 중 하나가 바로, '가족친화경영', '가족친화적 제도'이다. 직원들이 일과 생활의 균형에 대한 욕구를 만족시켜 주기 위해 현재 시행되고 있는 가족친화경영은 크게 '자녀양육, 노인부양, 일/가족 간의 갈등 해소, 성 차 해소' 이렇게 네 가지 영역으로 나누어 볼 수 있다.

외국 선진 기업의 경우 근무 형태 다양화, 가족 대상 프로그램 등 다양한 가족친화경영방식을 적극 도입하고 있다. 미국은 인재 확보 차원에서 기업이 주도적으로 가족친화경영 방식을 도입해 왔고, 유럽의 경우 국가가 복지 차원에서 육아 인프라 구축을 중심으로 제도를 시행하고 있다. 일본도 최근 저출산·고령화 대책의 일환으로 정부 차원에서 가족친화경영 방식을 추진하고 있다. 대한상공회의소가 최근 서울소재 500개 기업을 대상으로 '가족친화 경영 현황과 개선과제'를 조사한 결과에 따르면, 가족친화경영이 기업 성과를 올리는 데 '도움이 된다'고 응답한 기업이 61.2%로 '도움이 되지 않는다'는 응답 38.8%에 비해 1.5배에 달했는데 기업성과에 도움이 된다는 응답은 기업규모별로 중소기업이 59.8%, 대기업이 65.2%로 나타나 중소기업보다는 대기업에서 가족친화경영의 효과를 긍정적으로 보고 있는 것으로 나타났다고 밝혔다. 이렇게 국내 중소기업들의 가족친화경영에 대해 아직 그 효과에 대해 긍정적인 태도를 보이지 않는 것은 그 효과는 당장 가시화되지 않고, 중소기업은 대기업에 비해 가시적 효과에 더 민감하기 때문으로 볼 수 있다. 이런 인식을 바탕으로 우리나라는 아직 가족친화경영 방식의 도입 단계에 있다.

(1) 자녀양육

얼마 전, 도시 인구 밀집 지역, 농어촌 지역을 국, 공립 보육 시설 우선설치 지역으로 규정한 현행 영유아보육법에 국가지방산업단지, 산업시설 밀집 지역을 새로 추가하는 개정안이 의원입법으로 발의되었다. 현재 직장 내 보육시설 설치는 여성근로자 300인 이상이거나 전체 근로자 500인 이상인 기업에 한해 적용하고 직접 설치가 어려울 경우는 육아 보조금을 지급하도록 되어 있다. 그러나 전자는 대부분 대기업 규모에 해당하며 후자 역시 보조금 지급률이 30% 정도에 그치고 있다.

수입 중, 교육비의 비중이 점점 더 커지고 있는 상황에서[아래 <표 1>1) 참고] 기업의 자녀 양육 지원은 직원으로 하여금 임금 인상보다 오히려 더 직무 만족도를 높이는 데 기여하고 있다.

삼성전자의 경우, 회사 내에 보육 시설을 유치하고 있으며, 여자 직원의 경우에 한해서 이 보육원을 이용할 수 있는 혜택을 주고 있다. 이 시설을 이용하면, 아침에 아이와 함께

<표 1> 국내총생산에서 차지하는
교육의 비중

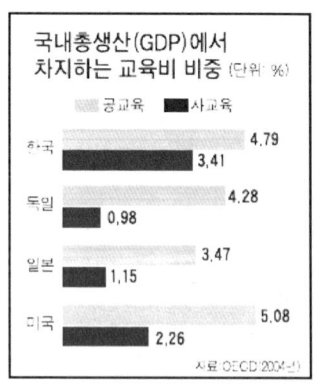

출근을 하고, 퇴근도 아이와 함께할 수 있게 된다.

또한 자녀가 심장병을 앓고 있는 경우, 임직원 자녀의 본인 부담금 수술비의 전액을 지원을 하고 있으며, 자녀가 백혈병일 경우 항암 치료개시부터 1인당 2천만 원 한도 내에서 치료비를 지원해 주고 있다. 또, 대학교육까지 국내 및 해외에 재학 중인 임직원의 자녀에 대해서 학자금을 지원해 주고 있으며, 임직원의 자녀를 대상으로서도 사내 예식장을 지원해 주고 있다. 또한 회사 내에 상담실을 만들어 자녀 양육에 대한 고민이나 문제가 발생한 사원이 전문 상담사의 도움을 받을 수 있는 제도도 마련하고 있다.

자녀양육에 대한 외국 선진 기업의 예를 들면, 미국 Ford사의 경우, 근로자의 자녀가 아파서 학교에 갈 수 없거나 직원의 갑작스런 출장이나 초과근무가 필요한 경우, 전문 보육사가 24시간 동안 근로자의 자녀를 돌봐 주는 제도를 실시하고 있다. 또, IBM japan의 경우, 자녀가 초등학교 4학년이 될 때까지는 재택근무를 할 수 있게 하는 제도도 지원하고 있다. 또한 독일의 화학 회사 '바스프'에서는 방학 중 직원 자녀를 대상으로 박물관, 예술관 등을 견학시켜 주는 프로그램도 운영하고 있다.

(2) 노인부양

자신을 위해서는 돈 한 푼 쓰기를 겁내는 어머니, 그러나 결혼을 앞둔 딸을 위해 옷 등을 아낌없이 사주려 한다. 그런 어머니를 지켜보는 딸의 눈에는 어느새 눈물이 글썽인다. 그리고 "우리 집 한 달 생활비를 옷 한 벌에 쓰신다. 딸이 결혼을 한다고."라는 딸의 잔잔한 내레이션이 흐른다.

삼성그룹이 이달 1일부터 내보내고 있는 그룹 이미지광고 '고맙습니다 어머니 편'의 내용이다. 이렇게 삼성 그룹은 '가화만사성'의 메시지를 담고 있는 광고 시리즈에서, 최근 어머니에 대한 광고를 선보이고 있다. 이 광고로 삼성전자의 경영방침도 엿볼 수 있다.

<표 2>과 <표 3>[2]에서도 알 수 있듯이 우리나라 국민의 평균수명의

---

2) www.oecd.org/statistics

증가와 급격한 노령화 속도로 청·장년층 인구 1인이 부양해야 할 노인인구의 수가 빠르게 증가하고 있다. 그에 따라 나이 든 부모의 부양 또한 점점 더 중요로 대두되고 있다.

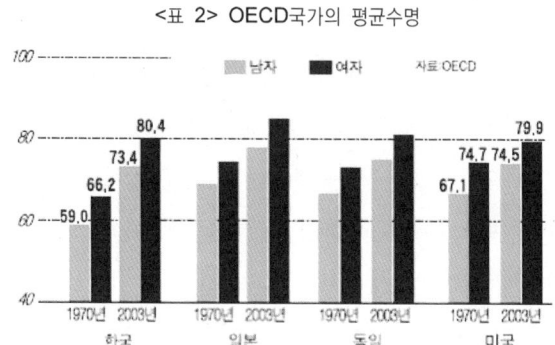

<표 2> OECD국가의 평균수명

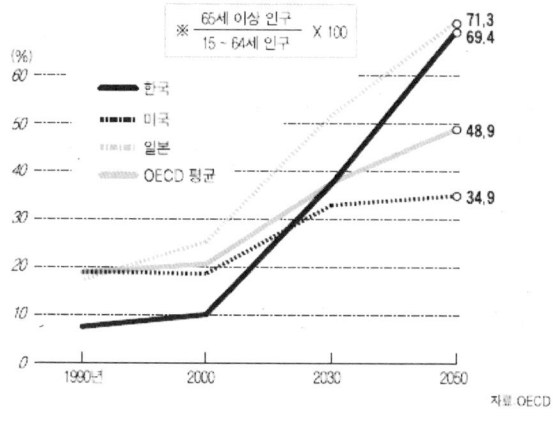

<표 3> OECD국가의 노령화 추세

하지만 몇 년간 이어지는 경기침체로 근로자들의 정년퇴임 나이는 오히려 더 줄어들어, 자녀들의 부양에 대한 부담을 가중시켰다. 또한 예전보다 형제자매의 수가 줄어들어서 한 자녀, 대개의 경우 두 자녀가 두 부모 부양을 맡아야 한다. 게다가 맞벌이 부부들은 육아와 부모 부양이라는 이중 부담을 지게 되었다. 이에, 선진국의 기업들은 가족친화제도의 범위를 직원의 육아

문제해결에 있어서뿐만 아니라 직원들의 노부모를 배려하는 데까지 점차 확대하고 있다.

　삼성전자의 경우, 직원들이 업무적, 개인적 고충을 상담으로 해결할 수 있도록 직원들을 위한 열린 상담 센터를 마련하여, 부모 부양에 대한 상담을 병행하는 방식으로서 직원들의 직무 만족도에 기여하고 있다. 물론 부모 부양에 대한 개인적인 상담까지도 회사에서 배려를 해 주고 같이 고민해 줄수 있다는 점에서 직원들은 마음을 털어놓을 곳을 찾고, 한층 마음의 짐을 덜고 일에 집중할 수 있다. 또한 부모를 직접 모시는 가구에 한해서, 부모의 명수를 부양가족이 늘어나는 것으로 간주하여 일정량의 임금을 늘려 주는 제도를 시행하고 있다. 하지만 아직은 그 액수가 적고, 이 제도가 직원들에게 잘 알려져 있지는 않아 참여는 적은 실정이다. 또한 부모님의 거주지에 화재 피해가 발생할 시에 거주주택을 지원하고 있기도 하다. 이러한 노인 부양에 대한 직접적인 혜택들 이외에도, 삼성전자는 직원들의 부모에 대해서도 직원처럼 혜택을 주고 보살피기 위해, 여러 가지 행사들을 하고 있다. 예를 들어, 삼성전자 구미사업장은 어버이날을 맞아 자녀가 일하는 직장에 임직원의 부모님 300여 명을 초청하는 행사를 했다. 이번 행사에는 직원들이 부모님을 위해 직접 준비한 '마당극', '애니콜 합창단' 등의 공연과 함께 부모님들을 위해 미리 준비한 영상편지 상영과 카네이션 달아드리기, 그리고 제조라인 및 사무실 현장, 기숙사 방문 등으로 이루어졌다. 또한 수원사업장에서도 어버이날을 맞아 부모님께 편지쓰기 행사가 실시되어, 어버이날에 임직원 부모님들에게 편지와 카네이션을 배달했다. 지난해에는 120명의 직원 부모를 초청해 반도체 생산라인을 둘러보는 기회를 제공하고 2박3일 일정으로 남양주시에 있는 몽골문화촌을 관광하게 하는 프로그램도 진행했다. 이런 부모와 관련된 행사는 직원들로 하여금 회사에서 자신들의 부모에게까지 관심을 보여 주는 것을 보고, 회사에 더 긍정적인 마음을 가질 수 있게 하고, 이에 따라 직무에 대한 심리적인 만족도를 높일 수 있다는 장점을 갖는다.

하지만 아직 우리나라가 가족친화경영 중 노인 부양의 측면에 대해 미약한 만큼, 삼성전자 또한 외국의 선진기업에 비해 앞선 제도를 가지고 있지는 못한 실정이다. 외국의 선진 기업의 노인 부양에 대한 지원의 예는 다음과 같다. 미국 제약회사 브리스톨마이어스스킵(BMS)의 경우, 직원의 노부모 간병 등을 도와주는 '노인 돌보기 프로그램'을 운영하고 있다. 직원은 회사 지원으로 노인 도우미를 무료 신청할 수 있다. 도우미 파견뿐 아니라 노인 부모를 가진 직원을 위해 노인 문제 전문가를 수시로 초빙해 직원들에게 설명해 주고 상담하는 자리를 만들고 있다. 또한 미국 소프트웨어업체 새스의 경우 회사 내에 '근로생활부(Worklife Department)'라는 부에서 노인을 위한 정보를 손수 제공하여, 직원들이 일일이 인터넷을 검색하고 여기저기 전화를 걸어서 알아봐야 하는 수고를 덜어 주고 있다. 이 기업은 노인 부양에 대한 직원들의 요구가 점점 늘어나자 지원부서의 크기를 조금씩 확대해 가는 추세이며, 직원들로 하여금 고민의 시간을 줄이고, 직무에 몰입할 수 있게 한다고 밝혔다.

(3) 일/가족 갈등

'직장(career)을 더 중시할 것이냐, 가족(family)을 더 중시할 것이냐'는 요즘과 같은 가족해체시대에 많은 회사원들이 경험하고 있는 갈등이다. 또한 일과 가족 모두를 생각해야 하는 취업여성들은 아이들의 양육문제로 많은 갈등을 겪고 있다. 근로자가 직장과 가정생활 간의 갈등에 잘 대처하지 못할 때, 직무 수행 저하, 결근율 증가 등 업무 능률에 부정적인 영향뿐만 아니라 가정생활의 불안정과 파탄을 초래할 수도 있으며, 더 나아가 전반적인 삶의 질이 저하될 가능성이 크다. 따라서 회사에서는 직원들이 회사 일과 가정 사이에 끼어 아까운 경력을 포기하거나 업무에 집중하지 못하는 경우가 없도록 적극적으로 직원의 가정문제를 배려하여 경쟁력을 높이고 있다. 직원들의 사정에 따라 근무 시간과 장소를 유연하게 해 줌으로써 직원 스스로 가정에 신경 쓸 수 있는 기회를 제공할 수 있는 탄력근무제(Flexible time system)가 그 예이다. 탄력근무제란 출퇴근 시간을 특정하게 정해 놓지 않고 어느 정도의 자율을 회사원에게 부여하여 회사원이 원하는 시간에 출퇴근할 수 있도록 하는 제도이다. 이 제도를 통하여 러시아워 시간에 맞춰 출퇴근하는 직원들의 불편함을 해결할 수 있고 스스로 업무에 맞춰 유연하게 자기 시간 관리를 할 수 있기 때문에 개인생활시간에 더 많은 효율성이 생길 수 있다.

삼성전자는 재택근무와 탄력근무시간제도를 시행함으로써 직원들의 직무 성과가 향상되고 직무에 대한 태도도 긍정적으로 변화되었다고 한다.

아래 그래프<표 4>는 가족친화경영이 기업성과에 얼마나 기여했는가를 보여 주는 설문조사에 대한 것이다.[3] 그래프를 보면 실제로 대기업에서 가족친화경영이 도움이 되었다고 응답한 경우가 65.2%로 도움이 되지 않는다 (34.8%)는 의견의 2배에 달했다.

<표 4> 가족친화경영 프로그램의 기업성과 기여도

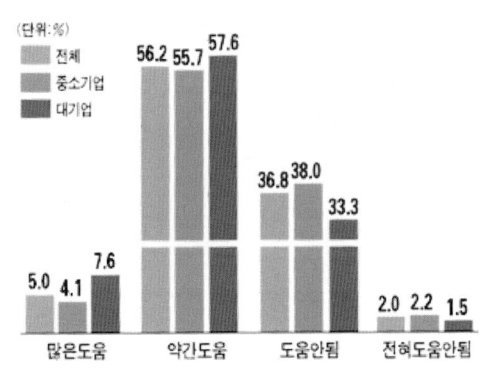

(4) 성차

최근 우리나라 여성들의 취업률이 꾸준히 증가하고 있는 추세지만 선진국을 따라가기엔 아직 역부족이다. 15세 이상 64세 이하에 속하는 우리나라 여성의 경제활동참가율은 50%에 머무르고 있으나 미국과 북유럽 국가들의

---

3) 가족친화경영 현황과 개선과제. 2006. 대한상공회의소

경우 70 - 80%이며 이웃국가인 일본도 60%를 넘어서고 있다고 한다. 이것은 선진국과 비교되는 우리나라의 기업문화와 가부장제도적인 편견이 아직 우리 사회에 만연해 있음을 알려 준다. 실제로 기업에 입사해서 여성들이 느끼는 성차별은 아주 다양하다. 임금 급여 불평등, 승진기회의 공정성, 특히 우리 사회에 아직 남아 있는 근본전인 여성에 대한 편견들은 여성들이 사회생활을 유지하는 데 큰 걸림돌이 되고 있다. 특히 취업여성들은 육아양육에 대한 부담, 결혼 후 직장생활과 가정생활을 병행해야 하는 부담 때문에 퇴사하는 경우가 남성들보다 월등히 높은 것으로 나타났다.

다음의 그래프는 취업 포탈사이트 인크루트(www.incruit.com)에서 취업여성들을 대상으로 직장생활을 어렵게 하는 요인들에 대해서 설문조사한 것이다.

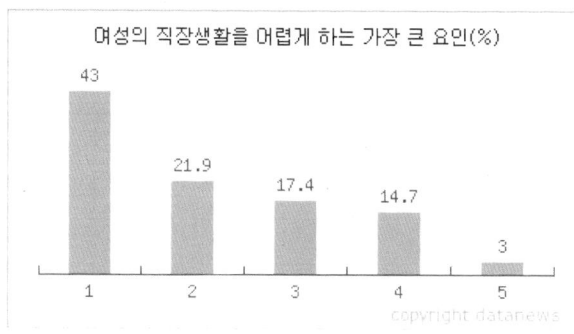

<표 5> 여성의 직장생활을 어렵게 하는 가장 큰 요인(%)4)

	[1] 결혼/육아	[2] 근로조건 불평등	[3] 가사병행	[4] 사회적 편견	[5] 기타	단위
여성의 직장생활을 어렵게 하는 가장 큰 요인	43	21.9	17.4	14.7	3	%

여성들이 생각하는 '여성의 직장생활을 어렵게 하는 가장 큰 요인'으로는 '결혼 및 육아문제'가 가장 많은 43%를 차지했고, '불평등한 근로조건' 21.9%, '가사병행' 17.4%, '여성에 대한 사회적 편견' 14.7% 등으로 나타났

---

4) www.incruit.com

다. 이 설문조사를 통해 여성들이 생각한 주요 요인 네 가지 모두가 여성들에 대한 생리적, 사회적 불평등 때문에서 비롯되었다는 것을 알 수 있다.

삼성전자에서는 여성들의 섬세함, 유연함이 필요한 IT업종으로 여성 고용을 늘리기 위해 각종 가족친화제도를 선진적으로 도입함으로써 취업희망 여성들에게 기업이미지를 제고하게 하고 있다. 이런 움직임은 우리나라 전체 여성의 경제활동참가율을 높이는 데 분명 많은 도움을 줄 것이다. 또한 여성문제 등을 비롯해서 사회적인 역할과 책임을 다한 기업이 그렇지 못한 기업에 비해 성과가 뛰어나다는 연구결과는 다른 기업들로 하여금 가족친화경영에 대한 긍정적인 평가를 가능하게 해 준다. 아래의 그래프<표 6>를 통해서 여성 고용이 꾸준히 상승 곡선을 타고 있다는 것을 알 수 있다. 또한 출산 육아 친화경영 후 경영실적이 수직적으로 상승했다.

① 여성 인력 활용

우리나라의 출산율 추이를 보면, 1970년에는 여성 1명이 평생 출산하는 자녀의 수(출산율)가 4.53명에 이르렀으나, 출산율 저하정책과 아이를 많이 낳으면 후진국을 벗어날 수 없다는 국민적 인식으로 출산율은 점차적으로 떨어져 2003년에는 1.19명을 기록했고, 최근자료에 의하면 2005년에는 1.08명으로 세계최저수준을 기록했다. 또한 유엔 경제사회국은 한국의 현재 평균 나이는 35.1세이지만 빠른 고령화 추세로 인해 2050년에는 평균 연령이 53.9세가 돼 세계 최고가 될 것이라 분석했다. 이러한 변화 추이를 바탕으로 여러 경제기구들은 "지금과 같은 급격한 고령화·저출산 경향이 계속된다면 한국은 장기적으로 노동력이 부족해 성장 정체를 겪게 될 것이다."라고 경고하고 있다. 이러한 노동시장의 변화는 기업들로 하여금 부족한 노동력을 잠재되어 있던 여성 노동력에서 찾아야 한다는 인식을 하도록 만들었다. 그러나 많은 여성들이 처음부터 비경제활동인구였던 것은 아니다. 아래의 여성의 연령별 경제활동참가율 그래프<표 7>[5]를 보면 대졸 직후에는

---

5) 연령별·성별 경제활동참가율(2005), 통계청(2006), 『2005 경제활동인구연보』.

높아졌다가, 25 – 29세에 갑자기 낮아진 뒤, 30 – 34세 구간에 다시 오르는 형태를 보이는 것을 알 수 있다. 그렇다면 25 – 29세 구간에 그래프가 급격한 하향곡선을 보이는 이유는 무엇일까? 바로 출산 때문이다. 25 – 29세에 출산으로 경제활동율이 낮아졌다가 아이를 어느 정도 키우고 난 후 30 – 34세가 되면 다시 경제활동참가율이 오르게 된다. 실제로 올해 초 노동부가 여성 근로자의 영아 보육실태를 조사한 결과에 따르면, 산전·후 휴가를 받은 직장 여성의 12.9%가 퇴직했으며, 이들 중 68%가 퇴직의 이유를 '아이를 키우는 어려움'이라고 응답했다고 한다.6) 그러나 앞서 살펴본 바와 이미 가족친화경영을 실천하고 있는 기업들은 사내 어린이 집을 운영하고, 모유를 저장할 수 있는 '유축실' 등을 운영하는 등의 자녀를 둔 여성 사원들이 안정적으로 업무에 전념할 수 있는 환경을 조성하고 있었다. 이로 인해 기업은 현재 일하고 있는 훈련된 인력의 유출을 막을 수 있을 뿐 아니라 높아진 기업이미지로 인해 신규 사원 모집에 많은 고급 인력들이 지원할 것으로 예상돼 우수한 인력을 확보하는 길을 넓힐 수 있을 것이다.

<표 6> 여성의 연령별 경제활동참가율 그래프

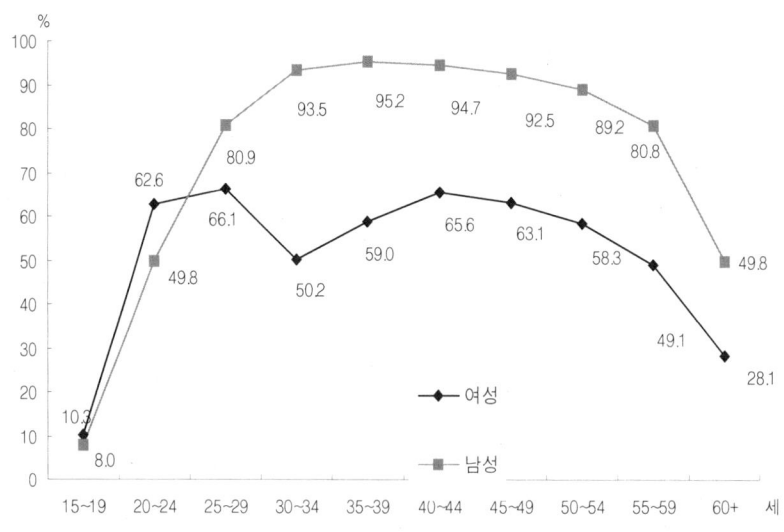

---

6) http://blog.naver.com/flatline21/110000097449

3) 결론

(1) 이직률 감소

최근 발표된 논문[7]에 의하면 가족친화제도를 시행하는 기업의 사원들이 제도의 유용성을 높이 지각할수록 이직 의도는 낮아진다고 한다.($\beta = -0.399$ $p<.001$) 이직의도란 조직으로부터 금전적 보상을 받는 개인의 자의로 조직에서 구성원으로서의 역할을 포기하는 것이라 정의한다. 이직의도는 높은 직무만족도와 직무만족도의 요소로 설명될 수 있다. 같은 논문의 결과에 의하면 가족친화제도의 유용성에 대한 지각과 직무만족도과 조직몰입도는 비교적 높은 상관관계를 가지고 있는 것으로 나타났다($\beta = 0.423$, $p<.001$/$\beta = 0.457$ $p<.001$). 여기서 직무만족은 직무에 대한 태도의 하나로서 직무로부터 경험되거나 유래되는 욕구충족의 정도이며 개개인의 가치체계에 따라 상이한 상태를 나타내는 변수이고, 조직몰입은 조직에 대한 개인의 일체감과 몰입 정도를 의미한다.[8] 즉 가족친화제도를 유용하다고 느낄수록 높은 직무만족도와 애사심을 가져 이직의 유혹을 적게 느낀다는 것이다. 이직에 의해 발생하는 문제점으로는 훈련된 인력의 유출로 인해 새로운 인력을 또다시 교육시키는 데 시간과 비용을 이중으로 써야 한다는 점 그리고 그들이 훈련되는 동안 업무 배분에 혼란이 온다는 점 등이 있다. 또한 서비스 기업의 경우 고객 담당직원의 이직률이 높으면 그에 따라 고객도 이탈돼 매출이 하락하는 문제가 발생할 수도 있다. 따라서 낮은 이직률은 숙련된 인력에 의해 업무가 연속적으로 이루어질 수 있기 때문에 비용적 측면에서 기업에 긍정적으로 작용한다.

---

7) 장예지(2007). 가족친화제도에 대한 근로자의 유용성 지각이 조직효과에 미치는 영향: Y기업 사례를 중심으로. p.64, 65.

8) 같은 논문 pp.60 - 63.

(2) 기업 성과 측면

가족친화제도의 도입수준이 조직효과성에 어떠한 영향을 주는가에 대한 연구에 따르면 가족친화제도는 조직성과 지각과 시장성과의 지각에 유의미한 영향을 주는 것으로 나타났다.($\beta = 0.639$, $p < .001$/$\beta = 0.397$, $p < .001$)[9] 조직성과와 시장성과 지각이란 Delaney와 Huselid의 일곱 가지 조직효과성 변수 중 두 가지로서 조직성과 지각은 제시된 생산품과 서비스의 질, 새로운 생산품과 서비스의 개발, 핵심인재 유치와 유지 능력, 고객이나 의뢰인의 만족, 노사관계, 이직률, 결근율과 근태율의 항목을 포함하고 있으며, 시장성과 지각은 마케팅 성과, 판매 성장률, 수익률, 시장점유율을 사용하여 측정되었다. 지각된 성과 이외에 생산성과 관련된 자료는 아직 우리나라의 가족친화경영방식에 대한 연구가 많이 되어 있지 않아서 찾을 수 없었다. 그래서 수십 년간 이 제도를 도입해 왔던 외국의 사례를 들기로 한다. 독일 '바스프' 기업의 전략기획실장 하르트무트 랑은 독인에서 가족친화 프로그램을 가진 기업은 그렇지 않은 기업보다 생산성이 30% 높은 것으로 조사되었다고 전했다. 네오웨이브 최두환 사장은 가족친화경영으로 직원들이 회사를 좋아하게 되어 더 좋은 아이디어가 나와 회사에도 이익이 된다고 전했다.[10] 이상의 결과들을 종합해 보면, 기업은 가족친화제도로 사원들에게 안정적 환경을 제공하고 사원들은 심리적으로나 물리적으로 편안한 환경을 바탕으로 높은 생산성을 보였음을 알 수 있었다. 따라서 가족친화경영은 기업의 생산성 측면에도 긍정적 영향을 미쳤다고 할 수 있다.

(3) 가족친화도가 기업에 미친 긍정적 영향의 이론적 분석

① motivation 이론

우리 조는 기업의 가족친화경영방침의 일환으로 시작된 여러 제도들이 사

---

9) 임주리(2007). 가족친화제도 도입의 영향요인과 조직효과성에 관한 연구: 초기 도입 기업을 중심으로. pp.40, 41, 58 – 59.

10) http://blog.naver.com/flatline21/110000097449

원들을 동기화했기 때문에 낮은 이직율과 생산성이라는 긍정적 결과를 얻을 수 있었다고 생각한다. 그래서 가족친화경영이 사원의 동기화에 미치는 영향을 motivation이론은 통해 설명하고자 한다.

우선 첫 번째로, 앨퍼더의 ERG이론은 인간의 욕구체계를 존재욕구, 관계욕구, 성장욕구라는 세 가지 욕구체계로 설명한다. 이 욕구들은 동시에 작용할 수도 있으며 저차원의 욕구가 충족되면 고차원의 욕구로 올라가는 만족 - 진행 과정과 함께 좌절 - 퇴행 과정에 따라서도 이동할 수 있다. 이 이론이 조직관리에서 시사점을 갖는 부분은 바로 좌절 - 퇴행 관계 때문이다. 좌절 - 퇴행 관계에 따르면 조직 내에서 구성원이 관계욕구나 성장욕구가 좌절되었을 때 그 하위단계의 욕구에 대한 중요성을 더욱 크게 느끼게 된다고 한다. 예를 들어 관계의 욕구가 좌절되면 그 하위욕구인 금전적 보상에 대한 요구의 증대로 나타날 수 있다.[11] 이러한 설명을 우리의 연구 주제와 관련지어 생각해 볼 수 있다. 현대인들은 여러 인간관계들 중 가장 중요하게 생각하는 가족관계를 많은 업무로 인해 소홀히 해 왔다. 이러한 경향은 많은 가장들을 가정의 생계 수단으로 전락하게 만들었고, '고개 숙인 아버지'라는 사회적 이슈를 만들어 내기도 했다. 그에 따라 화목한 가족관계를 통해 만족시킬 수 있는 관계의 욕구 부분이 막중한 업무로 좌절됨에 따라 많은 노동자들은 금전적 보상에 집착하게 되었다. 그래서 2차적 문제로 노사 갈등과 같은 임금 협상문제들도 대두되게 되었다. 따라서 기업은 이러한 좌절 - 퇴행이 일어나지 않도록 업무로 좌절되었던 사원들의 가족관계의 욕구를 양육시설 제공이나 자녀교육비 지원 제도와 같은 가족친화제도로 충족시켜, 그들이 계속해서 상향적 욕구를 추구할 수 있도록 동기화시켰다고 설명할 수 있다.

그렇다면 기업은 막중한 업무로 소홀해진 가족관계에 대한 불만을 왜 job design을 통해 해결하지 않고 비용이 많이 드는 제도들을 만들어 해소하게 하였을까? 이러한 의문은 Herzberg의 2요인 이론으로 설명하고자 한다.

---

11) 오종석, 조영복(2007) 현대경영학(제3판). 삼영사.

Herzberg는 인간은 위생요인과 동기요인에 의해 동기부여된다고 하였다. 그러나 이 요인은 별개의 문제의 원인으로 작용하는데, 직무에 불만족을 느끼고 있으면 직무환경이 문제가 되어 생긴 불만족이고 반대로 직무에 대한 만족은 직무 자체와 관련된 것이라고 Herzberg는 설명한다.[12] 즉 사원들이 느끼는 자녀의 양육과 노부모 부양 등에 대한 불만족은 직무 환경이 문제가 되어 발생한 것이므로, 기업은 그들이 만족스럽게 일할 수 있는 환경 가족친화제도를 통해 제공한 것이다.

② 인적 자원관리 이론

가족친화경영은 사원에게 제공할 수 있는 보상의 측면을 강조한 경영 기법이다. 기업이 제공할 수 있는 보상은 크게 임금, 연봉제, 복리후생으로 나눈다. 그중에서도 가족친화제도들은 복리후생의 측면이 강조되어 만들어졌다. 복리후생이란 임금을 구성하고 있는 기본급과 수당, 그리고 성과급을 제외한 간접적인 모든 보상을 가리키는 것이다. 요즘은 복리후생을 노사관계의 안정과 우호적인 인간관계의 형성, 노동력 유지에 필수적인 것으로 여기고 있다. 복리후생은 종업원의 사기를 높이고 고용안정에 기여하며 기업의 생산성에 크게 공헌하므로 종업원의 복리후생 욕구와 사용자의 기준이나 능력이 잘 조화되어 설계되어야 하며 복리후생 프로그램에 종업원의 참여를 유도하는 것이 바람직하다.[13] 이 같은 설명에서 우리는 가족친화제도의 개념이 복리후생의 의미와 정확히 일치한다는 것을 알 수 있다. 이전의 자료들을 통하여 가족친화제도가 노동력을 유지시킨다는 것도 보았고 생산성에 공헌한다는 것도 알았다. 따라서 기업들이 막대한 비용을 들여가면서까지 사원들에게 여러 가족친화제도를 제공하는 것을 인적 자원 관리를 위한 복리후생 제공 전략이라고 말할 수 있다.

---

12) 같은 책.
13) 같은 책.

(4) 문제점

① 막대한 비용

사실 가족친화제도를 운영하려면 기업이 막대한 비용을 부담해야만 한다. 앞서 인용한 바 있는 독일의 '바스프' 기업의 경우, 12~14세를 대상으로 한 여름방학 체험 교육 '틴즈 온 투어(Teens on Tour)'를 제공하려면 초기투자비용 2만 유로(2,400만 원)와 함께 학생 한 명당 100유료(12만 원)가 든다고 한다. 또한 3세 이하 아기를 맡아 주는 '루키즈'는 매달 3만 6,000유로(4,320만 원)가 든다고 한다.[14] 이 비용은 1년으로 환산하면 5억 1840만 원이라는 엄청난 금액이 된다. 이렇게 막대한 비용은 상대적으로 자금사정이 좋지 않은 중소기업은 가족친화제도를 제공할 수 없게 만들고 이로 인해 대기업과 중소기업 간의 업무환경 격차는 더욱 심해질 것이다. 이러한 격차는 신규 노동력이 대기업에 더욱 몰리게 만들 것이고, 노동력이 부족한 중소기업은 수익을 내기 더욱 힘들어질 것이다. 이러한 악순환은 이익이 대기업에만 편중되는 빈익빈 부익부 현상을 심각한 사회문제로 만들 것이다.

② 불균등한 혜택

"장예지. 가족친화제도에 대한 근로자의 유용성 지각이 조직효과에 미치는 영향"이란 2007년에 발표된 논문에 의하면 가족친화제도는 결혼유무와 자녀유무에 따라 사원마다 다른 유용성을 느끼고 있다는 결과를 발표했다. 기혼 근로자가 미혼근로자보다 가족친화제도의 유용성 지각이 높으며 유자녀 근로자가 무자녀 근로자보다 제도의 유용성을 높게 지각한다는 것이다.[15] 이 결과를 비롯하여 본론에서 제시한 가족친화제도의 카테고리로 알 수 있는 점은 가족친화제도가 기혼 근로자와 미혼 근로자에게 집중적으로 제공되고 있다는 것이다. 독신자나 무자녀 사원은 받을 수 있는 혜택이 거의 없으며, 자녀가 있고 결혼을 했더라도 부모(자녀의 조부모)가 함께 살며 자녀양육을 맡고 있어 회사가 제공하는 육아시설혜택이 사실상 필요 없는

---

14) http://blog.naver.com/flatline21/110000097449
15) 장예지(2007). 가족친화제도에 대한 근로자의 유용성 지각이 조직효과에 미치는 영향 pp.56-59.

경우도 있을 것이다. 즉 다양한 사원들의 상황에 맞는 다양한 프로그램을 제공하지 못한다는 문제점이 있다.

(5) 대안제시

① 정부의 지원

대한상공회의소가 조사한 자료에 의하면 89.4%에 이르는 기업들이 가족친화정책과 관련하여 정부지원이 제대로 이루어지지 않고 있다고 응답했다.[16] 앞서 말한 바와 같이 가족친화제도는 막대한 비용이 든다. 따라서 국가 전체의 복지와도 관련된 일을 하는 기업에게 100% 부담하게 하는 것은 맞지 않는다고 생각한다. 따라서 어떤 방식으로든 정부가 지원을 해 주어야 한다고 생각한다. 같은 조사 자료에 의하면 기업들은 정부지원이 필요한 부분을 경비지원(46%), 근로시간 유연화 관련 법제개선(16.4%), 금융/조세 인센티브 제공(16.2%)이라고 응답했다. 즉 전체의 62%에 해당하는 기업이 정부의 금전적 보상을 기대하고 있었다.[17] 정부의 금전적 보상은 앞서 문제점으로 제시했던 중소기업과 대기업 간의 시행격차를 줄이는 데도 도움이 될 것으로 예상된다. 또한 많은 기업들이 제도 도입/운영 관련 정보 및 노하우가 부족해서 가족지원프로그램을 운영하지 않는다고 응답했고, 도입 및 실천 노하우 제공 및 상담지도를 정부가 지원해 주어야 할 부분이라고 응답했다(6.2%).[18] 이 같은 설문 결과는 우리나라에서 기업들이 가족친화경영을 채택한 지 얼마 되지 않아 아직 이 경영방식에 대한 인식이 많이 부족함을 보여 준다고 생각한다. 따라서 정부가 앞장서서 외국의 성공사례들과 좋은 프로그램을 기업들에게 소개하고, 도입이 미비한 기업에 대해서는 특별 교육을 통해 충분한 정보를 제공해야 될 것이다. 그리고 이 제도를 잘 시행하고 있는 기업에게 보상을 해 주는 방식의 지원도 필요하다. 일본 정부의 경

---

16) 가족친화경영 현황과 개선과제. 2006. 대한상공회의소.
17) 같은 보고서.
18) 같은 보고서.

우, 저출산 문제에 대한 고민 끝에 가족친화경영을 잘하는 기업에 인증마크를 주는 방안을 내놓았다. 회사가 가족친화경영을 잘 하고 있는 기업에 대해 생산하는 상품에 인증마크를 달아 주어 그 기업의 이미지 상승에 기여한다는 방침이다. 또한 가족친화경영을 잘 하는 기업에 정부 조달에서 가산점을 주는 방안도 고려해야 한다는 의견도 있다. 이렇듯 기업은 다양한 방면에서 정부의 지원 역할을 기대하고 있다. 사실 가족친화제도는 국가 복지와도 관련된 부분이 많다. 따라서 정부는 복지분야에서의 예산을 가지고, 가족친화경영을 시행하는 많은 기업들을 그들의 요구에 맞게 지원해 주어야 할 것이다.

② 선택적 제도 마련

앞서 두 번째 문제점으로 지적하였던 불균등한 혜택문제를 해소하기 위해 기업은 사원들이 선택할 수 있는 다양한 권한을 줄 수 있는 프로그램을 제공해야 할 것이다. 이러한 부분을 고려하여 도입된 제도가 카페테리아식 복리후생제도이다. 이는 선택적 복리후생제도라고도 하는 것으로, 종업원으로 하여금 각자의 필요에 맞추어 복리후생 프로그램을 선택할 수 있도록 한 제도이다. 이 제도는 종래 일방적 복지혜택지원에서 구성원의 개인별 선택에 따라 다양한 복지욕구를 충족시켜 주어 개인의 생활수준 향상뿐만 아니라 복지수혜의 형평성과 복지비용의 효율성을 높임으로써 결국에는 회사의 생산성 향상에 기여한다는 목적을 달성할 수 있게 해 준다.[19] 예를 들어 부양할 가족(노부모 또는 자녀)도 없고 여가를 즐기는 것보다 금전적 보상에 더 큰 가치를 두는 사원에 대해서는 앞서 나열했던 여러 복지제도보다는 업무에 대한 인센티브를 지급함으로써 개별적인 욕구를 최대한 충족시켜 주라는 것이다. 그러나 한 기업에는 수많은 사원들이 속해 있고, 그들의 제각각 다른 복지에 대한 욕구를 가지고 있을 것이다. 일본의 화장품회사 시세이도의 사회책임부 차창 야마기와 기요쿄도 가족친화제도를 설계·시행하는 데 가장 큰 어려움으로 여러 직종의 직원을 모두 만족시키는 제도를 만드는 것

---

19) 오종석.조영복(2007) 현대경영학(제3판). 삼영사.

을 꼽았다.[20] 수많은 직원의 욕구를 파악하는 일도 불가능할뿐더러 그들을 모두 배려하여 제도를 너무 세분화한다면 거기에 따른 비용도 기업에게는 더욱 부담이 될 것이다. 그러면 다양한 제도를 제공하기는 하지만 그 질이 저하되는 경우가 나타날 가능성이 크다. 따라서 기업은 가족친화경영에 대한 기본 원칙을 정해 놓고 탄력적으로 제도를 운영하는 방식으로 경영전략을 기획하여 모두가 최대한 만족할 수 있는 제도를 마련해야 할 것이다.

[참고문헌]

1. 수원신문, 2007년 5월 22일 화요일, '가족氣 살려 직장에 신바람', 장지혜 기자.
2. 안병철, 이숙현 등 공저, 2005. 가족과 기업, 신정출판사.
3. 임주리(2007). 가족친화제도 도입의 영향요인과 조직효과성에 관한 연구; 초기 도입 기업을 중심으로. 이화여자대학교.
4. 장예지(2007). 가족친화제도에 대한 근로자의 유용성 지각이 조직효과성에 미치는 영향, Y기업 사례를 중심으로. 이화여자대학교.
5. 오종석, 조영복(2007) 현대경영학(제3판). 삼영사.
6. 가족친화경영 현황과 개선과제. 2006. 대한상공회의소.
7. 이코노미 21, 경제 매거진 2007년 5월.
8. Winning, 2005) by Jack Welch with Suzy Welch.
9. 연령별·성별 경제활동참가율(2005), 통계청(2006), 『2005 경제활동인구연보』.
10. www.oecd.org/statistics
11. http://blog.naver.com/flatline21/110000097449
12. 삼성전자 웹사이트 http://www.sec.co.kr
13. www.incruit.com
14. www.saramin.co.kr

20) http://blog.naver.com/flatline21/110000097449

2. 기업적 사례(나우콤)를 통한 복지브랜드

1) 서론

나우콤은 90년대 중반 PC통신 나우누리 서비스로 쟁쟁한 거대 기업 사이에서 3대 PC통신사로 성장했었다. 그러나 인터넷이 급격히 발전함에 따라 PC통신 시장이 위축되어 2000년부터는 3년 연속 적자를 기록하면서 기업의 존폐 자체가 불투명했었다. 2002년 동영상을 저장하고 전송하는 웹 스토리지 서비스인 피디박스와 클럽박스 서비스 개시와 함께 나우콤은 다시 부활할 수 있었다. 동영상 관련 원천 기술력을 바탕으로 동영상의 저장과 전송을 무료로 할 수 있는 획기적인 비즈니스 모델을 선보이면서 후발주자임에도 시장점유율 1위에 올라선 것이다. 2006년에는 매출 221억 원 가운데 70%가 피디박스와 클럽박스에서 창출되었고, 나우콤은 과거 꾸준히 200억 원 정도의 매출과 30억 원 안팎의 영업이익을 선보였다. 이러한 나우콤의 재기의 바탕에는 2001년 기업이 위기였을 때 새로운 대표를 맞아 사업구조를 재설계하는 등의 구조적인 노력도 있었지만 우리는 나우콤이 환경 변화에 대한 능동적인 대응을 통한 '새로운 가치 창조'라는 초점에 맞추어 분석해 보고자 한다. 이것을 분석해 봄으로써 사회복지정책과 복지 마인드를 재조명하여 보는 계기가 될 수 있기 때문에 의의가 크다고 할 수 있다.

2) 본론

(1) 기업 소개

① 나우콤 VISION

N.O.W
Number One Workplace

좋은 사람들이 즐겁게 일하는 곳

NOWCOM

나우콤의 비전은 '신뢰와 존중을 기반으로 일하기 좋은 최고 직장 만들기'이다. N.O.W.라는 슬로건 아래 '좋은 사람들이 즐겁게 일하는 곳, 나우콤'을 실현하고자 하는 것이다. '좋은 사람들과 일한다는 것'은 일, 인간관계에 있어 서로 신뢰와 존중을 나누는 것, '즐겁게 일한다는 것'은 건강하고 즐거운 환경에서 조직과 개인이 함께 미래를 만들어 가는 것이 바로 나우콤의 비전이라고 할 수 있다. 발전하는 회사는 복지 마인드가 잘 돼 있다. 특히 누구나 함께할 수 있는 마인드와 상부상조와 직원들 간의 네트워킹이 잘 된 복지 마인드를 가지고 있다.

② 나우콤의 3대 핵심가치

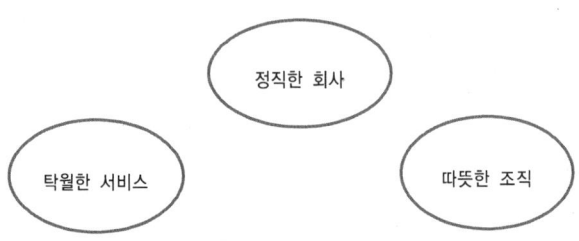

나우콤은 조직구성원이 공유하는 조직 가치와 문화, 기업의 사회적 책임과 같은 질적인 면이 기업의 진정한 경쟁력으로 힘을 발휘한다는 것이 누구보다 잘 알고 있는 회사이다. '따뜻한 조직'은 개인에 대한 존중과 배려, 정을 북돋아 주는 능력주의, 공평하게 기회를 주고 공정하게 평가한다는 의미로, 무엇보다 사람을 중시한다는 의미를 담고 있다.

③ 나우콤의 인재 상

[도전하는 나우인]

일과 싸워 이기는 사람
주장하고 주도하는 사람
끊임없이 공부하는 사람

나우콤에서는 창의경영을 실현할 수 있는 '항상 새로운 사고로 혁신을 추구하며 자기 분야에서 최고가 되기 위해 노력하고 도전하는 사람'을 인재 상으로 여기고, 변화하는 환경 속에 open system의 구조를 최대한 활용할 수 있는 인재를 원한다.

(2) 운영 및 경영 방법

① 종업원과의 원활한 정보 공유

Weekly CEO Meeting	나우콤 CEO는 매주 화요일마다 직원들과 점심을 함께 하며 대화의 시간을 열어 놓고 있다. 이 시간에는 CEO와 대화하고 싶은 주제를 참여자들이 직접 정해 함께 이야기를 나누고 있다.
경영진 간담회	입사자들과의 분기별 간담회를 통해 편한 일상사부터 회사 경영에 대한 이해, 나우콤의 조직문화, 사내 복지정책 등 평소 관심 있었던 주제에 대한 경영진의 생각과 입사자의 의견을 나누고 있다.
온라인 게시판	사내게시판에 CEO코너를 개설, 평소 CEO의 경영철학과 주요 실적, 주요 현안 등을 공유하는 공간을 마련해 직원들과 온라인으로 소통하고 있다.
직원 인터뷰	나우콤 CEO는 반기별로 주요 직원들과 각종 회사현안과 조직문화, 개별 성장계획 등을 논의하고 신상과 애로사항을 체크하는 등 반기별로 정기적인 미팅을 실시하고 있다.
직원 만족도 조사	회사는 정기적으로 직원만족도 조사를 실시한다. 일을 하면서 느끼는 애로사항, 각종 제도에 대한 의견 등을 공식적으로 수렴하여 현장의 생생한 목소리를 임원에게 전달한다. 이를 통해 긍정적 평가가 나온 부분에 대해서는 확대, 불만으로 지적된 사항에 대해서는 적극적으로 개선의 노력을 하는 등 직원들의 회사에 대한 만족도에 대해 항상 관심을 기울이고 있다.

② 기타 창의경영 실현 제도

첫째, 사내벤처제도를 실시한다. 둘째, 전임직원 대상 정기 설문을 실시한다. 반기별 전임직원 대상 설문 수행하고 각종 제안을 수렴하여, 정책입안에 중요한 기초자료로 활용하고 있다. 셋째, 사내 주요현안을 추진할 경우 반드시 사내 FGI를 통해 의견수렴과정을 거치고 있다.

③ Scientific Management에 근거한 제도

㉠ 성과에 대한 보상제도(Compensation for performance) → Profit Sharing

나우콤은 함께 일하면서 고생한 직원들이 성과를 나눠 갖자는 취지에서 회사 이익의 일부를 직원과 나누는 Profit Sharing 제도를 시행하고 있다. 이 제도는 지난 2004년 도입된 이후 반기마다 전임직원에게 배분하고 있다. 또한 비용절감 및 신규매출 창출 등 회사발전에 기여했다고 인정되는 경우 특별 공로 인센티브를 지급하고 있다.

→ Stock Option

장기보상정책으로서 핵심인재 대상으로 Stock Option을 부여하고 있다.

→ Key Man Care Program

핵심인재 육성, 유지를 위한 프로그램을 시행하고 있다. 핵심인재 대상 장기현금인센티브(PRI: Partnership Reward Incentive)를 지급하고 있다.

→ 선택적 복리 후생 제도(복지정책적인 회사)

기존의 일률적인 복리후생제도와 달리, 임직원 각자의 필요에 따라 원하는 것을 선택할 수 있는 '선택적 복리후생제도'를 도입하고 있다. 이를 통해 도서구입, 학비, 학원수강료, Fitness Center(운동관련 기관), 운동장비 구입, 공연 관람 등 직원들의 다양한 자기계발 욕구를 충족시켜 주고 있다.

→ 감사스티커제도

일상에서 크고 작은 일을 축하하거나 노고를 격려할 때 말로만 하지 말고 행동으로 범사에 감사하자는 취지로 도입된 제도이다.

→ Refresh휴가제도

열심히 일한 사원에게 일상생활의 스트레스를 마음껏 날려 버릴 수 있는 3일간의 휴가와 해외여행 지원금 100만 원을 지급하는 Refresh 휴가제는 직원들의 뜨거운 호응 속에 분기별로 진행되고 있다.

→ Spot 인센티브

반기별 Profit Sharing 인센티브 지급 시 우수성과자에게 특별포상금을 지급하고 있다.

ⓛ 교육제도(Personnel and their training)

→ 멘토링

나우콤은 입사 후 바로 1:1 멘토링으로 연결되는 선후배 관계를 통해 회사적응은 물론 성장을 지원한다.

→ 입문교육, 직능교육, 계층교육, 워크숍

다양한 교육훈련을 통해 개인의 자기계발과 역량향상을 지원한다.

→ 그룹스터디

구성원들은 스스로 그룹스터디를 조직하여 같이 공부하고 토론하는 자기 주도식 학습 분위기가 형성되어 있다.

→ CDP

직군별 성장경로를 설정하여 직원의 전문적 성장을 적극적으로 지원한다.

④ Humanistic Perspective에 기초한 제도

CEO 축하편지	직원 부모님의 생신이 다가오면 CEO가 자필로 직접 정성껏 편지를 작성해 생신 축하 케이크와 샴페인을 함께 보내드린다. 회사가 직원 하나하나를 소중히 여긴다는 뜻을 부모님에게 전달하며 CEO - 직원 - 가족 간에 친밀함과 신뢰를 쌓음으로써 따뜻한 회사를 만들어 가고자 하는 경영방식이다
퇴직안정프로그램	나우콤에서 만 5년 근속한 임직원의 퇴직 후 경제적 안정 기반을 제공해 주기 위해 법정퇴직금 외 별도로 연금 보험 상품을 가입해 주는 등 퇴직안정프로그램을 도입해 운영하고 있다. 이는 연봉제 실시 이후 개인적으로 은퇴 이후를 준비해야 하는 직장인들의 고민이 커지고 있으며, 특히 IT, 벤처기업의 경우 미래에 대한 불안감은 더욱 크기 때문에 안정된 회사생활에 도움을 주기 위한 것이 이 제도 도입 배경이다.
안식휴가	6년 근속한 임직원들의 재충전 및 자기계발을 위해 2주간의 유급휴가 및 휴가비 (150∼200만 원)를 지원해 주는 안식휴가제는 나우콤의 독특한 제도이다.
구내식당	나우콤은 매일 나가서 사 먹어야 하는 직원들을 위해 집에서 먹는 것처럼 해 주려고 직원 전용 식당을 마련했다. 직원들의 건강을 위해 화학조미료는 전혀 사용하지 않고, 메뉴 선정에도 직원들의 의견이 반영되고 있다. 나우콤의 CEO도 구내식당에서 줄을 서서 배식을 받고 직원들과 점심을 함께 한다. 외부 손님에게 식사 대접해도 손색이 없을 만큼 구내식당은 나우콤의 자랑거리 중 하나이다.
일과 삶의 균형	나우콤은 주 5일 근무제를 지난 98년 도입해 시행했으며 이것은 국내기업으로는 손꼽힐 만한 사례이다. 또한 법정에서 정하는 연월차 휴가 외 유급보건휴가와 입사 첫해 별도의 유급휴가를 부여하고 있다. 이것은 개인의 일과 삶의 균형 중요하게 생각하는 기업문화를 반영한 사례이다.
임직원 의료비 지원	불의의 사고를 당하거나 건강이 좋지 않은 경우 의료비 지원을 통해 직원의 건강을 책임지고 있다. 매해 임직원의 건강관리를 위해 권위 있는 종합병원에서 정밀한 건강검진을 실시하고 있으며, 건강검진 후 결과에 따라 상담 및 관리가 지원되고 있습니다. 일반적으로 회사에서 지원하는 4대 보험 외에 나우콤에서는 각종 불의의 사고 시 임직원 및 가족들의 생활을 보장하기 위하여 '단체 상해 보험'을 추가로 가입 운영하고 있다. 불의의 사고 시 치료비, 수술비 그리고 각종 질병에 보상받을 수 있는 제도이다.

⑤ 나이, 성별, 직급과 무관한 공정한 대우

㉠ 94년 창립 당시부터 선진적인 출산휴가 제공

- 나우콤은 94년 창립 당시부터 유급 90일의 파격적인 출산휴가를 제공했다. 창립 이래 수많은 여사우들이 당시 국내 기준보다 1개월 이상의

유급휴가를 제공받으며 주위의 축하와 축복 속에 출산을 했고 출산 후 100% 회사에 복귀했다.

   ⓛ 나이, 성별과 무관한 채용원칙

- 최근 1년 내 입사한 직원 중 여사우 비율이 높다. 인재상과 역량이 부합한다면 나이와 성별 등은 선발에 전혀 영향을 미치지 않는다.

   ⓒ 유급보건휴가

- 개정근로기준법은 보건휴가를 무급화하였지만, 나우콤은 현재 보건휴가를 유급으로 부여하고 있다.

   ⓔ 유아놀이방

- 임직원 자녀를 위한 유아놀이방 설치를 적극적으로 검토, 유아놀이방 설치는 경영 관리팀 핵심숙원사업으로 꾸준히 추진 중이다.

⑥ FUN 경영 실현 제도

   ㉠ 화목한 날

- 매월 1회 화요일 또는 목요일을 '화목한 날'로 정하고, 임직원이 한자리에 모여 맥주와 맛난 음식을 먹으며 스트레스를 날려 보내고 친목을 도모한다. 화목한 날에는 추억의 골든벨, Again 골든벨, 볼링대회, BBD 등 각종 다채로운 행사를 기획해 진행하고 있다.

   ㉡ 서로 소개해 주는 이벤트 '알고 지냅시다'

- 사내 인트라넷에 서로를 소개해 주는 이벤트를 개최, 각종 비리와 비밀, 허물들이 낱낱이 공개된 사건. 이 이벤트를 계기로 신입사원들은 입사하자마자 자신을 속속들이 소개해 알리고 있는데 약간의 과장과 허위사실이 포함되어 있을 경우 바로 안티 팬이 생기고 이들의 왕성한 리플달기로 결국은 만신창이가 되기도 한다.

   ㉢ 사내 동아리

- 취미와 관심사가 같은 사람들끼리 동호회 활동을 통하여 skinship과 친목을 도모하고 활기찬 근무분위기를 조성하고 있다. 현재 10여 개의 동호회가 활동 중이며 회사에서는 동호회 활성화를 위해 월별로 동호

회 활동비를 지원하고 있다.

ⓔ 팀 간 커뮤니케이션 도모
- 팀 간 skinship 강화를 위해 팀
  운영비 외 별도로 필요한 경비를
  지원하는 제도이다.

ⓜ 축구이벤트

- 2002년 월드컵을 계기로 축구를 사랑하는 사람들이 유난히 많아졌다. 상
  암동에서 A매치가 있는 날이면 어김없이 축구장에서 나우콤 사람들을
  만날 수 있다.
  ⓗ 최고의 문화, 가위바위보
- 구내식당에서 점심을 먹고 나면 후식처럼 하는 행사가 있다. 삼삼오오
  모여 여기저기서 가위바위보를 한다.
  ⓢ Refresh 휴가 지급
- 열심히 일한 사원에게 일상생활의 스트레스를 마음껏 날려 버릴 수
  있는 3일간의 휴가와 해외여행 지원금 100만 원을 지급하는 Refresh
  휴가제는 직원들의 뜨거운 호응 속에 분기별로 진행되고 있다.

⑦ 사회공헌 활동

나우콤은 1% 나눔 운동을 통해 소외된 이웃과 사랑을 나누고 있다. 1%
나눔 운동은 직원들의 자발적인 참여로 이루어지고 있으며 매월 직원이 모은 성금만큼 회사에서도 동일한 금액으로 기부에 참여하고 있다. 직원들이 모은 1%성금은 '한국 이웃 사랑회'와 '아름다운 집'에 전달되며 국내외에서 학대받거나 끼니를 거르는 소외된 어린이와 무의탁 노인들의 권리를 찾아 주는 데 쓰이고 있다. 복지를 실천하는 모임이며, 이러한 복지 구현을 통하여 회사에 대한 애착심과 능률과 효과를 높일 수 있는 근거가 된다.

(3) 구체적인 기업 분석

제도 이름	종 류	실시	실시 배경
피디박스	웹스토리지	2002년 5월	초고속 인터넷 시대가 시작되면서 새로운 개념으로 동영상이 대세를 이룰 것으로 예상
클럽박스	웹스토리지	2004년 7월	피디박스의 성공으로 비슷한 개념의 클럽박스 출범
테일즈런너	게임	2005년 6월	웹스토리지의 성공으로 다른 사업으로 다각화를 위해 시작
아프리카	인터넷방송	2006년 3월	UCC시대가 도래하면서 그것보다 한발 더 나아가 직접 방송을 할 수 있는 기회 제공
오피	웹 2.0 홈페이지	2006년	처음부터 끝까지 나의 홈피를 내가 다 꾸밀 수 있는 폼 제공

① BCG 매트릭스에 의한 분석

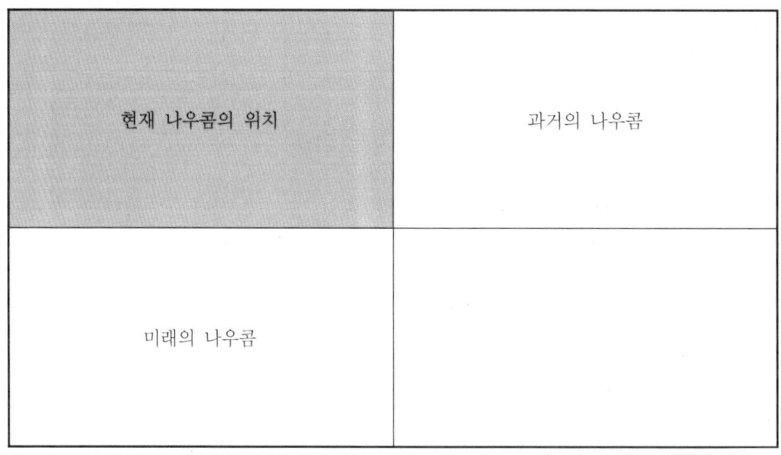

<나우콤 자체에 대한 BCG 분석>

과거의 나우콤은 시장점유율은 낮았지만, IT분야의 새로운 서비스를 끊임없이 개발하고 출범시키면서 무한한 성장 가능성을 보여 주었다.

현재의 나우콤의 서비스들은 엄청난 수의 고객들을 확보하고 있고, 네티즌들 사이에서도 유명하다. 즉 나우콤의 현재 시장점유율은 상당히 높다. 또한 과거의 정보공유 서비스를 넘어서 최근에는 오피와 같은 개인홈페이지 서비스나 케이로또와 같은 인터넷 복권을 발행하는 등 관련분야에서 끊임없이 차별화된 서비스들을 제공하고 있다. 이러한 개발의 끈을 한시라도 놓지 않는 현재의 나우콤은 아직 성장가능하다.

모든 서비스들을 개발하지 않고 방치한다면 성장가능성이 떨어지기 마련이다. 또한 개발한다 하더라도 언제나 성장가능성이 높을 수는 없다. 나우콤에서는 미래에 cash cow business에 이르겠지만, 계속적인 개발을 통해 현상유지를 위해 힘쓰고, 보다 빠른 재기를 위해 노력해야 한다.

<나우콤이 제공하는 서비스에 대한 BCG 분석>

㉠ Wild cat business(오피)

오피는 현재 다른 경쟁사에 밀려 시장점유율이 매우 낮다. 하지만 최근 인터넷 카페, 블로그, 미니홈피, 개인홈페이지 등의 사용자가 급증하면서 이런 편리한 서비스를 제공하고 있어 경쟁사와의 차별화에 힘쓴다면 성공할 가능성이 무한한 서비스이다.

㉡ Star business(아프리카, 테일즈런너)

아프리카는 차별화된 서비스로 현재 시장점유율이 높다. 손쉬운 라이브 방송이 가능한 서비스를 만들었다는 것 자체가 처음부터 혁신적이었기 때문이다. 또한 오피와 같이 네티즌들에 의해 운영되는 서비스이기 때문에 보다 차별화된 전략을 내놓는다면 네티즌들이 민감하게 반응할 것이라 전망된다. 테일즈런너는 국내 시장을 넘어 대만, 홍콩, 태국으로 수출할 만큼 시장점유율이 높다. 또한 출범한 지 얼마 되지 않아 한참 성장하고 있는 단계이다.

ⓒ Cash cow business(피디박스, 클럽박스)

피디박스는 누적 가입자가 890만 명에 이를 정도로 시장점유율이 높다. 클럽박스 역시 파일분산 솔루션을 대만에 수출하고, 해외 시장으로 웹 하드를 수출할 정도로 시장점유율이 높다. 하지만 처음에 피디박스와 클럽박스 서비스가 개시되었을 때는 이 서비스들이 혁신적이었을지 모르나, 현재는 정보를 공유하고 저장할 수 있는 서비스를 제공하는 경쟁사가 많다. 즉 현재 이러한 정보 저장 분야의 시장은 red ocean이다. 따라서 아주 독창적인 서비스를 제공해야 한다. 하지만 나우콤 전체를 보았을 때 피디박스는 현재 상태를 유지하기 위해 힘쓰되 기존에 얻은 수익으로 성장가능성은 높지만 아직 시장점유율이 낮은 오피 서비스에 집중화하는 것도 좋은 방법이리라 생각된다.

ⓓ Dog business(케이로또)

케이로또는 출시된 지 오래되지는 않았지만, 홍보도 잘 이루어지지 않고 있고 아직 인터넷 복권이라는 것에 대한 인식도 부족해 시장점유율도 낮을 뿐더러 성장가능성도 희박하다. 따라서 케이로또를 어떻게든 알려서 성공시킬 만큼 비용을 투자할 것이 아니라면 철수 전략이 필요하다. 나우콤은 많은 서비스 창출과 구조적 기반을 닦는 데 있어 poter's strategies 중 FOCUS 전략을 사용하여 성공한 바 있다. 나우콤의 주력 분야가 컴퓨터, IT 부분이므로 노년층보다는 젊은 10~20대층에 맞게 설계하여 차별화 전략을 이끌어 냈다. 아프리카는 broadcasting Jockey가 되어 이끌어 나가는 개인 미디어다. 이것은 새로운 시장을 개척한 것으로, 형식화되고 보통사람들은 방송을 하기 어려운 상황에서 '누구나 손쉽게 방송인이 되는' 개인 미디어를 출시해 차별화에 성공했다. 피디박스와 클럽박스는 인터넷 사용량이 급증하면서 정보 공유의 양도 많아진 점을 이용했다. 좀 더 많은 정보와 자료의 공유를 필요로 하는 고객들이 많아진 점을 포착하여 '대용량 저장소'를 제공하였다. 즉 타깃 고객을 정하고 다른 경쟁사와 차별화를 시도한 것이다. 오피는 bench marking의 사례로 2006년 시작해, 아직 시장점유율이 높지는 않다. 하지만 이 또한 나우콤의 다른 제품들과 타깃 고객은 일치한다. 테일즈런너 는 '게임'인 만큼 젊은 층을 대상으로 한다. 하지만 기존의 레이싱 게임과는 달리 플레이어가 차가 아닌 사람이 되게 함으로써 장애물을 넘나들며 더 큰 박진감을 느낄 수 있도록 게임 자체를 차별화했다.

② SWOT 분석

　㉠ S: 강점

- 누구보다 먼저 피디박스, 클럽박스를 시작하며 기술적 우위를 갖고 있 다. 또한 포털 사이트들이 잡고 있는 VOD 방식이 아닌 다른 방식으 로 아프리카를 시작함으로써 강점을 갖고 있다. 얼마 전 원스테크넷과 의 합병으로 코스닥에 상장할 기회를 열었다. 나우콤의 핵심역량인 스 토리지 절감 기술은 스토리지에 저장된 파일의 중복성을 체크하는 것 으로, 데이터 백업을 비롯한 네트워크 절감 관련 모든 비즈니스에 확 대 적용할 수 있는 기술과 관련 기술 특허가 4건 등록되어 있는 것도 강점이다. PC통신과 함께 급격한 흥망을 경험했고, 다시 일어섰던 과 거가 있기에 나우콤의 직원들은 쉽게 절망하지 않고 계속 일어나려는 노력과 희망을 갖고 있다.

　㉡ W: 약점

- 피디박스, 클럽박스가 매출의 80%를 차지하고 있을 정도로 그쪽에 대 한 의존율이 크다. 그래서 기업에서는 다른 사업에도 눈을 돌려 시작 했으나 아직까지 그렇다 할 큰 이익은 내지 못하고 있다. 또한 '케이 로또'라는 온라인 복권사업은 거의 전망이 없어 보인다.

ⓒ O: 기회

- 요즘 대세인 UCC를 잘 잡아내어 다른 곳보다 먼저 개인 인터넷 방송인 아프리카를 연 것은 큰 기회를 잡았다고 볼 수 있다. 또한 이미 포화상태인 개인 홈피 및 블로그 시장에 웹 2.0 형식의 오피를 오픈한 것 역시 기회이다. 그리고 저작권문제가 대두되고 있는 요즘 C2C를 처음 시작한 것도 기회라고 볼 수 있다. C2C란 영화 파일을 자유롭게 공유하면서 유료로 다운로드하는 사업모델인데 워너 브러더스 등 저작권자 중심의 유료 다운로드 시장이 최신영화 한 편당 1만 원 내외인 것에 비해 네티즌들이 제작하고 공유하는 파일인 만큼 가격이 1000~2000원 선으로 대폭 낮아질 전망이다. 네티즌들이 자유롭게 공유를 하면 할수록 저작권자의 수익이 늘어나는 전혀 새로운 시각의 온라인 유통구조이다.

ⓓ T: 위협

- 클럽 박스와 같은 프로그램들이 많이 만들어지므로 인해 경쟁사가 처음 시작에 비해 굉장히 많아졌다. 그리고 이미 많은 사람들이 사용하고 있는 싸이월드 미니홈피, 네이버 블로그 등이 웹 2.0 서비스를 시작하고 있다. 게임은 다른 나라에 수출하여 매출을 올리고 있는데 일본 등 나라에서는 플레이스테이션이라는 게임이 워낙 선풍적인 인기를 끌고 있기 때문에 흥행에 그렇다 할 성과를 보이지 못하고 있다.

(4) 성과 지표

① 나우콤 실적 추이

	2004	2005	2008
매출액	209억	193억	604억
영업이익	30억	33억	80억
경상이익	17억	33억	59억(순이익)

2000년부터 3년 연속으로 적자를 내면서 기업의 존립 자체가 불투명했던[21] 나우콤이 2003년 매출액을 218억까지 끌어 올리며[22] 2004, 2005, 2006년 흑자 경영을 하고 있다. 또한 주력사업인 디지털미디어 사업에서만 약 175억 원의 매출을 달성하는 등 안정된 성장과 업계 최고의 수익률을 보이며 성장세를 가속화하고 있다. 2008년에는 매출액 604억, 영업이익 80억, 순이익 59억을 만들어 가고 있다. 이렇게 할 수 있었던 힘은 급변하는 인터넷 환경에 따라, 앞으로 동영상이 대세를 이룰 것으로 예상해 이 분야를 틈새시장으로 공략했기 때문이다. 또한 나우콤은 회사가 어려울 때 사업구조 재설계[23]를 하며 각 사업 영역별로 분사를 통한 선택과 집중을 했고, 자회사까지도 흑자경영을 하고 있다.

나우콤은 현재 디지털 콘텐츠 관련 Data Management, Delivery, Display 분야에서 국내 최고 수준의 기술력을 보유하고 있는 디지털 미디어 전문 기업으로 성장했으며, 최근 4년 연속 흑자 달성은 물론 안정된 성장과 업계 최고의 수익률을 보이며 성장세를 가속화하고 있다.

② 아프리카 서비스 지표 추이

	2006. 3월 정식서비스 당시	2006. 9월	2006. 12월	2008. 12월 현재
최대 동시접속자	4만 명	8만 명	9만 명	10만 명
일방문자수	16만 명	33만 명	41만 명	45만 명
월방문자수	150만 명	350 만	410만 명	450만 명
일평균방송건수	3만 2천 개	4만 개	4만 6천 개	5만 개
BJ(1회이상방송)				110만 명

2006년 3월 정식서비스 런칭한 인터넷 개인방송 서비스 '아프리카'는 서비스 1년여 만에 누적 방송채널 1,000만 개를 돌파, 개인방송의 대중화 시

---

21) 중앙일보[2007년 3월 14일자] 기사: "[파워! 중견기업] 개인방송 '멍석'깔았더니 월 450만명 북적" 참고.
22) 이데일리[2006년 3월 8일자] 기사: "문화콘텐트 선도할래요" 참고.
23) 나우콤: 개인을 대상으로 하는 인터넷 서비스
    페이레터: 기업을 대상으로 빌링, 결제.
    나우에스엔티: 시스템, 네트웍 운영 관리.

대를 열었다. 아프리카는 최대 동시접속자 수 10만 명, 월 방문자 수 450만 명에 달할 정도로 폭발적인 성장과 함께 웹 2.0 시대 동영상 UCC의 대표 서비스로 떠오르고 있다. 이처럼 동시접속자 10만 명 이상을 안정적으로 수용할 수 있는 개인방송 플랫폼 구축역량과 운영노하우는 세계적으로도 유례없는 글로벌한 경쟁력을 갖고 있다.

③ 나우콤의 기술적 성과

나우콤이 독자 개발을 통해 특허출원한 DRD(파일 분산 전송 솔루션) 기술은 파일을 다운로드 받으려는 이용자가 늘더라도 품질을 일정 수준 이상 유지할 수 있는 획기적인 전송기술이다. 이와 함께 나우콤의 핵심역량인 스토리지 절감 기술은 스토리지에 저장된 파일의 중복성을 체크하는 것으로, 데이터 백업을 비롯한 네트워크 절감 관련 모든 비즈니스에 확대 적용할 수 있다. 이와 관련 지난 한 해 관련 기술 특허가 4건 등록되어 있다.

나우콤은 이러한 기술적 경쟁우위를 기반으로, 디지털 콘텐츠의 저장 및 전송 관련 서비스를 주력사업으로 추진하고 있으며, 선발업체 및 대기업과의 시장 주도권 확보 경쟁에서 우위를 선점했다. 당사가 운영하는 '피디박스'(엔터테인먼트 포털 1위)와 '클럽박스'(웹 하드 1위)는 외형적 성장과 함께 네트워크 비용을 최대 80%까지 절감하는 등 안정성 및 효율성을 검증하여 후발주자임에도 업계 M/S 1위의 위치를 차지하고 있다.

이와 함께 20만 명 이상의 동시접속자를 수용하면서도 실시간 라이브 방송이 가능한 트래픽 컨트롤 기술을 개발해 멀티미디어 개인 인터넷 방송 '아프리카' 서비스를 시작했다. 아프리카는 전 세계에서 처음으로 선보이는 서비스이며 이제까지와는 달리 방송 주체가 개인으로 달라진다는 점과 저비용 고화질의 서비스를 제공한다는 점에서 혁신적이다. 네트워크 트래픽이 최소화된 초고화질의 실시간 방송 시스템이 가능해짐에 따라 대형 방송국은 물론이고 일반 개인 인터넷 방송국 시대를 앞당길 것으로 기대가 된다. 대용량 디지털 콘텐츠의 급속한 증가와 함께 이의 저장과 전송에 막대한 투자와 전문기술이 필요해짐에 따라, 나우콤은 최고 수준의 Storage & Network

Control 기술로 서비스(B2C) 및 솔루션(B2B)을 제공하고 있다.

3) 결론

(1) 기업의 제도 도입 배경

현재 나우콤에서는 인터넷 개인방송 '아프리카', 웹스토리지 서비스 '피디박스', '클럽박스', 캐주얼게임 '테일즈런너', 웹 2.0 기반의 홈페이지 서비스 '오피' 등을 서비스하고 있다. 인터넷 복지를 구현하고 있다고 봐도 과언이 아니다.

1990년대 말, 2000년 초 초고속 인터넷망과 무료 포털 서비스의 대중화 등 사업환경의 급격한 변화로 나우콤은 2000년부터 3년 연속 대규모 적자를 면치 못한다. 인터넷의 급확산으로 회사의 유일한 사업이었던 PC통신의 라이프 사이클이 끝나 버린다. 이런 상황에서 나우콤은 급변하는 인터넷 환경에 따라, 앞으로 동영상이 대세를 이룰 것으로 예상해 이 분야를 틈새시장으로 공략했다. 그래서 출시 된 것이 피디박스이다. 피디박스는 2002년 5월 출시되었다. 피디박스는 2003년, 2004년엔 한국 능률협회 한국산업의 인터넷파워 1위에 선정되고 2004년 한국일보 제4회 코리아 웹어워즈 IT서비스 부문 최우수상을 수상, 2004년 스포츠한국 이머징 히트상품으로 선정되기도 하며 큰 성공을 거두었다.

이런 피디박스의 성공을 기반으로 2004년 나우콤은 대용량 자료실 분양 서비스를 오픈하게 된다. 피디박스와 클럽박스는 성격이 거의 비슷했기에 기술적으로 연결되는 부분도 있었고, 사업 확장의 일부분이었다. 2004년 7월 출시된 클럽박스는 인터넷 카페에 제공하는 대용량 커뮤니티 자료실 서비스이다. 또한 2006년 10월부터 저작권자와 손잡고 클럽박스를 통한 C2C 유료 다운로드 서비스를 시작했다. 이는 퀵다운 이용횟수에 따라 저작권자에게 수익이 돌아가는 제도이다. 즉 네티즌의 자유로운 공유를 보장하면서 유료 다운로드로 새로운 수익을 창출하고 있어 네티즌과 저작권자 서비스제 공업체 3자가 win-win할 수 있다. 또한 나우콤에서는 클럽박스에서 나아가 대용량 자료실을 효율적으로 운영할 수 있는 파일분산 솔루션을 대만으로 수출하고, 해외 시장으로 웹하드를 수출할 계획에 있다.

피디박스, 클럽박스 등 웹스토리지 서비스에 주력하고 있던 나우콤은 2005년 6월 테일즈런너라는 게임을 출범한다. 게임을 전략사업으로 성장시켜 웹스토리지 서비스만이 아닌 다른 분야에도 매출을 올릴 계획이었다. 즉 웹스토리지 서비스에만 치중되어 있던 사업을 다각화하기 시작한다. 이 게임은 국내에서의 호응에 힘입어 2005년 일본과 2006년 대만, 홍콩, 태국과 수출 계약을 맺고, 문화관광부 전자신문 더 게임스의 공동 이달의 우수게임으로 선정되기도 하였다.

2006년 3월 나우콤은 아프리카를 오픈한다. 아프리카는 특별한 기술이나 장비, 비용 없이도 누구나 쉽게 라이브 방송할 수 있는 개인 미디어이다. 아프리카의 가장 큰 특징은 자신이 직접 Broadcasting Jockey가 되어 직접 방송하며 시청자와 실시간으로 대화하는 쌍방향 커뮤니케이션이 가능하다는 점이다. 즉 실시간 쌍방향 커뮤니케이션을 통해 피드백을 할 수 있다는 것이다. 핸드폰으로 동영상도 찍을 수 있고, '1인 1디카' 시대가 도래한 요즘 UCC가 화두로 나오면서 이러한 개인 인터넷 방송 쪽의 틈새시장을 파고들어 성과를 얻었다.

2006년 나우콤은 아프리카 말고도 새로운 사업 분야에 도전했는데, 바로 오피이다. 이것은 인터넷 카페, 블로그, 미니홈피, 개인홈페이지 등을 누구나 쉽게 만들고 자유자재로 운영할 수 있는 홈페이지 서비스로 웹 표준과 오픈AP를 지원하여 독창적이고 개방적인 블로그, 커뮤니티 제작가능하다. 요즘 개성이 넘치고, 나를 위해 하나밖에는 존재하지 않는 것을 좋아하는 젊은이들의 생각을 잘 잡아내어 오피를 시작하게 된 것이다. 이미 정형화되어 있는 틀에 자신의 홈페이지를 꾸미는 것에 흥미를 잃어 가는 사람들에게 디자인부터 자신의 마음대로 만들 수 있게 하여 큰 호응을 얻고 있다.

나우콤은 현재 웹스토리지 사업을 Cash Cow 사업으로 경쟁력을 유지·발전시키는 한편, 게임 사업을 전략사업으로 성장시키고, 미래 비전사업으로 오피와 아프리카를 이끌어 가는 등의 사업 포트폴리오를 갖고 있다.

(2) 제도에 대한 평가

① 긍정적 평가 요소

첫째, 인본주의적 관점에서 조직구성원을 바라보며 Maslow's needs Hierarchy의 상위욕구를 만족시키고자 노력하였다.

인본주의적 관점으로 접근했다는 것은 인간 행위에 초점을 맞춰 조직 안에서의 인간의 욕구와 태도를 분석함으로써 과거의 X이론에 근거한 전제적 통제에서 벗어나 구성원 개개인을 관리하는 것을 의미한다. 즉 Y이론에서 접근한 것이다. 우리가 이제껏 많은 이론들을 학습하면서 느꼈듯이 이론들 간의 관계를 설명함에 있어 어느 한쪽이 우월하다는 평가를 내릴 수는 없기 때문에 Y이론적, 인본주의적 접근을 시도했다는 자체를 나우콤 제도의 장점으로 꼽을 수는 없다. 그러나 나우콤은 구성원들이 할당된 업무와 책임에만 충실한다고 해서 생존할 수 있는 유통업계의 기업이 아니라는 점, 새로운 가치를 창조하기 위해 조직구성원들의 창의적인 아이디어가 기업의 핵심적 경쟁우위요소로 자리매김한다는 점을 미루어 볼 때는 기업의 특성에 합당한 제도를 운영하고 있다는 평가가 가능하다.

나우콤은 Maslow의 Hierachy에서 인간의 고차원적인 욕구를 충족해 주기 위해 핵심인재를 육성하는 프로그램인 'Key Man Care Program'을 실시하고 있으며, performance에 대한 reward를 실시할 때 역시 top manager들에 의해 이미 규정된 보상을 제공하는 것이 아닌 '선택적 복리후생제도'를 실시함으로써 기존의 일률적인 복리후생제도를 타파하고자 하였다. 도서구입, 학비, 학원수강료, fitness center 이용, 공연 관람 등의 선택안 중에서 임직원 각자의 니즈에 맞는 것을 스스로 선택할 수 있도록 하여 보상의 효과, 긍정적 강화의 효과를 극대화할 수 있었다고 생각한다.

둘째, 비공식 조직까지 조직차원에서 관리하며 진정한 FUN 경영을 실현하고자 하였다.

조직도상에 드러난 공식적인 조직은 업무처리의 효율을 위하여 큰 역할을 수행하고 있지만, 비공식 조직 역시 실질적으로 목표를 달성하는 데 있어 핵심적인 역할을 한다. 호손 실험의 면접조사 결과 드러났듯이 작업능률은 물리적인 조건보다도 심리적 조건 등을 의미하는 사회적 조건이 핵심적인 역할을 한다. 또한 이 심리적 조건 및 사회적 조건이 작용하는 원천은 바로 공식조직이 아닌 비공식조직이다. 따라서 기업이 조직구성원에게 궁극적으로 기대하는 생산성 향상을 위해서는 비공식 조직까지도 관리하는 노력이 필요하다. 하지만 중요성에도 불구하고 실질적으로 많은 기업들이 이러한 내용을 담은 전략을 계획하고 실행하는 데 있어 미비한 성과를 보이고 있다. 그러나 나우콤은 달랐다. 일하기 좋은 최고의 직장을 만들자는 의미의 비전 'N.O.W.'가 내포하듯, 조직원들이 건강하고 즐거운 환경에서 업무를 진행할 수 있도록 노력하고 있는 것이다. 나우콤은 매월 1회 '화목한 날'을 지정하여 임직원이 한자리에 모여 맥주를 마시며 스트레스를 날려 보내고 친목을 도모하고자 한다. 단순히 술을 마시는 기존의 회식 문화가 아니라 골든벨 이벤트, 볼링 대회 등 적극적인 참여를 유도할 수 있는 능동적인 행사를 벌여 소속감과 애사심, 친목을 고취시키고자 노력하였다. 또한 유사한 취미 혹은 관심사를 가진 조직원들이 형성하는 사내 동아리를 지원하여 현재 10여 개의 동아리가 활발히 활동 중이며, 활동비 역시 나우콤이 지원한다.

셋째, 조직구성원을 비용이 아닌 자산으로 여겼다.

노사 간의 분쟁이 일어나는 원인으로 노동자 측의 무리한 임금인상 요구 등을 들 수도 있지만, 가장 중요한 원인은 바로 기업이 구성원들을 자산이 아닌 비용으로 여기기 때문이다. 최근 인적 자원의 중요성을 강조하는 목소리가 높아짐에 따라 조직구성원에게 들어가는 비용을 투자의 개념으로 보는 시각이 많아진 만큼 나우콤 역시 이들이 계속적으로 자기 계발을 할 수 있도록 지속적인 투자를 시행하고 있다. 앞서 언급한 바와 같이 선택적 보상제도의 선택안의 대부분은 인간의 고차원적인 욕구를 만족시켜 줄 수 있는 방안으로서 자기계발의 수단이 되어 결과적으로 기업의 성과를 드높이는 데 효율적으로 작용한다. 그룹스터디를 실시하는 것 역시 같은 맥락에서 이해할 수 있다.

넷째, top manager와 일반 구성원들 간의 활발한 커뮤니케이션을 돕는 제도를 통해 내부고객 관리에 힘썼다.

CEO가 매주 화요일마다 직원들과 점심을 함께 하는 'Weekly CEO Meeting'이 실시되고 경영진과 입사자들과의 의견을 교류하는 분기별 '경영진 간담회'가 존재한다. 또한 온라인 게시판을 열어 자유로운 정보교류를 도우며, 정기적인 직원만족도 조사를 실시하면서 그들의 의견과 불만 사항을 접수하고자 한다. 이 모든 활동은 위에서 언급한 것과 같이 조직구성원을 자산으로 여기는 것과 유사한 맥락으로 설명이 가능하다. 기업은 실질적인 소비자라고 보는 기업의 external(operating) 환경 속의 외부고객이라는 요소뿐만 아니라 internal 환경에 속하는 내부고객, 즉 조직구성원까지 관리하려는 데 많은 노력을 쏟고 있었다.

최근 언론에 보도된 것과 같이 현대 기아차의 25년 노하우와 핵심 기술이 중국으로 유출되도록 한 적은 바로 내부조직원으로서 '적은 내부에 있다'는 속설을 뒷받침했다. 현대 사회와 같이 경쟁이 심화된 사회에서는 사소한 요소가 기업의 승패와 생존여부를 결정질 수 있는 만큼 한 기업이 갖고 있는 정보는 엄청난 자산이다. 이 논리를 확대하여 이해하면 정보를 공유하는 조직구성원들이야말로 철저한 관리 속에 있어야 한다는 결론이 나온다. 일반 구성원들과 top manager의 원활한 커뮤니케이션은 현장에 있는 구성원들의 능동적인 참여를 높여 조직의 생산성에 기여하고, 그들의 애사심을 높여 주기도 하지만 궁극적으로는 기업이 갖고 있는 핵심적인 경쟁우위 요소에 대한 보안을 지킬 수 있는 방법이기도 한 것이다.

나우콤의 이러한 노력은 실제로 수치적 성과로 드러나 2~3년 주기로 회사를 옮기는 메뚜기족이 활성화된 IT업계의 기업임에도 불구하고 입사 10

년차 이상인 직원들이 많으며, PC통신 나우누리 시절 기업 생존위기에 직면했을 당시 직원들의 자발적인 임금동결 결의로 위기관리 자체에 전념할 수 있었다.

다섯째, 양질의 아이디어를 얻기 위한 조직 차원의 제도를 통해 창의경영을 이루고자 하였다.

창의경영을 이룩하는 조직차원의 제도로 사내벤처제도, 전임직원 대상 설문조사를 통한 전략 제안 수렴, 사내 주요 현안 추진 시에 FGI 실시를 통해 의견수렴 과정을 거치는 등 Y이론에 입각하여 그들의 참여를 이끌어 냄으로써 능력을 더욱 계발하고 결과적으로 양질의 아이디어를 생산할 수 있도록 도왔다.

② 비판적 평가 요소

첫째, 단순히 보여 주기 위한 윤리경영을 실천하고 있다.

Open system 이론으로 볼 때 산업화 이래로 기업은 단순히 make – sell model로 운영되는 것이 아니라 sense – respond model, 즉 고객을 포함한 여러 환경적 변수의 변화를 고려하여 대응해 나가는 marketing mind가 필요한 것이다.

이러한 맥락에서 볼 때 기업은 더 이상 이윤추구만을 목적으로 해서는 살아남을 수 없다. 고객은 더 이상 이윤추구만을 목적으로 하는 기업을 원하지 않으며, 사회적 책임을 행할 때 비로소 기업을 인간적으로 인정하기 시작한다. 또한 기업을 인격화시켜 보려는 관점 역시 윤리경영을 실천할 수밖에 없는 이유를 제공하며, 고객은 점점 더 기업에게 사회적 책임, 즉 적극적 책임을 강요한다. 또 그 기대 수위는 점점 더 높아져 최소한의 책임, 방어적 책임, 소극적 책임이라고 볼 수 있는 성과적 책임을 넘어서서 환경 보존 활동 혹은 사회지원활동과 같은 윤리적 책임과 인류애 문화지원 활동과 같은 임의적 책임까지도 요구하는 실정이다. 아직까지 임의적 책임까지 수행하는 데 현실적인 어려움이 있다면 윤리적 책임이라도 달성하고자 하는 노력을 보여야 한다.

나우콤의 경우 '1% 나눔 운동'을 통하여 소외된 이웃과 사랑을 나누고자 한다. 직원들이 자발적으로 성금 모으기를 실시하면 조직차원에서 동일한 금액을 기부하여 '한국 이웃 사랑회'와 '아름다운 집' 등에 전달된다. 그러나 컨설턴트의 입장에서 이러한 제도를 바라볼 때에는 너무나 단편적으로 느껴지며 단적으로 말하면 단순히 대외적으로 보여 주기 위해서 실시하는 것은 아닌가 하는 의구심마저 갖게 한다. 윤리경영이 강조되는 것 역시 궁극적으로 기업 이윤의 극대화를 위한 것이긴 하지만, 진정 그 목표를 달성하기 위해서는 고객들에게 이러한 인상을 남겨서는 안 된다. 이윤 극대화를 위해 추진하는 하나의 전략으로 사용하더라도 고객들에게는 사회적 협동을 위해 존재하는 단체라는 인상을 심어 주도록 노력해야 하는 것이다.

이러한 관점에서 볼 때 나우콤의 '1% 나눔 운동'은 너무나 형식적으로 느껴지며, 이 운동 외에는 특별히 사회공헌활동을 하는 것이 없다는 점 역시 아쉽다.

둘째, 리더십의 중요성에 대한 인식이 다소 부족하다.

P-O-L-C 전 과정에서 인간과 가장 연관이 많아 people management 의 기반이 되는 리더십에 대한 인식이 부족하다고 생각된다. 비전이나 사명, 인재상 등에서 리더십에 관련된 측면을 굳이 꼽으라면 인간적인 요소를 강조한다는 점을 들 수 있다. 리더십에 있어 인간에 대한 이해는 기본적인 바탕이 되는 것이기 때문이다.

또한 leading 파트를 이루는 세 가지 구성요소, 즉 리더십, 동기부여, 커뮤니케이션이라는 측면으로 접근한다면 나우콤은 Y이론에 근거한 각종 성과급제도 등 적절한 reward를 통해 동기부여를 하고 있었으며, 앞서 장점으로 언급한 바와 같이 조직 내 커뮤니케이션을 도모하는 다양한 수단적 제도 역시 구축되어 있었다.

그러나 구체적이고 실질적인 '리더십'이라는 부분에 대한 정의가 불분명했고, 어떠한 리더십을 활용하는 것이 조직 내 효율과 효과를 높일 수 있는지에 대한 고려가 부족했다고 생각한다. 각 조직은 그 특성과 목적에 따라 발현해야 하는 리더십의 종류가 모두 다르다. 이미 언급한 바와 같이 유통업의 경우에는 창의성을 발현하거나 창조적인 무언가를 생산해 내는 것이 아니기 때문에 자신의 업무에만 충실히 하여 다음 프로세스를 진행하는 구성원에 대한 방해요소만 제공하지 않으면 된다. 따라서 고도의 창의력을 필요로 하는 광고 대행사와 비교한다면, 광고 대행사의 경우에는 상대적으로 personal power가 요구되는 반면 유통업은 position power로도 운영될 수 있다. management power와 leadership power로 구분지어 논의한다면 광고대행사의 경우에는 leader quality가, 유통업의 경우에는 manager quality가 사용된다고 볼 수 있는 것이다.

셋째, 조직에 대해 적극적으로 정보를 개방하는 자세가 부족하다.

나우콤은 일반 고객들이 쉽게 조직의 정보를 얻을 수 있는 온라인 홈페이지를 운영하고 있다. 또 다른 기업들과는 다르게 Finance 메뉴를 게시하여 요약 대차대조표와 손익계산서를 제공함으로써 기업의 재무 상태에 대해 쉬운 이해를 돕는다. 이 점은 나우콤이 행하는 제도 가운데 긍정적인 평가로 연결 지을 수 있는 부분이다.

그러나 조직을 소개하는 기본적인 정보로서 제공해야 하는 조직도를 기업의 기밀사항이라며 공개하지 않은 점은 나우콤의 긍정적인 노력을 상쇄시키는 부정적인 결과를 초래할 뿐이다. 공개적으로 경영해야 할 필요성을 인지하고는 있지만 다소 부족하여 일반 공중들의 기업에 대한 이해를 가로막는 방해요인으로 작용한다. 조직을 구성하는 기본 골자를 공개하지 않는 것이 과연 기업에게 어떠한 긍정적 영향을 미칠 것인가. 조직의 운영방식과 구조를 공개하면서 기업은 무엇을 잃을 수 있을 것인가. 나우콤은 이에 대한 고차원적인 고려가 필요하다고 생각한다.

③ 대안적 요소

첫째, 윤리경영을 뒷받침하는 제도를 강화한다.

앞서 언급한 바와 같이 기업 생존을 위해 윤리경영을 강화하여 나우콤이 사회적 책임을 완수하기 위해 노력하고 있다는 인식을 심어 주어야 한다.

근본적으로 법적/도덕적으로 지역사회에서 받아들일 수 있는 윤리적 의사결정을 해야 하는데 이를 위해서는 기업의 기초 제도와 문화가 뒷받침되어야 한다.

현재 실시하고 있는 '1% 나눔 운동'은 단순히 금전적인 기부 활동이기 때문에 고객들로 하여금 감동을 느끼게 하는 요소가 적다. 또한 조직원들이 기부한 금액만큼 회사에서 또 기부를 한다는 대목 역시 고개를 끄덕이게 하기보다는 비인간적이라는 느낌마저 들게 한다. 좋은 일을 하기 위해 돈을 지불하면서도 고객의 긍정적인 인식을 이끌어 내지 못한다면 기업의 입장에서는 막대한 손실을 입는 것이다.

이제 기업 윤리를 실천하게 되는 동기가 인간이기에 반드시 행해야 한다는 의식에 근거한 의무론만을 바탕으로 하는 것이 아닐지라도 고객이 원하는 수준만큼, 즉 상대주의 이론에 근거하여 실시해야 함은 자명해졌다. 따라서 나우콤은 단순히 일시적이고 금전적 수혜 형식의 활동에서 나아가 구성원들이 돌아가면서 고아원 등을 방문하여 직접 일손을 돕는 등의 실천적인 모습을 보여 주는 것이 더 나은 결과를 가져올 것이다.

또한 단순히 기부를 하더라도 이왕이면 IT업계의 기업임을 강조할 수 있도록 과학기술의 발전과 문화적 혜택을 마음껏 누리지 못하는 개발이 많이 진행되지 않은 지역의 초등학교 등에 컴퓨터를 기부하고 나우콤이 제공하는 서비스를 체험하도록 하는 것도 좋은 방법이라고 생각한다.

이러한 사회공헌활동으로 사회적 책임을 다하면 보다 근본적이고 상위에 존재하는 개념인 윤리경영이 실현가능해진다. 단기적으로 보면 기업에게 비용적인 부담을 안겨 준다고 생각될지 모르지만, 기업이미지 향상으로 인해, 내부적으로는 종업원의 자부심 고취로 작업 능률과 품질을 향상시킬 수 있으며 외부적으로는 고객 충성도를 증대시켜 판매를 촉진하는 등 장기적 이익 창출이 가능하게 될 것이라고 확신한다.

따라서 윤리경영에 대한 조직구성원 마인드와 리더십이라는 software적인 요소 강화뿐만 아니라 조직구조/시스템, 즉 hardware적 요소까지 뒷받침하여 나우콤 역시 최근 한국 대기업이 속해 있는 윤리경영의 대응단계, 윤리관 태동단계에 이르도록 노력해야 할 것이다.

둘째, 구체적으로 요구되는 리더십을 명시하고 구성원들에게 이에 따른 리더십교육을 실시해야 한다.

이미 지적한 바와 같이 나우콤은 현재 활용해야 리더십의 prototype을 설정하고 구체적으로 어떤 방식으로 실천해야 하는지 방법을 연구한 뒤 구성원들에게 끊임없이 교육시키는 것이 필요하다. 리더십은 구성원 모두에게 요구되지만 특성상 first line manager보다 middle manager, top manager들에게 더욱 절실하다. 따라서 위에서부터 실시되는 리더십교육을 통하여 부하직원을 이끌고 통제하는 tool에 대한 지식을 습득함으로써 실제 현장에서 언제든지 실천할 수 있는 준비가 되도록 노력해야 한다고 생각한다.

우리가 P-O-L-C 과정 중 control, 통제에 대한 부분에 대해 학습하면서 기준을 설정해 준다는 부분에서 plan과 불가분의 관계에 있음을 알 수 있었다. 그러나 P-O-L-C 전 과정이 유기적인 인과관계에 놓여 있는 만큼 리더십 역시 통제에 큰 영향을 준다고 생각한다. 단순히 계획과 결과물 간의 gap을 체크하는 것이 아니라 gap을 줄이기 위해 수정행동을 이끌어 내는 것이 통제의 궁극적 목표이며, 행위 수정을 유도하는 데 있어 리더십이 핵심적인 역할을 할 수 있을 것이라고 평가된다.

나우콤은 창의성이 중요되고 급변하는 기술 속에서 유연성이 요구되는 기업인만큼 관료주의적 통제가 아닌 분권화된 통제가 필요하다. 이는 규칙이나 절차보다도 가치 자체의 중요성에 따라 유연하게 변할 수 있으며 self control을 통한 self leadership을 발현할 수 있도록 하는 통제이므로 직무 중심적 리더보다는 부하 중심적 리더를 기르는 것이 좋고, 전제적 리더십보다는 민주적 리더십이 적합할 것이다. 뿐만 아니라 결과적으로 최근 각광받는 Super Leadership을 통해 Self Leadership을 발현할 수 있도록 도와야 할 것이다.

셋째, 기업에 대한 기본적인 정보를 고객들에게 공개해야 한다.

위에서 언급한 바와 같이 나우콤은 고객들로 하여금 투명한 경영을 실시하고 있다는 이미지를 전달하기 위해 온라인 홈페이지를 운영하며 기업의 재정 상태에 대한 알기 쉬운 정보를 제공하고 있다. 그럼에도 불구하고 기본적인 조직도는 공개하지 않고 있으며, 인터뷰 진행 과정에서 구체적인 운영방식에 대한 질문을 했을 때 대답을 꺼리는 모습을 보였다. 기업의 기밀이라는 이유에서였다. 그러나 나우콤은 시대적인 흐름을 읽지 못한 채 폐쇄적인 조직에서 벗어나지 못하고 있다. 오늘날 기업들은 open system에 입각하여 기업을 둘러싼 모든 요소에 대해 개방적인 태도를 갖기 위해 애쓴다. 나우콤 역시 이러한 노력을 기울이고 있지만 아직 더 많은 노력이 필요하다고 여겨진다. 기업의 조직도를 공개하지 않는 기업이라는 말만 들어도 제공하는 서비스의 질적 여부와 관계없이 기업에 대해 부정적인 느낌을 갖게 할 수 있기 때문이다.

특히 최근 인터넷방송서비스 아프리카를 운영하는 나우콤이 불법동영상 등 도덕성 문제에 휘말려 우회상장을 선택했을 거라는 관측이 제기되고 있는 만큼 투명한 경영을 위해 공식적인 입장을 밝히고 부정적 여론을 형성할 수 있는 쟁점에 대해 많은 정보 제공으로 해결하는 노력은 반드시 필요하다. 이것이 위기로 이어져 위기관리를 실시하려고 할 때에는 대중의 심리에 형성된 강한 부정적 의식을 걷어 내기 어려울 뿐만 아니라 시간과 비용적 측면 또한 무시할 수 없게 되며 무엇보다도 기업의 신뢰가 무너져 회복하는 데 너무나 많은 시간이 소요되기 때문이다.

(3) 나우콤에 대한 분석을 마치며

나우콤은 대중에게 이름조차 알려 보지 못한 작은 기업도 아니며, 그렇다고 대한민국을 대표할 만한 대기업도 아니다. 나우콤이 명실상부한 대한민국 대표기업으로 뻗어 나가기 위해서는 지금껏 진행해 온 것과 같이 미래를 내다보는 현명한 경영자의 능력을 보여 주어야 한다. PC통신이 도입되었던 시기에 각광받는 거대 매체로 자리잡았던 나우누리가 기업의 존폐위기를 직면하게 될 줄 그 누가 예상했겠는가. 기업 운영의 옳고 그름의 여부를 떠나

아무리 우수한 기업일지라도 급변하는 환경 속에서는 그 누구도 기업의 앞날을 예측할 수 없다.

전 세계 자동차 시장에서 Market Share 1위를 차지한 일본의 도요타, 전세계 시장을 석권하고 있는 세계적인 기업임에도 불구하고 일본 언론과 학계에서는 도요타에게 계속적인 비판과 압박을 퍼부었다. 이는 일본이 갖고 있는 특유의 지속적인 개선 마인드, 카이젠(Kaisen) 정신이 일본인의 기본적인 마인드에 깊게 자리잡고 있어서인지도 모르겠다. 그러나 여기서 중요한 점은 도요타는 자만심에 빠져 이를 무시하는 것이 아니라 오히려 겸허하게 받아들이고 스스로 위기의식을 느끼고 있다는 점이다. 이에 대해 일본의 한 학자는 도요타의 힘은 '위기의식을 통해 스스로를 업그레이드하려는 노력'에서 나온다고 칭찬했다.

이렇게 엄청난 규모와 매출액, 브랜드 파워를 가진 기업조차도 open system에 입각하여 스스로를 변화시키려는 노력을 끊임없이 진행하고 있다. 이러한 노력은 '끊임없이, 지속적이다'라는 말로 표현하기보다 5S 운동의 한 요소인 '습관화'라는 말로 표현될 만큼 몸에 체득되어야 한다고 생각한다. 나우콤 역시 마찬가지이다. 보다 높은 브랜드 파워와 기업이미지를 획득하고, 더 높은 매출액으로써 성과를 증명해 보이고 싶다면 지금껏 노력해 온 새로운 가치 창조의 노력을 멈춰서는 안 된다. 세계화의 시대가 도래한 이후 아무리 작은 기업이라 할지라도 큰 기업과 맞서 싸우는 경쟁구도를 모면할 수가 없다. 따라서 더 큰 기업이 되기 위하여 더 많은 노력이 필요하며, 작은 기업일수록 자본력에 의한 시장 창출이 아닌 창의성에 기초한 블루오션 창출을 목표로 삼아야 한다. 이는 나우콤이 반드시 명심해야 할 대목이라고 생각한다.

우리는 이제까지 IT분야의 핵심 기업으로 성장하기까지 계속적인 새로운 서비스 창출을 시도하는 나우콤에 대해 분석해 보았다. 기업이 hardware, software적으로 형성하고 있는 여러 요소들을 하나하나 분석해 보면서 우리가 수업시간에 살펴보았던 이론들이 실제로 어떻게 적용되는지 알 수 있었고, IT업계의 기업이기 때문에 더욱 기업을 둘러싼 여러 환경에 대해 발 빠르게 대처해 나가려는 노력을 엿볼 수 있었다. 위에서 아쉬웠던 점을 지적하고 그 대안을 제시한 바와 같이 좀 더 장기적인 안목으로 기업 경영에 힘쓴다면 가까운 미래에 나우콤의 브랜드 파워를 혁신적으로 업그레이드시킬 수 있는 기회가 반드시 찾아올 것이라고 믿는다. 이것이 복지정책 선진화를 만드는 중요한 키포인트가 될 것이다. 브랜드화를 만들어 가면 그로 인하여 제반 여건이 좋아지고, 복지사회가 만들어질 것이다.

3. 지식경영으로의 전환(복지마인드 변화)

1) 서 론

(1) 이랜드 기업 선정이유 – Knowledge Management(지식경영)

지식경영이 현대사회의 중요한 경영트랜드로 떠오르고 있다. 과거에 비해 미래의 예측이 불가능한 경쟁사회에서 기업이 지속적으로 성장, 발전하고 차별적인 경쟁우위를 확보하는 원천은 조직 구성원이 보유한 창조적 지식에 있다. 지식을 잘 활용해야만 복지국가와 복지기업이 이루어질 수 있다.

하나의 브랜드도 성공시키기 어려운 현대 시장에서 이랜드 그룹은 우리나라 패션계의 거의 대부분이 이랜드 브랜드라 할 정도로 정말 다양한 브랜드(로엠, 티니위니, 더데이, Shane Jeans, 피오루치, There's, Who A U, EnC, C.O.A.X, so BASIC 등)로 한국 의류 시장을 점유하고 있다.

이랜드는 국내 유통업계 최초의 'BSC(Balanced Scorecard, 균형 잡힌 성과 성적표)운영'의 지식경영 인프라 구축을 통해 '21세기를 대표하는 지식경영 회사'로 자리매김하였다.

2004년 11월 BSC Collaboratives Inc.에서 수여하는 BCS Hall of Fame Award를 수상하였다. 또한, 이랜드의 성공적인 BSC사례는 하버드 비즈니스

리뷰에서 전략적 경영의 사례 연구로 발표되었다.

따라서 우리는 지금부터 지식경영의 국내 유통업계 최초 도입이며 최고인 이랜드 그룹을 통해 지식경영을 통한 가치 창조에 대해 알아보고자 한다. 불황기의 현대의류 시장에 지식경영이라는 한 경영 방법으로 획기적인 성과를 거두었고 지속적으로 발전하고 있는 이랜드의 지식경영 방법과 변화 등을 탐구한다면 아직 경영학을 처음 접하는 걸음마 단계에 있는 우리들의 미래의 경영적 사고에 좋은 본보기가 될 것이라고 여겨 이랜드라는 기업을 선정하였다.

Awards Received

2000 ▷	Selected as 'CCC(Clean Company Club)' in the best restructuring practices award by Korea Ratings
2000 ▷	Received Grand Prize in New Millennium Knowledge Management Award by Korea Management Association and Korea Economic Daily
2000 ▷	Selected as 'GOOD KM START' in the 2nd Knowledge Management Award by Maeil Economic Daily - Booze Allen
2001 ▷	Achieved the 2001 CFO Asia Best Practices Award in Turnaround Management by Economist
2001 ▷	Received New Millennium Knowledge Management Award by Korea Management Association and Korea Economic Daily
2002 ▷	Selected as the Best Company in the 4th Knowledge Management Award by Maeil Economic Daily - Booze Allen
2002 ▷	Received the Best Honorable CEO by the Federation of Korean Industrial - Seoul Economic Daily
2004 ▷	Selected as the Best Practice in Knowledge Management by Forbes
2004 ▷	Received 'BSC Hall of Fame Award' by BSC Collaboratives Inc.
2005 ▷	Reatured HBR Case Study - the Right Stuff

---

(2) 이랜드란 무엇인가

① 기업소개

1980년대 이대 앞 2평 남짓한 옷가게에 기독교 한 모임단체가 연 '잉글랜드'에서 1987년 7월 6일 납입자본금 50백만 원으로 (주)헌트 설립해 지금의 이랜드 그룹으로 성장하였다. 이랜드 그룹은 패션과 브랜드에 관해 고객에게 최고의 가치를 제공하는 최대 패션유통그룹이다. 패션사업부문과 유통사업부문이라는 두 개의 큰 사업에서 성장과 발전을 해 왔다. 이랜드 그룹은 프랜차이즈 방식을 활용한 새로운 시장의 개척으로 유통채널의 혁신을 가져왔으며 고가의 백화점과 저가의 재래시장으로 양분되었던 패션시장에서 가두점을 통한 증가의 새로운 유통채널을 창조하였고 이 시장 규모는 현재 9조 원이다.

E.Land Group's sales breakdown

이랜드 그룹의 패션사업 부문은 총 3745개 가두점과 545개(중국 361개) 백화점 입점매장(2005년 12월 31일 기준)을 통해 유통되는 45개 브랜드로 이루어져 있으며 대표적인 브랜드로는 이랜드, 후아유, 티니위니, 이랜드주니어, 데코 및 라이센스 브랜드인 피오루치 등이 있다. 다양한 타깃과 높은 시장점유율로 유통망을 확장해 가고 있으며, 아동복과 캐주얼은 각각 시장에서 15.8%, 6.2%의 시장점유율을 유지하고 있다.

이랜드 그룹의 강점은 패션과 유통을 함께 전개함으로써 양 사업 간 시너지를 낼 수 있는 것이며 이런 사업 포트폴리오는 유아, 아동, 캐주얼, 여성복, 스포츠, 내의와 아울렛, 백화점, SSM 등의 카테고리를 통해 전개되고 있다.

② 경영이념

이랜드의 경영이념은 나눔, 바름, 자람, 섬김이다. '나눔'이란 기업은 반드시 이익을 내야 하며 그 이익을 바르게 사용해야 한다는 신념을 뜻한다. '바름'이란 기업은 이익을 내는 과정에서 정직해야 함을 의미한다. '자람'은 직장은 인생의 학교이어야 하고 사회의 지도자를 길러 내는 학교이어야 한다는 신념을 말하고, '섬김'은 고객을 위해 기업이 운영되어야 한다는 고객을 왕으로 섬기는 기업이라는 신념을 내포한다.

2) 지식경영의 의의와 이랜드의 지식경영 도입배경

21세기는 지금까지의 산업화 시대와는 성격이 완전히 다른 경영환경의 급격한 변화, 끊임없는 신기술의 등장, 심화되는 경쟁환경 등으로 특징지어지는 초경쟁환경(Hyper-competition)이라고 정의할 수 있다. 글로버 시대에서, 시장자율화와 외국자본/기술의 도입이 더욱 가속화됨으로써 지적 능력을 중심으로 하는 국가 및 조직차원의 경쟁력 확보가 매우 시급한 과제로 등장하고 있다. 우리나라의 경제 및 산업 일반에 대해 최근 심층 분석을 실시해 가고 있는 한 외국 컨설팅업체는 한국경제가 경쟁력을 상실한 주요요인을 선진국들과의 '지식격차'로 진단한 바 있다. 이러한 시대적 요구를 바탕으로 최근 국내외 학계 및 업계에서 관심을 가지는 주제가 지식경영이라는 개념이다.

(1) 지식경영의 의의

지식경영이란 조직구성원 개개인의 지식이나 노하우를 체계적으로 발굴하여 조직 내 보편적인 지식으로 공유함으로써, 조직 전체의 문제해결 능력을 비약적으로 향상시키는 경영방식이다. 즉 지식경영은 조직 내 지식의 활발한 창출과 공유를 제도화시키는 것을 목표로 한다. 여기서 '지식'이란 기술과 정보(information)를 포함한 지적 능력과 아이디어를 총칭하는 훨씬 광범위한 개념이다. 이는 앞으로의 지식사회에서 조직이 대처할 수 있는 가장 중요한 핵심 경쟁자원이 지식이고 지식의 축적 및 효과적인 관리가 무엇보다 중요하다고 보는 새로운 경영패러다임이다. 즉 지적 자원을 바탕으로 조직이 직면하고 있는 문제를 보다 정확하게 예측하여 해결하고 환경변화에 신속하게 적응하여 시장을 주도하는 것이 경쟁전략의 초점으로 등장하고 있는 것이다. 이처럼 표현되지 않은 무형의 지식을 포함해서 조직체가 보유한 모든 가용한 지식을 공유해 업무처리의 효율성을 높이고, 신제품 개발 및 시장 대응력을 높여 기업 경쟁력을 갖추는 데 조직의 지식을 이용할 수 있다.

(2) 지식경영의 등장배경과 중요성

① 지식경영의 등장배경

㉠ 지식경영을 수행하기 위한 정보기술의 발달, 특히 가상공간에서의 네트워킹의 출현으로 각 개인이 자신에게 필요한 정보를 시공간을 초월하여 습득할 수 있도록 하였으며, 이전까지 불가능해 보였던 신속한 정보처리, 체계적인 분류와 축적·공유·관리를 손쉽게 해 줌으로써 지식경영 분야에 발전을 가속화하게 되었다.

㉡ 학습할 수 있는 능력을 기업의 가장 중요한 발전의 원천으로 내세웠던 학습조직이 구체적인 방법론을 제시하지 못한 채 사람들의 관심에서 떨어지게 되었고, 그에 대한 반동으로 지식경영이 새로운 대안으로 제시되었다.

㉢ 전통적으로 기업의 자산 가치를 재무적인 자산 중심으로 산출하는 방식에 대한 근본적인 문제제기와 함께 최근 인적 자원 회계 등 인간이나 조직이 보유하고 있는 지식 자산을 체계적으로 규명, 관리하고자 하는 새로운 노력이 일어나고 있다.

② **지식경영의 중요성**

㉠ 변화의 속도 자체가 하루가 다르게 빨라지고 있다. 특히 신상품 및 서비스가 개발되는 속도는 놀라울 정도이다. 따라서 기존 제품과 시장에 대한 집착은 자칫 새로운 시장 기회 창출을 방해함으로써 성장에 걸림돌이 되기 쉽다. 따라서 기업은 지속적으로 성장, 발전하고 차별적인 경쟁우위를 확보하는 원천을 조직구성원이 보유한 창조적 지식으로 인식하게 되면서 지식경영의 중요성이 부각되었다.

㉡ 특히 규모의 경제가 주는 원가우위 경쟁력만 강조해서는 지속적으로 생존하기 어렵다. 세계적으로 통합된 시장에서 저가의 공급자를 찾아내는 것은 그리 어려운 일이 아니다. 세계 초일류 기업들은 원가우위에만 집중하는 전략의 한계를 인식하고 경쟁자가 따라올 수 없는 기업 역량 배양에 집중하고 있다. 이들 기업들은 빠른 제품개발 능력, 고품질의 제품과 서비스, 탁월한 고객 니즈 적용 능력들을 가지고 다른 기업들이 대응하기 어려운 게임을 펼치고 있는 것이다.

(3) 이랜드 기업의 지식경영 도입배경

1997년 외환위기를 맞아 부도위기에 몰려 28개의 계열사를 8개로, 72개 사업부는 51개로, 3,600여 명의 임직원을 1,800여 명으로 줄이는 몸살을 앓았다. 이때, 기업의 제1의 사명은 '생산성 향상과 혁신'에 있으며 이는 바로 '지식'을 통해서 가능하다는 것을 깨닫게 되었고 이에 따라 98년 구조 조정을 수행하는 과정에서 지식경영전략을 경영의 중심축에 두고 추진하게 되었다. 그 결과 이랜드의 순이익 증가율은 매년 77%를 웃돌게 된다.

(4) 이랜드 SWOT분석

Strength	Weakness
· 핵심역량 제대로 파악 (예-옷, 유통 등) · 지식경영 기반 확립, 생산성 향상 · 종업원의 동기유발 · 유통업체로서 '관리' 위주 경영방식 ⇢ 리스크 감소 · 브랜드 네이밍 · 기독교 이념(예-청렴성 윤리강화 등)	· 유통업체이기 때문에 다른 업체와 함께해 야 함 · 너무 많은 브랜드, 인수로 인한 위험 · 브랜드 네이밍으로 '이랜드' 자체 인식 저조 · 지식경영의 적용 대상의 한정 · 능동적 참여가 아닌 성과중심주의로의 변화 · 비정규직 증가 ⇢ 파업가능성
Opportunity	Threat
· IT혁명으로 지식경영 도입 수월 · 상장기업인 국제상사의 경영참여를 통한 시너지 효과	· 소비자 인식부족 · IMF로 인한 구조조정으로 지식경영에 유능한 사원 유출

3) 이랜드식 지식경영

(1) 이랜드의 지식경영 비전

지식경영을 실천하기 위해서는 지식전략 구성요소인 ① 지식 리더십과 ② 지식지도, ③ 시나리오, ④ 장, ⑤ 지식비전 다섯 가지를 갖추어야 한다. 이 중에서도 가장 핵심인 지식비전은 지식경영을 어떻게 이끌고 어떤 전략을 짤 것인지의 전반적인 목표를 설정해 주는 중요한 슬로건이다. 지식비전에는 ① 지식사회 및 지식경제에 대한 최고 경영자의 인식과 ② 지식창조와 지식자산에 대하여 ③ 기업의 성장 및 경쟁에 있어서 중심이 되는 지식 그리고 ④ 지식창조활동에 대한 인식 표명이 포함되어 있어야 한다. 이랜드의 지식경영 비전은 "혁신과 생산성을 낳는 자원이다." 이는 피터 드러커의 말에서 모티브를 얻은 것으로서 그 비전을 정리해 보면 이렇다.

첫째, 전사적인 '생산성'과 '혁신'조직

둘째, 학습조직 구축

셋째, 전 직원 지식자본가 양성

위의 이랜드의 비전을 분석하면 향후 사회, 문화, 경제를 보는 관점이 비전에 의하면 혁신, 즉 변화는 불가피한 것이고 지식으로써 항상 미래를 대비해야 한다는 이념이 포함돼 있다. 이랜드가 가지고 있는 지식자산은 학습조직 등 개인 사원 내의 지식과 그것을 공유하는 문화가 형성된 장이라고 할 수 있다. 더 나아가 회사의 지식창조활동에 대한 인식은 일부 직원이 아닌 전 직원의 지식자본자의 양성으로 그 의지가 얼마나 굳건한지 대외에 표명하고 있어 이랜드의 비전은 비교적 잘 만들어진 지식비전이라고 할 수 있다.

(2) 이랜드 지식경영 전략

이랜드의 지식경영은 한마디로 지식을 만들고 서로 공유하고 새 지식을 창조해 시너지 효과를 만드는 것이다. 이 지식이 성과로 이루어지기 위해서는 반드시 행동에 적용되어야 의미가 있다.

① 핵심역량과 핵심역량을 가진 사람을 안다

환경의 변화와 고객 요구의 변화에 누구보다도 잘 부응하기 위한 핵심역량을 인식하는 데서 출발한다. 핵심역량은 대부분 암묵지 형태로 되어 있으며 그것은 곧 인적 자원, 즉 사람을 지칭한다. 그러므로 조직 내에서 핵심역량을 가진 사람을 파악하는 것이 중요하다. 이를 위해서 지식이력서 관리와 지식 심사 인증 제도를 도입하였다.

② 핵심역량을 강화하는 장을 만들어 그 향상을 측정한다

핵심역량은 곧 지식이므로 지식이 창출, 공유, 저장, 활용될 수 있는 장을 만들어야 한다. 이를 위해 지식페스티발로 지식의 공유를 공식화하였고 지식공유 시스템인 KMS를 통해 이를 실현하였다. 또한 역량의 향상은 주기적으로 측정하여야 그 성과가 더욱 극대화될 수 있으므로 이를 위한 BSC시스템 또한 구축하고 있다.

이랜드는 창립 초기부터 거의 매주 CEO가 전 직원을 대상으로 한 경영이념, 직업정신, 이랜드 스피릿 강의를 해 오고 있으며 이를 통해 직원의

Commitment를 불러일으키는 태도 교육을 시행하여 왔다. 이후 직원' 수가 늘어나면서 교육전문 부서를 신설하고 신입교육, 승진교육에 체계적으로 연결시켜 직원들의 리더십 등 태도 계발에 많은 노력을 기울여 왔고, 아울러 현장에서의 문제를 해결하거나 개선할 수 있는 전문 지식의 향상의 필요성을 절감하여 1인 600시간 교육의 틀을 구축하였다.

(3) 지식경영 구축 단계

① 지식경영 도입을 위한 준비 단계

CKO를 주축으로 한 지식경영과 경영환경 분석과 지식경영 사례분석은 지식경영을 도입하기 위한 준비단계로 필요한 것이었다. 지식경영 비전 수립과 지식경영을 위한 기업환경 분석은 지식경영을 도입하기 위해서는 필수적으로 수행해야 한 선 행위이다.

② 지식 관리 시스템 설계와 실행

지식 자원을 선정하고 지식맵을 작성한 후 프로세스를 수립해 시스템의 단계적 실행을 가능토록 하는 단계이다. 이 단계는 조직구성원 간의 지식 교류가 좀 더 활발하게 진행될 수 있는 환경을 만들어 준다.

③ 지식경영을 위한 조직문화 형성

지식경영이 요구하는 조직문화를 만들어야 기업혁신이 가능한 지식경영을 실현시킬 수 있다. 이를 위해선 고객 중심적 문화, 지식경영의 필요성에 대한 전 사원의 공감과 신뢰, 지식공유의 문화 정착이 있어야 한다. 더 나아가서 지식의 제공에 따른 인센티브제도가 필수적이고 평등하고 수평적인 조직문화가 자리잡고 있어야 한다.

(4) 이랜드 지식경영의 단계

지식경영의 본질은 기업혁신이다. 왜냐하면 지식경영이 이루어지려면 지식경제에 대응하기 위해 지식경영으로 발전해야 하고 기존 경영의 부분적 수정이 아닌 전체적 혁신을 해야 가능하기 때문이다. 그러나 이런 갑작스런 비약적 시도는 기업에게 무리한 일이므로 다음 3단계 과정에서 지식을 주축으로 하면서 기업의 혁신을 지속적으로 추진하는 것이 바람직하다. 이랜드 그룹은 1997년에 지식경영을 도입한 이래 초기 학습 조직을 구축하기 위한 Infra도입의 1단계를 거쳐 전 직원의 지식자본가 양성을 확산시키기 위한 지식 프로세스를 조직화한 2단계, 꾸준한 지식의 저장과 공유를 통한 학습 조직을 형성시킨 3단계 도입에 성공한 것이다. 아래에서 각 단계별 설명과 이랜드 내의 성공 사례를 함께 살펴본다.

① Level 1: 지식경영 도입단계

개인차원에서 할 수 있는 것과 모든 개인에게 주어진 책임을, 지식을 활용해 더욱더 효과적으로 수행하는 것이다. 이 단계에서는 지식에 주목하여 지식을 공유하면서 그 활용계기를 포착하여 과거의 노하우를 재이용하여 생산성을 끌어올린다. 성공노하우는 다른 부문으로 이전하고 지식자산에서 수익을 창출한다.

이랜드에서는 이를 '지금 하는 일을 더 잘하는 단계'로 표현하고 있다. 피드백조건으로 의도된 행동과 행동의 결과로 인식하고 있고 98년부터 00년까지 이루어졌다. 성공사례로는 1) 고객주문처리 속도 개선 시켜 14분을 8분으로 줄였으며 2) 동작연구에 의한 작업향상으로 물류 반품 작업 개선하여 초급자 검수 박스 수를 시간당 40개에서 60개로 증가시켰다.

② Level 2: 지식프로세스 조직화

1단계에서 더욱 발전된 조직적 지식창조 및 지식을 기반으로 한 비즈니스로 전환한다. 기존의 능력을 새롭게 결합하여 새로운 사업을 창출하는 것이다.

이랜드는 이를 '새로운 수익원을 만들어 내는 단계'로 표현하고 있으며, 이랜드의 브랜드 중의 티니위니가 그 대표적인 성공사례이다. 기존역량인 광고 그래픽 디자인을 캐릭터 제품 디자인으로 추가개발 역량하였다. 이로 인해 매출 성장이 723%(2002년 상), 이익 성장률 20,600%(2002년 상)으로 급증했다.

③ Level 3: 지식경영으로의 혁신단계

우수한 능력의 결합과 환경 변화에 따른 기회에 맞추어 새로운 시장을 창출하는 것이다. 이랜드는 이를 '새로운 시장을 만들어 내는 단계'로 표현하고 그 성공적인 예로 '중국 이랜드'를 들고 있다. 기존역량에 해외시장 진입 및 현지화 역량, 고가 브랜딩 역량, 백화점 유통망 전개 역량을 추가 역량 개발하여 학습조직을 구축 후 새로운 시장에서의 문제해결을 해 나아갔다. 이로 인해 매출 성장이 152%(2002년 상) 성장하였다.

(5) 이랜드 지식경영 조직

이랜드는 체계적인 지식경영을 위하여 1999년 1월 CKO(Chief Knowledge Officer)를 정식 임명하였고 CKO실을 조직하였다. CKO실은 이랜드 지식경영의 추진 전략 및 방향을 제시하는 팀으로서 전략의 이행을 위한 지식경영 인프라와 제도를 개발하고 구축하여 현업에 이식하는 기능을 수행한다. CKO실은 소수정예의 Knowledge Manager들과 KM IT SYSTEM 개발 및 운영을 지원하는 Technical Member로 구성되어 있으며 현업의 지식관리자들 (JUNIOR KO)과 긴밀한 네트워킹을 통하여 BSC, KMS를 중심으로 한 이랜드 지식경영 인프라의 관리 및 현업의 학습조직을 지원한다.

현업의 JKO(Junior Knowledge Officer)는 지식측정과 교육프로그램을 운용하고 있으며, 현장에서의 과제해결, 변화관리 프로그램은 EC라고 하는 COP 조직을 중심으로 운영된다. 상무직급의 CKO는 지식관리최고책임자로 회사의 최고 경영자들과 함께 매주 경영전략에 대한 의사소통을 하며, 지식경영 팀은 새로운 지식 및 시스템 개발을 주도한다. 또한 경영진이 조직과 프로세스의 변화를 주도할 수 있도록 지원하는 역할도 한다.

[그림 1] 이랜드 지식경영팀 구성

(6) 이랜드 지식경영 구조

이랜드 지식경영구조는 아래 그림과 같이 성과관리, 학습조직, 지식관리 세 가지로 구성되어 있다.

성과관리는 BSC 시스템에 의해 이루어지고 있으며, 학습조직은 지식경영의 가장 중요한 부분으로 이랜드에서는 조직이 자신의 일에 관한 피드백을 수행하는 것으로 수행된다.

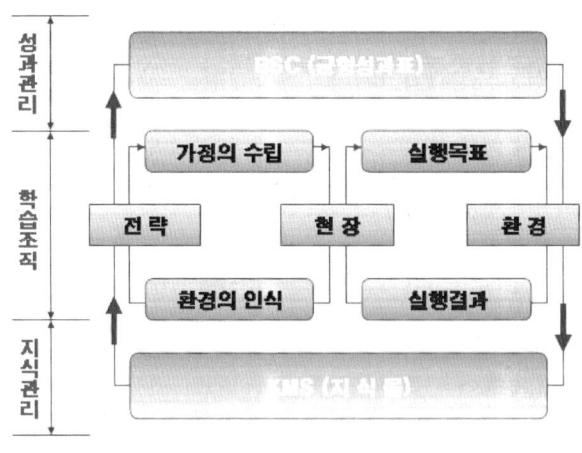

[그림 2]

조직이 피드백을 수행하려면 조직의 기억을 유지하는 기록 장치(BSC와 KMS)가 필요하게 되는데 이랜드의 지식경영 시스템에서는 크게 두 개의 피드백 고리를 가정한다. 하나는 외부 환경과 그에 따른 전략의 수립 고리이고 다른 하나는 수립된 전략과 이를 수행한 결과의 고리이다.

전략 수립을 담당하는 학습조직으로 Leadership Center를 운영하고 있으며 수립된 전략의 완수를 담당하는 학습조직으로 Excellent Center를 운영하는데, 이 두 개의 학습 조직은 BSC를 통해 그 성과가 관리된다. 학습 조직이 만들어 내는 지식은 KMS에 저장되고 공유되며, 지식맵을 중심으로 하여 EC의 학습활동, 지식몰, 지식역량평가 활동을 지식경영 기본 인프라 구조로 학습조직이 디자인된다.

이랜드는 지식활동 측정의 범위를 물리적 공간에서 실행되는 교육 활동과 사이버 공간에서 이루어지는 저장 및 조회, 컨설팅 등 제반 활동을 그 대상으로 하며, 지식활동이 발생할 때마다 지식활동 측정시스템을 통해 그 양과 질이 측정 관리되고 있고 각 회사의 경영자 이하 모든 개인은 지식몰을 통해 학습 목표를 설정하고 그 수행 정도를 피드백 받을 수 있다.

(7) 이랜드 지식경영 사례

① Balanced Scorecard

BSC로 잘 알려진 균형 잡힌 성과 기록표는 1992년 캐플란과 노턴에 의해 Harvard Business Review에 소개된 개념으로 기업의 전략적 목표를 일련의 성과측정치로 전환시킬 수 있는 틀이다. 이들의 아이디어는 운영 측면이 개선되면 재무적인 성과는 저절로 따라오게 된다는 많은 경영자들의 암묵적인 동의에 기초하고 있는데, 재무적 결과를 낳는 운영 측면을 고객관점, 내부 프로세스 관점, 조직의 학습 및 성장관점에서 바라보고 이러한 관점에서 전략을 수립하고 그에 따른 성과지표를 구성하는 것이 이들이 제안한 방법이다. BSC process의 첫 단계에서 이랜드의 비전과 미션을 바탕으로 한 3개년 전략 시나리오를 작성하고 핵심 지식 리스트를 개발하고 경영자의 전략적 방향을 전 직원이 공유하고 이해하도록 정확한 정의를 하는 KSF(key success factor) 단계를 거쳐 KPI(key performance index)단계에서 이를 측정가능한 지표로 개발한다. 마지막으로 재무적 관점, 고객 관점, 프로세스 관점, 학습 및 갱신 관점 의 네 가지 관점을 바탕으로 한 BSC 시스템을 구축하고 이를 실행한다. BSC의 네 가지 관점에서 균형 있게 측정 기록된 결과를 바탕으로 평가회를 진행, 직원들에게 피드백을 주어 올바른 의사결정을 하는 데에 도움을 준다.

이러한 BSC를 중심으로 한 피드백 활동은 측정지표에 의해 피드백이 발생되므로 개인의 업무에 대한 책임감과 성과지향적인 태도를 부여한다.

또한 전 직원과 경영자가 참가하는 BSC 평가회의 지속적인 운영을 통해 분석하고 평가하는 과정을 반복하면서 직원들의 사고와 업무프로세스를 향상시키는 데 도움을 주고 있다.

[그림 3] ELAND BSC process

② 지식자산표

이랜드의 지식자산표는 BSC 시스템에 근거하여 작성된 것으로 기존의 재무제표에서 보여 줄 수 없는 추가적인 정보를 주주에게 보여 주어 기업의 투명성을 높이는 역할을 하며 기업 내부의 무형자산, 즉 지식의 가치를 인식시키고 이를 관리하는 데 기여한다. 이랜드는 지식자산의 세 가지 분류 1> 외부구조: 고객, 2> 내부구조: 기업 내 프로세스, 3> 역량: 직원들의 역량에 따라 경영의 성과를 측정, BSC를 통하여 월, 분기단위로 검토하여 경영활동의 계획 및 목표 수정을 진행하며, 연말 지식자신표를 통하여 종합적으로 지식자산의 수준을 평가한다.

③ 지식자본가 관리

이랜드는 지식경영 비전 중 하나인 '지식 자본가' 양성을 위해 다양한 방법으로 이를 평가, 관리하고 있다. 성과에 대한 책임감에 의해 성과를 내는 것에 초점을 둔 이랜드의 '지식 자본가'는 다음의 세 가지 관점에서 평가된다. 첫째, '성과가 있는가? 둘째, 지식이 있는가?, 셋째, 후계자를 양성하였는가?'이다. 지식 자본가의 양성을 위해 이랜드에서는 지식인증, 회사 및 개인의 지식 획득 계획 및 수행 피드백, 전문가 그룹과 KMS 조직화 설계를 통한 직원 지식역량 평가 관리, EC 조직화 관리 등을 통해 직원들을 관리하고 있다.

④ Excellent Center(EC)

이랜드의 지식경영 전략 3번째 항목인 '핵심 역량을 강조하는 Ba를 만든다.'에 초점을 둔 EC는 90년 초반부터 기능별 매트릭스 조직을 중심으로 진행해 왔던 전문가 교육과정이 조직화된 것으로 이랜드의 모든 직원은 하나의 EC에 소속된다.

이랜드의 EC 조직은 COP(community of practice) 조직으로 기능을 할 수 있도록 되어 있고 IT 인프라로 지원된다. EC 조직은 현업에서 실제 성과를 내는 지식의 유입, 저장, 창출을 관리하며 각 EC의 대표는 새로운 지식을 공유하고 지식몰에서의 콘텐츠 관리를 한다. 이랜드의 전문 지식 관리는 EC를 중심으로 운영되고 있다.

⑤ Leadership Center(LC)

이랜드의 LC 조직은 본부장과 대표이사를 중심으로 진행되며 이는 경영자 양성을 목표로 전략 수립, 현장의 목표로의 전환 및 실행, 피드백에 의한 전략의 재조정의 기능을 가지고 있다.

⑥ Knowledge Mall system

이랜드의 지식경영 전략 중 '핵심역량을 강화하는 Ba를 만든다'를 구현하기 위한 실행 프로그램으로, 지식공유와 창출, 관리를 위한 Cyber Bar로서 계획된 지식몰에는 자신이 직접 한 일에 대해서만 등록가능하게 하여 직원들의 지식활동과 업무가 일치되도록 시스템을 구축했다. 지식몰의 관리 프로세스는 저장 지식의 질을 유지, 관리하고 직원들의 지식 활동 측정 및 피드백, 지식맵의 지속적인 공유, 전문가 그룹의 네트워킹을 통해 전 직원을 '지식자본가'로 양성하기 위한 기능으로 구성되어 있다. 또한 지식몰에 지식을 등록하거나 그 자료를 읽는 직원에게 '지식점수'라는 것을 부여하고 이를 승진, 보상 등으로 연계시켜 전 직원의 지식 창출 및 공유를 가능하게 한다. 분기별로는 지식페스티벌을 개최하여 가장 좋은 아이디어를 제출한 1인에게 지식상을 수여한다.

KMS

지식유형 : 일반지식		과목 : 인력관리(arb,주부)		
*제목	상품 분류(슬리드)작업 AAR		*등록일	2003-03-31 오전 10:21:53
*저자	최정현		*승인자	김대욱
*첨부파일	상품 분류(슬리드)작업 AAR.ppt			

*키워드	신입사원, 교육, 메뉴얼, 부평물류센터, 물류, 인프라, 코인
*지식의 용도	신입 사원에게 상품분류(솔리드) 작업에 대해 전반적인 교육을 통해 업무의 효율성을 극대화
*지식의 효과	현장 적응도 및 업무 능률 향상

등록된 지식을 평가해 주세요.　[지 식 평 가]

응답 글 쓰기　[　　　　　　　　　　　　　　　　]　[확인]

응답 글 목록

김기환　이런? 정현씨 아주 멋진 지식이야　　　2003-03-31 오후 1:58:58

[닫기]

4) 결 론

　이랜드는 국내 최초로 지식경영을 도입하여 타 기업이 가지고 있지 않은 지식자본이라는 자원을 지식경영시스템을 통해 도입함으로써 매출액 신장 및 생산의 효율성을 증대시키는 결과를 낳았다. 이랜드는 조직과 직원 개개인이 목표를 수립하고 결과를 측정해 피드백하는 과정에서 지식을 획득하고 조직의 생산성을 향상시키고 있다. 그리고 BSC시스템과 이를 활용해 월별, 분기별로 진행하는 BSC평가회는 이 과정을 관리하는 중요 경영도구로 사용되고 있다. 이를 통해 경영관리가 향상됨은 물론, 직원 모두에게 성과지향적인 의식과 행동을 유도하는 성과를 보이고 있다. BSC평가회와 같은 피드백 활동은 직원들에게 보다 성과지향적인 태도를 요구하게 됐고 측정지표에 의한 결과 피드백이 이루어지면서 개인의 업무에 대한 명확한 책임소재 파악이 이루어지게 됐다. 평가회를 통한 분석과 평가과정을 반복하면서 직원들의 사고와 업무 프로세스가 시스템적으로 변하고 있는 것도 큰 수입이다. 그 결과 매출과 영업이익은 무려 같은 기간 223억 원에서 1,654억 원으로 8배가량 증가했다.

이랜드의 이와 같은 지식경영의 성공적인 정착은 우리에게 최고 경영자의 확고한 지식비전이 얼마나 중요한지를 시사한다. 더 나아가 비공식적 조직의 활성화, 지식몰 등 Bar(장)의 마련이 지식경영의 필수적 요소이고 성공적 정착을 위한 핵심적 포인트라는 것을 알 수 있었다.

이랜드 지식경영의 핵심은 평가와 측정에 있다. 이랜드는 수치로 따지기 어려운 비재무적인 각종 성과들도 온갖 측정방법을 동원해 수치로 계량화한다. 그렇지만 지식경영은 듣기 좋은 말일 뿐 '세련된 구조조정 전략'에 불과하다는 지적도 제기된다. 지식경영의 본질은 성과주의, 연봉제, 인력감축일 뿐이라는 것이다. 지식경영은 지식을 보유한 사무관리직 소수만을 위한 것일 뿐 유통과 판매 쪽의 수많은 비정규직 노동자들은 열악한 저임금에 불만이 팽배해 있다. 이랜드는 지난 98년, 당시 3600명에 이르던 직원 중 2천여 명을 정리해고 형태로 내보낸 뒤 비정규직을 끊임없이 확대하고 있다. 대대적인 인력감축 결과 1인당 매출액과 영업이익이 껑충 뛰는 건 당연한 이치다. 지식경영의 화려한 성과가 하청 생산 공장과 프랜차이즈 매장의 저임금 노동자들을 딛고 선 것이란 지적은 여기에서 나오는 것이다. 인력의 비정규직화를 바탕으로 이랜드는 사업부 해체 및 신설, 새로운 사업 진출을 발 빠르게 해치우고 있다. 이는 지난 2000년 '비정규직 정규직화'를 내건 노동조합의 265일 장기파업을 불렀다.

또한 이랜드의 지식경영시스템의 종업원 성과관리(BSC)는 종업원의 참여를 유도할 수 있는 반면에, 단지 자신의 승진기회를 위해서 혹은 성과급제도 때문에 종업원의 자발적인 참여가 아닌, 어쩔 수 없이 하는 경우가 많아 강압적인 참여를 유발하게 된다. 예를 들어서, 이랜드의 한 사원은 자신의 컴퓨터를 켤 때마다 자신의 지식몰 점수가 등급A∼F로 나누어져서 평가되기 때문에 자신의 부족한 점수로 인해 승진에 차별을 받을 우려로 어쩔 수 없이 지식몰에 참여하게 된다고 말한다. 이는 종업원들에게 강압적인 스트레스로 다가와 악영향을 끼칠 수 있다.

마지막 비판점으로는 이랜드의 지식경영 위주로 이루어지는 관리는 인수합병한 그룹의 경영방식에서 불협화음을 만들어 내고 있다. 철저한 성과관리로 대표되는 지식경영은 모든 곳에 효과적으로 적용될 수 없는 것이다. 성과가 보이는 곳에서만 적용될 수 있다는 현재의 지식경영 수준에 의해 이랜드가 인수한 국제상사 쪽은 "투자 대신 자본을 '관리'만 하려 드는 이랜드의 경영방식에 비춰 볼 때 추가적인 투자 없이 막대한 평가이익이 예상되는 국제상사의 부동산을 매각해 이익만 챙기려는 게 아니냐"며 의혹을 눈길을 보냈다. 생산공장을 갖춘 국제상사와 공장 하나 없이 관리 위주로 경영하는 이랜드의 방식이 서로 융화되기 어렵다는 것이다. 위의 사례들에서 볼 수 있듯이 지식경영이 모든 부분에서 효과적으로 이루어지기는 힘들다. 위에서 언급한 바와 같이 이랜드의 지식경영은 많은 장점도 가지고 있지만 극복해야 할 단점들도 있다.

이에 대한 대안책으로는 첫째, 지식경영에 걸맞은 IT 인프라 구축과 지식의 최신화를 위한 노력이 뒷받침되어야 할 것이다. 현재 이랜드의 지식경영 공식홈페이지에는 2005년 자료가 가장 최신자료이다. 이랜드는 지식경영의 선두주자인 지위에 걸맞게 최신 정보에 항상 깨어 있는 긴장감을 유지함으로써 지식경영의 상향적 향상을 기대할 수 있을 것이다. 이런 최신 지식과 시스템이 개발된다면 세분화된 평가방식을 마련하여 지식경영이 성과 위주, 지식을 보유한 사무관리직 소수만을 위한 게 아니라 넓게 비정규직이나 노동인력에도 적용할 수 있게 할 수 있다.

둘째, 인터넷 쇼핑몰 활용이다. 지식경영은 협의적으로는 IT혁명과 같이 발달한 지식공유의 경영으로 본다. 그만큼 IT의 발달과 지식경영은 떼려야 뗄 수 없는 관계이다. 지식의 확산 속도, 증폭성을 고려해 보았을 때 국내 최고의 패션유통업계인 이랜드가 지금 현재 추진하고 있는 매장의 인수(뉴

코아, 까르푸 등)와 함께 인터넷 쇼핑몰의 확장으로 인해 더욱 큰 매출 향상을 기대할 수 있을 것이라고 본다. 또 현재 이랜드의 브랜드들의 홈페이지에 적힌 제품 정보가 빈약한 수준이므로 좀 더 이를 강화한다면 지식경영의 지식공유화를 사내에 국한되지 않고 사외, 더 나아가 프로슈머 집단과의 교류로 인한 지식 증폭을 기대할 수 있다.

셋째, 소비자에 대한 지식경영의 공유화 활성이 필요하다. 지식경영이란 많은 지식을 공유해야 더욱 시너지 효과를 얻을 수 있다. 이러한 지식은 사내, 외에 국한되지 않고 기업과 고객관계에서도 이루어질 수 있는 것이다. 이와 같은 지식공유가 이루어지려면 소비자에게 지식경영에 지식이 얼마나 중요한 의미를 가지는지를 일깨워 주고 더 나아가 그것의 공유가 기업에게 얼마나 큰 힘이 되는지를 알려 주어야 한다. 현재 이랜드 홈페이지는 이를 위해서 동영상 강좌가 마련되어 있지만 유료이고 더 나아가 사원, 고객의 자발적 참여를 기대하기 어려우므로 좀 더 적극적인 지식경영에 대한 인지도의 확산을 위한 교육 시스템 개발이 필요하다. 이를 효과적으로 수행한다면 고객뿐만 아니라 사원들의 자발적 참여 또한 기대할 수 있을 것이다. 물론 적절한 보상이 전제가 되어야 할 것이다. 이랜드 사태의 장기화로 인하여 많은 부정적인 요소도 존재해 왔었다. 그러나 이런 아픔을 잘 치유하고, 더불어 잘사는 상생의 사회복지 시스템으로 만들면 국내 제일의 기업으로 자리매김할 것이다. 복지정책적 관점에서 이랜드의 지식경영은 중요한 메커니즘을 갖고 있다.

4. 성공하는 복지 인사비결

훌륭한 인적 자원이 기업 성과를 높인다는 사실은 모두들 잘 알고 있지만, 효과적으로 이를 개발하고 활용하는 기업과 정부는 그리 많지 않다. 복지국가와 정책을 만들려면 인사 제도부터 성공한 기업의 샘플을 참조할 필요가 있다.

일류 기업의 인사(人事) 비결을 통해 효과적인 인사 전략 수립 및 실행에의 시사점을 살펴보도록 하겠다.

정보 기술의 발달, 사업의 글로벌화, 지식 경제 시대를 맞이하면서, 기업 가치 창출의 핵심 동인(動因)으로서 무형 자산의 중요성이 증가하고 있다.

지식, 기술, 브랜드와 같은 무형 자산은 재무적으로 파악할 수 있는 유형 자산에 비해 외견상 쉽게 드러나지 않기 때문에, 다른 기업들이 좀처럼 모방할 수 없는 경쟁 우위의 원천으로 작용할 수 있다. Brookings Institute의 연구 결과를 보면, 이러한 사실을 잘 알 수 있다. 기업의 시장 가치(Market Value) 결정에 대한 무형 자산의 영향력이 82년에는 38%, 92년에는 62%, 02년에는 85% ,09년에는 95% 수준으로 더욱 커지고 있다고 한다.

그런데 이러한 무형 자산들을 가만히 살펴보면, 그 핵심은 인적 자원의 효과적 개발 및 활용에 있음을 알 수 있다. 98년 Ernst & Young의 조사를 보면, 기업 인수/매각 관련 의사결정 시, 투자자들은 신제품 개발력, 전략 실행의 질, 조직문화, 경영진 보상제도 등 무형 자산 지표를 평가하고 있는데, 이러한 요소들은 공통으로 인적 자원과 직, 간접적으로 관련이 있음을 알 수 있다. 즉 기업 가치를 높이기 위해서는 보다 효과적으로 인적 자원을 개발하고 활용할 수 있는 인사(人事) 전략이 중요함을 시사하는 바다.

인사 전략의 질(質), 기업과 정부 정책의 성과와 직결된다.

혁신으로 유명한 3M과 Hewlett-Packard, 품질 경영을 추구하는 Motorola 와 IBM 등 소위 잘나가는 일류 기업들은 비전이나 전략 달성을 충실히 지원해 줄 수 있는 나름대로 훌륭한 인사 전략을 갖고 있다. 이러한 탁월한 인사 전략은 기업의 성과에도 긍정적인 영향을 미치게 된다. 한 예로, SHRM(Society for Human Resource Management)과 CCH Inc.가 95년에 조사한 결과를 보면, 인사 전략을 효과적으로 전개하는 기업과 그렇지 못한 기업 간에 기업의 시장 가치, 생산성, 매출액 면에서 상당한 격차가 있는 것으로 나타나고 있다. 이처럼 일류 기업들은 보통 기업에 비해 남다른 인사 특징을 갖고 있는데, 그 주요 인사 비결을 살펴보면 다음과 같다.

1) 일류 기업의 인사 비결

비결 1: 모방이 아닌 독창적인 인사 철학 보유

일류 기업 인사의 가장 큰 비결은 각 회사별로 독창적인 인사 철학에 기반을 둔 인사 제도를 보유하고 있다는 점이다. 이들은 모두 산업을 리드하는 기업으로서 높은 성과를 발휘하거나, 존경받는 기업으로의 명성을 유지하고 있지만, 동일한 인사 제도를 가지고 있지는 않다. 즉 일류 기업들은 유행하는 경영 기법이나 베스트 프랙티스를 추종하기보다는 회사의 역사적 배경이나 경영자의 조직 운영 철학을 반영하여 보통 기업들과는 차별화되는 독창적인 인사 제도를 운영하면서 경쟁력을 확보하고 있다. 1, 2등이 아닌 사업은 모두 철수한다고 말할 정도로 강력한 성과주의 문화를 지향하는 회사는 성과 부진자를 중심으로 일정 비율의 인력을 상시로 내보내는 엄격한 Outflow 인사 제도를 운영하고 있으며, PepsiCo 역시 개인별 성과 평가 결과에 따라 최대 기본급의 12%까지 차이를 두는 성과급제를 운영하고 있다. 한편, Toyota는 처음부터 무리하게 성과급제를 도입하지 않고, 기존의 연공급에서 직무능력급으로 개선하고, 그 후에 성과급제를 가미하는 인사 제도를 도입하였다. 이는 지나친 개인주의나 단기적 결과에만 집중하게 되는 미국식 성과급제의 부작용을 최소화하면서도 개인의 능력과 성과를 중시하는 Toyota식의 성과주의 인사 철학을 반영한 것이라고 볼 수 있다.

가족적 조직 분위기나 인간관계를 중시하는 인사 정책을 활용하는 기업도 있다.

소프트웨어 최고의 기업인 SAS나 'Fun 문화'를 지향하는 Southwest Airlines가 그 전형적인 회사들이다. 이들은 임금 수준은 다소 낮더라도 다양한 복리 후생 프로그램과 구성원에 대한 깊은 관심과 배려를 통해 상호 신뢰하고 존중하는 조직 분위기를 조성하여 경쟁력을 확보하고 있다.

비결 2: 전략적 방향이 스며있는 인사 전략

두 번째 비결은 사업 전략과의 정합성 확보에 있다. 일류 기업들은 회사의 전략적 방향을 반영하고, 그 실행을 충실히 지원할 수 있는 인사 전략을 수립하고 있다는 것이다. 이들은 무작정 인적 자원 분야에 투자를 많이 하기보다는, 기업이 지향하는 전략적 목표가 자연스럽게 스며들 수 있는 인사 전략을 통해 지속적으로 경쟁 우위를 만들어 가고 있다.

고객 만족을 경영의 제1원칙으로 삼는 Disney의 경우를 보자. 동사는 수많은 방문객에게 즐거움을 제공하기 위해서는 직원들이 회사에 대해 자부심을 갖고 최선을 다하는 것이 중요하다고 생각하고, 이러한 경영 철학에 부합하는 인사 전략을 수립하였다. 우선, 선발의 기본 사상부터 바꾸었다. 동사는 '구직자(Job Seeker)가 아니라 공연자(Cast) 역할을 수행할 사람을 선발하겠다.'라는 강력한 채용 원칙하에, 공연 기술뿐만 아니라 Disney의 경영 철학 및 문화에 적합성을 선발의 핵심 기준으로 삼고 있다. 또한, 사내 대학인 Disney University에는 'Disney Traditions'이라는 세미나 과정이 있는데, 여기서는 공연자들의 실력 향상을 위한 교육은 물론 Disney의 역사와 경영 철학, 고객 만족의 중요성에 대해서도 지속적으로 교육하고 있다.

비결 3: 일관된 인사 활동을 통한 신뢰 확보

일류 기업 인사의 세 번째 비결은 여러 인사 시스템들이 회사의 경영 철학과 전략을 중심으로 일관성 있게 연결되어 있다는 점이다. 즉 일류 기업들은 채용, 교육 훈련, 평가, 보상 등 각 인사 활동들을 유기적으로 연계하여 구성원들에게 일관된 메시지를 전달하고 있다. 이러한 일관된 인사 활동은 구성원들에게 회사가 지향하는 인사의 분명한 철학을 전달하고 경영진에 대한 신뢰를 확보하는 데 도움을 준다.

일하기 좋은 회사로 유명한 Container Store를 보자. 동사의 경쟁 우위 원천 중의 하나는 '고객 만족 경영'이다. 동사는 고객들이 복잡한 수하물을 처리하면서 직면하는 문제들을 적절히 도와줄 수 있는 능력을 지닌 구성원의 확보가 고객 만족의 핵심이라는 인식하에, 구성원들의 고객 대응력 향상을 위해

교육 훈련을 강화하였다. 즉 구성원들이 취급하는 제품에 대한 깊이 있는 지식을 확보할 수 있도록 영업직 정규 사원들에게 매년 160시간 정도의 많은 교육을 제공하고 있다. 또한, 보상도 산업 내 경쟁자들과는 차별적으로 운영하고 있다. 소매업 특성상 저임금 산업임에도 불구하고 동사는 영업직 사원들에게 산업 평균의 2배 정도의 임금을 지급하고 있다. 채용에 있어서도 고객 지향적 마인드를 견지하고 동료와 원만하게 화합할 수 있는 사람의 선발을 핵심 원칙으로 삼고 있는데, 이러한 인재를 뽑기 위해 적합한 사람이 없을 경우에는 한 달 이상을 공석으로 남겨 두는 경우도 종종 있다고 한다. 동사의 이러한 인사 활동은 구성원들에게 고객 만족이라는 회사의 전략적 방향을 명확히 주지시키고, 경영진과의 두터운 신뢰 관계를 형성하는 데 기여하고 있다. 평균 이직률이 73% 수준인 소매업 산업에서 Container Store가 28%의 상대적으로 낮은 이직률을 기록하고 있는 배경도 바로 여기에 있다고 하겠다.

비결 4: 사업 현장에 실질적인 도움을 주는 인사

인사 부문이 사업 현장의 문제와 이슈들을 분명히 알고, 현실감 있는 인사 전략을 세우고 실행한다는 점이다. 올바른 인사 전략의 수립도 중요하지만, 보다 중요한 것은 다양한 인사 활동들이 사업 현장에 도움이 되고 실제로 실행되어야 한다는 점이다. 이를 위해 일류 기업들은 사업 조직과 인사 부문의 인력을 교류시키거나, 지리적으로 사업 현장에 인접한 곳에 인사 부문을 위치시키는 등 사업 현장과 인사 부문과의 긴밀한 협조 체제를 강화하고 있다. 예컨대, Kraft Foods는 회사의 전략적 의사결정 시, 사업 책임자가 근무하는 곳에 인사 담당자들을 파견하여 옆에서 함께 일하도록 하고 있으며, Dell Computer 역시 인사 담당자를 사업부에 파견하여 사업에 대한 현장 감각을 높이고 전사 차원의 인사 정책을 각 사업부 단위까지 일관성 있게 전파하는 효과를 거두고 있다. 한편, 일류 기업들은 사업 현장의 관리자들에게도 인사에 대한 권한과 책임을 강하게 부여하는 특징이 있다.

구성원들이 회사의 인사 정책을 직접 피부로 느끼면서 적극적으로 동참하기 위해서는 그들과 가장 가까이 일하는 관리자들의 역할이 매우 중요하기 때문이다. Hewlett - Packard가 구성원 평가, 육성, 보상 등 많은 인사 활동에 대한 권한과 책임을 일선 현장 관리자들에게 전적으로 위임하고 있는 배경도 여기에 있다.

비결 5: 인사 전략 및 활동에 대한 성과 평가

인사 전략 및 활동들이 회사의 전략 달성에 기여하는 정도를 객관적 지표로 평가하면서 체계적으로 관리해 나가는 것도 일류 기업의 인사 비결 중의 하나이다.

회사의 성과를 재무적 성과뿐만 아니라 인사 활동의 성과까지도 포함하여 균형 있는 시각으로 바라본다는 것이다. 이처럼 일류 기업들이 정량적으로 측정하기 어려운 인사 활동 성과까지도 평가하는 배경은 재무적 성과라는 기업 활동의 최종적 성과를 높이기 위해서는 인적 자원 전략이 제대로 실행되어야 한다는 사상에 기인하고 있다. AT&T는 94년부터 회사의 성과를 크게 세 가지 관점에서 평가하고 있다.

현금 흐름이나 수익성 등 재무적 성과인 EVA(Economic Value Added), 내, 외부 고객 만족도인 CVA(Customer Value Added), 인적 자원 측면에서의 성과인 PVA(People Value Added)가 그것이다. 특히, PVA 중에서도 관리자들의 리더십 평가에 무게 중심을 두고 있는데, AT&T Network Service 사업부의 경우, 매년 리더들의 인재 개발 활동에 대해 구성원들의 인식을 설문으로 평가하고 있으며, 그 결과를 보상에 반영하고 있다.

Motorola 역시 6개 영역(수행 직무 가치, 자기 발전 기회 등)으로 구성된 'Individual Dignity Entitlement'라는 설문을 분기별로 실시하여, 조직 내에서 구성원들이 공정하게 대우받고 있는가를 평가하고, 그 결과를 리더의 보상 및 승진에 반영하고 있다.

Eastman Kodak은 인사 전략이 바로서야 기업 성과도 향상될 수 있다는 경영 철학을 갖고 있다. 동사는 특히, 이 중에서도 인사 전략에 무게 중심을 두고 세 가지 관점에서 인사 활동의 성과를 지속적으로 평가하고 있다. 세부 인사 활동 성과 지표를 예로 보면, 조직 역량 부분에서는 리더십 향상, 구성원 역량 강화, 성과주의 문화 조성을 들 수 있다. 또한, 고객 요구 파악 및 정보 공유를 통한 고객 만족을 위해 'Champions for Customer Success'라는 프로그램을 운영하고 있는데, 신규 고객 확보를 통한 매출액 증가나 고객 만족도 지표를 활용하여 그 활동 성과를 평가하고 있다.

비결 6: 지속적인 인사 활동 모니터링

이러한 인사 활동 성과 평가와 더불어, 일류 기업들은 한번 제도를 만들고 문서상으로만 남겨 놓거나 방치해 놓기보다는 인사 제도의 운영 현황 및 진척도를 모니터링하는 활동에도 세심한 관심을 기울이고 있다. 제품 개발 전략과 더불어 인사 전략을 매우 중시하는 Hewlett-Packard는 여러 인사 제도의 진행 상황을 모니터링하고 체계적으로 관리하는 'HR War Room'을 운영하고 있다. 여기에서 Hewlett-Packard가 추진하고 있는 모든 인사 관련 프로젝트들의 전척도를 세 가지 색(예컨대, 녹색은 진행 중, 오렌지색은 시작 단계, 빨간색은 실패)으로 구분하고 있는데, 이 방에 들어온 사람은 누구라도 쉽게 한눈에 진행 정도나 성과를 살펴볼 수 있다고 한다.

비결 7: 능력도 중요하지만 인품이 된 사람을 적재적소에 써라

대부분 능력만 바라보고 사람을 쓰고, 배치한다. 그러다 보니 능력은 좋은데 인품이 안 되거나 인간성 말종인 사람들이 지도자로 군림하여 결국에는 그 조직을 와해시키는 역할을 하게 된다.

도덕성과 성품이 바른 사람을 채용할 줄 알아야 하며, 사람을 겉만 보고 판단해서도 안 된다. 그의 인품 됨을 다각적인 관점에서 분석하고 볼 줄 알아야 한다.

2) 일류 기업의 인사 비결을 통해 본 교훈
- 전략적 파트너로 거듭나라 -

지금까지 일류 기업의 몇 가지 인사 비결을 살펴보았는데, 그 시사점을 정리해 보면, 일류 기업들의 경우, 인사 부문이 회사의 전략 달성 및 성과 창출에 있어서 견인차 역할을 수행하고 있음을 알 수 있다. 즉 인사 부문이 회사의 경영 철학을 구성원들에게 분명하게 전파하고, 사업 전략의 수립 과정에 깊이 참여하는 '전략적 파트너'로서의 위상을 갖고 있다는 것이다. 그러나 불행히도 인사 부문이 이러한 역할을 수행하는 기업은 그리 많지 않아 보인다. SHRM이 02년에 천여 명을 대상으로 조사한 바에 의하면, 인사 부문이 전략적 파트너 역할을 한다는 응답은 불과 34% 정도에 불과하다고 한다. 아직은 조직 내에서 그 위상이 낮으며, 주로 관리 업무에 치중하고 있다는 의미다. 이러한 현상은 서구 기업에 비해 인적 자원 관리 분야의 역사가 상대적으로 짧은 우리나라 기업들도 예외는 아닐 것이다. 향후 인사 부문이 전략적 파트너로서의 역할을 수행하기 위해서는 다음 세 가지 분야에 주력해야 할 것이다.

첫째, 사업에 대한 이해력을 높여야 한다. 인사 담당자들은 사업 현장에 대한 풍부한 경험과 통찰력을 겸비하고 사업 전략과 정합성 있는 인사 전략을 수립해야 한다. 이를 위해서는 사무실에서 앉아서 현장에서 보고되는 서류에만 의존하기보다는 일선 현장과의 긴밀한 커뮤니케이션 활동을 전개해 나가야 할 것이다.

둘째, 전문성을 강화해야 한다. 인사 부문이 전략 수립 및 실행을 충실히 지원하고 신뢰감을 주기 위해서는 해당 분야에 대한 전문적 지식을 갖추어야 한다. 이를 위해서는 인사 업무와 관련된 전문 인력을 보강하거나, 외부의 전문 지식을 지속적으로 습득할 수 있는 학습 기회를 지속적으로 제공해 주어야 할 것이다.

셋째, 성품이 온화한 사람을 통하여 기량을 최대한 발휘 할 수 있도록 여건을 만들어 주어야 한다. 즉 목숨 바쳐 군왕에게 충성하는 사람을 과거에는 장군으로 임명하였듯이 목숨 바쳐 일하는 진실한 사람을 발굴하고, 믿어주고, 신뢰하고, 이해하고, 그의 기량을 발휘하게끔 여건을 만들어 주어야 할 것이다.

그러면 그의 기량의 200% 아니 그 이상의 기량을 발휘하여 회사와 정부, 조직에 발전을 꾀할 수 있게 된다.

5. 복지윤리와 경영

1) 서 론

존슨앤존슨은 세계적인 건강관리제품 제조업체로 2006년 미국 포춘지 선정 가장 존경받는 기업 중 4위에 오른 바 있는 회사이다. 그 사업분야를 크게 세 가지로 구분하고 있는데 의료기기 및 진단 제품, 소비자 제품과 제약이 그것이다. 한국에서는 4개의 독립법인(컨슈머, 한국얀센, 메디칼, 비전케어)을 설립하여 운영하고 있다. 이 회사는 1930년에 자발적으로 기업윤리를 강조해 공동설립자이자 이사회 의장을 맡았던 R. W. 존슨이 고객·종업원·주주에 대한 기업의 사회적 책임을 공표하고, 1943년 최초의 기업윤리강령인 '우리의 신조 (Our Credo)'를 직접 작성해 경영에 접목 윤리경영의 원조로 불린다. 존슨앤존슨은 윤리경영을 실천하면서도 지난 100여 년간 인수합병, 신규 투자 등을 통해 높은 성장률을 기록하고 있다.

그러한 가치 아래 다양한 사회봉사 프로그램의 실천을 위해 존슨앤존슨 한국 사회봉사 위원회를 구성하고 산하에, '북한어린이사랑심기', '홀트아동복지센타 지원활동', '유방암 조기진단 및 치료', '모유먹이기캠페인', '정신건강캠페인' 소위원회를 두어 연간 약 7억 원 규모의 기금 및 봉사활동을 지원하고 있다. 복지정책을 몸소 실천하며 복지문제를 현장에서 실천하는 기업이라고 할 수 있다. 이러한 회사를 복지정책의 윤리경영의 입장에서 분석하고 바라보도록 하겠다.

*기본적인 조직구도는


```
                   -  한국존슨앤존슨
존슨앤존슨 -  한국존슨앤존슨메디칼
                   -  한국얀센
```

2) 기업분석

(1) swot

Strength	Weakness
윤리경영-CREDO 윤리 헌장과 매뉴얼 타이레놀사건으로 이미지 향상 제품의 인지도 뛰어난 품질 마케팅 인재 양성 시스템의 구축(교육에 45%투자) 비전 교육 센터	소비재 제품 위주 기업 규모가 매우 큼 각 국가에 맞는 전략을 기획해야 함
Opportunity	Threat
웰빙 현상-건강챙기기 바람 위생·청결 기준 상향 추세 2006년 존경받는 기업 1위(배런스)	P&G, 유한킴벌리 등 경쟁사 출산율 감소 환경 중시 추세

(2) 5 force

① potential new entrants

진통제 전쟁

진통제 전쟁은 역사상 가장 전형적인 봉쇄 작전을 보여 준다. 이 회사는 경쟁자를 완전히 박살냈을 뿐 아니라 자사 브랜드를 미국 약국에서 가장 잘 팔리는 상품으로 끌어올렸다. 이 브랜드가 바로 타이레놀이다. 이 약은 존슨앤존슨의 맥네일 연구소에서 개발한 아세타미노펜 제품이었다. 타이레놀은 아스피린보다 50% 높게 가격을 책정하고 주로 의사나 보건전문가를 상대로 판촉활동을 벌여 판매순위에서 정상을 차지했다. 브리스톨마이어스는 좋은 기회가 왔다고 생각했다. 그래서 1075년 타이레놀과 똑같은 안정성을 가진 똑같은 진통제라는 광고와 함께 다트릴을 시판했다. 오직 다른 건 가격뿐이라고 했다. 다트릴 광고가 나오기 2주 전, 존슨앤존슨은 브리스톨마이어스에 타이레놀 가격을 다트릴과 같은 수준으로 내리겠다고 통보했다. 하지만 완고한 브리스톨마이어슨느 이에 상관하지 않고 공격을 개시했다. 존슨앤존슨은 방송국, 잡지사 ,약국협회, 공정거래위원회에 이의를 제기했다. 방송국은 광고 문안을 바꿀 것을 요구했다. 존슨앤존슨의 성공적인 대응으로 다트릴의 시장점유율은 1%를 넘지 못했다. 반면 타이레놀은 로켓과 같은 기세로 상승을 거듭했다. 인하된 가격과 광고 덕분에 타이레놀은 진통제 시장에서 정상의 자리에 올랐다. 진통제 싸움이 증명하듯이, 존슨앤존슨의 비싼 타이레놀과 브리스톨마이어스의 값싼 다트릴은 각기 장사를 해 나갈 충분한 시장이 있었다. 그러나 존슨앤존슨으로서는 시장점유율을 얼마간이라도 빼앗긴다는 것이 좋은 전략은 아니었을 것이다. 이처럼 존슨앤존슨즈는 브리스톨마이어스와 같은 새로운 경쟁자의 시장진입을 철저히 막고 그 산업에 쉽게 뛰어들 수 없도록 조치를 취하였고 이로써 타이레놀이라는 브랜드 로얄티를 지금까지 이어 오고 있다.

② bargaining power of buyers

브랜드군은 선도제품과 추종 제품으로 나누어진다. 선도 제품이라는 것은 그 브랜드군을 이끄는 선발 제품을 의미하는데, 이 선발 제품의 평가가 이후에 추가로 나오는 신제품들의 평가에 매우 중요한 기준이 된다. 존슨앤존슨의 선도 제품은 베이비샴푸인데, 이 제품에 대한 소비자들의 평가는 핵심적으로 부드럽다와 훌륭한 품질이다. 존슨앤존슨의 베이비샴푸에 대한 이러한 긍정적 연상은 존슨앤존슨에서 나오는 후속 제품에 대한 평가에 매우 우호적으로 연결된다. 존슨앤존슨에서 피부 관리 제품이 나오든 핸드크림이

나오든 선도 제품에 대한 이미지가 후속 제품의 품질평가에 매우 중요한 역할을 한다는 것이다. 이때 더 중요한 것은 선도 제품의 강도가 매우 강하면, 후속 제품의 평가가 더 좋아진다는 것이다. 즉 선도 제품의 강도에 따라 후속 제품의 평가가 달라진다는 것이다. 선도 제품의 평가가 긍정적일수록, 후속 제품에 대한 평가가 긍정적이게 되는 것이다. 이처럼 존슨앤존슨은 선도 제품인 베이비용품의 높은 품질과 이미지로 고객과의 교섭력을 장기적으로 유지하고 있다.

③ bargaining power of suppliers

일반적으로 미국 기업은 경영자원의 유동성이 매우 높은데, 예를 들어 기업의 인수, 합병을 통한 기술의 획득, 경영인재를 포함한 인재 획득과 같은 전략적 선택사항이 보다 풍부하다. 따라서 경영자에게 전략 혹은 혁신을 실행할 수 있는 재량권이 비교적 많다. 특히 기초적인 기술개발의 대부분이 벤처 등의 형태로 아웃소싱되고 있는 미국의 경우에는, 반드시 모든 핵심기술을 기업 내에 확보해 두어야 한다는 압박감은 없다. 예를 들어 기업 내부에서 비롯되는 혁신 능력이 다소간 쇠퇴하더라도 상업화가 가능한 일정한 기술을 외부에서 도입하여, 그것들을 발전시키고 사업화할 수 있다면 그것을 크게 문제 삼지 않는다. 이에 존슨앤존슨도 매출 기준으로 70년 연속, 순익 기준으로 18년 연속 증가를 기록하면서 우량기업 리스트의 단골손님에 해당되고 있다. 하지만 존슨앤존슨도 최근 10년간 약 300억 달러를 투입하여 52개 사를 매수했다. 존슨앤존슨의 경우 본사는 주로 판매력 등 사업화에 필요한 기반이나 노하우를 제공하고 매수한 기업에 대해서는 기술에 주력하게 하는 방식으로 성장해 왔다. 이처럼 원재료나 기술, 인재의 획득을 위하여 존슨앤존슨은 전방통합적인 방법으로 공급자의 교섭력을 줄여 기업의 이익을 취하고 있다.

④ threat of subtitute products

존슨앤존슨사는 다양한 건강케어용품과 더불어 의료장비, 일회용렌즈와 같이 건강 관련 상품을 존슨앤존슨의 선도제품으로 내세우고 있다. 따라서 건강 관련 제품들은 존슨앤존슨사의 입장에서는 모두 위협적인 대체물인 것이다. 예를 들면 라색수술이나 렌즈 삽입술과 같이 시력 보안 수술에 많은 발전은 존슨앤존슨의 비스타콘 일회용 콘택트렌즈를 위협하는 대체재가 될 수 있다. 또 선풍적인 인기를 몰고 있는 자일리톨과 같은 껌도 구강질환을 막는 존슨앤존슨의 구강청결제 '리스테린'의 대체제로 위협하는 존재라고 볼 수 있다. 또한 웰빙과 건강에 관심을 많이 가지는 현대 사회의 환경에 더불어 더바디샵과 로얄바디케어와 같은 바디케어 전문 회사의 증가는 존슨앤존슨의 세 가지 주요 사업그룹 — 제약 의료진단 장비(MDD), 소비자 제품 — 에 위협을 주고 있다. 하지만 존슨앤존슨은 피부 보습과 부드러움을 유지하게 하는 노하우를 갖고 있다. 이것이 존슨앤존슨의 인지된 핵심 능력이며 핵심 연상이다. 이러한 핵심 연상에 부합되는 제품 영역으로 확장하면, 소비자들의 평가가 긍정적으로 유지될 것이다.

⑤ rivalry among competitors

존슨앤존슨과 경쟁관계를 맺고 있는 기업으로는 P&G, 바슈롬 등을 예로 들어 볼 수 있다. 바슈롬의 경우, 1970년 소프트렌즈를 처음 도입한 바슈롬. 이 기업은 한때 콘택트렌즈 시장의 50% 이상을 점유했던 기업으로서 렌즈를 선도제품으로 내세우고 있다. 이는 존슨앤존슨의 비스타콘 콘택트렌즈와 경쟁 관계를 맺고 있다. 또 P&G와 같은 경우는 유아용 위생용품, 가정용품 등의 넓은 제품층으로 존슨앤존슨의 베이비로션이나 물티슈와 같은 위생용품 부분에서 경쟁 관계를 이루고 있다.

3) 결 론

(1) 윤리경영제도 선언을 통한 기업의 변화상(Before & After)

'윤리경영의 대명사'로 꼽히는 존슨앤존슨, 존슨앤존슨은 'Our Credo(우리의 신조)'라는 기업경영이념에 의거하여 고객에게 최선의 서비스를 제공하고, 직원, 그리고 지역사회에 대한 기업의 임무를 다함으로 이 모든 요소가 충실히 이행될 때 주주도 같이 이익을 볼 수 있는 기업 윤리를 강조하고 있다. 정신건강캠페인, 유방암퇴치캠페인 등 다양한 사회사업을 통해 기업의 경영 신조를 지켜 나가고 있는 존슨앤존슨은 그 노력만큼이나 사회에서도 기업의 윤리성을 인정받고 있다.

① 위기를 기회로(윤리경영제도를 통한 Before & After)

역사적으로 '기업윤리'는 미국 '존슨앤존슨'사의 '타이레놀 독극물 사건'을 통해 부각된다. 독극물이 주입된 타이레놀을 복용한 소비자가 사망하자 존슨앤존슨에서는 미국 전역에 배포된 약 1억 달러어치의 약품 전량을 회수했다. 또한 자사가 입을 상당한 손해를 감수하면서까지 "절대 복용하지 말라"는 주의 메시지를 대대적으로 홍보한 바 있다. 즉 존슨앤존슨은 1943년에 작성된 Our Credo를 바탕으로 윤리경영을 실시했고, 그 결과 당시 천문학적인 비용을 치렀지만 고객에 대한 책임의식을 행동으로 보여 주었다는 의미 있는 기업관을 보여 주었다. 비록 떨어진 시장점유율을 회복하는 데 꼬박 3년이 걸렸으나 따라 회사는 소비자로부터 큰 신뢰를 얻게 되었다. Our Credo는 현재 세계 존슨앤존슨의 회장인 '빌 웰던'이 "우리의 신조가 가져다준 회사의 명성은 우리가 현재 갖고 있는 자산 중에서 최고의 가치다."라고 한 것과 같이 지금까지도 존슨앤존슨의 명성과 자부심을 지지하는 큰 축이 되고 있다.

② Hardware & Software적 특징

㉠ Our Credo

Our Credo를 만들 당시 존슨앤존슨의 사장이었던 로버트 우드 존슨은 존슨앤존슨 기업을 세계적인 기업으로 만들기 위해서 제품을 마케팅하는 것 이상으로 기업이 어떠한 책임의식을 가져야 한다는 생각을 갖고 있었다. 그래서 1935년부터 새로운 산업 철학을 도입하여 1943년에 기업의 성장지침서이자 비전을 제시하는 Our Credo를 명확히 선언했다. 이는 고객에 대한 책임의식을 첫 번째로 한다는 점에 당시 산업 철학과는 다른 패러다임을 제공했다. 당시만 해도 고객과 소비자보다는 주주를 당연히 우선시하는 풍토였기에 이러한 새로운 시도는 많은 주목을 받았다. 소비자와 고객을 먼저 생각하는 기업으로의 이미지 구축에 성공한 존슨앤존슨은 현재에도 고객만족을 중심으로 사회적으로 존경받고 있다.

ⓒ Credo 조사

매년 전 직원이 참여하는 Credo Survey는 전 직원의 목소리를 모으는 과정이다. Our Credo를 경영진들이 잘 지키고 있는지를 확인하는 수단일 뿐만 아니라 전 직원이 Credo에 대한 관점을 조사하는 것이다. 즉 Our Credo가 살아 있는 지침서가 되게 하려는 끊임없는 과정인 것이다. Credo 조사 시에는 윤리적 경영을 하고 있는지, 직원을 존중하는지, Credo의 네 가지 책임의식을 실행하고 있는지, 직원이 평가하는 리더십은 어떤지 등을 세밀하게 조사한다. 평가 결과를 활용한다는 점에서도 Credo 조사는 큰 의미를 갖는다. 조직의 목표를 설정할 때에도 Credo 조사는 큰 역할을 해내고 있다.

ⓒ 최고 경영자의 윤리강조

최고경영진이 Our Credo를 행동으로 보여 주는 것이 윤리경영을 할 수 있는 기본 밑바탕이 된다. 존슨앤존슨은 특히 전 세계의 존슨앤존슨 기업의 CEO들이 공동으로 책임의식을 갖고 솔선수범하도록 장려하고 있다. 조직의 문화가 자연스럽게 윤리경영으로 포함될 수 있도록 하기 위함이다.

(2) 성과지표

존슨앤존슨이 이룬 경영실적을 보면 73년 동안 한 해도 빠짐없이 꾸준히 성장하였다. 또한 존경받는 회사 순위에서도 변함없이 같은 등급을 1999년부터 2005년까지 유지 하고 있다. 회사의 매출액 크기가 중요한 것이 아니라 변동 없이 꾸준함을 보여 준다는 것은 우리의 신조가 없다면 이루기 힘든 업적이다. 따라서 Our Credo를 바탕으로 한 윤리경영은 하면 좋은 것이 아니라 꼭 해야 하는 것으로의 의미를 지닌다.

1999년 - 미국 월스트리트 저널에서 실시한 '미국 내 기업 사명도 조사'에서 감성적 이
         미지, 제품과 서비스 그리고 직원들의 근로조건 부분에서 1위
2003년 - 미국에서 가장 정직하고 신뢰할 만한 기업 1위 [관련기사] 미국의 종합 건강
         제품 회사인 존슨앤존슨이 미국에서 가장 정직하고 신뢰할 만한 기업이라는
         조사결과가 나왔다. 12일자 월스트리트저널 보도에 따르면 해리스 인터액티브
         가 2만 252명의 소비자를 대상으로 온라인으로 질문서를 보내 조사한 결과
         존슨앤존슨이 종합점수 82.1로 2002년도에 가장 신뢰를 받은 기업으로 선정
         됐다. 존슨앤존슨은 같은 조사에서 4년째 가장 정직하고 신뢰할 만한 기업으
         로 뽑혔다.
                    - 매일경제 2003년 2월 -

2004년 - 미국에서 가장 존경받는 기업 7위
[관련기사] 미국의 경제잡지 '포천(Fortune)'은 올해 '미국에서 가장 존경받는 기업
         (America's Most Admired Companies)'의 순위를 발표했다. 포천은 장기투
         자가치, 서비스와 제품, 경영의 질 등 8개 항목을 점수화해서 가장 존경받는 기
         업의 순위를 매기고 있다.
                    - 매일경제 2004년 5월 -

| Rank | | 기업명 | Mean Score | Respect Highly | Respect | Respect Somewhat | Don't Respect |
2006	2005						
1	2	J&J	3.97	51%	35%	6%	0%
2	1	제넨텍	3.89	51	33	9	0
3	5	P&G	3.87	46	40	6	0
4	4	도요타	3.86	48	38	6	1
5	NA	벅셔헤서웨이	3.68	45	36	11	1
6	12	펩시코	3.66	36	46	7	0
7	9	엑손모빌	3.62	41	41	6	4
8	NA	골드만삭스	3.44	41	36	7	7
9	20	혼다	3.29	26	40	14	0
10	14	암젠	3.26	27	42	9	4
42	35	삼성	2.29	8	38	32	2
98	NA	차이나모바일	1.23	0	19	44	11
99	NA	Electricity de France(Fr.)*	1.13	0	19	39	14
100	98	타임워너	0.63	0	15	42	32

[관련기사] '세계에서 가장 존경받는 기업은 어디일까' 미국의 투자전문지 배런스가 시가 총액 100대 기업을 대상으로 기관 투자가들에게 이 같은 질문을 던진 결과, 월가가 가장 존경하는 기업에 존슨앤존슨(J&J)이 선정됐다. J&J는 지난해 조사에서는 제너럴 일렉트릭(GE)에 밀려 2위를 차지했었다.

- 이데일리 2006년 9월 -

2007년 한국 최고 직장 10사

SK텔레콤(대상), 포스코, 국민은행, 현대중공업
페덱스코리아, 존슨앤존슨메디칼코리아
LG CNS, MSD코리아, 퀄컴코리아, SC제일은행

※ '한국 최고의 직장' 선정위원회 선정.
대상 수상기업 외에는 순위 없음.

[관련기사] 세계적인 인사·조직 컨설팅업체인 휴잇 어소시엇츠는 2001년부터 2년 간격으로 아시아 최고의 직장(Best Employers in Asia)을 선정해 왔다. 한국은 2005년에 조사를 진행하지 않아 올해가 세 번째가 된다. 올해 조사에는 국내 64개 업체가 참여했다. 박경미 휴잇 어소시엇츠 한국지사장은 "직원들을 성과에 몰입시킴으로써 비즈니스의 지속적인 성장을 도모한 기업에 축하와 격려를 해 주고, 동시에 한국 기업들에는 훌륭한 경영 사례를 배울 수 있는 기회를 제공하는 차원에서 '한국 최고의 직장'을 선정하게 됐다."고 설명했다.

- 매일경제, 2008년 4월 -

근래에 들어 세계적 기업인 엔론, 월드컴, 글로벌 크로싱 등의 파산은 세계 경제에 큰 충격을 주고 있다. 그리고 이 기업들의 파산을 계기로 윤리경영의 중요성은 한층 더 강조되고 있으며, 국내에서도 정부기관과 기업에서 윤리경영을 위한 제도적 보완을 시도하고 있는 실정이다.

전국경제인 연합회에서 매출액 500대 기업을 대상으로 조사한 결과, 응답기업의 49.7%가 윤리헌장을 보유하고 있는 것으로 나타났다. 구체적 운영 실태를 보면 윤리경영 전담부서의 설치, 실천 매뉴얼의 보유, 임직원 교육의 실시 등은 활발하게 이루어지고 있으나, 내부신고제도(Whistle-blowing)를 운용 중인 기업은 윤리헌장을 제정한 기업의 38.6%에 불과하여 상대적으로 활성화되지 못한 것으로 나타났다. 윤리경영의 실천적 대안으로서의 내부신고제도 도입방안을 구체적으로 살펴보자.

작년까지만 해도 우량기업이었던 엔론, 월드컴, 글로벌 크로싱의 파산의 가장 큰 이유는 이 회사들이 공통적으로 분식회계 등의 투명하지 못한 비윤리적인 경영을 해 왔다는 것이다.

그러나 이런 비윤리적 경영보다 더 중요한 것은 세 기업 모두 조직 내부에서 조직운영상의 문제점에 대한 내부적인 문제제기가 있었으나, 해당 기업의 담당 임원이나 최고경영자는 이러한 내부 신고를 무시하였다는 것이다.

결국 이러한 비리 사실은 외부에 알려지게 되었고 궁극적으로는 파산에 이르게 되었다는 것이다.

즉 조직 내부인의 문제제기에 대한 적절한 조치가 없을 경우 조직 내부의 문제는 결국 조직 외부로 알려지게 되고, 이 단계에 이르게 되면 이미 조직은 개선의 기회를 상실하게 되어 기업의 파산이라는 결과를 초래하게 된다는 것이다.

◎ 내부신고제도(Whistle – blowing)의 유형

‘Whistle – blowing’이란 내부신고제도, 내부고발제도, 공익제보제도 등으로 번역되고 있는데, 조직 또는 조직 내부 구성원의 불법, 비윤리적, 공공의 이익에 반하는 행위 등에 대한 정보를 신고하거나 공개하는 행위를 말한다.

내부신고제도는 신고 시기, 신고자의 신분공개 여부, 신고 경로에 따라 다음과 같이 유형을 나누어 볼 수 있다.

첫째, 신고 시기에 따라 구분해 보면, 조직구성원으로 신분으로 행했는가 또는 사퇴나 해고된 뒤에 신고하였는가에 따라 재직형과 이직형으로 나눌 수 있다.

이직형의 경우 재직 중 목격한 내부의 비리를 조직을 떠나고 난 뒤 폭로하는 것으로, 주로 고백이나 체험기 또는 회고록의 형태를 띠게 되는데, 재직형에 비해서 동료나 상사에 대한 부담이 적어서 일반적으로 신고의 내용이나 범위가 넓은 특성을 지닌다.

둘째, 신고자의 신분공개 여부에 따라서 익명형과 공개형으로 구분할 수

있다.

익명형은 조직 내부의 비리 사실을 공식적·비공식적 경로를 통해 신분을 숨긴 채 관리층이나 언론, 외부 수사기관, 감사기관, 시민단체에 알리는 형태이고, 공개형은 신고자의 신분을 밝히는 형태로서 주로 청문회나 기자회견 등을 통하여 사회에 공개적으로 폭로하는 형태이다.

셋째, 신고 경로가 대내적인가 대외적인가에 따라 내부형(Internalw histl - blowing)과 외부형(External whistle - blowing)으로 나눌 수 있다.

전통적으로 내부신고제도는 조직 내부인이 조직 내부의 비윤리적, 불법적 행위 등을 언론, 정부기구, 시민단체 등 조직 외부 기관에 신고하는 제도로 알려져 있었지만, 최근에는 보다 광범위한 개념으로 조직 내부의 권한 계통이나 전담 조직을 통하여 문제를 제기하고 해결하는 것까지 포함되는 것으로 넓게 해석되고 있다. 내부형의 경우 조직의 울타리 내에서 해결이 가능하지만, 외부형의 경우 대중에 대한 폭로의 성격을 지니고 있어 조직의 평판이나 존립에 결정적인 영향을 끼칠 수 있다. 최근에는 내부신고제도가 조직의 문제를 폭로하기보다는 문제의 예방과 해결에 초점을 두는 경향을 지니고 있는 내부형에 대한 관심이 증대되고 있는 실정이다.

◎ 내부신고제도의 필요성

내부신고제도의 가장 대표적인 사례로는 닉슨 대통령의 하야를 몰고 온 워터게이터 사건을 꼽을 수 있을 것이다.

전통적으로 내부신고제도는 정부기관이나 공익단체에서부터 시작되었고, 우리나라의 경우에도 정부주도의 부패방지위원회와시민단체가 주도하는 반부패국민연대 등 기업보다는 기업 외부 조직에서 시작되었다.

그러나 최근 서구 사례를 보면 이제는 신고의 대상이 정부 기관이나 공익 문제에서 기업 내부의 문제로 확대되고 있는 경향을 보이고 있다.

따라서 우리 기업도 이제 더 이상 내부신고제도의 무풍지대일 수는 없을 것이다.

특히 외부기관을 대상으로 한 내부자의 신고로 발생할 수 있는 재난을 사전에 예방하고 윤리경영을 실천하기 위해서는 기업 내부(Internal)의 내부신고제도를 보다 활성화해야 할 필요가 있을 것이다.

또한 IMF 경제위기를 겪으면서 평생직장의 개념이 희박해지고, 자신이 몸담고 있는 조직에 대한 충성심이 감소하고 있으며, 특히 조직 내 핵심 계층으로 부각되고 있는 신세대의 경우 기성세대에 비해 윤리의식이나 기업시민정신(Corporate Citizenship)이 더 강한 특성을 지니고 있는 것으로 알려지고 있다.

따라서 조직에 대한 불만이나 문제점을 이전처럼 무시하거나(Neglect) 참고 지내기(Loyalty)보다는 적극적으로 개선하려고 시도하며, 자신의 견해가 묵살될 경우에는 이직하거나(Exit), 특히 조직 내부의 문제점을 외부에 적극적으로 알리는(Voice) 등의 보다 극단적인 행동을 할 가능성이 높아진다는 것이다.

그리고 인터넷의 발달로 정보의 전파 범위가 넓고 전파 속도가 빠르기 때문에 조직 내의 문제점을 감추거나 강제적으로 통제하는 것은 사실상 불가능해지고 있다. 이처럼 정보의 통제가 힘들어진다면 조직의 문제점을 덮어두기보다는 적극적으로 찾아내서 확인, 해결하는 방식이 보다 적절한 대안이 될 것이다.

이러한 조직 내외부적인 환경 변화를 볼 때 내부신고제도의 도입은 더 이상 선택의 문제가 아닐 것이다.

◎ 내부신고제도의 성공을 위한 조건

- 건전한 비판을 수용하는 열린 문화 -

작년 9·11 대참사가 있기 수주 전에 FBI의 콜린 로울리라는 요원은 9·11테러의 용의자 중 한 명에 대한 압수수색을 건의하였지만 무시되었고, 결국 수많은 생명과 재산을 한순간에 앗아간 대참사가 발생하게 되었다.

콜린 로울리는 내부의 위계나 절차를 중시하는 경직된 관료적 조직문화를

FBI의 가장 근본적인 문제로 지적하고 있다.

이러한 현상은 우리 경우에도 예외는 아닐 것이다.

조직에 대한 건전하고 창조적인 비판이 무시되거나 오히려 조직 내부의 단결과 일치를 해치는 것으로 인식된다면, 우리의 기업에서도 조직의 존재 자체를 위협할 정도의 사태가 발생하지 않으리라는 보장은 없을 것이다.

따라서 우리 기업들도 조직 내 잘못된 행동들이 '여태까지도 별문제가 없었으니까' 또는 '긁어 부스럼을 만들 필요가 있는가'라는 이유로 묵인되는 조직문화에서 과감하게 탈피하여야 할 것이다.

내부신고제도가 활성화되지 못한 또 다른 이유는 내부신고자(Whistle-blower)를 문제아, 충성심이 없는 사람, 반역자, 배신자로 여기는 기존의 사회 풍토이다.

그러나 엔론의 샤론 왓킨스, 월드컴의 신시아 쿠퍼, FBI의 콜린 로울리는 자신의 업무에 정통하고 조직에 대한 충성심이 남달랐던 것으로 알려지고 있다.

FBI의 최고책임자인 뮐러는 내부신고자 로울리에게 감사편지를 보내는 한편 내부신고의 필요성을 강조하기도 했다.

따라서 이제는 내부신고행동을, 조직을 위한 충성스럽고 용감한 행동으로 정의하고 내부신고자를 조직을 위한 협력자로 보는 문화를 형성해야 할 것이다.

◎ 내부신고 채널의 선택이 중요

내부고발을 위한 대표적인 의사소통 채널은 노드롭 그룹의 'open line', 인터내셔널 페이퍼의 'help line' 등으로 불리는 hot line 시스템을 들 수 있다. 대부분의 기업에서 hot line은 최고경영자나 윤리담당 임원에게 직접 연결되어 있으며, 직접 통화하거나 녹음을 하게 되면 최대한 빠른 시일 내에 처리 결과를 피드백을 해 주고 있다.

우리 기업의 경우 아직까지는 자신의 신분 노출 등을 이유로 조직 내부

사람에게 직접 통화하거나 녹음하는 방식에 익숙하지 않은 것으로 이야기하는 사람들도 있다.

그러나 조직생활, 제품, 서비스에 대한 사소한 불편함이나 불만도 적극적으로 표현하고 있는 현상이 일반화되고 있는 점을 고려한다면, 최고경영층에 대한 hot line 시스템을 도입할 수 있는 분위기가 성숙되었다고 볼 수 있다.

최근 일부 기업들이 조직 내 문제점을 사내 홈페이지 등을 통해 공개적으로 접수하고 그 결과를 공개적으로 통보해 주는 경우도 있다.

그러나 이러한 공개 정책은 확인되지 않은 문제를 공론화시킬 수 있고, 제보자가 신분노출을 우려하여 제보를 꺼리게 하는 요인이 될 수도 있다.

따라서 내부신고를 보다 활성화하기 위해서는 제보의 접수는 비공개로 하며, 그 처리결과에 대해서는 모든 구성원이 공유하는 방식이 보다 적절할 것으로 판단된다.

- 익명성과 신분 보장이 전제되어야 -

내부신고제도를 도입하는 데 있어서 가장 큰 걸림돌 중의 하나는 신고자의 익명성이 보장되지 않는다는 점이다.

특히 우리 기업에서는 조직 내부의 이동이나 구성원들 간의 비공식적 네트워크 등으로 제보자의 신분이 노출될 가능성이 매우 높은 특성을 지니고 있다.

미국의 경우에는 내부신고자 보호법에 따라 수사기관에 사건을 이관할 때 신고자의 인적사항을 제외한 신고사실만을 전달하도록 하고 있다.

실제 워터게이트 사건의 경우, 30년이 지난 오늘까지 내부신고자의 신원이 밝혀지지 않고 있다.

또한 국내외를 막론하고 내부신고자 자신에게 돌아오는 결과는 그리 좋지 않았던 것이 일반적인 현상이다.

본인의 의사에 반하여 근무 환경이 좋지 못한 곳으로 배치이동이 되거나 일자리를 잃게 되고, 그로 인한 경제적·정신적 피해도 컸던 것이 사실이다.

실제 호주의 한 내부신고자는 조국에서는 더 이상 일자리를 구하지 못하고, 결국 영국으로 이민을 한 사례도 보고 되고 있다.

따라서 내부신고제도를 보다 활성화하기 위해서는 신고자에 대한 신분상의 불이익을 방지하는 확실한 대비책이 필요하다.

미국의 경우 내부신고자에 대한 보호법은 78년 미국 공무원제도개혁법 (Civil Service Reform)에서 시작되었고, 현재 연방정부와 40여 개 주정부에서 자체적으로 내부신고자 보호법률을 제정하여 고발자의 신분보장에 최선을 다하고 있다.

신고자의 신분보장을 위해서는 무엇보다 신고자에 대한 지속적인 관심이 필요하며, 그 사람이 그 조직에 몸담고 있는 동안 행하는 지속적인 추적관리도 하나의 대안이 될 수 있을 것이다.

한편 신고자의 익명성을 보장하고 전문적인 역량을 확보하기 위해서 조직 내부 인력이 아닌 조직 외부인이나 외부기관을 적극적으로 활용하는 아웃소싱도 고려해 볼 수 있을 것이다.

- 신고에 대한 적절한 보상이 필요-

신고내용은 경우에 따라 기업에 많은 경제적 이득을 가져다준다. 실제 미국 정부 조직의 경우 연간 수십억 달러의 경제적 효과를 얻은 것으로 알려지고 있다.

많은 기업들이 신제품 개발이나 업무개선을 통한 생산성 향상 등에 대한 보상제도는 활발히 실행하고 있으나, 불법이나 비도덕적 행동으로 인해 발생되고 있는 문제점을 지적한 데 대한 보상은 아주 미미한 수준이라는 견해도 있다.

자신의 행동이 조직에 기여한 데 비하여 신고자 개인에게 돌아오는 보상금액이 현실적이지 못한 경우, 자신에게 돌아오는 불이익을 감수할 정도의 유인책이 되지 못하는 경우도 발생한다는 것이다.

따라서 내부신고제도를 보다 활성화하기 위해서는 신고자가 제기한 문제를 해결함으로써 얻어지는 효과를 금전적으로 정확하게 산출해 내고, 그 금액의 일정 부분을 돌려주는 '신고 인센티브'제도의 도입이 선결되어야 할 것이다.

- 윤리경영은 구성원 모두의 임무 -

아무리 좋은 제도가 있다고 하더라도 최고경영층의 솔선수범과 실천 의지가 뒷받침되지 못한다면, 그 제도의 운영에는 한계가 있을 것이다.

윤리경영이 정착되기 위해서 최고경영층은 '신상필벌', '일벌백계', '솔선수범'의 원칙을 몸소 실천하여야 할 것이다.

전국경제인연합회의 조사 결과 응답기업의 76.3%가 윤리경영의 결정적 요소로 CEO의 의지를 지적하고 있다.

또한 신고제도가 활성화되기 위해서는 최고경영층뿐 아니라 구성원 모두의 적극적인 참여가 더 중요하다고 볼 수 있을 것이다. 아무리 최고경영층이 확고한 의지를 가지고 제도를 설계한다고 하더라도 구성원의 적극적인 참여가 없이는 그저 허울뿐인 '좋은 제도'에 그치게 될 뿐이다.

이제 윤리경영은 더 이상 최고경영층이나 전담부서의 임무가 아니라 구성원 모두가 윤리경영에 대한 의무와 책임을 지고, 적극적으로 참여해야 할 때이다.

(3) 존슨의 장단점과 나아갈 방향

윤리경영은 21세기 기업의 경쟁력을 강화하고 기업의 생존을 위해 반드시 필요한 것이다. 기업에 있어서 윤리경영의 실천은 단순히 기업의 사회적 봉사를 강조한다거나, 임직원들의 부정부패를 없애기 위한 제도적 도구가 아니며 기업경쟁력을 실질적으로 강화하는 요소이며, 기업 가치를 극대화하기 위해서는 반드시 갖추어야 하는 기업생존을 위한 기본적인 조건이라 할 수 있으며 기업의 가치와 생존을 결정짓는 중요한 요소가 되었으며 더 이상 선택이 아니라 기업이 반드시 갖추어야 할 21세기 기업 경쟁력이다. 존슨앤존슨의 기업신조는 다른 기업과는 달리 단순한 슬로건이 아니라 몸으로 익혀 실천하는 윤리를 바탕으로 하는 행동강령이며, 모든 가치체계의 근본, 의사결정의 기준, 기업경영의 나침반이 되고 있다. 여기에 노사가 기업 신조를 지키고 유지하기 위한 다각적인 노력을 하고 있으며 몇 가지 사례로도 알 수 있듯이 실천으로 이어지고 있다. 제품에도 이러한 윤리적 철학신조가 반영되어 '규격'보다는 고객이 원하는 '만족'에 초점을 맞추고 있다.

　그러한 결과는 미국의 여론조사 결과에서도 알 수 있는데 존슨앤존슨이 미국 기업 중 기업이미지가 가장 좋은 것으로 나타났다고 월스트리트 저널이 기업이미지 평가회사인 해리스 인터랙티브의 조사결과를 인용, 보도한 적이 있으며, 조사결과에 따르면 존슨앤존슨은 계속적으로 1위를 차지하였다. 그러나 존슨의 우리의 신조에 근거한 의사결정단계에서, 어떻게 보면 이러한 단계는 매우 상식적인 것이라 할 수 있다. 하지만 개인이든 기업이든 상식 밖의 행동을 의식적이든 무의식적이든 해 오고 있는 것도 사실이다. 'BACK TO BASIC', 기업 윤리에 있어서도 이것을 생각하면서 의사결정을 한다면 정말 아무런 이슈도 되지 않을 것이다. 어떠한 제도나 규정을 자세하게 만드는 것부터 시작하는 것이 아니라, 상황에 맞추어 유연성을 갖고 근본에 반하지 않는 행동을 하는 것이 우리나라 기업의 윤리경영에도 필요하지 않을까 한다. 또한 그것은 제도상의 문제가 아니라, 그것을 사람들이 얼마나 잘 준수하는가 하는 실천의 문제이다. 회사의 주요 사업 정책을 결정하는 데 있어서 직원들에게 그 판단을 보여 주고, 그러한 사례가 오랜 시간 동안 쌓여 갔을 때, 비로소 윤리경영의 꽃이 필 것이다. 또한 존슨사의 책임감과 자긍심이 지금까지 소비자들의 신뢰를 쌓아 왔고 세계적인 윤리경영회사로 자리잡을 수 있었던 것 같다. 모든 고객의 의견을 항상 존중하고 고객의 입장에서 서비스와 편익을 제공함으로써 고객에게 도움이 되는 가치를 끊임없이 창출하여 고객으로부터 확고한 신뢰를 받을 때, 진정한 윤리경영의 실현에 바짝 다가갈 수 있다. 존슨사는 지금까지 해 왔던 것처럼 소비자의 신뢰를 쌓아 가고, 사회환원 사업을 늘려 간다면 더 많은 기업들에게 좋은 본보기가 될 것이고 존슨사가 발전할 수 있는 방향이라고 생각된다. 이제 우리나라 기업들도 존슨사의 윤리경영을 표본으로 소비자의 굳건한 신뢰를 쌓아 가는 기업들이 조금씩 늘어 가고 있다. 또한 우리나라 기업도 목표만 세울 것이 아니라, 그것이 사회적, 법적, 윤리적으로 올바른 것인지 항상 자문하고, 실행하는 데 있어서도 실천력을 가져야 한다. 또 우리 사회에 만연한 물질 만능주의를 없애고자 한다면 시장 경제를 이끌고 있는 대표적인 기업이 솔선수범하여 사회의 문화까지도 바꾸어야 할 책임이 있다고 본다. 현재 우리나란 총체적인 경제난으로 인하여 기업들의 경영은 오직 살아남기 위한 경영을 추구하고 있다. 하지만 존슨앤존슨의 경우처럼 단시간에는 엄청난 손해를 보더라도 원칙 중심의 기업문화를 배양하는 것이 미래의 경영에 더욱 큰 도움이 된다고 생각한다. 다른 기업도 마찬가지로 확고한 기준을 가지고 경영을 하는 것이 위기를 극복하는 현명한 길이 아닌가 생각한다. 그리고 어려울수록 급한 것보다 중요한 일에 관심을 두어야 할 것이다. 복지정책도 윤리적인 마인드로 접근해야 정책이 실효성이 있을 것이다. 형식적 접근이거나, 단순히 성공, 매출 위주의 접근은 지향해야 할 것이다.

[참고문헌]

public relations(2003), 이노우에 타카시(번. 안진희), 한영문화사.
쉽고 강한 브랜드 전략(2003), 신병철, 살림출판사(서울).
마케팅 전쟁(2002), 앨 리스, 잭 트라우트(번. 안진환), 비즈니스북스(서울).
성장과 혁신(1992), 클레이튼 M. 크리스텐슨, 마이클 E. 레이너(번. 이명식), 세종
　　　　서적(서울).
백년기업(2005), 한다 준이치(번. 정영권), 도서출판 새로운 제안(서울).
존슨앤존슨 메디컬 코리아
http://www.jnjmed.co.kr/index.asp
한국 존슨앤존슨 http://www.johnsonandjohnson.co.kr/
Johnson And Johnson http://www.jnj.com/home.htm
클린앤드클리어 http://www.cleanandclear.co.kr/

6. 부하직원들과 화합하는 복지정책

어려운 시기일수록 구성원의 사기를 높이는 일은 중요하다. 이를 위해서는 리더들이 부하 직원의 의견에 귀를 기울이고 용기를 북돋워 주어야 한다. 아울러 과제 수행을 지원하되 자율적으로 수행하게끔 믿고 맡기는 것이 바람직하다.

최근 유가 인상이나 불확실한 국내외 경기 전망 등으로 인해 기업들마다 투자 규모를 줄이고 가능한 한 내실 경영에 주력하는 모습이 나타나고 있다. 일례로 국내 대표적인 기업의 하나인 A사의 경우, 지난해에 137%이던 부채비율이 올해에는 75%로 줄어들 것으로 예상되고 있다. 이는 기업이 올해 벌어들인 이익을 새로운 사업에 투자하기보다는 미래 불확실성에 대비하여 차입금을 상환하는 데 쓰고 있음을 의미한다. 그러나 외부 경영 환경의 불확실성 증대에 대응하여 내실 경영을 하는 것만으로 어려움을 극복할 수 있을지는 미지수다. 오히려 위기를 기회로 활용하여 선두 경쟁사와의 격차를 좁히거나 반전시킬 수 있는 계기로 만드는 지혜가 필요하다고 하겠다. 이를 위해서는 최고경영자를 비롯한 경영진이 조직의 목표를 보다 분명히 하고, 아울러 구성원과 목표를 공유하여 조직 내부의 결속을 다지면서 이를 차근차근 실행해 나가야 한다. 특히, 경쟁사보다 한발 앞서 내다보고 한발 먼저 실행할 수 있도록 구성원들의 열정과 노력을 이끌어 내는 것이 필수적으로 요구된다. 복지정책은 이러한 부정적이면서 문제성을 최대한 극복하고 발전적인 방향으로 나아가는 노력이 필요하다. 이것을 정책적으로 만들어 주어야 한다.

구성원들의 열정을 이끌어 내고 신바람 나게 일하게끔 만들기 위해서는 먼저 구성원의 의견에 귀를 기울이고(Listen) 용기를 북돋우는(Encourage) 것이 필요하다. 또한 과제 수행을 지원하되(Assist), 이를 자신의 책임하에 자율적으로 수행할 수 있도록 믿고 맡기는(Delegate) 모습이 바람직하다.

1) 경청(Listen)

경청(傾聽)이란, 단순히 상대의 말을 '듣는다(hear)'는 것이 아니라 '귀를 기울여 주의해서 듣는다'는 것을 의미한다.

개그맨들이 가장 대하기 힘든 대중은 자신들의 개그에 웃지 않고 반응을 보이지 않는 청중이라고 한다. 이는 비단 남을 즐겁게 하는 일을 하는 사람들에게만 해당하는 것이 아니다. 대부분의 사람들은 자신의 이야기를 잘 들어주는 사람을 만났을 때 가장 신명이 나는 반면, 그렇지 않은 사람을 만났을 때에는 의욕을 상실하게 된다. 천하를 통일한 한고조 유방에게 장량, 한신, 소하와 같은 유능한 인재가 있었다면, 그 경쟁자인 초패왕 항우에게도 범증이라는 천하를 떠받칠 인재가 있었다. 그러나 항우는 한때 유방을 물리쳐 변방의 외진 곳으로 패퇴시키고도 이 기회에 다시 세력을 회복할 수 없도록 끝까지 공격하자는 범증의 제안을 듣지 않고 무시한 탓에 천하를 제패할 기회를 놓치고 말았다. 즉 항우는 많은 병사와 넓은 영토를 가지고 있을 때의 유방도 물리친 자신감이 있었기 때문에 외진 곳으로 쫓겨난 유방을 가볍게 생각해서 뒷날의 화근을 없애자는 범증의 건의를 무시했던 것이다.

문제는 이로 인해 자신의 의견이 받아들여지지 않는 것에 실망한 범증이 끝내 항우를 떠나 산속으로 숨어 버렸다는 것이다. 즉 인재 유지(retention)에 실패를 한 것이다. 물론 항우 자신도 훗날 범증의 우려대로 권토중래한 유방의 공격을 받아 참담한 패배를 겪게 되었다.

사실 경영과 정책에 있어 가장 중요한 정보는 대부분 현장에 있는 법이고, 또한 이를 가장 잘 알고 있는 사람도 현장에 있는 일선 직원이다. 따라서 이들의 의견을 듣고 의사에 반영하는 것이 구성원을 신나게 하는 것이면서, 동시에 성과를 제고시킬 수 있는 바람직한 모습일 것이다.

2) 격려(Encourage)

부하의 의견을 귀 기울여 듣는 것 다음으로 필요한 것은, 부하 스스로 자신의 생각을 실행하게끔 격려하고 성공을 거둘 경우에는 칭찬을 아끼지 말아야 한다는 점이다. 우리는 주변에서 잘못에 대한 질책은 많이 하지만, 칭찬에는 인색한 리더들을 흔히 볼 수 있다. 치열한 경쟁에서 살아남기 위해서 달리는 말에 채찍을 더하는 것처럼 보다 더 열심히 하라는 뜻으로 이해할 수도 있지만, 보통은 부하 직원의 사기를 떨어뜨리는 경우가 많고 심하면 그들의 열정에 찬 물을 끼얹는 셈이 될 수도 있다. 레이건 전 대통령의 연설 원고 담당이었던 페기 누난(Peggy Noonan)은 자신의 원고 초안에 '매우 훌륭함'이라는 메시지가 적혀 돌아오자, 이를 오려 가슴에 붙이고 다녔다고 한다. 이처럼 비록 작은 것일지라도 부하 직원이 노력한 결과에 대해 인정하고 칭찬을 해 주는 것은 상대를 즐겁고 신나게 만들 수 있는 중요한 계기가 될 수 있다. 그리고 칭찬과 더불어 실수에 대한 관대한 포용도 그에 못지않게 중요하다.

옛날 초(楚)나라의 장왕은 반란을 평정하고 돌아와 이를 축하하기 위해 여러 신하들을 초청하여 연회를 베풀었다. 그런데 연회 도중에 갑자기 거센 바람이 불어 모든 촛불이 일시에 꺼지는 일이 발생했다. 이 와중에 한 장수가 장왕이 사랑하는 허희(許姬)의 소매를 끌자, 허희는 그의 관끈을 잡아당겨 끊고 장왕에게 이 사실을 고했다. 그러자 장왕은 오히려 자신이 연회를 밤늦게까지 이어지게 한 탓이라 대답하고, 모든 이의 관끈을 끊고 다시 불을 켜게 함으로써 그 장수의 잘못을 덮어 주었다. 훗날 이 장수는 진(晉)나라와의 전쟁에서 목숨을 내던져 장왕을 구함으로써 은혜를 갚았다. 지나치게 잘잘못을 따짐으로써 도전적 풍토를 해치는 사례가 있다면 이 절영회(絶纓會)의 고사를 곱씹어 볼 필요가 있을 것이다.

이 점에 대해서는 IBM의 최고경영자(CEO)였던 토마스 와튼의 일화도 우리가 눈여겨볼 만한 사례라고 할 수 있다. 회사에 큰 손실을 끼친 부하 직원이 와튼의 호출을 받자, 회사를 그만두라는 소리를 들을 것을 예상하고 침울한 마음으로 그의 방으로 찾아갔다. 그러나 와튼은 "너무 상심 말게. 자네의 교육 비용으로 천만 달러를 쓴 거야."라는 말을 들려주면서 오히려 그를 격려해 주었다. 이 일은 그 부하 직원을 더욱 노력하게 만든 것은 물론, 조직 전체에 새로운 도전을 두려워하지 않도록 만드는 풍토를 정착시키는 계기가 되었다.

이처럼 실수에 대한 관용과 성공에 대한 인정은 구성원의 열의와 진취적인 자세를 이끌어 내는 핵심 요인의 하나라고 할 수 있다.

3) 도와줌(Assist)

실패를 두려워하지 않고 도전하게끔 격려하는 것으로 리더의 역할이 끝나는 것은 아니다. 실제 실행 과정에서 발생하는 문제를 해결하게끔 지원해 주는 노력이 필요하기 때문이다. 때로 리더들은 지원의 중요성을 간과하여 부하가 봉착한 난관을 모르고 지나치거나, 반대로 자신이 직접 나서서 지시를 하는 모습을 보이는 경우가 있다. 그러나 이것은 부하의 능력 개발 기회를 없애고 장기적으로 조직의 경쟁력을 약화시키는 결과를 초래하게 된다. 러버메이드(Rubbermaid)사의 최고경영자였던 스탠리 골트는 10년간 연속해서 수익이 상승하는 기록을 남길 만큼 탁월한 경영자였다. 그러나 그는 '폭군'이라는 별명이 붙을 만큼 자기중심적인 인물이기도 했다. 즉 임원들조차도 그들 스스로 일을 주도적으로 할 수 있게끔 맡기고 자신은 지원만 하기보다, 오히려 자신의 지시와 명령에 따르는 수동적인 위치로 전락시켰다. 그 결과, 러버메이드는 그가 퇴임하고 나자 불과 5년 만에 뉴웰(Newell)에 인수당하는 신세가 되고 말았다. 굳이 이와 같은 사례가 아니더라도, 우리는 주변에서 지나치게 독선적이거나 관리 통제를 리더십이라고 오해하여 장기적인 조직의 건강을 해치는 잘못된 리더에 관한 사례를 쉽게 찾아볼 수 있다.

반면에 최근 비즈니스위크에 이어 타임지에서도 성공적인 경영 혁신을 이

끈 경영자로 소개되었던 한 회사의 최고경영자의 경우, 신제품 개발이나 제품 혁신 담당자들과 현장에서 직접 토론하고 즉석에서 해결안을 제시하는 등 현장의 개선 프로젝트를 세심하게 지원해 줌으로써 지난해 18%의 매출 신장과 33%의 순이익 성장률을 기록하는 등 놀라운 성과를 달성하였다.

지금의 환경은 과거와 같이 조정 경기에 비유할 수 있었던 안정적인 상황이 아니라, 래프팅에 비유할 수 있을 정도로 급변하고 있다. 그에 따라 리더십 스타일도 책상에 앉아 과제를 지시하고 보고서를 검토하는 방식에서 벗어나 직접 모범을 보이고 문제를 해결할 수 있도록 격려하고 지원하는 모습으로 바꿔 나가야 한다.

예를 들어, 과거 농구팀의 리더는 작전 지시를 하고 선수를 적절한 타이밍에 교체를 하는 의사 결정을 하는 사람이 전부였다. 그러나 최근에는 시카고 불스의 마이클 조던이나 TG 삼보의 허재처럼, 다른 선수들과 같이 호흡하면서 경기를 이끌어 가는 플레잉 코치를 어렵지 않게 볼 수 있다.

따라서 앞으로 바람직한 리더의 모습은 의사 결정만을 내리는 상사가 아니라, 부하의 문제나 고민을 듣고 해결방안에 대한 지원과 격려를 하는 것이 될 것이다.

4) 믿고 맡김(Delegate)

어려운 문제가 생겼을 때 지원을 해 주되, 지나친 간섭이나 관여는 구성원의 자율성을 저해하는 결과를 초래한다는 점 또한 잊어서는 안 된다. 옛날 위(魏)나라 문후가 악양이라는 장수에게 군사를 주고 중산(中山)이라는 나라를 정벌하게 했다. 악양이 3년 만에 전쟁에서 승리하고 돌아와 그간의 공로를 말하자, 문후는 큼지막한 상자 하나를 악양에게 보여 주었다. 그 상자에는 악양을 비방하는 상소문들이 가득 담겨 있었다. 이에 악양은 벌떡 일어나 문후에게 절하며 "이번 승리는 대왕께서 하신 일이지 신에게는 공이 없습니다."라고 말했다.

이처럼 한 번 부여한 과제에 대해서는 부하가 스스로 결정을 내리고 추진할 수 있도록 끝까지 믿고 맡겨 줘야 한다. 특히 최근의 기업 경영은 과거에 비해 훨씬 많은 일들이 동시에 발생하고 있고, 지리적으로도 국내는 물론 해외의 사업장에서 여러 가지 일들이 수행되는 경우가 많아지고 있다. 따라서 안정적인 상황에서 소규모의 조직을 운영하는 경우와 같이, 리더 한 사람이 모든 것을 결정하고 그 결과를 챙기는 것이 사실 불가능하고 또한 바람직하지도 않다. 만약 사소한 일 하나하나마다 리더의 결정을 따라야 한다면 개인의 상상력과 다양성은 사라지고 마는 결과를 초래하게 된다. 따라서 리더는 일일이 관리 통제하기보다 부하 직원들이 스스로 자신의 일에 대해 책임감을 가지고 최선을 다하도록 만드는 것이 바람직하다. 물론 이를 위해서는 리더 스스로가 부하 직원들의 모델이 될 수 있도록 솔선수범하는 것이 필요할 것이다.

5) 리더와 부하의 관계는 신뢰가 기본

이상의 노력들은 부하 직원의 사기를 진작시키는 리더십 행동들이면서, 동시에 리더와 부하 직원 사이에 신뢰를 형성하기 위한 첫걸음이라고 할 수 있다. 리더에 대한 신뢰는 상사가 부하의 이야기를 귀 기울여 듣고, 부하의 문제를 해결해 주려는 노력을 기울이면서 부하의 약점이 드러나지 않도록 배려해 주는 것에서부터 형성되기 시작한다. 리더와 부하 간의 신뢰는 일에 대한 몰입도를 높임과 동시에 평가 결과에 대한 납득성을 높이고 보상에 대한 불만을 최소화시키는 역할을 함으로써 궁극적으로 기업의 성과에 긍정적인 영향을 끼치게 된다. 따라서 향후 인사 부서를 중심으로 미래 리더의 개발과 육성에 있어서 신뢰 형성을 위한 리더십 행동 개발 프로그램을 반영해 나가는 것이 요구되며, 이와 함께 리더 자신의 적극적인 자기 개발 노력도 더욱더 필요하다고 하겠다.

7. 문화마케팅과 복지마인드

1) 서론

(1) 우리나라 문화산업 실정

① 문화관광부가 발간한 '문화산업 백서'에 따르면 우리나라의 10개 문화산업 부문 총 매출규모는 44조 1,955억 원으로 집계됐다. 분야별로 살펴보면 출판 산업(만화 포함)이 15조 5,211억 원으로 가장 많았으며 방송(7조 1,365억 원), 광고(7조 639억 원), 캐릭터(4조 8,085억 원), 게임(3조 9,387억 원)의 순을 보였다. 영화와 음악은 각각 2조 3,444억 원, 1조 7,935억 원으로 집계됐다.

② 우리나라의 문화콘텐츠산업의 시장 규모는 2008년 약 20조 원 규모로, 전 세계 문화콘텐츠 시장 규모인 약 1조 4,550억 불(PWC = Price waterhouse Coopers 조사)에 비하면 아주 적은 수치이다. 그러나 문화콘텐츠 산업에 대한 사회 경제적 가치가 커지면서 '국민의 정부'에 들어와서 실질적인 정책지원이 이루어지기 시작했으며 김대중 대통령은 1998년 2월 취임사에서 문화산업을 21세기 기간산업으로 제시했고 이후 차세대 성장 동력으로 선정되어 다양한 종합계획이 수립되면서 지원정책 내용과 범위가 대폭 확대되었다. 이전에 국내에서 존재하지 않았던 문화콘텐츠 산업의 성장의 빠른 속도는 국내 성장에 기인한 것이지 우리의 문화콘텐츠 상품이 세계시장에서 경쟁력을 갖추어 해외 수출로 이어진 것은 아니기에, 우리의 문화콘텐츠 산업의 성장가능성은 지금은 미약하나 앞으로 무궁무진할 것이라 예상된다.

③ 문화관광부가 발간한 '2007 공연예술진흥 기본계획'에 따르면, 2005년 공연건수는 2만 2,096건, 관객 1,327만 5,713명, 공연분야 총 종사자 수는 1만 988명으로 조사되었다.

④ 우리나라 문화산업은 아직 많은 발전과 노력이 필요한 분야임과 동시에 진출과 성장의 가능성이 큰 시장이기도 하다. 아직 문화 산업화의 성숙

기로 접어들기 위해서는 합리적인 투자와 제작 관행과 장기적, 단기적 마케팅 모두가 요구된다.

(2) FTA가 문화산업에 미치는 영향

① 인쇄부문을 제외한 전 종목(게임, 영화, 방송, 출판, 인쇄, 음반)에서 대미무역수지는 큰 폭으로 하락될 것이다. 즉 한국문화산업이 콘텐츠 생산기지에서 노동집약적 하청업체로 전락할 가능성이 생긴다.

② 공연예술계는 다른 부문에 비해 그 여파가 적거나 영향이 없을 것이라고 예상되지만, 공연예술분야 또한 단순한 공연산업시장개방의 문제가 아닌 문화주권의 문제, 국민의 정신적 삶의 다양성과 정체성까지 포함하는 문제로 보면 매우 심각한 문제들이 불거질 수 있다. 한-미 FTA가 공연계에 불러올 영향으로는 국공립예술단체의 민영화 또는 붕괴, 공연예술시장의 축소와 양극화 심화가중, 예술교육의 잠식, 미국이 제작한 공연물에 대한 지적재산권 발동으로 전통예술붕괴, 문화적 정체성 상실 등이 있다.

③ 한-미 FTA 등 자유무역협정의 체결 등 세계화의 흐름으로 인한 공연예술시장의 물리적, 지리적 장벽 해소로 공연예술분야의 국제경쟁력 강화가 요구된다. 또한, 국가 경쟁력의 원천으로서 공연예술의 중요성이 증대되고, 국가 대표 브랜드 공연작품의 개발이 필요하다.

④ 음악가, 연출가, 무용가, 안무가 등의 활발한 국제무대 진출과 프로그램 공동제작 등 국제적 협력이 확대될 것이다.

(3) 문화마케팅

① 문화경영의 등장배경

물질적 풍요로 인해 소비자의 생활이 향상됨에 따라 기본적 욕구 이외에 문화적이고 지성적인 욕구의 비중이 점차 증가하면서 사람들의 관심이 삶의 질 향상, 자아실현의 욕구 쪽으로 높아지게 되었다. 즉 현대의 소비자들은 가격이 싼 물건만을 선호하는 것이 아니라 가격이 높더라도 자신의 심미적 욕구와 상징적, 감성적 욕구를 채워 줄 수 있는 상품이나 서비스를 요구하게 된 것이다. 이에 따라 기업은 예전의 소품종 대량 생산의 체제에서 다품종 소량 생산의 체제로 변화시키고 상품 하나하나에 문화적 생활환경을 조성하고 문화적 의미를 부여했다. 이처럼 현대사회에서 문화의 중요성을 강조하는 목소리가 높아지고 경쟁력의 원천이 물질적, 기술적인 분야에서 감성적, 문화적인 분야로 전환됨에 따라 그 안에서 부가가치 창출의 기회를 모색하려는 기업들의 노력 또한 늘고 있다. 오늘날 기업들은 정보 위주의 일방적인 커뮤니케이션을 최소화하고, 문화를 매개로 한 감성적이고도 직접적인 경험을 최대화하여 소비자와의 호의적인 관계를 구축하고자 한다. 기업과 소비자 사이에 구축된 호의적인 관계는 기업이미지와 제품 및 브랜드에 대한 태도에 긍정적인 영향을 줄 것으로 기대되기 때문이다. 따라서 마케팅의 관점에서 문화를 이용한 산업영역은 간과할 수 없는 존재로 자리잡고 있어 기업은 더 이상 문화마케팅을 등한시할 수 없게 되었고, 오히려 고객 유치와 유지 전략으로 마케팅에 있어 문화의 중요성을 인식하고 자사의 제품과 문화의 코드와 연계하여 마케팅에 적극적이고 효과적으로 활용할 수 있는 방안을 필요로 하고 있다.

② 문화마케팅의 종류

현재까지의 문화마케팅의 의미는 세계적으로 주로 '기업의 문화를 통한 마케팅'의 뜻이 지배적이라고 할 수 있고, 국내에서는 이를 전통문화와 예술 및 대중문화의 마케팅까지 넓은 뜻으로 쓰이고 있다. 그러나 이 용어에 대해서 다시 한 번 생각해 볼 필요가 있다. 즉 우리가 흔히 하나로 통합해서 생각해 버리는 문화마케팅을 '기업의 문화를 통한 마케팅'과 '문화예술의 마케팅'으로 분류하여 그 의미를 재고해 보아야 할 것이다.

㉠ 문화를 위한 마케팅

문화산업은 윈도우효과(Window Effect)가 빛을 발한다. 윈도우효과란, 하나의 문화 상품이 기술 변화를 거쳐 문화산업 영역 내부 혹은 다른 상품으로서 활용이 지속되면서 그 가치가 증대되는 효과를 말한다. 이를테면, "반지의 제왕" 영화 한 편을 만들었을 때, '극장 상영 - 항공기 내 상영 - 홈 비디오 - PPV 방영 - 네트워크 TV 방영 - 로컬 TV 방영'까지, 다양한 유통 과정이 순차적으로 존재한다. 그런데 놀랍게도 극장 상영에서 최종적인 로컬 TV 방영까지의 이 과정에는 약 1880일(약 5년)이 소요된다. 즉 5년의 가용 기간을 통해 부대수익은 눈덩이처럼 커져 나가는 것이다. 이 통계가 5년 전의 것임에 비추어 볼 때, DVD가 극장개봉과 동시에 출시되는 요즘의 윈도우 효과의 파워는 상상을 초월한다. 문화산업은 이미 꽃이 화려하게 만개한 정원이다. 어느새 소비자는 관상을 넘어 조경의 주체가 되었다. 21세기를 살고 있는 대한민국의 문화소비자는 그래서 행복하다. 다양한 문화콘텐츠의 생산은 그들에게 문화생활의 선택에 행복한 고민을 안겨 주기에 충분했다.

　ⓛ 마케팅을 위한 문화

기업은 다양한 수단을 사용하여 마케팅 활동을 영위한다. 광고, 홍보, 영업 등의 기본적인 마케팅 활동들은 이제, CPR, MPR, IMC, CRM 등의 고차원적인 마케팅기법으로 진화하고 있다. 그리고 기업이미지 제고를 위한 마케팅기법으로 자주 사용되는 것이 기업의 문화예술 지원이다. 흔히 메세나라고 불리는 기업의 문화예술 지원활동은, 이제 'Sponsorship'을 뛰어넘어 기업과 문화예술 간의 'Partnership'으로 발전하고 있다. 즉 기업의 일방적인 지원을 넘어서 기업과 문화예술, 상호의 이익을 위한 마케팅 활동이 되었다. 국제경영학적 측면에서 기업의 현지화를 위해 문화예술장르를 활용하는 마케팅활동을 의미한다는 접근법도 있다. SK의 중국 장학퀴즈 프로그램 협찬, 삼성의 베이징 올림픽기원 음악회 협찬, LG의 한국가수 베트남 공연 지원 등이 국내에서 해외로 진출하는 사례였다. 이 밖에 이미 매니아를 확보한 포스코의 클래식 정기공연, 난타의 브로드웨이 진출, 이천의 도자기 축제 등이 위의 단면들을 쉽게 이해시켜 줄 생활 속의 문화마케팅 사례라고 할 수 있다.

(4) 기업 선정 이유

현대 사회는 과거와는 비교할 수 없을 정도로 눈부시게 발전해 왔다. 경제가 발전하면서, 사회 전반이 발전하였고, 그로 인한 소득의 증대, 주 5일 근무제 등으로 삶의 질 향상과 여가문화가 중시되면서 사람들의 시선을 문화라는 코드에 돌리게 하였다. 이러한 소비자들의 변화에 부응하여 21세기는 문화의 시대라고 할 만큼 소비자들은 단지 경제적 소비자로서만 존재하는 것이 아니라, 문화적 소비자로서 존재한다. 실제로 영화, 음반, 문화콘텐츠, 캐릭터 등 문화 관련 시장은 크게 성장하고 있다. 또한 외국의 다양한 영화, 뮤지컬, 음반 등 대작을 접해 온 소비자들의 문화 수준과 안목이 매우 높아졌고, 공연예술에 대한 수요가 증가하였으며, 소비자들은 더욱더 강한 자극과 감동이 있는 수준 높은 공연을 원하고 있다.

문화는 자기실현의 욕구라고 하는 정신적인 욕구를 충족시킴으로써 쾌감을 주는 것으로 기업은 문화의 수준을 높이고 발전시킴으로써 시장소비자들의 정신건강을 지킬 수 있다. 문화를 유지, 발전시키는 의의는 인간존재의 기본과 정신건강을 위함이므로 문화와 여가생활을 강조하고 이를 상품화하여 소비자에게 제공하는 기업은 소비자의 정신건강을 중요시하는 기업으로 이를 마케팅에 적극 반영한다.

이에 대한 대표주자로서, 우리나라뿐 아니라 세계인을 깜짝 놀라게 하고 감동시킨 공연이 바로 "난타"이다. 즉 난타는 불모지와 같았던 한국 공연계에 대중성과 수익성을 낳았고, 외국인을 대상으로 공연 상품을 관광화하였으며, 에딘버러, 브로드웨이 등 해외 공연에서도 성공함으로써 국내 공연 영역을 해외로 확장시키며 우리의 국가 브랜드 이미지를 높인 성공 사례이다. 이 자랑스러운 공연을 제작, 공연한 회사가 바로 문화전문가 송승환, 경영전문가 이광호가 이끄는 (주)PMC프로덕션이다. 문화계의 Pathfinder로서 외롭지만 항상 새로운 도전을 추구하는 탤런트 송승환이 CEO 자리에 있기 때문에 우리에게 더 익숙한 이 기업은 세계인들의 마음을 난타하며, 문화를 세계에 알리고, 그 문화를 통해 세계에 한국을 알리는 역할을 하고 있다.

우리는 가장 한국적이면서도 세계적인 작품들로 문화 예술선도그룹으로 자리매김하며, 문화상품을 통한 다양한 수익 창출을 하고 있는 PMC프로덕션의 경영전략을 알아보고자 한다.

(5) 기업조사

① 기업소개

좋은 공연(Performance), 좋은 뮤지컬(Musical), 좋은 영화(Cinema)를 통해 모든 사람들의 삶에 즐거운 쉼표를 제공하겠다는 PMC프로덕션은 국내 관객은 물론, 외국문화상품 개발을 통한 다양한 수익 창출로 우리 문화시장 글로벌화의 가능성을 처음으로 제시한 문화벤처 기업이다.

1992년 '환퍼포먼스'라는 전문기획극단으로 출발하여, 1995년 2월과 1996년 8월에 올렸던 뮤지컬 "우리 집 식구는 아무도 못 말려", "96고래사냥"으로 연극계와 대중들의 관심을 끌기 시작했고, 1996년 (주)PMC프로덕션을 설립하였다.

1997년 Non – verbal performance인 "난타"를 기점으로 Edinburgh Fringe Festival 전석 매진, 국내 최초 전용관 개관, 국내 최초 브로드웨이 장기 공연 등 수많은 기록을 세워 왔다.

② 기업 비전

즐거운 문화 놀이터 PMC프로덕션이 고객께 드리는 것은 상품이 아닌 '행복'과 '꿈'이다. PMC의 공연, 뮤지컬, 영화를 보면서 더 많은 분들이 행복해지고, 더 많은 꿈을 꿀 수 있도록 좋은 작품을 제작하는 것이 PMC프로덕션의 목표이다.

오랜 경험으로 쌓인 안정적인 제작 시스템과 노하우를 바탕으로, 100년이 지나도 향기를 잃지 않는 작품 창작에 전념하고 있다. "난타"가 한국을 대표하는 공연인 것처럼 PMC프로덕션이 한국을 대표하는 공연 예술 기업이 될 수 있도록 노력할 것이다.

③ CEO

PMC프로덕션을 이끌고 있는 송승환, 이광호 공동대표는 '아무리 친한 친

구와도 동업하지 말라'는 사업계의 불문율을 무색하게 만들 정도로 불협화음 없이 사이가 좋은 것으로 유명하다. 두 대표는 휘문고 동기동창이며 송 대표가 당시 충남방적 전무로 재직하고 있던 이 대표를 찾아가 동업을 제의했다고 한다. 이 대표는 원래 공연산업에 무관심했었지만, "미래에는 문화산업이 급팽창할 것이다. 문화도 산업이 될 수 있음을 보여 줄 수 있다. 그런데 공연 만들 줄은 아는데 경영할 자신은 없다. 경영을 맡아 달라."는 송 대표의 설득에 흔쾌히 동업을 승낙하였고, 이들은 1996년 PMC프로덕션을 각각 1억씩 투자하여 총 2억 원의 자본으로 공동 설립하였다. 두 사람은 각자의 전문성을 살려 공연 기획과 제작은 송 대표가 관여하고, 이 대표는 인사, 재무, 회계 등 전반적인 회사 운영을 책임지고, 마케팅은 서로 반반씩 맡고 있다.

④ **사업영역**

　㉠ 공연(Performance): 난타, 어린이난타, B - Boy Korea, 호두까기인형, 여배우시 리즈 등

　㉡ 뮤지컬(Musical): 뮤직인마이하트, 대장금, 달고나, 살인사건 등

　㉢ 영화(Cinema): 굳세어라 금순아, 조선발명공작소 등

　㉣ 음반(Music): 강수지 1, 2, 3집 제작, 난타 OST 제작

　㉤ 매니지먼트(Management): 기주봉, 임예진, 박지영, 지수원, 이장욱, 정성운, 남신우 등 드라마, 영화, 뮤지컬, 연극 등 문화계 전반 배우의 체계적인 관리, 발굴을 통한 배우 양성

⑤ 연혁

2007	– 어린이 뮤지컬 "이솝빌리지" 공연 – 이영란의 밀가루 놀이 "가루야가루야 체험놀이편" 공연
2006	– 어린이 뮤지컬 "어린이난타 오즈의마법사편" 공연 – 어린이 뮤지컬 "호두까기인형" 공연 – "뮤직인마이하트" 공연 – "B - Boy KOREA" 공연 – 홈페이지 예매시스템 도입 – 뮤지컬 "달고나" 공연 – 난타 외국인 관람객 100만 돌파 – 뮤지컬 "살인사건" 공연 – 뮤지컬 "브루클린" 공연 – 어린이 수학뮤지컬 "369" 공연 – 강남 "난타" 공연
2005	– 뮤지컬 "뮤직인마이하트" 공연 – 웅진씽크빅아트홀 개관 – "난타" 관객 200만 명 돌파 – 뮤지컬 "달고나" 앙코르 공연 – 국내창작뮤지컬전용극장 'PMC대학로 자유극장' 개관
2004	– 파주 출판문화산업단지 개관 – 뮤지컬 "달고나" 공연 – 동영아트홀 개관 – 뉴욕 미네타레인 씨어터 "난타" 공연 개막 – "도깨비스톰" 사업권 인수(제미로와 합작투자)
2003	– 뉴욕 브로드웨이 뉴 빅토리극장 공연 – 어린이 뮤지컬 "토리" 제작, 공연 – 우림 청담 씨어터 개관 – 정동 A&C극장 개관
2002	– 『UFO』제작, 공연 – "난타" 제2전용관인 PMC THEATRE 개관 – "난타" 국내외 총 관람객 수 100만 명 돌파
2001	– 차세대 일류 상품으로 선정(산업자원부) – 어린이 뮤지컬 "어린이난타"제작, 공연
2000	– 국회의원이 뽑은 대중문화&미디어상 수상(연극 뮤지컬부문) – 한국관광공사 주최 한국관광대상수상 – 국내최초 공연문화 벤처기업 인증 획득(중소기업청) – "난타" 체험 프로그램 시작(최초 일본 수학여행단 참가) – 국내외 총 공연 횟수 1,000회 돌파 – "난타" 전용극장 개관(정동 경향신문사 1층)
1999	– "난타" 최초 해외공연 시작 (영국 에딘버러 페스티벌 - 한국최초의 참가작으로 전회매진 기록)
1998	– "남자충동" 동아연극상 작품상 수상 – "난타" 스포츠조선 뮤지컬대상 특별상 수상
1997	– "난타" 초연(호암아트홀)
1996	– (주)PMC프러덕션 설립(자본금 2억 원)

⑥ 조직도

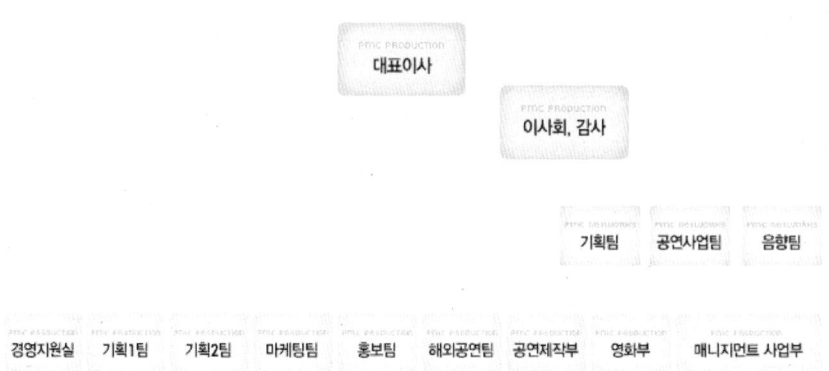

2) 본론

(1) 환경분석

① 내부환경

　㉠ 설립 초기부터 PD 시스템 운영으로 다양한 작품에 대한 제작 Know
　　 – How

　㉡ 사업성과 예술성을 소유한 탁월한 공동 CEO

공연 기획과 제작은 송 대표가 관여하고, 인사, 재무, 회계 등 전반적인
회사 운영은 이 대표가 책임지며, 마케팅은 서로 반반씩 상의해 결정하는
방식으로 경영이 이루어지고 있다. 다음은 두 CEO 간의 합의내용이다.

　　 – 경영과 회계는 이 대표가, 기획과 프로듀싱은 송 대표가 각각 맡는다.

　　 – 회사운영에 관한 모든 권리와 지분은 절반씩 갖는다.

　　 – 새로운 사업과 프로젝트에 뛰어들 경우 반드시 합의를 거쳐야 한다.

　㉢ 체계적이지 않은 내재적 운영

　　 – 자체적인 기업분석의 부재

　　 – 뚜렷한 기업목표의 부재

- 재무관련 관리시스템의 부재

ⓔ PMC 네트워크의 구축

PMC 프로덕션과 분리시킨 자회사 개념으로 지방, 해외공연과 이벤트 등을 담당하고, 음향기기 등의 공연 관련기기들의 공급을 담당한다.

② **외부환경**

②-1. 국내 공연문화예술 시장 현황

㉠ 국내 문화 소비자층

우리나라 국민소득은 외환위기를 겪으며 1인당 명목소득이 6,700달러대로 떨어지는 등 일시적으로 감소하였으나, 2002년에는 외환위기 이전 수준으로 회복되어 그 후 지속적인 소증가가 기대되고 있다. 이러한 국민소득의 증가는 생활의 여유도 증가시키고, 문화에 대한 소비욕구를 증폭시켜 문화산업에 대한 수요를 창출해 내고 있다. 또한, 다양하고 참신한 소재의 해외 공연 작품들의 국내공연은 문화적 욕구에 목말라 한 국내 소비자들의 갈증을 해소하기에 충분하였다. 더불어 다양한 우수 해외작품에의 노출로 국내 소비자들의 국내 문화산업에 대한 기대수준이 급격히 향상되었다. 즉 순수 창작극뿐만 아니라 오페라, 뮤지컬 등 다양한 장르의 공연에 대한 욕구, 단순한 것보다는 좀 더 복잡하고 새로운 것에 대한 소비 욕구가 증가하였다.

㉡ 국내 문화산업 시장

국내 문화산업 시장은 1999년 정부의 '문화산업진흥 5개년 계획'의 발표를 기점으로, 정부의 적극적인 문화산업 육성정책에 힘입어 급속한 양적 성장을 보였다. 2000년부터 2003년까지 음악은 12.7%, 영화는 12.1%, 공연은 26.0%로 총 14.3% 성장하였다. 그러나 이러한 양적 성장에도 불구하고, 국내 문화산업 시장은 윈도우 효과를 통한 가치창출 네트워크 부족, 협소한 시장에 따른 상업적 기반의 기업 정착의 어려움, 상품의 다양성 부족 등으로 질적 성장뿐만 아니라 기대 이상의 양적 성장 또한 이루지 못하고 있는 실정이다.

ⓒ 국내 공연시장 분석

공연예술은 무대에서 춤, 음악 등 다양한 형태의 콘텐츠를 관객과 같은 공간에서 상호 교감하며 직접 보여 주는 것을 말한다. 이와 같은 콘텐츠의 기획, 제작, 공연, 유통 등 과정에 효율성과 수익성 등의 산업 개념을 더한 것이 공연산업이라 할 수 있다. 국내 공연산업의 경우 영화, 음악과 같은 타 문화산업과 달리 예술적인 측면에서의 접근을 강조함으로써, 경제적 측면에서의 산업으로 자리매김하지 못한 실정이다. 따라서 대부분의 공연예술단체들은 정부 보조금이나 기업의 후원금에 의존해서 운영되는 비영리 단체가 주류를 이루고 있다. 국내 공연시장은 영화시장의 '쉬리', 가요시장의 '서태지'와 같은 국산 상품의 성공을 통한 외국 상품에 대한 의존도를 낮추고, 국내 콘텐츠의 상품성, 완성도를 높이고 소비자의 욕구를 충족시켜 국산 콘텐츠 중심으로 한 선순환 과정의 경험으로 발전해 나가고 있다. 반면, 공연시장의 경우, 국산보다는 대부분 해외 공연물로 이루어지고 있다. 그러나 이는 우리나라 공연산업이 발전단계상 외국콘텐츠가 주도하는 초기 단계에 있음을 의미하는 것으로 볼 수 있으며, 향후 해외 공연물의 재고 소진과 국내 공연물의 제작비 증가에 따른 국내 공연물의 수준 향상을 통해 급속히 성장할 수 있을 것으로 기대되고 있다.

ⓐ 시장규모

공연시장은 크게 국내 모든 공연장의 티켓 판매금액을 합산한 협의의 시장과 총공연 기업의 총비용 개념으로 공연입장권 수입뿐만 아니라 중앙정부 및 지방자치단체의 지원, 기업의 협찬 등 보조금이나 지원금을 포함한 광의의 시장으로 구분된다. 영화를 제외한 협의의 국내 공연시장은 1995년 500억 원에서 매년 약 15.9%씩 성장하여 시장의 규모는 2004년 현재는 1,500억 원의 규모에 이른다. 그러나 이러한 지속적인 성장에도 불구하고, 국내 공연시장은 공연인구의 부족 및 공연문화의 비활성화로 인해, 미국의 50분의 1, 일본의 10분의 1 수준에 불과한 실정이다.

ⓑ 공연단체 및 공연장

국내 공연시장에서 실제 활동하고 있는 국내 공연단체는 영리법인, 비영리법인을 포함하여 약 1,900여 개에 불과하며, 세종문화회관, 예술의 전당 등 극장에 속해 있는 공연단체를 제외한 대부분은 규모가 영세하다.

국내 공연단체 수(2000년 말 기준)

〈단위: 개〉

구분	합창단	교향악단	실내악단	극단	뮤지컬	무용단	발레단
개수	298	107	95	238	12	182	25
구분	오페라단	국악	전통	음악일반	연예	기타	계
개수	36	382	130	172	56	175	1,908

〈자료〉 문화관광부, '공연예술진흥기본기획'

국내 공연장은 예술의 전당, 국립극장, 세종문화회관, LG아트센터를 비롯하여 총 500여 개가 존재하였다. 그러나 전체 공연장 중 약 43%가 300석 미만의 소극장에 편중되어 있다.

국내 공연장 현황

〈단위: 개, %〉

구분	1000석 이상	500석 이상	300석 이상	300석 미만	계
개수	66	134	89	214	503
비율	13.1	26.6	17.7	42.5	

〈자료〉 문화관광부, '공연예술진흥기본기획'

뿐만 아니라 세종문화회관, 예술의 전당 등 대극장은 뮤지컬공연을 위한 대관이 용이하지 않고, 대관을 받기 위해서는 작품계획을 세우기 1년 전에 승인을 받아야 하고, 대관 기간도 길지 않아 수익성 확보가 어렵다.

ⓒ 인프라

영화, 가요산업의 발전과 더불어 인터넷에 의한 티켓 예매 등의 일부 공연 인프라가 조성되어 있다. 그러나 이는 극히 미미하여, 특정 장르의 공연을 1년 365일 공연할 수 있는 전용관의 마련이나, 미국 브로드웨이와 같은 공연장과 공연관련 산업을 한곳에 집적화한 공연클러스터의 구축 등 공연산업과 관련된 인프라가 턱없이 부족하다. 그러나 이처럼 열악한 공연시장은 곧, 그 무한한 잠재적 성장가능성과 기회를 의미하기도 한다. 특히, 국내 공연산업은 여타 문화산업에 비해 발전되어 있지 못한 형편이다. 하지만 오히려 이를 기회로 멀리는 해외시장, 가까이는 국내가요, 영화시장의 벤치마킹을 통해 오히려 더 효율적이며, 효과적으로 공연시장을 키워 갈 수 있다. 예를 들어 국내 멀티플렉스 영화관과 같은 공연장 주변에 휴식 공간 및 각종 소비 공간을 근접화시킴으로써 더 많은 관람객을 공연장으로 끌어들일 수 있을 것이다. 또한 미국의 브로드웨이와 같이 공연장과 공연관련 산업을 집적화하여 하나의 관광 상품화한 것과 같이 국내에서 해외시장을 개척할 수도 있을 것이다.

②-2. 해외공연문화예술 시장 현황

㉠ 해외 공연사업의 현황

세계적으로 문화산업은 국제간의 교류 활성화와 컴퓨터기술과 디지털기술의 발전 및 소비자들의 경제적 안정, 생활환경의 변화로 인한 문화관련 상품 및 문화상품 구매력의 상승, 높아진 삶의 질에 대한 기대에 따른 소비의 고급화 등으로 문화 산업의 시장은 지속적인 상승추세에 있다.

미국의 경우 2006년까지 평균 5.5%의 성장률을 기록해 2001년의 4,380억 달러에서 5,720억 달러 규모로 성장할 것으로 예상되고, 유럽, 중동, 아프리카는 2001년 3,400억 달러에서 연평균 4.7%의 성장률을 기록해 2006년에는 4,280억 달러 규모로 성장할 것으로 예상되며, 아시아, 태평양 지역은 연평균 5.3%의 성장률을 기록해 2001년 2,100억 달러에서 2006년 2,790억 달러의 시장 규모로 성장하였다.

㉡ 미국 브로드웨이

브로드웨이의 입장권 수입규모는 4억 7,000만 달러에서 2001년 12억 8,000만 달러로 20년 만에 2.7배로 성장하였다. 그러나 공연티켓가격의 실질 상승률이 거의 0인 점을 고려한다면 실제의 시장성장률은 매우 높다고 할 수 있다.

이상과 같은 문화정책과 사회복지정책은 분류상의 다름이 있을 뿐이고 운영상의 기법과 기술은 같다고 볼 수 있다. 브랜드화된 정책이 그 효과와 능률성을 높일 수 있기에 정책의 브랜드화가 필요하다.

8. 가족복지정책

1) 서 론

우리나라의 가족관련 복지정책은 가족성원 및 가족의 복지욕구에 대하여 국가책임보다는 가족부양책임을 강조하는 경향을 보여 왔다. 우리나라의 국가정책은 가족을 사회안정과 사회문제 해결을 위한 기본 단위로 중시하면서도 이를 지원하는 가족복지대책이 발견되지 않는 상충적인 양상을 보여 와서 가족문제로 인한 사회문제는 심화되어 왔다. 더욱이 최근의 급격한 사회변동에 따른 가족형태와 가족규모 및 가족기능의 변화는 가족문제를 보다 심화시키고 있으며, 특히 규범적 가족유형을 벗어나는 가족들을 더 한층 다양한 곤란에 처하게 하고 있다. 따라서 이러한 상황변화에 부응하는 가족복지정책의 방향설정과 포괄적인 가족복지정책을 수립할 필요성이 제기되고 있다.

일부 국가를 제외한 외국의 가족관련 복지정책도 특정 가족 구조인 전통적인 핵가족과 확대가족을 전제로 형성되었고, 1980년대 신보수주의적 복지개혁은 전통적 가족제도를 강화하는 프로그램들을 집중 지원하는 경향을 보여 주었다. 그러나 이러한 경향은 여성의 경제활동 참가, 이혼 별거 등으로 인한 결혼의 불안정성, 인구노령화로 인하여 가족 내 보호문제가 심각한 사회문제로 대두되는 상황에서 오히려 여성가구주 가족의 빈곤심화와 같은 의도하지 않은 결과를 양산하고 있다. 그 결과 유럽의 일부 국가에서는 고용과 가족생활을 조화시키고 양성 간의 평등을 조장하는 방향으로 가족관련 정책들이 꾸준히 개발되고 있다.

가족에게 영향을 미치는 새로운 사회현상은 비단 서구의 복지국가에서만 나타나는 것은 아니다. 우리나라의 경우도 기혼여성의 경제활동참가율은 49.5%, 미혼여성은 49.3%로 나타났으며, 35~54세까지 여성 중 평균 60% 정도가 노동시장에 참여하고 노동시장에 참여하고 있는 것으로 나타났다(통계청, 1999). 여성의 노동시장 참여 증가는 부부관계의 변화, 부모 자식 간 관계의 변화, 여성의 가족 내 역할의 변화를 초래하는 주요 요인이다. 또한 여성경제활동 참여 증가는 가족 내에서 가족성원 간의 관계 변화 외에 노동시장 지형의 변화를 가져온다. 예컨대, 여성고용이 안정적으로 보장되는 북부유럽의 경우 정규직(full‐time) 고용이나 여성의 재취업이 안정적이지만, 그렇지 못한 국가들에서 여성 노동력은 비정규직(part‐time) 고용이 일반화되어 주변적 노동시장을 형성하게 된다. 우리나라는 후자의 노동 인력지형을 구축하고 있다. 이와 같은 여성 노동력을 중심으로 하는 주변 노동시장의 형성은 노동시장 내 불평등뿐만 아니라 사회복지정책 내의 불평등으로 수렴되는 현상을 보이게 된다.

한편, 경제상황의 호전에 따른 가계지출의 증가와 산업구조의 변화로 인한 노동시장 내 기혼 여성인력의 요구 외에도 1990년대 중반 이후 급증하는 이혼율, 한부모가족과 소년·소녀가장 가족의 증가, 독신가족 및 노인가족의 증가 등에서 볼 수 있듯이 우리나라 가족형태의 변화와 다양화의 추세는 기존의 가족복지정책으로 다양한 욕구를 만족시키기에 역부족임을 시사하고 있다. 이처럼 개인이 속해 있는 가족에서 발생하는 여러 변화가 사회복지정책의 전제를 약화시킬 만큼 중요하게 부상함에 따라, 만약 이에 대한 정책적 대응이 부재하다면 그 파급효과는 개별 사회문제에 국한되지 않고 사회구조적 변화에 장기적으로 상당한 영향을 줄 것으로 전망된다. 그러나 불행히도 우리나라에서 가족복지정책에 대한 명확한 합의는 이루어지지 않고 있다. 따라서 가족에게 직접적인 영향을 주는 기존 사회복지정책이 가지고 있는 가족에 대한 영향력을 면밀히 파악하여 변화하는 사회에 가족이 적응할 수 있는 정책적 방안을 모색하는 작업이 필요하다.

이러한 문제의식에서 출발하여 가족복지정책의 전반적 이해와 외국의 가족복지정책의 현황을 살펴보고 우리나라의 가족복지정책의 현황 및 문제점을 분석하여 현재 우리나라의 다양화된 가족의 욕구를 가능한 충족시킬 수 있는 정책과 서비스가 나아가야 할 방안을 모색하고자 한다.

2) 가족복지

(1) 가족복지의 필요성

산업화 이전의 가족은 자녀의 출산과 양육과 교육 기능, 생산과 소비의 경제적 기능, 가족성원의 보호와 부양 등 많은 기능을 수행하여, 인간의 욕구와 문제는 가족을 통해서 해결될 수 있었다. 그러나 산업화 이후 가족은 급격한 변화 속에서 가족이 그동안 수행했던 많은 기능이 축소되고 변화함으로써 가족복지서비스가 가족기능을 보완하고 대체하게 되었다. 가족복지의 필요성을 다양한 각도에서 살펴보기로 한다.

첫째는 가족기능의 약화이다. 현대 가족은 과거 가족이 지닌 주요기능이 약화되어 스스로의 힘으로는 해결할 수 없는 많은 문제를 안고 있다.

둘째, 가족에 대한 개입의 관점 변화를 들 수 있다. 1980년대 이전까지 자유주의 국가에서 가족성원의 보호는 가족의 책임으로 간주하여 국가가 가족에 개입하는 것이 오히려 문제를 일으킨다는 입장을 취했지만, 이러한 관점은 이제 낡은 이데올로기로 간주된다. 특히 기혼여성의 취업증가는 가족에 대한 국가 개입을 꺼리는 보수적 입장을 취하고 있는 국가에서조차 가족에게 적극 개입하는 계기를 마련해 주었다. 사회문제의 해결에 국가가 개입하는 것을 바람직하지 않게 여기는 신자유주의자조차도 사회복지제도의 개혁을 추진하면서 사회복지의 축소를 위하여 가족제도를 강화하는 가족복지

프로그램을 집중 지원하는 경향이 있다.

셋째, 다양한 가족형태의 등장과 욕구의 다양화가 있다. 맞벌이 가족, 재혼가족, 한부모가족과 소년·소녀가장가족, 독신가족과 노인단독가족, 동성부부가족, 공동체가족 등 다양한 형태의 가족이 사회를 구성하는 보편적인 가족형태로 자리매김하면서, 이러한 다양한 가족들의 욕구를 충족시켜 주는 가족복지서비스가 필요하게 되었다. 그리고 이러한 가족을 문제가족으로 보고 접근하던 기존의 가족복지정책으로는 다양한 형태의 가족 욕구를 충족시키기 어렵게 되었다.

넷째, 사회문제 해결단위로서 가족의 유용성이 있다. 가족이 인간과 사회의 문제를 해결하는 데 있어서 효율적인 단위라는 사실이 강조되고 있다. 국가 정책적인 측면에서는 사회주의 국가의 경험이 대표적인 예라고 할 수 있다. 전통적인 가족제도를 없앰으로써 사회주의 혁명을 완수하려고 하였던 몇몇 사회주의 국가에서, 가족을 대신하는 공동체(콜호츠, 인민공사, 집단농장)를 건설하려던 시도는 경제적 비효율성과 아동의 건강한 양육의 실패로 인하여 얼마 못 가서 가족보호로 후퇴하게 되었다(장경섭, 1994). 이는 가족을 부정하였던 사회주의 국가에서 가족이 사회체계의 핵심적 단위이자 문제해결을 위한 효과적 단위임을 인정한 사례다. 또한 인간의 문제를 해결하고자 하는 접근방법으로 개인을 대상으로 한 개별적인 접근보다 가족을 단위로 한 가족치료(상담)가 문제해결에 보다 효과적이라는 결과가 나온 것도 한 예라고 볼 수 있다(최경석 외, 2001).

(2) 가족복지의 개념

가족복지는 매우 유동적인 개념으로 사용되고 있다. 가족복지를 하나의 관점으로 보았을 경우에는 대부분이 사회보장제도나 사회복지서비스는 가족복지의 영역에 포함되고, 사회복지서비스의 한 분야로 가족복지를 한정하였을 경우에는 취업모를 위한 서비스와 보육서비스, 3세대 가정을 위한 서비스, 가족상담 등 매우 제한된 영역만이 가족복지의 대상이 되기도 한다. 또한 가족복지는 아동복지, 노인복지, 여성복지, 장애인복지 분야와 중첩되어 혼란스럽게 사용되기도 한다. 이같이 가족복지 개념이 혼란스럽게 사용되는 이유는 가족이 사회의 기본제도로서 모든 문제와 정책에 직·간접적으로 영향을 받을 수밖에 없고, 사회복지의 다른 분야인 아동문제, 노인문제, 장애인문제 등의 분야와 중첩되고 구분이 곤란한 면이 많다는 점에서 일차적으로 그 원인을 찾을 수 있다(Kamerman & Kahn, 1978). 또한 가족복지법이 없기 때문에 가족복지의 실체를 파악하기 쉽지 않고, 국가와 시대에 따라 가족복지는 상이하게 규정되기 때문에 가족복지의 단일한 개념을 규정하는 것은 쉽지 않은 일이다. 따라서 가족복지의 개념을 규정하는 데 있어서 쟁점이 되는 목적, 대상, 범위에 초점을 두어 가족복지의 성격을 고찰하고자 한다.

첫째, 목적에 초점을 둔 정의로는 미국사회복지사협회는 "가족사회사업이란 가족생활을 강화하고 가족원의 사회적응문제를 원조하는 것을 목적으로 공(公), 사(私) 기관이 제공하는 일련의 서비스(NASW, 1965)"라고 규정하고 있다. 야마자키(1976)는 "가정복지는 가족생활을 보호, 강화하고 가족성원의 여러 가지 사회적 기능의 수행을 고양하는 목적을 갖는다."고 규정하였다. 짐머만(Zimmerman, 1995)은 가족복지란 가치이면서 가족정책의 목표가 되는 것으로

① 건강, 행복, 결핍으로부터 자유로운 상태
② 사회화의 발달적 과정과 현대의 환경적 조건에 따른 산물
③ 생활영역(결혼, 가족, 노동, 여가, 주택, 이웃 등)에서 만족을 이루는 것
④ 사람들 간에 공유되는 삶에 대한 광범위한 태도 혹은 증후군
⑤ 생존을 위한 기본적인 욕구충족이나 생활상의 위험에서 탈피할 수 있는 적절한 기능을 수행할 수 있도록 하는 것이라 하였다.

이들의 정의를 종합해 보면, 가족복지는 가족성원의 행복을 추구하기 위해 가족생활을 강화하는 것이며, 아울러 가족원의 문제를 해결해 주는 서비스라고 할 수 있다.

둘째, 대상에 초점을 둔 정의가 있다. 가족복지를 정의할 때 많은 학자들이 '한 단위(uint)로서의 가족 전체(family as a whole)'에 초점을 두어 정의하는 경향이 있다. 가족복지가 가족 전체를 대상으로 한다는 것은 가족성원의 문제를 특정 개인의 문제로 보는 것이 아니라 그 가족성원의 전반적인 상호작용 속에서 문제를 조사하고 사정하며 개입하는 것을 의미한다. 가족복지를 규정할 때 '전체로서의 가족'이 주목되어야 하는 이유는 가족이 체계적 특성을 갖고 있기 때문이다. 여기서 체계적 특성이란 가족성원들이 상호 의존적이고 영향을 주고받는 특성을 지니고 있음을 의미한다. 이를 설명해 주는 대표적 특성으로 체계의 전체성(wholeness), 비합산성(nonsummativity), 항상성(homeostsis), 환류(feedback) 등의 개념을 들 수 있다(Goldenberg 2000). 그러나 가족 전체라는 개념은 추상적이어서 그 의미가 명확지 않다. 이러한 문제점을 헬렌과 스트라우프는 '가족 전체를 지향한다'는 추상적 표현을 가족으로서의 역할 실행을 원조한다는 구체적 개념으로 발전시켜 가족복지의 대상을 명확하게 했다(Stroup, 1948).

셋째, 범위에 초점을 둔 가족복지는 광의와 협의의 개념으로 나누어 볼 수 있다. 광의의 관점에서 가족복지는 사회복지의 거의 모든 제도가 직·간접적으로 가족에 영향을 주기 때문에 사회보장정책, 고용·임금·물가 등에 관련된 경제정책, 생활보호서비스에 관련된 사회복지정책, 보건, 의료정책, 교육, 문화정책, 주택정책, 환경정책 등 사회정책의 선택 기준으로서 가족복지를 규정하는 것인데 가족친화적인 개념규정으로 볼 수 있다. 협의의 개념으로서 가족복지는 사회복지서비스의 한 분야로 규정되는 것으로 아동복지, 노인복지, 장애인복지 등과 같은 수준으로 한정된 영역의 가족문제를 해결하는 분야로서 기능한다는 것이다. 최근 서구에서 가족복지는 여성과 아동을 위한 대책을 포함하는 추세이다(김성천, 윤혜미, 2000). 이상의 고찰을 통해 가족복지를 한 단위로서 가족의 전체성에 주목하면서 가족과 가족성원이 경험하는 문제를 예방하고 해결하여 가족이 건강하고 행복한 상태를 유지할 수 있도록 하는 거시적이고 미시적인 사회적 대책으로 규정하고자 한다(최경석 외, 2001).

(3) 가족복지의 대상

가족복지의 대상은 물론 가족이다. 먼저 가족 전체라는 사실을 전제로 해야 한다. 기존의 복지는 아동, 청소년, 여성, 노인, 장애인 등 가족의 구성원 개개인이 그 대상이 되어 왔으므로 이는 엄밀한 의미의 가족복지였다고 할 수 없다. 따라서 가족복지의 대상은 이와는 구별되는 '전체로서의 가족'에 대한 접근이 요구되고 있다. 가족복지의 대상은 국가와 가족의 입장에서 본 가족의 욕구와 가족문제라고 할 수 있다. 가족의 욕구가 충족되지 않는다면 이는 가족의 문제가 사회문제가 됨으로 욕구와 문제는 밀접한 관련이 있다. 그러므로 가족복지의 대상은 가족의 구조와 기능, 그리고 가족의 생활주기에 따라 다양하게 나타날 수 있는 가족이 지닌 욕구와 문제로서 구체적으로 다음과 같이 세 가지 기준으로 분류할 수 있다.

첫째, 가족구조상의 특성에 따른 대상이 있다. 이는 가족의 구성상의 특성에 따라 가족의 대상을 규정하는 것으로 맞벌이 가족, 미혼모가족, 이혼 및 재혼가족, 소년소녀가장가족, 노인가족, 핵가족 등 가족의 구조상의 다양화를 고려하여 각 가족이 지닌 특성에 따라 복지서비스를 달리하는 경우를 말한다.

둘째, 가족기능상의 문제에 따른 대상이 있다. 가족의 기능상의 문제에 따라 가족복지의 대상을 규정하는 것으로 빈곤가족, 학대가족, 알코올 중독이나 약물중독가족, 청소년 비행가족 등으로, 실직으로 인한 소득의 상실로 경제적인 측면에서 기능상의 결손을 경험하는 가족과 병리 혹은 장애로 인한 심리적 및 의료적 문제를 겪고 있는 가족의 경우를 말한다.

셋째, 가족의 주기에 따라 발생하게 되는 다양한 욕구에 따른 대상이 있다. 가족의 생활주기에 따라 가족은 다양한 변화와 문제 또는 위기를 경험하게 된다. 부부만의 시기, 자녀출산 및 양육기, 미취학 아동기, 학령기, 청소년기, 독립기, 중년기, 노년기 등 가족생활주기에 따라 가족구성원인 개개인은 물론 가족 전체가 당면하게 되는 복지욕구는 다양하며, 이에 따라 복지 개입을 달리하는 경우를 말한다.

그러나 가족복지의 대상은 구체적으로 가족복지가 이루어지는 과정에서 국가의 정책이나 법, 그리고 행정조직에 따라 그 대상이 규정된다고 볼 수 있다. 현행 우리나라 가족복지의 대상은 요보호대상자 중심의 가족구성원인 개인이며, 가족문제란 빈곤과 이로 인한 소득의 상실 및 질병, 자녀양육 문제, 여성의 모성보호 문제, 그리고 노후대책 문제와 장애인가족 문제 등으로 분리, 제한되어 있다. 따라서 현행 우리나라의 가족복지는 가족을 대상으로 하는 복지의 개념이 없이 단순히 가족의 중요성을 선언적으로 강조하면서 서비스의 측면에 있어서는 요보호대상자 중심으로 잔여적 성격의 복지모형을 보이고 있다고 할 수 있다(성영혜, 송주미, 1997).

(4) 가족복지의 기능

야마자기(山埼美奇子, 1976)는 가족문제를 일으키는 장애요인에 대한 대책이라는 측면에서 다음과 같은 가족복지의 기능을 제시하였다(최경석 외 2001).

① 거시적인 가족복지의 기능

거시적인 가족복지의 기능은 개인이나 가족의 책임이라기보다는 사회구조의 문제로 인해 발생하는 외생적 가족문제에 대해 정책적, 제도적 대책의 필요성을 다음과 같이 제시하고 있다.

ㄱ 경제적 대책: 아동수당, 면세나 감세제, 각종 보지연금, 모자복지연금, 자립지원 대부금, 노후소득보장, 실험보험 등의 사회보험

ㄴ 직업대책: 조산시설, 고용안정기관, 직업훈련기관, 기타 노동복지대책의 이용, 특히 여성노동대책 등

ㄷ 주택대책: 가족의 생활기근에 대처할 수 있는 공영주택, 주택자금 대부금의 활용, 구호시설, 숙소제공, 구호시설의 활용 등

② 미시적인 가족복지의 기능

미시적인 가족복지 기능으로는 가족의 내적 문제에 개별적으로 대응하는 방법이다.

　　㉠ 가족 내 관계의 긴장관계: 가족개별사회사업, 결혼상담, 가사심판제도
　　㉡ 가정기능 수행상의 문제: 가족개별사회사업, 가족생활교육, 복지시설 보호나 지도기능
　　㉢ 가족성원의 결손: 복지시설 입소, 자원, 제도의 이용, 가족개별사회사업
　　㉣ 가족성원의 심신장애: 장애인복지관, 장애인 복지시설

③ 거시적 · 미시적인 가족복지 기능

　　㉠ 가족개발기능: 건전 가정육성을 위한 가족교육, 역할개발, 생활보건과 가족보건
　　㉡ 가족복지기능: 가족결손 예방과 치료를 위한 가족상담과 가족치료, 역할지원, 재활지원
　　㉢ 가족보호기능: 독립적 사생활이 어려운 가족의 생활보호, 건강보호와 시설보호
　　㉣ 자원개발기능: 지역사회 내의 복지 여건 조성을 위한 기금조성, 조직개발, 인력활용

이러한 방법의 모색은 가족복지를 대상별로 접근할 것이 아니라 기능별로 접근하게 되면 자연스럽게 가족을 한 단위로 하는 효과적이고 효율적인 가족복지서비스가 제공될 수 있는 여건이 될 수 있을 것이다.

(5) 가족복지의 방법

가족복지는 가족의 문제해결을 위한 사회적 개입을 의미하므로 그 방법은 사회복지방법의 분류와 같이 크게 거시적, 중범위적, 미시적인 방법으로 분류할 수 있다. 거시적 방법과 중범위적 방법으로는 가족복지정책과 가족복지

행정을, 미시적인 방법으로 가족복지서비스와 가족사회사업을 들 수 있다.

<가족복지접근방법>

접근방법	연구방법	개별제도, 서비스, 프로그램
거시적	가족복지정책	가족수당, 소득(세)공제, 가족소득지원, 건강지원, 자립이 불가능하거나 무의탁한 아동, 노인, 장애인, 병자 등의 가족원을 대상으로 하는 제도와 프로그램, 주택정책 혹은 급여
중범위적 방법	가족복지행정	가족문제 대책 추진 위원회의 결성, 가족문제별 가족원조활동 조직의 결성, 가족문제 통합 서비스 본부의 설치, 가족문제 지도 연수 체계의 결성
미시적 방법	가족복지서비스 가족사회사업	가족보존서비스, 가족상담, 가족치료, 부부상담, 가족생활교육, 가정 조성서비스, 결혼지원서비스, 가족계획사업, 가족옹호

3) 가족복지정책

(1) 가족복지정책의 개념

가족복지정책은 가족정책의 한 영역이면서 동시에 가족의 안녕과 복지달성이라는 당위적 목표를 지향하여야 한다. 따라서 가족복지정책은 가족의 복지를 보장하는 것을 목표로 하기 때문에 각 가족성원과 전체로서의 가족을 위한 것이 아닌 다른 정책목표의 수단으로 가족이 이용되는 것은 가족복지정책으로 보기 어렵다. 이러한 점에서 가족복지정책은 가족성원과 가족이라는 하나의 단위에서 표출되는 욕구를 지원, 보충, 대체하는 기능을 담당함으로써 가족에게 긍정적인 영향을 미치는 국가 개입적 활동이라고 할 수 있다(최경석 외, 2001).

(2) 가족정책의 유형

각국의 가족복지정책을 유형화하는 것은 가족복지정책에 대한 이해를 도울 수 있고, 우리나라 가족복지정책이 지향해야 할 방향을 설정하는 데도 도움을 준다.

① 케머만과 칸의 유형화

가장 널리 사용되며 대다수 가족복지정책 유형화에 기본 모델로 평가되고 있다. 케머만과 칸은(1978) 서구 14개국의 가족복지관련 정책을 비교 분석하여 명시적 가족정책(explict family policy)과 묵시적 가족정책(implict family policy)으로 분류하였다. 명시적이고 포괄적인 가족정책이란 정부 또는 행정기관이 특정한 기획과 정책을 행할 때 그것이 가족에게 분명하게 관계되는 것으로 가족에 대한 분명한 합의를 전제로 하고 있다고 볼 수 있다. 스웨덴, 노르웨이, 체코슬로바키아, 헝가리, 프랑스 등의 가족정책이 여기에 속한다. 묵시적 가족정책은 다른 정책영역에서 취해진 조치들이 가족에게 영향을 주는 것으로, 공장설치, 도로와 건물배치, 조세조정, 이민정책 등이 해당된다. 여기에는 영국, 캐나다, 미국, 이스라엘 등의 가족정책이 해당된다. 이들 국가들의 가족정책은 사회통제를 위한 수단으로 가족을 고려하는 성격이 짙다.

② 하딩의 유형화

하딩(Harding, 1996)은 가족의 책임에 대해 국가가 어떤 방식으로 통제, 지원하는가 또는 그 수준은 어느 정도인가 등에 따라 권위주의적 모델(Authoritarian model), 자유방임모델(Laissez faire model), 중간개입모델(intermefiate model)로 구분하였다. 권위주의 모델은 국가가 선호하는 행동양식과 가족형태를 강화하기 위한 정책과 법적 조치를 지향한다. 자유방임모델에서 국가는 가족불간섭을 원칙으로 하며 특별히 선호되는 가족형태가 존재하지 않는다. 중간개입모델은 국가통제방법에 따라 특정한 분야의 책임을 강화하는 유형, 동기유인형(manipulation of incentive), 특정가족형태에 대한 가정(assumption)에 근거한 상호작용형, 가족지원, 가족대체형, 욕구반응형으로 다양하게 제시되었다. 이 유형화는 가족의 책임 범위를 놓고 국가와 가족 간에 발생하는 상호작용에 초점을 두고 있다. 케머만과 칸의 유형이 정책목표를 놓고 접근한 분류라고 한다면, 하딩의 모델은 정책목표 내면에 존재하는 특성을 국가와 가족의 역할분담이라는 측면에서 더 구체적으로 파악할 수 있는 틀을 제공해 준다.

③ 에스핑 안데르센의 유형화

복지국가 체재를 탈상품화(decommokification) 정도에 따라 자유주의, 조합주의, 사회민주주의로 유형화하여 국가 간 비교연구를 수행한 에스핑 안데르센(Asping – Anderson)은 최근 연구에서(1999) 가족관련 정책을 변수로 설정하여 자신의 복지체제 유형화가 여전히 유효하다고 주장하였다. 그는 사회복지정책이 가족 중심의 책임을 강조하면 가족주의(familialism), 가족에 대한 사회적 책임을 강조하면 탈가족화(de – familization)라고 규정하였다. 가족 스스로의 책임과 가족의 기능을 강조하는 국가는 가톨릭의 정서를 강하게 반영하고 있는 남부유럽과 독일의 경우가 해당된다. 남부유럽은 가족 책임을 최대한 강조하므로 가족의 책임 수행이 어려울 때, 국가가 개입하는 것을 원칙으로 한다. 그리고 독일은 국가가 상당 부분에 개입하지만 여성의 보호 양육 역할을 강화하는 방향으로 가족복지정책을 실시하고 있다. 반면에 탈가족주의적 가족복지정책을 실시하는 국가들은 덴마크, 스웨덴을 비롯하여 노르웨이, 핀란드, 벨기에, 프랑스 등을 들 수 있는데 이들 국가는 가족에게 부양과 양육과 책임을 전가하지 않는 것을 원칙으로 한다. 에스핑 – 안데르센의 유형은 가족복지정책을 한 분야로 고려했을 때, 가족복지정책이 다른 사회복지이념, 사회를 구성하는 계급, 계층 간의 역동적인 관계에 의해 연금과 같은 소득보장정책, 노동정책 등이 규제받듯이 가족복지정책도 유사한 규제를 받는다는 것을 시사함으로써 가족복지정책을 거시적인 시각에서 조망할 수 있도록 해 준다. 에스핑 – 안데르센의 유형을 토대로 하여 가족복지정책의 국가별 유형을 분류하면, 가족·친족 책임주의적 가족복지정책 국가, 특정 가족의 기능을 강화하는 가족복지정책 국가, 가족친화적 가족복지정책 국가로 나눌 수 있다.

　　㉠ 가족과 친족책임주의 가족복지정책 국가

가족과 친족책임주의 가족복지정책의 특성은 가족성원에 대한 양육과 부양의 기능을 가족이나 친족이 우선적으로 책임지고, 국가는 최소한의 책임을 진다는 잔여적(residual) 정책을 지향한다. 대표적으로 남부유럽, 우리나라를 포함한 동아시아 국가들이 여기에 해당된다. 이 국가들은 이혼율과 동거율도 낮은 편이어서 사회나 국가가 핵가족이나 혹은 3세대 가족과 같은 가족형태를 선호하는 경향이 매우 강하다. 그렇지만 여성의 노동시장 참여율이 증가함에 따라 결혼연령의 지연, 낮은 출산율 등이 또 다른 사회문제가 되고 있는 것도 사실이다.

ⓛ 특정가족의 기능을 보완하는 가족복지정책 국가

특정가족의 기능을 보완하는 가족복지정책은 '기준'이 되는 가족 형태를 정하여 이에 해당하지 않은 많은 가족들을 '특정 가족형태'로서, 보호해야 할 가족으로 인식하고 그 가족기능을 지원하는 것이다. 이러한 정책적 접근은 기준이 되지 못하는 가족에 대해 사회적 편견이나 낙인감이 있을 수 있다. 대표적인 국가로 아일랜드, 네덜란드, 영국, 한국을 들 수 있다.

ⓒ 가족친화적 가족복지정책 국가

가족친화적(family - friendly) 가족복지정책이란 다양한 가족형태를 인정하고 양성 평등한 부부관계에 기초하며 가족의 전체성에 개입하고, 가족문제의 예방과 해결에 있어 국가가 적극적으로 개입하는 정책 접근을 의미한다. 이에 해당하는 국가들은 일인당 국민소득이 높다는 점에서 공통점을 가지고 있으나, 각 국가의 문화적 배경과 가치관에 따라 정책 내용은 조금씩 다르다. 스웨덴, 노르웨이, 덴마크 등 북구국가들은 아동을 포함한 개인의 권리를 적극적으로 추구하면서 가사와 아동양육을 공유할 수 있도록 가족을 지원하고 있다. 이들은 아동 개인의 욕구뿐만 아니라 일하고자 하는 부모의 욕구에도 민감하게 대처하면서 부모들이 아동을 양육할 수 있도록 해 준다 (Pauti, 1992: Hoem, 1993).

세 유형화를 통해 우리나라의 가족복지정책이 현재 어느 유형에 속하는지 앞으로 어떤 방향으로 재정립되어야 하는지를 고려해 볼 수 있다. 우리나라는 1, 2유형에 위치하고 있다. 가족복지정책의 방향을 결정하기 위해서는 가족성원 개개인과 가족 전체성을 고려하면서 한국적 상황을 반영하되, 가족친화적 가족복지정책을 지향하는 것이 바람직할 것으로 보인다(최경석 외, 2001).

(3) 우리나라의 가족복지정책

우리나라 가족복지정책은 전체로서의 가족을 고려한 정책과 가족 내 사회적인 약자인, 아동, 노인, 여성을 고려한 정책으로 분류할 수 있으며, 아래의 표와 같다.

<우리나라 가족복지정책>

정책대상	정책주제		정책, 서비스, 프로그램
전체로서의 가족을 고려한 정책	국가부문		4대보험, 가정폭력방지대책, 가초생활보장제도, 장애연금, 공제제도, 주택정책
	민간	시장부문	퇴직금, 재형저책장려금, 경조사비지원, 가족상담, 가정생활교육
		비시장부문	가족상담, 가정생활교육
가족 내 아동을 고려한 정책	국가부문		공제제도, 보육사업, 학교사회사업, 아동보호사업, 입양, 위탁, 시설보호, 장애인자녀 교육비지원
	민간	시장부문	직장보육제도, 보육료지원, 자녀학비지원 등
		비사장부문	아동상담, 성교육사업, 아동보호사업, 아동여가활동지원, 입양, 위탁 시설보호사업, 지역사회결연사업등
가족 내 노인을 고려한 정책	국가부문		공제제도, 경로연금, 노인취업알선, 재가노인복지서비스, 경로우대제등
	민간	시장부문	시설보호, 주단기 보호, 치미노인전문치료, 재가노인복지서비스
		비시장부문	노인복지시설, 주단기보호, 치매노인전문치료, 재가노인복지서비스
가족 내 여성을 고려한 정책	국가부문		공제제도, 고용관련서비스(남녀고용평등법, 남녀차별금지법) 국민연금, 모자복지, 보건사업, 요보호여성 발생 예방 등 생업자금융자, 공공임대주택 우선 분양, 보육, 여성 사회교육사업
	민간	시장부문	산전(후)휴가, 육아휴직, 직업훈련, 보육사업, 자녀학비, 양육비지원
		비시장부문	여성사회교육 등

① 가족복지관련 법과 제도

가족은 사회의 기본 구성단위이므로 한 국가의 모든 법제는 거의 가족과 직접적·간접적으로 관련되어 있다. 아래의 법들은 가족을 해당 법제의 직접적 대상으로 규정한 것도 있지만 그렇지 않은 경우도 있다. 특히 일반법들은 가족복지에 대한 관련 부분이 극히 미약하다. 따라서 여기에서는 일반법 전체를 다루지 않고 가족복지와 상당히 관련성이 있다고 생각되는 조항을 소개해 보겠다.

◆ 일반법

ㄱ 헌법

헌법 제10조와 1조에서 모든 가족은 법률상 평등하며, 인간으로서의 존엄과 가치를 보장받으며 인간다운 생활을 할 권리를 갖는다고 규정하여 가족형태에 관계없이 사회에서 인간다운 생활을 보장하도록 한다. 법 36조에서 개인의 존엄과 남녀의 평등을 기초로 유지되어야 하는 혼인과 가족생활은 국가의 보장을 받으며 모성과 보건도 국가의 보호를 받는다고 규정하여 가족에서의 성 평등과 모성에 대한 국가책임을 강조하고 있다.

법 32조에서는 여자의 근로는 국가의 특별한 보호를 받으며, 고용, 임금, 근로조건에서 부당한 차별을 받지 않으며, 연소자의 근로도 특별한 보호를 받는다고 규정하여 노동시장에서 여성의 모성권 보호, 노동차별 금지, 아동노동에 대한 특별한 보호 조치를 두고 있다. 법 34조에서 모든 국민은 인간다운 생활을 할 권리를 가지며, 따라서 국가는 사회보장, 사회복지의 증진을 위하여 노력할 의무가 있다. 특히 국가는 여자의 복지와 권익의 향상, 노인과 청소년의 복지향상, 신체장애, 질병, 노령 등으로 생활능력이 없는 자의 보호를 위한 정책을 실시할 의무를 진다고 규정하고 있다(박병호, 1996). 사회적 약자를 보호하는 것이 사회복지정책의 중요한 목표임을 명시하고 있는데 이것은 가족성원으로 누려야 할 가족복지의 목표임을 규정하는 조항으로도 볼 수 있다. 이상에서 살펴본 바와 같이 우리나라 헌법의 가족보호 조항은 가족복지정책의 방향을 제시하는 데 있어 양성 평등, 여성의 노동권과 모성권 보호, 사회적 약자에 대한 보호의 사회적 책임성 등 가족친화적 가족복지정책을 지향하고 있음을 알 수 있다.

ㄴ 민법

민법은 우리나라 가족의 구성, 의무, 역할을 규정한 가장 일반적인 법이다. 민법 제779조에 명시되어 있는 가족의 범위는 호주, 호주의 배우자, 혈족과 그 배우자, 기타 본법의 규정에 의하여 그 가(家)에 입적된 자를 말한다. 이처럼 가족은 호적에 입적되어 있고, 결혼, 입양, 혈연관계가 고려되어

규정되므로 경제활동 단위를 기준으로 하는 가구(household)와는 동이하지
않은 개념이다. 이 법은 면접 교섭권의 제한, 이혼청구 사유의 현실화, 부부
재산분할 청구권, 동성동본제의 철폐 등 몇 차례의 개정을 거쳐 법률상 가
족관계에서의 양성 평등과 가부장적 관념을 탈피하는 데 기여한 것이 사실
이다. 그러나 헌법과 달리 민법의 친족법은 보수적이고 가부장적인 가족형
태를 유지, 강화하는 데 일조하여 왔다. 그동안 여성계의 비판적 목소리가
사회적 공감대를 형성하면서 많은 개선이 이루어졌지만 여전히 이혼이나 재
판과정 혹은 한부모가족은 사회적 불평등을 경험하고 있는 것이 현실이다.
헌법에 명시되어 있는 가족과 부부의 지위에서의 양성평등이 보다 잘 구현
되기 위해서는 민법의 많은 불평등 조항들이 개선되어야 한다.

ⓒ 소득세법

소득세법은 국내에 거주하거나 국내에 원천소득 있는 개인은 누구나 납세
하도록 규정한 세제와 관련한 법률이다. 가족복지정책 차원에서 검토할 부
분은 '근로소득공제, 퇴직소득공제 및 산림소득공제'와 '종합소득공제'이다.
특히 종합소득공제는 기본공제(50조), 추가공제(51조), 소수공제자 추가공제
등(51조의 2), 특별공제(52조) 등으로 구성되어 있는데, 이 부분은 개별 가족
의 가처분 소득을 확대하도록 지원하는 조항이므로 가족의 소득보장을 강화
할 수 있는 성격을 갖는다. 앞으로 보편적 가족복지정책을 정립하기 위해
조세제도 차원에서 적극적으로 검토되어야 할 부분이다.

ⓓ 남녀고용평등법

남녀고용평등법은 모성을 보호하고 직업능력을 개발하여 근로여성의 지위
향상과 복지증진에 기여함을 목적으로 제정된 법이다. 모성보호 차원에서는
육아휴직(11조), 보육시설규정(12, 13조)을 두고 있다. 그렇지만 상당 부분이
현실에서는 제 역할을 다하지 못하는 실정이다. 동일 노동이라도 성별에 따
라 임금이 다르게 지급되며, 기타 인사상의 처우에서 기혼자는 기혼자라는
이유로, 미혼자는 기혼자가 될 것이라는 이유로 불이익을 받고 있다. 육아휴
직은 2001년 7월에 통과되었으나 가족간병휴가 등 많은 부분이 삭제되었으

며, 보육시설 규정은 300인 이상 사업장을 의무적용 대상으로 제한하고 있다. 따라서 소규모 사업장에서 일하는 대다수 기혼여성은 혜택을 받지 못하고 있다.

ⓜ 형법

형법과 가족을 직접적으로 연결시킬 수는 없으나 형법은 범죄와 형벌에 관한 처벌을 규정한 일반법으로서 아동학대, 가정폭력, 성폭력 처벌법과 관련되어 처벌 규정들을 제시하고 있는 법률이다. 대표적으로 존속에 대한(중)상해, 상해치사, 폭행에 대한 처벌조항(250～260조)과 유기와 학대에 관한 처벌조항(271～275조), 강간과 추행범죄 처벌조항(297～302조) 등을 언급할 수 있다.

가족과 관련된 일반법은 우리나라의 가족에 대한 가치관을 기본 전제로 하고 있으며 법의 성격상 개정이 쉽지 않다. 그럼에도 불구하고 일반법이 가족과 관련되어 재고될 필요가 있다는 주장은 계속적으로 제기되고 있다. 이런 점에서 가족복지정책 실행의 준거가 될 수 있는 일반법들이 변화하는 가족의 형태에 맞추어 어떻게 개선될 필요가 있는지 검토하는 것이 여전히 중요한 과제이다(최경석 외, 2001).

◆ 사회보장법(제도)

사회보장법은 사회적 위험(risk)으로 인한 소득중단 혹은 상실로부터 사회 성원들을 예방, 보호한다는 사회보장의 기본 원리에 따라 개정된 법들이다. 크게 사회보험법과 공공부조법으로 나누어 볼 수 있다. 사회보험법에는 국민연금법, 건강보험법, 고용보험법, 산재보험이 해당되며, 공공부조법에는 국민기초생활보장법이 있다. 이 법들을 다음에서 논의할 사회복지서비스법과 함께 가족복지정책의 성격을 직접적으로 규정하고 있다.

ⓐ 사회보험

연금보험, 건강보험, 고용보험, 산재보험은 보험의 원리에 따라 임금 혹은 소득수준에 따라 일정한 기여를 한 뒤, 각 법령에서 규정하는 위험이 발생할 경우 지급시기와 기여율을 고려하여 급여를 지급하는 제도이다. 사회보험은 서구 사회보장제도가 안정기에 접어들던 2차세계대전 무렵 다음과 같은 전제를 기반으로 만들어졌다.

첫째, 남성가장 중심의 핵가족체계를 기반으로 하고 있다. 이 전제로 인해 여성가장 가족은 남성가장 가족보다 상대적으로 불평등한 대우를 받을 수 있다. 남성보다 일자리가 불안정하고 동일노동을 하더라고 남성노동자에 비해 소득이 낮은 많은 기혼 취업여성이 국민연금, 고용보험, 산재보험 소득보장과 관련되어 있는 사회보험에 가입할 경우 남성가장 가족보다 사회보험 급여가 적게 되는 것은 당연하다. 최근에는 사회보장체계 전반에 팽배해 있는 남성 중심적인 전제들을 탈피해야 한다는 주장이 확대되고 있다.

둘째, 완전고용을 기반으로 한다. 그래서 비정규직 형태의 불완전 교육 노동자들을 가입 자체가 불가능하거나 가입에 따른 비용이 적지 않다. 최근 노동 유연화가 더욱 가속화되자 최저 기여기간 축소, 급여수준 향상, 적용범위 확대 등 사회보험제도 전반에서 이들을 제도 내로 흡수하려는 변화가 일어나고 있다.

그럼에도 불구하고 사회보험제도의 이러한 변화 경향에서 상기해야 할 부분은 사회보험은 가족을 단위로 하는 제도가 아니라 기여능력이 있는 개인을 단위로 하는 제도라는 것이다. 다만 적용대상이 되는 개인에게 피부양자가 있을 경우 부가적인 형태로 현금, 현물 급여를 지급하도록 한 것이다. 그렇기 때문에 하나의 관점 혹은 기준으로서 가족복지정책을 고려했을 때 사회보험은 가족복지를 지향한다고 보기에는 미흡한 점이 있다. 따라서 가족 전체를 고려할 수 있는 방향에서 사회보험의 의의가 부각될 수 있도록 개편될 필요가 있다.

ⓒ 공공부조

우리나라 공공부조법으로는 1999년 8월 생활보호법에서 대체 입법된 국민기초생활보장법이 있다. 이 법은 최저생계비 이하의 저소득층에게 최저생계비까지 보장해 주는 보충급여방식의 제도이다.

정부가 제시하는 국민기초생활보장제도의 의의는 다음과 같다. 첫째, 최저생활을 보장받을 헌법상의 권리를 실체적으로 규정한 법률이다. 둘째, 국가의 보호를 필요로 하는 가구, 즉 수급자 선정기준에 해당하는 모든 절대빈곤층의 기초생활을 국가가 보장하도록 했다. 셋째, 근로능력이 있는 국민에게는 체계적인 자활지원서비스를 제공하여 일할 수 있도록 하는 생산적 복지를 구현하도록 했다.

국민기초생활보장법은 경제위기 이후 기존의 생활보호사업으로는 저소득 빈곤층의 빈곤을 감당할 수 없기 때문에 사회적 요청에 의해 제정된 입법이다. 그렇지만 가족복지 차원에서는 미흡한 점이 적지 않다. 가구별 최저생계비를 책정하고 있으나 아동연령별로 차등기준이 마련되지 않았고, 부양의무자 가족의 욕구와 생활은 고려하지 않은 채, 부양의무자에게 일차적으로 기초생활보장수급권자를 책임지도록 하고 있다. 따라서 저소득층 가족의 빈곤 문제를 해소하기 위해서는 가족복지적 관점에서 문제가 되는 조항들을 개선해야 한다.

이 절에서 살펴본 사회보험법과 공공부조법은 그 어떤 법들보다 많은 변화가 이루어지고 있다. 이 법들은 사회복지정책의 핵심이기 때문에 이들이 변화하는 방향에 따라 사회복지정책의 전체 흐름이 좌우될 수 있다. 가족과 관련되어 특히 재고될 부분은 가족의 전체성을 고려하는 차원에서 가족에 의한 복지에 국한되지 않고 가족을 위한 복지가 될 수 있도록 하여야 한다는 것이다.

ⓒ 사회복지서비스 관련 법

현재 사회복지사업법 제2조에 따르면 사회복지서비스에 해당하는 법으로 14개의 법을 규정하고 있다. 이 중에서 가족복지정책에 해당하는 법률로 아동복지법, 노인복지법, 장애인복지법, 모자복지법, 영유아보육법, 성폭력 범죄의 처벌 및 피해자 보호 등에 관한 법률(이하 성폭력 특별법), 입양 촉진 및 절차에 관한 특례법, 장애인, 노인, 임산부등의 편의 증진 보장에 관한 법률(이하 편의증진에 관한 법률), 가정폭력 방지 및 피해자 보호 등에 관한

법률(이하 가정폭력방지법)을 들 수 있다. 이 법령들은 가족복지정책이면서 동시에 가족복지실천분야에 해당된다. 또한 서비스가 전달되는 과정에서 공공부문과 민간부문의 결합이 보편화되어 있는 분야이다.

그러나 이 법률들 중에서 가족의 전체성을 직접적으로 고려하고 있는 법은 모자복지법, 가정폭력방지법뿐이다. 물론 법의 특성상 가족의 전체성을 고려해야 할 필요성이 적은 법도 있다. 성폭력 특별법, 편의증진에 관한 법률이 그러하다. 반면 가족을 묵시적으로 전제하는 과정에서 가족의 전체성을 고려하지 않는 법들이 있다. 즉 아동복지법, 노인복지법, 장애인복지법, 영유아보육법, 입양특례법이 이에 해당된다.

아동, 노인, 장애인 등에 대한 법들은 각 대상의 특수성으로 인해 발생하는 욕구를 고려하여 만들어진 법이어야 한다. 법 제정의 출발점을 보면 아동, 노인, 장애인의 특수한 욕구란 곧 가족으로부터 보호받지 못하는 데서 연유하는 욕구이다. 이 법들은 가족책임을 규정하고 있으나, 가족의 전체성을 고려하지 못하고 있다. 물론 이 대상들의 특성상 가족이라는 환경에서 보호받는 것이 매우 중요하지만, 가족에게 전적으로 책임지우기보다는 가족과 사회적 지원체계와 결합될 때 의미가 있다. 우리나라는 아동, 노인, 장애인 등 보호를 필요로 하는 대상들의 욕구를 일차적으로 가족이 충족하도록 하고, 이것이 어려울 때 국가가 지원하는 잔여적 복지의 성격이 강하다. 그렇기 때문에 아동, 노인, 장애인에 대한 사회적 개입은 그 가족이 해체나 유리와 같은 상황에서만 가능하게 된다. 따라서 아동, 노인, 장애인을 보호하고 있는 가족의 해체를 예방하기 위해서는 가족의 전체성을 고려하여 가족의 책임과 사회적 책임이 상호 밀접하게 연관되도록 사회복지서비스가 개선될 필요가 있다. 이를 위해 각 개별법이 다른 법체계와 연계되도록 조정해야 한다.

② 가족복지정책의 전달체계

가족복지서비스 전달체계를 별도로 갖추고 있는 국가는 많지 않다. 각국의 가족복지서비스 공적 전달체계는 미비 되어 있고, 독립된 전달체계를 갖추고 있어도 그 역할과 힘은 매우 약한 상태이다. 우리나라도 이와 비슷한 상황이다.

보건복지부 직제를 보면 사회복지정책실 산하에 기초생활보장심의관, 가정보건복지심의관, 장애인보건복지심의관이 있다. 이 직제로는 가족복지에 대한 인식을 사회정책 전반으로 확대할 수 있는 권한이 매우 제한될 수밖에 없다.

가정보건복지심의관 산하에 노인복지과, 노인보건과, 여성보건복지과, 아동보건복지과가 편제되어 있다. 가족복지 행정과 건전가족 유지 발전과 관련된 업무를 노인복지과에서 담당하고 있다. 가정폭력 예방과 사호부호, 가족계획은 여성보건복지과에서 담당하고 있다. 이러한 업무분담을 볼 때, 우리나라의 가족복지정책은 가족성원 중 노인과 아동의 가족 책임을 매우 분명하게 하고 있으며, 한 단위로서의 가족을 위한 정책은 극히 미약하다는 것을 알 수 있다.

최근 여성부가 신설되면서 가족복지의 전달체계에는 기존의 사회복지 전달체계와 다른 또 하나의 중앙부서가 존재하게 되었다. 여성부가 신설됨에 따라 여성의 사회적 위상과 역할이 한층 더 강화될 것으로 보이며, 성불평등 근절대책도 좀 더 현실화될 수 있을 것으로 보인다.

가족친화적 관점에서 가족복지 전달체계를 구축하기 위해서는 보건복지부나 여성부가 타 중앙부서들을 대상으로 가족친화적 관점을 확산시켜 공감대를 이끌어 낼 수 있어야 하며, 또한 지방자치단체의 전달체계와 더욱 긴밀한 연계성을 가질 수 있도록 해야 한다. 뿐만 아니라 민간서비스 부분과의 인적, 물적 자원의 적절한 교환과 배치를 통해 안정적으로 기능할 수 있도록 상호소통체계를 강화해야만 가능할 것이다.

4) 가족복지정책의 현황과 발전방향

(1) 빈곤가족을 위한 복지대책 현황과 발전방향

① 빈곤가족을 위한 복지대책 현황

우리나라의 빈곤가족에 대한 현행 복지대책은 국민기초생활보장제도를 통해서 절대 빈곤가족을 대상으로 지원하고 있으며 상대적 빈곤가족에 대한 정책은 거의 전무하다고 볼 수 있다. 2000년도부터 시행된 국민기초생활보장제도는 다음 <표 7>에서 볼 수 있듯이 시혜적 단순보호차원의 생활보호제도로부터 저소득층에 대한 국가책임을 강화하는 종합적 빈곤대책으로 전환하고자 마련된 정책이다. 즉 보호를 필요로 하는 절대 빈곤층의 기초생활을 국가가 보장하되, 종합적 자립자활서비스를 제공하는 두 가지를 주요골자로 하고 있는데(보건복지부, 200), 구체적으로 살펴보면 다음과 같다.

<표 7> 생활보호법과 국민기초생활보장법의 주요내용 비교

자활 지원 계획	〈신설〉	• 가구별 자활지원계획 수립 - 근로능력, 가구특성, 자활욕구 등을 토대로 자활 방향 제시 - 자활에 필요한 서비스를 체계적으로 제공하여 수급권자의 궁극적인 자활촉진

출 처: 보건복지부(2000), 「국민기초생활보장사업 안내」

  ㉠ 국민의 기초생활에 대한 보장

첫째, 최저생활보장을 국민의 권리이자 국가의 의무로 하고 있다.

둘째, 급여종류의 확대 및 급여수준을 증가했는데 주거급여의 신설, 긴급급여를 통해 긴급생계지원 강화, 최저 생계비와 가구소득의 차액을 보충적으로 지급하는 것이 등이 포함된다(보건부 2000).

국민기초생활보장을 위한 주요급여는 주거급여, 의료급여, 교육급여, 해산급여, 장제급여로 구분되며 생계급여는 모든 수급자에게 기본으로 제공하고 있다(조추용 외, 2001).

ⓛ 자활지원서비스의 체계적 지원

첫째, 수급자의 근로능력 가구여건, 자활욕구 등을 고려한 가구별 자활지원계획을 수립하여 체계적인 자활지원을 하는 것으로 구직안내, 직업훈련, 자활공동체사업, 복지자금융자 등의 자활지원서비스를 제공하고, 보육·간병·재가복지 등 지역사회 복지자원을 연계·제공하여 근로능력자가 안심하고 근로활동에 종사할 수 있는 가구여건을 조건부 지원할 수 있도록 하는 것이다.

둘째, 근로능력자에 대해서는 근로유인장치를 두어 근로의욕 감퇴를 방지하는 것으로 근로유인장치를 강구하고 능력개발을 통한 자립과 연계된 조건부지원을 할 수 있도록 하는 것이다. 조건부 수급자가 비취업 대상일 경우 복지부에서 주관하는 자활공동체(자활후견기관), 자활 근로, 지역봉사, 재활사업, 창업지원에 참여하게 되고, 취업 대상자일 경우 노동부에서 지원하는 구직활동, 자활인턴 창업지원, 지방자치단체 공공근로에 참여하게 된다.

ⓐ 비취업 대상자 빈곤가족을 위한 고용지원 서비스

자활공동체는 개인 혹은 공동체 창업을 통해 자활이 가능하다고 판단되는 장년층을 대상으로 하는 사업으로, 복지서비스 용역사업, 청소·시설관리 등 용역사업, 재활용·봉제 등 공동사업장을 지원하는 사업이다. 자활근로는 노동시장에서 취업이 곤란한 장년층을 대상으로 공동창업을 위한 기초능력을 배양하는 것을 목적으로 하며, 집수리나 간병도우미 사업 등이 있다.

ⓑ 취업 대상자 빈곤 가족을 위한 고용지원 서비스

취업장려 서비스는 구직활동 지원 프로그램 내용으로 실시되는 것이다. 취업알선 성취 프로그램과 취업촉진 프로그램이 운영되고 있다. 이 프로그램은 취업능력과 취업의사가 있는 빈곤층을 대상으로 실시하는 사업이다. 빈곤가족의 고용을 촉진하기 위해서는 실업자 재취직 훈련이나 창업훈련과 같은 자활직업훈련 프로그램이 노동시장에서 요구하는 것에 부응하도록 해야 하며, 더욱 체계적으로 실시될 필요가 있다. 뿐만 아니라 직업훈련을 받은 사람들이 취업할 수 있도록 적극적인 일자리 개발도 병행되어야 할 것이다.

② 빈곤가족을 위한 복지대책 발전방향

우리나라의 빈곤가족을 위한 대책은 두 가지로 구분된다. 하나는 빈고선 이하의 빈곤가족의 최저생활을 보장하는 기초생활보장으로 직접적인 대책으로 대응적이고 사후적이다. 다른 하나는 빈곤층을 대상으로 빈곤의 예방이나 빈곤으로부터의 탈피를 목적으로 하는 자활지원으로, 이는 생계보호에 비해 예방적이고 사전적이며 간접적인 대책으로서 대상자의 노동능력 및 자립의지의 유무가 중요한 변수가 된다(노인철, 1995).

㉠ 기초생활보장제도

빈곤에 대한 정확한 통계시스템 개선을 통하여 수급자 선정이 적절히 이루어지도록 해야 한다(조추용 외, 2001). 또한 현재 급여체계가 All or Nothing으로 되어 있어 수급자에서 벗어나지 않으려는 빈곤함정의 문제가 발생하고 자영업자, 일용근로자 등의 소득파악의 어려움으로 인한 부정 수급자 발생의 우려가 있다. 뿐만 아니라 차상위 계층에 대한 관심과 대책마련이 요구되는데 이는 경제적·사회적 변동으로 인하여 쉽게 절대 빈곤계층으로 전락할 가능성이 높은 취약계층이기 때문에 이들이 빈곤계층으로 변화되지 않도록 하는 예방적인 정책 대응이 필요하다. 빈곤발생 이후 대응하는 사후대책적 성격의 정책보다 이러한 예방적인 대책 마련은 효과성과 효율성이라는 측면에서 중요하므로 차상위 계층에 대한 조사를 통한 특성이해와 정책적 대응이 필요한 것이다(이현주, 2000).

㉡ 자활지원대책

자활사업 참여자의 특성과 여건에 맞는 일자리 창출을 위한 다양한 자활 프로그램의 개발이 미흡하고, 근로소득공제제도가 장애인, 공동체사업 등 제한적으로만 적용되고 공제율도 너무 낮아 근로유인책으로 미흡할 뿐만 아니라 사회복지전담공무원의 지속적이 확대에도 불구하고 Case Management를 통한 체계적인 자활지원체계 구축이 미흡하다.

따라서 빈곤가족이 안정적인 생계를 유지하기 위해서는 무엇보다 사회보장정책과 고용정책을 적극적으로 연계함으로써 빈곤에서 탈피할 수 있다는 다차원적인 방안을 모색해야 하며, 이런 맥락에서 자활지원 서비스가 안고 있는 많은 문제점도 조속히 해결해야 할 것이다.

ⓒ 의료보장제도 정비

빈곤가족의 건강지원을 위한 대책으로 의료서비스의 접근성을 높이는 방안이 필요하다. 기초생활보장 수급자의 경우 의료보호를 받도록 하고 있는데 의료보호의 1, 2종 구분을 없애고, 의료보호자라고 하여 의료기관에서 낙인이나 차별을 받지 않도록 정부의 적극적인 의료비 지원이 이루어져야 할 것이다. 앞서 언급하였듯이 빈곤은 노령 및 질병과 깊은 관련을 가진다. 이는 노령으로 인한 소득감소와 질병으로 인한 건강의 상실을 예방하는 것이 빈곤을 예방하는 수단으로 중요함을 의미한다. 또한 저소득층은 가족 중에서 고액진료비 환자가 발생하면 이 부분으로 인하여 가계파탄 및 빈곤화의 길로 들어설 가능성이 높기 때문에 이에 대해서는 정부의 적극적인 지원이 필요하다(박능후, 2000). 사후적인 치료 못지않게 중요한 것이 사전예방 서비스이다. 빈곤가족의 질병이 만성화되지 않도록 건강진단 서비스 예방접종 등이 적절하게 제공된다면, 사후적으로 많은 진료비를 부담하지 않아도 될 것이다. 이렇게 하기 위해서는 보건소와 같은 공공 의료체계를 더욱 강화할 필요가 있다. 특히 여성과 아동은 영양공급, 예방접종, 성장발육관리, 산전후관리 등이 더욱 요구되기 때문에(김창엽, 2000), 국가가 안정적으로 사전건강보호 서비스를 제공하도록 해야 한다.

ⓔ 가족관계 향상 및 지역사회의 참여의 활성화

빈곤가족은 경제적 문제와 함께 가족들 간의 정서적, 심리적 문제가 복합적으로 나타난다. 특히 상대적 박탈감과 생활만족도가 낮아 긴장과 갈등이 내재해 있는 경우가 많기 때문에 이러한 욕구를 해결할 수 있는 치료적 서비스를 제공하는 것이 매우 중요하다.

이러한 치료적 서비스는 빈곤가구주를 대상으로 하는 개념치료와 빈곤가족이 당면한 문제에 대한 가족구성원의 상호관계를 원만히 하여 가족응집력을 높여 주는 가족치료가 있으며 그 외 빈곤가족을 둘러싸고 있는 생활환경

문제에 대한 환경치료가 있으며 이외에도 물질적·경제적 지원이 행해질 수 있다. 그러나 무엇보다도 빈곤가족에 대한 치료는 개인의 병리적인 문제로 보기보다는 전체 가족을 대상으로 하여 생활상의 문제로 보고 해결해 나가는 프로그램개발이 중요하다.

또한 빈곤가족을 지원하는 데 있어서 지역사회 주민의 참여를 활성화시키는 방안이 필요하다. 이는 우리나라 대부분의 사회복지기관이 지역사회와 유리되어 있어 재정의 상당 부분을 정부에 의존하는 실정임을 감안해 볼 때 지역사회에서 빈곤가족을 도와줄 수 있는 프로그램의 개발이 필요하다(이소희 외, 1998).

　　⑪ 아동양육관련 복지대책

빈곤가족의 아동양육을 의한 복지대책으로는 보육비 면제나 반액감면과 같은 교육환경개선, 산모와 아동을 대상으로 한 건강개선 및 아동급식 등이 이루어지고 있다. 그러나 빈곤가족의 아동이 빈곤으로 인해 신체, 인지, 정서발달이 지체됨을 방지하고 아동의 건강한 성장발달을 도모하기에는 개선될 부분이 많다. 현행 아동양육관련 복지대책의 개선점에 대해 살펴보면, 첫째, 교육환경의 개선대책으로 현재와 같이 초·중·고등학교의 수업료 지원위주의 평동정책만으로는 빈곤층 아동들의 빈곤탈출을 기대하기 어렵다. 따라서 교육기의 지역사회복지관 등을 통하여 빈곤층 아동을 대상으로 방과후에 인지능력 개발 및 각자의 소질을 개발할 수 있도록 도와주는 프로그램의 제도화가 필요하다.

둘째, 건강환경개선대책으로 빈곤층 산모와 영유아의 건강에 대한 체계적인 관리가 필요하다. 또한, 빈곤층 초·중·고등학교 학생 급식 지원대책에 있어서 객관적인 선정기준과 효율적인 서비스 전달방안의 마련이 필요하다. 그리고 빈곤층 아동을 대상으로 한 예방의료서비스의 제공이 필요하다.

(2) 맞벌이 가족을 위한 복지대책 현황과 발전 방향

① 맞벌이 가족을 위한 복지대책 현황

- 노동부(2002)의 "근로자의 임신·출산·육아 이렇게 지원하고 있습니다."를 중심으로 살펴보았다.

㉠ 임신한 취업여성을 위한 복지대책

첫째, 간접적 복지대책으로 생리휴가를 들 수 있다. 생리휴가는 월 1회 유급휴가이고, 생리기간 중의 무리한 근무가 정신적·육체적 피로를 가중시켜 생리기간 중 가장 힘든 날에 쉬도록 하고 있다.

둘째, 직접적 복지대책은 유해물질을 취급하는 업무 금지, 연장근로의 제한, 임신 중 탄력적 근로시간제 금지, 임산부의 야간·휴일의 근로 제한, 임신 중 가벼운 근로로 전환, 근로계약 체결 시 퇴직 사유의 제한 등이다. 탄력적 근로시간제는 사용자가 취업규칙 등에서 정하는 바에 사유의 2주간 이내에 일정한 단위기간을 정하여, 그 기간 동안 1주 평균 근로시간이 44시간을 초과하지 않는 범위에서 연장근로가산수당 없이 특정한 날에 8시간을, 특정한 주에 44시간을 초과하여 근로시킬 수 있도록 하는 것을 말한다. 그리고 임산부의 평균임금 산정 시 산전후 휴가기간이나 육아휴직기간이 포함되는 경우, 그 기간과 그 기간 중에 지불된 임금은 평균임금 산정기준이 되는 기간과 임금의 총액에서 각각 공제하도록 하고 있다.

㉡ 산전후 휴가제도

출산 후에 90일간 유급휴가를 주는 제도를 60일은 고용주가 임금을 지급하고, 30일의 산전후 휴가기간은 원칙적으로 무급이지만 근로소득이 주 소득원인 근로자의 생활보장이 필요하므로, 산전후 휴가 종료일 이전에 고용보험에 180일 이상 가입해 있는 근로자에 한해 국가재정 및 사회보험에서 급여를 지급토록 하며 그 지급요건 및 절차 등은 고용보험법에서 정하고 있다.

출처: 노동부(2002). 근로자의 임신·출산·육아 이렇게 지원하고 있습니다.

㉢ 육아지원제도

ⓐ 육아시간(수유시간)

5인 이상 전 사업장에서는 직접출산이나 혼인유무를 불문하고 생후 1년 미만의 영아를 가진 여성근로자가 사업주에게 청구하여 1일 2회 각각 30분 이상의 유급수유시간을 사용할 수 있도록 하고 있다.

ⓑ 육아휴직

1인 이상 전 사업장에서 일하는 근로자가 육아로 인해 퇴직하는 것을 방지하고 직장생활과 가정생활을 조화롭게 양립할 수 있도록 지원하는 제도로서 1세 미만의 영아를 가진 남녀근로자가 그 영아의 양육을 위해 휴직할 수 있도록 하고 있다.

육아휴직기간은 무급으로 사업주에게 급여지급의무가 없기 때문에 근로자가 생계의 위협을 받지 않고 유아를 양육할 수 있도록 국가가 육아휴직급여를 지급하며 그 지급요건 및 절차 등은 고용보험법에서 정하고 있다. 수급자격 육아휴직 개시일 이전에 180일 이상 고용보험에 가입된 근로자가 당해 사업장에서 1년 이상 재직하고 남녀고용평등법 제19조 규정에 의해 육아휴직을 30일 이상 부여받은 경우이다.

<표 8> 육아휴직제도

항목	원칙	비고
대상	1세 미만의 영아를 가진 근로자 (남·녀 불문)	당해사업장 1년 이상 군무를 요함
기간	1년 이내 (영아가 만 1세 되기 전까지)	부모의 분할사용 외 원칙적 분할사용 불가
신분 보장	· 육아휴직을 이유로 한 해고 기타 불이익 처우 금지 및 육아 휴직 기간 중 해고 금지 · 휴직종료 후 휴직전과 동일항 또는 동등한 수준의 임금을 지급하는 업무로의 복귀 · 육아휴직기간은 근속기간에 포함	· 위반 시 3년 이하의 징역 또는 2천만 원 이하의 벌금 · 위반 시 500만 원 이하의 벌금 · 위반 시 500만 원 이하의 벌금
지원 제도	· 근로자에게 육아휴직급여지원(2002년 월 20만 원) · 사용주에게 육아휴직장려금지원(2002년 1개월 1인당 20만 원)	· 고용보험법에 의한 수급자격·절차 참고

출처: 노동부(2002), 근로자의 임신·출산·육아 이렇게 지원하고 있습니다.
－모성보호 및 직장과 가정의 양립지원제도 안내－

ⓒ 직장보육시설

상시 여성근로자 300인 이상을 고용하고 있는 사업장의 경우 사업주는 직장 보육시설을 설치하여야 하므로, 사업장 내 공해 또는 위험시설이 있거나 보육대상 아동 수의 부족 등으로 설치할 수 없는 불가피한 사유가 있을 경우는 공동으로 보육시설을 설치하거나 근로자에게 보육수당을 지급하도록 하고 있다.

ⓓ 공공직장보육시설

직장보육시설을 직접 설치하기 어려운 영세사업장의 근로자들의 육아부담 해소를 위하여 국가가 근로복지공단을 통하여 설치·운영하는 보육시설로 공업단지·농공지구 등 근로여성의 밀집지역 우선 설치하고 있으며, 현재 전국적으로 20개 시설이 있다.

ⓔ 공공보육시설

국가의 지방자치단체가 직접관리운영 또는 위탁운영하는 시설로서 지역주민 자녀를 보육아동 정원의 50% 이상 보육하도록 하고 있다.

ⓡ 기혼여성 재고용 촉진장려금

우리나라의 경직·폐쇄된 고용시장 여건상 여성이 임신·출산·육아를 이유로 퇴직한 경우 재고용되기 어려우므로 사업주에게 장려금을 주어 기혼여성의 고용촉진을 도모하고 있다. 수급요건은 재고용 전 3개월, 재고용 후 6개월간 고용조정으로 근로자를 이직시키지 않은 사업주가 임신·출산·육아를 이유로 당해 사업장에서 퇴직한 여성근로자를 퇴직 후 6개월 이후 5년 이내에 재고용한 경우에 지급하고 있다.

② 맞벌이가족을 위한 복지대책 방향

㉠ 맞벌이가족의 역할 재분배

맞벌이가족의 부인은 직장과 가정 일을 병행해야 하기 때문에 역할 과중의 문제가 있고, 남편 역시 전통적인 가계 부양자로서의 역할 이외에 가사노동을 분담해야 하므로 역할 갈등의 문제가 있다. 이를 해결하기 위해서는 맞벌이가족의 부부 모두 공동으로 가계부양자라는 점을 인식하고 자녀양육,

가사분담, 가족대소사 참여, 친·인척 관계 유지 등 가정생활도 공평하게 분담하는 등 부부의 가정 내 역할을 새롭게 재분배할 필요가 있다.

　　ⓒ 자녀양육지원대책

　첫째, 산전후휴가제도, 육아휴직제도 등의 실행률을 높이기 위해 국가가 감독기관의 역할을 충실히 수행하여야 한다.

　둘째, 영아보육, 24시간 보육 등 특수보육사업을 활성화하는 등 맞벌이가족의 다양한 요구에 맞게 보육시설을 다양화할 필요가 있고, 보육서비스의 질이 향상될 수 있도록 정부 지원의 확대가 필요하다.

　셋째, 현재 초등학교, 사회복지기관, 어린이집 등에서 제공하고 있는 방과 후 프로그램을 양적으로 확대하고, 질적으로 우수한 프로그램을 개발할 수 있도록 정부의 지원이 필요하다.

　　ⓒ 근로 관련 복지대책

　현재 여성들의 저임금과 차별임금, 고용의 불안정, 승진과 승급의 기회를 주지 않는 차별적인 고용관행, 능력이 아니라 성별에 따른 직종분리 등으로 직장생활을 하면서 여러 가지 불이익을 당하고 있으며, 특히 임신, 출산, 육아로 인해 기혼 취업여성의 경우 더욱 불이익을 당할 수도 있다. 이러한 직장 내 남녀 차별의 근절을 위해 노력하고 있으나, 이러한 정부차원의 법적, 행정적인 제도적인 노력뿐만 아니라 남녀 평등의식이 우리 사회에 자리잡을 수 있도록 사회인식을 전환시키는 노력이 병행되어야 한다.

(3) 한부모가족을 위한 복지대책 현황과 발전방향

① 한부모가족을 위한 복지대책 현황

<표 9> 한부모가족을 위한 복지서비스

서비스의 종류		서비스내용
	주택의 우선지원	*도시지역에 지방자치단체가 건설, 관리하는 영구임대주택 중 지역실정을 감안하되 그 지역에 일정기간 이상 거주한 7등급 이하의 저소득 모자가족을 대상으로 선정하여 영구임대아파트를 지원한다. 2001년 말 현재 12,754세대가 입주하여 생활하고 있다.

서비스의 종류		서비스내용
모자가족	직업훈련과 취업알선	*고용촉진 훈련기회사 제공되며, 이수자에 대한 관리를 철저히 하며, 고용 촉진훈련 중에는 훈련 수당과 훈련에 소요되는 비용이 지급된다. *국가나 지방자치단체가 운영하는 공공시설의장은 공공시설안의 매점, 시설을 허가하는 경우 이를 모자가족에 우선 허가할 수 있으며, 모자가족 아동은 공공의 아동 편의시설과 가타 공공시설을 우선적으로 이용할 수 있도록 하여 아동보육시설에 무료위탁이 가능하다.
모자가족	자녀학비 지원	*자녀학비 지원 대상 범위는 모자가족생활등급 7등급 이하이며, 자녀 중 중학교, 고등학교 또는 이에 준하는 각 호의 학교와 학력인정 사회교육시설에 입학 또는 재학 중인 자 *장학금 수혜자나 감면자라 할지라도 저소득층이 생활안정과 자립지원 차원에서 수업료와 입학금 전액을 지급한다.
모자가족	아동양육비 지원	*지원대상은 7등급 이하 저소득 모자가족의 6세 이하 아동으로 1일 분유 80g이 지원되며, 양육비는 지원대상 아동의 가구를 관할하는 시장, 군수, 구청장의 책임하에 매분기 시작 전에 현금으로 대상 아동의 모에게 지급된다.
모자가족	복지자금 융자	*융자대상자는 모가족 생활 등급 7등급 이하의 저소득 모자 가족으로서 근로능력과 자활자립 의지가 뚜렷하고 전망 있고 현실성 있는 사업계획을 제시하는 자에게 1,200만 원 한도 내에서 연리 7.25%,5년 분할 상환조건으로 지원한다.
부자가족	경제활동 지원	*지방재정 또는 지역 내의 독지가를 통합 자녀 장학금 지원 *국, 공립 교육시설과 시범 어린이집 이용 적극 소개 *교육훈련 기관 등 적극 안내
부자가족	가사, 자녀 정서지원	*부자가족에 대한 정기적 가사지원 *자원봉사자와 부자가족 자녀결연 *각 사회복지시설을 통한 자녀학습과 방과 후 생활지원 안내
부자가족	국고보조 지원	*중, 고등학교 학생, 수업료와 입학금 전액 지원 *6세 미만 어린이에게 1인당 1일 541원의 양육비 지원 *복지자금 대여

출 처: 여성부 여성백서

② 한부모가족을 위한 복지대책 발전방향

첫째, 한부모가족에 대한 사회적 인식개선을 위한 홍보를 강화하는 것이다. 이는 한부모가족에 대한 편견을 개선하고 다양한 가족형태에 대한 이해를 위한 방안을 마련해야 함을 의미한다.

둘째, 한부모가족의 문제해결지원을 위한 법·제도의 정비로 이는 호주제 폐지 및 여성한부모가족을 위한 자녀양육비 청구 및 자금관련 법·제도의 개선이 이루어져야 함을 의미한다. 특히 한부모가족의 자녀양육 및 교육을 위해 방과 후 지도시설의 확충, 교육비 지원의 현실화 등이 필요하다.

셋째, 한부모가족지원을 위한 가족정책 전당체계활성화를 위한 공공과 민간의 상호연계시스템을 구축하는 것이다.

넷째, 한부모가족의 경제적 자립을 위한 대책으로 생계안정을 위한 취업훈련프로그램, 소자본창업훈련, 취업 및 창업관련 정보망 구축, 안정된 주거지원 등이 이루어져야 할 것이다.

(4) 재혼가족을 위한 복지대책 현황과 발전방향

① 재혼가족을 위한 복지대책 현황
- ㉠ 법·제도적 차원
- ㉡ 프로그램 차원

② 재혼가족을 위한 복지대책 발전방향
- ㉠ 법, 제도적 개선
  - ⓐ 호주제 폐지
  - ⓑ 재혼가족을 위한 전문상담 시스템 구축
  - ⓒ 재혼가족에 대한 정확한 실태조사

③ 재혼가족을 위한 프로그램 개발 및 실시
- ㉠ 재혼가정 부부관계 향상 프로그램
- ㉡ 재혼가정의 자녀를 위한 프로그램
- ㉢ 사회적 관계망 형성

④ 재혼에 대한 사회적 관심과 인식의 전환

5) 결 론

그동안 우리 사회의 산업화와 경제활동 구조의 변화는 노인, 장애인, 아동, 여성 문제 등 사회복지 수요를 크게 변화시켰으며, 가족의 구조 및 기능의 변화는 가족 구성원의 문제를 새로이 대두시키고 있어 가족 기능을 지원하는 정책이 요구되고 있는 게 오늘날의 당면과제이다. 지난 반세기와 달리 우리가 사는 오늘은 이제 핵가족의 보편화, 이혼율의 증가와 함께 편부모가정과 재혼가정의 급증, 독신가구와 미혼모 등 다양한 가족형태의 증가현상은 가족 내의 아동 및 청소년 그리고 노인 보호 문제의 심각성을 제기하고 있다. 특히 지난 97년 말 경제상황의 위기가 몰고 온 이혼, 가출로 인한 가족해체는 아동, 노인, 여성의 요보호 상태로의 전환과 노숙자의 증가 등 사회구성원의 생존 위협을 가져왔고 가족복지의 필요성을 절감하게 하는 계기가 되었다. 이러한 문제에 대한 대응으로 국민기초생활보장법에서는 최저생계비에 미달된 모든 가족을 정책대상으로 정함으로써 가족 안전망을 강조하고 있다. 그러나 다양한 가족형태의 출현은 가족문제가 빈곤가족차원에만 머무르지 않음을 시사한다. 현재 사회복지사업법에서 규정하고 있는 복지서비스 대상자들은 대부분 가족과 분리된 노인, 여성, 아동 등으로 한정되며, 복지서비스 내용도 대부분 사후적이고 소극적이라고 볼 수 있다. 즉 가족 내의 가족문제 및 가족의 기능을 지원할 복지서비스 기능이 미흡한 실정이다. 이러한 관점에서 좀 더 적극적이고 예방적인 가족복지정책이 요구된다.

첫째, 가족복지법의 제정이 필요하다.

가족구성원이 자신의 가정에서 성장하고 부양될 수 있도록, 아동수당 및 편부모의 지원을 다루고 노인부양가족들의 부양수당을 지원할 종합적인 가족복지법이 요구된다. 부모로부터 포기된 아동을 아동시설에서 10여 년간 보호하기보다, 가족 내 양육지원이 효과적이고 사회적 비용도 낮출 수 있다.

둘째, 편부모가족에 대한 사회복지서비스의 대상을 확대해야 한다.

다양한 가족들이 가지는 새로운 문제에 대응하려면 현재 저소득가족 중심에서 모든 편부모가족으로 복지서비스 대상을 확대하고 그들의 경제적, 사회적, 심리적 욕구들을 다룰 수 있어야 한다.

셋째, 지역사회중심의 가족복지서비스를 보편화해야 한다.

예방적인 측면에서 지역사회 내 모든 가족들의 서비스 욕구를 다룰 수 있도록 지역 내의 집중적인 상담체계, 아동 보육시설, 학교, 종합사회복지관, 재가복지기관 등 지역사회지원체계 등이 다양한 가족의 욕구에 따라 전문적인 재가복지서비스를 개발해 나가야 할 것이다.

넷째, 위와 같은 가족복지사업을 위한 중요한 전제조건으로 가족에 대한 편견을 바꾸는 일이다.

결손가족, 해체가족에 대한 부정적인 편견과 낙인은 그 속에서 성장할 아동과 부모의 적응에 비수를 댈 뿐이다. 다양한 가족의 형태가 공존하는 사회에서 모든 가족은 고유하며, 중요하다. 이혼가족, 재혼가족이 잘 적응할 수 있는 다양한 가족가치관이 허용되고, 그들이 건강한 가족으로 설 수 있는 사회분위기 속에서 모든 가족들이 건전하게 성장, 유지될 것이며, 나아가 건강한 사회를 이끌 수 있을 것이다.

[참고문헌]

경찰청/가정폭력현황보고서/2001.

공세원/가족결손의 유형별 특징과 가족 정책의 접근 방안/한국인구보건연구원 /1995.

김성천, 윤혜미/가족복지 증진을 위한 정책대안 연구/보건복지부 연구보고서/2000.

김승권 외/한국가족의 변화와 대응방안/한국보건사회연구원/2000.

김주수/가족관계학/학연사/1986.

남세진, 조흥식/한국사회복지론/나남출판사/1995.

문화관광부/가정폭력과 청소년/정부간행물 제작소/1998.

박경숙/가정폭력 감소를 위한 서비스 연계모델 개발/2000.

박병호/가족정책의 방향 한국가족정책의 이해/학지사/1996.

박영호/이혼과 가조군제/하우/1993.

성영혜, 송주미/가족복지에 관한 이론적 고찰/한국가족복지학 제2권 1호/1997.

성영혜 외 3명/현대사회와 가족복지/숙명여대 출판부/1997.

송성자/가족과 가족치료/홍익제/1995.

송정아, 최규련 공저/가족치료 이론과 기법/하우/1999.

신재명/사회복지학총람/총목출판사/1996.

임상사회사업연구회/현대 가족문제/학문사/1998.

이경희 외/가족복지/형설출판사/1999.

이소희 외 8명/현대 가족 복지론/양서원/1999.

이영숙, 전귀연/가족문제론/신정/1993.

이정숙/가족문제/교문사/2000.

이종복 외/현대청소년복지론/양서원/1998.

장휘숙/가족심리학/다우/1995.

정영석/한국소년비행의 현황과 그 대책/법문사/1982.

정인석/현대청년발달심리학/재동문화사/1980.

조추용, 오정욱, 한성심, 이채식/가족복지론/창지사/2001.

조흥식, 김인숙, 김혜란, 김혜련, 신은주/가족복지학/학지사/1997.

채옥희, 송순, 홍달아기/현대사회와 가정/경춘자/1995.

최경석 외 5명/한국가족복지의 이해/인간과 복지/2001.

최선화 외 4명/사회문제와 사회복지/양서원/1999.

최일섭, 최성재 공편/사회문제와 사회복지/나남출판/2000.

한국가족학회/복지국가와 가족정책/하우/1994.

한국가족학회/한국가족문제/하우/1995.

한국여성개발원/가족상담사업 활성화 방안에 관한 연구/1991.

국회여성특별위원회/31 - 9700051 - 000040 - 14 여성특위 현안분석 제1호/호주제 폐지관련 논의 및 추진방향/2000.

Esping - Anderson, G/Social Foundation of Postindustrial Economies/Oxford University Press/1999.

Harding, L. F/Family, State and Social Policy/Macmillan Press Ltd/1996.

Kamerman, S. B. & Kahn A/Family Policy/Columbia University Press/1978.

IV

사회복지정책의 역사

1. 사회복지정책의 역사개념

사회복지정책의 역사를 이해함으로써 근본적인 시작과 현재 진행되는 변화상을 분석하고 파악할 수가 있다. 사회복지정책의 역사는 지리적으로는 영국에서 시작하여 대륙과 미국을 거쳐 세계로 퍼져 갔으며, 종교와 국가와 자본가와 무산계급의 역할 및 영향력 강화/쇠퇴와 맥락을 같이한다. 기본적으로는 국가의 개입이 중시되었다 최소화되었다 하는 반복을 겪으면서 궁극적으로는 인간, 특히 소외와 결핍 상태의 인간의 자유와 권리를 확대하는 방향으로 진행되고 있다. 사회복지정책의 역사성을 살펴보면 다음과 같다.

첫째, 중세봉건의 빈민법 시대의 복지정책을 말할 수 있는데, 이것은 중세봉건사회가 쇠퇴하고 절대 국가가 성립하면서 등장하였고, 농촌의 빈민과 부랑자를 통제하기 위한 사회통제 정책으로서 노동력을 중시한 중상주의 정책으로서 빈민을 구제하기 위하여 만든 사회복지정책이라고 할 수 있다.

우리나라에서는 고구려시대부터 내려오는 빈민구제 정책을 사회복지정책의 근간이라고 표현할 수 있다. 서양에서 시행될 때의 주요 대상자는 부랑자와 구제 가치가 있는 빈민을 주요 대상으로 하였다.

정책의 시행 주체는 절대주의 국가였으며, 교회 또는 봉건 영주로서 시민들의 최소한의 생존 욕구를 채워 주는 국가 정책의 수단으로서 시민들을 수용 보호하고 주거가 있는 사람들에게는 구호 금품을 제공하였다. 오늘날의 시설보호와 거택보호에 해당하는 것이다. 빈민법은 생계능력이 없는 빈민만을 대상으로 하고 그 재정을 국가가 마련한다는 점에서 공공부조의 효시라고 보는 학자들도 있다.

1834년 영국의 신빈민법은 열등주의를 원칙으로 적용하였고, 이것은 구제 대상 빈민의 생활수준은 최하층의 독립 근로자의 생활수준과 같아서는 안

되는 조건에서 구제가 제공되어야 한다는 것을 말한다. 이 원칙을 적용한 이유는 노동가능 빈민에 대한 구제를 국가가 거절할 수 있는 법적인, 논리적 근거를 마련하였다고 볼 수 있다.

둘째는 사회보험시대의 복지정책을 말할 수 있다.

최초의 사회보험은 1880년대의 비스마르크의 사회입법(건강보험 1883, 산재보험 1884, 연금보험 1889)을 근거로 하여 1935년 루즈멜트 사회보장법을 만드는 계기가 되었다.

주 대상자는 산업 노동자 계급인 산업프롤레타리아였다. 정책 주체는 행정 책임자인 국가와 대상자들의 대변자인 노동조합이다. 산업화, 도시화로 인한 사회적 위협과 산업재해, 질병, 실업, 고령화 등을 해결하고자 하는 것에 기인한다. 주요 제도로는 사회보험으로서 보험에 가입하여 보험료를 부담하는 수급권보장으로 볼 수 있다.

셋째, 복지국가의 시작은 1940년대 후반 독일의 노동부 정부에서 크게 확대된 국가권력을 지칭하는 것으로 시작하여 그때부터 주로 통용되기 시작하였다.

처음에는 주로 산업현장과 노조 간의 갈등 해결로 불리었는데, 그것이 국가적인 측면에서 복지라는 말로 변화된 것이라고 보아도 될 것이다.

우리나라의 사회복지정책의 역사를 보면 다음과 같다. 주로 유교적인 측면에서 복지를 시행했다고 볼 수 있다.

유교의 민본사상은 국가 통치행위의 근본은 백성에게 있다는 의미이다. 이러한 민본의 의미는 국가통치의 권위와 권력 또는 정당성 등이 모두 백성들에게서 비롯된다는 것은 결코 아니다. 그러므로 '민본'은 '민주'와는 구별되어야 하며 '민권'과도 구별되어야 한다. 민본사상은 '천하위공'의 통치철학과 군주전제주의의 정치적 구성 원리 그리고 가족주의의 혈연적 인륜관계의 모식을 통해 추구되는 통치행위의 구체적 정책내용이다. 즉 군주독존의 정치구성 원리에서 통치 질서의 외적 형식을 가족주의적 혈연관계의 생래적 심리요인에서 실질적 인간관계의 규범원리를 이끌어 내 이것을 양대 축으로 하여 천하의 근본을 정립하고 이를 실질적인 정책 대상으로 삼아 전개한 통치이념이 민본주의이다. '천하위공'의 원리에서는 일체의 국가제도 및 법질서는 공기(公器)이므로 결코 사적으로 악용되어서는 안 된다는 사상을 담고 있다. 그러므로 법은 국왕을 비롯한 모든 국가권력을 조화롭게 안배하고 조절하는 역할을 해야 한다. 또한 법질서는 인간의 생래적 본성인 혈연적 가족주의를 보호하고 도덕적 생활로 선도함으로써 백성들 삶의 토대가 잘 정립되도록 해야 한다. 즉 가족주의적 종법제도와 사회적 신분제도를 옹호·유지하면서 한편으로는 백성들의 생활토대를 보호하고 도덕적 삶을 장려하려는 이질적인 두 측면을 동시에 조화시키려는 목적가치를 지향하고 있다. 유교적 법질서가 지닌 이러한 법이념은 현실적인 법제도에서 다양한 모습으로 전개되고 있다. 우선 사회적 계층구조와 관료들의 신분을 보장하되 권한의 남용을 방지하려는 다각도의 정책이 법제화되었으며 효제(孝悌)를 법가치의 중요한 요소로 삼고 있다. 형벌관도 백성들의 범죄행위를 선도·교화하려는 예방향벌관으로 나타나 형벌의 흠휼사상을 실현하려는 휼형이 형사정책의 원리로 기능하고 있다. 이러한 법가치를 실현하기 위해 사법제도의 측면에서도 가능한 한 백성들의 생업을 저해하지 않는 범위 내에서 형사절차를 진행시켰으며, 무엇보다도 유교적 민본사상을 구현하기 위해 법과 관련되는 모든 부분을 정식화된 제정 법전에 의거하여 처리하려는 법치사상을 중심원리로 삼고 있다. 그러나 실제로 조선시대의 법제도는 도덕적 원리를 담고 있는 경전과 역사적 교훈의 사회적 실현을 위한 수단적 성격을 지니고 있었는데 이러한 법제도의 역할과 위상은 순기능을 한 경우도 있었지만 역기능을 자초한 경우도 많았던 역사적 사실을 간과할 수는 없을 것이다. 조선 왕조가 새 왕조를 개창하게 된 역사적 정당성을 유교에서 구하게 된 것은 단순한 선택의 차원이 아니라 정치·경제·사회적 제 관계의 변화에 따른 역사의 산물이다. 백성들의 지지를 배경으로 전개된 신흥사대부들의 개혁의 사상적 토대가 당시의 부패상을 가장 잘 대비적으로 보여 줄 수 있는 성리학이었다는 것은 결코 우연이 아닐 것이다. 즉 조선왕조는 통치이념을 전면에 내세워 이끌어 간 점에서 다른 우리나라 역대 왕조들과는 다른 양상을 보여 주고 있다. 그들에 의해 건국된 조선왕조는 당연히 강력한 성리학적 유교입국을 표방하게 되었고, 개국의 정당성을 강조하면 할수록 더욱 성리학을 뿌리내리려 노력할 수밖에 없었다. 다음은 의료보험적인 정책을 살펴보도록 하겠다.

대한민국의 모든 국민은 자동으로 의료보험에 의무적으로 가입되며 국가가 피부양자로 지정된다. 대한민국 전국의 병원과 의원에서는 국가 의료보험에서 수가를 받게 되며 이것에 관한 것은 국민건강보험공단에 의해 관리되며, 수가는 건강보험심사평가원이 정한다. 두 개의 기관 모두 보건복지가족부의 지휘를 받는다. 보건복지가족부는 의료보험 정책을 심의하고 관리한다. 물론 민간 보험회사를 통해서도 의료보험을 선택할 수 있고, 선택한 것에 따라 혜택을 받을 수 있다.

좁은 뜻의 사회복지는 아동·노인·장애인에 대하여 금전 급부 이외의 이른바 서비스 급부의 방법으로 행하여지는 여러 활동의 총체를 의미한다. 또 여기에 공적 부조 (公的扶助: 생활보호대상자에 대하여 국가 또는 지방자치체가 자력 조사를 매개로 행하는 경제적 부조)를 덧붙인 사회복지사업과 동의어(同義語)로 쓰는 경우가 있다.

넓은 뜻의 사회복지는 사회사업 이외에 사회정책·사회보장·주택보장·공중위생·비행문제대책 등을 포함하는데, 영국과 미국의 사회복지는 넓은 뜻으로 쓰이는 경우가 많다.

한국에서는 이 말을 아동복지법(1981), 생활보호법(1982), 사회복지사업법(1992), 사회보장기본법(1995) 등에서 구체적으로 사용하고 있다. 현행 헌법은 제10조에서 "모든 국민은 인간으로서의 존엄과 가치를 가지며 행복을 추구할 권리가 있다."고 행복추구권을 규정하였다. 또 제34조에서 "모든 국민은 인간다운 생활을 할 권리를 가진다. 국가는 사회보장·사회복지의 증진에 노력할 의무를 진다……"고 규정하여 사회복지국가의 실현을 위한 국가의 의무를 선언하고 있다.

계몽주의 시대의 합리적인 역사가들은 계몽주의적 시각에서 합리주의에 기초를 둔 역사연구를 통하여 과거의 도덕성을 예시함으로써 보편적이고 불변하는 인간을 보여 주려고 하였다. 따라서 미신, 환상, 종교적 신앙 등은 위험한 것으로 간주되었다. 이렇게 본다면 계몽주의 시대의 역사연구는 추상적이고 철학적인 성격이 강했다고 할 수 있다.

낭만주의 시대는 계몽주의의 추상성과 보편적 원리를 예시하는 역사적 철학이론이나 원리의 보기들을 제시하는 데 있지 않고 과거를 소중히 하고 보존하는 어떤 것으로서 현재의 국가 및 사회제도들을 진실하게 이해하고 인식하기 위해 유일하면서도 적절한 기초로서 생각해 내는 데 있었다.

또한 랑케는 역사학을 철학이나 문학과 구분하면서 계몽주의적 추상성을 기초로 과거를 재단하기보다는 과거를 가능하면 과거의 조건과 맥락에서 좀더 객관적으로 연구하려고 하였다. 과거에 대한 사실의 수집이 아니라 과거의 본질을 과거 자체의 맥락에서 파악하는 방법론적 객관성을 강조한 것으로서의 결코 역사연구의 현재적 유용성을 부정한 것이 아님에 유의해야 할 것이다.

랑케 이후 과학성을 강조하는 경향이 더욱 두드러졌고 프랑스의 역사학자인 푸스텔 드 쿨랑쥬는 "역사학이란 과학이고 또 그래야만 한다."고 천명하였다. 이러한 주장의 근간에는 엄밀하게 분석하는 귀납적 방법에 대한 확신이 있었으며 연구의 목적은 주로 과거에 대한 지식들에서 아직 채워지지 않은 공간을 메우는 것이었다.

1차세계대전을 전후하여 과거 사실보다는 현재 역사가의 입장과 위치를 강조하는 경향들이 등장했다. 크로체는 역사가들이 과거의 문서나 사건의 중요도를 판단하는 경우 현재의 관심사에 의해 좌우된다고 하면서 "모든 역사는 현대사이다."라고 하였다. 이는 현재의 제도, 법 등 사회를 구성하는 양식에 대한 역사가의 관심과 문제의식에 따라 역사연구의 방향, 사료의 해석, 연구 결과의 의미 등이 재구성될 수 있음을 보여 주는 것이다.

20세기 후반에 들어와서는 포스트모더니즘의 영향으로 극단적 상대주의 경향이 역사학의 한 흐름으로 등장했다. 이들 역시 사료의 해석에 대한 상대성을 기초로 역사연구에서의 객관성을 부정하며 과거의 객관적 사실이 존재할 수 있음을 인정하지 않는다. 이들의 작업이 비록 극단적이며 때로는 왜곡된 경우도 있지만 우리가 역사를 공부해야 할 필요성과 의의라는 측면에서 보면 나름대로 의미가 있다.

하지만 우리가 단지 과거를 이해하고 재구성하는 것만이 역사를 연구하고 공부하는 것이라고 생각한다면 이는 너무 좁은 식견이다. 한 가지 역사적 사실만을 알기 위해 많은 역사학자들은 엄청난 노력과 땀을 쏟아부으며 연구하는 것 보다 그 일이 발생하게 된 배경과 원인, 조건 및 특성, 영향과 결과, 의미 등을 전반적으로 이해하기 위해 노력한다. 역사연구의 의의를 이해하는 데에 핵심적 관심사가 되는 것은 과거와 현재 사이의 관계라고 할 수 있을 것이다.

1) 현대 사회에 이르러 정착된 사회복지의 생성 및 발달 과정 그리고 역사적 특성을 이해할 수 있다.

사회복지의 본격적 등장과 발전은 자본주의의 생성 및 발전과 궤를 같이 해 왔다. 실제로 오늘날 많은 국가가 시행하고 있는 복지제도들은 자본주의 발전 과정에서 대량으로 발생하여 사회적 위협 요인으로 등장한 문제들과 그 속에 사는 사람들의 욕구에 대한 대응이라고 할 수 있다. 물론 자본주의 이전의 사회에서도 민간차원의 자선이나 공적인 구휼제도를 가지고 있었음은 여러 사료에서 발견된다. 하지만 사회 구성원에 대한 복지가 국민의 기본권과 국가의 의무차원에서 제공되는 현대적 관점의 사회복지제도는 자본주의 변화와 사회복지 변화를 함께 고려하는 속에서 이해되어야 할 것이다. 이렇게 이해하는 것이 곧 사회복지제도의 역사성을 밝히는 작업이 될 것이다.

2) 과거의 사회문제 및 사회적 욕구 그리고 이에 대응했던 사회복지제도 및 프로그램의 등장과 변천 과정에서 나타난 성공 및 실패 원인, 조건, 배경 등에 대한 지식을 확보함으로써, 현재의 사회복지정책, 제도, 프로그램 개발

에 활용할 수 있다.

우리나라는 서구 선진 자본주의 국가들에 비하여 200년 이상 자본주의의 시작이 늦었으며 그 발전과정은 유례가 없을 정도로 압축적이고 빨랐다. 사회복지제도의 경우도 비슷한 양상을 보여 왔다. 이때 선진국의 경험과 그들의 사회복지 역사를 검토하는 것은 우리에게 일어난 문제는 물론이고 일어날 수 있는 문제에 효과적으로 대비할 수 있게 해 준다. 서구의 경험이 우리에게 전적으로 도움이 되리라는 가정은 할 수 없지만 과거의 사회복지정책이나 프로그램의 시행착오는 오늘의 우리에게는 좋은 약이 될 수 있다. 마찬가지로, 우리나라의 지나간 경험에서 찾을 수 있는 교훈들도 적지 않다. 이러한 점은 다른 사회과학 분야와는 달리 사회문제를 해결하려는 응용학문이자 실천성이 강조되는 학문으로서 사회복지학이 갖는 특성 때문에 더욱 강조된다. 즉 역사연구의 결과물은 현재와 미래의 사회복지 실천과정의 유용한 지침이 될 수 있으며, 한국적 사회복지 접근 모형의 개발에 중요한 기초가 될 수 있다.

3) 사회복지의 역사에 대한 이해가 갖는 위의 두 가지 효과를 통하여 궁극적으로는 우리에게 적합한 사회복지제도 발달에 관한 이론을 개발하는 데 중요한 단서를 얻을 수 있다. 이는 사회복지의 역사를 연구하는 과정에서 사회복지제도의 변천 혹은 발전에 내재하는 모종의 법칙성을 발견할 수 있음을 의미한다. 이러한 법칙성이 우리의 사회·문화적 전통과 어우러질 때 한국적 사회복지제도 발달의 이론화도 가능해질 것이다. 불행히도 아직 우리의 사회복지 역사가 짧기 때문에 서구의 사회복지 역사로부터 하나의 제도가 생성·발전·소멸되는 일반적 원리와 조건을 배워야 한다. 이러한 연구와 학습은 오늘날 우리 사회의 특성과 구조를 이해하는 것만큼이나 중요한 일이다.

2. 사회복지 역사 인식필요성

우리는 발달사를 통해서 역사를 알 수 있고 우리가 역사학의 이론과 방법론적 측면에서 어떻게 역사를 바라볼 것인가를 생각할 수 있다. 각자의 생각이 어떻게 내려지는가에 따라서 왜 사회복지의 역사를 공부해야 하는가에 대한 대답이 달라질 수 있을 것이다. 과거에 대한 연구의 결과는 현재 우리의 삶의 다양한 존재양식 및 문제에 대하여 영향력 있는 대안을 제시할 가능성이 있다. 이러한 연구 결과들이 역사를 연구하고 공부하는 중요한 필요성이라고 할 수 있을 것이다. 물론 현재의 우리의 삶에 대하여 문제의 해결책이나 미래에 대해 단지 참고자료이라는 것이지 확실한 예측수단을 원하는 대로 언제나 제공해 준다는 것은 아니다. 인간생존의 역사로서 사회복지발달사를 연구하여 과거 사회복지의 역사성과 사회성을 공부하고 미래 사회복지발전에 기여할 수 있도록 하기 위해서 현재 당면한 사회문제와 사회적 욕구를 올바로 이해하고 그것을 해결하기 위하여 역사를 배움으로 폭넓고 다양한 식견과 균형 잡힌 직관과 판단력을 갖추어 미래를 예측하는 연구자로서의 구실과 구체적 문제해결에 기여하는 실천가로서의 구실을 적절히 해낼 수 있을 것이다. 사회복지학은 어떤 사회현상에 내재하는 사회문제에 대처하는 사회적 시책을 강구하는 학문으로서의 성격이 강하다. 따라서 다른 사회과학이 순수성이 강하다고 한다면 사회복지학은 응용성과 실용성이 상대적으로 강하다고 할 수 있다.

때문에 사회복지학도는 역사라고 일컬어지는 사회복지의 흐름을 이해하고 사회현상 일반에 대한 폭넓은 지식과 통찰력은 물론 사회과학적 방법론 등에 대한 이해를 갖추어야 한다. 그래야만 현재 당면한 사회문제와 사회적 욕구를 올바로 이해하고 그것의 미래를 예측하는 연구자로서의 구실과 구체적 문제의 해결에 기여하는 실천가로서의 구실을 적절히 해낼 수 있을 것이다. 사회복지가 해결하고자 하는 사회문제가 시대에 따라 확대되어 왔기 때문에 사회복지의 개념과 영역도 확대되어 온 것이다. 그러므로 사회복지라는 개념은 결코 고정적인 것이 아니고 앞으로도 사회변화와 사회문제의 성격변화에 대응하면서 계속 변화발전해 갈 것이다. 따라서 사회복지의 본질, 사회복지의 개념, 사회에서 사회복지가 차지하는 역할과 비중 등을 정확하게 파악하기 위해서는 사회복지가 발전해 온 과정을 깊이 연구하고 이해하지 않으면 안 된다. 그러므로 앞으로의 사회복지 발달사를 공부하기 위해서는 사회복지 흐름을 이해하는 방향으로 이루어져야 할 것이며 각각의 역사적 상황들에 있어 본질적인 연구가 이어져야 할 것이다.[24]

3. 영국의 사회복지정책 역사

1) 탈시설화정책에 따라 재가노인복지 집중투자

영국은 잉글랜드, 웨일스, 스코틀랜드 등 3개의 섬으로 구성되어 있고 국토 면적은 24만 3천 평방킬로미터, 인구는 5천8백만 명을 약간 상회한다. 65세 이상 노인인구는 9백2십만 명으로 전체 인구대비 15.7%이다. 평균수명은 남자 74.5세이고, 여성은 79.5세의 장수국가이다. 전체 노인 중 94.2%는 개인주택에 거주하고 있는데 그중 독거노인은 35.0%, 노부부끼리 세대를 구성하고 있는 비율은 38.0% 내외이다. 1960년대 초까지만 하더라도 독거노인은 21.0%, 노부부세대는 33.0% 수준이었던 것에 비하면 지난 40년간 가족해체현상이 완만하게 진행되고 있음을 알 수 있다.

현재 이 나라에는 80세 이상의 고령 후기 노인이 급격히 증가하고 있다는 것이 문제가 되고 있다. 1980년에는 65세 이상 노인 중 80세 이상의 노인비율은 7.0% 수준이었던 것이 2008년에는 그것이 30.0%로 증가했다.

사회적인 수발의 필요성이 증가하는 고령 후기 노인들의 대부분은 여성노인들인데 이들은 남성노인보다는 경제적인 자립도가 약할 뿐 아니라 그들

---

24) http://kin.naver.com/detail/detail.php

중 높은 비율은 독거노인이라는 점 때문에 커다란 사회문제가 되고 있기도 하다.

영국에 있어서 노인을 위한 근대적인 복지서비스관련 정책이 본격적으로 개발되기 시작한 것은 제2차세계대전이 끝난 1945년 이후라고 보아야 한다. 1946년에는 국가의료서비스법(National Health Service Act)에 의해서 전 국민에게 무료로 의료서비스가 제공되기 시작했고, 1948년에는 사회보장법(Social Security Act)과 국가보조법(National Assist Act)을 제정하여 생계의 어려움을 겪고 있는 노인들의 생활을 안정시키는 조치를 취했다. 영국의 행정기구는 중앙정부 밑에 카운트(County)라고 불리는 광역자치단체가 있고, 그 산하에 디스트릭트(district)라는 기초자치단체가 있다. 영국의 지방자치단체는 독자성이 매우 강하므로 지역마다 정책이나 행정의 내용이 크게 차이가 있다. 주지하는 바와 같이 영국은 전통적으로 노동당과 보수당이 서로 번갈아 가며 집권을 하는 나라이다. 따라서 중앙정부는 말할 것도 없고 지방자치단체의 정책이나 행정도 어느 정당소속의원이 지방의회의 다수파를 점하느냐에 따라 그 내용이 많이 달라진다. 그러므로 노인복지와 관련된 정책이나 행정에 있어서도 예외일 수 없다. 중앙정부 내에 설치되어 있는 사회복지관련 부서로는 보건성, 사회복지성, 그리고 환경성 등이 있다. 보건성은 의료보장과 사회복지서비스부문을 담당하고, 사회보장성은 소득보장과 관련된 연금부문을, 그리고 환경성은 주택공급과 관련된 업무를 관장한다. 그러나 중앙정부는 주로 정책을 개발하여 지방자치단체에 시달하고 그것이 제대로 시행되고 있는지 여부를 점검 또는 조언하는 역할만을 수행할 뿐 모든 행정의 운영 주체는 지방자치단체라고 해도 과언이 아니다. 중앙정부의 정책은 대부분 큰 테두리만을 제시하고 있으므로 지방자치단체는 이러한 정책이나 방침을 실천하고 옮김에 있어서는 해당 지역의 특수사정에 부합되도록 별도로 세부규정을 마련하는 방법으로 운영의 묘를 기하고 있다. 광역자치단체인 카운티 또는 기초자치단체인 디스트릭트 등에서는 의회의 의장이 해당 자치단체장을 겸임하고 행정업무는 의회 산하 기구인 각 위원회 내에 설치된 행정부서에 의해서 수행된다. 예를 들어 복지서비스와 관련된 행정은 사회서비스위원회 산하의 사회서비스국이 담당하고, 주택행정은 주택위원회 산하의 주택부가 담당한다. 영국 노인복지의 기본방향은 커뮤니티케어 개념(community care concept)의 적용 또는 탈시설화정책의 추구라고 말할 수 있다. 이것은 노인으로 하여금 가능한 한 그들이 살고 있는 주택에 그대로 머물러 생활할 수 있도록 국가나 사회가 도와줌으로써 시설수용을 가급적 억제해 보자는 데 있다. 이러한 정책을 추구하기 위하여 영국은 재가노인복지사업에 많은 예산을 집중적으로 투입하고 있다.

영국에서 실시하고 있는 재가노인복지사업으로는 사회적 서비스(Social Work Service)와 가정봉사원 파견서비스의 두 가지 유형이 있다. 전자는 문제를 지닌 노인 당사자 또는 그 가족에 대해서 문제해결을 위한 상담과 사전평가 등을 행하는 서비스이고, 후자는 노쇠현상의 심화 등으로 인해서 자력으로는 일상생활을 해 나가기 곤란한 노인들을 대상으로 가사지원 또는 신체적 수발 등을 해 주는 서비스이다. 중앙정부는 1972년에 가사지원서비스의 기준을 정한 가이드라인을 설정한 바 있는데 그 기준에 의하면 첫째, 서비스 종사자의 배치는 인구 10만 명당 150인, 그리고 65세 이상 노인 1천 명당 12인을 배치한다. 둘째, 서비스 종사자의 근로조건은 1일 5시간, 주당 5일간 근무한다. 그리고 종사자에 대한 근무수당은 서비스를 받는 노인들 개인이 부담하는 것을 원칙으로 하지만 본인 부담의 능력이 없는 노인들에게는 그 비용의 일부 또는 전부를 지방자치단체가 보조하는 것으로 되어 있다. 현재 재가서비스를 받고 있는 노인 중 38.0% 내외는 서비스 이용의 일부 또는 전부를 지방비보조에 의존하고 있다. 영국에는 현재 재가노인복지 서비스 분야에서 일하고 있는 종업원 수가 63만 명 내외인데 앞으로 10년 후에는 약 30만 명의 인원이 더 보충되어야 할 것으로 전망되고 있다. 재가노인복지사업의 유형으로는 가사지원서비스, 신체수발서비스, 주간휴식처 제공서비스, 배식서비스, 신체보조기구 대여서비스 등이 있다. 가사지원서비스는 취사, 세탁, 청소 등을 돕는 일이고, 신체수발서비스는 입욕, 배설, 투약, 그리고 보행을 돕는 일이다. 주간휴식처 제공서비스(Day Care Service)는 마을단위로 설치되어 있는 주간휴식처(데이센터)에서 노인들을 대상으로 레크레이션 프로그램을 운영하는 사업이고, 배식프로그램은 독거노인들에게 하루 한 끼씩 영양가가 높은 식사를 배달해 주는 서비스이다. 신체보조기구 대여서비스는 지방행정구역단위별로 1개소씩 설치되어 있는 신체보조기구 센터로 하여금 해당 지역 노인들에게 휠체어, 보청기, 보행보조기구, 병상용 침대 등을 유상 또는 무상으로 대여해 주는 서비스이다. 영국의 노인들은 대중교통수단인 시내버스나 지하철을 이용할 때 무료 또는 할인혜택을 받고 있다. 어떤 지역에서는 시내버스를 이용할 때 아무런 제한 없이 요금을 안 받는 제도를 실시하고 있고, 어떤 지역에서는 저소득노인들에게만 무료혜택을 주고 있다. 런던의 경우는 월요일에서 금요일까지는 아침 9시 이후, 그리고 주말과 공휴일에는 시간제한 없이 시내버스와 지하철을 무료로 제공한다. 그리고 영국관광공사가 직영하는 고속버스는 영국 내에서는 물론이고 유럽대륙을 여행하는 노인에게까지도 탑승요금의 30.0%까지 할인해 주고 있고, 민간기업이 운영하는 관광버스 등에서도 노인에 대해서는 20.0% 내외의 할인혜택을 부여하고 있다. 영국의 국영철도청은 65세 이상 노인에게 노인철도카드(Senior Rail Card)를 제공하고 있는데 이 카드의 소지자는 국내는 물론이고 다른 유럽국가를 여행함에 있어서도 철도요금과 여객선 탑승요금의 50.0%까지 할인받을 수 있다. 영국항공사(British Airways)는 65세 이상 노인에게는 국내노선 이용 시에는 탑승요금의 50.0%를 할인해 주는 제도를 실시하고 있다. 박물관은 노인에게 무료로 개방하고 있고, 극장과 미술관 그리고 공공기관에서 운영하는 각종 시설에서도 노인에게는 입장료의 할인혜택을 부여하고 있다.

2) '요람에서 무덤까지' 세계 근대복지 견인차

영국은 사회복지가 가장 잘 발달되어 있는 나라 중의 하나다. 이 나라의 사회복지는 수혜대상을 국민 중 일부 계층에 국한하지 않고 전 국민을 대상으로 하는 보편주의의 원리(universal concept)를 채택하고 있다는 데 그 특징이 있다. 우리가 일반적으로 영국의 사회복지를 말할 때 이 나라는 요람에서 무덤에 이르기까지 사회복지가 완벽하게 이루어지고 있는 나라라고들 하는 것도 바로 이 때문이다. 또한 영국의 이러한 제도는 오늘날 세계 모든 국가가 근대적 사회복지의 기본틀을 구축하는 과정에서 견인차 역할을 해 왔다고 해도 과언이 아니다. 그러나 영국의 사회복지가 오늘에 이르기까지에는 그간 여러 단계의 발전과정을 거쳐야 했다. 19세기 말까지만 하더라도 영국에는 구빈사업은 있었지만 사회복지 개념에 입각한 복지정책은 존재하지 않았다. 그러므로 당시의 구빈사업은 대부분 자선단체 또는 종교단체가 주도했고 국가는 단편적 또는 케이스별로 그들의 사업을 지원하는 형태를 취했을 뿐이다. 그러므로 국가가 사회복지정책에 개입하기 시작한 것은 20세기에 들어서면서부터라고 할 수 있다. 1908년에는 노령연금법(Old age Pension), 1911년에는 국민보험법(National Insurence Act), 그리고 20년대와 30년대에는 산업재해 보상법과 실업보험법 등도 뒤이어 제정되기에 이르렀다. 당시 제정된 노령연금법은 70세 이상의 노인으로서 20년 이상 영국에 거주한 자로서 일정소득 이하인 경우 국가가 조세부담에 의해서 최저생계비를 지급하는 제도였고, 국민보험법은 수혜자의 갹출을 근거로 하여 복지혜택을 부여하는 사회보험방식이다. 그러나 당시에 실시되었던 이러한 사회보장과 관련된 제도들은 타 제도와의 연계성의 결여, 제도 자체의 결함 등 많은 문제를 내포한 상태여서 운영 면에서 적지 않은 시행착오를 겪어야 했다. 그러므로 영국에서 근대적 사회복지제도의 기본틀이 마련된 것은 1940년대에 들어와서부터라고 봐야 한다. 사회복지제도개혁의 필요성을 절감한 영국정부는 1941년 베버리지(William Beveridge) 경을 중심으로 한 사회정책 개발위원회를 구성하고 사회복지정책의 개혁을 위한 대안을 마련하도록 한 바 있었는데 동 위원회가 2년간에 걸친 작업을 통해서 마련된 것이 그 유명한 사회보험과 관련서비스(Social Insurance and Allied Services)라고 불리는 대정부권고안이다. 당시 베버리지경이 중심이 된 위원회에서 제시한 사회보장체계는 국민보험을 근간으로 하여 공적 부조, 완전고용, 국민건강서비스, 그리고 가족수당을 구성요소로 하고 있었는데, 그중 국민보험의 기본원리로는 적용대상의 전 국민화, 모든 위험에 대한 포괄적인 적용, 최저생계를 지탱할 수 있는 급여수준의 보장, 갹출(contribute)에 대한 권리로서의 급여혜택의 보장 등의 요소가 포함되어 있다. 일명 '베버리지보고서'라고도 불리는 이 대정부정책건의안이 발표되자 일반대중의 폭발적인 지지와 조속한 실천을 요구하는 목소리가 드높았고 서점가에는 이 보고서를 입수하려는 군중들로 장사진을 이루기도 했다. 그러나 당시의 수상이었던 처칠(Winston Churchill) 경은 이 보고서의 정책건의 내용 중에는 유토피아와 같은 허구적인 측면이 적지 않다는 점을 지적하며 국민들은 별반 큰 기대를 갖지 않는 것이 좋을 것이라고 말함으로써 권고안의 채택은 일시 보류상태에 놓이기도 했었다. 그러자 당시 세계적으로 명성이 높았던 영국의 경제학자인 케인즈(Maynard Keynes)를 위시해서 훼이반학파의 사회주의자인 코올(G. D. H Cole) 교수와 토오니(R. H. Tawney) 교수, 그리고 정치학계의 거두인 라스키(Harold Laski) 교수 등의 적극적인 지지에 힘입어 이 권고안은 국가정책으로 채택되기에 이르렀다. 이와 같은 과정을 거쳐 제2차대전 막바지단계인 1944년에 국민보험법이 제정되었고, 이듬해인 45년에는 가족수당법, 그리고 1946년에는 국민보험에 가입하지 못한 자에 대한 구제대책으로 조세를 재원으로 하는 공적 부조법(Public Assistant Act)이 제정되기에 이르렀다. 영국의 연금제도를 규정하는 국민보험법은 46년에 법이 제정되기는 하였지만 제도를 발족시킨 것은 48년도부터이다. 국민보험법은 발족 당시에는 균일갹출 균일급부(flat rate pension)제도였으나 그 후 수차에 걸쳐 제도수정이 가해져서 현재는 이것이 두 가지 형태로 분리·시행되고 있다. 그중 첫 번째 형태는 자영업자를 대상으로 하는 제도로서 이것은 기초연금만이 지급된다. 그리고 두 번째 형태는 기초연금에 소득비례를 가산한 형태로서 이것은 우리나라의 국민연금과 유사한 성격의 것으로 볼 수도 있다. 연금의 수급 개시시기는 남자는 65세, 여자는 60세부터이고, 연금의 수급액은 기초연금에 있어서는 단신은 190파운드(380,000원), 부부의 경우는 320파운드(640,000원)이다. 직장근무자인 경우에는 기초연금에 소득비례연금(earnings – related pension)분까지 포함시켜 지급받을 수 있으므로 그 수급액은 대체로 종전소득의 50.0%에서 60.0%에 이른다. 영국은 현재 65세 이상 노인 중 19.0%에 해당하는 1백7십2만 명이 공적 부조법에 의해서 국가로부터 최저생계비를 수급받고 있다. 캠브리지대학 사회학과의 워커(Walker) 교수가 실시한 노인 대상 조사에 의하면 영국의 노인 가운데 상당수는 공적 부조법에 의해서 국가로부터 생계보조비를 받을 수 있음에도 불구하고 그것을 신청하지 않는 것으로 나타났는데 그것을 받기 위해서는 자격조건심사(means test)에서 당하게 되는 치욕감과 이용가능한 혜택에 대한 정보의 부족이 그 이유라고 했다. 영국의 의료보장제도 최대의 특징은 그 재원의 대부분을 세금에 의해서 충당하고 있다는 점이다. 따라서 노인은 말할 것도 없고 일반 젊은이들도 병원비 또는 약값을 자부담하지 않는다. 국가가 의료를 공급하는 국민보건제도(National Health Service)가 바로 그것이다. 이 제도는 1946년 노동당정권 당시 제정된 국민보건서비스법에 의해서 1948년부터 실시되고 있다. 이러한 제도적인 장치에 의해서 모든 국민은 질병의 치료와 그 예방, 간병과 간호, 그리고 리헤비리테이숀까지를 포함하는 포괄적인 보건의료서비스를 무료로 받을 수 있게 되었다. 국민보건의료제도(NHS)의 내용은 가정의(家庭醫) 서비스, 병원서비스, 지역보건서비스 등 세 가지로 구분될 수 있다. 가정의 서비스의 내용으로는 주민들은 해당 지역의 일반의사 중 1명을 가정의로 선택하고 이를 가정의 위원회에 등록한다. 가정의는 해당자를 정기적으로 검진·예방·접종 또는 건강상담 등을 행하는 한편 전문적인 치료를 받을 필요가 있는 자에 대하여는 전문병원을 소개한다. 주민들은 여행이나 응급치료가 필요한 경우를 제외하고는 가정의에게만 가야 한다. 병원에 가기 위해서는 반드시 가정의의 소개가 있어야 한다. 지역에 살던 노인이 양로시설에 입원했을 경우라 하더라도 등록된 가정의의 왕진을 받도록 되어 있다.

따라서 양로시설에서는 별도의 의사를 고용할 필요가 없다.

병원은 가정의로부터 소개받은 환자에 대하여 전문적인 의료행위를 한다. 병원의 대부분은 국영이고 의사, 간호사 등 직원은 모두 국가공무원이다. 지역보건서비스사업은 재가노인과 보다 밀접한 관계가 있다. 지역단위(district)로 설치되어 있는 지역보건국 소속의 간호사, 간병사 등은 간병과 간호를 필요로 하는 모든 노인들을 대상으로 침구의 교환, 붕대교환, 주사, 투약, 혈압검사 등의 서비스를 제공한다.

3) 지역사회중심 복지정책지향

영국은 커뮤니티케어(community care)라는 새로운 개념을 사회복지정책의 일환으로 받아들이고 있다. 이것은 노인들은 가급적 시설에 입소시키지 않고 지역사회에 그대로 머물러 살 수 있도록 하자는 취지에서 개발된 개념이다. 시설에 입소하는 노인들은 대부분 대인서비스를 받아야 할 입장임에도 불구하고 일반주택에서는 그러한 서비스를 제대로 받을 수 없다는 점 때문에 시설을 택하게 된다.

노인들은 가급적이면 자신이 지난 오랜 기간 생활해 오면서 정들었던 지역사회에 그대로 머물러 있기를 원한다. 그곳에는 가족과 친척이 있고 평소 가깝게 지내고 있는 친구와 친지들도 있어 고독이나 고립감을 느끼지 않고 노후생활을 할 수 있다는 이점이 있기 때문이다. 따라서 노인들은 자신이 지금까지 살고 있는 지역에 그대로 머물며 생활하면서 자신이 필요로 하는 각종 대인서비스를 받을 수 있는 여건만 마련된다면 구태여 시설에 입소하지 않아도 된다. 그러므로 영국정부는 커뮤니티케어 정책의 실효성을 높이기 위해서 재가노인들이 필요로 하는 각종 대인서비스를 가정으로 전달하는 지원망 구축에 전력을 투구하고 있다. 가사지원서비스, 가정간호사 파견사업, 노인이 사는 주택으로 식사를 배달하는 프로그램, 재가노인들을 대상으로 교통편의를 제공하는 프로그램, 그리고 노인들이 일반주택에서 생활하기에 편리하도록 하기 위한 주택개조사업 등에 막대한 투자를 하는 것도 모두가 시설에의 입소를 극소화시켜 보자는 정책의 일환이다. 영국정부가 커뮤니티케어의 정책을 구현하기 위해서 심혈을 기울이는 또 하나의 이유는 복지재정의 절감과도 상관관계가 있다. 재가노인복지서비스를 통해서 문제를 해결하는 것이 시설에 수용하는 것보다 복지예산을 절감할 수 있다고 판단하고 있기 때문이다. 노인을 시설에 입소시키기 위해서는 시설건축비와 유지관리비, 인건비 등 막대한 예산이 소요되지만 재가노인서비스의 경우는 우선 시설비가 들지 않고 대인서비스 프로그램을 운영함에 있어서도 지역사회에 존재하는 기존의 자원, 즉 가족과 친지, 그리고 자원봉사자 등 비공식 자원의 효과적인 활용을 통하여 인건비를 절감할 수 있다는 이점이 있어 시설수용보다는 비용이 50.0% 이상 절감될 수 있기 때문이다.

영국에서는 어느 동네에 가나 쉘터드하우징(shelterd housing)이라고 호칭되는 노인보호주택을 흔히 찾아볼 수 있다. 지역단위로 설치·운영되고 있는 이 보호주택은 대체로 적게는 10인, 큰 규모의 것은 20인 정도가 입주할수 있도록 되어 있다. 실내의 구조로는 침대, 응접세트, 취사시설, 화장실 등이 구비된 원베드룸 형태를 갖추고 있다. 이곳에 입주한 노인들은 75세 이상 연령층이 주류를 이루지만 식사, 세탁, 청소 등은 스스로 해결해야 한다. 노쇠현상이 심한 노인들의 경우는 마을단위로 설치되어 있는 가사지원센터에서 파견되는 홈헬퍼의 도움을 받는다. 매월 일정액의 주택임대료와 관리비를 내야 하지만 이것은 대부분의 경우 정부로부터 지급받는 주택보조수당으로 충당된다. 영국정부가 노인보호주택 건설에 중점을 두는 정책을 펴기 시작한 것은 1960년대 이후부터의 일이다. 영국이 이러한 정책을 펴게 된 동기는 당시 가족관계학 분야에서 세계적으로 명성이 높았던 타운젠드(Peter Townsend) 교수가 주도하는 탈시설화 운동의 대두가 그 배경을 이룬다. 그에 의하면 노인들이 양로시설에 들어가게 되는 것은 주택의 결여, 사회적 고립, 가족들로부터 원조를 받기 어렵게 된 피치 못할 사정이 있기 때문이지, 결코 그곳이 좋아서 그런 것은 아니라는 것이다. 따라서 노인복지적인 관점에서도 노인을 시설에 수용하기보다는 가급적 지역사회에 그대로 머물러서 생활하도록 해드려야 한다는 것이 이 운동을 일으키게 한 동기이다. 노인용 보호주택은 양로시설보다는 건축비, 운영비가 적게 들기 때문에 재정 면에서도 크게 도움이 된다는 점도 고려되어 1960년대 초에서부터 1970년대 후반에 이르는 동안 영국의 공용주택부문에서는 임대용 노인보호주택 건설을 매년 증가시켜 나갔다. 그러나 대처정권이 들어선 80년대 초부터는 작은 정부(small government)를 표방하게 됨에 따라 그때까지 국가재정을 투입해서 임대용으로 지었던 보호주택 중 높은 비율을 입주자들에게 매도하는 한편 보호주택을 신규로 건설하려던 계획도 모두 취소하는 사태가 발생했다. 고령화 사회의 진전이 가속화되고 있는 것이 당시 영국의 실정이었으므로 보호주택을 필요로 하는 고령자는 날이 갈수록 증가하는데 이와 관련된 주택건설은 중단됨으로 인해서 노인사회로서는 심각한 주택부족현상을 나타냈다. 이러한 상황하에서 보호주택공급 주체로 새로이 등장한 것이 민간의 건설회사 또는 부동산회사들이다. 민간기업에 의한 보호주택의 건설은 대처정권의 또 하나의 슬로건인 민영화정책(Privatization Policy)과도 관련된다. 현재 구입을 전제로 하는 보호주택이 얼마나 되는지에 대한 정확한 통계는 찾아볼 수 없다. 그러나 1990년대 초의 각종자료에 의하면 민간기업은 연간 5천 세대에서 8천 세대 정도의 보호주택을 신축하고 있는 것으로 보고되고 있다. 지방자치단체나 주택협회 등 공공주택부문에서 공급하던 보호주택은 그 대부분이 임대용이었다는 데 비하여 민간부문에서 건축하고 있는 보호주택은 거의 모두가 구입을 전제로 하고 있다는데 그 특징이 있다. 이 구입제도는 소유를 전제로 하는 것이 아니라 다른 시설로 이동했을 때에는 그 보증금을 환불받는 리즈계약(lease contract)에 의한 것이다. 필자가 영국에 들렀을 때 그곳 최대의 노인주택전문건설업체로 알려진 BUPA라는 건설회사의 주선으로 사우스테임즈(South Thames)지구 주택가 중심부에 위치한 노인보호주택 한 곳을 방문한 일이 있다. 그 보호주택은 연건평 520평 내외로 추산되는 규모였는데, 입주노인은 22인, 평균 연령은 82세, 3인만 남성이었고, 나머지는 모두 여성노인들이었다. 직원은 건물관리인(Warden) 한 사람 뿐이었다. 관리인의 역할은 시설관리 이외에도 입주노인들이 건강상 문제가 있을 경우 서비스관련 담당기관, 예를 들어 가사지원센터, 방문간호센터 또는 해당 노인의 자녀들에게 연락을 취해 주는 일들이라 했다.

영국의 사회보장성이 1997년에 발표한 자료에 의하면 영국노인 중 일반주택에서 생활하고 있는 노인은 88.0%로서 절대다수를 차지하고 있고, 노인보호주택의 입주자는 8.0%, 노인홈(assist living facility)에는 0.5%, 요양시설에는 2.5%, 노인병원에는 1.0%로 집계되고 있다. 이러한 시설들은 지방자치단체가 직영하는 것도 있고 자선단체 등 비영리단체가 운영하는 것, 그리고 민간기업이 영리를 목적으로 운영하는 것도 있다. 노인보호주택인 경우 전국적으로 1만 3천여 개소인바, 그중 지방자치단체가 운영하는 시설은 2천 1백5십 개소, 자선단체 등 비영리단체가 운영하는 것이 1천8백2십 개소인데 비하여 민간기업이 운영하는 시설은 9천8백 개소를 상회한다.

다음으로는 사회보장법에 대해서 설명하면 다음과 같다.

사회보장기본법은 1963년에 제정된 사회보장에관한법률을 폐지하고 우리나라 경제·사회발전수준과 국민의 복지욕구에 부합하는 사회보장제도를 확립하려는 취지에서 1995년 12월 30일 제정되었다. 우리나라는 그동안 산발적이고 형식적인 사회보장법의 입법으로 인하여 사회보장법제의 체계적 정비가 이루어지지 못하였다. 사회보장법의 총칙이라고 할 수 있는 사회보장에관한법률은 그 내용이 부족하여 사회보장의 운영에 관한 기본법의 구실을 하지 못하고 있었는데, 이를 보완하여 사회보장에 관한 다른 법령을 제정·개정하는 경우에는 동법에 부합되도록 하여야 한다고 규정하여 사회보장법의 총칙규정으로서의 성격을 분명히 하고, 사회보장에 관한 국민의 권리와 국가 및 지방자치단체의 책임을 정하고, 모든 국민이 인간다운 생활을 할 수 있는 제도와 여건을 실현하는 것을 그 기본이념으로 천명하였다. 또한, 국가 또는 지방자치단체는 국가 발전의 수준에 부응하는 사회보장제도를 확립하고 매년 이에 필요한 재원을 조달하도록 하였다.

4. 사회복지에 대한 역사적 제도법

1961년 이래 생활보호법·아동복리법·윤락행위등방지법 등 사회복지관련서비스법이 제정되었으나 그 기본이 되는 사회복지사업에 관한 기본법이 제정되지 아니하였는데, 1970년 1월 1일 법률 제2191호로 사회복지사업법이 공포되어 그해 4월 15일부터 시행되었고, 그 후 5차례 개정되었다. 동법의 주요내용을 보면 ① 제정 당시 사회복지사업을 생활보호법·아동복리법·윤락행위등방지법 등에 의한 보호사업·복지사업·선도사업·복지사업의 운영 등을 목적으로 하는 사업으로 규정함에 따라 여기에 열거되어 있지 아니한 사업은 비록 통념상 사회복지사업으로서의 요건을 갖추고 있는 사업이라 하더라도 법률상으로는 사회복지사업으로 인정될 수 없다는 미비점이 있어 1983년 5월 21일 동법을 개정하여 사회복지사업의 정의를 새로운 복지수요에 적합하도록 조정하였다. ② 사회복지사업을 목적으로 하는 사회복지법인을 설립하고자 하는 자는 보건사회부장관의 인가를 받도록 하였다. 사회복지법인은 사회복지사업법에 규정된 사회복지사업을 수행하는 것을 목적으로 하여 설립인가를 받은 법인 또는 그 연합체를 말한다. 이런 법인은 민법에 의한 사단법인 또는 재단법인보다 더욱 공익성이 강조된다. 1992년 12월 8일 동법을 개정하여 사회복지법인은 보건복지부장관 또는 시·도지사의 허가를 받아 설립하도록 하였다. ③ 사회복지시설의 설치·운영은 국가·지방자치단체 및 시·도지사의 허가를 받은 사회복지법인 또는 보건사회부장관의 허가를 받은 기타의 법인에 한하도록 하였다. 1997년 8월 22일 동법을 개정하여 사회복지시설은 시장·군수·구청장에게 신고하고 설치할 수 있도록 규제를 완화하였다. 한편, 1992년 12월 8일 동법을 개정하였는데, 읍·면·동에서 저소득층·노인·장애인 등 요보호대상자의 선정과 상담·지원업무를 담당하고 있는 사회복지전담 공무원에 관한 법적 근거를 마련하였다. 사회복지에 관한 업무를 전담하는 공무원은 생활보호업무를 담당하는 사회복지전문요원, 아동복지법에 의한 아동복지지도원, 영유아보육법에 의한 보육교사, 노인복지법에 의한 노인복지상담원, 장애인복지법에 의한 장애인복지지도원, 모자복지법에 의한 모자복지상담원과 윤락행위등방지법에 의한 여성복지상담원이 있다. 종전의 우리나라 사회복지전달체계는 사회복지서비스의 최일선기능을 담당하는 체계가 확립되어 있지 않아 주민의 정확한 욕구파악과 이에 대한 구체적 대응이 불가능하였는데, 이를 보완한 것이다.

1) 사회보험관련 법제

우리나라의 사회보험관련 법제로는 각 직종별로 별도의 법이 나누어져 있는바, 공무원연금법, 군인연금법, 국민연금법, 사립학교교원연금법, 산업재해보상보험법, 군인보험법, 의료보험법, 국민의료보험법 등이 그것이다. 여기서는 사회보험관련법제의 기본이 되는 산업재해 보상보험법, 의료보험법 및 국민연금법에 대하여 살펴본다.

(1) 산업재해 보상보험법

1948년 공포된 헌법 제17조의 규정에 의하여 1953년 5월 10일 근로기준법이 제정되었는데, 동법에서 근로관계가 계속되는 기간에 근로제공으로 인하여 생긴 사고에 의한 산업재해나 일정한 직업병에 관하여 사용자는 근로자에게 당연히 일정액의 보상을 하여야 하도록 하였다. 동법은 산업재해는 기업의 영리활동에 수반되는 현상인 이상 기업활동에 의하여 이익을 얻고 있는 사용자로 하여금 당연히 손해배상을 하도록 하여 무과실책임과 배상액의 정액화를 명문화한 점에서 의의가 크다 하겠다. 근로기준법이 제정된 지 10년 뒤인 1963년에는 산업재해 보상보험법이 제정되었다. 근로기준법상의 재해보상제도를 더욱 완벽하게 하기 위하여 국가가 보험제도를 운영하여 사용자를 의무적으로 가입하게 하여 보험료를 납부하게 하고 산업재해를 입은 근로자가 그 보험에 의하여 보상을 받게 하는 산업재해 보상보험사업을 행함으로써 근로자의 업무상의 재해를 신속하고 공정하게 보상할 수 있도록 한 것이다. 이 법은 제정 이후 14차에 걸쳐 개정되었다.

(2) 의료보험법

모든 사람이 질병치료 또는 그 예방을 위하여 제도적인 안전장치가 되어 있다면 보다 행복하고 참다운 생활을 유지할 수 있고, 국가 전체적으로도 사회안전망의 중요한 기반을 갖추는 결과가 된다고 할 수 있다. 이를 위하여 우리나라에서는 1963년 의료보험법이 제정되어 근로자를 대상으로 의료보험을 실시할 수 있도록 하였으나, 동법은 강제가입이 아닌 임의가입형태로서 사회보험제도로서는 제도적으로 불안전한 면이 있어 그 대상자가 많지는 않았다. 보다 완비된 사회보험제도로서의 의료보험 체계를 갖추기 위하여 1976년 동법을 개정하여 500인 이상 사업장근로자를 대상으로 강제적인 의료보험제도가 도입되어 1977년 7월부터 시행되었다. 한편, 공무원 및 사립학교교직원에 대한 의료보험제도는 별도의 법체계를 갖추어 1977년에 공무원및사립학교교직원의료보험법이 제정되어 1979년 1월부터 공무원 및 사립학교교직원에 대한 의료보험이 전면 실시되었다. 1981년에는 의료보험법이 개정되어 농어촌지역 및 도시지역의 주민에 대한 의료보험의 실시시기를 대통령령이 정하도록 하여 1988년 1월과 1989년 7월에 각각 농어촌지역과 도시지역에 의료보험이 전면 실시되었다. 위와 같이 이원화된 의료보험체계는 의료보험이 확대 적용될 때마다 수십 개의 조합방식을 유지할 것이냐 단일화된 통합방식을 택할 것이냐를 두고 논쟁이 거듭되다가 지역의료보험과 공무원및사립학교교직원의료보험을 통합한 국민의료보험법이 1997년 12월 31일 제정되어 1998년 10월부터 시행되었다. 이는 종전의 의료보험제도가 직장의료보험, 지역의료보험, 공무원및사립학교교직원의료보험으로 나누어져 있어서 각 조합별로 독립채산제 형태로 운영되고 있다. 이러한 제도적인 차이로 인하여 각 보험별로 재정의 형편이 크게 차이가 나고 있다. 직장의료보험조합은 커다란 폭의 흑자를 보고 있는 데 반하여 지역의료보험조합은 만성적인 적자상태로 인하여 그동안 매년 정부에서 막대한 액수의 국고보조를 하고 있는 형편이어서 사회보험의 중요 기능인 위험분산과 소득재분배기능이 제대로 발휘되지 못하게 되었다. 이러한 재정의 불균형과 이로 인하여 사회보험기능의 역할을 제대로 하지 못하는 문제점을 해결하기 위하여 지역의료보험과 공무원및사립학교교직원의료보험을 통합하게 되었다. 이후 1998년에는 지역·직장과 공무원 및 사립학교교직원의 의료보험체계를 통합한 국민건강보험법안이 마련되어 1999년 2월 8일 공포되고, 2000년 1월 1일 시행하였다.

(3) 국민연금법

사회보장의 일환으로서 사회보험제도는 1960년에 시작된 공무원연금제도, 1963년에 시작된 군인연금제도, 그리고 1975년에 시작된 사립학교교원연금제도 등이 있으나 이들 제도는 특수 직종에 근무하는 자를 대상으로 하는 제도이고, 그 대상자가 제한적이라는 점에서 사회보장의 본래의 취지에 미흡한 점이 있었다. 이러한 제도적인 미비점을 획기적으로 개선하는 것은 전 국민을 대상으로 하여 연금제도를 마련하는 것이나 이는 국가 전체적으로 많은 부담이 되고 전 국민의 호응과 국가 전체의 경제·정치적인 여건이 조성되어 실시할 때에 비로소 연금제도의 본래 취지를 살릴 수 있는 제도라 할 것이다. 우리나라의 연금제도는 제도 도입 자체는 쉽게 되었지만 그 실시는 상당한 시간이 경과된 후에 된 것이 동 제도의 실제 적용이 어렵다는 것을 의미하는 것이다. 우리나라는 1973년 12월 24일에 법률 제2655호로 국민복지연금법을 제정하여 연금제도를 도입하게 되었다. 그 후 동법은 1998년 개정 시까지 총 9회에 걸쳐 개정되었는데, 1986년에는 국민연금법으로 개정되었고, 전 국민을 가입대상으로 하여 1998년 12월 31일 법률 제5623호로 전문개정되었다.

2) 공적 부조 관련법

(1) 생활보호법

㉠ 공적 부조의 의의

공적 부조는 개인적 부조나 도움 대신에 국가나 공공기관이 도움의 주체가 됨을 의미한다. 즉 국가의 책임하에 도움을 요하는 사람들에게 무기여급부 (noncontributory benefit)를 제공하는 제도를 공적 부조제도라 한다. 미국에서는 공적 부조 (public assistance), 영국에서는 국민부조 (national assistance), 독일과 프랑스에서는 사회부조 (social assistance)로 불리고 있다. 우리나라와 일본에서는 생활보호제도가 중심이 되고 있다. 한편, 사회보험은 보험적 기술을 이용하여 사회적 빈곤의 방지를 위해 조직된 것으로서 사회적 사고를 예상하고 미리 보험료를 징수하여 사고에 봉착했을 때 급여를 행하는 것으로 강제보험의 성격을 띠고 있다. 그러나 사회보험만으로는 빈곤에의 대응이 불충분하다. 즉 사회적으로 정형화된 사고 외에 발생하는 사고에 대한 대응이나 보험료의 갹출능력이 없는 자에 대한 소득보장을 위해 사회보험과는 별도의 방법으로서 공적 부조제도가 필요하게 된다. 이와 같이 사회보험은 소득보장의 중심적 역할을 맡고 있는 데 비해 공적 부조는 이를 보완하는 형태로 통합하는 것이다. 결국 사회보험은 일반국민을 대상으로 소득보장을 행하는 제도인 데 반해 공적 부조는 빈곤계층을 대상으로 한다.

㉡ 생활보호법의 변천과정 및 내용

생활보호법이 제정되기까지 우리나라에서는 일제 때의 [조선구호령]에 의해 극빈자에 대한 구호사업과 무의탁한 생활무능력자에 대한 수용보호사업이 실시되어 오다가 1961년 12월 31일 생활보호법이 제정되면서 빈곤한 국민에 대한 국가적 제도가 비로소 마련된 것이다. 이와 관련된 보호법으로서 군사원호보상법, 국가유공자및월남귀순자특별보호법, 재해구호법, 의료보호법 등이 제정되어 생활보호법과 함께 빈곤층 국민의 생활보호 및 의료보호의 기능을 맡게 되었다. 생활보호법은 1961년 제정되었으나 이를 시행하기 위한 재원을 확보하지 못하여 전면적 실시가 되지 못하고, 그중 생계보호만이 부분적으로 실시되었다. 그 뒤 1968년 7월 23일 자활지도에관한임시조치법이 제정되어 근로능력이 있는 영세민에 대한 취로사업을 행하게 되었다. 1969년 11월 10일에 비로소 생활보호법 시행령이 만들어졌고, 1978년에는 의료보호법의 제정으로 생활보호대상자에 대한 의료보호가 행해지기 시작하였으며, 1979년부터는 생활보호대상자 중학교과정수업료지원규정(대통령령 제9495호)이 마련됨으로써 생활보호대상자의 중학생 자녀에게 수업료가 지원되었다. 1981년부터는 기술이 없어 취업하지 못하는 생활보호대상자에게 취업에 필요한 기능을 습득시켜 자활할 수 있도록 지원하는 취업훈련지원사업이 펼쳐졌다. 동법 제정 후에도 생활보호수준은 상당기간 인간다운 생활의 보장과는 상당히 거리가 있는 구호차원에 지나지 않았다고 할 수 있다. 1982년에 이르러 생활보호법의 성격을 획기적으로 전환하여 생활보호대상자에게 단순한 생계구호뿐만 아니라 자활지원을 적극적으로 행하게 되었는데, 생활보호의 종류에 교육보호와 자활보호를 추가하였다. 교육보호는 저소득층의 경우 비자발적인 요인에 의하여 교육의 기회가 제한을 받게 되는 것은 빈곤이 악순환되는 주요요인이 될 수 있기 때문에 중요한 의미를 지닌다.

(2) 의료보험법

종전의 의료보호제도는 생활보호법에 근거해 시행하고 있으나 동법의 규정은 거국적으로 추진하고 있는 의료보호제도를 뒷받침하기에는 미흡한 점이 많으므로 의료보호에 관한 부분을 생활보호법에서 분리하여 생활능력이 없거나 생활이 어려운 국민에 대한 의료보호의 내용 및 그 방법 등을 명확히 규정하기 위하여 1977년 12월 31일 의료보호법이 제정된 것이다. 생활보호법 제7조제3항에서는 동법의 의료보호는 따로 법률이 정하는 바에 의하도록 규정하고 있다.

3) 사회복지서비스관련 법제

(1) 아동복지법

1961년 12월 22일 국가재건최고회의의 의결을 거쳐 아동복리법이 제정되었는데, 그 이전에는 1923년에 제정된 조선감화령과 1944년에 제정된 조선구호령에 의하여 아동복지문제가 다루어졌고, 8·15해방과 6·25전쟁을 통한 수많은 고아를 시설에 수용보호하는 데 그쳤다. 이와 같이 종전의 아동복리법이 구호적 성격의 복지제공에 중점을 두고 있어 그동안의 경제·사회의 발전에 따라 발생한 사회적 복지요구에 부응하지 못하고 있으므로 요보호아동뿐만 아니라 일반아동을 포함한 전체 아동의 복지를 보장하고 특히 유아기에 있어서의 기본적인 인격·특성과 능력개발을 조장하기 위한 여건을 조성하기 위하여 1981년 4월 13일에 종전의 아동복리법을 아동복지법으로 제명을 변경하여 전문개정하였다. 특히, 이 법에 5월 5일 어린이날에 대한 법적 근거를 마련하였다.

(2) 노인복지법

의학기술의 발달, 문화생활의 향상과 평균수명의 연장으로 노인인구의 절대수가 크게 증가하고 산업화·도시화·핵가족화의 진전에 따라 노인문제가 점차 큰 사회문제로 대두되고 있음에 대처하여 우리 사회의 전통적 가족제도에 연유하고 있는 경로효친의 미풍양속을 유지·발전시켜 나가는 한편, 노인을 위한 건강보호와 시설의 제공 등 노인복지시책을 효과적으로 추진하기 위하여 1981년 6월 5일 노인복지법이 제정·공포되었다. 그 후 노인복지법은 7차례의 개정을 거쳤는바, 그 주요 내용을 보면 매년 10월 2일을 노인의 날, 매년 10월을 경로의 날로 정하여 노인에 대한 공경의식을 높였고, 65세 이상의 일정한 자에게 경로연금을 지급하여 노년생활의 안정을 도모하였으며, 치매·중풍 등 중증질환노인과 만성퇴행성 노인환자를 효율적으로 관리하기 위하여 노인전문요양시설·노인전문병원을 설치할 수 있도록 하였다.

(3) 장애인복지법

1980년 이전에는 종합적인 장애인복지정책이 없이 장애인수용시설에 장애인을 수용하여 기초생계를 보호하는 데 그쳤을 뿐 전문적인 재활서비스는 이루어지지 아니하였다. 그러다가 1981년 6월 5일 장애인복지에 관한 종합적 법률인 장애인복지법이 제정·공포되었다. 그 후 7차례의 개정을 거쳤는바, 그 주요 내용을 보면 다음과 같다. ① 장애인등록제를 실시하여 등록된 장애인에 대하여 법적으로 여러 가지 복지서비스를 제공하고, ② 국가와 지방자치단체로 하여금 장애인의 정보접근을 위하여 전기통신, 방송시설의 개선과 방송, 국가적인 주요행사, 민간주최의 주요행사에 수화통역, 폐쇄자막방송을 실시하도록 하고, 음성도서의 보급을 추진하며, ③ 국가와 지방자치단체로 하여금 아파트 등 공동주택을 건설할 때에 장애인에게 우선 분양 또는 임대하도록 하고, 주택의 구입, 임차자금과 개·보수를 한 비용의 지원을 하도록 하고, ④ 시각장애인을 위하여 장애인보조견의 육성·보급지원을 위한 시책의 강구와 장애인보조견 표지발급, 장애인보조견을 동반한 장애인의 버스 등 대중교통수단이용거부, 숙박업소·식품접객업소 이용거부를 금지하였다.

4) 우리나라 사회보장제도의 현 위치

우리나라는 지난 20여 년간 지속된 경제성장하에서 앞에서 살펴본 사회보장관련 법제의 변천과정에서 검토한 바와 같이 지속적으로 복지프로그램을 확충하여 복지제도의 기본틀은 구축하였으나, 각종 제도의 급여 및 서비스 내용이 부실하고, 자활을 유도하기 위한 프로그램이 미흡하며, 복지서비스의 전달체계가 효율적이지 못하였다. 우리나라의 각 부문별 사회복지현황을 살펴보면 다음과 같다.

5. 사회복지시설의 현황

사회복지시설은 아동·노인·장애인 등 스스로 정상적인 사회생활을 하기 어려운 사람들에 대하여 보호·치료·자립지원 등의 서비스를 제공할 것을 목적으로, 이들에게 통원·수용 기타의 방법으로 편의를 제공하기 위해 마련된 장소·설비·건조물 등을 말하는데, 그 설립 및 운영 주체에 따라 공립공영시설, 공립민영시설, 사립공영시설, 사립민영시설로 분류되며, 우리나라 부랑인시설은 대부분 공립민영시설이고, 그 밖의 우리나라 대부분의 시설은 사립민영시설에 속한다. 또한 사회복지시설은 시설이용방법에 따라 수용해서 24시간 보호하는 시설인 수용시설과 통원하게 하여 서비스를 제공하는 이용시설로 나누기도 하며, 요금의 징수여부에 따라서 이용자 또는 그 부양의무자로부터 전적으로 요금을 징수하여 운영하는 시설인 유료시설과 이용자로부터 요금을 전혀 징수하지 않거나 실비만 징수하는 무료시설로 나누기도 한다. 1999년 현재 우리나라의 사회복지서비스관련법이 규정하는 사회복지시설의 종류는 42종인데, 생활보호법에 의한 부랑인수용시설(1종), 아동복지법에 의한 아동복지시설(11종), 노인복지법에 의한 노인복지시설(10종), 장애인복지법에 의한 장애인복지시설(7종), 모자복지법에 의한 모자복지시설(6종), 윤락행위등방지법에 의한 보호시설(3종), 영유아보육법에 의한 영유아보육시설(4종)이 있다.

1) 생활보호대상자 현황

(1) 1998년도의 생활보호대상자의 선정기준은 1인당 월소득이 거택보호대상자의 경우에는 22만 원 이하, 자활보호대상자의 경우에는 23만 원 이하이며, 세대당 재산액의 경우에는 거택보호대상자의 경우에는 2,800만 원 이하이고, 자활보호대상자의 경우에는 2,900만 원 이하이다.

(2) 생활보호대상자의 수는 1981년에 전체 인구의 5.4%인 209만 명이었

으나, 매년 생활보호 대상자의 선정기준을 상향조정하고 있음에도 감소추세에 있다. 1998년 생활보호대상자는 전 국민의 2.6%인 117만 5천 명이며 이중 시설보호대상자가 7만 6천 명, 거택보호대상자가 30만 1천 명, 자활보호대상자가 79만 8천 명이다.

(3) 생활보호대상자별 보호내용을 보면 거택보호대상자는 생계보호, 의료보호, 자활보호, 교육보호, 해산보호 및 장제보호를 받고, 자활보호대상자는 의료보호, 자활보호, 교육보호, 해산보호 및 장제보호를 받으며, 시설보호대상자는 거택보호대상자와 동일한 보호를 받는다.

(4) 정부는 노령·불구·폐질 등으로 근로능력이 없는 거택보호대상자와 시설보호대상자에 대하여는 생활보호를 하고 있는데, 1998년에는 거택보호대상자 1인당 월 16만 2천 원, 시설 보호대상자는 12만 5천 원을 지원하고 있다.

2) 아동복지 현황

(1) 요보호아동발생 예방

1960년대 이후 아동인구는 계속 줄어들어 1980년도 아동인구는 전체 인구의 41%인 1,562만 1천 명이었으나, 1997년도에는 27.7%인 1,276만 1천 명으로 되었고, 2020년에는 21%인 1,098만 명으로 감소될 것으로 전망된다. 지역사회 내에서 발생하는 아동문제에 대해 1차적 상담을 행하는 아동상담소는 전국에 47개소가 설치·운영되고 있다. 또한, 공원 등 다중이용장소에서 매년 많은 미아가 발생하고 있는데 '어린이찾아주기종합센터'를 1986년부터 사회복지법인 한국복지재단에 설치·운영하고 있다. 1997년 말 현재 5만 998명의 아동카드가 비치되어 있고, 그중 1,767명의 어린이가 부모를 찾았다.

(2) 재가 보호제도

국내입양사업은 요보호아동에 대한 최선의 보호시책이나 1997년도 입양 실적이 1,412명에 그치고 있을 뿐이다. 1994년부터 입양가정에 대한 주택자 금융자 시 할증지원, 입양아동에 대한 중·고등학교입학금·수업료면제, 장 애입양아동에 대한 국립의료원국비진료가 행해지고 있고, 1996년부터는 장 애아동을 입양한 가정에 양육보조수당과 의료비를 지원하고 있으며, 18세 미만의 소년·소녀가 가족의 생계를 꾸려 나가는 세대는 1997년 말 현재 전국에 9,547 세대 1만 6천547명에 이른다. 정부에서는 이들을 생활보호대 상자로 우선 지정하여 생계보호·의료보호 및 교육보호를 실시하고 있다. 그 밖에 피복비, 영양급식비, 학용품비, 교통비를 추가지원하고, 지역사회 인사와의 결연을 추진하고 있다.

(3) 시설보호제도

아동복지시설은 1997년 말 현재 274개소에 1만 6천936명이 수용보호를 받고 있다. 1997년부터는 시설아동에 대해 이·미용비를 지원하고, 종사자 의 교통수당 등을 인상하고, 법인에 대해서는 법인자부담 10%를 5%로 인 하하였다. 한편, 1980년대 이후 전체 아동인구의 감소에 따라 요보호아동 등도 감소하여 아동복지시설의 수용아동이 정원에 미달되고 있다. 따라서 아동보호의 방법을 종래의 대규모 수용보호형태에서 소숙사제도, 그룹홈제도 등 소규모가정단위의 보호방식으로 전환하고, 종사자처우도 현실화하여 아동 과 보육사를 가정단위로 구성, 보호하는 형태를 취하는 것이 바람직하다.

3) 노인복지현황

(1) 노인인구현황

1988년 현재 우리나라의 65세 이상의 노인인구는 전체 인구의 6.6%인 305만 명에 이르고 있고, 경제활동인구 대비 노인인구비율인 노년부양비가 1988년 현재 9.2%가 되고 있어 고령화 사회에 대한 준비가 매우 시급한 실정이다.

(2) 노인복지시설의 현황

1997년 말 현재 173개소의 노인복지시설을 운영하고 있으며, 무료·실비 시설에 수용보호되거나 유료시설을 이용(입소)하고 있는 노인은 9,539명이다. 즉 노인인구 305만 명 중 0.3%만이 노인복지시설의 보호를 받고 있는데, 선진국의 경우 평균 4~5%의 노인이 시설보호를 받고 있음에 비추어 우리나라의 노인복지시설은 절대수가 부족한 상황이다.

(3) 경로연금제도의 실시

현재 65세 이상 노인의 과반수가 열악한 생활을 하고 있고 노후준비가 되어 있지 않은 노인의 비율은 47%에 이르고 있어 대부분의 노인이 스스로의 노후대책이 없이 자녀에게 생활을 의존하고 있다. 저소득노인의 소득보장의 일환으로 1991년부터 70세 이상 생활보호대상노인에게 노령수당을 지급하여 1997년 말 현재 24만 8천 명에게 지급하였고 1998년 7월부터는 생활보호대상노인 및 저소득노인 65만 명에게 매월 경로연금을 지급하고 있다. 또한 정부는 경로연금의 지급액을 연차적으로 인상하고, 국민연금제도 정착이후에도 연금 수급을 할 수 없는 노인계층도 대상자에 포함시킬 계획이다.

(4) 노인건강진단 실시

노인들은 대부분 노인성 질환을 가지고 있고 노인병의 특성상 장기간 진료를 필요로 하고 있다. 정부는 1983년도부터 생활보호대상노인을 대상으로 무료노인건강진단을 실시하고 있다. 1997년의 노인건강진단실적을 보면 1차 건강진단의 진단인원은 2만 4천382명이고, 2차건강진단의 진단인원은 5천 907명이었다. 앞으로 검진수가를 연차적으로 인상하고 검진대상항목도 더욱 확대해야 할 것이다.

(5) 치매노인대책추진

1998년 말 현재 65세 이상 노인인구의 8.3%인 25만 명 정도가 치매노인으로 추정되며 이 비율은 계속 증가할 것으로 예상된다. 치매의 특성상 가족의 정신적·육체적·경제적 부담은 매우 심각하다. 그러나 아직 치매에 대한 종합적 관리체계가 미비하고 전문요양시설을 전문진료기관이 부족하며 전문인력양성체계도 미흡하다.

(6) 재가노인복지서비스 확충

부양가족이 없는 노인이 증가하고 있고, 특히 전체 노인의 35%가 제3자의 도움이 없이는 일상생활이 곤란하지만 재가노인복지사업기관 및 전문종사자는 크게 부족하다. 또한 종사자확보도 어렵고, 자원봉사자도 중증노인은 기피하고 있는 실정이다. 노인에게 식사시중, 목욕·용변 수발, 병원안내 등 생활편의를 제공하는 가정봉사원파견시설은 1998년 현재 52개소가 운영되고 있다. 부양가족의 질병·출장 등 부득이한 사유로 가족의 보호를 받을 수 없는 노인을 낮 동안 또는 2~15일간 입소시켜 급식·목욕·여가생활서비스를 제공하는 주간 및 단기보호시설(Day-Care, Short-Stay)은 1998년 현재 각각 31개소, 15개소가 운영되고 있다.

(7) 노인의 사회참여 확대·여가선용

노인의 사회참여를 위해 그 전직경험을 살려 지역봉사지원 등을 위촉하는 제도를 1997년에 도입하였는데, 우리나라는 자원봉사 참여율이 저조한 실정이다. 지역사회의 대표적 노인여가시설은 경로당으로 1997년 말 현재 3만 3천485개소가 운영되고 있고, 정부에서는 경로당 1개소당 월 4만 4천 원의 운영비와 연 25만 원의 난방비를 지원하고 있다. 그러나 우리나라의 노인들은 선진국에 비해 주로 집안 내에서 소극적인 여가활동을 하고 있다.

(8) 경로우대제도

1990년대부터 정부가 노인의 교통기관 이용을 지원하기로 하고 1994년부터 100% 지방비에서 부담하는 노인승차권을 지급하다가 1996년 6월과 7월부터는 항공기 및 선박이용요금을 각각 10%, 20%씩 할인하고, 1997년 8월부터는 무궁화호 요금에 대하여도 30%의 할인을 하며, 수도권 전철요금은 100% 할인하고 있다.

4) 장애인복지현황

(1) 1997년 말 현재 등록장애인은 48만 188명이며 전체 추정장애인 105만 3,468명의 45.6%에 그치고 있어 아직도 장애인에 대한 사회적 편견이 많으며, 장애인복지 시책이 미흡함을 알 수 있다. 한편, 장애인가구의 월평균소득은 약 91만 원으로서 도시근로자 가구소득의 50% 수준에 불과하며, 전체 장애인가구의 60% 정도가 월 100만 원 이하 소득의 가구인 반면 장애인가구는 장애치료·재활서비스·교통수단이용·특수교육 등으로 월 평균 11만 원(의료비 90%, 교통비 6%, 교육비 2%)의 추가비용을 부담하고 있다.

(2) 저소득 중복·중증장애인의 생계안정을 위해 1989년에는 4만 2,360명에게 월 4만 5천 원씩 지급하고 있고, 생활보호대상자는 아니지만 저소득장

애인 가구의 자녀에 대한 교육비를 1992년부터 지원하고 있는데, 1997년부터는 고교생 전원에게까지 확대하고 있다.

(3) 자활보호대상자인 장애인에 대하여 외래 시 본인 부담의 50%, 입원 시 전액을 지원하고, 자활자립이 가능한 저소득 장애인이 자영업을 할 수 있도록 장애인자립자금대여사업도 1992년부터 시행하고 있다.

(4) 장애인 또는 장애인을 부양하는 가족 등의 경제적 부담을 경감하기 위해 각종세금, 요금 등을 감면하고 있다. 그 시책으로서는 장애인의료비 공제, 장애인보장구 부가가치세 영세율 적용, 장애인자동차 표지발급(공영주차장의 주차요금 할인, 10부제 적용제외, 부득이한 주·정차 위반에 대한 계도위주 단속, 장애인전용주차구역 주차편의 도모, 혼잡통행료 감면혜택을 위함) 등이 있다.

(5) 장애인복지시설로는 장애인재활시설, 장애인요양시설, 장애인이용시설, 장애인직업재활시설, 점자도서관, 점서·녹음서출판시설로 구분되고 있는데, 1997년의 장애인입소시설에 대한 지원금은 420억 3,200만 원이며, 장애인이용시설에 대한 지원금은 101억 1,900만 원이었다.

(6) 장애인 재활전문인력의 양성은 현재 재활전문의 물리치료사, 사회복지사는 국가자격으로, 수화통역사, 언어치료사는 장애인단체·학회에서 민간자격으로 자격검정을 실시하고 있다. 그러나 점역사, 보행훈련사는 자격제도가 도입되지 않고 있으며 재활영역별로 임금격차가 상당하다.

(7) 현재 장애인복지관 등에서 운영하는 재활프로그램은 의료재활, 직업재활, 교육재활, 사회재활프로그램 등이며 부대프로그램으로 재가복지봉사센터, 주간보호센터, 단기보호센터, 공동생활가정을 운영하고 있다. 그러나 현재는 주로 교육재활과 의료재활에 치우치고 있다. 특히 장애인과의 탈시설화를 위해 공동생활가정(그룹홈)을 계속 확대설치하고 전문적인 재활프로그램을 개발·보급하여 장애인의 사회복귀를 도모할 필요가 있다.

(8) 1997년 현재 의료재활전문인력 확보현황을 보면 재활전문의가 376명, 물리치료사가 1만 1천960명, 직업치료사가 347명이다.

(9) 의료비부담이 과중한 장애인들이 저렴한 요금으로 의료재활서비스를 제공받을 수 있도록 200병상 규모의 국립재활병원이 1994년 개원되었고, 장애인복지시설에 부설된 재활의료기관운영의 활성화를 위하여 1998년에는 15개소에 약 50억 원의 운영비가 지원되었고, 300병상 이상 종합병원에 재활의학과의 설치를 유도하고 있다. 또한 1996년부터는 장애인에 대하여는 의료보험급여일수의 제한을 없앴다.

(10) 장애인복지의 궁극적 목표는 모든 장애인이 자기능력을 최대한 개발하여 적성에 맞는 직업을 가지고, 사회·경제활동에 참여하여 자립·자활을 도모하는 것이다. 장애인 이용시설 등에 장비를 보강하여 직업훈련을 강화하고, 일반기업에 취업이 어려운 장애인들의 일터를 마련해 주기 위해 현재 8개소의 장애인근로시설이 운영·지원되고 있고, 장애인재활시설, 장애인종합복지관, 사회복지관 등에 장애인보호작업장(117개소)을 부설·운영하도록 지원하여 현재 2,627명의 장애인이 일하고 있다. 장애인고용촉진등에관한법률에 따라 300인 이상 사업체에 대하여 2% 이상의 장애인을 의무적으로 고용하도록 하는 장애인의무고용제가 실시되고 있고, 국가·지방자치단체도 공개채용공무원의 2% 이상의 장애인을 채용하도록 의무화하고 있어 1997년 말 현재 1만 3천634명의 장애인이 취업하고 있다.

5) 사회보험 현황

(1) 의료보험 현황

의료보험은 1977년에 도입되어 12년 만인 1989년 전 국민을 대상으로 확대 실시되어 국민의 생활 속에 중요한 사회보장제도로 자리잡고 있으나, 보험료의 미납계층이 의료혜택의 적용에서 제외되는 문제가 발생하고 있고, 총 진료비의 50%를 환자 본인이 부담함으로써 저소득층의 의료접근성 및 의료비 부담의 위험분산에 한계를 노출하고 있으며, 최근 5년간('94~'98)

보험급여비 연평균 증가율이 20.5%인 반면 보험료 수입의 연평균 증가율은 12.2%(국고지원 연증가율 11.6%)에 그쳐 재정불안이 제도정착의 저해요인으로 상존하고 있다.

(2) 국민연금 현황

국민연금은 1988년에 도입된 이후 11년 만인 1999년 4월 전국으로 확대하는 성과를 거두었으나, 가입대상자 중 40% 정도가 실제 가입하지 못하는 소득보장의 사각지대가 존재하고, 국민연금제도의 미성숙으로 수급자가 59만 명에 불과하여 증대하고 있는 각종 사회적 위험에 대한 소득보장에는 미흡하며, 국민연금 급여수준을 현행 수준인 가입기간 평균보수월액의 60%로 유지할 경우 연금재정에 불안요인이 되므로 급여 및 보험료 수준의 적정화가 필요하며, 자영자에 대한 소득파악의 어려움 및 합리적인 보험료 부과체계의 미개발로 인해 근로자와 자영자간 부담의 형평성 문제가 대두되어 제도 정착의 걸림돌로 작용하고 있다.

6. 21세기의 미래사회와 복지정책

1) 21세기 우리나라의 미래사회의 모습

(1) 경제의 선진국 수준 진입

향후 10년간은 경제위기를 극복하고 지속적인 경제성장에 힘입어 1인당 국민소득은 2000년 1만 불 수준에 달한 뒤 2010년에는 2만 1,800불 수준이 될 것으로 전망되고, 소득증가에 따라 복지욕구가 급격히 증가할 것이며, 절대적 빈곤에서 상대적 빈곤 문제를 해결하는 방향으로 복지정책의 방향 전환이 요구될 것인바, 선진화 과정에서 복지 및 건강 욕구가 양적으로 확대되고 질적으로 다양화될 것이며, 물질적·정신적으로 소외되는 계층의 복지 욕구는 더욱 심화되고, 또한, 국민에게 제공되는 각종 서비스는 국가에서 일방적으로 제공하는 시혜적 복지보다는 국민의 권리로서 주장될 것이다.

(2) 고령화 사회의 도래

고령화의 급속한 진전으로 노인부양 및 건강관리 문제가 사회적 이슈로 부각될 것인바, 65세 이상 노인 인구비율이 2000년 7%(337만 명), 2010년에 10%(503만 명)로 증가하여 고령화 사회에 진입할 것이고, 정보화와 지구촌화는 고령인구의 취업을 더욱 어렵게 하고, 조기 은퇴 시에는 의료 및 연금급여 지출수요의 급증이 예상되며, 특히 빈곤노령층의 소득과 의료보장, 자립기반을 마련하기 위한 정부 역할의 대폭적인 증대가 불가피할 것이다.

(3) 질병구조의 다양화와 건강위해요인의 증가

사회구조 및 생활환경이 복잡·다양화됨에 따라 건강위해요인이 증가하고, 재해·사고·중독 등 응급의료서비스 욕구가 증가할 것이며, 뇌혈관질환·암·고혈압·당뇨병·치매 등 만성퇴행성질환 비중의 증가로 재가의료(간호), 장기요양, 장기이식 및 인공장기 투입 등 보건의료서비스 욕구가 다양하게 나타날 것이고, 병원균의 변종 출현, 약품내성에 따른 기존 전염병의 존속, 신종·재출현 전염병의 확산 등 감염성 질환관리가 크게 부각될 것이다.

(4) 가치관의 변화와 사회병리현상의 증가

개인중심의 가치관이 확산됨으로써 가족구조의 핵가족화, 이혼율 증가, 여성의 사회참여 증가 등으로 가족 내의 자체 부양기능이 약화되고 가정 내 및 사회적 소외현상이 증가할 것이고, 이에 따라 보육, 청소년 문제, 가족해체, 노인부양 등 생애주기에 걸친 복지욕구가 증폭될 것이며, 또한 시민들의 민주화 수준이 높아지고 사회문제에 대한 관심도 많아져서 시민참여가 확산

됨에 따라 수요자 중심의 서비스 시스템에 대한 요구가 급증할 것이다.

(5) 소요복지재정의 급속한 증가

복지·건강에 대한 욕구를 개인과 가족이 흡수하던 시스템에서 사회가 흡수하는 시스템으로 이행할 가능성이 크고, 복지·건강 욕구의 분출과 사회적 보장 시스템의 상승작용으로 복지·건강에 대한 재정수요는 크게 증가할 것이다. 그러나 복지재정지출 요인은 늘어나는 반면, 공적 자금 투입에 따른 국가부채가 늘어나 재원조달은 어려워질 것으로 전망된다.

2) 21세기의 복지정책의 기본목표 및 추진방향

(1) 복지정책의 기본목표

① 사회적 권리로서의 국민복지기본선 보장

생활이 어려운 저소득 취약계층에 대하여 최소한 먹고 입는 문제와 자녀교육, 의료 등 기초생활을 국가책임하에 완전히 보장하고, 경제적 어려움, 사회적 갈등 등으로 인한 가족해체를 방지하고 가족기능을 보강하기 위한 예방적 복지서비스를 강화하며, 노인·장애인 등 사회취약계층에 대한 소득 및 의료보장시책을 확충하고 사회참여를 통한 자기실현의 기회를 확대하고, 사회복지를 경제수준에 맞도록 확대하여 균형적 관계를 유지함으로써 적절할 경제성장과 공평한 분배를 동시에 달성하도록 하여야 할 것이다.

② 생산적 복지이념의 추구

복지가 소비라는 개념에서 인간 중심의 개발전략을 통해 성장잠재력을 키워 주는 투자적 개념으로 전환하고, 단순보호차원의 소득이전적 복지보다 근로능력이 있는 사람에 대하여는 교육·직업훈련 등 자활능력의 배양을 통해 일할 기회를 제공함으로써 자활·자립할 수 있는 기반을 조성하여 경제발전에도 기여하는 생산적 기능을 강화하도록 하여야 할 것이다.

③ 세계적 보편성과 한국적 특수성의 조화

서구 복지국가의 사회보장에 대한 경험을 한국적 복지제도의 기반을 구축하는 데 발전적으로 승화하고, 우리의 고유한 사회문화에 기반을 둔 상부상조정신을 개발·발전시켜 한국사회 현실에 적합한 복지모형을 구축하도록 하여야 할 것이다.

(2) 복지정책의 추진방향

① 전 국민의 사회보험시대의 정착

사회보험제도의 적용대상을 전 국민에게 확대함으로써 [1인 1사회보험카드제도]를 도입하고, [적정부담·적정급여]체계의 확립을 통하여 균형적 재정유지와 함께 사회보험제도의 안정적 발전을 도모하여야 할 것이며, 의료보험·고용보험·산업재해 보상보험 및 국민연금 등 4대 사회보험의 효율적인 관리를 위하여 단계적으로 통합을 추진하여야 할 것이다.

② 국민기초생활의 보장

고용보험의 확충을 통하여 1차 사회안전망의 기능을 강화하고 생활보호대상자의 선정기준을 합리적으로 개선하여 저소득실업자 등 한계계층을 생활보호대상자로 편입·보호하며, 독거노인·소년소녀가장 및 장애인가구 등 주거보호가 필요한 세대에 대하여는 공동생활가정(Group Home) 방식의 주거보호제도를 실시하는 등 공공부조 확대를 통한 완벽한 사회안전망을 구축하여야 할 것이다.

③ 보편적·예방적 복지서비스의 확충

㉠ 가족 및 지역사회 중심의 복지서비스 강화

실직 등으로 인한 문제가정의 발생 및 가족해체를 예방할 수 있는 가정복지 종합서비스체계를 구축하고, 재가복지서비스를 확충하여야 할 것인바, 재가복지사업은 노인·장애자뿐만 아니라 아동복지를 위하여도 필요하며, 오늘날 세계적 추세도 시설보호에서 탈피하여 거택보호 위주로 나아가고 있다.

     ⓛ 고령화 사회에 대비한 노인복지의 확충

  생활보호대상 및 저소득노인에 대하여 제한적으로 실시하고 있는 경로연금지급대상 및 지급액을 연차적으로 확충하여 노후소득 보장시책을 강화하고, 고령자 취업센터의 역할을 확대하여 노인의 취업기회를 확대하며, 노인을 위한 보건진료서비스의 질을 제고하여야 할 것이다.

     ⓒ 장애인 복지증진 및 사회참여의 확대

  현재 신체의 외형적 기능장애중심으로 되어 있는 장애범주를 중증만성질환 등에게까지 단계적으로 확대하고, 모자보건사업의 강화, 영·유아의 예방접종 및 정기검진의 강화와 교통사고 및 산재예방을 통한 후천적 장애발생을 예방하며, 저소득 장애인에 대한 생활안정지원을 강화하고, 대중매체 등을 통한 교육계몽으로 장애인에 대한 사회인식을 개선하여 '장애인 먼저'라는 국민운동을 지속적으로 전개하여야 할 것이다.

     ⓔ 사회보장발전기반의 조성

  복지행정에 있어서의 주민참여를 확대하여 수요자중심의 복지서비스제공체제를 확립하고, 복합적인 복지수요를 가진 대상자가 일회의 방문으로 필요한 서비스를 편리하게 받을 수 있는 one-stop-service체제를 구축하며 국민적 복지수요의 증가에 따른 재정투자의 확대를 위하여 국가재원배분의 우선순위 조정으로 점진적인 복지재정의 확충을 도모하여야 할 것이다.[25]

7. 사회복지정책의 역사성

  ① 사회복지정책의 역사는 국가별로 다양하지만, 거시적으로 구분하는 것이 큰 흐름을 이해하는 데 도움을 준다. 복지정책의 역사는 빈민법, 사회보

---

25) http://kin.naver.com/detail/detail.php

험, 복지국가, 복지기구로 변천을 한다고 본다. 즉 개인에서 - 사회로 - 사회에서 - 국가로 - 국가에서 - 기구로 변천하며 변화해 간다.

② 한편, 빈민법을 사회복지정책의 역사로 포함시키는 것은 다소 무리가 따르지만, 빈민법은 절대왕정의 봉건시대에 농촌노동력에 대한 통제를 위해 만들어졌기 때문이다. 그러나 이러한 빈민법이 근대적인 공적 부조로 이어졌다는 점에서 사회복지정책의 전사로 간주할 수는 있다. 어느 것을 복지정책의 원조라고 하기에는 좀 무리수를 두는 것이지만 비교적 기초적인 개인의 문제를 다루는 것이기에 복지정책의 기초로 볼 수 있다.

③ 1970년대 후반 이후의 복지국가 후퇴국면이 포함되어 있지 않다. 복지국가는 여전히 건재하다고 볼 수 있지만, 위기 이후에 다양하고 강도 높은 비판이 제기되고 있고 기존의 케인즈의 유효수요 이론에 기반을 둔 복지국가 유지가 어렵다는 점에서 복지국가 위기 또는 신자유주의 시기를 포함시키는 것이 타당하다. 기업과 산업의 기초에서 이루어지는 복지 문제를 정책적으로 다루는 것이 복지정책이라고 할 수 있다.

1) 빈민법 시대

(1) 14~16세기의 빈민법

① 1348년 8월 이후 불과 수개월 만에 전 인구의 1/3 ~ 1/2이 사망하게 되자 14세기 중엽 - 15세기 중엽에 농업노동자의 임금이 50 ~ 75% 상승하게 되었다. 지주 입장에서 임금통제가 절실했고 그 대책으로서 1351년 노동자규제법(the Statute of Labourers)이 제정되었다. 법의 핵심은 걸식과 부랑의 금지, 임금상한선 규정, 지주 상호간의 농민쟁탈 억제이다.

② 위 법이 1388년 빈민법(the Poor Law)으로 더욱 구체화되었는데, 법의 목적은 임금고정, 임금상승을 유발시키는 노동력 이동의 금지였다. 이후 16세기 초반까지 튜더왕조 통치하에서의 입법들은 노동능력이 있는 실업부랑

인들을 구금과 매질로 처벌하였다. 그러나 이러한 노동통제와 억압으로 일관된 정책은 효과를 거둘 수 없었다.

③ 헨리 8세가 통치하던 1531년 걸인부랑인처벌법(the Act concerning Punishment of Beggars and Vegabonds)이 제정되었는데, 노동무능력자를 조사등록시켜 구걸을 허용하였다. 하지만 노동능력이 있는 걸인에게는 태형을 가했고 구걸지가 고향이 아니면 이전 3년 이상 거주지로 추방시켰다.

④ 1536년 노동무능력 빈민을 구제하기 위한 모금권, 즉 구빈세 징수권을 교구에 부여하였다. 정부책임의 교구전가라는 부정적 측면이 있다. 노동능력 빈민에 대한 처우는 여전히 가혹하였다.

⑤ 1536년 노동능력이 있는 나태한 부랑인을 처벌하기 위해서 건장한 부랑인·걸인처벌법(the Act for Punishment of Sturdy Vagabonds and Beggars)이 제정되었다. 빈민구제 비용을 자선과 기여를 통해서 조달하고, 치안판사와 시장이 미성년걸인(5 - 13세)을 도제로 보내고 거부하면 매질을 가하며, 부랑인이 두 번 체포되면 매질과 귀를 자르고 세 번 체포되면 사형에 처한다는 내용이다.

⑥ 1547년 헨리 8세 사망 이후 부랑인을 처벌하기 위해 농노로 만드는 법이 제정되었는데, 노동능력자가 3일 이상 노동을 거부하면 가슴에 인두로 V자 낙인을 찍어 노예로 삼고, 도망치면 이마에 S자 낙인을 찍어 평생 노예로 만드는 내용을 포함하고 있었다.

⑦ 1576년 빈민을 강제로 일 시키는 법이 제정되었는데, 노동능력자는 작업장에서 강제로 노역을 시키고 노동무능력자는 자선원에 입소시켜 보호하며, 나태한 빈민은 교정원에서 처벌하는 내용을 포함하고 있었다.

(2) 엘리자베스 빈민법

① 16세기 인클로저 운동, 1594 - 7년까지 지속된 흉작, 신세계 귀금속의 대량유입으로 인한 극심한 인플레로 인해서 부랑인이 매우 증가하였다. 당국에서는 실업의 원인이 게으름뿐만이 아니라는 사실을 인식하게 되었다.

② 엘리자베스 여왕은 1601년 빈민법을 제정하여 빈민을 a. 노동능력이 없는 빈민(노령자, 만성질환자, 맹인, 정신병자) b. 노동능력이 있는 빈민 c. 빈곤아동으로 구분하였다. a의 빈민은 자선원에 수용하여 집단거주시켜 보호하였고 원외구호의 비용이 저렴한 것으로 판단되면 음식, 의복, 연료 등 현물급여를 전달하였다. b에 대해서는 교정원이나 작업장에서 강제노역시켰고 거부 시에는 수감시켰다. c에 대해서는 도제로 24세까지 장인에게 봉사시켰고 여아는 21세나 결혼 시까지 하녀에게 양육되었다.

엘리자베스 빈민법은 빈민에 대한 억압책의 부분적인 포기와 구빈책임을 교회가 아닌 정부가 인정하고 떠안았다는 점에서 의의가 있다. 구빈재정을 위해 지방세액을 증가시키고 각 교구에 시장이 임명한 구빈감독관이 구빈업무와 지방세 징수업무를 관장하였다.

(3) 정주법

① 1660년 산업화가 진행되자 대규모의 농촌 빈민들이 도시로 유입되었다. 그러나 당시 구빈책임이 교구에 있는 상태에서 유입되는 빈민들의 문제를 해결할 수 없었다. 엘리자베스 빈민법에서 빈민의 출생교구, 1년간 거주한 교구, 마지막 교구로 돌려보낸다는 규정을 하고 있었지만, 구빈세 증액은 어려웠고 교구로 돌려보내기 위한 소송이나 행정업무가 폭주함.

② 교구와 귀족의 압력을 받은 찰스 2세가 1662년 정주법(the Settlement Act)을 제정하여 소속교구를 명확히 하고 빈민의 도시유입을 막도록 했다. 이제 법적인 정주는 출생, 결혼, 도제, 상속에 따라 결정되었고 새 교구로 이주하더라도 토지를 소유하지 못하면 40일 이내에 떠나야 했다. 그리고 토지가 없더라도 1년에 금화 10파운드의 집세를 낼 수 있거나 공탁하면 이주가 가능했다.

(4) 토마스 길버트법

① 구빈시설들이 점차 작업장으로 통일되어 갔고 교구들이 연합하여 빈민공장을 만들고 빈민들을 노동시켜 그 비용으로 구빈비용을 조달하려 했다. 1782년 토마스 길버트법(the Thomas Gilbert Act)은 이를 법적으로 허용한 법이었다.

② 또한 부조금이나 구호물품을 이용한 원외구호를 조장하였다. 노동능력빈민들을 농민들에게 순번으로 일하게 한 순환고용제도를 허용하였다. 이 법에서는 노동능력빈민과 실업자에게 가혹한 처벌이 아니라 일자리나 무제한의 원외구호를 제공했다는 최초의 인도주의적 구빈제도라는 긍정적 평가를 받고 있다.

(5) 스핀엄랜드법(the Speenhamland Act)

① 1600년 – 1750년 인구증가, 인구이동, 산업화, 경기변동은 사회적 문제의 내용과 욕구를 변화시켰고, 18세기 말 흉작과 전쟁(1793 – 1815, 프랑스와)의 빈곤문제를 심화시키고 빈곤구조를 변화시켰다. 즉 실업자뿐만 아니라 노동자도 식량부족과 생필품 가격의 인상으로 어려움을 겪었다. 결국 기존의 빈민법과는 다른 조처가 필요하게 되었음을 의미한다.

② 1785년 버크셔 시장은 비공식적으로 빵 가격과 가족 수를 고려하여 빈민구제 수준을 정하는 시도를 했고, 1780년대 이후 이미 일부 지방정부에서 간헐적으로 노동자의 임금을 보충하는 수당을 지불하고 있었다. 스핀엄랜드에서 열린 회의에서 경제적 혼란과 빈곤문제 수습을 위해 저임금 보충 성격의 수당제도가 권고되었고 1795년 스핀엄랜드법이 제정되었다.

③ 이 법의 핵심은 생계비와 가족 수에 연동시킨 수당을 저임금 노동자에게 지급하고 노동무능력빈민에 대한 원외구호를 확대하였다.

④ 의미: 인도주의적이고 자비적 성격을 띠고 최저생계수준 이하의 빈민에게 진정한 관심을 부여하였으며 낙인의 부정적 효과가 없었다. 최초로 물

가와 가족 수를 고려하였고 경제적 불황기에 노동자의 피보호권리를 인정하였다.

봉건적이고 중상주의적이었던 빈민법은 봉건제의 약화와 자본주의체제의 진전으로 인하여 계급구조와 빈민의 성격이 변화되자, 시대상황에 맞지 않게 되었고 사회보험제도가 도입되는 결과를 가져왔다.

2) 사회보험 시대

(1) 자본주의 체제가 발전되면서 기존 농촌 노동력의 빈곤문제는 해소되었지만, 새로운 자본주의적 문제, 즉 산재, 정년퇴직 이후의 빈곤, 각종 직업병, 실업 등의 문제가 발생하였고 이에 각종 사회보험제도가 만들어질 수 있는 배경이 되었다.

(2) 19세 말 - 20세기 중반까지의 사회보험시대는 자본주의의 이윤동기가 모든 것을 지배하는 약육강식, 적자생존의 상황에서 전개되었다. 이제 구매력이 없는 개인은 인간의 기본욕구도 충족하지 못하게 되었다. 따라서 사회보험이라는 사회복지정책이 인간의 기본욕구 충족과 사회적 재생산을 위한 제도가 출현하게 된 것이다.

(3) 또한, 사회보험제도의 필요성으로서 숙련노동자의 확보와 노동자계급이 즉자계급에서 대자계급으로 변화하여 보다 나은 근로조건 등 사회복지정책을 요구하는 사회권으로서의 개념으로 변하기 시작하였다.

3) 복지국가 시대

(1) 1·2차세계대전을 거치면서 노동계급을 중심으로 한 시민계급의 세력이 강해졌고 이들의 다양한 요구사항을 국가가 관철시키지 않을 수 없는 상황이 복지국가를 만들어 냈다. 복지국가는 사민주의 이념에 입각하여 시장불평등과 불안정을 무마시키기 위한 사회연대, 소득과 부의 평등한 분배, 사

회적 위험에 대한 공동체의 노력을 추구했다.

(2) 이제 복지국가는 자비나 온정의 관점이 아니라 시민권으로서 복지를 제공하였고, 2차대전 이후 세계경제의 호황과 시민계급 정치력의 성장에 따라서 지속적으로 확대, 발전되었다.

(3) 한편, 사회보험이 복지국가의 핵심제도이고 사회보험의 대상이 육체노동자에서 화이트칼라와 자영인에게까지 확대되어 노동정책으로서의 본래 취지가 약화되고 시민복지정책으로서의 성격을 띠게 되었다.

4) 신자유주의 시대

(1) 사회민주주의적 복지국가는 1970년대 말 이후 경제에 대한 부정적 영향, 관료화, 비효율, 의존성 증대라는 비판에 휩싸였고, 이제 유효수요 이론에 입각한 케인즈의 경제사회정책이 포기되기에 이르렀다.

(2) 1979년 영국 대처정권, 1980년 미국 레이건정권이 들어서면서 통화주의 정책(즉 통화공급의 억제를 통해서 경제를 활성화시키는 방법)을 실시하였다. 이것은 곧 사회복지정책의 축소를 의미하였고, 특히 복지국가의 가장 큰 수혜자이고 지지자였던 고소득 노동자와 중간계층들이 이를 수용하여 복지국가가 후퇴하는 결과가 발생했다.

(3) 한편, 이러한 신자유주의가 득세하고 있는 가운데 사회민주주의의 가치와 시장의 자유, 경제적 효율, 노동인센티브 등을 강조하는 시장자유주의를 모두 수용하는 '제3의 길'이라는 노선이 국민의 지지를 받고 있다. 영국 토니블레어의 노동당정부와 독일 슈뢰더의 사민당정부, 미국 클린턴정부도 이러한 노선을 걷고 있다. '제3의 길' 노선이 신자유주의의 공격에서 좌파의 유일한 대안이라는 주장을 하고 있지만, 전통 좌파는 신자유주의의 변종이라는 비판을 제기하고 있는 상황이다.

5) 복지기구시대(미래)

미래의 사회복지정책은 복지기구로 변천을 가져온다. 초기는 개인에서부터 시작하여, 정부, 국가로 변천을 가져오고 있다. 즉 복지국가 다음으로는 복지기구 쪽으로 변천을 할 것이다. 국제 기구가 창설되고, 세계 인권, 세계 자연환경보호, 국제기구처럼, 복지정책도 기구화되어 운영될 것이다.

세계 어느 나라를 가든지, 그곳에서도 동일하게 복지서비스를 받고, 활동하는 글로벌이면서 지구촌 시대로의 전환이 되어 동일하게 혜택을 받는 시스템으로 나아갈 것이다. 한국에서 의료혜택을 받는 사람이 지구 반대편인 미국에 가서도 복지카드를 소지하여 정보공유가 인증되면 동일하게 혜택받고 복지시설을 누릴 수 있는 시스템으로의 변화가 일어날 것이다. 이것이 복지 기구로의 전환인 것이다.

어느 한 국가의 전유물이 아닌 공동의 아이디어와 활동, 공동의 유비쿼터스의 복지정책이 이루어질 것이다. 나라와 인종은 달라도 같은 마인드를 실현하는, 인간중심의 글로벌 복지기구에 편승할 것이다.

분류별 사회복지정책 법

1. 영유아복지법

영유아복지는 영아와 유아를 혼합하여 쓴 말로서 현재는 아동복지법의 적
용을 받고 있다. 우선 기초생활법을 간단히 다루면 다음과 같다.

1) 아동복지법: 아동양육시설, 아동일시보호시설, 아동보호치료시설, 아동
   직업훈련시설, 자립지원시설, 아동단기보호시설, 아동상담소, 아동전용
   시설, 아동복지관

2) 노인복지법: 노인주거복지시설(양로시설, 실비양로시설, 유료양로시설,
   실비노인복지주택, 유료노인복지주택), 노인여가복지시설(노인복지회관,
   경로당, 노인교실, 노인휴양소), 노인의료복지시설(노인요양시설, 실비노
   인요양시설, 유료노인요양시설, 노인전문요양시설, 유료노인전문요양시
   설, 노인전문병원), 노인재가복지시설(가정봉사원파견시설, 주간보호시
   설, 단기보호시설)

3) 장애인복지법: 장애인생활시설(장애유형별 생활시설, 중증장애인 요양
   시설, 장애영유아 생활시설), 장애인지역사회재활시설(장애인복지관, 장
   애인의료재활시설, 장애인주간보호시설, 장애인단기보호시설, 장애인공
   동생활가정, 장애인체육시설, 장애인수련시설, 장애인심부름센터, 수화
   통역센터, 점자도서관, 점서 및 녹은서 출판시설), 장애인직업재활시설
   (장애인작업활동시설, 장애인보호작업시설, 장애인근로작업시설, 장애
   인직업훈련시설, 장애인생산품판매시설), 장애인유료복지시설

4) 모·부자복지법: 모자보호시설, 모자자립시설, 부자보호시설, 부자자립
   시설, 미혼모시설, 일시보호시설, 여성복지관, 모부자가정상담소

5) 영유아보육법: 국공립보육시설, 민간보육시설, 직장보육시설, 가정보육
   시설

6). 윤락행위등방지법: 일시보호소, 선도보호시설, 자립자활시설, 여성복지 상담소

7) 정신보건법: 정신의료기관, 정신질환자사회복귀시설(정신질환자생활훈 련시설, 정신질환자작업훈련시설, 정신질환자주거시설, 정신질환자종합 훈련시설), 정신용양시설

8) 성폭력범죄의처벌및피해자보호등에관한법률: 성폭력피해상담소, 성폭력 피해자보호실

9) 입양촉진및절차에관한특례법: 입양기관

10) 일제하일본군위안부피해자에대한생활안정지원및기념사업등에관한법률:

11) 사회복지공동모금회법:

12) 장애인·노인·임산부등의편의증진보장에관한법률: 대상시설은 도로, 공원, 공공건물 및 공중이용시설, 공동주택, 교통수단, 통신시설, 기타 장애인 등의 편의를 위하여 편의시설의 설치가 필요한 건물시설 및 그 부대시설

13) 가정폭력방지및피해자보호등에관한법률: 가정폭력관련상담소, 가정폭 력피해자보호시설 등이다.

영유아보육법을 기술하면 다음과 같다. 법령을 이해하여야만이 제대로 된 영유아 정책을 알 수 있다.

영유아보육법 시행령

제1조 (목적) 이 규칙은 「영유아보육법」 및 동법 시행령에서 위임된 사항과 그 시행에 관하여 필요한 사항을 규정함을 목적으로 한다.

제2조 (보육정보센터의 종사자) 보육정보센터에는 보육에 관한 정보의 제공 등의 업무수행을 위하여 필요한 때에는 보육전문요원 외에 전산원, 영양사, 간호사 그 밖에 종사자를 둘 수 있다.

제3조 (보육정보센터의 운영위탁) ① 「영유아보육법」(이하 '법'이라 한다) 제7조제3항 및 「영유아보육법 시행령」(이하 '영'이라 한다) 제16조의 규정에 의하여 보육정보센터의 운영을 위탁받고자 하는 보육관련 법인·단체 등은 별지 제1호 서식의 보육정보센터 위탁신청서(전자문서로 된 신청서를 포함한다)에 다음의 서류(전자문서를 포함한다)를 첨부하여 보육정보센터를 관할하는 보건복지가족부장관, 특별시장·광역시장·도지사(이하 '시·도지사'라 한다) 또는 시장·군수·구청장(자치구의 구청장을 말한다. 이하 같다)에게 제출하여야 한다. <개정 2005.6.23, 2006.5.12, 2008.3.3>
1. 법인의 정관 및 출연금 등에 관한 서류(법인인 경우에 한한다)
2. 단체의 회칙 또는 규약(단체인 경우에 한한다)
3. 대표자의 경력 사항
4. 보육정보센터의 장의 자격 및 경력을 증명하는 서류
5. 법인·단체 등의 보육관련 업무 실적을 증명하는 서류
6. 법인·단체 등의 조직 및 운영 현황에 관한 서류
7. 향후 3년간 보육정보센터의 운영계획서(예산서를 포함한다)

② 제1항에 따른 신청을 받은 담당공무원은 신청인이 법인인 경우 법인등기부등본의 내용을 「전자정부구현을위한행정업무등의전자화촉진에관한법률」 제21조제1항에 따른 행정정보의 공동이용을 통하여 확인하여야 한다. 다만, 신청인이 확인에 동의하지 아니하는 경우에는 당해 서류를 첨부하도록 하여야 한다. <신설 2006.5.12>

③ 보건복지가족부장관, 시·도지사 또는 시장·군수·구청장이 제1항의 규정에 의하여 위탁신청서를 받은 때에는 법 제6조의 규정에 의한 보육정책위원회의 심의를 거쳐 수탁기관을 선정하여야 한다. <개정 2005.6.23, 2006.5.12, 2008.3.3>

④ 보건복지가족부장관, 시·도지사 또는 시장·군수·구청장은 제3항에 따

라 선정된 수탁기관(이하 이 조에서 '수탁기관'이라 한다)과 위탁계약을 체결한 후 별지 제2호 서식의 보육정보센터 위탁계약증서를 교부하여야 한다. <개정 2005.6.23, 2006.5.12, 2008.3.3>

⑤ 수탁기관은 법인·단체 등의 대표자 또는 보육정보센터의 장, 법인의 정관이나 단체의 회칙 또는 규약의 변경 사유가 발생한 경우에는 별지 제3호 서식의 보육정보센터 위탁사항 변경신청서(전자문서로 된 신청서를 포함한다)에 다음의 서류(전자문서를 포함한다)를 첨부하여 보건복지가족부장관, 시·도지사 또는 시장·군수·구청장에게 제출하여야 한다. <개정 2005.6.23, 2006.5.12, 2008.3.3>

1. 변경사유서
2. 대표자 경력사항(대표자가 변경되는 경우에 한한다)
3. 보육정보센터장의 자격 및 경력을 증명하는 서류(보육정보센터장이 변경되는 경우에 한한다)
4. 법인의 정관이나 단체의 회칙 또는 규약(정관·회칙 또는 규약이 변경되는 경우에 한한다)
5. 보육정보센터 위탁계약증서

제4조 (보육실태조사의 방법 및 내용)
① 법 제9조의 규정에 의하여 보건복지가족부장관이 실시하는 보육실태조사는 가구조사와 보육시설조사로 구분한

다. <개정 2005.6.23, 2008.3.3>
② 제1항의 규정에 의한 가구조사에는 다음의 사항이 포함되어야 한다. <개정 2005.6.23, 2008.3.3>

1. 가구 및 영유아의 특성에 관한 사항
2. 보육시설 이용현황
3. 보육시설 이용 시 만족도 및 요구사항
4. 그 밖에 향후 보육시설 이용계획 등 보육시설의 이용과 관련하여 보건복지가족부장관이 정하는 사항

③ 제1항의 규정에 의한 보육시설조사에는 다음의 사항이 포함되어야 한다. <개정 2005.6.23, 2008.3.3>

1. 보육시설의 환경 및 설비
2. 보육시설종사자의 실태에 관한 사항
3. 보육시설의 지역별·유형별 분포
4. 보육시설의 정·현원에 관한 사항
5. 보육내용 및 보육비용에 관한 사항
6. 그 밖에 보육시설 이용 영유아의 건강·영양 및 안전관리에 관한 사항 등 보육시설 운영에 관하여 보건복지가족부장관이 필요하다고 인정하는 사항

제4조의2 (보육시설의 설치 전 상담) 법 제13조제1항 및 법 제14조제1항의 규정에 의하여 보육시설을 설치하

고자 하는 자는 해당 지역의 보육 수요 등 지역적 여건과 보육시설 설치기준 등에 대하여 관할 시장·군수·구청장과 미리 상담할 수 있다. 이 경우 관할 시장·군수·구청장은 이에 적극 협조하여야 한다. [본조신설 2005.12.12]

제5조 (보육시설의 설치인가 등)
① 법 제13조제1항 및 법 제14조제1항의 규정에 의하여 보육시설의 설치인가를 받고자 하는 자는 별지 제4호 서식의 보육시설 인가신청서(전자문서로 된 신청서를 포함한다)에 다음의 서류(전자문서를 포함한다)를 첨부하여 관할 시장·군수·구청장에게 제출하여야 한다. <개정 2005.12.12, 2006.5.12>
  1. 법인의 정관 및 출연금 등에 관한 서류(법인인 경우에 한한다)
  2. 단체의 회칙 또는 규약(단체인 경우에 한한다)
  3. 임대차계약서(부동산을 임차하는 경우에 한한다)
  4. 시설의 구조별 면적이 표시된 평면도와 시설 및 설비 목록
  5. 보육시설의 장의 자격을 증명하는 서류
  6. 보육시설종사자의 채용계획서
  7. 보육시설 운영계획서(운영경비와 유지방법을 포함한다)
  8. 설립자가 개인인 경우 경비의 지급 및 변제 능력에 관한 서류
  9. 인근 놀이터 이용계획서(영유아 50인 이상의 시설로서 옥외놀이터나 옥내놀이터를 설치하지 아니하는 경우에 한한다)
  10. 「전기사업법」 제66조의2의 규정에 의한 전기안전점검서 및 「도시가스사업법」 제15조제5항 및 「액화석유가스의안전관리및사업법」 제29조제2항의 규정에 의한 가스안전점검서
② 제1항에 따른 신청을 받은 담당공무원은 건축물대장등본(부동산을 임차하는 경우를 제외한다)과 법인등기부등본(법인인 경우에 한한다)의 내용을 「전자정부구현을위한행정업무등의전자화촉진에관한법률」 제21조제1항에 따른 행정정보의 공동이용을 통하여 확인하여야 한다. 다만, 신청인이 확인에 동의하지 아니하는 경우에는 당해 서류를 첨부하도록 하여야 한다. <신설 2006.5.12>
③ 제1항의 규정에 의하여 인가신청서를 받은 시장·군수·구청장은 보육시설이 제9조의 규정에 의한 설치기준에 적합한지의 여부 및 해당 지역의 보육수요를 확인한 후 인가 여부를 결정하고, 인가를 하는 때에는 별지 제5호 서식의 보육시설인가증을 신청인에게 교부하여야 한다. 이 경우 보육시설이

설치기준에 적합한지의 여부는 현장에서 확인하여야 한다. <개정 2006.5.12>

④ 제3항에 따라 보육시설의 설치인가를 받아 보육시설을 운영하는 자는 보육시설의 대표자 또는 보육시설의 장, 보육시설의 종류·명칭·소재지 또는 보육정원을 변경하고자 하는 때에는 법 제13조제2항의 규정에 의하여 별지 제6호 서식의 보육시설 변경인가신청서(전자문서로 된 신청서를 포함한다. 이하 같다)에 다음의 서류(전자문서를 포함한다)를 첨부하여 시장·군수·구청장에게 제출하여야 한다. <개정 2005.12.12, 2006.5.12>

1. 법인의 이사회 회의록(법인의 대표자가 변경되는 경우에 한한다)

1의2. 삭제 <2006.5.12>

2. 변경되는 대표자가 개인인 경우 경비의 지급 및 변제 능력에 관한 서류

3. 변경시설의 평면도(소재지 또는 보육정원의 변경 등으로 시설의 변경이 있는 경우에 한한다)

4. 보육시설의 장의 자격을 증명하는 서류(보육시설의 장이 변경되는 경우에 한한다)

5. 시설 및 재산에 관한 사용·처분계획서(소재지가 변경되는 경우에 한한다)

6. 보육영유아에 대한 조치계획서

(소재지가 변경되는 경우에 한한다)

7. 보육시설인가증

⑤ 제4항에 따른 신청을 받은 담당공무원은 건축물대장등본(소재지 또는 보육정원의 변경 등으로 시설의 변경이 있는 경우에 한한다)의 내용을 「전자정부구현을위한행정업무등의전자화촉진에관한법률」 제21조제1항에 따른 행정정보의 공동이용을 통하여 확인하여야 한다. 다만, 신청인이 확인에 동의하지 아니하는 경우에는 당해 서류를 첨부하도록 하여야 한다. <신설 2006.5.12>

⑥ 시장·군수·구청장은 제4항에 따른 변경인가신청서를 받은 때에는 변경사항을 확인한 후 변경인가 여부를 결정하여야 하고, 변경인가를 한 때에는 그 내용을 보육시설인가증에 기재하여 신청인에게 교부하여야 한다. <개정 2006.5.12>

⑦ 시장·군수·구청장은 보육시설의 설치 및 운영현황을 매 반기 종료 후 1월 이내에 시·도지사를 거쳐 보건복지가족부장관에게 보고하여야 한다. <개정 2005.6.23, 2006.5.12, 2008.3.3>

제5조의2 (인가증의 게시) 제5조제2항의 규정에 의하여 보육시설의 설치인가를 받은 자는 보육시설 방문자 등이 볼 수 있는 곳에 보육시설인가증을 게시하여야 한다.
[본조신설 2005.12.12]

제6조 (공동보육시설의 설치) 법 제14
조제1항의 규정에 의하여 사업주
공동으로 직장보육시설을 설치·
운영하는 때에는 보육시설의 설
치·관리 및 운영에 관한 업무를
협의하기 위하여 조합 또는 협의
체를 구성할 수 있다.

제7조 (직장보육시설의 위탁) 법 제14
조제1항의 규정에 의하여 직장보
육시설을 설치할 수 없는 사업주
가 지역의 보육시설과 위탁계약을
체결하는 때에는 위탁기간·보육
비용 등을 정하여 위탁계약을 체
결하여야 한다.

제8조 (보육수당의 지급) 법 제14조제1
항의 규정에 의한 보육수당은 정
부 보육료 지원단가의 100분의 50
이상으로 한다.

제9조 (보육시설의 설치기준) 법 제15
조의 규정에 의한 보육시설의 설
치기준은 별표 1과 같다.

제10조 (보육시설종사자의 배치기준)
법 제17조제2항의 규정에 의한 보
육시설종사자의 배치기준은 별표
2와 같다.

제11조 (보육시설종사자의 임면)
① 보육시설의 장은 법 제19조제2항의
규정에 의하여 보육시설종사자의 임면
사항을 14일 이내에 시장·군수·구청
장에게 별지 제7호 서식의 인사기록카
드 사본을 첨부하여 보고하여야 한다.
② 제1항의 규정에 의하여 보육시설종
사자 임면사항을 보고받은 시장·군
수·구청장은 신원조회 등을 통하여
보육시설종사자가 법 제20조 각 호의
결격사유에 해당되는지 여부를 확인하
여야 한다.
③ 제1항 및 제2항에 규정된 것 외에
임면권자가 보육시설종사자를 임면할
때의 원칙은 별표 3과 같다.

제12조 (보육관련 교과목 및 학점 등)
① 법 제21조제2항제1호의 규정에 의
하여 보육교사자격을 취득하기 위하여
「고등교육법」 제2조의 규정에 의한 대
학(전문대학을 포함한다) 또는 이와 동
등 이상의 학교(이하 '대학 등'이라 한
다)에서 이수하여야 하는 보육관련 교
과목 및 학점은 별표 4와 같다.
② 법 제21조제2항제2호의 규정에 의
하여 보육교사자격을 취득하기 위하여
교육훈련시설에서 이수하여야 하는 교
육과정은 별표 5와 같다.

제13조 (교육훈련시설의 지정 등)
① 법 제21조제2항제2호의 규정에 의
한 교육훈련시설은 보육교사의 양성
등을 위하여 대학 등에 일정한 시설

및 교수요원을 갖추어 설치된 시설 중에서 시·도지사가 법 제6조의 규정에 의한 지방보육정책위원회의 심의를 거쳐 교육훈련시설로 지정한 시설을 말한다.

② 제1항의 규정에 의한 교육훈련시설로 지정받고자 하는 대학 등은 별지 제8호 서식의 교육훈련시설 지정신청서(전자문서로 된 신청서를 포함한다)에 다음의 서류(전자문서를 포함한다)를 첨부하여 시·도지사에게 제출하여야 한다. <개정 2006.5.12>

  1. 법인의 정관 및 출연금 등에 관한 서류

  2. 임대차계약서(부동산을 임차하는 경우에 한한다)

  3. 시설의 구조별 면적이 표시된 평면도와 시설 및 설비 목록

  4. 교육훈련시설의 장과 교수요원의 자격 및 경력을 증명하는 서류

  5. 교육훈련 계획서 및 예산서

③ 제2항에 따른 신청을 받은 담당공무원은 법인등기부등본과 건축물대장등본(부동산을 임차하는 경우를 제외한다)의 내용을 「전자정부구현을위한행정업무등의전자화촉진에관한법률」제21조제1항에 따른 행정정보의 공동이용을 통하여 확인하여야 한다. 다만, 신청인이 확인에 동의하지 아니하는 경우에는 당해 서류를 첨부하도록 하여야 한다. <신설 2006.5.12>

④ 제2항의 규정에 의한 지정신청서를 받은 시·도지사가 지방보육정책위원회의 심의를 거쳐 교육훈련시설로 지정한 경우에는 별지 제9호 서식의 교육훈련시설지정서를 교부하여야 한다. <개정 2006.5.12>

제14조 (교육훈련시설의 설치기준 등)

① 제13조제1항의 규정에 의한 교육훈련시설의 장은 학사 이상의 학위소지자로서 보육 또는 교육업무에 10년 이상 종사한 경력이 있어야 한다.

② 교육훈련시설의 시설기준과 교육훈련시설이 갖추어야 하는 교수요원의 수 및 자격기준은 별표 6과 같다.

제15조 (교육훈련시설의 변경사항)

① 교육훈련시설의 장이나 대표자, 명칭 또는 소재지가 변경된 경우 교육훈련시설의 대표자는 별지 제10호 서식의 교육훈련시설 지정사항 변경신청서(전자문서로 된 신청서를 포함한다)에 다음의 서류(전자문서를 포함한다)를 첨부하여 시·도지사에게 제출하여야 한다. <개정 2006.5.12>

  1. 교육훈련시설의 장의 자격 및 경력을 증명하는 서류(교육훈련시설의 장이 변경되는 경우에 한한다)

  2. 임대차계약서(소재지가 변경된 경우로서 부동산을 임차하는 경우에

한한다)

3. 시설의 구조별 면적이 포함된 평면도와 시설 및 설비 목록(소재지가 변경되는 경우에 한한다)

4. 교육훈련시설지정서

② 제1항에 따른 신청을 받은 담당공무원은 건축물대장등본(소재지가 변경되는 경우에 한하며, 부동산을 임차하는 경우를 제외한다)의 내용을 「전자정부구현을위한행정업무등의전자화촉진에관한법률」 제21조제1항에 따른 행정정보의 공동이용을 통하여 확인하여야 한다. 다만, 신청인이 확인에 동의하지 아니하는 경우에는 당해 서류를 첨부하도록 하여야 한다. <신설 2006.5.12>

제16조 (교육훈련시설 지정의 취소)

① 시·도지사는 다음 각 호의 어느 하나에 해당하는 사유가 발생한 경우에는 교육훈련시설의 지정을 취소할 수 있다.

1. 교육훈련시설의 시설기준, 교수요원의 수 및 자격기준이 별표 6에서 정하는 기준에 미달한 경우

2. 교육훈련시설로 지정받은 후 1년 이내에 교육훈련을 실시하지 아니한 경우

3. 교육훈련 자격 미달자에게 교육을 실시하고 수료증을 발급하거나 교육수료 인정기준 미달자에게 수료증을 발급한 경우

4. 교육훈련시설을 1년 이상 휴지하거나 폐지하는 경우

② 시·도지사는 제1항의 규정에 의하여 교육훈련시설의 지정을 취소하고자 하는 경우에는 청문을 실시하여야 한다.

제17조 (보육시설의 장 또는 보육교사의 자격의 검정)

① 법 제22조에 따른 보육시설의 장 또는 보육교사의 자격검정은 무시험검정으로 하되, 영 별표 1에 따른 보육시설의 장 또는 보육교사의 자격기준에 따라 서류심사에 의하여 이를 행한다.

② 보육교사에 대한 자격검정은 다음 각 호의 기준에 해당하는 경우를 각각 합격으로 한다.

1. 대학 등을 졸업한 자: 별표 4에 따른 보육관련 교과목을 12과목 이상, 35학점 이상 취득한 경우

2. 교육훈련시설의 교육과정을 수료한 자: 별표 5에 따른 교과목을 25과목 이상, 65학점 이상을 취득하고, 각 과목당 평가점수가 70점 이상인 경우

3. 법 제23조제2항에 따른 승급교육을 받은 자: 80시간 이상 교육을 받고 평가시험에서 80점 이상을 획득한 경우

③ 제1항 및 제2항 외에 보육시설의 장 또는 보육교사의 자격검정 절차 등

에 관하여 필요한 사항은 보건복지가족부장관이 정한다. <개정 2008.3.3>
[전문개정 2006.4.13]

제18조 (자격증의 교부 등)

① 법 제22조에 따라 보육시설의 장 또는 보육교사의 자격을 검정받고 보육시설의 장 또는 보육교사의 자격증(이하 '자격증'이라 한다)을 교부받고자 하는 자는 별지 제11호 서식의 자격증 교부신청서(전자문서로 된 신청서를 포함한다)에 다음의 서류(전자문서를 포함한다)를 첨부하여 보육시설의 장 또는 보육교사의 자격검정 및 자격증 교부에 관한 업무를 위탁받은 연구기관이나 법인 또는 단체(이하 '자격증업무 담당기관'이라 한다)에 제출하여야 한다. <개정 2006.4.13>

　1. 공통제출서류: 사진(6월 이내에 촬영한 탈모정면 상반신 반명함판) 2매
　2. 보육시설의 장: 자격증 사본, 경력증명서, 졸업증명서, 성적증명서 등 보육시설의 장의 자격을 입증할 수 있는 서류 일체
　3. 보육교사: 졸업증명서, 성적증명서, 보육실습확인서(1998년 3월 이후 졸업한 자에 한한다), 교육훈련시설 수료증(해당자에 한한다), 보수교육 이수증명서(승급자에 한한다), 경력증명서 등 보육교사 자격

을 증명하는 서류 일체

② 제1항의 규정에 의하여 자격증을 교부받은 자가 그 자격증을 분실하거나 훼손하여 자격증을 재교부받고자 하는 때에는 별지 제12호 서식의 자격증 재교부신청서(전자문서로 된 신청서를 포함한다)에 다음의 서류(전자문서를 포함한다)를 첨부하여 자격증업무 담당기관에 제출하여야 한다. <개정 2006.4.13>

　1. 자격증(훼손된 경우에 한한다) 1부
　2. 사진(6월 이내에 촬영한 탈모정면 상반신 반명함판) 2매

③ 제1항의 규정에 의한 자격증은 별지 제12호의2서식에 의한다. <신설 2005.12.12>

제19조 (수수료) 법 제22조제2항의 규정에 의하여 자격증을 교부 또는 재교부받고자 하는 자가 납부하여야 하는 수수료는 1만 원으로 한다.

제20조 (보수교육의 실시)

① 법 제23조제2항의 규정에 의한 직무교육은 보육에 필요한 지식과 능력을 유지·개발하기 위하여 보육시설종사자가 정기적으로 받는 교육으로서 교육시간은 40시간을 원칙으로 한다.

② 법 제23조제2항의 규정에 의한 승급교육은 보육교사가 3급에서 2급 또는 2급에서 1급으로 승급하기 위하여 필요한 교육으로서 교육시간은 80시간

을 원칙으로 한다.

③ 제1항 및 제2항의 규정에 의한 보수교육의 내용은 보육기초, 발달 및 지도, 영유아교육, 영유아의 건강·영양 및 안전, 가족 및 지역사회 협력, 보육사업의 운영에 관한 영역이 포함되도록 하되, 그 구체적인 내용은 보건복지가족부장관이 정한다. <개정 2005.6.23, 2008.3.3>

④ 제1항 및 제2항의 규정에 의한 직무교육 및 승급교육의 대상자, 교육평가, 교육비 등에 관한 구체적인 내용은 별표 7과 같다.

⑤ 시·도지사는 매년 2월 말까지 보수교육의 수요를 파악하여 보수교육계획을 수립하여야 한다.

제21조 (보수교육 실시의 위탁)

① 법 제23조제3항의 규정에 의하여 시·도지사가 보수교육의 실시를 위탁할 수 있는 전문기관은 다음과 같다.

　1. 법 제21조제2항제2호의 규정에 의한 교육훈련시설

　2. 「정부출연연구기관등의설립·운영및육성에관한법률」에 의하여 설립된 정부출연연구기관

　3. 보육관련 비영리법인·단체

② 시·도지사가 제1항의 규정에 의하여 보수교육의 실시를 위탁하고자 하는 경우에는 미리 위탁의 기준, 절차 및 방법 등을 자체 게시판이나 인터넷 홈페이지 등을 이용하여 공고하

여야 한다.

③ 제1항의 규정에 의하여 보수교육의 실시를 위탁받고자 하는 자는 교육에 필요한 시설과 교육과정을 갖추고 별지 제13호 서식의 보수교육 위탁신청서(전자문서로 된 신청서를 포함한다)에 다음의 서류(전자문서를 포함한다)를 첨부하여 시·도지사에게 제출하여야 한다.

　1. 교육과정 운영계획서

　2. 보수교육의 실시에 필요한 교수요원의 자격 및 경력을 증명하는 서류

④ 제3항의 규정에 의한 위탁신청서를 받은 시·도지사는 매년 3월 말까지 지방보육정책위원회의 심의를 거쳐 보수교육 수탁기관을 결정하여 위탁계약을 체결한 후 별지 제14호 서식의 보수교육기관 위탁계약증서를 교부하여야 한다.

제22조 (보수교육 실시위탁의 취소) 시·도지사는 제21조제1항의 규정에 의한 보수교육 수탁기관이 다음 각 호의 어느 하나에 해당하는 경우에는 보수교육 실시의 위탁을 취소할 수 있다.

　1. 법 제36조 및 영 제24조의 규정에 의한 보조금을 목적 외에 사용한 경우

　2. 법 제36조 및 영 제24조의 규정에 의한 보조금을 허위 그 밖의 부

정한 방법으로 교부받은 경우

3. 제21조의 규정에 의한 보수교육의 실시기준에 위반하여 보수교육을 실시한 경우

4. 교육자격 미달자에게 보수교육을 실시하고 수료증을 발급하거나, 교육수료 인정기준 미달자에게 수료증을 발급한 경우

제23조 (보육시설의 운영기준) 법 제24조제1항의 규정에 의한 보육시설의 운영기준은 별표 8과 같다.

제24조 (국·공립 보육시설의 운영위탁) ① 보건복지가족부장관, 시·도지사 또는 시장·군수·구청장이 법 제24조제2항의 규정에 의하여 국·공립보육시설의 운영을 위탁하고자 하는 경우 미리 위탁의 기준, 절차 및 방법 등을 자체 게시판이나 인터넷 홈페이지 등을 이용하여 공고하여야 한다. <개정 2005.6.23, 2008.3.3>

② 법 제24조제2항의 규정에 의하여 국·공립보육시설의 운영을 위탁받고자 하는 자는 별지 제15호 서식의 보육시설 위탁신청서(전자문서로 된 신청서를 포함한다)에 다음의 서류(전자문서를 포함한다)를 첨부하여 보건복지가족부장관, 시·도지사 또는 시장·군수·구청장에게 제출하여야 한다. <개정 2005.6.23, 2005.12.12, 2006.5.12, 2008.3.3>

1. 법인의 정관 및 출연금 등에 관한 서류(법인인 경우에 한한다)

2. 단체의 회칙 또는 규약(단체인 경우에 한한다)

3. 개인인 경우 경비의 지급 및 변제능력에 관한 서류

4. 보육시설의 장과 대표자의 자격 및 경력을 증명하는 서류

5. 보육시설 운영계획서(운영경비와 유지방법을 포함한다)

③ 제2항에 따른 신청을 받은 담당공무원은 신청인이 법인인 경우 법인등기부등본의 내용을 「전자정부구현을위한행정업무등의전자화촉진에관한법률」 제21조제1항에 따른 행정정보의 공동이용을 통하여 확인하여야 한다. 다만, 신청인이 확인에 동의하지 아니하는 경우에는 당해 서류를 첨부하도록 하여야 한다. <신설 2006.5.12>

④ 제2항의 규정에 의하여 위탁신청서를 받은 보건복지가족부장관, 시·도지사 및 시장·군수·구청장은 보육정책위원회의 심의를 거쳐 수탁기관을 결정하여 위탁계약을 체결한 후 별지 제16호 서식의 보육시설 위탁계약 증서를 교부하여야 한다. <개정 2005.6.23, 2006.5.12, 2008.3.3>

⑤ 제4항에 따른 보육정책위원회의 심의항목에는 보육관련사업 운영실적, 수탁자의 공신력 및 재정능력, 보육시

설 운영계획, 대표자 및 보육시설의 장의 전문성 등이 포함되어야 한다. <개정 2006.5.12>

⑥ 보건복지가족부장관, 시·도지사 및 시장·군수·구청장은 기존 수탁자에 대하여 제5항에 따른 보육관련사업 운영실적 등을 고려하여 보육정책위원회의 심사를 거쳐 재위탁할 수 있다. <개정 2005.6.23, 2006.5.12, 2008.3.3>

⑦ 수탁자는 보육시설의 대표자 또는 보육시설의 장이나, 보육시설의 명칭을 변경하는 경우 별지 제17호 서식의 보육시설 위탁사항 변경신청서(전자문서로 된 신청서를 포함한다)에 다음의 서류를 첨부하여 보건복지가족부장관, 시·도지사 또는 시장·군수·구청장에게 제출하여야 한다. <개정 2005.6.23, 2006.5.12, 2008.3.3>

　1. 변경사유서
　2. 보육시설의 장의 자격을 증명하는 서류(보육시설의 장을 변경하는 경우에 한한다)

⑧ 보육시설의 운영위탁에 관한 구체적인 사항은 국립보육시설의 경우 보건복지가족부장관이 정하고, 공립보육시설의 경우 지방자치단체의 조례로 정한다. <개정 2005.6.23, 2006.5.12, 2008.3.3>

제25조 (국·공립보육시설 운영위탁의 취소) 보건복지가족부장관, 시·도

지사 또는 시장·군수·구청장은 수탁자가 다음 각 호의 어느 하나에 해당하는 경우에는 보육시설의 운영 위탁을 취소할 수 있다. <개정 2005.6.23, 2006.11.10, 2008.3.3>

1. 법 제26조제1항의 규정에 의한 취약보육을 우선적으로 실시하지 아니하거나 법 제28조의 규정에 의한 저소득층 자녀 등의 우선보육을 실시하지 아니한 경우
2. 법 제31조의 규정에 의한 건강진단실시 또는 응급조치 등을 이행하지 아니한 경우
3. 법 제36조 및 영 제24조의 규정에 의한 보조금을 목적 외에 사용한 경우
4. 법 제36조 및 영 제24조의 규정에 의한 보조금을 허위 그 밖의 부정한 방법으로 교부받은 경우
5. 보육대상 영유아를 방임하거나 학대하는 등 「아동복지법」 제29조의 금지행위를 한 경우
6. 운영위탁 계약서상의 계약내용을 위반한 경우
7. 법 제45조의 규정에 의한 운영정지처분을 받은 경우
8. 법 제46조의 규정에 의한 자격정지처분을 받은 경우

제26조 (보육시설운영위원회의 구성·운영)

① 법 제25조제1항에 따라 설치되는 보육시설운영위원회(이하 '운영위원회'라 한다)의 위원장은 당해 보육시설 종사자가 아닌 위원 중에서 호선한다.
② 운영위원회의 회의는 공개함을 원칙으로 한다.
③ 이 규칙에서 정한 사항 외에 운영위원회의 구성·운영에 관하여 필요한 사항은 보건복지가족부장관이 정한다. <개정 2008.3.3>
[전문개정 2006.4.13]

제27조 삭제 <2006.4.13>

제28조 (취약보육의 종류)
① 법 제26조제1항의 규정에 의한 취약보육은 다음 각 호의 보육을 포함한다. <개정 2005.12.12, 2007.12.28>
　　1. 영아보육: 만 3세 미만의 영아를 대상으로 보육서비스를 제공하는 것
　　2. 장애아보육: 「장애인복지법」 제32조에 따라 장애인으로 등록된 영유아 등에게 보육서비스를 제공하는 것
　　3. 시간연장형보육: 기준 보육시간 외에 시간을 연장하여 보육서비스를 제공하는 것
② 취약보육의 정원책정 등 취약보육에 대한 구체적인 사항은 보건복지가족부장관이 정한다. <개정 2005.6.23,

2008.3.3>

제29조 (보육의 우선 제공) ① 법 제28조제1항제4호에서 '보건복지가족부령이 정하는 장애등급 이상에 해당하는 자'라 함은 「장애인복지법 시행규칙」 별표 1의 장애등급 중 다음 각 호의 등급에 해당하는 자를 말한다. <개정 2008.3.3>
　　1. 장애등급이 1급 또는 2급인 자
　　2. 3급인 정신지체인 또는 발달장애(자폐증)인으로서 다른 장애가 중복된 자
② 법 제28조제1항제5호에서 '보건복지가족부령이 정하는 자의 자녀'라 함은 다음 각 호의 자를 말한다. <개정 2008.3.3>
　　1. 「아동복지법」 제14조에 따른 아동복지시설에서 생활 중인 영유아
　　2. 부모가 모두 취업 중인 영유아
[전문개정 2006.4.13]

제30조 (보육과정) 법 제29조제2항 및 제4항에 따른 표준보육과정은 별표 8의2와 같다.
[전문개정 2006.11.10]

제31조 (평가인증의 실시)
① 보건복지가족부장관은 법 제30조제3항의 규정에 의하여 보육정책위원회의 심의를 거쳐 운영체계·평가지표·수수료 등 보육시설의 평가인증에

관하여 필요한 사항을 정한다. <개정 2005.6.23, 2008.3.3>

② 제1항의 규정에 의한 평가지표에는 보육환경, 보육과정 운영, 보육교사와 보육영유아간의 일상적 상호작용, 영유아의 건강·영양 및 안전, 보육인력의 전문성, 보육시설 운영관리, 가족 및 지역사회와의 연계 등이 포함되어야 한다.

③ 법 제30조제1항의 규정에 의한 평가인증을 받고자 하는 자는 보건복지가족부장관에게 평가인증을 신청하여야 한다. <개정 2005.6.23, 2008.3.3>

④ 평가인증의 절차 및 서식 등에 관한 구체적인 사항은 보건복지가족부장관이 정한다. <개정 2005.6.23, 2008.3.3>

제32조 (평가인증 수수료) 보건복지가족부장관은 법 제30조제4항의 규정에 의하여 평가인증을 받고자 하는 보육시설이 납부하여야 하는 수수료를 매년 정하여 고시하여야 한다. <개정 2005.6.23, 2008.3.3>

제33조 (건강진단)

① 법 제31조제1항의 규정에 의하여 보육시설의 장은 보육하고 있는 영유아 및 보육시설종사자(가정보육시설의 경우 보육시설에서 함께 거주하는 자를 포함한다)에 대하여 1년에 1회 이상 건강진단을 실시하여야 한다. 다만, 보호자가 별도로 건강검진을 실시하여

검사 결과 통보서를 제출한 영유아에 대한 건강진단은 이를 생략할 수 있다. <개정 2006.4.13>

② 영유아의 건강진단 항목에는 신체계측·시력검사·구강검사 등 영유아 발달단계에 따라 필요한 항목이 포함되어야 한다.

③ 보육시설종사자의 건강진단 항목에는 결핵 등 전염성 질환이 포함되어야 한다.

④ 보육시설의 장은 제1항의 규정에 의하여 건강진단을 실시한 결과 치료를 요하는 영유아에 대하여는 그 보호자와 협의하여 필요한 조치를 하여야 한다.

⑤ 보육시설의 장은 제1항의 규정에 의한 건강진단을 실시한 결과 전염성 질환에 감염된 것으로 밝혀지거나 의심되는 영유아 및 보육시설 거주자는 보육시설로부터 격리시키고, 전염성 질환에 감염된 것으로 밝혀지거나 의심되는 보육시설종사자는 즉시 휴직시키거나 면직시키는 등의 조치를 하여야 한다.

제34조 (급식관리)

① 법 제33조의 규정에 의한 급식은 영유아가 필요한 영양을 섭취할 수 있도록 영양사가 작성한 식단에 의하여 공급하여야 한다. 이 경우 영양사(5개 이내의 보육시설이 공동으로 두는 영

양사를 포함한다)를 두고 있지 아니한 100인 미만의 영유아를 보육하고 있는 보육시설은 보육정보센터·보건소 등에 근무하는 영양사의 지도를 받아 식단을 작성하여야 한다.

② 영유아에 대한 급식은 보육시설에서 직접 조리하여 공급하는 것을 원칙으로 한다.

제35조 (보육료 지원대상) 법 제34조제1항의 규정에 의하여 국가 또는 지방자치단체가 보육에 필요한 비용을 부담하여야 하는 가정의 소득수준 및 보조범위는 재산 등을 고려하여 보건복지가족부장관이 매년 정한다. <개정 2005.6.23, 2008.3.3>

제36조 (보육시설의 폐지·휴지)

① 법 제43조제1항의 규정에 의하여 보육시설을 폐지 또는 휴지(휴지기간은 1년 이내에 한한다)하고자 하는 자는 폐지 또는 휴지 2월 전까지 별지 제18호 서식의 보육시설 폐지 또는 휴지신고서(전자문서로 된 신고서를 포함한다)에 다음의 서류(전자문서를 포함한다)를 첨부하여 시장·군수·구청장에게 제출하여야 하고, 이를 보육시설종사자 및 부모 등 보호자에게 알려주어야 한다.

1. 보육 영유아에 대한 전원조치 계획서

2. 시설의 재산에 관한 사용 또는 처분계획서(부동산을 임차한 경우를 제외한다)

3. 보육시설 인가증 또는 신고증(보육시설을 폐지하는 경우에 한한다)

4. 보육시설종사자의 인사기록카드(보육시설을 폐지하는 경우에 한한다)

② 시장·군수·구청장은 제1항의 규정에 의한 폐지 또는 휴지신고를 받은 경우에는 법 제43조제2항의 규정에 의하여 보육 영유아에 대한 전원조치가 이루어지는지 여부를 확인하여야 한다.

제37조 (보육시설 운영의 재개) 보육시설을 휴지하였던 자가 법 제43조제1항의 규정에 의하여 보육시설의 운영을 재개하고자 하는 경우에는 별지 제18호 서식의 보육시설 재개신고서(전자문서로 된 신고서를 포함한다)를 시장·군수·구청장에게 제출하여야 한다.

제38조 (보육시설에 대한 행정처분)

① 법 제45조제2항에 의한 보육시설에 대한 행정처분의 세부기준은 별표 9와 같다.

② 제1항의 규정에 의한 행정처분이 운영정지에 해당하는 경우 시장·군수·구청장은 위반행위의 동기·내용 및 횟수 등을 참작하여 제1항의 규정에 의한 운영정지기간의 2분의 1의 범

위 안에서 이를 가중하거나 감경할 수 있되, 가중하는 때에도 운영정지 총기간은 1년을 초과할 수 없다.

③ 시장·군수·구청장은 보육시설이 운영정지 또는 폐쇄되는 경우에는 보육시설에 보육 중인 영유아를 다른 보육시설로 옮기도록 하는 등 영유아의 권익을 보호하기 위하여 필요한 조치를 취하여야 한다.

제39조 (보육시설의 장 및 보육교사에 대한 행정처분)

① 시장·군수·구청장은 지방보육정책위원회의 심의를 거쳐 법 제46조 및 제47조에 따른 보육시설의 장 및 보육교사의 자격정지기간을 결정하여야 한다. <개정 2006.4.13>

② 제1항의 규정에 의한 보육시설의 장 및 보육교사에 대한 행정처분의 세부기준은 별표 10과 같다. 다만, 시장·군수·구청장은 위반행위의 동기·내용 및 횟수 등을 참작하여 제1항에 따른 자격정지기간의 2분의 1의 범위 안에서 이를 가중하거나 감경할 수 있되, 가중하는 때에도 자격정지의 총 기간은 1년을 초과할 수 없다. <개정 2006.4.13>

③ 보육시설의 대표자는 보육시설의 장이 자격정지된 기간 동안 그 직을 대리할 보육시설의 장을 두어야 하고, 보육시설의 장은 보육교사의 자격이 정지된 기간 동안 그 업무를 대행할 보육교사를 채용하여야 한다. <개정 2006.4.13>

제40조 (도서·벽지·농어촌 등의 보육시설)

① 법 제52조의 규정에 의하여 보육시설의 설치기준 및 보육시설종사자의 배치기준을 달리 적용할 수 있는 지역은 다음과 같다. <개정 2005.6.23, 2008.3.3>

1. 「도서·벽지교육진흥법」 제2조의 규정에 의한 도서·벽지

2. 행정구역상 면지역

3. 그 밖에 보건복지가족부장관이 정하는 농어촌 지역

② 시장·군수·구청장이 법 제52조의 규정에 의하여 제1항의 규정에 의한 도서·벽지·농어촌 등의 지역에 대하여 지방보육정책위원회의 심의를 거쳐 달리 적용할 수 있는 보육시설의 설치기준 및 보육시설종사자의 배치기준의 종류는 다음과 같다.

1. 보육시설의 규모에 관한 사항 중 최소 보육인원에 관한 사항

2. 보육교사 1인당 담당 영유아수

제41조 (보육시설연합회의 조직)

① 법 제53조의 규정에 의한 보육시설연합회(이하 '연합회'라 한다)의 회원자격은 보육시설의 장으로 한다.

② 연합회는 업무를 효율적으로 수행하

기 위하여 연합회에 보육시설의 종류별로 다음의 분과위원회를 두되, 각 분과위원회의 위원 수는 20인 이내로 한다.

1. 국·공립보육시설 분과위원회
2. 법인보육시설 분과위원회
3. 직장보육시설 분과위원회
4. 가정보육시설 분과위원회
5. 부모협동보육시설 분과위원회
6. 민간보육시설 분과위원회

제42조 (연합회의 기능) 연합회는 다음의 기능을 수행할 수 있다.

1. 보육에 관한 자료수집 및 홍보
2. 영유아의 권익보호
3. 보육시설종사자의 복리증진
4. 그 밖에 보육시설간의 국제교류 등 연합회의 목적달성에 필요한 사항

제43조 (연합회의 임원)
① 연합회에는 임원으로 회장 1인 및 부회장 6인을 포함한 20인 이상 40인 이하의 이사와 감사 4인을 둔다.
② 연합회의 회장 및 부회장을 포함한 이사의 임기는 3년으로 하고, 감사의 임기는 2년으로 하되, 각각 1회에 한하여 연임할 수 있다. 다만, 임원의 사임 등의 사유로 새로이 선출된 임원의 임기는 전임임원의 잔여임기로 한다.
③ 제2항의 규정에 의한 임원의 선출방법, 그 자격요건 등에 관하여 필요한 사항은 연합회의 정관으로 정한다.

제44조 (과태료의 징수절차) 영 제27조 제4항의 규정에 의한 과태료의 징수절차에 관하여는 「국고금관리법 시행규칙」을 준용한다. 이 경우 납입고지서에는 이의방법 및 이의기간 등을 함께 기재하여야 한다.

부칙 <제14호, 2005.1.29>

제1조 (시행일) 이 규칙은 2005년 1월 30일부터 시행한다.

제2조 (보육시설 설치기준에 관한 경과조치)
① 이 규칙 시행 당시 종전의 규정에 의하여 설치된 보육시설은 이 규칙 시행일부터 5년 이내(비상재해대비시설은 1년 이내)에 별표 1에 의한 설치기준 중 시설의 구조 및 설비 기준을 갖추어야 한다. 다만, 보육시설 및 보육실의 영유아(장애아를 포함한다) 1인당 면적에 대한 부분은 종전의 규정에 의하고, 2층 또는 3층에 보육실이 설치되어 있는 보육시설에 대하여는 1층에 보육실을 설치하도록 한 부분을 적용하지 아니한다.
② 제1항의 규정에 불구하고 이 규칙 시행 전에 설치된 보육시설을 증·개축하거나 다음 각 호의 어느 하나를 변경하고자 하는 경우에는 이 규칙에 의한 기준을 모두 갖추어야 한다.

1. 보육시설의 대표자. 다만, 「주택건설기준등에관한규정」 제55조제4항의 규정에 의하여 500세대 이상 공동주택단지에 의무적으로 설치되어 있는 보육시설로서 1층에 설치할 공간이 없는 등 불가피한 사유가 있는 것으로 여성부장관이 인정하는 설의 대표자가 변경되는 경우를 제외한다.

2. 보육시설의 종류

3. 보육시설의 소재지

4. 보육시설의 정원(증원되는 경우에 한한다)

제3조 (보육시설종사자의 배치기준에 관한 경과조치) 이 규칙 시행 당시 종전의 규정에 의하여 설치된 보육시설은 2006년 3월 1일까지 이 규칙에 의한 보육시설종사자 배치기준에 적합한 보육시설종사자를 확보하여야 한다.

제4조 (보육시설종사자 임면에 관한 경과조치) 보육시설의 장은 이 규칙 시행 당시 종전의 규정에 의하여 임용되어 있는 보육시설종사자에 대하여 이 규칙 시행일부터 6월 이내에 시장·군수·구청장에게 보고하여야 한다.

제5조 (교육훈련시설에 관한 경과조치)
① 이 규칙 시행 당시 종전의 규정에 의하여 위탁받은 교육훈련시설은 이 규칙에 의하여 교육훈련시설로 지정받은 것으로 본다. 다만, 교육훈련시설의 대표자가 변경되는 경우(대학 등의 경우를 제외한다)에는 지정이 취소된 것으로 본다.

② 제1항의 규정에 의하여 교육훈련시설로 지정받은 것으로 보는 교육훈련시설은 이 규칙 시행 이후 1년 이내에 제14조제2항에서 정하는 시설기준 및 교수요원의 수와 자격기준을 갖추어야 한다.

제6조 (교육훈련시설의 장의 자격에 관한 경과조치) 이 규칙 시행 당시 종전의 규정에 의하여 위탁받은 교육훈련시설의 장은 이 규칙에 의한 교육훈련시설의 장의 자격을 갖춘 것으로 보되, 이 규칙 시행일부터 1년 이내에 이 규칙에서 정한 자격을 갖추어야 한다.

제7조 (보수교육에 관한 경과조치) 이 규칙 시행 당시 종전의 규정에 의하여 보수교육을 받은 때에는 이 규칙에 의한 보수교육을 받은 것으로 본다.

제8조 (보육시설의 위탁에 관한 경과조치) 이 규칙 시행 당시 종전의 규정에 의하여 국·공립보육시설의 운영을 위탁받은 보육시설은 이 규칙에 의하여 위탁받은 것으로 본다.

제9조 (행정처분 등에 관한 경과조치) 이 규칙 시행 당시 종전의 규정에 의하여 행정기관 등이 행한 행위 또는 행정기관 등에 대한 행위는 이 규칙에 의하여 행정기관 등이 행하거나 행정기관 등에 대하여 행한 행위로 본다.

제10조 (다른 법령과의 관계) 이 규칙 시행 당시 다른 법령에서 종전의 규정을 인용한 경우 이 규칙 중 그에 해당하는 규정이 있는 때에는 종전의 규정에 갈음하여 이 규칙의 해당 조항을 인용한 것으로 본다.

부칙 (여성가족부 직제 시행규칙) <제1호, 2005.6.23>

제1조 (시행일) 이 규칙은 공포한 날부터 시행한다.

제2조 생략

제3조 (다른 법령의 개정) ① 내지 ⑥ 생략
⑦ 영유아보육법 시행규칙 일부를 다음과 같이 개정한다.
제3조제1항 각 호 외의 부분 본문·제2항·제3항·제4항 각 호 외의 부분, 제4조제1항·제2항제4호·제3항제6호, 제5조제5항, 제17조제5항, 제20조제3항, 제24조제1항·제2항 각 호 외의 부분 본문·제3항·제5항·제6항 각 호 외의 부분·제7항, 제25조 각 호 외의 부분, 제28조제2항, 제29조제3호, 제30조, 제31조제1항·제3항·제4항, 제32조, 제35조, 제40조제1항제3호, 별표 1의 제3호 가목(2)의 (가)①·(사)②, 별표 8의 제1호 바목의 (2), 별지 제1호 서식 앞쪽, 별지 제2호 서식, 별지 제3호 서식 앞쪽, 별지 제15호 서식 앞쪽, 별지 제16호 서식 및 별지 제17호 서식 중 '여성부장관'을 각각 '여성가족부장관'으로 한다.
별지 제1호 서식 뒤쪽, 별지 제3호 서식 뒤쪽 및 별지 제15호 서식 뒤쪽 중 '여성부'를 각각 '여성가족부'로 한다.

부칙 <제2호, 2005.12.12>

이 규칙은 공포한 날부터 시행한다. 다만, 제5조의2의 개정규정은 2006년 3월 1일부터 시행한다.

부칙 <제4호, 2006.4.13>

① (시행일) 이 규칙은 공포한 날부터 시행한다. 다만, 제17조·제18조·제39조·별표 3 및 별표 10의 개정규정은 2006년 12월 30일부터 시행한다.
② (보육시설장의 자격정지에 관한 경과조치) 이 규칙 시행 당시 종전의 규정에 의하여 업무정지처분을 받은 보

육시설장은 이 규칙에 의한 자격정지 처분을 받은 것으로 본다.

③ (서식의 개정에 따른 경과조치) 이 규칙 시행 당시 종전의 규정에 의하여 사용하던 서식은 2006년 12월 30일까지 이 규칙에 의한 서식과 함께 사용할 수 있다.

부칙 <제6호, 2006.5.12>

① (시행일) 이 규칙은 공포한 날부터 시행한다.

② (서식에 관한 경과조치) 이 규칙 시행 당시 종전의 규정에 의하여 작성되어 사용하던 서식은 계속 사용하되, 이 규칙에 의한 개정내용을 반영하여 사용하여야 한다.

부칙 (도로교통법 시행규칙) <제329호, 2006.5.30>

제1조 (시행일) 이 규칙은 2006년 6월 1일부터 시행한다.

제2조 내지 제7조 생략

제8조 (다른 법령의 개정) ① 내지 ⑨ 생략

⑩ 영유아보육법 시행규칙 일부를 다음과 같이 개정한다.
별표 8 제3호 다목 (1) 중 '11인승 이상 승합자동차'를 '9인승 이상 자동차'

로 하고, '제48조의4'를 '제52조'로 한다.
⑪ 내지 <16> 생략

부칙 <제11호, 2006.11.10>

이 규칙은 공포한 날부터 시행한다. 다만, 제25조제8호의 개정규정은 2006년 12월 30일부터 시행한다.

부칙 (장애인복지법 시행규칙) <제424호, 2007.12.28>

제1조 (시행일) 이 규칙은 공포한 날부터 시행한다.

제2조 생략

제3조 (다른 법령의 개정) ①부터 ⑦까지 생략

⑧ 영유아보육법 시행규칙 일부를 다음과 같이 개정한다.
제28조제1항제2호 중 '제29조의 규정에 의하여'를 '제32조에 따라'로 한다.
⑨부터 ⑫까지 생략

제4조 생략

부칙 (보건복지가족부와 그 소속기관 직제 시행규칙) <제1호, 2008.3.3>

제1조 (시행일) 이 규칙은 공포한 날부터 시행한다.

제2조 생략

제3조 (다른 법령의 개정) ①부터 <54>
까지 생략

<55> 영유아보육법 시행규칙 일부를
다음과 같이 개정한다.

제3조제1항 각 호 외의 부분·제3항·
제4항 및 제5항 각 호 외의 부분, 제4조
제1항·제2항제4호 및 제3항제6호, 제5
조제7항, 제17조제3항, 제20조제3항, 제
24조제1항·제2항 각 호 외의 부분·
제4항·제6항·제7항 각 호 외의 부분
및 제8항, 제25조 각 호 외의 부분, 제
26조제3항, 제28조제2항, 제31조제1
항·제3항 및 제4항, 제32조, 제35조,
제40조제1항제3호 중 '여성가족부장관'
을 각각 '보건복지가족부장관'으로 한다.
제29조제1항 및 제2항 각 호 외의 부분
중 '여성가족부령'을 각각 '보건복지가
족부령'으로 한다.

<56>부터 <94>까지 생략

별표 1 보육시설의 설치기준[제9조 관련]

별표 2 보육시설종사자의 배치기준[제
10조 관련]

별표 3 보육시설종사자의 임면[제11조
제3항 관련]

별표 4 보육관련교과목 및 학점[제12조
제1항 관련]

별표 5 교육훈련시설의 교육과정[제12
조제2항 관련]

별표 6 교육훈련시설의 시설기준 등[제
14조제2항 관련]

별표 7 보수교육실시기준[제20조제4항
관련]

별표 8 보육시설의 운영기준[제23조 관련]

별표 8의2 표준보육과정[제30조 관련]

별표 9 보육시설에 대한 행정처분의 세
부기준[제38조제1항 관련]

별표 10 보육시설의 장 및 보육교사에
대한 행정처분세부기준[제39조
제2항 관련]

[일부개정 2008.2.29 대통령령 제20679호]

제1조 (목적) 이 영은 「영유아보육법」에
서 위임된 사항과 그 시행에 관하
여 필요한 사항을 규정함을 목적
으로 한다.

제2조 (보육정책조정위원회 위원의 임
기) 「영유아보육법」(이하 '법'이라
한다) 제5조제1항의 규정에 의하여
국무총리소속하에 두는 보육정책
조정위원회(이하 '보육정책조정위원
회'라 한다)의 위원 중 동 조 제3
항제2호의 규정에 의한 공무원이 아
닌 위원의 임기는 2년으로 하되 연
임할 수 있다. 다만, 위원의 사임 등
의 사유로 새로이 위촉된 위원의 임
기는 전임위원의 잔여임기로 한다.

제3조 (보육정책조정위원회의 운영 등)
① 보육정책조정위원회의 위원장은 보

육정책조정위원회를 대표하며 보육정책조정위원회의 업무를 통할한다.

② 보육정책조정위원회의 부위원장은 보건복지가족부차관이 되고, 위원장을 보좌하며, 위원장이 부득이한 사유로 직무를 수행할 수 없는 때에는 그 직무를 대행한다. <개정 2005.6.23, 2008.2.29>

③ 보육정책조정위원회의 사무를 처리하기 위하여 보육정책조정위원회에 간사 1인을 두되, 간사는 보건복지가족부에서 보육정책을 담당하는 국장이 된다. <개정 2005.6.23, 2008.2.29>

④ 간사는 보육정책조정위원회의 회의에 출석하여 발언할 수 있다.

제4조 (보육정책조정위원회의 회의)

① 보육정책조정위원회의 회의는 위원장이 필요하다고 인정하거나 재적위원 3분의 1 이상의 회의소집 요청이 있는 때에 위원장이 이를 소집한다.

② 보육정책조정위원회의 회의는 재적위원 과반수의 출석으로 개의하고 출석위원 과반수의 찬성으로 의결한다.

③ 위원장은 업무수행을 위하여 필요하다고 인정하는 경우에는 관계기관·단체 등에 대하여 관련자료 또는 의견의 제출 등을 요청할 수 있다.

④ 보육정책조정위원회의 회의에 출석한 위원에 대하여는 예산의 범위 안에서 수당과 여비를 지급할 수 있다. 다만, 공무원인 위원이 그 소관 업무와

직접적으로 관련되어 출석하는 경우에는 그러하지 아니하다.

제5조 (보육정책조정위원회의 운영세칙) 이 영에서 정한 것 외에 보육정책조정위원회의 운영에 관하여 필요한 사항은 보육정책조정위원회의 의결을 거쳐 위원장이 정한다.

제6조 (보육정책위원회의 구성)

① 법 제6조제1항 본문의 규정에 의하여 보건복지가족부에 두는 중앙보육정책위원회(이하 '중앙보육정책위원회'라 한다)는 위원장 및 부위원장 각 1인을 포함한 20인 이내의 위원으로 구성하고, 특별시·광역시·도 및 시·군·구(자치구를 말한다. 이하 같다)에 두는 지방보육정책위원회(이하 '지방보육정책위원회'라 한다)는 위원장 및 부위원장 각 1인을 포함한 15인 이내의 위원으로 구성한다. <개정 2005.6.23, 2008.2.29>

② 중앙보육정책위원회의 위원장은 보건복지가족부차관이 되고, 부위원장은 위원 중에서 호선하며, 위원은 법 제6조제2항의 규정에 의한 보육전문가, 보육시설의 장 및 보육교사 대표, 보호자 대표 또는 공익을 대표하는 자 중에서 보건복지가족부장관이 위촉하는 자와 보건복지가족부에서 보육정책을 담당하는 국장이 된다. <개정 2005.6.23, 2008.2.29>

③ 지방보육정책위원회의 위원장 및 부위원장은 위원 중에서 호선하며, 위원은 법 제6조제2항의 규정에 의한 보육전문가, 보육시설의 장 및 보육교사 대표, 보호자 대표 또는 공익을 대표하는 자, 관계공무원 중에서 당해 지방보육정책위원회가 속하는 지방자치단체의 장이 위촉 또는 임명하는 자가 된다.

제7조 (보육정책위원회의 기능)
① 중앙보육정책위원회는 다음의 사항을 심의한다.
　1. 법 제11조의 규정에 의한 보육계획 및 이 영 제19조제2항의 규정에 의한 연도별 시행계획의 수립에 관한 사항
　2. 법 제29조의 규정에 의한 보육과정의 개발에 관한 사항
　3. 법 제30조의 규정에 의한 보육시설의 평가에 관한 사항
　4. 그 밖에 보육관련 업무의 위탁 등 보육에 관하여 위원장이 회의에 부치는 사항
② 지방보육정책위원회는 다음의 사항을 심의한다.
　1. 법 제7조제3항의 규정에 의한 보육정보센터의 설치 및 운영 위탁에 관한 사항
　2. 법 제11조의 규정에 의한 보육계획 및 이 영 제19조제2항의 규정에 의한 연도별 시행계획의 수립에 관한 사항
　3. 법 제21조제2항제2호의 규정에 의한 교육훈련시설의 지정에 관한 사항
　4. 법 제23조제3항의 규정에 의한 보수교육의 실시 위탁에 관한 사항
　5. 법 제24조의 규정에 의한 공립보육시설의 설치 및 운영 위탁에 관한 사항
　6. 법 제38조의 규정에 의한 보육시설 이용자가 납부할 보육료 등에 관한 사항
　7. 법 제46조의 규정에 의한 보육시설 장의 업무정지 및 법 제47조의 규정에 의한 보육교사의 자격정지에 관한 사항
　8. 법 제52조의 규정에 의한 도서·벽지·농어촌 등의 보육시설 설치기준 및 보육시설종사자의 배치기준에 관한 사항
　9. 그 밖에 보육에 관하여 위원장이 회의에 부치는 사항

제8조 (보육정책위원회 위원의 임기)
중앙보육정책위원회 및 지방보육정책위원회(이하 '각 보육정책위원회'라 한다)의 위원 중 민간 위원의 임기는 2년으로 하되, 1차에 한하여 연임할 수 있다. 다만, 위원의 사임 등의 사유로 새로이 위촉된 위원의 임기는 전임위원의 잔

여임기로 한다.

제9조 (보육정책위원회의 운영 등)
① 각 보육정책위원회의 위원장은 당해 위원회를 대표하며, 위원회의 업무를 통할한다.
② 각 보육정책위원회의 부위원장은 위원장을 보좌하며, 위원장이 부득이한 사유로 직무를 수행할 수 없는 때에는 그 직무를 대행한다.
③ 각 보육정책위원회의 사무를 처리하기 위하여 각 보육정책위원회에 간사 1인을 두되, 간사는 각 보육정책위원회가 속하는 기관 및 지방자치단체의 장이 소속 공무원 중에서 지명하는 자로 한다. 이 경우 간사는 회의록을 작성하여야 한다.

제10조 (보육정책위원회의 회의)
① 각 보육정책위원회의 회의는 각 보육정책위원회가 속하는 기관·지방자치단체의 장 또는 재적위원 3분의 1 이상의 회의소집 요청이 있거나 위원장이 필요하다고 인정하는 때에 위원장이 소집한다.
② 각 보육정책위원회의 회의는 재적위원 과반수의 출석으로 개의하고 출석위원 과반수의 찬성으로 의결한다.
③ 제4조제4항의 규정은 각 보육정책위원회의 회의에 출석한 위원에 대한 수당 및 여비의 지급 등에 관하여 이

를 준용한다.
④ 각 보육정책위원회의 회의결과와 회의내용은 공개함을 원칙으로 한다. 이 경우 공개의 방법은 각 보육정책위원회의 운영세칙으로 정한다.

제11조 (보육정책위원회의 운영세칙) 제5조의 규정은 각 보육정책위원회의 운영세칙에 관하여 이를 준용한다.

제12조 (보육정보센터의 설치) 법 제7조제1항의 규정에 의하여 보건복지가족부장관이 설치·운영하는 중앙보육정보센터(이하 '중앙보육정보센터'라 한다)와 특별시장·광역시장·도지사(이하 '시·도지사'라 한다) 및 시장·군수·구청장(자치구의 구청장을 말한다. 이하 같다)이 설치·운영하는 지방보육정보센터(이하 '지방보육정보센터'라 한다)에는 자료실, 상담실 및 교육실 등을 두어야 한다. <개정 2005.6.23, 2008.2.29>

제13조 (보육정보센터의 기능) ①중앙보육정보센터 및 지방보육정보센터(이하 '각 보육정보센터'라 한다)는 다음의 기능을 수행한다.
1. 보육에 관한 정보의 수집 및 제공
2. 보육 프로그램 및 교재·교구의 제공 또는 대여

3. 보육시설 종사자에 대한 상담 및 구인·구직 정보의 제공

4. 보육시설 이용자에 대한 안내·상담 및 교육

5. 장애아보육 등 취약보육에 대한 정보의 제공

6. 육아지원에 대한 정보의 제공

7. 그 밖에 보육시설 운영지원 등에 관하여 필요한 사항

② 중앙보육정보센터는 지방보육정보센터의 업무를 지원하고, 지방보육정보센터는 관할지역 내의 보육시설과 보육수요자에 대하여 지역특성에 기초한 서비스를 제공하여야 한다.

제14조 (보육정보센터의 장의 자격 및 직무)

① 각 보육정보센터의 장은 제15조제1항의 규정에 의한 보육전문요원의 자격을 취득한 이후 보육업무에 2년 이상 종사한 경력이 있는 자로 한다.

② 각 보육정보센터의 장은 당해 보육정보센터를 대표하고 그 업무를 통할한다.

③ 각 보육정보센터의 장은 상근을 원칙으로 한다.

제15조 (보육전문요원의 자격 및 직무)

① 법 제7조제2항의 규정에 의한 보육전문요원은 다음의 어느 하나에 해당하는 자격을 가진 자로 한다.

1. 별표 1의 규정에 의한 보육교사 1급 자격을 가진 자

2. 「사회복지사업법」에 의한 사회복지사 1급 자격을 취득한 이후 보육업무에 3년 이상 종사한 경력이 있는 자

② 보육전문요원은 제13조의 규정에 의한 보육정보센터의 업무를 수행하고, 보육정보센터의 장이 부득이한 사유로 직무를 수행할 수 없는 때에는 선임 보육전문요원이 보육정보센터의 장의 직무를 대행한다.

제16조 (보육정보센터 운영업무의 위탁)

① 보건복지가족부장관, 시·도지사 및 시장·군수·구청장은 법 제7조제3항의 규정에 의하여 보육정보센터의 운영에 관한 업무를 다음 각 호의 어느 하나에 해당하는 연구기관이나 법인 또는 단체 등으로서 보육에 관한 전문성과 인력 및 장비를 갖춘 연구기관이나 법인 또는 단체에 위탁할 수 있다. 이 경우 보건복지가족부장관, 시·도지사 및 시장·군수·구청장은 수탁기관 및 위탁업무의 내용을 고시하여야 한다. <개정 2005.6.23, 2008.2.29>

1. 「정부출연연구기관등의설립·운영및육성에관한법률」에 의하여 설립된 정부출연연구기관

2. 보육 또는 아동복지 관련 학과가 개설된 대학

3. 그 밖에 보육관련 비영리법인·
단체

② 보건복지가족부장관, 시·도지사 및
시장·군수·구청장은 제1항의 규정에
의하여 보육정보센터의 운영에 관한
업무를 위탁하고자 하는 경우 미리 위
탁의 기준, 절차 및 방법 등을 자체 게
시판이나 인터넷 홈페이지를 이용하여
공고하여야 한다. <개정 2005.6.23,
2008.2.29>

③ 보육정보센터의 위탁신청절차, 신청
서류, 수탁기관 선정, 수탁기관 변경 사유
등에 관하여 필요한 사항은 보건복지가
족부령으로 정한다. <개정 2005.6.23,
2008.2.29>

제17조 (보육정보센터 운영업무 위탁의
취소) 보건복지가족부장관, 시·도
지사 및 시장·군수·구청장은 다
음의 어느 하나에 해당하는 사유가
발생한 때에는 보육정보센터 운영
업무의 위탁을 취소할 수 있다. <개
정 2005.6.23, 2008.2.29>

1. 수탁기관이 법 제36조의 규정에
의하여 지급받은 보조금을 목적 외
의 용도에 사용한 때

2. 수탁기관이 허위 그 밖에 부정
한 방법으로 법 제36조의 규정에
의한 보조금을 교부받은 때

3. 수탁기관이 제13조의 규정에 의
한 보육정보센터의 기능을 제대로

수행하지 못한다고 판단될 때

4. 수탁기관이 파산 또는 해산한 때

제18조 (보육에 관한 연구업무 등의 위탁)
① 보건복지가족부장관은 법 제8조제1
항의 규정에 의하여 다음의 업무를 제
16조제1항의 규정에 의한 요건을 갖춘
연구기관이나 법인 또는 단체에 위탁할
수 있다. 이 경우 보건복지가족부장관은
수탁기관 및 위탁업무의 내용을 고시하여
야 한다. <개정 2005.6.23, 2008.2.29>

1. 보육에 관한 정책의 연구 및 정
보의 제공

2. 보육 프로그램 및 교재의 개발

3. 보육시설 종사자에 대한 연수교
재 개발 및 연수

4. 보육시설 평가척도의 개발

5. 그 밖에 보육정보센터, 교육훈련
시설 등의 평가 등 보육업무와 관
련하여 보건복지가족부장관이 필요
하다고 인정하는 업무

② 제16조제2항의 규정은 제1항의 규
정에 의한 업무의 위탁기준 등의 공고
에 관하여 이를 준용한다.

③ 제1항의 규정에 의하여 업무를 위
탁받은 연구기관이나 법인 또는 단체
는 당해 업무에 대한 계획서와 예산서
를 작성하여 사업연도 개시 전까지 보
건복지가족부장관에게 제출하여야 한
다. <개정 2005.6.23, 2008.2.29>

④ 보건복지가족부장관은 제1항의 규

정에 의하여 업무를 위탁받은 연구기관이나 법인 또는 단체에 대하여 예산의 범위 안에서 위탁업무의 수행에 소요되는 비용을 보조할 수 있다. <개정 2005.6.23, 2008.2.29>

제19조 (보육계획의 내용, 수립시기 및 절차)

① 보건복지가족부장관, 시·도지사 및 시장·군수·구청장은 법 제11조제1항의 규정에 의하여 다음의 사항이 포함된 보육계획을 수립하여야 한다. <개정 2005.6.23, 2008.2.29>

  1. 보육사업의 기본방향

  2. 보육시설의 설치 및 수급에 관한 사항

  3. 보육시설 종사자에 관한 사항

  4. 보육시설 운영 및 평가에 관한 사항

  5. 보육비용에 관한 사항

  6. 그 밖에 영유아 보육에 관하여 필요한 사항

② 보건복지가족부장관, 시·도지사 및 시장·군수·구청장은 제1항의 규정에 의한 보육계획을 5년마다 수립하여야 하고, 매년 2월 말까지 연도별 시행계획을 수립하여야 한다. <개정 2005.6.23, 2008.2.29>

제20조 (직장보육시설의 설치)

① 법 제14조제1항의 규정에 의하여 사업주가 직장보육시설을 설치하여야 하는 사업장은 상시 여성근로자 300인 이상 또는 근로자 500인 이상을 고용하고 있는 사업장으로 한다.

② 제1항의 규정에 의한 사업장외의 사업주는 필요한 경우 사업장 근로자의 자녀를 보육하기 위한 직장보육시설을 설치하거나 보육수당을 지급할 수 있다.

제21조 (보육시설의 장 및 보육교사의 자격기준) 법 제21조제1항 및 제3항에 의한 보육시설의 장과 보육교사의 자격기준은 별표 1과 같다.

제21조의2 (보육시설운영위원회의 설치 범위) 법 제25조제1항 단서에서 '대통령령이 정하는 보육시설'이라 함은 보육정원이 40인 이상인 보육시설을 말한다.

[본조신설 2006.4.13]

제22조 (무상보육의 대상자 및 그 실시 지역)

① 법 제35조제1항의 규정에 의한 초등학교 취학 직전 1년의 유아에 대한 무상보육은 매년 3월 1일 현재 만 5세에 도달한 유아를 대상으로 하여 실시하되, 예산의 범위 안에서 다음 각 호의 어느 하나에 해당하는 유아에 대하여 우선적으로 실시한다.

  1. 「국민기초생활보장법」에 의한 수급자인 유아

2. 「도서·벽지교육진흥법」제2조의 규정에 의한 도서·벽지에 거주하는 유아

3. 행정구역상 읍·면지역에 거주하는 유아

② 제1항 각 호 외의 자에 대한 무상보육의 실시는 예산의 범위 안에서 순차적으로 확대한다.

③ 제1항의 규정에 의하여 무상보육대상자로 된 유아는 행정구역의 변경에 따라 영향을 받지 아니한다.

④ 그 밖에 무상보육의 실시에 관하여 필요한 사항은 보건복지가족부장관이 정한다. <개정 2005.6.23, 2008.2.29>

제23조 (무상보육 실시의 비용)

① 법 제35조제2항의 규정에 의하여 무상보육의 실시에 드는 비용은 「보조금의예산및관리에관한법률 시행령」제4조 및 별표 1의 규정에 의한 영유아보육사업에 대한 지원비율에 따라 국가와 지방자치단체가 이를 부담한다.

② 무상보육 실시를 위한 보육료 지원절차 등 구체적인 사항은 보건복지가족부장관이 정한다. <개정 2005.6.23, 2008.2.29>

제24조 (비용의 보조)

① 법 제36조의 규정에 의하여 국가 또는 지방자치단체는 예산의 범위 안에서 다음의 비용의 전부 또는 일부를 보조한다. <개정 2005.6.23, 2008.2.29>

1. 보육시설의 설치, 증·개축 및 개·보수비

2. 보육교사 인건비

3. 교재·교구비

4. 보육정보센터의 설치·운영비

5. 보수교육 등 종사자 교육훈련 비용

6. 장애아보육 등 취약보육 실시비용

7. 그 밖에 차량운영비 등 보건복지가족부장관 또는 당해 지방자치단체의 장이 보육시설 운영에 필요하다고 인정하는 비용

② 제1항에서 정한 비용의 지원방법 등에 관하여 필요한 사항은 보건복지가족부장관 또는 당해 지방자치단체의 장이 정한다. <개정 2005.6.23, 2008.2.29>

제25조 (사업주의 비용보조) 법 제14조제1항의 규정에 의하여 직장보육시설을 설치(둘 이상의 사업주가 공동으로 직장보육시설을 설치하는 경우를 포함한다)하거나, 지역의 보육시설과 위탁계약을 체결한 사업주는 그 보육시설의 운영 및 수탁 보육 중인 영유아의 보육에 필요한 비용의 100분의 50 이상을 보조하여야 한다.

제26조 (권한의 위임 및 위탁)

① 보건복지가족부장관은 법 제51조제1항의 규정에 의하여 법 제23조제1

항의 규정에 의한 보수교육의 실시에 관한 권한을 시·도지사에게 위임한다. <개정 2005.6.23, 2008.2.29>

② 보건복지가족부장관은 법 제51조제1항의 규정에 의하여 다음의 권한을 시장·군수·구청장에게 위임한다. <개정 2005.6.23, 2006.4.13, 2008.2.29>

　　1. 법 제46조의 규정에 의한 보육시설의 장의 자격정지에 관한 권한

　　2. 법 제47조의 규정에 의한 보육교사의 자격정지에 관한 권한

③ 보건복지가족부장관은 법 제51조제2항의 규정에 의하여 법 제22조제1항의 규정에 의한 보육시설의 장 또는 보육교사의 자격검정 및 자격증 교부에 관한 업무를 이 영 제16조제1항의 규정에 의한 연구기관이나 대학 또는 법인·단체에 위탁한다. 이 경우 수탁기관이나 위탁업무의 내용을 고시하여야 한다. <개정 2005.6.23, 2006.4.13, 2008.2.29>

④ 제16조제2항의 규정은 제3항의 규정에 의한 업무의 위탁기준 등의 공고에 관하여 이를 준용한다.

제27조 (과태료의 부과·징수)

① 법 제56조의 규정에 의하여 과태료를 부과할 때에는 당해 위반행위를 조사·확인한 후 위반 사실 및 과태료 금액 등을 서면으로 명시하여 이를 납부할 것을 과태료처분대상자에게 통지

하여야 한다.

② 보건복지가족부장관, 시·도지사 또는 시장·군수·구청장은 제1항의 규정에 의하여 과태료를 부과하고자 할 때에는 10일 이상의 기간을 정하여 과태료처분대상자에게 구술 또는 서면에 의한 의견진술의 기회를 주어야 한다. 이 경우 지정된 기일까지 의견진술이 없는 때에는 의견이 없는 것으로 본다. <개정 2005.6.23, 2008.2.29>

③ 보건복지가족부장관, 시·도지사 또는 시장·군수·구청장은 과태료의 금액을 정함에 있어서는 당해 위반행위의 동기와 그 결과 등을 참작하되, 그 세부기준은 별표 2와 같다. <개정 2005.6.23, 2008.2.29>

④ 과태료의 징수절차에 관하여는 보건복지가족부령으로 정한다. <개정 2005.6.23, 2008.2.29>

부칙 <제18691호, 2005.1.29>

제1조 (시행일) 이 영은 2005년 1월 30일부터 시행한다. 다만, 제20조제1항의 개정규정은 2006년 1월 30일부터 시행한다.

제2조 (보육정보센터 운영업무의 위탁에 관한 경과조치) 이 영 시행 당시 종전의 규정에 의한 보육정보센터 운영업무의 위탁은 이 영에

의한 위탁으로 본다. 이 경우 이 영 제16조제1항의 규정에 의하여 여성부장관, 시·도지사 및 시장·군수·구청장은 수탁기관 및 위탁 업무의 내용을 고시하여야 한다.

제3조 (보육시설의 장의 자격기준에 관한 경과조치)

① 이 영 시행 당시 「고등교육법」 제29조의 규정에 의한 대학원에서 법률 제7186호 영유아보육법중개정법률(이하 '종전의 법'이라 한다) 제9조제2항제1호에 의하여 여성부령이 정하는 유아교육 또는 아동복지에 관련된 학과를 전공중인 자가 교육인적 자원부에 석사 이상의 학위등록을 한 후 보육시설을 설치할 경우에는 이 영에 의한 보육시설의 장의 자격을 갖춘 것으로 본다.

② 이 영 시행 당시 「고등교육법」 제47조의 규정에 의한 전문대학 또는 이와 동등 이상의 학교에서 종전의 법 제9조제2항제1호에 의하여 여성부령이 정하는 유아교육 또는 아동복지에 관련된 학과를 전공 중인 자가 졸업한 후 영유아 40인 미만의 보육시설을 설치할 경우에는 이 영에 의한 보육시설의 장의 자격을 갖춘 것으로 본다.

③ 이 영 시행 당시 종전의 법 제9조제2항제2호에 의하여 여성부령이 정하는 교육훈련시설에서 소정의 교육과정을 이수중인 자가 수료한 후 영유아 40인 미만의 보육시설을 설치할 경우에는 이 영에 의한 보육시설의 장의 자격을 갖춘 것으로 본다.

제4조 (보육교사의 자격에 관한 경과조치)

① 이 영 시행 당시 종전의 규정에 의한 보육교사 1급 및 2급의 자격은 각각 이 영에 의한 보육교사 1급 및 2급의 자격으로 인정한다.

② 이 영 시행 당시 종전의 법 제9조제2항제1호의 규정에 의한 학과를 전공 중인 자는 그 학과를 졸업하였을 경우 이 영에 의한 보육교사 1급의 자격을 인정하고, 종전의 법 제9조제2항제2호의 규정에 의한 교육과정을 이수 중인 자는 그 과정을 수료하였을 경우 이 영에 의한 보육교사 2급의 자격을 인정한다.

제5조 (다른 법령과의 관계) 이 영 시행 당시 다른 법령에서 종전의 규정을 인용한 경우에는 이 영 중 그에 해당하는 규정이 있는 때에는 종전의 규정에 갈음하여 이 영의 해당 조항을 인용한 것으로 본다.

부칙 (여성가족부 직제) <제18873호, 2005. 6.23>

제1조 (시행일) 이 영은 공포한 날부터 시행한다.

제2조 내지 제4조 생략

제5조 (다른 법령의 개정) ① 내지 <19>
    생략
    <20> 영유아보육법 시행령 일부
    를 다음과 같이 개정한다.
    제3조제2항 및 제6조제2항 중 '여성
    부차관'을 각각 '여성가족부차관'으
    로 한다.
    제3조제3항 및 제6조제1항 · 제2항
    중 '여성부'를 각각 '여성가족부'로
    한다.
    제6조제2항, 제12조, 제16조제1항
    각 호 외의 부분 · 제2항, 제17조
    각 호 외의 부분, 제18조제1항 각
    호 외의 부분 · 동 항 제5호, 제18
    조제3항 · 제4항, 제19조제1항 각
    호 외의 부분 · 제2항, 제22조제4
    항, 제23조제2항, 제24조제1항제7
    호 · 제2항, 제26조제1항 · 제2항 각
    호 외의 부분 · 제3항 전단, 제27조
    제2항 전단 · 제3항 및 별표 1의
    제2호의 보육교사 1급의 자격기준
    란 및 보육교사 2급의 자격기준란
    중 '여성부장관'을 각각 '여성가족
    부장관'으로 한다.
    제16조제3항, 제27조제4항, 별표 1
    의 제1호 라목의 (3) 및 별표 1의
    제2호의 보육교사 2급의 자격기준
    란 중 '여성부령'을 각각 '여성가
    족부령'으로 한다.

<21> 내지 <35> 생략

부칙 <제19446호, 2006.4.13>

① (시행일) 이 영은 공포한 날부터 시
    행한다. 다만, 제26조의 개정규정은
    2006년 12월 30일부터 시행한다.
② (보육시설운영위원회의 설치에 관
    한 경과조치) 이 영 시행 당시 제21조
    의2의 개정규정에 해당하는 보육시설
    은 이 영 시행일부터 3월 이내에 보육
    시설운영위원회를 설치하여야 한다.

부칙 (보건복지가족부와 그 소속기관 직
    제) <제20679호, 2008.2.29>

제1조 (시행일) 이 영은 공포한 날부터
    시행한다.

제2조부터 제8조까지 생략

제9조 (다른 법령의 개정) ①부터 <41>
    까지 생략
    <42> 영유아보육법 시행령 일부
    를 다음과 같이 개정한다.
    제3조제2항, 제6조제2항 중 '여성
    가족부차관'을 각각 '보건복지가족
    부차관'으로 한다.
    제3조제3항, 제6조제1항 및 제2항
    중 '여성가족부'를 각각 '보건복지
    가족부'로 한다.
    제6조제2항, 제12조, 제16조제1항

각 호 외의 부분 전단·후단 및 제 2항, 제17조 각 호 외의 부분, 제18 조제1항 각 호 외의 부분 전단·후단·제5호·제3항 및 제4항, 제 19조제1항 각 호 외의 부분 및 제2항, 제22조제4항, 제23조제2항, 제 24조제1항제7호 및 제2항, 제26조

제1항·제2항 각 호 외의 부분 및 제3항, 제27조제2항 및 제3항 중 '여성가족부장관'을 각각 '보건복지가족부장관'으로 한다.

제16조제3항 및 제27조제4항 중 '여성가족부령'을 각각 '보건복지가족부령'으로 한다.

2. 아동복지법

아동복지의 실현에 있어서 무엇보다 중요한 이념과 원칙은 바로 아동의 최상의 이익 추구일 것이다. 그러므로 아동복지의 실현을 위한 아동복지법에서도 역시 아동의 최상의 이익 추구라는 목표는 그 무엇보다도 중요한 가치로 인정받고 있다고 하겠다.

아동의 최상의 이익이 어떤 것이며, 또 어떻게 보장될 수 있는가에 대해서는 시대와 사회가 변함에 따라 그 관점 역시 매우 달라졌다. 한국전쟁으로 인해 사회기반이 무너졌던 50년대와 60년대에는 요구호 아동과 고아들의 생존 및 보호가 최상의 이익이었다면 오늘날에는 아동학대에 대한 신고의무조항이 생길 정도로 아동의 권리에 대한 적극적인 보호 노력이 이뤄지고 있다. 그 대상 역시 80년대부터 보호를 필요로 하는 아동뿐만이 아니라 모든 아동으로 확대되어 안전하고 건강하게 양육될 수 있는 여건조성에 힘쓰는 등 오늘날까지 아동의 최상의 이익을 추구하려는 노력은 계속되고 있다.

1) 일제시대(1910~1945)

1910년 일본의 식민지화는 그들의 제도를 이 땅에 도입하도록 하였고, 아동복지법의 전신이라고 할 수 있는 '조선감화령(1923년 9월 제령 제12호)'을 제정하였다. 이 영은 그 목적(제1조)에서 나타난 바와 같이 불량행위를 행하거나 할 우려가 있는 아동, 친권을 행할 자가 없는 아동 등에 대한 대책으로서, 복지라기보다는 사회질서 내지 치안적 의미를 지닌 법이라 할 수 있다(신섭중 외, 1991). 그리고 1929년 일본에서 제정되고 1932년부터 실시되기 시작한 '구호법'을 1944년 3월 조선총독부에서 전문 31조로 만들어 공포한 구제법으로서의 '조선구호령'이 있었다. 이 법령은 사실상 미군정시절이나 대한민국의 건국 이후 제1공화국까지 이어지면서 영향력을 가지게 되었다.

2) 해방에서 1960년까지(1945~1960)

1945년 9월부터 한국 정부가 수립된 1948년 8월까지의 미군정은 '미군정 법령 제18호'를 발표하여 보건후생부를 만들고, '미군정 법령 제25호'에 의해서 각 도에 보건후생국을 설치토록 하였다. 이렇게 설치된 보건후생부는 각 도시지사에 '각서(Memorandum)'로 '후생시설의 운영강화에 관한 건'을 지시하며 요보호아동에 대한 수용보호의 시책을 강구하도록 하였으며, 특히 이들을 수용보호할 때 드는 비용은 국비보조에 의하겠으나, 국가재정상 요보호아동에 대한 국비보조가 곤란하다고 하여 그 지방에 있는 민간단체나 유지들로 하여금 후원단체를 구성하여, 인적·물적 자원을 동원하여 자급자족하도록 지시함으로써 이미 시설의 사유화를 지도했다고 할 수 있겠다.

그러나 제1공화국이 수립되면서 국가로서의 기반을 조성하기도 전에 한국전쟁을 3년 이상이나 치르게 되면서, 결국 당시의 인구 2,000만 중 300만 명 이상의 요구호자가 발생하였다. 이들 요구호자는 대부분 아동으로서 1,000개소가 넘는 수용보호시설(고아시설)을 양산하게 되었다. 전시였던 1952년 4월에 사회부는 '사회사업을 목적으로 하는 법인설립허가신청에 관한 건'을 지시하였고, 10월에는 전쟁고아시설을 비롯한 각종 수용시설들을 지도감독하기 위하여 훈령으로 '후생시설운영 요령'을 전문 7장 33조로 된 규칙을 제정하여 시설운영과 그 지도감독의 준칙으로 삼았다.

또한 아동복지법이 제정되기 이전에 세계적 추세인 '아동의 권리헌장'에 관한 영향을 받아 1957년 5월 5일 어린이날을 계기로 아동과 관련이 되는 행정관계부처(보사, 내무, 법무, 문교)의 장관 명의로 '대한민국 어린이헌장'을 제정하여 선포하였다.

3) 아동복지법(1961~1981)

1961년 5·16 군사혁명을 일으킨 군사정부는 그해 9월에 법률 제731호로 전체 11조인 「고아입양특례법」을 제정하였다. 이 법의 제정으로 이미 1952년부터 시작된 전쟁고아들에 대한 해외입양이 합법적으로 추진될 수 있게 되었다. 이 법은 양자될 자격, 양친될 자격을 규정하고, 외국인이 한국의 고아를 입양하고자 할 때에는 가정법원의 인가를 받고, 입양을 알선하는 기관은 보건사회부 장관의 허가를 받은 자가 아니면 이를 행할 수 없도록 하는 것을 주된 내용으로 하고 있다.

6 · 25전쟁 이후 급증한 전쟁고아, 부랑아, 걸식아 등의 구제를 목적으로 1961년 12월 30일(1962년 1월 1일부터 시행) 법률 제912호로 제정된 아동복리법은 당초 모든 아동의 건전한 육성을 목표로 하였으나 국가재정의 어려움 때문에 법의 대상이 요보호아동으로 제한되었으며, 요보호아동에 대한 시설중심의 보호가 주 내용이었다. 즉 아동복리법은 아동이 그 보호자로부터 유실, 유기 또는 이탈되었을 경우, 그 보호자가 아동을 양육하기에 부적당하거나 양육할 수 없는 경우 또는 아동의 건전한 출생을 기할 수 없는 경우에 아동이 건전하고 행복하게 육성되도록 그 복리를 보장하려는 것을 목적으로 하였다.

그 주요 규정내용은 다음과 같다.

① 보건사회부에 중앙아동 복리위원회를, 서울특별시와 도에 지방아동복리위원회를 두어 아동복리에 관한 사항을 조사, 연구하도록 함.

② 구청장, 시장 또는 군수가 그 관할구역에서 요보호아동이나 요보호임산부를 발견하였을 때에는 서울특별시장 또는 도지사에게 보고하도록 하고, 보고된 요보호아동 등에 대하여는 10일 이내에 보육, 조산시설 등에 입소시키거나 기타 조치를 취하도록 함.

③ 서울특별시장이나 도지사는 법원에 친권상실선고를 청구할 수 있도록 하고, 또한 아동의 후견인의 선임이나 해임을 법원에 청구할 수 있도록 함.

④ 재단법인이 아동복리시설을 설치하는 경우는 서울특별시장이나 도지사의 허가를 받도록 하고, 국가와 지방자치단체도 아동복리시설을 설치할 수 있도록 함.

4) 아동복지법(1981~2000)

1980년대에 들어서 아동의 문제는 종래의 고아, 부랑아, 빈곤아동 등의 요보호아동에 그치지 않고 범죄, 비행, 정서장애, 가출, 심신장애 등 아동을 둘러싼 문제가 다양화되고 핵가족화나 여성들의 경제활동 참여의 증가에 따른 영유아의 보육문제가 대두되면서 소극적이고 사후적인 요보호아동의 구제에서 벗어나 모든 아동의 건강한 출생과 양육 및 육성의 필요성이 증대하였다. 그리하여 종전의 아동복리법은 구호적 성격의 복지제공에 중점을 두고 있어 그동안의 경제, 사회의 발전에 따라 발생한 사회적 복지요구에 부응하지 못하고 있으므로 요보호 아동뿐만 아니라 일반아동을 포함한 전체 아동의 복지를 보장하고 특히 유아기에 있어서의 기본적 인격·특성과 능력개발을 조장하기 위한 여건을 조성할 수 있도록 하려는 것을 목적으로 1981년 4월 13일 아동복리법이 아동복지법으로 개칭·제정되었다.

이 법의 주요내용은 다음과 같다.

① 보호대상범위를 요구호아동 위주로 되어 있던 것을 전체 아동으로 확대
② 아동의 보호, 육성책임을 국가와 지방자치단체 및 보호자가 공동으로 지도록 함
③ 5월 5일 어린이날에 대한 법적 근거를 마련
④ 임시직이었던 아동복지지도원을 별정직으로 하여 전문적 확보가 용이토록 함

한편 아동복지시설과 관련된 내용을 살펴보면 다음과 같다.

① 어린이집 등 무료탁아시설은 법인 이외의 자도 신고만으로 그 시설을 설치·운영할 수 있도록 함
② 아동복지시설에는 일정한 자격을 가진 아동복지시설종사자를 두도록 함
③ 아동복지증진을 위하여 아동복지시설을 설치한 법인에 대하여 국·공유재산을 무상대여할 수 있도록 함

1989년 9월에는 아동복지법 시행령을 일부 개정하여 기혼여성의 취업확대에 따른 탁아수요증가에 대응하는 한편 아동의 건전한 육성을 위하여 아동복지시설 중 탁아시설의 설치·운영에 관한 법적 근거를 마련하였다.

이 개정의 주요 내용은 다음과 같다.

① 아동복지시설의 종류에 아동을 보호하고 양육하는 탁아시설을 추가하고, 모자복지법에서 규정하고 있는 모자복지시설과 중복되는 모자복지시설에 관한 규정을 삭제

② 저소득층의 생활자립기반조성을 위하여 탁아시설의 장은 아동입소 시에 생활보호법에 의한 생활보호대상자의 자녀를 우선적으로 입소시키도록 함

③ 탁아시설 중 신고에 의하여 아동을 보육할 수 있도록 하는 가정탁아제도를 신설하여 주민의 탁아시설 이용편의를 증진하도록 함

그 후 아동의 탁아사업은 1991년 아동복지법의 특별법이라고 할 수 있는 영유아보육법이 제정되면서 아동복지법에서 분리되었다.

5) 아동복지법(개정)(2000 - 2009 현재)

아동복지학회를 비롯한 아동복지 관련 단체들의 노력으로 정부는 아동복지법을 개정(법률 제6151호, 2000년 1월 12일 공포, 2000년 7월 13일 시행)하였다. 이 법은 여러 가지 측면에서 매우 의의가 있다. 종전의 아동복지법은 그 대상적인 측면에서 요보호아동에 초점을 두었지만 새로이 개정된 법은 '보호를 필요로 하는 아동'이라 하여 누구든지 장기간 혹은 단기간 보호가 필요한 경우 이 법에 명시된 보호를 요청하고 받을 권리가 있음을 명시하고 있다. 특히 아동학대와 관련하여 이 법의 주요 내용(제2조)으로서 그리고 아동보호전문기관(제25조)으로서 아동학대의 발생 신고의 의무와 그 절차(제26조)와 긴급조치(제23조의 긴급전화설치, 제27조의 응급조치 의미와

제28조의 학대부모의 법정대리인 선임 등)를 명확히 하고 있다. 또한 이러한 학대아동에 대한 보호 및 아동안전에 대한 제도적 지원을 공고히 하기 위하여 아동복지지도원을 별정직공무원에서 사회복지전담공무원으로 그 신분을 변경하였다. 그리고 다양한 아동복지시설의 법적 허용을 통해 필요한 아동이 보호를 받을 수 있는 적절한 환경을 만들어 줄 수 있는 계기를 만들었다.

그러나 새로이 개정된 법은 잘못 사용되었을 경우 아동복지시설의 남용이 있을 수 있고, 현재의 사회복지관과 구별이 될 수 없는 아동복지관의 난립이 발생할 수도 있다. 또한 국민기초생활보장법의 적용을 받는 아동만으로 구성된 가구에 대한 법적 지위와 적절한 조항이 없으므로 이것이 이 사회의 윤리적 문제로 여전히 남을 수 있을 것이다.

아동복지법의 목적은 아동이 건강하게 출생하여 행복하고 안전하게 자라나도록 그 복지를 보장하는 것이다(제1조). 그런 의미에서 아동복지법은 국가가 아동을 보호하고, 건전하게 육성할 책임을 구현하고 있다. 아동에 대한 보호는 아동이 건전한 인격체로 성장할 수 있도록 한다는 점에서는 헌법상의 요청인 인간의 존엄을 실현하는 국가의 적극적인 과제에 포섭되는 영역이다. 다른 한편으로 아동은 가정에서 보호를 필요로 하고, 따라서 가족부담을 증가시키는 요소라는 점을 감안하면 아동복지는 헌법 제36조 가족의 보호 및 유지에 대한 국가의 책임을 구현하여야 한다. 위와 같은 목적을 달성하기 위하여 아동복지법은 요보호아동뿐 아니라 아동 일반을 보호의 대상으로 하여야 한다. 또 이들에게 직접적인 급여방식의 보호뿐 아니라 아동이 건전하게 육성될 수 있도록 각종 시설보호를 통한 일반적인 보호조치를 마련하여야 한다.[26]

이 법이 기초하고 있는 기본이념은 첫째로, 아동은 자신 또는 부모의 성별, 연령, 종교, 사회적 신분, 재산, 장애유무, 출생지역 등에 따른 어떠한 종류의 차별도 받지 않고 자라나야 하고(제3조제1항), 둘째로, 아동은 완전

---

26) 전광석, 2003, 한국사회보장법론, 법문사, p.31.

하고 조화로운 인결발달을 위하여 안정된 가정환경에서 행복하게 자라나야 하며(제3조제2항), 셋째로, 아동에 관한 모든 활동에 있어서 아동의 이익이 최우선적으로 고려되어야 한다는 것이다(제3조제3항).

아동복지법은 아동의 복지를 보장하는 책임을 국가 및 지방자치단체, 아동의 보호자, 그리고 모든 국민에게 부여하고 있다. 즉 국가와 지방자치단체는 아동의 건강과 복지증진에 노력하여야 하며 이를 위한 시책을 시행하여야 하고(제4조제1항), 장애아동의 권익을 보호하기 위하여 필요한 시책을 강구하여야 한다(제4조제4항). 또한 아동의 보호자는 아동을 가정 안에서 그의 성장시기에 맞추어 건강하고 안전하게 양육하여야 하며(제4조제2항), 모든 국민은 아동의 권익과 안전을 존중하여야 하며, 아동을 건강하게 양육해야 하는 것이다(제4조제3항).

결국 이 법은 아동에게는 건전하게 출생할 권리와 건강하게 양육될 권리가 있고 이러한 아동의 권리는 국가 및 모든 국민의 노력을 통해서 보호되고 보장되어야 한다는 것을 명시하고 있다.

아동복지법의 보호대상자는 18세 미만의 아동이다(제2조제1호). 아동복지법은 아동 일반을 대상으로 하는 조치와 특별히 요보호아동을 대상으로 하는 조치를 규정하고 있다. 이때 요보호아동이란 보호자가 없거나 보호자로부터 이탈된 아동 또는 보호자가 아동을 학대하는 등 아동을 양육하기에 부적당하거나 양육할 능력이 없는 경우의 아동을 말한다(제2조제2호). 이 밖에 보호자, 즉 친권자, 후견인 또는 아동을 현재 보호·양육·교육하거나 그 의무가 있는 자 또는 업무·고용 등의 관계로 사실상 아동을 보호·감독하는 자 역시 아동복지법상 보호의 대상이 된다(제2조제3호).

현행 아동복지법상 각종 보호는 국가 및 지방자치단체가 시행한다(제4조). 아동에 대한 각종 보호조치는 지방자치단체의 사회복지전담공무원인 아동복지지도원이(아동복지지도원의 업무는 다음과 같다. ① 보호를 필요로 하는 아동에 대한 적절한 보호조치, ② 아동 및 그 가족 또는 관계인에 대한 상담, ③ 아동지도에 필요한 가정환경의 조사, ④ 아동에 관한 전문적·기술적 지도를 필요로 하는 경우의 개별지도·집단지도 및 그 알선, ⑤ 아동복지시설 또는 보호를 필요로 하는 아동에 대한 조사·지도 및 감독, ⑥ 아동을 위한 지역사회자원의 활용알선, ⑦ 지역사회의 학교 부적응아, 비행 청소년에 대한 예방·지도 및 원조, ⑧ 기타 아동의 복지증진 및 육성에 관한 업무(법 제7조)) 담당한다(시행령 제2조). 이 밖에 의료적 상담 등은 보건소에서 시행된다(제8조).

국가와 지방자치단체 외에 민간단체 역시 아동복지시설(현행 아동복지법이 예정하고 있는 아동복지시설은 다음과 같다. 아동양육시설, 아동일시보호시설, 아동보호치료시설, 아동직업훈련시설, 자립지원시설, 아동단기보호시설, 아동상담소, 아동전용시설, 아동복지관(법 제16조))을 설치할 수 있다. 민간단체가 시설을 설치하는 경우 기초지방단체의 장에게 신고하여야 한다(제14조, 제15조). 아동복지법은 민간차원의 아동복지를 권장하기 위하여 각종 혜택을 예정하고 있다. 즉 국가는 이들 기관에게 필요하다고 인정되는 경우에 국유재산을 무상으로 대여할 수 있고, 이들이 사용하는 토지와 건물 등에 대해서 조세를 감면할 수 있다(제34조, 제35조)

아동복지사업에는 국가 또는 지방자치단체와 더불어 민간이 설치·운영하는 시설이 함께 참여하고 있다. 따라서 이 경우 국가의 민간시설에 대한 감독이 중요한 정책적인 비중을 갖는다. 보건복지부장관, 도지사 또는 시장·군수가 필요하다고 인정하는 경우 관계 공무원, 아동복지 지도원으로 하여금 아동복지시설과 아동의 주소·거소, 아동의 고용장소 등에 출입하여 아동 또는 관계인에 대하여 필요한 조사를 하거나 질문을 할 수 있다(제30조). 그 결과에 따라 다음과 같은 경우에 시설의 개선, 보호시설에서의 사업의 정지, 위탁의 취소, 시설폐쇄 등의 명령을 내릴 수 있다(제21조). 시설이 설치기준에 미달하는 경우, 사회복지법인 등이 설치·운영하는 시설의 경우 해당 사회복지법인의 설립허가가 취소된 경우, 설치목적의 달성 기타 사유로 시설을 계속하여 운영할 필요가 없다고 인정되는 경우, 그리고 아동복지법 혹은 아동복지법에 의한 명령을 위반한 경우가 위와 같은 명령을 발동하는 사유이다. 위와 같은 명령을 발하는 경우 청문을 거쳐야 한다(제22조).

아동에 대한 일반적인 보호조치로는 아동복지시설의 설치운영, 보건소운영, 시설보호조치 등이 규정되어 있다. 또 결손가정의 아동을 보호하기 위해서 후견인선정을 통한 보호조치를 마련하고 있다. 반면 아동에 대한 개별적인 보호조치는 전무한 실정이다.[27] 아동의 복지를 위한 법적 급여의 종류와 내용을 살펴보면 다음과 같다.

(1) 아동의 건강 및 안전

아동의 보호자는 아동의 건강유지와 향상을 위하여 최선의 주의와 노력을 하여야 한다(제9조제1항). 또한 아동이 불의의 사고나 재난 등으로 건강을 잃거나 희생되지 않도록 하기 위하여 국가는 아동복지시설과 아동용품에 대한 안전기준을 정하고 아동용품을 제작·설치·관리하는 자에게 이를 준수하도록 하여야 한다(제9조제2항).

또한 아동복지시설, 영유아보육시설, 유치원, 초·중·고등학교의 장은 대통령령이 정하는 바에 따라 교통안전, 약물오남용 예방 및 재난대비 안전교육을 실시하여야 한다(제9조제3항). 보건소에서는 아동의 건강상담, 전염병예방조치, 영양개선 등의 사업을 행한다(제8조).

(2) 보호조치

시·도지사 또는 시장·군수·구청장은 그 관할구역 안에서 보호를 필요로 하는 아동을 발견하거나 보호자의 의뢰를 받은 때에는 아동의 최상의 이익을 위하여 다음의 필요한 보호조치를 하여야 한다(제10조제1항).

① 상담·지도

아동복지지도원 또는 아동위원에게 보호를 필요로 하는 아동 또는 그 보호자에 대한 상담·지도를 행하게 하는 조치이다.

---

27) 전광석, 2003, 한국사회보장법론, 법문사.

② 가정위탁서비스

　아동은 자신이 태어난 가정에서 성장하는 것이 가장 바람직스럽다. 그러나 가정이 없거나 가정에서 양육되기 곤란할 때 또는 보호를 필요로 하는 아동이 가정보호를 희망하는 경우에 이들을 위탁받아 보호가기를 희망하는 가정에 대리양육하도록 함으로써 아동이 가정적 분위기에서 자랄 수 있도록 하고, 위탁가정과 아동이 입양과 연계되도록 할 수 있다.[28]

　㉠ 대리양육

　보호자 또는 대리양육을 원하는 연고자에 대하여 그 가정에서 보호양육할 수 있도록 필요한 조치를 하는 것이다. 대리양육을 하고자 하는 자는 보호를 필요로 하는 아동의 거주지를 관할하는 특별시장·광역시장·도지사 또는 시장·군수·구청장에게 아동의 보호양육을 신청하여야 한다(시행령 제5조제1항).

　시·도지사 또는 시장·군수·구청장이 대리양육 신청을 받은 때에는 보건복지부령이 정하는 바에 따라 보호양육을 결정하고 그 사실을 지체 없이 신청인 및 당해 아동을 보호하고 있는 아동복지시설의 장에게 통보하여야 하며(시행령 제6조제2항), 아동복지지도원 또는 관계 공무원으로 하여금 대리양육 가정을 방문하여 당해 아동의 복지증진을 위하여 필요한 사후지도를 하게 하여야 한다(시행령 제9조).

　㉡ 위탁보호[29]

　아동의 보호를 희망하는 자에게 보호를 필요로 하는 아동의 보호를 위탁하는 것이다. 위탁보호는 법률상 가족관계가 성립되지 않으나 사실상의 가족관계로 사는 형태를 말하며, 아동의 성장배경과 비슷한 환경의 가정을 선정해 줌으로써 대리부모와 아동 간의 조화가 이루어질 수 있다.[30]

　위탁보호는 대리양육과 마찬가지로 신청에 의하여 이루어지고 필요한 사

---

28) 아산사회복지재단, 1997, 아동복지편람.
29) 위탁보호의 한 유형으로 입양제도가 있다. 입양은 수탁자가 요보호아동을 자기의 양자로 하기 위한 위탁보호를 말하며 법적으로 양친과 양자녀로서의 친자관계가 성립된다. 입양제도에 관해서는 '입양특례법'에서 따로 규정하고 있다.
30) 박석돈, 2001, 사회복지서비스법, 삼영사.

후지도가 뒤따르도록 되어 있다. 1999년 '아동복지사업지침'에 따르면, 요보호아동 발생지와 위탁가정의 소재지가 같은 경우 소재지 관할 지방자치단체장은 관련공무원으로 하여금 매월 위탁가정을 방문하여 아동의 적응상태 및 양육상태 등을 파악한 결과를 작성, 비치하고 양육상 애로사항이 있을 경우 필요한 지원을 하거나 위탁가정을 변경 조치해야 한다.[31]

③ 시설보호

위와 같은 보호조치만을 통해서는 적절한 보호가 이루어질 수 없는 아동을 아동복지시설에 입소시켜 보호조치를 하여야 한다.

㉠ 입소조치의 의뢰

시·도지사 또는 시장·군수·구청장은 상담·지도, 대리양육, 위탁보호 등의 보호조치가 적합하지 아니한 자에 대하여 시설의 장에게 아동의 입소를 의뢰하여 시설보호 조치를 할 수 있다(시행령 제6조제1항). 이 경우 시설의 장은 당해 보호를 필요로 하는 아동의 개별보호·관리계획을 세워 보호하여야 하며, 보호를 필요로 하는 아동의 보호자를 참여시킬 수 있다(제10조제4항).

한편, 시설의 장은 버려진 아동 등 긴급히 보호할 필요가 있는 아동을 발견한 때에는 우선 당해 아동을 보호조치할 수 있다. 이 경우 시설의 장은 지체 없이 시·도지사 또는 시장·군수·구청장에게 대리양육, 위탁보호, 시설입소 등의 보호조치를 의뢰하여야 한다(시행령 제6조제2항).

㉡ 퇴소조치

아동복지시설에 입소한 보호를 필요로 하는 아동의 연령이 18세에 달하였거나, 보호의 목적을 달성하였다고 인정될 때에는 당해 시설의 장은 그 보호 중인 아동을 퇴소시켜야 한다(시행령·제11조제1항). 시설의 장은 보호 중인 아동을 퇴소시킨 때에는 지체 없이 입소를 의뢰한 시·도지사 또는 시장·군수·구청장에게 그 사실을 보고하여야 한다(시행규칙 제7조제1항).

명문의 규정은 없지만 보호자의 퇴소요청에 의해서도 퇴소시킬 수 있다고

---

31) 이태영·고영훈, 2002, 사회복지법제론, 동인.

보아야 한다. 이것이 가능하지 않다면 보호자의 친권 등을 침해하는 결과가 되기 때문이다. 다만 이때 보호자의 양육능력 등을 고려하여 엄격한 심사를 거쳐 판단되어야 한다.

    ⓒ 시설보호기간의 연장

아동을 퇴소시켜야 함에도 불구하고 그 시설에서 계속 보호양육이 필요하다고 인정되는 때에는 시설의 장이 그 보호기간을 연장할 수 있다(시행령 제11조제2항). 시설의 장은 보호 중인 아동의 보호기간을 연장한 때에는 지체 없이 입소를 의뢰한 시·도지사 또는 시장·군수·구청장에게 그 사실을 보고하여야 한다. 이 경우 연장사유 및 연장기간을 명시하여야 한다(시행규칙 제7조제2항).

아동복지시설에서의 보호기간을 연장받을 수 있는 자는 고등교육법에 의한 대학 이하의 학교에 재학 중인 자, 아동직업훈련시설 또는 근로자직업훈련촉진법에 의한 직업능력개발훈련시설에서 교육·훈련 중인 자, 학원의 설립·운영에 관한 법률에 의하여 등록된 학원에서 교육 중인 20세 미만의 자, 시·도지사 또는 시장·군수·구청장에 장애·질병 등의 이유로 보호기간의 연장을 요청하는 자 등이다(시행령 제11조).

    ⓔ 귀가조치

아동복지시설에 보호 중인 아동의 보호자가 당해 아동을 양육하고자 하는 경우에는 아동의 입소를 의뢰한 시·도지사 또는 시장·군수·구청장에게 아동귀가 신청을 해야 한다(시행령 제8조제1항). 귀가신청을 받은 시·도지사 또는 시장·군수·구청장은 당해 시설의 장의 의견을 들어 당해 아동을 귀가하게 할 수 있다. 다만, 보호자가 성행이 불량하거나 심신장애, 마약 또는 유독물질의 중독, 전염병질환 등으로 인하여 아동을 귀가시키는 것이 부적당하다고 인정되는 경우에는 그러하지 아니하다(시행령 제8조제2항).

    ④ 입원 등의 조치

약물 및 알코올중독·정서장애·발달장애 등으로 특수한 치료나 요양 등의 보호를 필요로 하는 아동에 대하여 전문치료기관 또는 요양소에 입원 또는 입소시키는 것이다. 시·도지사 또는 시장·군수·구청장은 그 관할구역 안에서 약물 및 알코올중독, 정서장애, 발달장애 등의 문제발생가능성이 있는 아동의 가정에 대하여 예방차원에서의 적절한 조치를 강구하여야 한다(법 제10조제5항).

⑤ 일시 위탁보호

시·도지사 또는 시장·군수·구청장은 위탁보호, 시설보호, 입원 등의 조치를 할 때까지 필요한 경우에는 적당하다고 인정하는 자에게 일시 위탁하여 그 보호를 필요로 하는 아동을 보호하게 할 수 있다(제10조제2항).

지금까지 아동의 보호조치의 종류에 대해 살펴보았다. 그러나 시·도지사 또는 시장·군수·구청장은 위탁보호, 시설보호, 입원 등의 조치를 함에 있어 당해 보호를 필요로 하는 아동의 의사를 존중하여야 하며 보호자가 있을 경우에는 그 의견을 들어야 한다(제10조제3항).

시·도지사 또는 시장·군수·구청장은 아동복지지도원, 관계 공무원 또는 보호자의 의견에 따라 당해 아동의 복지 증진을 위하여 필요하다고 인정하는 때에는 보호조치를 변경하거나 다른 시설에 전원하게 할 수 있으며(시행규칙 제9조제1항), 이 경우 이를 그 보호자에게 통지하여야 한다(시행규칙 제9조제2항).

시설의 장은 시설에 보호 중인 아동이 다른 시설에 전원되는 때에는 당해 시설에 비치된 그 아동에 관한 기록을 그 전원되는 시설에 이송하여야 한다(시행규칙 제9조제3항).

(3) 친권상실 선고 및 후견인 선임청구

① 친권상실의 선고

민법상 친권자는 자(子)를 보호하고 교양(教養)할 권리의무가 있으며 (민법 제913조), 친권을 행사하는 부(父) 또는 모(母)는 미성년자인 자(子)의 법정대리인이 된다(민법 제911조). 그러나 부 또는 모가 친권을 남용하거나 현저한 비행 기타 친권을 행사시킬 수 없는 중대한 사유가 있는 때에는 법원은 자의 친족[32] 또는 검사의 청구에 의하여 그 친권의 상실을 선고할 수 있도록 하고 있다(민법 제914조).

아동복지법에서는 친권제한 및 상실의 선고를 청구할 수 있는 범위를 넓혀 시·도지사 또는 시장·군수·구청장은 아동의 친권자가 그 친권을 남용하거나 현저한 비행 기타 친권을 행사할 수 없는 중대한 사유가 있는 것을 발견한 경우 아동의 복지를 위하여 필요하다고 인정할 때에는 법원에 친권행사의 제한 또는 친권상실의 선고를 청구하여야 한다고 규정하고 있다(법 제12조).

② 후견인 선임청구

민법 제928조는 미성년자에 대하여 친권자가 없거나 친권자가 법률행위의 대리권 및 재산관리권을 행사할 수 없는 때에는 그 후견인을 두어야 한다고 규정하고 있다. 이 경우 법원은 피후견인의 친족 기타 이해관계인의 청구에 의하여 후견인을 선임하여야 한다(민법 제936조).[33]

아동복지법에서 시·도지사 또는 시장·군수·구청장은 친권자 또는 후견인이 없는 아동을 발견한 경우 그 복지를 위하여 필요하다고 인정할 때에는 법원에 후견인의 선임 또는 그 해임을 청구하여야 하며, 이 경우 당해 아동의 의견을 존중하여야 한다고 규정하고 있다(법 제13조제1항).

한편, 아동복지시설에 입소 중인 보호를 필요로 하는 아동에 대하여는 「보호시설에있는미성년자의후견직무에관한법률」을 적용한다(법 제13조제2항). 이 법에 따르면, 국가 또는 지방자치단체가 설치·운영하는 보호시설에 있는 미성년자인 고아에 대하여는 그 보호시설의 장이 후견인이 되고 국가 또는

---

32) 민법상 친족의 범위는 8촌 이내의 혈족, 4촌 이내의 인척, 그리고 배우자이다(민법 제777조).
33) 다음에 해당하는 자는 후견인이 되지 못한다(민법 제937조): ① 미성년자, ② 금치산자, 한정치산자, ③ 파산자, ④ 자격정지 이상의 형을 받고 형기 중에 있는 자, ⑤ 법원에서 해임된 법정대리인 또는 친족회원, ⑥ 행방이 불명한 자, ⑦ 피후견인에 대하여 소송을 하였거나 하고 있는 자 또는 그 배우자와 직계혈족.

지방자치단체 외의 자가 설치·운영하는 보호시설에 있는 미성년자인 고아에 대하여는 그 보호시설의 소재지를 관할하는 시장·군수·구청장이 후견인을 지정한다.[34] 이 규정은 보호시설에 있는 미성년자로서 고아가 아닌 자에 대하여도 이를 준용하되, 이 경우 법원의 허가를 받아야 한다.

(4) 아동학대의 방지

① 아동학대의 정의

아동학대라 함은 보호자를 포함한 성인에 의하여 아동의 건강·복지를 해치거나 정상적 발달을 저해할 수 있는 신체적·정신적·성적 폭력 또는 가혹행위 및 아동의 보호자에 의하여 이루어지는 유기와 방임을 말한다(법 제2조제4호).

② 아동학대 신고의무와 절차

누구든지 아동학대를 알게 된 때에는 아동보호전문기관 또는 수사기관에 신고할 수 있으며(법 제26조제1항), 그 직무상 아동학대를 알게 된 때에는 즉시 아동보호전문기관 또는 수사기관에 신고하여야 하는 자는 다음과 같다(법 제26조제2항)

ㄱ 초·중등교육법 제19조의 규정에 의한 교원

ㄴ 의료법 제3조의 규정에 의한 의료기관에서 의료업을 행하는 의료인

ㄷ 아동복지시설의 종사자 및 그 장

ㄹ 장애인복지법 제37조의 규정에 의한 장애인 복지시설에서 장애아동에 대한 상담·치료·훈련 또는 요양을 행하는 자

ㅁ 영유아보육법 제7조의 규정에 의한 보육시설의 종사자

ㅂ 윤락행위등방지법 제11조 및 제14조의규정에 의한 복지시설의 종사자 및 여성복지상담소의 상담원

---

34) 「보호시설에있는미성년자의후견직무에관한법률」 제3조제1, 2항. 이 법에서 후견인이 될 수 없는 자는 ① 민법 937조 각 호에 해당하는 자, ② 후견인의 직무를 성실히 수행할 수 없거나 아동복지를 위하여 부적당하다고 인정되는 자 등이다(법 제5조).

ⓢ 모자복지법 제7조 및 제20조의 규정에 의한 모자복지상담소의 상담원 및 모자복지시설의 종사자

ⓞ 가정폭력방지및피해자보호등에관한법률 제5조 및 제7조의 규정에 의한 가정폭력 관련상담소의 상담원 및 가정폭력 피해자보호시설의 종사자

ⓩ 아동복지지도원및사회복지사업법 제14조의 규정에 의한 사회복지전담 공무원

한편, 신고인의 신분은 보호되어야 하며 그 의사에 반하여 신원이 노출되어서는 안 된다(법제26조제3항).

③ 아동보호전문기관

㉠ 아동보호전문기관의 설치·지정

국가와 지방자치단체는 학대아동의 발견, 보호, 치료에 대한 신속한 처리 및 아동학대예방을 전담하는 아동보호전문기관을 설치하여야 하며, 아동상담소, 아동복지시설, 아동학대예방협회 등의 비영리법인을 아동보호전문기관으로 지정할 수 있다(법 제24조제1항)

아동보호전문기관으로 지정받고자 하는 자는 시·도지사에게 신청을 하여야 하며(시행령 제15조제1항), 시·도지사는 ⓐ 아동양육시설, 아동일실보호시설, 아동단기보호시설, 아동상담소, 아동복지관 등의 아동복지시설, ⓑ 사회복지사업법에 의하여 설립된 비영리법인, ⓒ 기타 아동보호전문기관이 업무를 수행할 능력이 있다고 시·도지사가 인정하는 비영리법인 등에 대해서 보건복지부장관의 승인을 얻어 아동보호전문기관으로 지정할 수 있다(시행령 제15조제2항).

㉡ 아동보호전문기관의 업무

아동보호전문기관은 ⓐ 학대받은 아동의 발견, 보호, 치료의뢰, ⓑ 아동학대의 예방 및 방지를 위한 홍보, ⓒ 아동학대행위자를 위한 상담, 교육 등, ⓓ 아동학대행위자, 아동학대행위자로 신고된 자 및 그 가정에 대한 조사, ⓔ 기타 학대받은 아동의 보호를 위하여 필요한 사항 등에 대한 업무를 수행한다(법 제25조).

ⓒ 직원의 자격기준

아동보호전문기관의 상담원은 ⓐ 사회복지사업법에 의한 사회복지사 1급 이상의 자격을 가진 자, ⓑ 고등교육법에 의한 대학 또는 이와 동등 이상의 학력이 있다고 교육부장관이 인정하는 학교에서 심리학과(복지심리학과를 포함한다) 또는 보건복지부령이 정하는 아동복지 또는 사회복지 관련 교과목을 이수하고 졸업한 자로서 대학 또는 보건복지부장관이 인정하는 비영리법인에서 개설·운영하는 교육과정을 수료한 자로 한다. 다만, 대학에서 교과목의 일부를 이수한 경우에는 그 이수과목에 대한 교육을 면제할 수 있다(시행령 제17조제2항).

④ 긴급전화의 설치

국가와 지방자치단체는 아동학대를 예방하고 수시로 신고를 받을 수 있도록 긴급전화를 설치하여야 한다(법 제23조). 긴급전화는 아동보호전문기관에 설치하여야 하며(시행령 제14조제1항), 전국적으로 통일된 번호로 매일 24시간 동안 운영하여야 한다(시행령 제14조제2항).[35]

⑤ 응급조치의무

아동학대신고를 접수한 아동보호전문기관 직원이나 사법경찰관리는 지체 없이 아동학대의 현장에 출동하여야 하며, 아동학대행위자로부터의 격리 또는 치료가 필요한 때에는 아동보호전문기관 또는 치료기관으로 인도에 필요한 조치를 하여야 한다(법 제27조제1항).[36]

아동보호전문기관이나 수사기관은 아동이 3일 이상의 격리 또는 치료 등의 조치가 필요한 때에는 시·도지사 또는 시장·군수·구청장에게 대리양육, 위탁보호, 시설보호 등의 조치를 의뢰하여야 하며(시행령 제18조제3항), 시·도지사 또는 시장·군수·구청장은 보호조치를 의뢰받은 때에는 지체

---

35) 긴급전화번호는 국번 없이 1391이다.

36) 이 조치와 관련하여 아동보호전문기관의 직원 또는 사법경찰관리(조사자)는 아동학대행위자로부터의 격리 또는 치료 등의 조치가 필요하다고 판단되거나 피해아동이 아동학대행위자로부터 격리 등을 원하는 경우에는 아동을 수용할 수 있는 인근시설 또는 의료기관에 필요한 조치를 의뢰할 수 있다(시행령 제18조제2항).

없이 따라 적절한 보호조치를 실시하여야 한다(시행령 제18조제4항).

그리고 아동보호전문기관의 장은 피학대아동, 그 보호자 또는 아동학대행위자의 신분조회 등의 조치를 관계 행정기관에 협조·요청할 수 있으며, 요청을 받은 행정기관은 정당한 사유가 없는 한 이에 응하여야 한다(시행령 제18조제5항).

⑥ 보조인의 선임 등

법원의 심리과정에서 변호사, 법정대리인, 직계친족, 형제자매, 아동보호전문기관의 상담원은 학대아동사건의 심리에 있어서 보조인이 될 수 있다. 다만, 변호사가 아닌 경우에는 법원의 허가를 받아야 한다(법 제28조제1항). 법원은 아동학대의 피해자를 증인으로 신문하는 경우 검사, 피해자 또는 아동보호전문기관의 신청이 있는 때에는 피해자와 신뢰관계에 있는 자의 동석을 허가할 수 있으며(법 제28조제2항), 수사기관이 피해자를 조사하는 경우에도 이와 같다(법 제28조제3항).

아동복지법은 아동을 대상으로 하는 복지에 대한 법을 말한다. 이에 대한 법령을 우선 기록하면 다음과 같다.

제15조 (휴지·폐지 등의 신고) 제14조 제2항의 규정에 의하여 신고한 아동복지시설을 폐지 또는 휴지하거나 그 운영을 재개하고자 하는 자는 보건복지가족부령이 정하는 바에 따라 미리 시장·군수·구청장에게 신고하여야 한다. <개정 2008.2.29>

제16조 (아동복지시설의 종류)
① 아동복지시설의 종류는 다음과 같다. <개정 2004.1.29>
1. 아동양육시설: 보호를 필요로 하는 아동을 입소시켜 보호, 양육하는 것을 목적으로 하는 시설
2. 아동일시보호시설: 보호를 필요로 하는 아동을 일시보호하고 아동에 대한 향후의 양육대책수립 및 보호조치를 행하는 것을 목적으로 하는 시설
3. 아동보호치료시설: 불량행위를 하거나 불량행위를 할 우려가 있는 아동으로서 보호자가 없거나 친권자나 후견인이 입소를 신청한 아동 또는 가정법원, 지방법원소년부지원에서 보호위탁된 아동을 입소시켜 그들을 선도하여 건전한 사회인으로 육성하는 것을 목적으로 하는 시설

4. 아동직업훈련시설: 아동복지시설에 입소되어 있는 만15세 이상의 아동과 생활이 어려운 가정의 아동에 대하여 자활에 필요한 지식과 기능을 습득시키는 것을 목적으로 하는 시설
5. 자립지원시설: 아동복지시설에서 퇴소한 자에게 취업준비기간 또는 취업 후 일정기간 보호함으로써 자립을 지원하는 것을 목적으로 하는 시설
6. 아동단기보호시설: 일반가정에 아동을 보호하기 곤란한 일시적 사정이 있는 경우 아동을 단기간 보호하며 가정의 복지에 필요한 지원조치를 하는 것을 목적으로 하는 시설
7. 아동상담소: 아동과 그 가족의 문제에 관한 상담, 치료, 예방 및 연구 등을 목적으로 하는 시설
8. 아동전용시설: 어린이공원, 어린이놀이터, 아동회관, 체육, 연극, 영화, 과학실험전시시설, 아동휴게숙박시설, 야영장 등 아동에게 건전한 놀이·오락 기타 각종 편의를 제공하여 심신의 건강유지와 복지증진에 필요한 서비스를 제공하는 것을 목적으로 하는 시설
9. 아동복지관: 지역사회 아동의 건전육성을 위하여 심신의 건강유지

와 복지증진에 필요한 서비스를 제공하는 것을 목적으로 하는 시설

10. 공동생활가정: 보호를 필요로 하는 아동에게 가정과 같은 주거여건과 보호를 제공하는 것을 목적으로 하는 시설

11. 지역아동센터: 지역사회 아동의 보호 · 교육, 건전한 놀이와 오락의 제공, 보호자와 지역사회의 연계 등 아동의 건전육성을 위하여 종합적인 아동복지서비스를 제공하는 시설

② 제1항의 규정에 의한 아동복지시설은 종합시설로 설치할 수 있다.

③ 아동복지시설은 각 시설의 고유업무 외에도 다음 각 호의 사업을 실시할 수 있다.

1. 아동가정지원사업: 지역사회아동의 건전한 발달을 위하여 아동, 가정, 지역주민에게 상담, 조언 및 정보를 제공해 주는 사업

2. 아동주간보호사업: 부득이한 사유로 가정에서 낮 동안 보호를 받을 수 없는 아동을 대상으로 개별적인 보호와 교육을 통하여 아동의 건전한 성장을 도모하는 사업

3. 아동전문상담사업: 학교부적응아동 등을 대상으로 올바른 인격형성을 위한 상담, 치료 및 학교폭력예방을 실시하는 사업

4. 학대아동보호사업: 학대아동의 발견, 보호, 치료 및 아동학대의 예방 등을 전문적으로 실시하는 사업

5. 공동생활가정사업: 보호를 필요로 하는 아동에게 가정과 같은 주거여건과 보호를 제공하는 것을 목적으로 하는 사업

6. 방과 후 아동지도사업: 저소득층 아동을 대상으로 방과 후 개별적인 보호와 교육을 통하여 건전한 인격형성을 목적으로 하는 사업

제17조 (아동전용시설의 설치)

① 국가와 지방자치단체는 아동이 항상 이용할 수 있는 아동전용시설을 설치하도록 노력하여야 한다.

② 아동이 이용할 수 있는 문화 · 오락시설 · 교통 기타 서비스시설 등을 설치 · 운영하는 자는 대통령령이 정하는 바에 의하여 아동의 이용편의를 고려한 편익설비를 갖추고 아동에 대한 입장료와 이용료 등을 감면할 수 있다.

③ 아동전용시설의 설치기준 등에 관하여 필요한 사항은 보건복지가족부령으로 정한다. <개정 2008.2.29>

제18조 (시설의 장의 의무) 아동복지시설의 장은 보호아동의 권리를 최대한 보장하여야 하며 친권자가 있는 경우 보호아동의 가정복귀를 위하여 적절한 상담과 지도를 병행

하여야 한다.

제19조 (아동복지시설종사자)
① 아동복지시설에는 필요한 전문인력을 배치하여야 한다.
② 아동복지시설종사자의 직종과 수, 그 자격 및 배치기준은 대통령령으로 정한다.

제20조 (아동복지시설종사자의 교육훈련)
① 보건복지가족부장관은 아동복지시설 종사자의 양성 및 자질향상을 위한 교육·훈련을 실시하여야 한다. <개정 2008. 2.29>
② 보건복지가족부장관은 제1항의 교육훈련을 대학(전문대학을 포함한다) 또는 아동복지단체 기타 교육훈련시설(이하 '교육훈련시설'이라 한다)에 위탁하여 실시할 수 있다. <개정 2008.2.29>

제21조 (시설의 개선, 사업의 정지, 폐쇄 등) 보건복지가족부장관, 시·도지사 또는 시장·군수·구청장은 제14조제2항의 규정에 의하여 설치된 아동복지시설, 제20조제2항의 규정에 의한 교육훈련시설(대학 및 전문대학을 제외한다)이 다음 각 호의 1에 해당하는 때에는 소관에 따라 그 시설의 개선, 사업의 정지, 위탁의 취소 또는 시설의 장의 교체를 명하거나 시설의 폐쇄를 명할 수 있다.

<개정 2008.2.29>
1. 시설이 설치기준에 미달하게 된 때
2. 사회복지법인 또는 비영리법인이 설치·운영하는 시설의 경우 그 사회복지법인 또는 비영리법인의 설립허가가 취소된 때
3. 설치목적의 달성 기타의 사유로 계속하여 운영될 필요가 없다고 인정할 때
4. 기타 이 법 또는 이 법에 의한 명령에 위반한 때

제22조 (청문) 보건복지가족부장관, 시·도지사 또는 시장·군수·구청장은 제21조의 규정에 의한 위탁의 취소 또는 시설의 폐쇄명령을 하고자 하는 경우에는 청문을 실시하여야 한다. <개정 2008.2.29>

제23조 (아동학대의 예방과 방지의무)
① 국가와 지방자치단체는 아동학대의 예방과 방지를 위하여 다음 각 호의 조치를 취하여야 한다.
1. 아동학대의 예방과 방지를 위한 각종 정책의 수립 및 시행
2. 아동학대의 예방과 방지를 위한 연구·교육·홍보 및 아동학대 실태조사
3. 아동학대에 관한 신고체제의 구축·운영
4. 그 밖에 대통령령으로 정하는 아동학대의 예방과 방지를 위한 사항

② 국가와 지방자치단체는 아동학대를 예방하고 수시로 신고를 받을 수 있도록 긴급전화를 설치하여야 한다. 이 경우 그 설치·운영에 관하여 필요한 사항은 대통령령으로 정한다.

③ 국가와 지방자치단체는 아동학대의 실태를 파악하고, 아동학대의 예방 및 방지에 관한 정책 수립을 위하여 5년마다 아동학대 실태조사를 실시하고 그 결과를 발표하여야 한다. 이 경우 아동학대 실태조사를 위하여 필요한 사항은 보건복지가족부령으로 정한다.

④ 국가와 지방자치단체는 제24조에 따른 아동보호전문기관의 장이 학대받은 아동의 보호, 치료 등의 업무를 수행함에 있어서 학대받은 아동, 그 보호자 또는 아동학대행위자에 대한 신분조회 등 필요한 조치의 협조를 요청할 경우 정당한 사유가 없는 한 이에 적극 응하여야 한다.

[전문개정 2008.6.13]

제24조 (아동보호전문기관의 설치)

① 국가와 지방자치단체는 학대아동의 발견, 보호, 치료에 대한 신속한 처리 및 아동학대예방을 전담하는 아동보호전문기관을 설치하여야 한다. 다만, 대통령령이 정하는 범위 안에서 아동상담소, 아동복지시설, 아동학대예방협회 등의 비영리법인을 아동보호전문기관으로 지정할 수 있다.

② 아동보호전문기관에 두는 상담원 등 직원의 자격은 대통령령으로 정하고, 그 설치기준과 운영에 관하여 필요한 사항은 보건복지가족부령으로 정한다. <개정 2008.2.29>

제24조 (아동보호전문기관의 설치 등)

① 국가는 아동학대예방사업을 활성화하고 지역 간 연계체계를 구축하기 위하여 중앙아동보호전문기관을 둔다.

② 지방자치단체는 학대받은 아동의 발견, 보호, 치료에 대한 신속처리 및 아동학대예방을 담당하는 지역아동보호전문기관을 시·도 및 시·군·구에 둔다.

③ 보건복지가족부장관, 시·도지사 및 시장·군수·구청장은 아동학대예방사업을 목적으로 하는 비영리법인을 지정하여 제1항 및 제2항에 따른 중앙아동보호전문기관, 지역아동보호전문기관의 운영을 위탁할 수 있다.

④ 아동보호전문기관의 설치기준과 운영, 상담원의 자격과 배치기준, 제3항에 따른 지정의 요건 등에 관하여 필요한 사항은 대통령령으로 정한다.

[전문개정 2008.6.13]

[시행일: 2009.7.1] 제24조

제25조 (아동보호전문기관의 의무) 아동보호전문기관의 업무는 다음과 같다.

1. 학대받은 아동의 발견, 보호, 치료의뢰

2. 아동학대의 예방 및 방지를 위한 홍보

3. 아동학대행위자를 위한 상담·교육 등

4. 아동학대행위자, 아동학대행위자로 신고된 자 및 그 가정에 대한 조사

5. 기타 학대받은 아동의 보호를 위하여 필요한 사항

제25조 (아동보호전문기관의 업무)
① 중앙아동보호전문기관은 다음 각 호의 업무를 수행한다.

1. 지역아동보호전문기관에 대한 지원

2. 아동학대예방사업과 관련된 연구 및 자료발간

3. 효율적인 아동학대예방사업을 위한 연계체제 구축

4. 아동학대예방사업을 위한 프로그램 개발 및 평가

5. 상담원 직무교육, 아동학대예방 관련 교육 및 홍보

6. 아동보호전문기관 전산시스템 구축 및 운영

7. 그 밖에 대통령령으로 정하는 아동학대예방사업과 관련된 업무

② 지역아동보호전문기관은 다음 각 호의 업무를 수행한다.

1. 아동학대 신고접수, 현장조사 및 응급보호

2. 학대받은 아동, 아동학대행위자를 위한 상담 및 교육

3. 아동학대예방 교육 및 홍보

4. 학대가정의 사후관리

5. 아동학대사례판정위원회 설치·운영 및 자체사례회의 운영

6. 그 밖에 대통령령으로 정하는 아동학대예방사업과 관련된 업무

[전문개정 2008.6.13]

[시행일: 2009.7.1] 제25조

제26조 (아동학대 신고의무와 절차)
① 누구든지 아동학대를 알게 된 때에는 아동보호전문기관 또는 수사기관에 신고할 수 있다.

② 다음 각 호의 1에 해당하는 자는 그 직무상 아동학대를 알게 된 때에는 즉시 아동보호전문기관 또는 수사기관에 신고하여야 한다. <개정 2002.12.18, 2004.3.22, 2005.7.13, 2006.9.27, 2007. 10.17>

1. 「초·중등교육법」 제19조의 규정에 따른 교원

2. 「의료법」 제3조의 규정에 따른 의료기관에서 의료업을 행하는 의료인

3. 아동복지시설의 종사자 및 그 장

4. 「장애인복지법」 제48조의 규정에 따른 장애인복지시설에서 장애아동에 대한 상담·치료·훈련 또는 요양을 행하는 자

5. 「영유아보육법」 제10조의 규정에 따른 보육시설의 종사자

6. 「유아교육법」 제7조의 규정에 따

른 유치원의 장, 교직원 및 종사자

7. 「학원의설립·운영및과외교습에 관한법률」 제6조의 규정에 따른 학원의 운영자·강사·직원·종사자 및 동법 제14조의 규정에 따른 교습소의 운영자·교습자·직원·종사자

8. 「소방기본법」 제35조의 규정에 따른 구급대의 대원

9. 「성매매방지및피해자보호등에관한법률」 제5조 및 제10조의 규정에 따른 지원시설 및 성매매피해상담소의 장이나 그 종사자

10. 「한부모가족지원법」 제8조 및 제19조의 규정에 따른 한부모가족복지상담소의 상담원 및 한부모가족복지시설의 종사자

11. 「가정폭력방지및피해자보호등에관한법률」 제5조 및 제7조의 규정에 따른 가정폭력 관련 상담소의 상담원 및 가정폭력 피해자보호시설의 종사자

12. 아동복지지도원 및 「사회복지사업법」 제14조의 규정에 따른 사회복지전담공무원

③ 신고인의 신분은 보호되어야 하며 그 의사에 반하여 신원이 노출되어서는 아니 된다.

제26조의2 (아동학대 신고의무자 교육)
관계 중앙행정기관의 장은 제26조

제2항 각 호의 어느 하나에 해당하는 자의 자격취득 교육과정에 있어 아동학대예방 및 신고의무와 관련된 교육내용을 포함하도록 하여야 한다.

[본조신설 2005.7.13]

제27조 (응급조치의무 등)
① 아동학대신고를 접수한 아동보호전문기관 직원이나 사법경찰관리는 지체없이 아동학대의 현장에 출동하여야 하며, 아동학대행위자로부터의 격리 또는 치료가 필요한 때에는 아동보호전문기관 또는 치료기관의 인도에 필요한 조치를 하여야 한다.

② 아동학대의 신고를 접수한 아동보호전문기관이나 수사기관은 대통령령이 정하는 바에 따라 학대받은 아동의 보호와 학대의 방지를 위하여 제10조 제1항제2호 내지 제4호의 규정에 의한 조치 등을 의뢰할 수 있다.

제28조 (보조인의 선임 등)
① 법원의 심리과정에서 변호사, 법정대리인, 직계친족, 형제자매, 아동보호전문기관의 상담원은 학대아동사건의 심리에 있어서 보조인이 될 수 있다. 다만, 변호사가 아닌 경우에는 법원의 허가를 받아야 한다.

② 법원은 아동학대의 피해자를 증인으로 신문하는 경우 검사, 피해자 또

는 아동보호전문기관의 신청이 있는 때에는 피해자와 신뢰관계에 있는 자의 동석을 허가할 수 있다.

③ 수사기관이 피해자를 조사하는 경우에도 제1항 및 제2항과 같다.

제28조의2 (가정위탁지원센터의 설치 등) ① 국가는 가정위탁사업을 활성화하고 지역 간 연계체계를 구축하기 위하여 중앙가정위탁지원센터(이하 '중앙가정위탁지원센터'라 한다)를 둔다.

② 지방차지단체(시·도에 한한다. 이하 이 조에서 같다)는 보호를 필요로 하는 아동에 대한 가정위탁사업을 활성화하기 위하여 지역가정위탁지원센터(이하 '지역가정위탁지원센터'라 한다)를 둔다.

③ 보건복지가족부장관 및 시·도지사는 가정위탁지원을 목적으로 하는 비영리법인을 지정하여 제1항 및 제2항의 규정에 따른 중앙가정위탁지원센터 및 지역가정위탁지원센터(이하 '가정위탁지원센터'라 한다)의 운영을 위탁할 수 있다. <개정 2008.2.29>

④ 가정위탁지원센터의 상담원의 자격 및 배치기준 등 설치기준과 운영, 제3항의 규정에 따른 지정의 요건 등에 관하여 필요한 사항은 대통령령으로 정한다.

[본조신설 2005.7.13]

제28조의3 (가정위탁지원센터의 업무) ① 중앙가정위탁지원센터는 다음 각 호의 업무를 수행한다.

1. 지역가정위탁지원센터에 대한 지원

2. 효과적인 가정위탁사업을 위한 연계체계 구축

3. 가정위탁사업과 관련된 연구 및 자료발간

4. 가정위탁사업을 위한 프로그램의 개발 및 평가

5. 상담원에 대한 교육 등 가정위탁에 관한 교육 및 홍보

6. 가정위탁사업을 위한 정보기반 구축 및 정보제공

7. 그 밖에 대통령령이 정하는 가정위탁사업과 관련된 업무

② 지역가정위탁지원센터는 다음 각 호의 업무를 수행한다.

1. 가정위탁사업의 홍보 및 위탁가정의 발굴

2. 가정위탁을 하고자 하는 가정 및 가정위탁 대상 아동의 조사

3. 가정위탁 부모의 교육

4. 가정위탁을 하는 가정의 사후관리

5. 그 밖에 대통령령이 정하는 가정위탁사업과 관련된 업무

[본조신설 2005.7.13]

제29조 (금지행위) 누구든지 다음 각 호의 1에 해당하는 행위를 하여서는 아니 된다.

1. 아동의 신체에 손상을 주는 학대행위

2. 아동에게 성적 수치심을 주는 성희롱, 성폭행 등의 학대행위

3. 아동의 정신건강 및 발달에 해를 끼치는 정서적 학대행위

4. 자신의 보호·감독을 받는 아동을 유기하거나 의식주를 포함한 기본적 보호·양육 및 치료를 소홀히 하는 방임행위

5. 아동을 타인에게 매매하는 행위

6. 아동에게 음행을 시키거나 음행을 매개하는 행위

7. 장애를 가진 아동을 공중에 관람시키는 행위

8. 아동에게 구걸을 시키거나 아동을 이용하여 구걸하는 행위

9. 공중의 오락 또는 흥행을 목적으로 아동의 건강 또는 안전에 유해한 곡예를 시키는 행위

10. 정당한 권한을 가진 알선기관 외의 자가 아동의 양육을 알선하고 금품을 취득하는 행위

11. 아동을 위하여 증여 또는 급여된 금품을 그 목적 외의 용도에 사용하는 행위

제30조 (조사 등)

① 보건복지가족부장관, 시·도지사 또는 시장·군수·구청장은 필요하다고 인정할 때에는 관계공무원, 아동복지지도원으로 하여금 아동복지시설과 아동의 주소·거소, 아동의 고용장소 또는 제29조의 금지행위를 위반할 우려가 있는 장소에 출입하여 아동 또는 관계인에 대하여 필요한 조사를 하거나 질문을 하게 할 수 있다. <개정 2008.2.29>

② 제1항의 경우 관계공무원, 아동복지지도원은 그 권한을 증명하는 증표를 제시하여야 한다.

제31조 (비용보조) 국가 및 지방자치단체는 대통령령이 정하는 바에 의하여 다음 각 호의 1에 해당하는 비용의 전부 또는 일부를 보조할 수 있다. <개정 2005.7.13>

1. 아동복지시설의 설치 및 운영과 프로그램의 운용에 필요한 비용 또는 수탁보호 중인 아동의 양육 및 보호관리에 필요한 비용

2. 보호를 필요로 하는 아동의 대리양육이나 가정위탁보호에 따른 비용

3. 아동복지사업의 지도·감독, 계몽 및 선전에 필요한 비용

4. 아동보호전문기관의 설치·운영에 소요되는 비용

4의2. 가정위탁지원센터의 설치·운영에 소요되는 비용

5. 제37조의 규정에 의한 아동복지단체의 지도·육성에 필요한 비용

제32조 (비용의 징수) 시·도지사, 시장·군수·구청장 또는 아동복지시설의 장은 제10조제1항제3호 내지 제5호, 동조 제2항의 보호조치 또는 제25조 제1호의 학대받은 아동의 보호 및 치료에 필요한 비용의 전부 또는 일부를 대통령령이 정하는 바에 의하여 각각 그 본인 또는 그 부양의무자로부터 징수할 수 있다.

제33조 (보조금의 반환명령) 국가 또는 지방자치단체는 아동복지시설의 장 등 보호수탁자, 가정위탁지원센터의 장, 대리양육자 및 제37조의 규정에 의한 아동복지단체의 장이 다음 각 호의 1에 해당한 때에는 이미 교부한 보조금의 전부 또는 일부의 반환을 명할 수 있다. <개정 2005.7.13>
1. 보조금의 교부조건에 위반한 때
2. 사위 기타 부정한 방법으로 보조금의 교부를 받은 때
3. 아동복지시설 또는 가정위탁지원센터의 경영에 관하여 개인의 영리를 도모하는 행위를 한 때
4. 이 법 또는 이 법에 의한 명령에 위반한 때
5. 보조금의 사용잔액이 있을 때

제34조 (국유재산의 무상대여)
① 국가는 이 법에 의한 아동복지시설을 설치·운영하는 법인에 대하여 이 법에 의하여 위탁한 업무의 처리를 위하여 필요하다고 인정할 때에는 국유재산을 무상으로 대여할 수 있다.
② 제1항의 규정에 의한 대여의 대상·조건 및 절차에 관하여는 국유재산법의 규정을 적용한다.

제35조 (면세) 아동복지시설에서 그 보호아동을 위하여 사용하는 건물 및 토지, 시설설치 및 운영에 소요되는 비용에 대하여는 조세특례제한법 기타 관계 법령이 정하는 바에 의하여 조세 기타의 공과금을 면제할 수 있다.

제36조 (압류금지) 이 법에 의하여 지급된 금품과 이를 받을 권리는 압류하지 못한다.

제37조 (아동복지단체의 육성) 국가 및 지방자치단체는 아동의 권리를 보장하고 복지증진을 목적으로 설립된 기관 및 단체(이하 '아동복지단체'라고 한다)를 지도·육성할 수 있다.

제38조 (비밀누설의 금지) 아동복지사업 또는 아동보호전문기관을 포함하여 아동복지업무에 종사하였거나 종사하는 자는 그 직무상 지득한 비밀을 누설하지 못한다.

제39조 (권한의 위임) 이 법에 의한 보

건복지가족부장관 또는 시·도지사의 권한은 그 일부를 대통령령이 정하는 바에 의하여 시장·군수·구청장에게 위임할 수 있다. <개정 2008.2.29>

제40조 (벌칙) 제29조의 규정을 위반한 자는 다음 각 호의 구분에 따라 처벌한다. <개정 2005.7.13>

1. 제5호 또는 제6호에 해당하는 행위를 한 자는 10년 이하의 징역 또는 5천만 원 이하의 벌금에 처한다.

2. 제1호 내지 제4호, 제7호 및 제8호에 해당하는 행위를 한 자는 5년 이하의 징역 또는 3천만 원 이하의 벌금에 처한다.

3. 제10호 또는 제11호에 해당하는 행위를 한 자는 3년 이하의 징역 또는 2천만 원 이하의 벌금에 처한다.

4. 제9호에 해당하는 행위를 한 자는 1년 이하의 징역 또는 500만 원 이하의 벌금에 처한다.

제40조의2 (상습범) 상습으로 제40조 각 호의 죄를 범한 자는 그 죄에 정한 형의 2분의 1까지 가중한다. [본조신설 2004.1.29]

제41조 (벌칙) 다음 각 호의 어느 하나에 해당하는 자는 1년 이하의 징역 또는 500만 원 이하의 벌금에 처한다. <개정 2005.7.13>

1. 제14조제2항의 규정에 의한 신고를 하지 아니하고 아동복지시설을 설치한 자

2. 제30조제1항의 규정에 의한 조사를 거부·방해 또는 기피하거나 질문에 대하여 답변을 거부·기피 또는 허위답변을 하거나, 아동에게 답변을 거부·기피 또는 허위답변을 하게 하거나 그 답변을 방해한 자

3. 허위서류를 작성하여 제19조제2항의 규정에 의한 아동복지시설종사자의 자격을 인정받은 자

4. 제21조의 규정에 의하여 시설폐쇄명령, 위탁의 취소 또는 사업의 정지명령을 받고 사업을 계속한 자

5. 제38조의 규정을 위반한 자

제42조 (미수범) 제40조제1호의 미수범은 처벌한다.

제43조 (양벌규정) 법인의 대표자 또는 법인이나 개인의 대리인, 사용인 기타의 종업원이 그 법인 또는 개인의 업무에 관하여 제40조 또는 제41조의 위반행위를 한 때에는 그 행위자를 벌하는 외에 그 법인 또는 개인에 대하여도 각 해당조의 벌금형을 과한다.

부칙 <제6151호, 2000.1.12>

제1조 (시행일) 이 법은 공포 후 6월이

경과한 날부터 시행한다.

제2조 (아동복지시설에 대한 경과조치) ① 이 법 시행 당시 종전의 규정에 의하여 시·도지사의 인가를 받거나 시·도지사에 신고한 아동복지시설은 제14조제2항의 개정규정에 의하여 시장·군수·구청장에게 신고한 아동복지시설로 본다.

② 이 법 시행 당시 종전의 규정에 의하여 시·도지사 또는 시장·군수·구청장으로부터 보호기간의 연장을 받은 자는 제11조제2항의 개정규정에 의하여 시설의 장으로부터 보호기간의 연장을 받은 것으로 본다.

③ 제15조의 개정규정에 의한 아동복지시설의 재개신고는 이 법 시행 후 최초로 휴지신고를 하는 자부터 적용한다.

제3조 (다른 법률의 개정)

① 가정폭력범죄의처벌등에관한특례법 중 다음과 같이 개정한다.
제2조제3호차목 중 '아동복지법 제18조제2호'를 '아동복지법 제29조제8호'로 한다.

② 입양촉진및절차에관한특례법 중 다음과 같이 개정한다.
제2조제2호 중 '요보호아동'을 '보호를 필요로 하는 아동'으로, '아동복지법 제2조제3호'를 '아동복지법 제2조제2호'로 하고, 제14조제2항 중 '아동복지

법 제11조의 규정에 의한 보호조치 또는 제12조의 규정에 의한 시설보호조치'를 '아동복지법 제10조의 규정에 의한 보호조치'로 한다.

제4조 (다른 법령과의 관계) 이 법 시행 당시 다른 법령에서 종전의 규정을 인용한 경우에는 이 법 중 그에 해당하는 규정이 있는 때에는 종전의 규정에 갈음하여 이 법의 해당조항을 인용한 것으로 본다.

부칙 (모·부자복지법) <제6801호, 2002.12.18>

제1조 (시행일) 이 법은 공포 후 6월이 경과한 날부터 시행한다.
제2조 내지 제6조 생략

제7조 (다른 법률의 개정) ① 내지 ③ 생략

④ 아동복지법 중 다음과 같이 개정한다.
제26조제2항제7호를 다음과 같이 한다.
　　7. 모·부자복지법 제8조 및 제19조의 규정에 의한 모·부자복지상담소의 상담원 및 모·부자복지시설의 종사자

⑤ 및 ⑥ 생략

부칙 <제7143호, 2004.1.29>

이 법은 공포 후 6월이 경과한 날부

터 시행한다.

부칙 (성매매방지및피해자보호등에관한 법률) <제7212호, 2004.1.29>

제1조 (시행일) 이 법은 공포 후 6월이 경과한 날부터 시행한다.
제2조 및 제3조 생략

제4조 (다른 법률의 개정 등) ① 생략
② 아동복지법 중 다음과 같이 개정한다.
제26조제2항제6호를 다음과 같이 한다.
6. 성매매방지및피해자보호등에관한 법률 제5조 및 제10조의 규정에 의한 지원시설 및 성매매피해상담소의 장이나 그 종사자
③ 및 ④ 생략

부칙 (정부조직법) <제7413호, 2005.3.24>

제1조 (시행일) 이 법은 공포한 날부터 시행한다. 다만, 다음 각 호의 사항은 각 호의 구분에 의한 날부터 시행한다.
1. 제26조……부칙 제2조 내지 제4조의 규정은 이 법 공포 후 3월 이내에 제42조의 개정규정에 의한 여성가족부의 조직에 관한 대통령령이 시행되는 날
2. 생략

제2조 생략

제3조 (다른 법률의 개정) ① 내지 ⑧ 생략
⑨ 아동복지법 일부를 다음과 같이 개정한다.
제4조의2제3항제1호 중 '여성부장관'을 '여성가족부장관'으로 한다.
⑩ 내지 ⑭ 생략

제4조 생략

부칙 <제7591호, 2005.7.13>
이 법은 공포 후 6월이 경과한 날부터 시행한다.

부칙 <제8006호, 2006.9.27>

① (시행일) 이 법은 공포 후 6개월이 경과한 날부터 시행한다.
② (친권상실 선고 등 청구의 요청에 관한 경과조치) 이 법 시행 전에 발생한 친권행사 제한 또는 친권상실의 청구사유에 대하여도 제12조제2항의 개정규정을 적용한다.

부칙 (한부모가족지원법) <제8655호, 2007.10.17>

제1조 (시행일) 이 법은 공포 후 3개월이 경과한 날부터 시행한다. <단서 생략>

제2조부터 제5조까지 생략

제6조 (다른 법률의 개정) ①부터 ⑤까지 생략

⑥ 아동복지법 일부를 다음과 같이 개정한다.

제26조제2항제10호 중 '「모·부자복지법」'을 '「한부모가족지원법」'으로, '모·부자복지상담소'를 '한부모가족복지상담소'로, '모·부자복지시설'을 '한부모가족복지시설'로 한다.

⑦부터 ⑬까지 생략

제7조 생략

부칙 (정부조직법) <제8852호, 2008.2.29>

제1조 (시행일) 이 법은 공포한 날부터 시행한다. 다만, ······<생략>······ 부칙 제6조에 따라 개정되는 법률 중 이 법의 시행 전에 공포되었으나 시행일이 도래하지 아니한 법률을 개정한 부분은 각각 해당 법률의 시행일부터 시행한다.

제2조부터 제5조까지 생략

제6조 (다른 법률의 개정) ①부터 <473>까지 생략

<474> 아동복지법 일부를 다음과 같이 개정한다.

제4조의2제3항제1호를 다음과 같이 한다.

1. 기획재정부장관·교육과학기술부장관·법무부장관·행정안전부장관·문화체육관광부장관·지식경제부장관·보건복지가족부장관·노동부장관·여성부장관

제14조제3항, 제15조, 제17조제3항 및 제24조제2항 중 '보건복지부령'을 각각 '보건복지가족부령'으로 한다.

제20조제1항 및 제2항, 제21조 각 호 외의 부분, 제22조, 제30조제1항 및 제39조 중 '보건복지부장관'을 각각 '보건복지가족부장관'으로 한다.

제28조의2제3항 중 '보건복지부장관'을 '보건복지가족부장관'으로 한다.

<475>부터 <760>까지 생략

제7조 생략

부칙 <제9122호, 2008.6.13>

① (시행일) 이 법은 공포 후 6개월이 경과한 날부터 시행한다. 다만, 제9조의2의 개정규정은 공포 후 1년이 경과한 날부터, 제24조 및 제25조의 개정규정은 2009년 7월 1일부터 시행한다.

② (아동보호전문기관에 대한 경과조치) 이 법 시행 당시 종전의 규정에 따라 설치·지정된 아동보호전문기관은 제24조의 개정규정에 따른 중앙아동보호전문기관 또는 지역아동보호전문기관으로 본다.

아동복지시설 운영적인 측면에서 살펴보면 다음과 같다.

1. 아동양육시설: 보호를 필요로 하는 아동을 입소시켜 보호, 양육하는 것을 목적으로 하는 시설

2. 아동일시보호시설: 보호를 필요로 하는 아동을 일시보호하고 아동에 대한 향후의 양육대책수립 및 보호조치를 행하는 것을 목적으로 하는 시설

3. 아동보호치료시설: 불량행위를 하거나 불량행위를 할 우려가 있는 아동으로서 보호자가 없거나 친권자나 후견인이 입소를 신청한 아동 또는 가정법원, 지방법원소년부지원에서 보호위탁된 아동을 입소시켜 그들을 선도하여 건전한 사회인으로 육성하는 것을 목적으로 하는 시설

4. 아동직업훈련시설: 아동복지시설에 입소되어 있는 만15세 이상의 아동과 생활이 어려운 가정의 아동에 대하여 자활에 필요한 지식과 기능을 습득시키는 것을 목적으로 하는 시설

5. 자립지원시설: 아동복지시설에서 퇴소한 자에게 취업준비기간 또는 취업 후 일정기간 보호함으로써 자립을 지원하는 것을 목적으로 하는 시설

6. 아동단기보호시설: 일반가정에 아동을 보호하기 곤란한 일시적 사정이 있는 경우 아동을 단기간 보호하며 가정의 복지에 필요한 지원조치를 하는 것을 목적으로 하는 시설

7. 아동상담소: 아동과 그 가족의 문제에 관한 상담, 치료, 예방 및 연구 등을 목적으로 하는 시설

8. 아동전용시설: 어린이공원, 어린이놀이터, 아동회관, 체육, 연극, 영화, 과학실험전시시설, 아동휴게숙박시설, 야영장 등 아동에게 건전한 놀이·오락 기타 각종 편의를 제공하여 심신의 건강유지와 복지증진에 필요한 서비스를 제공하는 것을 목적으로 하는 시설

9. 아동복지관: 지역사회 아동의 건전육성을 위하여 심신의 건강유지와 복지증진에 필요한 서비스를 제공하는 것을 목적으로 하는 시설

10. 공동생활가정: 보호를 필요로 하는 아동에게 가정과 같은 주거여건과 보호를 제공하는 것을 목적으로 하는 시설

11. 지역아동센터: 지역사회 아동의 보호·교육, 건전한 놀이와 오락의 제
   공, 보호자와 지역사회의 연계 등 아동의 건전육성을 위하여 종합적
   인 아동복지서비스를 제공하는 시설

[아동복지법 제3조]에 따른 아동복지의 기본이념은 아래와 같습니다.
   첫째, 아동은 자신 또는 부모의 성별, 연령, 종교, 사회적 신분, 재산, 장애
유무, 출생지역 등에 따른 어떠한 종류의 차별도 받지 않고 자라나야 한다.
   둘째, 아동은 완전하고 조화로운 인격발달을 위하여 안정된 가정환경에서
행복하게 자라나야 한다.
   셋째, 아동에 관한 모든 활동에 있어서 아동의 이익이 최우선적으로 고려
되어야 한다.
   이 밖에 아동복지시설은 각 시설의 고유업무 외에도 다음 각 호의 사업을
실시할 수 있습니다.
   1. 아동가정지원사업: 지역사회아동의 건전한 발달을 위하여 아동, 가정,
      지역주민에게 상담, 조언 및 정보를 제공해 주는 사업
   2. 아동주간보호사업: 부득이한 사유로 가정에서 낮 동안 보호를 받을 수
      없는 아동을 대상으로 개별적인 보호와 교육을 통하여 아동의 건전한
      성장을 도모하는 사업
   3. 아동전문상담사업: 학교부적응아동 등을 대상으로 올바른 인격형성을
      위한 상담, 치료 및 학교폭력예방을 실시하는 사업
   4. 학대아동보호사업: 학대아동의 발견, 보호, 치료 및 아동학대의 예방
      등을 전문적으로 실시하는 사업
   5. 공동생활가정사업: 보호를 필요로 하는 아동에게 가정과 같은 주거여
      건과 보호를 제공하는 것을 목적으로 하는 사업
   6. 방과 후 아동지도사업: 저소득층 아동을 대상으로 방과 후 개별적인
      보호와 교육을 통하여 건전한 인격형성을 목적으로 하는 사업 등을 말
      한다.

아동(兒童)은 그 사회를 영속시킬 계승자이고 미래사회의 운명을 결정하는 중요한 존재이다. 하지만 이러한 아동에 대한 현재 우리나라의 아동복지 서비스는 선진국으로 나아가는 우리 사회와 비춰 미약한 실정이다. 현대사회가 이루어지기 전 사회에서는 아동에 대한 관심과 책임이 전적으로 가정에 속한 것이었다. 하지만 현대 우리나라의 경제침체와 복잡화된 사회화 등으로 인한 부모의 실업, 가출, 이혼, 사망 등이 증가하면서 그에 따른 이들 아동에 대한 복지서비스에 대한 개발이 사회의 핵심과제가 되었다. 따라서 본 보고서에서는 아동복지론에 대한 전반적인 이해를 기본으로 현재 우리나라 아동복지의 실태와 문제점에 대한 파악과 함께 아동복지의 새로운 모델과 서비스개발 방향을 모색하고자 한다. 발달심리학에서는 연령에 따라 신생아, 영아, 유아, 아동, 청소년 등으로 세분화하고 있으며, 『교육학 대사전』에서는 아동을 넓은 뜻의 어린이라고 칭한다. 즉 신생아와 유아까지 포함하고, 사춘기와 청년기에 도달하기 전까지를 말한다. 한편 아동복지 분야에서는 주로 연령으로 구분하되, 관련법에 따라 주안점을 두는 부분이 다르기 때문에 다음과 같이 다소 다르게 명시하고 있다. 아동복지에 대한 여러 견해들을 종합해 보면 크게 둘로 나누어 좁은 의미와 넓은 의미로 설명될 수 있다. 좁은 의미의 아동복지란 요보호 아동을 중심으로 한 복지활동을 말하며, 비교적 개인이나 민간단체를 중심으로 이루어지는 활동을 말한다. 넓은 의미의 아동복지란 일반아동과 그 가족을 대상으로 다양한 복지 주체들이 서로 유기적인 관련하에 체계적으로 복지활동을 전개하는 것을 말한다. 여기에는 일반아동이란 요보호 아동에 대응되는 대상이나, 실제적으로는 요보호 아동을 포함한 모든 아동들이란 의미로 사용되고 있다. 또한 아동복지의 대상에 가족이 포함되는 것은 아동복지의 일차적인 책임은 가족에게 있으며, 최선의 아동복지는 아동양육에 대한 가족의 기능을 강화해 주는 것이라는 입장에 근거하고 있다.

- 아동복지법: 18세 미만의 자를 아동이라 한다.
- 민 법: 만 20세 미만의 자를 미성년이라 한다.

- 소 년 법: 12～20세 미만인 자를 소년이라 한다.
- 근로기준법: 13세 미만인 자를 소년으로 규정하며, 18세 미만인 자를 보호 대상으로 한다.

현재 우리나라는 급속도로 빠른 산업화를 이뤄냈고, 그에 따른 핵가족화의 사회를 맞이하게 되었다. 그에 따라서 과거의 대가족제도에 비해서 핵가족화는 가족의 기능을 많이 약화되었다. 현재의 아동들은 앞으로 우리 사회를 이끌어 나가고, 짊어질 인력들이지만 현재의 병폐들, 즉 아동학대나 빈곤과 결손가정, 부모의 이혼 등으로 고통받는 아동들이 많으며, 기본적인 권리를 침해당하거나 받고 있지 못한 경우가 많은 것으로 알고 있다. 앞으로 사회를 이끌어 갈 주역들이기에 다른 분야보다 아동복지에 더 관심을 가지게 되었고, 아동복지의 근황과 실태 그리고 개선방안등이 없는지를 알아보기로 한다.

◎ 아동복지 대상

아동복지는 모든 아동을 대상으로 그들의 복지를 추구하는 전문적, 조직적 활동이다. 아동복지법에서는 18세 미만의 자를 말하며, 소년법에서는 20세 미만의 자를 소년이라 규정하고 있다. 아동복지의 대상은 일반 아동과 보호를 필요로 하는 아동으로 구분할 수 있다.

보호를 필요로 하는 아동은 양육 환경상 문제가 있는 빈곤, 결손, 부모부재아동, 신체장애아동, 정서장애아동, 정신장애아동, 사회적 법적 보호가 필요한 아동, 가출아동, 비행아동 등이고 일반아동은 근로아동, 농어촌 아동 등을 들 수 있다. 모든 아동은 출생과 동시에 건전한 가정을 기반으로 하여 부모의 보호 속에서 성장, 발달되어야 한다. 그러나 그런 환경이 갖추어지지 못한, 즉 양육기능을 상실하였을 때 국가 사회가 아동들의 욕구와 문제를 해결해야 한다. 일반아동은 건전한 가정에서 양육되므로 국가나 사회가 특별히 보호하지 않아도 생활할 수 있는 대상을 말한다. 그러나 보호를 필요로 하는 아동 못지않게 일반 아동에 대한 복지에 대한 수요와 필요성이 늘어나고 있는 추세이다.

◎ 아동복지의 필요성

아동복지의 필요성으로는 크게 세 가지로 나눌 수 있는데, 먼저 첫째로는 기본적 생활의 보장을 들 수 있다. 인간은 긴 보호와 양육을 필요로 하는 존재이다. 따라서 한 인간으로 태어나 제 몫을 다 하는 사회적 인간으로 성장과 성숙하기 위해서는 타인의 도움이 일정한 기간 동안 절대적으로 필요로 한다. 그러나 부모나 그 가족이 여타 어려움으로 인해서 양육의 기능을 다 하지 못할 경우 아동이 기본적 생활을 유지하여 건전하게 성장, 발달할 수 있도록 하는 사회의 노력이 그 첫 번째이다. 두 번째는 국가의 인력보호와 육성으로 아동은 한 사회와 국가 및 세계의 장래에 깊은 영향을 미치는 존재로서 이를 보호하고 육성하려는 이유에서이다. 세 번째로는 사회문제 발생의 예방으로 아동들이 가지고 있는 욕구를 충족시켜 사회문제를 미연에 방지하거나 해결하기 위한 각종 활동이다. 아동이 가지고 있는 욕구를 적절히 충족시키지 못하는 경우는 빈곤가정, 결손가정에서 많이 발생하며, 또한 이러한 유형의 가족에게서 사회문제가 되는 여러 가지 바람직하지 못한 사건들이 발생하고 있기 때문에 나중에 후에 아동이 자라서 발생할 수 있는 사회문제의 발생을 미연에 방지하기 위해서 그 중요성을 띠고 있다.

3. 청소년복지법

청소년 복지에 대한 것은 청소년기본법과 청소년보호법에서 다루고 있다. 이에 대한 법령을 살펴보면 다음과 같다.

◎ 청소년기본법

제1조 (목적) 이 규칙은 「청소년기본법」 및 동법 시행령에서 위임된 사항과 그 시행에 필요한 사항을 규정함을 목적으로 한다.

제2조 (청소년지도자 연수과정 지원) 「청소년기본법 시행령」(이하 '영'이라 한다) 제18조제4항의 규정에 의하여 청소년지도자 연수과정의 운영에 대한 지원을 받고자 하는 청소년 관련 단체·기관 및 대학 등의 장은 연수개시 30일 전까지 다음 사항을 기재한 서류를 보건복지가족부장관에게 제출하여야 한다. <개정 2005.4.27, 2008.3.3>

1. 연수목적 및 과목
2. 교과 과정표 및 그 설명서
3. 연수기간 및 장소
4. 연수인원 및 강사현황
5. 연수에 소요되는 경비에 관한 예산명세서
6. 그 밖에 연수에 관한 참고사항

제3조 (청소년지도사 자격검정 응시원서) 청소년지도사 자격검정에 응시하고자 하는 자는 별지 제1호 서식의 청소년지도사 자격검정 응시원서에 응시자격을 증명할 수 있는 서류를 첨부하여 영 제20조제1항의 규정에 의한 청소년지도사 자격검정을 실시하는 기관(이하 '청소년지도사 자격검정기관'이라 한다)의 장에게 제출하여야 한다.

제4조 (청소년지도사 자격검정의 실시 등) ① 청소년지도사 자격검정기관의 장은 청소년지도사 자격검정을 연 1회 이상 실시한다. 다만, 보건복지가족부장관은 청소년지도사의 수급계획상 필요하다고 인정하는 경우에는 이를 조정할 수 있다. <개정 2005.4.27, 2008.3.3>
② 청소년지도사 자격검정기관의 장은 제1항의 규정에 의한 자격검정을 실시할 때에는 검정 실시 2월전에 일시·장소·검정과목·검정방법 그 밖에 자격검정에 관하여 필요한 사항을 일간신문(「정기간행물의등록등에관한법률」 제7조제1항제8호의 규정에 따라 전국을 보급지역으로 등록한 일간신문으로서 동법 제2조제2호에 해당하는 것을 말한다)과 청소년지도사 자격검정기관의 홈페이지 등에 공고하여야 한다.

제5조 (청소년지도사 자격검정 합격결정 등) ① 1급 청소년지도사 자격검정은 필기시험에서 매 과목 100점을 만점으로 하여 매 과목 40점 이상, 전 과목 평균 60점 이상 득점한 자를 합격자로 한다.
② 2급·3급 청소년지도사 자격검정

은 다음 중 어느 하나에 해당하는 자로서 면접시험에 합격한 자를 합격자로 한다.

    1. 필기시험에서 매 과목 100점을 만점으로 하여 매 과목 40점 이상, 전 과목 평균 60점 이상 득점한 자

    2. 영 제20조제3항의 규정에 의한 필기시험을 면제받은 자

③ 제2항의 면접시험은 다음의 사항에 관하여 평가한다.

    1. 청소년지도자로서의 가치관 및 정신자세

    2. 예의·품행 및 성실성

    3. 의사발표의 정확성 및 논리성

    4. 청소년에 관한 전문지식과 그 응용능력

    5. 창의력·의지력 및 지도력

④ 필기시험에 합격하고 면접시험에 불합격한 자에 대하여는 다음 회의 시험에 한하여 필기시험을 면제한다.

⑤ 그 밖에 시험에 관한 방법·채점기준 등은 보건복지가족부장관이 정하여 고시한다. <개정 2005.4.27, 2008.3.3>

제6조 (청소년지도사 자격증의 교부 등)
① 영 제21조제4항의 규정에 의한 청소년지도사 자격증은 별지 제2호 서식에 의한다.

② 청소년지도사 자격검정기관의 장은 별지 제3호 서식에 의한 청소년지도사 자격증교부대장에 청소년지도사 자격증

의 교부사실을 기록·관리하여야 한다.

③ 청소년지도사 자격증을 교부받은 자가 그 자격증을 분실하거나 청소년지도사 자격증이 헐어 못쓰게 된 때에는 별지 제4호 서식에 의하여 청소년지도사 자격검정기관의 장에게 재교부를 신청할 수 있다. 이 경우 자격증이 헐어 못쓰게 된 때에는 그 자격증을 첨부하여야 한다.

제7조 (청소년상담사 자격검정 응시자격의 기준) 영 별표 3의 규정에 의한 1급 청소년상담사 응시자격기준 제1호에서 '보건복지가족부령이 정하는 상담 관련분야'라 함은 상담의 이론과 실제(상담원리·상담기법), 면접원리, 발달이론, 집단상담, 심리측정 및 평가, 이상심리, 성격심리, 사회복지실천(기술)론, 상담교육, 진로상담, 가족상담, 학업상담, 비행상담, 성상담, 청소년상담 또는 이와 내용이 동일하거나 유사한 과목 중 4과목 이상을 교과과목으로 채택하고 있는 학문분야를 말한다. <개정 2005.4.27, 2008.3.3>

제8조 (청소년상담사 자격검정 응시원서) 청소년상담사 자격검정에 응시하고자 하는 자는 별지 제5호 서식의 청소년상담사 자격검정 응시원서에 응시자격을 증명할 수 있

는 서류를 첨부하여 영 제23조제1항의 규정에 의한 청소년상담사 자격검정을 실시하는 기관(이하 '청소년상담사 자격검정기관'이라 한다)의 장에게 제출하여야 한다.

제9조 (청소년상담사 자격증의 교부 등) ① 영 제24조제5항의 규정에 의한 청소년상담사 자격증은 별지 제6호 서식에 의한다.

② 제10조의 규정에 의하여 청소년상담사 자격검정기관의 장은 별지 제7호 서식에 의한 청소년상담사 자격증 교부대장에 청소년상담사 자격증의 교부 사실을 기록·관리하여야 한다.

③ 청소년상담사 자격증을 교부받은 자가 그 자격증을 분실하거나 청소년상담사 자격증이 헐어 못쓰게 된 때에는 별지 제8호 서식에 의하여 청소년상담사 자격검정기관의 장에게 재교부를 신청할 수 있다. 이 경우 청소년상담사 자격증이 헐어 못쓰게 된 때에는 그 청소년상담사 자격증을 첨부하여야 한다.

제10조 (청소년상담사 자격검정의 실시·합격결정 등) ① 제4조의 규정은 청소년상담사 자격검정의 실시 등에 관하여 준용한다. 이 경우 '청소년지도사'는 이를 '청소년상담사'로 본다.

② 청소년상담사 자격검정은 필기시험에서 매 과목 100점을 만점으로 하여 매 과목 40점 이상, 전 과목 평균 60점 이상 득점한 자로서 면접시험에 합격한 자를 합격자로 한다.

③ 제2항의 면접시험은 다음의 사항에 관하여 평가한다.

　1. 청소년상담자로서의 가치관 및 정신자세

　2. 청소년상담을 위한 전문적 지식 및 수련의 정도

　3. 예의=품행 및 성실성

　4. 의사표현의 정확성과 논리성

　5. 창의력, 판단력 및 지도력

④ 필기시험에 합격하고 면접시험에 불합격한 자에 대하여는 다음 회의 시험에 한하여 필기시험을 면제한다.

⑤ 그 밖에 시험에 관한 방법·채점기준 등은 문화관광부장관이 정하여 고시한다.

제11조 (지방청소년종합상담센터 등의 권장 설치기준) 「청소년기본법」(이하 '법'이라 한다) 제46조제1항의 규정에 의하여 특별시·광역시·도에 설치하는 지방청소년종합상담센터 및 시·군·구(자치구를 말한다)에 설치하는 지방청소년상담센터의 권장 설치기준은 별표와 같다.

제12조 (검사공무원의 증표) 법 제59조제2항의 규정에 의한 검사공무원의 증

표는 별지 제9호 서식에 의한다.

제13조 (수수료)

① 법 제62조제1항의 규정에 의하여 징수하는 청소년지도사 및 청소년상담사의 자격검정 수수료는 실비 등을 고려하여 보건복지가족부장관이 정하여 고시한다. <개정 2005.4.27, 2008.3.3>

② 법 제62조제1항의 규정에 의하여 청소년지도사 및 청소년상담사의 연수과정 수수료는 보건복지가족부장관이 실비 등을 고려하여 법 제21조제1항의 규정에 의한 청소년지도사 연수기관의 장 및 법 제22조제1항의 규정에 의한 청소년상담사 연수기관의 장과 협의하여 정하고 이를 고시한다. <개정 2005.4.27, 2008.3.3>

③ 제2항의 규정에 의한 수수료는 청소년지도사 연수기관 및 청소년상담사 연수기관에 납부한다.

제14조 (과태료의 징수절차) 영 제38조제4항의 규정에 의한 과태료의 징수절차에 관하여는 「국고금관리법 시행규칙」을 준용한다. 이 경우 납입고지서에는 이의신청방법 및 이의신청기간을 함께 적어 넣어야 한다.

부칙 <제107호, 2005.3.18>

이 규칙은 공포한 날부터 시행한다.

부칙 <제113호, 2005.4.27>

제1조 (시행일) 이 규칙은 공포한 날부터 시행한다.

제2조 (전문연수 경력의 기재에 관한 경과조치) 이 규칙 시행 당시 문화관광부가 지원한 전문연수과정을 수료한 자는 별지 제1호 서식의 개정규정에 불구하고 청소년위원회가 지원한 전문연수과정을 수료한 자로 본다.

제3조 (다른 법령의 개정) 청소년보호법 시행규칙 일부를 다음과 같이 개정한다.

제4조 각 호 외의 부분, 제5조 각 호 외의 부분, 제7조제1항·제2항, 제8조, 제9조제1항·제2항, 제10조제1항, 별표 1 제5호 다목, 별표 2 제4호 다목, 별지 제1호 서식, 별지 제2호 서식, 별지 제12호 서식 및 별지 제15호 서식 내지 별지 제18호 서식 중 '청소년보호위원회'를 각각 '청소년위원회'로 한다.

부칙 (보건복지가족부와 그 소속기관 직제 시행규칙) <제1호, 2008.3.3>

제1조 (시행일) 이 규칙은 공포한 날부터 시행한다.

제2조 생략

제3조 (다른 법령의 개정) ①부터 <83>
까지 생략

<84> 청소년기본법 시행규칙 일
부를 다음과 같이 개정한다.

제2조 각 호 외의 부분 중 '청소년
위원회에'를 '보건복지가족부장관
에게'로 한다.

제4조제1항 단서 중 '청소년위원회
는'을 '보건복지가족부장관은'으로
한다.

제5조제5항 중 '청소년위원회가'를
'보건복지가족부장관이'로 한다.

제7조 중 '총리령'을 '보건복지가
족부령'으로 한다.

제13조제1항 및 제2항 중 '청소년위
원회가'를 각각 '보건복지가족부장
관이'로 한다.

별지 제1호 서식 제2쪽 응시자 참
고사항 제1호 ⑬ 중 '청소년위원
회'를 '보건복지가족부'로 한다.

별지 제2호 서식, 별지 제6호 서식
및 별지 제9호 서식 중 '청소년위
원회위원장'을 각각 '보건복지가족
부장관'으로 한다.

<85>부터 <94>까지 생략

청소년 보호법

제1조 (목적) 이 영은 「청소년보호법」에
서 위임된 사항과 그 시행에 관하
여 필요한 사항을 규정함을 목적
으로 한다. <개정 2005.11.11>

제2조 (청소년유해약물의 결정기준) 「청
소년보호법」(이하 '법'이라 한다) 제
2조제4호 가목(7)의 "청소년의 사
용을 제한하지 아니하면 청소년의
심신을 심각하게 훼손할 우려가
있는 약물로서 대통령령이 정하는
기준"은 다음 각 호의 1과 같다.
<개정 2005.11.11>

1. 청소년의 정신기능에 영향을 미
쳐 판단력장애 등 일시적 또는 영
구적 정신장애를 초래할 수 있는
약물일 것

2. 청소년의 신체기능에 영향을 미
쳐 정상적인 신체발육에 장애를 초
래할 수 있는 약물일 것

3. 습관성, 중독성, 내성, 금단증상
등을 유발함으로써 청소년의 정상
적인 심신발달에 장애를 초래할 수
있는 약물일 것

[전문개정 1999.6.30]

제2조의2 (청소년유해물건의 결정기준)
① 법 제2조제4호 나목(1)의 "청소년
의 사용을 제한하지 아니하면 청소년

의 심신을 심각하게 훼손할 우려가 있는 성관련 물건으로서 대통령령이 정하는 기준"은 다음 각 호의 1과 같다.

1. 청소년이 사용할 경우 성관련 신체부위의 훼손 등 신체적 부작용을 초래할 우려가 있는 성관련 물건일 것

2. 청소년으로 하여금 인격비하·수간 등 비인륜적 성의식을 조장할 우려가 있는 성관련 물건일 것

3. 청소년으로 하여금 음란성이나 비정상적인 성적 호기심을 유발할 우려가 있거나 지나치게 성적 자극에 탐닉하게 할 우려가 있는 성관련 물건일 것

② 법 제2조제4호 나목(2)에서 "청소년의 사용을 제한하지 아니하면 청소년의 심신을 심각하게 훼손할 우려가 있는 물건으로서 대통령령이 정하는 기준"은 다음 각 호의 1과 같다.

1. 물건의 형상·구조·기능 등이 청소년의 사용을 제한하지 아니하면 청소년의 생명·신체·재산에 해를 미칠 우려가 있는 물건일 것

2. 물건의 형상·구조·기능 등이 청소년에게 포악성 또는 범죄의 충동을 일으킬 수 있거나 청소년에게 성적인 욕구를 자극하는 선정적이거나 음란한 것으로서 청소년의 건전한 심신발달에 장애를 유발할 우려가 있는 물건일 것

[본조신설 1999.6.30]

제3조 (청소년유해업소의 범위)

① 법 제2조제5호 가목(1)에서 '식품접객업 중 대통령령으로 정하는 것'이라 함은 유흥주점영업 및 단란주점영업을 말한다.

② 법 제2조제5호 가목(2)에서 '노래연습장업 중 대통령령으로 정하는 것'이라 함은 노래연습장업을 말한다. 다만, 청소년실을 갖춘 노래연습장업의 경우에는 당해 청소년실에 한하여 청소년의 출입을 허용한다. <개정 2001.8.25, 2001.10.20>

③ 법 제2조제5호 가목(6)의 "청소년의 출입과 고용이 청소년에게 유해하다고 인정되는 영업으로서 대통령령이 정하는 기준"은 다음 각 호의 1과 같다.

1. 윤락행위, 퇴폐적 안마 등의 신체적 접촉, 성관련 신체부위의 노출 등 성적 접대행위 및 이와 유사한 행위가 이루어질 우려가 있는 영업일 것

2. 영업의 형태나 목적이 주로 성인을 대상으로 한 술·노래·춤의 제공 등 유흥접객행위가 이루어지는 영업일 것

3. 주로 성인용의 매체물을 유통하는 영업일 것

4. 청소년유해매체물·청소년유해약물 등을 제작·생산·유통하는 영

업 중 청소년의 출입·고용이 청소년의 심신발달에 장애를 유발할 우려가 있는 영업일 것

④ 법 제2조제5호 나목(1)에서 '식품접객업 중 대통령령으로 정하는 것'이라 함은 다음 각 호의 1의 영업을 말한다.

1. 휴게음식점영업으로서 주로 다류를 조리·판매하는 다방 중 종업원에게 영업장을 벗어나 다류 등을 배달·판매하게 하면서 소요시간에 따라 대가를 수수하게 하거나 이를 조장 또는 묵인하는 형태로 운영되는 영업

2. 일반음식점영업 중 음식류의 조리·판매보다는 주로 주류의 조리·판매를 목적으로 하는 소주방·호프·카페 등의 영업형태로 운영되는 영업

⑤ 법 제2조제5호 나목(2)에서 '숙박업, 이용업, 목욕장업 중 대통령령으로 정하는 것'이라 함은 다음 각 호의 어느 하나에 해당하는 영업을 말한다. <개정 2005.11.11>

1. 숙박업. 다만, 「관광진흥법」의 규정에 의한 휴양콘도미니엄업과 「농어촌정비법」 또는 「국제회의산업육성에관한법률」의 적용을 받는 숙박시설에 의한 숙박업을 제외한다.

2. 이용업. 다만, 다른 법령에 의하

여 취업이 금지되지 아니한 남자청소년의 경우에는 그러하지 아니하다.

3. 목욕장업 중 안마실을 설치하여 영업을 하거나 또는 개실로 구획하여 하는 영업

⑥ 법 제2조제5호 나목(3)에서 "비디오물 소극장업, 게임제공업 또는 복합유통게임제공업 중 대통령령으로 정하는 영업"이라 함은 다음 각 호의 것을 말한다. <개정 2001.8.25, 2004.4.24, 2005.11.11, 2006.10.26, 2006.10.27>

1. 「영화및비디오물의진흥에관한법률」 제2조제16호의 규정에 의한 비디오물 소극장업

2. 「게임산업진흥에관한법률」 제2조제6호에 따른 게임제공업

3. 「게임산업진흥에관한법률」 제2조제8호에 따른 복합유통게임제공업

⑦ 법 제2조제5호 나목(5)에서 '대통령령이 정하는 영업'이라 함은 「유해화학물질관리법」 제20조제1항제5호의 규정에 의한 유독물사용업 중 유독물을 직접 사용하지 아니하는 장소에서 이루어지는 영업을 말한다. <신설 2006.3.29>

⑧ 법 제2조제5호 나목(7)의 "청소년의 고용이 청소년에게 유해하다고 인정되는 영업으로서 대통령령이 정하는 기준"은 다음 각 호의 1과 같다. <개정 2006.3.29>

1. 청소년유해매체물 또는 청소년유해약물 등을 제작·생산·유통하는 영업으로서 청소년이 고용되어 근로할 경우에 청소년유해매체물 또는 청소년유해약물 등에 쉽게 접촉되어 고용청소년의 건전한 심신발달에 장애를 유발할 우려가 있는 영업일 것

2. 외견상 영업행위가 성인·청소년 모두를 대상으로 하지만 성인대상의 영업이 이루어짐으로써 고용청소년에게 유해한 근로행위의 요구가 우려되는 영업일 것

[전문개정 1999.6.30]

제4조 (매체물의 범위)

① 법 제7조제6호에서 '대통령령으로 정하는 기타 간행물'이라 함은 「신문등의자유와기능보장에관한법률」 제2조제1호에 따른 신문 및 「잡지등정기간행물의진흥에관한법률」 제2조제1호에 따른 정기간행물을 말한다. <신설 1999.6.30, 2005.11.11, 2008.12.3>

② 법 제7조제6호에서 '전자출판물'이라 함은 문자 등의 정보가 전자적 기록매체에 수록되고, 컴퓨터 등의 전자장치의 도움으로 보고 듣거나 읽을 수 있는 물체를 말한다. 다만, 「영화및비디오물의진흥에관한법률」·「게임산업진흥에관한법률」 및 「음악산업진흥에관한법률」의 적용을 받는 것을 제외한다. <개정

1999.6.30, 2005.11.11, 2006.10.26>

③ 법 제7조제6호에서 '기타 대통령령이 정하는 것'이라 함은 외국에서 제작·수입된 간행물을 말한다.

④ 법 제7조제8호에서 '대통령령이 정하는 매체물'이라 함은 다음 각 호의 1의 매체물을 말한다.

<개정 1999.6.30>

1. 법 제7조제1호 내지 제6호의 규정에 해당하는 매체물의 성격이 2 이상 혼합된 복합적인 매체물(이하 '복합매체물'이라 한다)

2. 사무실·가정 등 옥내에 배포되는 광고용의 전단 및 이와 유사한 광고선전물

제5조 (청소년유해매체물의 심의·결정 및 통보)

① 법 제27조에 따른 청소년보호위원회(이하 '청소년보호위원회'라 한다) 및 법 제8조제1항 단서의 규정에 의한 각 심의기관(이하 '각 심의기관'이라 한다)은 법 제8조제1항·제3항 및 제5항의 규정에 의하여 청소년유해매체물의 결정이 있는 경우에는 지체 없이 그 이유를 명시하여 제13조의 규정에 의한 청소년유해표시의무자와 제15조의 규정에 의한 포장의무자에게 그 사실을 통보하여야 한다. 이 경우 통보방법은 우편에 의한 통보를 원칙으로 하되, 주소불명 등으로 우편에 의한

통보가 불가능한 경우에는 청소년유해매체물의 결정내용을 보건복지가족부 또는 각 심의기관의 홈페이지에 게시하여야 한다. <개정 1999.6.30, 2004.4.24, 2005.4.27, 2005.11.11, 2006.3.29, 2008.2.29>

② 청소년보호위원회는 법 제8조제2항의 규정에 의하여 심의를 요청하는 경우에 당해 매체물이 제4조제4항의 규정에 의한 매체물인 경우에는 관계되는 해당 각 심의기관의 의견을 들어 주로 관련되는 심의기관에 심의를 요청하여야 한다. <개정 1999.6.30, 2005.4.27, 2006.3.29>

③ 다음 각 호의 1에 해당하는 자는 청소년에게 유해한 매체물이 유통되고 있는 경우에는 보건복지가족부령이 정하는 바에 의하여 당해 매체물에 대하여 청소년유해매체물로 결정하여 줄 것을 청소년보호위원회 또는 각 심의기관에 신청할 수 있다. 이 경우 청소년보호위원회는 당해 매체물이 각 심의기관의 소관에 속하는 것인 때에는 각 심의기관에 그 결정을 의뢰하여야 한다. <개정 1999.6.30, 2005.4.27, 2006.3.29, 2008.2.29>

　　1. 법 제21조제3항의 규정에 의한 관계기관 등

　　2. 청소년유해매체물결정에 관하여 30인 이상의 서명을 받은 자

④ 제3항의 규정에 의하여 신청을 받은 청소년보호위원회 또는 각 심의기관은 신청자에게 그 결과를 지체 없이 서면으로 통지하여야 한다. <개정 1999.6.30, 2005.4.27, 2006.3.29, 2008.2.29>

제6조 (등급구분의 종류·방법)

① 청소년보호위원회와 각 심의기관은 법 제9조의 규정에 의하여 청소년유해매체물로 심의·결정되지 아니한 매체물에 대하여 다음 각 호의 구분에 따라 매체물의 등급을 구분할 수 있다. 다만, 각 심의기관에서 소관매체물에 대하여 별도의 등급구분을 하고 있는 경우에는 그러하지 아니하다. <개정 1999.6.30, 2005.4.27, 2006.3.29, 2008.2.29>

　　1. 9세 이상 가: 9세 이상 청소년이 이용할 수 있는 매체물

　　2. 12세 이상 가: 12세 이상 청소년이 이용할 수 있는 매체물

　　3. 15세 이상 가: 15세 이상 청소년이 이용할 수 있는 매체물

② 제1항 규정에 의한 등급구분의 기준은 청소년보호위원회 또는 각 심의기관이 정하는 바에 의한다. <개정 2005.4.27, 2006.3.29, 2008.2.29>

제7조 (청소년유해매체물의 심의기준)
　　법 제10조제3항의 규정에 의한 청소년유해매체물의 심의기준은 별표 1과 같다.

제8조 (유해매체물의 자율규제)

① 법 제12조제1항·제4항 및 제6항의 규정에 의한 매체물과 관련된 단체는 다음 각 호와 같다.

1. 매체물의 창작·제작 및 유통과 관련된 단체·협회 또는 이들로 구성된 협의체

2. 기타 매체물의 유해여부를 심의할 수 있는 자체심의기구를 두고 있는 법인 또는 단체

② 법 제12조제1항의 규정에 의한 매체물의 제작·발행자, 유통행위자 및 매체물과 관련된 단체(이하 '자율규제단체 등'이라 한다)가 청소년유해여부의 확인요청을 하고자 할 때에는 보건복지가족부령이 정하는 신청서에 관계서류를 첨부하여 청소년보호위원회 또는 각 심의기관에 제출하여야 한다. <개정 2005.4.27, 2006.3.29, 2008.2.29>

③ 제2항의 규정에 의하여 매체물에 대한 청소년유해여부 확인요청을 받은 청소년보호위원회 또는 각 심의기관은 당해 매체물에 대하여 청소년유해매체물로 확인한 경우에는 지체 없이 그 이유를 명시하여 제13조의 규정에 의한 청소년유해표시의무자와 제15조의 규정에 의한 포장의무자에게 그 사실을 통보하여야 한다. 제5조제1항 후단의 규정은 이 경우에 이를 준용한다. <개정 2005.4.27, 2006.3.29, 2008.2.29>

④ 법 제12조제6항에서 "청소년보호위원회 또는 각 심의기관의 최종결정이 있을 때"라 함은 청소년유해매체물로 결정한 경우에 있어서는 당해 매체물에 대하여 청소년보호위원회가 결정하고 보건복지가족부장관이 법 제22조의 규정에 의하여 청소년유해매체물로 고시한 날을 말한다. 이 경우 고시의 효력발생시기는 고시일로 한다. <개정 2005.4.27, 2006.3.29, 2008.2.29>

[전문개정 1999.6.30]

제9조 삭제 <1999.6.30>

제10조 (자율규제단체 등의 지원) 청소년보호위원회와 각 심의기관은 자율규제단체 등의 자율심의를 활성화하고 그 전문성을 높이기 위하여 필요한 경우에는 자율규제단체 등이 적용할 심의기준 및 심의방법 등에 관하여 교육을 실시하는 등 자율규제단체등에 대하여 필요한 지원을 할 수 있다. <개정 1999.6.30, 2005.4.27, 2006.3.29, 2008.2.29>

제11조 삭제 <2004.4.24>

제12조 삭제 <2004.4.24>

제13조 (청소년유해표시의무자)

① 법 제14조의 규정에 의하여 청소년유해표시를 하여야 할 자는 별표 2와

같다. 다만, 다른 법령의 규정에 의하여 청소년유해표시를 하여야 할 자가 정하여진 경우는 당해 법령이 정하는 바에 의한다.

② 삭제 <1999.6.30>

③ 삭제 <1999.6.30>

제14조 (청소년유해표시의 종류·방법)
① 제13조의 규정에 의한 유해표시의 무자는 법제22조의 규정에 의한 청소년유해매체물의 고시가 있는 경우에는 지체 없이 별표 3이 정하는 바에 따라 누구나 쉽게 알아볼 수 있는 방법으로 청소년유해표시를 하여야 한다. 다만, 다른 법령에서 유해표시방법을 정하고 있는 경우에는 당해 법령이 정하는바에 의한다.

② 청소년유해표시가 되지 아니한 청소년유해매체물을 유통의 목적으로 소지하고 있는 자는 제13조의 규정에 의한 청소년유해표시의무자에게 지체 없이 청소년유해표시를하여 줄 것을 요구하거나 직접 청소년유해표시를 하여 유통시킬 수 있다.

[전문개정 1999.6.30]

제15조 (청소년유해매체물의 포장)
① 법 제15조제2항의 규정에 의하여 포장하여야 할 청소년유해매체물은 법 제7조제6호의 규정에 해당하는 것(법 제7조제7호의 규정에 해당하는 청소년

유해매체물을 수록·게재 기타의 방법으로 포함하고 있는 것을포함한다)으로 한다. 다만, 당해 매체물을 대여하여 반환받는 것에 대하여는 그러하지 아니하다.

② 제1항의 규정에 의한 청소년유해매체물을 포장하여야 할 자는 이를 발행하거나 제작·수입한 자로 한다. <개정 1999.6.30>

③ 제2항의 규정에 의한 포장의무자는 법 제22조의 규정에 의한 청소년유해매체물의 고시가 있는 경우에는 지체 없이 청소년유해매체물을 포장하여야 한다. <개정 1999.6.30>

④ 청소년유해매체물의 포장은 포장에 이용되는 용지 등을 훼손하지 아니하고서는 그 내용물을 열람할 수 없는 방법으로 하여야 한다. 다만, 청소년보호위원회 및 각 심의기관이 매체물의 겉표지가 법 제10조의 규정에 의한 심의기준에 의하여 청소년에게 유해한 것으로 따로 결정하여 보건복지가족부장관이 고시하는 매체물에 대하여는 제호를 제외한 겉표지의 내용이 보이지 아니하도록 불투명한 용지를 사용하여 포장하여야 한다. <개정 1999.6.30, 2005.4.27, 2006.3.29, 2008.2.29>

⑤ 제14조제2항의 규정은 청소년유해매체물의 포장에 관하여 이를 준용한다. <신설 1999.6.30>

제16조 삭제 <2001.8.25>

제16조의2 (판매금지 등) 법 제17조제1항의 규정에 의하여 청소년에게 판매·대여·배포하거나 시청·관람·이용에 제공하는 것(이하 '판매 등'이라 한다)이 금지되는 청소년유해매체물은 법 제7조제1호 내지 제4호 및 제6호 내지 제8호의 규정에 해당하는 청소년유해매체물을 말하며, 법 제19조의 규정이 적용되는 청소년유해매체물은 법 제7조제5호의 규정에 의한 방송프로그램(법 제7조제7호에 해당하는 광고선전물 중 방송을 이용하는 것을 포함한다)에 해당하는 청소년유해매체물을 말한다. <개정 2001.8.25>

[본조신설 1999.6.30]

제17조 (구분·격리방법)

① 법 제18조제1항의 규정에 의하여 청소년유해매체물을 구분·격리하여야 할 자는 청소년유해매체물이 구분·격리된 장소 또는 시설에 별표 4의 방법으로 청소년에 대하여 당해 매체물의 판매 등이 금지된 것임을 나타내는 표시를 부착하여야 한다.

② 청소년유해매체물을 구분·격리하여 전시·진열할 장소 또는 시설은 당해 업소에서 영업자가 육안으로 확인할 수 있으면서 청소년의 이용을 통제하기 가장 쉬운 곳이어야 한다. <신설

1999.6.30>

③ 법 제18조제2항 및 법 제26조제1항에서 '자동기계장치'라 함은 자동판매기·자동대여기 등과 같이 유통이 사람의 손에 의하여 일일이 이루어지지 아니하고 기계장치에 의하여 이루어지는 장치를 말하며, '무인판매장치'라 함은 가두판매장치 등과 같이 소유자나 관리자의 유무에 관계없이 유통이 상대방을 일일이 확인하지 아니하고 수요자에 의하여 이루어지는 장치를 말한다. <신설 1999.6.30>

제18조 (청소년시청보호시간대)

① 법 제19조의 규정에 의하여 청소년유해매체물을 방송하여서는 아니 될 방송시간(이하 '청소년시청보호시간대'라 한다)은 평일의 경우에는 오후 1시부터 오후 10시까지로 하며, 관공서의 공휴일과 청소년보호위원회가 결정하고 보건복지가족부장관이 고시하는 초등학교·중학교·고등학교의 방학기간 동안에는 오전 10시부터 오후 10시까지로 한다. 다만, 「방송법」에 의한 방송 중 유료방송의 경우에는 그 특성을 감안하여 청소년보호위원회가 결정하고 보건복지가족부장관이 고시하는 시간으로 한다. <개정 1999.6.30, 2000.3.13, 2005.4.27, 2005.11.11, 2006.3.29, 2008.2.29>

② 제1항의 규정에 의한 청소년시청보호시간대에 방송되는 청소년유해매체

물의 예고편 방송에는 청소년의 감수성을 자극하는 장면을 포함하여서는 아니 된다.

제19조 (친권자 등을 동반한 청소년의 출입허용 등 <개정 2004.4.24>)
① 법 제24조제4항 본문의 규정에 의하여 청소년이 법 제3조제1항에 따른 친권자 등(이하 '친권자 등'이라 한다)을 동반한 때에는 청소년출입·고용금지업소의 업주 및 종사자는 청소년과 친권자 등과의 관계를 확인하여야 한다. <개정 2004.4.24, 2006.3.29>
② 법 제24조제4항 단서에서 '식품접객업 중 대통령령으로 정하는 업소'라 함은 유흥주점영업 및 단란주점영업을 말한다. <신설 2004.4.24>
[전문개정 2001.8.25]

제19조의2 (청소년출입·고용제한 표시) 법 제24조제5항의 규정에 의하여 청소년출입·고용금지업소(청소년실을 갖춘 노래연습장업소를 제외한다)의 업주 및 종사자는 당해 업소의 출입구 중 가장 잘 보이는 곳에 별표 4의2의 방법으로 청소년의 출입·이용과 고용을 제한하는 내용의 표지를 부착하여야 한다. <개정 2001.8.25, 2001.10.20, 2004.4.24>
[본조신설 1999.6.30]

제19조의3 (청소년통행금지구역 등의 설정)
① 법 제25조의 규정에 의한 청소년통행금지구역이라 함은 청소년의 통행을 24시간 금지하는 구역을 말하고, 청소년 통행제한구역이라 함은 청소년의 통행을 일정시간 제한하는 구역을 말한다. 다만, 친권자, 후견인, 교사 기타 당해 청소년을 보호할 수 있는 보호자를 동반하는 때에는 통행할 수 있다.
② 관할 국가경찰서장은 청소년통행금지구역 또는 청소년통행제한구역에 청소년의 통행이 금지 또는 제한될 수 있도록 경찰상 필요한 조치를 하여야 한다. <개정 2006.6.29>
③ 법 제25조제4항의 규정에 의하여 청소년통행금지·제한구역을 통행하고자 하는 청소년의 통행을 저지하거나 또는 통행하고 있는 청소년을 해당 구역 밖으로 퇴거시키기 위하여 관계 공무원은 외견상 청소년으로 보이는 자에 대하여 신분증의 제시를 요구할 수 있다.
[본조신설 1999.6.30]

제20조 (청소년연령확인)
① 법 제26조제1항의 규정에 의하여 청소년유해약물 등을판매·대여·배포하고자 하는 자는 그 상대방의 연령을 확인하여야 한다. <개정 1999.6.30, 2001.8.25>

② 법 제26조제1항 단서에서 "학습용·공업용 또는 치료용으로 판매되는 것으로서 대통령령이 정하는 것"이라 함은 다음 각 호의 것을 말한다. <개정 2001.8.25, 2005.11.11>

1. 청소년의 친권자·후견인·교사, 직장의 감독자 그 밖에 당해 청소년을 보호·감독할 만한 실질적인 지위에 있는 자가 학습용 또는 공업용으로 사용할 것임을 전화 등을 통하여 확인한 청소년유해약물 등

2. 「의료법」 제18조의2의 규정에 의한 의사 또는 치과의사의 처방전에 포함되어 있는 청소년유해약물

제21조 삭제 <1999.6.30>

제22조 (청소년유해약물 등의 청소년유해표시)

① 법 제26조제4항의 규정에 의하여 청소년유해약물 등의 청소년유해표시를 하여야 할 자는 별표 4의3과 같다. 다만, 다른 법령의 규정에 의하여 청소년유해표시를 하여야 할 자가 정하여진 경우에는 그러하지 아니하다.

② 제1항의 규정에 의한 유해표시의무자는 별표 4의4가 정하는 바에 따라 누구나 쉽게 알아볼 수 있는 방법으로 청소년유해표시를 하여야 한다. 다만, 다른 법령에서 유해표시방법을 정하고 있는 경우에는 그러하지 아니하다.

③ 제14조제2항의 규정은 제1항 및 제2항의 경우에 이를 준용한다.

[전문개정 1999.6.30]

제22조의2 삭제 <2005.4.27>

제23조 (회의의 공개) 청소년보호위원회의 회의는 공개한다. 다만, 위원회가 특히 필요하다고 인정하는 경우에는 이를 공개하지 아니할 수 있다.

[본조신설 2008.2.29]

제24조 (위원회의 운영 등)

① 청소년보호위원회 위원장은 위원회의 회의를 소집하고 그 의장이 된다.

② 제1항에 따라 위원장이 회의를 소집하려는 때에는 회의 개최 5일 전까지 회의의 일시·장소 및 안건을 각 위원에게 문서(전자문서를 포함한다)로 통지하여야 한다. 다만, 긴급을 요하는 때에는 그러하지 아니하다.

③ 이해관계인 및 관련 전문가 등의 의견청취, 의결서 작성 등 위원회 심의·결정의 전문성과 효율성을 높이기 위하여 필요한 사항은 청소년보호위원회 위원장이 위원회의 의결을 거쳐 정할 수 있다.

[본조신설 2008.2.29]

제25조 (수당과 여비) 청소년보호위원회의 회의에 출석하는 위원에 대하여는 예산의 범위 내에서 수당

과 여비를 지급할 수 있다. 다만, 공무원인 위원이 그 소관 업무와 직접적으로 관련되어 출석하는 경우에는 그러하지 아니하다.

[본조신설 2008.2.29]

제26조 삭제 <1999.6.30>

제27조 삭제 <2005.4.27>

제28조 삭제 <2005.4.27>

제29조 (보고 등) 시장·군수 또는 구청장(자치구의 구청장을 말한다. 이하 같다)은 법 제34조의 규정에 의하여 보고를 하게 하거나 자료의 제출을 요구할 경우에는 다음 각 호의 사항이 기재된 서면으로 하여야 한다. <개정 2004.4.24>

1. 의무위반 또는 준수사항 불이행의 내용

2. 보고 또는 자료제출의 일시

3. 보고 또는 제출하여야 할 자료

제29조의2 (검사 및 조사의 장소) 법 제35조제1항에서 '대통령령이 정하는 바에 따라 지정된 장소'라 함은 사업자 또는 사업자단체의 사무소나 사업장과 시장·군수 또는 구청장이 지정한 장소를 말한다. <개정 2004.4.24>

[본조신설 1999.6.30]

제30조 (수거의무자 등)

① 시장·군수 또는 구청장은 법 제36조제1항의 규정에 의하여 청소년유해매체물 및 청소년유해약물 등에 대한 수거를 명할 경우에는 당해 청소년유해매체물 및 청소년유해약물 등의 소유자에 대하여 이를 명하여야 하되, 소유자를 알 수 없는 경우에는 유통행위자에게 이를 명하여야 한다. <개정 2001.8.25, 2004.4.24>

② 시장·군수 또는 구청장은 제1항의 규정에 의한 수거명령을 발할 경우에는 다음 각 호의 사항을 기재한 서면으로 하여야 한다. <개정 1999.6.30, 2004.4.24>

1. 위반행위의 내용

2. 수거를 하여야 할 사유

3. 수거방법 및 수거기간

4. 수거하지 아니할 경우에는 시장·군수 또는 구청장이 직접 수거 또는 파기할 수 있다는 사실

③ 시장·군수 또는 구청장은 법 제36조제2항의 규정에 의하여 청소년유해매체물 및 청소년유해약물 등을 파기할 경우에는 당해 청소년유해매체물 및 청소년유해약물 등을 임시로 영치한 후 7일 이상의 공고절차를 거쳐야 한다. <개정 1999.6.30, 2001.8.25, 2004.4.24>

제31조 (시정명령의 종류 등)

① 시장·군수 또는 구청장은 법 제

37조의 규정에 의하여 시정명령을 발하는 경우에는 다음 각 호의 사항을 명시한 서면으로 하여야 한다. <개정 2004.4.24>

　　1. 위반행위의 내용

　　2. 시정명령의 내용

　　3. 시정명령을 발하는 사유

　　4. 시정기간

② 제1항의 규정에 의한 시정명령의 종류는 별표 5와 같다.

제32조 (증표교부) 보건복지가족부장관은 법 제43조의 규정에 의하여 청소년유해환경정화활동을 수행하는 민간의 감시·고발단체에 대하여 청소년유해환경감시활동을 하고 있음을 나타내는 증표로서 보건복지가족부령이 정하는 청소년유해환경감시단운영기관지정서를 교부할 수 있다. <개정 2005.4.27, 2006.3.29, 2008.2.29>

　　[전문개정 1999.6.30]

제33조 (신고방법)

① 법 제44조의 규정에 의한 신고는 서면·구두 또는 기타의 방법으로 할 수 있으며, 다음 각 호의 사항이 포함되어야 한다. <개정 1999.6.30>

　　1. 신고인의 성명·주소와 전화번호

　　2. 피신고인의 주소 또는 업소의 명칭 및 위치

　　3. 피신고인의 위반행위 내용

　　4. 기타 위반행위의 내용을 명백히 할 수 있는 사항

② 제1항의 규정에 의하여 신고를 접수한 공무원은 신고접수대장에 신고내용을 기록하여야 하며, 신고내용을 외부에 누설하여서는 아니 된다. <개정 1999.6.30>

제33조의2 (선도·보호조치 대상 청소년 등의 통보 등)

① 법 제44조의2제1항에 따라 시장·군수 또는 구청장이 법 위반사실을 친권자 등에게 통보하여야 하는 청소년은 다음 각 호와 같다.

　　1. 청소년유해업소의 업주 또는 종사자 등 법 준수의무자를 강박하는 방법으로 위반행위의 원인을 제공한 청소년

　　2. 신분증을 위조·변조하는 등의 방법으로 연령을 속이는 등 적극적인 방법으로 위반행위의 원인을 제공한 청소년

② 시장·군수 또는 구청장은 법 제44조의2제2항에 따라 선도·보호조치가 필요하다고 인정되는 청소년(이하 '선도·보호조치 대상 청소년'이라 한다)을 결정하는 경우 청소년지도자, 청소년상담가, 의사, 변호사 등 청소년 관련 전문가의 의견을 구할 수 있다.

③ 법 제44조의2에 따라 시장·군수 또는 구청장이 위반행위의 원인을 제

공한 청소년 또는 선도·보호조치 대상 청소년(이하 '통보대상 청소년'이라 한다)을 통보하는 경우에는 다음 각 호의 사항을 포함하여야 한다.

　　1. 통보대상 청소년의 성명·주소 및 전화번호

　　2. 통보대상 청소년이 법 위반행위의 원인을 제공한 사실을 입증할 수 있는 사항

　　3. 선도·보호조치 대상 청소년의 경우 선도·보호조치가 필요하다고 인정된 사실

④ 제3항에 따라 통보를 받은 관할 국가경찰서장·소속 학교장 또는 친권자 등은 통보대상 청소년의 인권을 침해할 수 있는 조치를 하여서는 아니 된다. <개정 2006.6.29>

⑤ 통보대상 청소년을 통보한 시장·군수 또는 구청장, 통보를 받은 관할 국가경찰서장·소속 학교장 또는 친권자 등은 통보대상 청소년의 인적사항이 외부에 공개되지 아니하도록 하여야 한다. <개정 2006.6.29>

[전문개정 2006.3.29]

제34조 삭제 <2003.2.24>
제35조 삭제 <2003.2.24>
제36조 삭제 <2003.2.24>
제37조 삭제 <2003.2.24>
제37조의2 삭제 <2003.2.24>

제38조 (권한의 위탁) 보건복지가족부장관은 법 제46조의 규정에 의하여 법 제12조제2항의 규정에 의한 확인업무를 각 심의기관에 위탁한다. <개정 2005.4.27, 2006.3.29, 2008.2.29>

[전문개정 2004.4.24]

제39조 (지방청소년사무소의 업무협조) 보건복지가족부장관은 법 제47조의 규정에 의한 지방청소년사무소에 대하여 청소년보호사무처리의 기본방침을 통보하여야 하며 업무상 필요한 경우에는 자료제출 기타 필요한 사항의 협조를 요청할 수 있다. <개정 2005.4.27, 2006.3.29, 2008.2.29>

제40조 (과징금의 부과기준 <개정 2004.4.24>)

① 법 제49조제1항의 규정에 의하여 청소년유해매체물로 결정·고시되기 전에 청소년유해표시·포장을 하지 아니하고 유통하였거나 유통 중인 법 제7조제6호의 규정에 의한 정기간행물 등(이하 '정기간행물 등'이라 한다)을 발행·수입한 자에 대한 과징금의 금액은 별표 6과 같다. <신설 2004.4.24>

② 법 제49조제2항의 규정에 의한 과징금을 부과하는 위반행위의 종별에 따른 과징금의 금액은 별표 7과 같다.

<개정 2004.4.24>

③ 보건복지가족부장관 또는 시장·군수·구청장은 위반행위의 내용·정도·기간, 위반행위로 인하여 얻은 이익 등을 참작하여 제1항 또는 제2항의 규정에 의한 과징금의 금액의 2분의 1의 범위 안에서 이를 감경할 수 있다. <신설 1999.6.30, 2004.4.24, 2005.4.27, 2006.3.29, 2008.2.29>

제41조 (과징금의 부과 및 납부)

① 보건복지가족부장관 또는 시장·군수·구청장(이하 '과징금부과권자'라 한다)은 법 제49조의 규정에 의한 과징금을 부과하고자 할 때에는 과징금의 부과사유와 해당 과징금의 금액을 명시하여 이를 납부할 것을 서면으로 통지하여야 한다. <개정 2004.4.24, 2005.4.27, 2006.3.29, 2008.2.29>

② 제1항의 규정에 의하여 통지를 받은 자는 20일이내에 과징금을 과징금부과권자가 정하는 수납기관에 납부하여야 한다. 다만, 천재지변 기타 부득이한 사유로 인하여 그 기간 내에 과징금을 납부할 수 없는 때에는 그 사유가 없어진 날부터 7일 이내에 납부하여야 한다. <개정 2004.4.24>

③ 제2항의 규정에 의하여 과징금의 납부를 받은 수납기관은 영수증을 납부자에게 교부하여야 한다.

④ 과징금의 수납기관은 제2항의 규정에 의하여 과징금을 수납한 때에는 지체 없이 그 사실을 과징금부과권자에게 통보하여야 한다. <개정 2004.4.24>

⑤ 과징금의 징수절차는 보건복지가족부령으로 정한다. <신설 1999.6.30, 2008.2.29>

제41조의2 (과징금납부기한의 연장 또는 분할납부)

① 과징금납부의무자가 법 제49조제4항의 규정에 의한 과징금납부기한의 연장 또는 분할납부를 신청하고자 하는 경우에는 그 납부기한의 10일 전까지 보건복지가족부령이 정하는 바에 따라 과징금납부기한의 연장 또는 분할납부신청서에 그 사유를 증명하는 서류를 첨부하여 과징금부과권자에게 제출하여야 한다. <개정 2004.4.24, 2008.2.29>

② 과징금부과권자는 제1항의 규정에 의한 납부기한의 연장 또는 분할납부를 신청받은 경우에는 신청받은 날부터 10일 이내에 보건복지가족부령이 정하는 바에 따라 납부기한의 연장 또는 분할납부의 허용여부를 신청인에게 통지하여야 한다. <개정 2004.4.24, 2008.2.29>

③ 법 제49조제4항의 규정에 의한 과징금납부기한의 연장은 그 납부기한의 다음 날부터 1년을 초과할 수 없다.

④ 법 제49조제4항의 규정에 의하여 분할납부를 하게 되는 경우에 각 분할된 납부기한간의 간격은 3월을 초과할

수 없으며, 분할횟수는 4회를 초과할
수 없다.

⑤ 과징금부과권자는 법 제49조제4항
의 규정에 의하여 납부기한이 연장되
거나 분할납부가 허용된 과징금납부의
무자가 다음 각 호의 1에 해당하게 된
때에는 그 납부기한의 연장 또는 분할
납부 결정을 취소하고 일시에 징수할
수 있다. <개정 2004.4.24>

　1. 분할납부가 결정된 과징금을 그
　납부기한 내에 납부하지 아니한 때
　2. 강제집행, 경매의 개시, 파산선
　고, 법인의 해산, 국세 또는 지방세
　의 체납처분을 받은 때 등 과징금
　을 즉시 징수하지 아니하면 과징금
　의 전부 또는 잔여분을 징수할 수
　없다고 인정되는 때

　[본조신설 2001.8.25][종전 제41조
　의2는 제41조의3으로 이동 <2001.
　8.25>]

제41조의3 (과징금의 용도) 법 제49조
　제5항제4호에서 '대통령령이 정하
　는 사업'이라 함은 다음 각 호의
　사업을 말한다. <개정 2001.8.25,
　2004.4.24>

　1. 청소년보호센터 및 청소년재활센
　터의 운영
　2. 청소년유해환경 신고자에 대한
　포상
　3. 그 밖에 과징금부과권자가 인정

하는 청소년보호사업
　[본조신설 1999.6.30][제41조의2에
　서 이동 <2001.8.25>]

제42조 (과태료의 부과)
① 법 제56조의 규정에 의하여 시장·
군수 또는 구청장(이하 '과태료부과권
자'라 한다)이 과태료를 부과하고자 하
는 때에는 당해 위반행위를 조사·확
인한 후 위반사실과 과태료의 금액 등
을 서면으로 명시하여 이를 납부할 것
을 과태료 처분대상자에게 통지하여야
한다. <개정 2004.4.24>

② 과태료부과권자는 제1항의 규정에
의하여 과태료를 부과하고자 하는 때
에는 10일 이상의 기간을 정하여 과태
료 처분대상자에게 구술 또는 서면(전
자문서를 포함한다)에 의한 의견진술
의 기회를 주어야 한다. 이 경우 지정
된 기일까지 의견진술이 없는 때에는
의견이 없는 것으로 본다.
<개정 2004.4.24>

③ 과태료부과권자는 과태료의 금액을
정함에 있어서는 당해 위반행위의 동
기와 그 결과를 참작하여야 한다. <개
정 2004.4.24>

④ 과태료의 징수절차는 보건복지가족
부령으로 정한다.

부칙 <제15419호, 1997.6.28>
　이 영은 1997년 7월 1일부터 시행한다.

부칙 (정부출연연구기관등의설립·운영
　　　및육성에관한법률 시행령) <제16093
　　　호, 1999.1.29>

제1조 (시행일) 이 영은 공포한 날부터
　　　시행한다.

제2조 내지 제4조 생략

부칙 <제16461호, 1999.6.30>

제1조 (시행일) 이 영은 1999년 7월 1일
　　　부터 시행한다.

제2조 (청소년유해약물 등의 청소년유
　　　해표시에 관한 경과조치) 이 영 시
　　　행 당시 제작된 청소년유해약물 등
　　　의 용기 또는 상표에 관하여는 2000
　　　년 6월 30일까지 제22조제2항 및
　　　별표 4의4의 개정규정을 적용하지
　　　아니한다.

제3조 (청소년유해환경감시단운영기관
　　　지정서에 관한 경과조치) 이 영 시
　　　행 당시 종전의 규정에 의하여 교
　　　부된 청소년유해환경감시활동증표
　　　는 제32조의 개정규정에 의하여
　　　교부된 청소년유해환경감시단운영
　　　기관지정서로 본다.

제4조 (과징금의 산정기준 등에 관한
　　　경과조치)
　　　① 이 영 시행 전의 위반행위로서 과

징금이 부과되지 아니한 위반행위에
대하여는 이 영에 의한 기준과 종전의
규정에 의한 기준 중 처분대상자에게
유리한 기준을 적용한다.
② 이 영 시행 당시 부과된 과징금 및
과태료(법 제56조제2항제1호의 규정에
의한 과태료를 제외한다. 이하 같다)로
서 아직 납부되지 아니한 과징금 및
과태료에 대한 체납처분의 예에 의한
징수는 시·도지사가 이를 행한다.

제5조 (다른 법령의 개정) 학교보건법
　　　시행령 중 다음과 같이 개정한다.
　　　제4조의2제8호를 다음과 같이 한다.
　　　8. 청소년보호법 제2조제5호 가목(5)
　　　에 해당하는 업소 및 동호 가목(6)
　　　및 동호 나목(7)에 의하여 청소년
　　　보호위원회가 고시한 영업에 해당
　　　하는 업소

부칙 (방송법 시행령) <제16751호, 2000.
　　　3.13>

제1조 (시행일) 이 영은 2000년 3월 13
　　　일부터 시행한다. <단서 생략>

제2조 내지 제10조 생략
부칙 (정보통신망이용촉진및정보보호등
　　　에관한법률 시행령)
　　　<제17344호, 2001.8.25>

제1조 (시행일) 이 영은 공포한 날부터

시행한다.

제2조 (다른 법령의 개정) ① 내지 ⑤
생략

⑥ 청소년보호법 시행령 중 다음과 같
이 개정한다.

별표 3 제4호의 표시문구란을 다음과
같이 한다.

19세 미만 이용불가(다만, 정보통신망
이용촉진및정보보호등에관한법률 시행
령 그 밖의 다른 법령에서 청소년유해매
체물의 표시에 관한 사항을 정한 경우에
는 당해 법령이 정하는 바에 의한다)

제3조 생략

부칙 <제17350호, 2001.8.25>

이 영은 공포한 날부터 시행한다.
다만, 제3조제6항의 개정규정은 2001
년 9월 25일부터 시행한다.

부칙 (음반·비디오물및게임물에관한법률
시행령) <제17395호, 2001.10.20>

제1조 (시행일) 이 영은 공포한 날부터
시행한다.

제2조 생략

제3조 (다른 법령의 개정) ① 내지 ④
생략

⑤ 청소년보호법 시행령 중 다음과 같

이 개정한다.

제3조제2항 단서 및 제19조의2 중 '연
소자실'을 각각 '청소년실'로 한다.

부칙 (출판및인쇄진흥법 시행령)
<제17921호, 2003.2.24>

제1조 (시행일) 이 영은 2003년 2월 27
일부터 시행한다.

제2조 (다른 법령의 폐지 등) ① 생략

② 청소년보호법 시행령 중 다음과 같
이 개정한다.

제11조제3항 중「외국간행물수입배포에관
한법률」을「출판및인쇄진흥법」으로 한다.

제34조 내지 제37조의2 및 제38조제1
항을 각각 삭제한다.

제3조 생략

부칙 <제18381호, 2004.4.24>

① (시행일) 이 영은 2004년 4월 30일
부터 시행한다.

② (청소년유해 정기간행물 등에 대한
과징금부과에 관한 적용례) 별표 6의
개정규정은 이 영 시행 이후 발행하거
나 수입한 정기간행물 등부터 적용한다.

③ (과징금부과기준의 변경에 따른 경
과조치) 이 영 시행 전의 위반행위에
대한 과징금부과기준은 별표 7의 개정
규정에 불구하고 종전의 규정에 의한다.

부칙 (청소년기본법 시행령) <제18811
호, 2005.4.27>

제1조 (시행일) 이 영은 공포한 날부터
시행한다.

제2조 생략

제3조 (다른 법령의 개정) ① 및 ② 생략
③ 청소년보호법 시행령 일부를 다음
과 같이 개정한다.
제22조의2・제24조・제25조・제27조
및 제28조를 각각 삭제한다.
제5조제1항・제2항・제3항 각 호 외
의 부분・제4항, 제6조 각 호 외의 부
분・제2항, 제8조제2항・제3항 전단・
제4항 전단, 제10조, 제15조제4항 후
단, 제18조제1항, 제32조, 제38조, 제
39조, 제40조제3항 및 제41조 중 '청
소년보호위원회'를 각각 '청소년위원
회'로 한다.
④ 내지 ⑧ 생략
부칙 <제19131호, 2005.11.11>

① (시행일) 이 영은 공포한 날부터 시
행한다.
② (과징금부과에 관한 경과조치) 이
영 시행 전에 제3조제5항제1호의 개정
규정에 의하여 청소년고용금지업소에
서 제외되는 업소에 청소년을 고용한
자에 대한 과징금의 부과는 종전의 규
정에 의한다.

부칙 <제19430호, 2006.3.29>

이 영은 2006년 3월 30일부터 시행
한다.

부칙 (제주특별자치도 설치 및 국제자
유도시 조성을 위한 특별법 시행
령) <제19563호, 2006.6.29>

제1조 (시행일) 이 영은 2006년 7월 1일
부터 시행한다.

제2조 내지 제6조 생략
제7조 (다른 법령의 개정) ① 내지
⑮ 생략
<16> 청소년보호법 시행령 일부
를 다음과 같이 개정한다.
제19조의3제2항 및 제33조의2제4항・
제5항 중 '관할 경찰서장'을 각각
'관할 국가경찰서장'으로 한다.
<17> 내지 <32> 생략
제8조 생략

부칙 (영화 및 비디오물의 진흥에 관한 법률
시행령) <제19714호, 2006.10.26>

제1조 (시행일) 이 영은 2006년 10월 29
일부터 시행한다.

제2조 및 제3조 생략

제4조 (다른 법령의 개정) ① 내지 ⑦
생략

⑧ 청소년보호법 시행령 일부를 다음과 같이 개정한다.

제3조제6항제1호 중 '「음반·비디오물및게임물에관한법률」 제2조제8호'를 '「영화및비디오물의진흥에관한법률」 제2조제16호'로 한다.

제4조제2항 단서 중 '「음반·비디오물및게임물에관한법률」'을 '「영화및비디오물의진흥에관한법률」·「게임산업진흥에관한법률」 및 「음악산업진흥에관한법률」'로 한다.

⑨ 생략

제5조 생략

부칙 (게임산업진흥에관한법률 시행령)
<제19717호, 2006.10.27>

제1조 (시행일) 이 영은 2006년 10월 29일부터 시행한다.

제2조 내지 제6조 생략

제7조 (다른 법령의 개정) ① 및 ② 생략
③ 청소년보호법 시행령 일부를 다음과 같이 개정한다.
제3조제6항 각 호 외의 부분 중 '복합유통·제공업'을 '복합유통게임제공업'으로 하고, 동 항 제2호 및 제3호를 각각 다음과 같이 한다.
　　2.「게임산업진흥에관한법률」 제2조제6호에 따른 게임제공업

3.「게임산업진흥에관한법률」 제2조제8호에 따른 복합유통게임제공업
④ 및 ⑤ 생략

제8조 생략

부칙 <제20738호, 2008.2.29>

이 영은 공포한 날부터 시행한다.

부칙 (잡지등정기간행물의진흥에관한법률 시행령) <제21148호, 2008.12.3>

제1조 (시행일) 이 영은 2008년 12월 6일부터 시행한다.

제2조 (다른 법령의 개정) ①부터 ⑫까지 생략
⑬ 청소년보호법 시행령 일부를 다음과 같이 개정한다.
제4조제1항 중 '「신문등의자유와기능보장에관한법률」 제2조의 규정에 의한 간행물'을 '「신문등의자유와기능보장에관한법률」 제2조제1호에 따른 신문 및 「잡지등정기간행물의진흥에관한법률」 제2조제1호에 따른 정기간행물'로 한다.
⑭ 생략

제3조 생략

청소년이라고 하면 14세에서 19세까지 사람을 청소년이라고 한다.

그러니까 중학교 1학년부터 고등학교 3학년까지 사람인데, 이 시기의 사람은 어린이도 아니고 어른도 아닌 그 중간 단계의 사람이다.

어린이라고 하기에는 좀 아는 것이 많고 어른이라고 하기에는 판단력이나 아니면 다른 것들이 덜 성숙한 단계이기 때문에 가장 혼란스러운 시기이다.

그리고 청소년들은 나름대로 고민들이 많이 있다. 예를 들면 친구문제, 성적문제, 앞으로의 미래 계획 등등 이런 문제들이 있다. 이런 과정에서 청소년들의 문제가 일어나는 것이 가출, 자살 ,범죄 등등 이런 것이 있다. 흔히 가정형편이 어려운 청소년이나 아니면 성적이 안 나오는 청소년 또 다른 복잡한 문제가 있는 청소년들이 있다. 청소년 복지는 이런 문제가 있는 청소년들의 행동(자살 ,범죄 등등)을 미리 예방하고 다른 좋은 방법으로 인도하는 것이라고 할 수 있다.

1) 청소년의 개념

청소년은 중학생과 고등학생의 연령에 속하며 아동의 연령과 거의 중복되고 발달상으로도 유사한 특성을 가지고 있지만 보다 성인 쪽으로 진입하는 단계의 사람을 지칭하는 말이다. 우리나라는 아동복지법에 만 18세 미만을 아동으로, 소년법에 만 20세 미만을 소년으로, 민법에 만 20세 미만을 미성년으로 규정하고 있으며, 청소년 기본법에서는 9세 이상 24세 미만의 자를 청소년으로 규정하는 등 통일된 명칭이나 연령규정이 없는 실정이다.

2) 청소년의 특성

첫째, 청소년기에 들어서면서부터 급격한 성장을 거쳐 신체적으로는 성인의 수준에 도달한다. 둘째, 청소년의 생활과 행동에는 성적 성숙이 기초가 되어 종전의 불안정성이 사라지면서 점진적으로 세련된 양상으로 변한다.

셋째, 성격구조에 있어서도 원초, 자아가 강하게 표면화된다.

넷째, 자아의식이 발달하여 모든 생활과 행동의 기초를 이룬다.

다섯째, 자의식(self‐consciousness)이 높아지는 것과 동시에 자존심, 자기주장, 독립심이 강해진다.

여섯째, 각 단계의 심리적 발달의 모든 면을 쌓아 올려서 개성이 뚜렷해진다.

일곱째, 자의식의 발달과 개성이 강해지면서 부적응 현상이 나타나기도 한다.

3) 청소년복지의 개념

우리나라에서 청소년에 대한 사회적·학문적 인식이 제기되기 시작한 것은 상당히 최근이며, 청소년에 대한 사회적 책임을 강조하는 청소년복지가 제기된 것도 불과 얼마 되지 않았다.

청소년복지 활동은 청소년들의 기본적인 욕구를 충족게 하고 정신적·정서적·신체적으로 최상의 발달을 기하기 위해 자신들에게 직접 또는 가정이나 사회를 통해 간접적으로 제공되는 모든 사회제도적 전문적 활동을 말한다.

4) 청소년 복지의 특징

(1) 청소년문제의 발생과 복지의 필요성을 가족과 사회의 변동 자체에서 찾고 있다. 가족 해체(핵가족화, 이혼)는 청소년문제의 중요한 요인이고 기혼여성의 취업은 아동뿐 아니라 청소년의 정서적 성숙에도 영향을 준다. 또한 산업화와 도시화는 전통사회가 간직한 지역공동체의 기능을 약화시키고 청소년의 생활을 사업화시켰다. 청소년복지는 가족정책, 산업정책, 지역복지정책 등 다른 사업정책과 밀접한 관계 속에서 다루어진다.

(2) 학교교육의 연장과 그 역기능 속에서 청소년복지의 필요성이 다루어진다. 입시 위주의 교육과 과도한 학습량으로 청소년의 건전한 신체적·정

서적 성장이 왜곡되는 문제에 관심을 가진다.

(3) 청소년복지를 위한 정부와 민간의 협력이 강조되고 있다. 오늘날 청소년은 다양한 성격의 집단으로 인식되고 있다. 청소년집단에게 서비스를 단일한 방식으로 제공하기보다는 국가와 지방자치단체 및 민간이 다양한 방식으로 접근하는 것이 바람직하다고 본다.

(4) 청소년을 복지의 대상이 아닌 사회변동의 주체로 인식하는 경향이 높아지고 있다. 청소년의 권리가 강조되면서 청소년 관련 정책의 의사결정에 청소년의 참여가 증대되고 있다. 자원봉사활동을 통해 지역사회 문제를 해결하도록 하고 미래뿐 아니라 현재 한 시민으로서 책임을 다하도록 강조되고 있다.

5) 청소년복지의 시기별 특징

(1) 청소년복지의 맹아기

광복 후부터 아동복리법과 미성년자보호법이 제정된 1961년까지는 청소년복지가 조선구호령과 몇 개의 미군정 법령 및 그 처무준칙에 따라서 실시되었다. 이 시기는 청소년과 아동이 구분되지 않았으며 다른 사회복지의 영역처럼 긴급구호를 하는 수준이었다.

(2) 13세 이하 요보호아동의 보호

공공구호 대상은 65세 이상의 무의탁 노인 6세 이하 아동을 부양하는 여자(모) 13세 이하의 아동 불치병 환자 요보호 임산부 심신장애인 등이었다. (청소년은 아동의 연장)

(3) 아동시설의 인가제와 유형

정부는 '후생시설 설치기준'(1950)을 공포하여 아동시설을 '인가시설'로 하였다. 기준은 6·25로 발생된 수많은 전쟁고아를 수용하는 데 근거가 되었고 이후 '후생시설 운영요령'으로 강화되었다.(아동시설: 영아원 육아원 등, 후생시설: 모자원 정신치료감화원 맹아원 양로원 등으로 구분)

(4) 18세 미만 아동노동의 보호

이 시기 청소년보호는 '아동노동법규'에서 찾아볼 수 있다. 아동이란 용어를 사용하고 있지만 18세 미만 '근로청소년'을 보호하기 위한 최초의 규정이란 점에 의의가 있고 이러한 정신은 「미성년자노동보호법」(1947)과 「근로기준법」(1953)에 의해서 계승되었다.

(5) 20세 미만 비행소년의 보호

비행아동에 대한 시설보호는 일제하에서부터 성인과 별도로 이루어지고 소년령(1942)이 제정되었다. 이후 20세 미만 소년의 생활환경 성행 교정을 위한 보호처분과 특별조치를 위한 소년법이 제정되었다.(시설보호: 13세 이하, 근로아동: 18세 미만, 비행소년: 20세 미만으로 규정) 당시의 보호수준은 열악했고 서비스의 질에 대한 국가 책임의 한계도 명확하지 않았다.

6) 청소년복지의 도입기

청소년기가 도입된 것은 1961년 제정된 미성년자보호법과 아동복리법이다. 이때의 입법 목적은 극히 일부 '고아'에 한했다. 또한 청소년복지 시각에서 볼 때 청소년의 보호와 선도를 위한 법적 장치가 마련되었다. 아동복지법(1981)이 제정되면서 요보호아동에서 전체 아동으로 바뀌었다. 이 법에서는 아동이란 용어에 18세 미만의 청소년이 포함되어 있다. 이 시기는 미성년자의 보호와 근로 청소년의 복지 그리고 장애인청소년에 초점이 맞추어졌다. 일반 청소년은 선도와 보호에 한정되었다.

(1) 18세 미만 요보호아동의 보호

아동복리법은 기존의 13세 이하에서 18세 미만으로 상향시키고 아동복지에 대한 국가의 책임을 명시했다는 점에 의의가 있다.(아동은 청소년 포함)

(2) 아동복리시설의 세분화

아동복리법은 아동상담소, 보육시설, 조산시설, 정신박약아시설 등 13개 종류로 시설이 세분화되었다.

7) 청소년복지증진을 위한 과제

청소년의 건전한 성장과 발달은 지역사회의 좋은 환경이 필수적이다. 청소년이 자신의 이상과 꿈을 마음껏 펼칠 수 있는 그런 환경이 필요한 것이다. 그러나 그렇지 못한 것이 오늘의 현실이다. 특히 청소년의 정서에 악영향을 미치는 향락업소들이 학교 주변은 물론이고 심지어 주택가에까지도 널리 퍼져 있고, 폭력·음란매체물이 무분별하게 유통되고 있으며, 경제침체로 가정환경의 급변에 따른 좌절현상, 정보교통기술의 발달로 인터넷과 이동통신매체도 청소년의 비행 유발요인이 되고 있다. 최근 청소년들의 비행과 탈선이 우려할 만큼 증가하자 국가·사회적으로 청소년유해환경으로부터 청소년을 보호해야 한다는 사회적 공감대가 형성되고 청소년보호운동에 시민단체의 참여가 확산되고 있다. 청소년보호라는 새로운 국가·사회의 공적인 임무를 감당하기 위해 법적·제도적 장치를 마련하여 보다 더 적극적으로 유해환경으로부터 청소년을 보호하려 하고 있다. 그러나 청소년보호는 수많은 지역적 일상생활의 현장에서 이루어져야 하는 것이기 때문에 중앙정부의 법적 제도적 노력만으로는 불충분하고 지역사회 수준(local level)에서의 직접적이고 조직적인 활동을 필요로 한다. 즉 청소년들이 건전하게 성장하기 위해서는 그들이 지속적으로 '좋은 지역사회 환경'을 경험할 수 있는 '유익한 지역사회문화 확산 시스템'이 강조되어야 할 뿐만 아니라 청소년이 '나쁜 지역사회 환경'에 접촉하는 기회를 최소화시킬 수 있는 '지역사회 유해환경 정화시스템'이 병행되는 것이 타당하다. 이를 위해서는 지역사회의 물적, 인적 자원, 그리고 제도 및 조직자원 등 지역사회의 모든 자원이 청소년보호 및 청소년유해환경 정화에 동원, 활용, 조정될 수 있도록 개발되고 조직화되어야 한다. 최근 우리 사회에서 청소년 문제는 그 심각성이 널리 인식된 사회문제의 하나이다. 청소년 비행, 자살, 약물의존, 가출, 폭력 등의 실태는 갈수록 심각해지고 있다. 한편으로는 청소년에 대한 성 매매, 청소년을 대상으로 한 각종 유해물의 상업적 제공 등의 모습도 많이 나타나고 있다. 청소년 문제에는 청소년을 둘러싼 지역사회의 환경적 요소가 큰 영향을 미치게 된다. 인간은 환경과의 상호작용을 통하여 반응하며, 인격을 형성해 나간다. 따라서 인간의 행동을 이해하기 위해서는 개인과 역동적인 상호작용 관계에 있는 요소로서의 환경을 고려하여야 한다. 특히 청소년기는 사회적, 문화적 환경에 민감하고 정서적으로 불안한 시기이며, 자신의 개인적 본성을 정의하는 데 있어서 긴장이 시작되고, 급작스러운 생물학적, 심리적, 사회적 변화를 경험하는 시기이다. Bloom이 언급한 바와 같이 아직 심리적으로나 사회적으로 성장단계에 있는 청소년은 환경과의 상호작용에서 환경의 영향을 성인들보다 많이 받는다. 말하자면, 심리적으로 불안정하고 인격의 형성기에 있는 청소년들에게 미치는 환경의 영향은 실로 중요한 의미를 지닌다는 것이다.

우리나라에서 청소년만을 대상으로 한 정책은 1987년 청소년육성법부터이다. 이 법은 청소년육성에 대해 국가의 책임과 의무를 강화하였으며 청소년 전담 행정부서를 두게 되었다. 청소년기본계획과 청소년기본법은 청소년들이 다양한 생활체험을 통하여 전인적 민주시민으로 성장하도록 보호, 육성하고 있다. 다시 말하면 문제청소년이 아닌 덕·체·지가 조화롭게 발달된 성실한 청소년으로 육성하자는 목표를 가지고 있다. 그래서 청소년기본계획과 청소년기본법은 덕(德)과 예(禮)의 육성계획 내지 육성법이다. 이 청소년기본법 3조에서 청소년육성이란 ① 청소년의 복지를 증진하고, ② 청소년의 수련활동을 지원하며, ③ 청소년교류를 진흥하는 것이라고 했다. 즉 청소년기본법은 청소년복지를 주요 사업으로 삼고 있다. 그리고 청소년기본계획의 3대 사업의 하나로서 청소년복지를 제시하고 있다. 청소년기본계획과 청소년기본법은 이전 단계의 다른 청소년정책에 비하여 많은 발전을 가져왔으나 1992년부터 시행해 온 '한국청소년10개년기본계획'은 매우 의욕적인 정책의지를 반영하고 있으나 사업물량과 배분기준에 현실성이 결여되어 신한국 창조를 위한 의식개혁, 도덕성회복 등 문민정부의 개혁의지를 구현하는 데는 미흡하다고 판단하여 문화체육부는 청소년기본계획을 수정 보완하여 1993년 9월 '청소년육성5개년계획'을 발표하였다. 이 청소년육성5개년계획의 기본계획은 청소년을 건전하게 육성하기 위하여 ① 가정교육의 기능강화, ② 이를 학교교육 기능과 연계 추진, ③ 청소년의 건전한 의식 함양과 생활태도를 기르기 위한 사회환경 개선, ④ 청소년 문화활동 기반조성을 위한 모든 사업을 국가 주요사업으로 적극 추진한다. 또한 정책대상을 보면 보호시설 청소년, 소년소녀가장, 극빈 결손가정 청소년, 무직 미진학 청소년, 근로청소년, 농어촌청소년 등 어려운 청소년 지원강화, 청소년 유해환경 정화, 청소년비행의 예방 및 계도를 강화했다. 그리고 청소년 건전육성을 위한 민간부문의 관심 제고와 자발적인 활동에 대한 지원 방안을 강구하고 있다.

구체적인 청소년보호 및 선도사업은 다음과 같다.

(1) 어려운 청소년 지원강화
  ① 저소득층 청소년에 대한 지원체제 확립
      ㉠ 청소년공부방 확충
      ㉡ 학력 비인정 비정규학교 운영지원
      ㉢ 어려운 청소년에 대한 결연사업 추진
      ㉣ 저소득 청소년의 자연체험 활동기회제공 및 생활수기 발표대회 개최

② 무직 미진학 청소년 보호 지원

　　㉠ 무직 미진학 청소년 에 대한 정기적 실태조사 및 상담 취업 알선

③ 근로청소년 취미활동 지원

　　㉠ 농어촌 출신 도시유학생을 위한 학사건립 운영

　　㉡ 농어촌 청소년 자원재단 설립

　　㉢ 도농 간 청소년교류

　　㉣ 농어촌 청소년의 문화권 탐방 활동

(2) 청소년 유해환경 정화

① 청소년 유해환경 개선 실무협의회 구성 운영

　　㉠ 문화체육부 주관 관계부처 시책의 검토 조정 추진

② 유해환경의 지속적 단속 및 계도

　　㉠ 관계부처 합동 단속반 편성운영 및 유관업소계도

③ 유해환경과의 접촉 차단을 위한 예방교육

　　㉠ 가정 학교 단체별 실시

　　㉡ 교육자료 개발 보급

④ 영상 및 인쇄매체 정화

　　㉠ 신문 방송, 공연, 간행물 윤리위원회의 자율정화를 위한 심의기준 정비

　　㉡ 유해 출판물 고발센터 등의 운영으로 불법 퇴폐 출판물 규제 강화

⑤ 청소년 유해환경 감시단 운영

　　㉠ 청소년단체 및 학회 활동

3) 청소년비행의 예방 및 계도

① 시·군·구별 청소년 선도반 구성 운영

　　㉠ 선도위원 중심구성, 취약기간 선도활용

② 가출청소년 찾아 주기 운동 전개

　　㉠ 민간차원의 가출청소년 찾아 주기 운동에 행·재정적 지원

　　㉡ 불법구인광고 및 미성년자 고용업주 단속 병행실시

ⓒ 귀가거부 청소년을 위한 청소년쉼터 등 설치 운영
③ 청소년 약물남용 예방사업 추진
 ㉠ 부탄가스에 혐오제를 첨가하는 방안 연구 개발
 ㉡ 학교 직장 사회에 적용할 대응 프로그램의 개발 보급

(4) 비행청소년 수용 및 교화프로그램 개발 보급
 ㉠ 임대아파트 활용, '나눔의 집' 운영
 ㉡ 청소년단체, 종교단체 등에 교화위탁

이와 같은 계획의 보완과제는 청소년에 대한 가정 학교 지역사회의 관심을 제고하고 청소년복지정책에 대한 범국민적인 참여 분위기를 확산시키는 일이다.

우리나라에서 아동과 청소년복지는 일차적으로 가족복지의 영역으로 인식하고 있다. 1961년에 제정된 아동복지법에 있어 아동복지의 대상은 '요보호아동'이었다. 그러다가 복지대상이 전체 아동으로 확대된 것은 1981년 아동복지법의 제정에 의해서였지만 여전히 아동복지의 주된 대상은 기아, 미아, 가출아 등 요보호아동이었으며 이들을 수용, 보호하는 것이 주된 사업이었다. 그래서 우리나라의 아동복지는 수용보호사업이 특징이라고 말하는 이유도 여기에 있다.

1993년 7월 2일 '신경제5개년계획' 중 '사회복지증진부문'은 한국형 사회복지 모형의 개발에 중점을 두고 있다. 그 기본구상은 여러 가지 있지만 아동복지와 관련 있는 부문은 노인, 장애인, 아동 등 사회취약계층 보호를 위하여 가정의 복지기능강화와 전문적 예방적 복지서비스 제공이라는 것이다. 즉 여성의 사회활동강화를 위해 보유시설 확충 및 보육서비스의 수준향상에 힘쓴다는 것이다. 이것이 신경제5개년계획의 아동복지부문이며 청소년복지와 관계되는 사항이기도 하다.

8) 청소년복지의 과제

우리나라의 청소년기본계획과 청소년기본법은 진일보한 청소년정책이지만 그러나 몇 가지 한계와 문제를 내포하고 있다. 즉 ① 청소년기본계획은 수련계획이라고 불릴 정도로 수련활동의 비중이 지나치게 크다. ② 수련활동을 중심으로 하는 청소년활동의 운영체계가 분명하지 않으며 미비한 것이 많다. ③ 추진방향으로 청소년의 자율성에 기초한 능동적 삶의 실현을 제시하였으나 청소년의 자율성이 발휘될 여지는 별로 없다. ④ 예산과 운영비지원 등 계획 자체의 현실성이 부족하다. ⑤ 수련활동에 참여하도록 하는 동기부여가 미약하다. ⑥ 청소년정책의 고유영역 또는 업무로서 기존의 청소년정책에서 제외되어 있는 재수생, 가두직업청소년, 무직 미진학 청소년, 퇴학 청소년 등에 대한 정책 및 사업개발이 소홀히 되고 있다. ⑦ 문화체육부는 법률상으로는 청소년정책의 총괄 조정을 명시하고 있으나 기본계획의 내용을 보면 청소년육성 전 부문을 포괄하지 못하고 수련활동과 국제교류, 청소년복지의 일부만을 대상으로 하고 있어 스스로 청소년정책의 총괄 조정 기능을 위축시킨 것으로 보인다. 또한 청소년에 대하여 가정, 학교, 사회의 관심을 제고하고 청소년대책에 대한 범국민적인 참여 분위기를 확산시키는 것은 바람직한 일이지만 그렇다고 정부가 해야 할 정책사업을 가정과 학교 그리고 지역사회와 민간단체에 떠맡기는 일은 없도록 해야 한다. 그러므로 중앙정부와 지방자치단체의 사무 분담, 공·사의 역할 분담들이 확실시되어 있어야 한다. 그래서 국가와 국민이 조화로운 체제에서 청소년정책에 대한 범국민적인 참여 분위기를 확산시켜야 할 것이다. 특히 청소년복지부문은 요보호청소년과 문제청소년을 대상으로 한 규제적, 치료적 처우에 지나지 않는다. 예를 들어 어려운 청소년의 진정한 '생활상의 문제'가 무엇인가를 생각해야 한다. 그렇지 않고 경제적, 심리적 기타 문제환경에 있는 청소년을 그저 경제적 곤란 때문에 수련활동을 못 갈 것이라는 판단 아래 수련활동을 가게 하는 일이 청소년복지라고 보는 것은 잘못된 판단이다. 이러한 시행착오는 시정되어야 하겠다. 또한 기존 법적보호에서 제외되어 있는 교육기회

박탈청소년, 무직청소년, 가출 부랑청소년, 가두직업청소년, 숨은 비행청소년, 근로청소년, 농어촌청소년, 미혼모, 재수생 등에게 충실한 법적 보호와 서비스가 있어야 한다. 다음으로 사회복지분야에서의 청소년복지연구는 아직도 아동복지와 동일부문으로 생각하고 있는 실정이다. 법적 개념과 연령 그리고 처우도 애매하다. 그리고 사회복지계 대학에서의 커리큘럼과 전문도서도 '아동 및 청소년복지'라고 하고 있다. 아동이면 아동, 청소년이면 청소년복지이지 두 가지 다른 개념을 동의어로 사용하는 것은 학문적 미숙이다.

대부분의 시·도, 시·군·구는 한국청소년기본계획에 의한 시행 세칙을 ① 가정과 지역사회의 역할증진, ② 어려운 청소년 지원, ③ 비행청소년 예방관리로 두고 있을 것이다. 그리고 각 시·도의 특성에 따라 청소년수련터전 확충 및 활성화 추진, 청소년종합상담실 운영 등을 실시하며 시 군 구는 주로 청소년 어울마당 운영, 청소년 자립지원기금 지원, 야간 공부방 지원, 청소년 수련관 건립, 청소년 수련방 설치 등을 수행하고 있다. 이러한 사업을 보면 청소년수련시설이 많다. 이것은 유휴공간을 문화체육공간으로 활용한다는 정부의 방침에 따른 것이다. 앞으로의 과제는 수련시설 설치뿐만 아니라 실질적인 프로그램 운영, 프로그램 참여 방안 등을 활성화시켜야 한다. 또한 청소년종합상담실 운영은 매우 효과적인 사업이며 시·군·구 단위까지 확대 실시하여야 한다. 그리고 지방화 시대에 있어 민간서비스의 통합과 지역사회의 청소년육성에 관한 참여와 관심을 제고하는 사단법인 성격의 '청소년건전육성운동본부'의 조직 구성을 제안한다. 또한 광역 기초 자치단체에서는 청소년행정과 육성업무를 추진할 전문인력의 충원이 필요하다. 그리고 지역사회의 청소년들이 언제든지 찾아와 함께 놀며 상담할 수 있는 '청소년센터'가 있어야 한다. 사회복지의 대상인 청소년, 사회복지분야인 청소년복지는 지역복지라는 차원에서 구축되어야 한다. 지역주민으로서 청소년문제와 청소년복지는 지방자치단체와 지역주민의 주체, 주민 참여에 의해 해결되어야 한다. 그러므로 사회복지학에서 특히 지역복지론분야에서 많은 연구가 필요하다. 구체적으로 국가와 사회는 청소년이 신체와 정신이 건강하도록 하여 삶에 희망을 갖도록 복지정책을 실시하는 일이다. 그래서 청소년을 위한 안정된 가정, 학교, 직장, 지역사회를 만드는 것이 중요하다. 청소년들이 공부와 업무 이외에 여가 활동을 통하여 인생을 생각해 볼 수 있도록 여건 조성을 지원해 주어야 한다. 다시 말하면 정부와 지방자치단체에서 추진 중인 자연권 및 생활권 수련활동에 적극 참여시킬 수 있는 제도적 장치가 필요하다. 특히 생활권 청소년수련시설(청소년수련원, 청소년수련관, 청소년수련실, 청소년수련방, 청소년수련의 집)의 역할을 확장하여 청소년들의 일상생활과 밀접하게 만들어야 한다. 또 청소년어울마당, 야간 공부방 등의 지원과 프로그램을 더욱 개발하여 청소년들이 참여토록 하는 방안도 강구해야 한다.

청소년복지정책은 청소년의 생명과 생활을 국가가 보장하여 지역사회에서 생존하고 실존하게 하는 사회제도이다. 그러므로 인간의 사회생활상의 생존 문제를 해결하는 순수과학이 사회복지라고 한다면 인간인 청소년의 복지도 마땅히 사회복지영역으로 보고 청소년의 문제와 복지를 연구하여 실천해야 한다. 그러나 우리의 현실은 아동에 관심이 있지 청소년에게는 적극적인 접근이 없다. 인생의 주기를 보더라도 아동과 청소년의 신체적 심리적 특성과 성격이 서로 다르기 때문에 앞으로는 분리된 범주에서 독자적 분야로 발전시켜야 한다. 또한 청소년기본계획과 청소년기본법에서 청소년복지를 제시하고 있으나 이것들은 기존의 요보호청소년에 대한 대책과 별로 다를 바가 없다. 더욱이 일반 청소년에 대한 복지정책이 미흡하므로 보다 많은 관심과 과학적 연구가 요망된다. 청소년복지는 자라나는 인재의 국가 활용이라는 큰 의미를 가지고 있기에 세심한 배려가 있어야 한다. 청소년기에 잘못된 사상과 가치관으로 성장하면 나라를 움직이는 나이가 들었을 때 국가를 잘못된 길로 인도하는 지도자로 성장할 가능성이 있기 때문이다. 독일과 유럽은 청소년복지가 제일 잘된 나라라고 할 수 있다.

청소년들을 도와주고 바르게 인도하기 위하여 청소년활동진흥법이 있다. 법령을 살펴보면 다음과 같다.

청소년활동진흥법

제1장 총칙

제1조 (목적) 이 영은 「청소년활동진흥법」에서 위임된 사항과 그 시행에 관하여 필요한 사항을 규정함을 목적으로 한다.

제2조 (지방청소년활동진흥협의회)
① 「청소년활동진흥법」(이하 '법'이라 한다) 제3조제1항의 규정에 의한 협의를 원활하게 수행하기 위하여 지방자치단체의 장은 특별시·광역시·도교육청 및 지역교육청의 관계 공무원 등이 참석하는 지방청소년활동진흥협의회(이하 '지방협의회'라 한다)를 구성하여 운영할 수 있다.
② 지방협의회의 구성 및 운영에 관한 구체적인 사항은 조례로 정한다.

제3조 (청소년운영위원회의 구성·운영)
① 법 제4조제3항의 규정에 의한 청소년운영위원회(이하 '운영위원회'라 한다)는 10인 이상 20인 이내의 청소년으로 구성하여야 한다.
② 위원의 임기는 1년으로 하되 연임할 수 있다.
③ 위원장은 위원 중에서 호선한다.
④ 위원장은 운영위원회를 대표하고, 운영위원회의 직무를 통할한다.

⑤ 위원장이 부득이한 사유로 직무를 수행할 수 없는 때에는 위원장이 미리 지명한 위원이 그 직무를 대행한다.
⑥ 위원장은 필요시 회의를 소집하며, 그 의장이 된다.
⑦ 이 영에 규정한 것 외에 운영위원회의 운영에 필요한 사항은 위원회의 의결을 거쳐 위원장이 정한다.
⑧ 국가 및 지방자치단체는 예산의 범위 안에서 운영위원회의 운영에 필요한 경비를 지원할 수 있다.

제2장 삭제 〈2008.1.28〉

제4조 삭제 <2008.1.28>

제3장 청소년활동시설

제5조 (청소년수련시설의 설치·운영에 관한 허가) 법 제11조제3항의 규정에 의하여 청소년수련시설(이하 '수련시설'이라 한다) 설치·운영의 허가(제6조의 규정에 의한 중요사항 변경의 경우를 포함한다. 이하 같다)를 받고자 하는 자는 허가신청서에 보건복지가족부령으로 정하는 서류를 첨부하여 관할 특별자치도지사·시장·군수·구청장(자치구의 구청장을 말한다. 이하 같다)에게 제출하여야 한다. <개

정 2005.4.27, 2006.3.29, 2008.
1.28, 2008.2.29>

제6조 (수련시설의 중요한 변경) 법 제11조제3항 후단에서 '대통령령이 정하는 중요사항'이라 함은 다음과 같다. <개정 2005.4.27, 2006.3.29, 2008.1.28, 2008.2.29>

1. 부지면적의 100분의 20을 초과하는 면적의 증감

2. 건축연면적의 100분의 20을 초과하는 면적의 증감

3. 법 제33조제1항의 규정에 의하여 허가·인가·해제·지정 또는 신고를 받은 것으로 보는 내용의 변경

4. 수련시설 안에 다른 법률의 규정에 의한 허가 등을 받거나, 신고를 하여 운영하는 영업의 신설 또는 폐지

5. 그 밖에 수련시설의 시설기준 중 보건복지가족부령으로 정하는 중요사항의 변경

제7조 (수련시설의 등록)

① 법 제13조의 규정에 의하여 수련시설을 등록(변경등록을 포함한다. 이하 같다)하고자 하는 자는 등록신청서에 보건복지가족부령으로 정하는 서류를 첨부하여 관할 특별자치도지사·시장·군수·구청장(이하 '시장·군수·구청장'이라 한다)에게 제출하여야 한다.

<개정 2005.4.27, 2006.3.29, 2008.1.28, 2008.2.29>

② 제1항의 등록신청서를 받은 시장·군수·구청장은 허가된 내용과의 일치 여부를 확인하여 그 내용을 등록대장에 기록한 후 등록증을 신청인에게 교부하여야 하며, 교부한 날부터 15일 이내에 특별시·광역시 또는 도의 교육감에게 통지하여야 한다.

③ 법 제11조제1항의 규정에 의하여 수련시설을 설치한 국가 및 지방자치단체는 수련시설이 위치한 지역을 관할하는 시장·군수·구청장에게 소관 수련시설의 관련 사항을 등록대장에 기록하여 줄 것을 요청하고, 이 경우 해당 시장·군수·구청장은 그 요청에 따라 기록하여야 한다.

④ 제3항의 규정에 의한 등록을 할 때 필요한 서류, 등록증 및 교육감에 대한 통지는 제1항 및 제2항의 규정을 준용한다.

제8조 (수련시설의 운영대표자의 자격)

① 법 제14조제1항 본문에서 '대통령령이 정하는 자격을 갖춘 자'라 함은 다음 중 어느 하나에 해당하는 자를 말한다. <개정 2006.6.12>

1. 1급 청소년지도사자격증 소지자

2. 2급 청소년지도사자격증 취득 후 청소년육성업무에 3년 이상 종사한 자

3. 3급 청소년지도사자격증 취득 후

청소년육성업무에 5년 이상 종사한 자

4. 「초·중등교육법」 제21조의 규정에 의한 정교사자격증소지자중 청소년육성업무에 5년 이상 종사한 자

5. 청소년육성업무에 8년 이상 종사한 자

6. 7급 이상의 일반직공무원 또는 이에 상당하는 별정직공무원(고위공무원단에 속하는 일반직공무원 또는 별정직공무원을 포함한다) 중 청소년육성업무에 3년 이상 종사한 자

7. 제6호 외의 공무원 중 청소년육성업무에 5년 이상 종사한 자

② 제1항제2호부터 제7호까지의 규정에 따른 청소년육성업무에 종사한 경력에 관하여는 보건복지가족부령으로 정한다. <개정 2005.4.27, 2006.3.29, 2008.1.28, 2008.2.29>

제9조 (시범수련시설의 지정 및 육성)

① 보건복지가족부장관과 지방자치단체의 장은 수련시설 설치·운영의 활성화 및 법 제2조제6호의 규정에 의한 청소년수련거리(이하 '수련거리'라 한다)의 보급·확산을 위하여 관할구역 안에서 다음 중 어느 하나에 해당하는 수련시설을 시범수련시설로 지정하여 육성할 수 있다. <개정 2005.4.27, 2006.3.29, 2008.2.29>

1. 시설·설비내용이 우수하고 수련거리의 운영에 모범이 되는 수련시설

2. 국가 및 지방자치단체 등에서 개발·보급하는 수련거리의 시범적용을 담당할 수련시설

3. 그 밖에 특별히 육성할 필요성이 있다고 인정되는 수련시설

② 국가 및 지방자치단체는 제1항의 규정에 의하여 지정된 시범수련시설(이하 '시범수련시설'이라 한다)에 대하여는 다른 수련시설에 우선하여 수련시설의 설치·운영경비 등을 지원할 수 있다.

③ 보건복지가족부장관과 지방자치단체의 장은 시범수련시설의 지정 및 육성에 관한 업무를 관련 전문기관에 위탁하여 실시할 수 있다. <개정 2005.4.27, 2006.3.29, 2008.2.29>

④ 시범수련시설의 지정 및 육성·지원에 관하여 그 밖에 필요한 사항은 보건복지가족부장관이 정한다. <개정 2005.4.27, 2006.3.29, 2008.2.29>

제10조 (수련시설 안전점검) ① 법 제18조제5항의 규정에 의한 정기·수시 안전점검을 받아야 하는 수련시설의 범위는 법 제10조제1호의 규정에 의한 수련시설을 말한다.

② 법 제18조제5항의 규정에 의한 안전기준은 별표 1과 같다.

제11조 (수련시설의 수련활동 실시)

① 법 제19조제3항의 규정에 의하여

수련시설에서는 수련활동을 활성화하기 위하여 인증된 수련거리를 통한 수련활동계획을 수립·시행하여야 한다.

② 국가 및 지방자치단체는 제1항의 규정에 의한 수련활동을 실시할 경우 예산의 범위 안에서 필요한 경비를 지원할 수 있다.

제12조 (수련시설의 이용) 법 제21조제2호 단서에서 '대통령령이 정하는 용도'라 함은 수련시설을 청소년활동에 지장이 없는 범위 내에서 법 제31조제2항 각 호의 용도로 사용하는 경우를 말한다.

제13조 (보험가입) ① 법 제25조의 규정에 의하여 보험에 가입하여야 하는 수련시설은 법 제10조제1호의 규정에 의한 수련시설을 말한다. 다만, 건축연면적이 1천 제곱미터 이하인 청소년문화의집은 제외한다.

② 법 제25조제2항의 규정에 의한 보험금액은 다음 각 호의 기준에 해당하는 금액 이상의 것이어야 한다. 다만, 지급보험금액은 실손해액으로 하되 사망의 경우 실손해액이 2천만 원 미만인 경우에는 2천만 원으로 한다.

1. 사망의 경우에는 8천만 원
2. 부상의 경우에는 별표 2에서 정하는 금액
3. 부상의 경우 그 치료가 완료된 후 당해 부상이 원인이 되어 신체장해(이하 '후유장해'라 한다)가 생긴 때에는 별표 3에서 정하는 금액
4. 부상자가 치료 중에 당해 부상이 원인이 되어 사망한 경우에는 제1호 및 제2호의 금액을 합산한 금액
5. 부상한 자에게 당해 부상이 원인이 되어 후유장해가 생긴 경우에는 제2호 및 제3호의 금액을 합산한 금액
6. 제3호의 금액을 지급한 후 당해 부상이 원인이 되어 사망한 경우에는 제1호의 금액에서 제3호의 규정에 의하여 지급한 금액을 공제한 금액

제14조 (수련시설의 휴지·폐지 제한) 법 제27조제2항에서 '대통령령이 정하는 시설'이라 함은 다음의 수련시설을 말한다.

1. 법 제11조제4항의 규정에 의하여 국가 또는 지방자치단체로부터 경비의 지원을 받아 설치한 수련시설
2. 「청소년기본법」 제53조의 규정에 의한 청소년육성기금의 지원 또는 융자를 받아 설치한 수련시설

제15조 (수련시설 건립심의위원회) ① 국가 및 지방자치단체는 법 제28조제2항의 규정에 의하여 심의과정에 청

소년관련전문가 및 청소년이 참여할 수 있도록 하기 위하여 소관 수련시설 건립 시 수련시설건립심의위원회(이하 '심의위원회'라 한다)를 구성하여 운영하여야 한다.

② 심의위원회의 위원은 5인 이상 10인 이내로 구성하며, 위원 중 청소년 및 청소년전문가의 참여 비율은 각각 5분의 1 이상으로 한다.

③ 위원장은 위원 중에서 호선한다.

④ 위원장은 심의위원회를 대표하고, 심의위원회의 직무를 통할한다.

⑤ 위원장이 부득이한 사유로 직무를 수행할 수 없는 때에는 위원장이 미리 지명한 위원이 그 직무를 대행한다.

⑥ 위원장은 필요시 회의를 소집하며, 그 의장이 된다.

⑦ 회의는 재적위원 과반수의 출석으로 개회하고, 출석위원 과반수의 찬성으로 의결한다.

⑧ 수련시설을 설치하는 국가 및 지방자치단체에서는 수요자 요구조사, 운영계획 및 건축물의 설계계획 등을 포함한 기본계획을 심의위원회에 제출하여 심의하도록 하고 심의결과는 수련시설의 설계 및 건축시 반영하여야 한다.

⑨ 심의위원회는 심의에 필요한 경우 현장 확인을 실시할 수 있다.

⑩ 이 영에 규정한 것 외에 심의위원회의 운영에 필요한 사항은 심의위원회의 의결을 거쳐 위원장이 정한다.

제16조 (주택단지 내 수련시설 설치) 법 제29조제1항의 규정에 따라 수련시설을 포함하여야 하는 주택건설사업계획 또는 대지조성사업계획은 주택 3천 호 이상의 경우를 말한다.

제17조 (청소년이용시설의 종류 등)

① 법 제32조제4항의 규정에 의한 청소년이용시설의 종류는 다음 각 호와 같다. <개정 2006.8.4, 2008.1.28>

1. 「문화예술진흥법」 제2조제1항제3호의 규정에 의한 문화시설

2. 「과학관육성법」 제2조제1호의 규정에 의한 과학관

3. 「체육시설의설치·이용에관한법률」 제2조제1호의 규정에 의한 체육시설

4. 「평생교육법」 제2조제3호의 규정에 의한 평생교육시설

5. 「산림문화·휴양에관한법률」 제13조, 제14조 및 제19조의 규정에 의한 자연휴양림

6. 「수목원조성및진흥에관한법률」 제2조제1호의 규정에 의한 수목원

7. 「사회복지사업법」 제34조제4항의 규정에 의한 사회복지관

8. 시민회관·어린이회관·공원·광장·고수부지(고수부지) 그 밖에 이와 유사한 공공용시설로서 청소년활동 또는 청소년들이 이용하기에 적합한 시설

9. 그 밖에 다른 법령에 의하여 청소년활동과 관련되어 설치된 시설

② 시장·군수·구청장은 제1항의 규정에 의한 청소년이용시설 중 상시 또는 정기적으로 청소년의 이용에 제공할 수 있는 시설로서 청소년지도사를 배치한 시설에 대하여는 그 설치·운영자의 신청을 받아 청소년이용권장시설로 지정할 수 있다.

③ 국가 또는 지방자치단체는 제2항의 규정에 의하여 지정된 청소년이용권장시설에 대하여는 다른 청소년이용시설에 우선하여 법 제32조제3항의 규정에 의한 지원을 할 수 있다.

④ 제2항 및 제3항의 규정에 의한 청소년이용권장시설의 지정신청·지정절차 그 밖에 필요한 사항은 보건복지가족부령으로 정한다. <개정 2005.4.27, 2006.3.29, 2008.1.28, 2008.2.29>

제18조 (협의기간) 법 제33조제3항 및 법 제52조제2항의 규정에 의하여 협의요청을 받은 소관행정기관의 장은 특별한 사유가 없는 한 협의요청을 받은 날부터 30일 이내에 이에 대한 의견을 회신하여야 한다.

제4장 청소년수련활동의 지원

제19조 (청소년수련활동인증위원회의 구성·운영 등)

① 법 제35조제2항의 규정에 의한 청소년수련활동인증위원회(이하 '인증위원회'라 한다)는 15인 이내의 위원으로 구성한다.

② 위원은 다음 각 호에 해당하는 사람으로 한다. <개정 2008.1.28, 2008. 2.29>

1. 보건복지가족부와 교육과학기술부의 고위공무원단에 속하는 일반직공무원 또는 이에 상당하는 특정직공무원 중에서 해당 기관의 장이 각각 지명하는 사람

2. 「청소년기본법」 제31조에 따른 한국청소년진흥센터의 소장

3. 그 밖에 청소년활동에 관한 지식과 경험이 풍부한 사람 중에서 보건복지가족부장관이 위촉하는

③ 제2항제3호에 해당하는 위원의 임기는 3년으로 하되, 연임할 수 있다. <개정 2008.1.28>

④ 인증위원회에는 위원장과 부위원장 각 1인을 두며 위원장과 부위원장은 위원 중에서 호선한다.

⑤ 위원장은 인증위원회를 대표하고, 인증위원회의 직무를 통할한다.

⑥ 위원장이 부득이한 사유로 직무를 수행할 수 없는 때에는 부위원장이 그 직무를 대행하며, 위원장 및 부위원장이 모두 부득이한 사유로 직무를 수행

할 수 없는 때에는 위원장이 미리 지명한 위원이 그 직무를 대행한다.

⑦ 위원장은 필요시 회의를 소집하고, 그 의장이 된다.

⑧ 인증위원회의 업무를 효율적으로 수행하기 위하여 필요한 경우에는 소위원회를 둘 수 있으며, 소위원회의 설치·운영 등 인증위원회의 운영에 관하여 필요한 사항은 인증위원회의 의결을 거쳐 위원장이 정한다.

제20조 (활동기록 유지·관리 등)

① 국가는 법 제35조제3항에 따른 인증수련활동(이하 '인증수련활동'이라 한다)에 참여한 기록을 확인하는 등의 절차를 거쳐 해당 활동이 끝난 후 30일이 경과한 날부터 그 기록을 제공하는 것을 원칙으로 한다. <개정 2008.1.28>

② 국가는 법 제35조제3항의 규정에 의하여 활동참여 청소년의 기록 자료가 효율적으로 유지·관리·제공될 수 있도록 종합관리체계를 구축하여야 하며 수련활동 참여기록이 청소년 본인의 동의 없이 공개 또는 유출되지 아니하도록 하는 등의 필요한 조치를 하여야 한다.

제21조 (인증신청·절차 및 방법 등)

① 법 제36조제5항에 따라 수련활동의 인증을 받고자 하는 자는 참가자 모집 또는 활동실시 시작 60일 이전에 인증위원회에 인증을 요청하고 필요한 자료를 제출하여야 한다. <개정 2008.1.28>

② 인증위원회는 제1항의 규정에 의한 인증을 요청받은 때에는 인증위원회에서 정하는 인증기준에 따라 심사하고, 인증을 요청한 자에게 그 결과를 통지하여야 한다.

③ 인증위원회는 제2항의 규정에 의한 심사를 위하여 필요한 경우에 인증을 요청한 자의 의견을 들을 수 있으며, 보완 또는 개선이 필요하다고 판단되는 경우에는 이를 보완 또는 개선하도록 요구할 수 있다.

④ 제3항의 보완 또는 개선의 요구를 받은 자는 10일 이내에 그 보완 또는 개선사항을 제출하여야 한다.

⑤ 인증위원회는 제3항의 규정에 의한 보완 또는 개선을 요구받고도 정당한 사유 없이 이에 응하지 아니하는 경우에는 인증요청서를 반려할 수 있다.

제22조 (인증심사의 효율성 제고)

① 인증위원회는 제21조제2항의 규정에 의한 인증심사의 효율성을 제고하기 위하여 청소년활동에 대한 전문적 지식과 경험을 가진 자 중에서 인증심사원을 선발하여 활용할 수 있다.

② 제1항의 규정에 의한 인증심사원의 선발과 활용 그 밖에 필요한 사항은 보건복지가족부령으로 정한다. <개정 2005.4.27, 2006.3.29, 2008.1.28, 2008.2.29>

제23조 (수련활동내용 등의 기록 및 통보) ① 인증수련활동을 실시한 활동시설 및 개인, 법인·단체는 법 제37조제1항의 규정에 의하여 청소년이 참여한 수련활동에 관하여 개별 청소년의 인적사항, 활동참여 일자·시간, 장소, 주관기관, 내용, 참여특성 및 종합의견 등을 기록하여야 한다. <개정 2008.1.28>
② 인증수련활동을 실시한 활동시설 및 개인, 법인·단체는 제1항의 규정에 의한 개별 청소년의 활동기록 및 인증수련활동 결과를 해당 인증수련활동이 끝난 후 20일 이내에 인증위원회에 통보하여야 한다. <개정 2008.1.28>

제24조 (지방청소년수련시설협회 위탁사업) 법 제39조제5항의 규정에 의하여 지방청소년수련시설협회(이하 '지방시설협회'라 한다)에 위탁할 수 있는 사업은 다음과 같다. <개정 2005.4.27, 2006.3.29, 2008.2.29>
1. 지방시설협회에 소속된 수련시설이 행하는 사업과 활동에 대한 협력 및 지원
2. 지방시설협회에 소속된 수련시설에서 종사하는 자의 연수, 권익증진 및 교류사업
3. 지방시설협회에 소속된 수련시설의 수련활동의 활성화 및 수련시설의 안전에 관한 홍보 및 실천운동
4. 지방시설협회에 소속된 수련시설의 수련활동에 대한 조사·연구·지원사업
5. 그 밖에 수련시설의 운영·발전을 위하여 필요하다고 보건복지가족부장관이 인정하는 지방시설협회 소관사업

제25조 (사업계획서 등의 제출) 법 제45조의 규정에 의하여 한국청소년수련원이 보건복지가족부장관에게 제출하는 사업계획서에는 다음의 사항을 기재하여야 한다. <개정 2005.4.27, 2006.3.29, 2008.2.29>
1. 목표·방침·주요사업·소요예산 및 재원구성 등이 포함된 사업의 개요
2. 교부받고자 하는 보조금액 및 그 사용내역
3. 사업의 효과 및 그 밖의 참고자료

제26조 (세입·세출결산서의 제출) 법 제45조제2항의 규정에 의하여 한국청소년수련원이 보건복지가족부장관에게 제출하는 매 사업연도의 세입·세출결산서에는 다음의 서류를 첨부하여야 한다. <개정 2005.4.27, 2006.3.29, 2008.2.29>
1. 당해 연도의 사업계획과 집행실적 대비표
2. 한국청소년수련원 감사와 공인회계사의 감사의견서

3. 그 밖에 결산의 내용을 확인할 수 있는 참고서류

제27조 (청소년수련지구의 지정절차 등) 시장·군수·구청장이 법 제47조 제2항에 따라 청소년수련지구(이하 '수련지구'라 한다)를 지정함에 있어 관계행정기관의 장과 협의하려는 경우에는 협의요청서에 다음의 서류를 첨부하여 관계행정기관의 장에게 송부하여야 한다. 이 경우 협의요청서를 받은 관계행정기관의 장은 특별한 사유가 없는 한 협의요청서를 받은 날부터 40일이내에 이에 대한 의견을 회신하여야 한다. <개정 2008.1.28>
1. 수련지구의 지정사유 설명서
2. 수련지구로 지정할 구역의 지번 및 지적조서
3. 「국토의계획및이용에관한법률」 그 밖의 다른 법률의 규정에 의하여 지역·지구 등으로 지정된 지역에 수련지구를 지정하는 경우 그 법률에서 당해 행정기관의 장과 협의하도록 규정된 때에는 그 협의에 필요한 서류
4. 수련지구로 지정하는 지역의 도면(축척 2만 5천분의 1 이상)

제28조 (경미한 사항의 변경) 법 제47조제2항 단서에서 '대통령령이 정

하는 경미한 사항의 변경'이라 함은 다음과 같다.
1. 지적조사 또는 지적측량의 결과에 의한 면적의 정정 등으로 인한 면적의 변경
2. 수련지구 지정면적의 100분의 10 이내의 변경. 다만, 제27조제3호의 규정에 의한 지역·지구 등으로 지정된 경우에는 변경협의를 하여야 한다.

제29조 (수련지구 내 필수시설 및 금지시설)
① 법 제47조제4항의 규정에 의한 수련지구 안에 설치하여야 하는 시설의 종류·범위 및 면적은 별표 4와 같다.
② 수련지구 안에 설치할 수 없는 시설은 다음과 같다. <개정 2005.4.27, 2006.3.29, 2007.9.6, 2008.1.28, 2008.2.29>
1. 「식품위생법 시행령」 제7조제8호의 규정에 의한 단란주점영업 및 유흥주점영업을 영위하기 위한 시설
2. 「공중위생관리법」 제2조제3호의 규정에 의한 목욕장업 중 보건복지가족부령으로 정하는 영업을 영위하기 위한 시설
3. 「사행행위등규제및처벌특례법」 제2조제1항제1호의 규정에 의한 사행행위영업을 영위하기 위한 시설
4. 「체육시설의설치·이용에관한법률」 제10조제1항제2호의 규정에 의

한 무도학원업 및 무도장업을 영위하기 위한 시설

5. 「유해화학물질관리법」 제15조제1항 각 호의 규정에 의한 유독물영업 및 동법 제20조제1항의 규정에 의한 취급제한유독물영업을 영위하기 위한 시설

6. 「산업집적활성화및공장설립에관한법률」 제2조제1호의 규정에 의한 공장. 다만, 수련지구의 관리 또는 청소년수련활동을 위하여 필요한 시설로서 보건복지가족부령으로 정하는 것을 제외한다.

7. 「폐기물관리법」 제2조제8호의 규정에 의한 폐기물처리시설. 다만, 수련지구의 관리 또는 청소년수련활동을 위하여 필요한 시설로서 보건복지가족부령으로 정하는 경우를 제외한다.

8. 그 밖에 수련지구조성 목적에 적합하지 아니한 시설로서 특별자치도·시·군·구(자치구를 말한다) 조례에서 정하는 것

③ 수련지구 안에서의 시설의 설치는 법 제48조의 규정에 의하여 수립된 수련지구조성계획(이하 '조성계획'이라 한다)에 의하여 설치하여야 한다.

제30조 (법인·단체의 조성계획 승인신청)

① 법 제48조제2항의 규정에 의하여 법인 또는 단체가 수립·시행할 수 있는 조성계획은 수련지구의 면적이 3백만 제곱미터 이하인 경우에 한한다.

② 조성계획의 승인신청을 하고자 하는 법인 또는 단체는 보건복지가족부령으로 정하는 사항이 포함된 조성계획승인신청서 및 제5조의 규정에 의한 설치·운영의 허가신청을 하는 때에 첨부하는 서류를 시장·군수·구청장에게 제출하여야 한다. <개정 2005.4.27, 2006.3.29, 2008.1.28, 2008.2.29>

제31조 (조성계획의 고시)

① 법 제48조제4항의 규정에 의하여 시장·군수·구청장이 고시하는 조성계획에는 다음 사항이 포함되어야 한다. <개정 2008.1.28>

1. 수련지구의 명칭

2. 수련지구의 위치 및 면적

3. 수련지구의 조성목적과 그 개요

4. 조성계획의 시행자(법인·단체의 경우에는 법인·단체의 명칭·주소 및 대표자의 성명·주소)

5. 시행기간(착공 및 준공예정일을 포함한다)

6. 조성계획의 시행으로 토지 등의 수용 또는 사용이 필요한 경우, 수용 또는 사용할 토지 등에 대한 소재지·지번·지적·면적·소유권 및 소유권 외의 권리의 명세와 그 소유자 및 권리자의 성명·주소

7. 조성계획 및 도면의 비치장소

② 제1항의 규정에 의한 조성계획은 고시하여야 하며, 법 제48조제1항 또는 제2항의 규정에 의하여 수립되거나 승인된 조성계획 및 도면을 1월 이상 비치하여 일반인이 볼 수 있도록 하여야 한다.

제5장 청소년교류활동의 지원

제32조 (국제청소년교류활동 추진)

① 국가 및 지방자치단체는 법 제54조 제1항의 규정에 따라 국제청소년교류 활동의 지원에 관한 시행계획의 수립·추진을 위하여 필요한 때에는 공공기관, 사회단체, 청소년단체 등의 장에게 사전 협의와 협조를 요청할 수 있다.

② 국가 및 지방자치단체는 제1항의 규정에 의한 시행계획을 수립한 때에는 이를 관계 공공기관, 사회단체, 청소년단체 등에 통보하여야 한다.

③ 보건복지가족부장관은 법 제54조 제2항의 규정에 의하여 외교통상부와 협의하여 청소년교류협정의 체결을 연차적으로 확대 및 다변화시켜야 한다. <개정 2005.4.27, 2006.3.29, 2008.2.29>

제6장 삭제 〈2008.1.28〉

제33조 삭제 <2008.1.28>

제7장 벌칙

제34조 (과태료의 부과)

① 법 제72조제3항의 규정에 의하여 보건복지가족부장관 또는 시장·군수·구청장(이하 '부과권자'라 한다)이 과태료를 부과하고자 하는 때에는 당해 위반행위를 조사·확인한 후 위반사실과 과태료의 금액 등을 서면으로 명시하여 이를 납부할 것을 과태료처분대상자에게 통지(과태료처분 대상자가 원하는 경우에는 전자문서에 의한 통지를 포함한다)하여야 한다. <개정 2005.4.27, 2006.3.29, 2008.1.28, 2008.2.29>

② 부과권자는 제1항의 규정에 의하여 과태료를 부과하고자 하는 때에는 10일 이상의 기간을 정하여 과태료처분 대상자에게 구술 또는 문서(전자문서를 포함한다)로 의견을 진술할 기회를 주어야 한다. 이 경우 지정된 기일까지 의견진술이 없는 때에는 의견이 없는 것으로 본다. <개정 2008.1.28>

③ 위반행위의 종류별 과태료의 금액은 별표 5와 같다. 다만, 부과권자는 위반행위의 정도와 횟수를 참작하여 그 해당금액의 2분의 1의 범위 안에서

이를 경감하거나 가중할 수 있되, 가중하여 부과하는 때에는 과태료의 총액이 법 제72조제1항 또는 제2항에서 정한 상한액을 초과할 수 없다.

④ 과태료의 징수절차는 보건복지가족부령으로 정한다. <개정 2005.4.27, 2006.3.29, 2008.1.28, 2008.2.29>

부칙 <제18740호, 2005.3.18>

제1조 (시행일) 이 영은 공포한 날부터 시행한다.

제2조 (수련시설 안전기준에 관한 적용례) 별표 1 제14호의 규정은 이 영 시행 이후 처음으로 허가하는 수련시설부터 적용한다.

제3조 (청소년수련시설 운영책임자에 대한 경과조치) 이 영 시행 당시 종전의 「청소년기본법 시행령」 제33조의2제1항의 규정에 의한 자격기준을 갖춘 청소년수련시설 운영책임자는 이 영 제8조제1항의 규정에 의한 청소년수련시설 운영대표자의 자격기준을 갖춘 것으로 본다.

제4조 (다른 법령의 개정)
① 개발이익환수에관한법률 시행령 일부를 다음과 같이 개정한다.
별표 1의2의 제8호 중 '청소년기본법'을 '청소년활동진흥법'으로 한다.

② 건축법 시행령 일부를 다음과 같이 개정한다.
별표 1의 제8호 아목을 다음과 같이 하고, 동 호 자목을 삭제한다.
아. 청소년수련시설(청소년수련관·청소년수련원·청소년문화의집·청소년특화시설·청소년야영장·유스호스텔 그 밖에 이에 유사한 것을 말한다)

③ 공중위생관리법 시행령 일부를 다음과 같이 개정한다.
제2조제1항제3호 중 「청소년기본법」을 '「청소년활동진흥법」 제10조제1호'로 한다.

④ 문화예술진흥법 시행령 일부를 다음과 같이 개정한다.
제29조제1항제4호 중 '「청소년기본법」 제26조제2항'을 '「청소년활동진흥법」 제11조제2항'으로 한다.

⑤ 보험업법 시행령 일부를 다음과 같이 개정한다.
제80조제1항제9호 중 '「청소년기본법」 제33조'를 '「청소년활동진흥법」 제25조'로 한다.

⑥ 부가가치세법 시행령 일부를 다음과 같이 개정한다.
제30조 중 「청소년기본법」을 '「청소년활동진흥법」 제10조제1호의 규정'으로 한다.

⑦ 사방사업법 시행령 일부를 다음과 같이 개정한다.
제19조제3항제9호 중 「청소년기본법」

을 '「청소년활동진흥법」 제10조제1호
의 규정'으로 한다.

⑧ 산지관리법 시행령 일부를 다음과
같이 개정한다.

제12조제8항제3호 중 '「청소년기본법」
제3조제5호'를 '「청소년활동진흥법」 제
10조제1호'로 한다.

별표 1의 제3호 중 '「청소년기본법」
제3조제6호'를 '「청소년활동진흥법 시
행령」 제47조제1항'으로 한다.

별표 5의 제4호 나목 대상시설란 (8)
중 '「청소년기본법」 제3조제5호'를 '「청
소년활동진흥법」 제10조제1호'로 한다.

⑨ 영화진흥법 시행령 일부를 다음과
같이 개정한다.

제11조의2제2호 중 '「청소년기본법」
제26조'를 '「청소년활동진흥법」 제10
조제1호'로 하고, 동 조 제3호 중 '「청
소년기본법」 제40조'를 '「청소년활동
진흥법」 제47조'로 하며, 동 조 제4호
를 삭제한다.

⑩ 정보화촉진기본법 시행령 일부를
다음과 같이 개정한다.

별표의 제2호 너목 중 '「청소년기본법」
제3조제5호'를 '「청소년활동진흥법」 제
10조제1호'로 한다.

⑪ 제주국제자유도시특별법 시행령 일
부를 다음과 같이 개정한다.

제27조제1항제4호 중 '「청소년기본법」
시행령 제27조'를 '「청소년활동진흥법」

제10조제1호'로 한다.

⑫ 조세특례제한법 시행령 일부를 다
음과 같이 개정한다.

제116조의15제1항제4호 중 '「청소년
기본법」 시행령 제27조'를 '「청소년활
동진흥법」 제10조제1호'로 한다.

제5조 (다른 법령과의 관계) 이 영 시행
당시 다른 법령에서 종전의 「청소
년기본법 시행령」 또는 그 규정을
인용한 경우 이 영 중 그에 해당하
는 규정이 있는 때에는 종전의 규
정에 갈음하여 이 영 또는 이 영의
해당 규정을 인용한 것으로 본다.

부칙 (청소년기본법 시행령) <제18811
호, 2005.4.27>

제1조 (시행일) 이 영은 공포한 날부터
시행한다.

제2조 생략

제3조 (다른 법령의 개정)

① 청소년활동진흥법 시행령 일부를
다음과 같이 개정한다.

제34조제1항 중 '문화관광부장관'을
'청소년위원회'로 한다.

제9조제4항, 제19조제2항, 제24조제5
호 및 제33조제1항제8호 중 '문화관광
부장관이'를 각각 '청소년위원회가'로
한다.

제25조 각 호 외의 부분 및 제26조 각 호 외의 부분 중 '문화관광부장관에게'를 각각 '청소년위원회에'로 한다.

제32조제3항 중 '문화관광부장관은'을 '청소년위원회는'으로 한다.

제9조제1항 각 호 외의 부분·제3항 중 '문화관광부장관과'를 각각 '청소년위원회와'로 한다.

제5조, 제6조제5호, 제7조제1항, 제8조제2항, 제17조제4항, 제22조제2항, 제29조제2항제2호·제6호 후단·제7호 후단, 제30조제2항, 제33조제4항 및 제34조제4항 중 '문화관광부령'을 각각 '청소년위원회규칙'으로 한다.

② 내지 ⑧ 생략

부칙 (청소년기본법 시행령) <제19431호, 2006.3.29>

제1조 (시행일) 이 영은 2006년 3월 30일부터 시행한다.

제2조 (다른 법령의 개정) ① 내지 ⑨ 생략

⑩ 청소년활동진흥법 시행령 일부를 다음과 같이 개정한다.

제9조제1항 각 호 외의 부분·제3항·제4항, 제19조제2항, 제24조제5호, 제25조 각 호 외의 부분, 제26조 각 호 외의 부분, 제32조제3항, 제33조제1항제8호 및 제34조제1항 중 '청소년위원회'를 각각 '국가청소년위원회'로 한다.

제5조, 제6조제5호, 제7조제1항, 제8조

제2항, 제17조제4항, 제22조제2항제2호, 제29조제2항제2호·제6호 단서·제7호 단서, 제30조제2항, 제33조제4항 및 제34조제4항 중 '청소년위원회규칙'을 각각 '국가청소년위원회규칙'으로 한다.

⑪ 및 ⑫ 생략

부칙 (고위공무원단 인사규정) <제19513호, 2006.6.12>

제1조 (시행일) 이 영은 2006년 7월 1일부터 시행한다.

제2조 및 제3조 생략

제4조 (다른 법령의 개정) ① 내지 <208> 생략

<209> 청소년활동진흥법 시행령 일부를 다음과 같이 개정한다.

제8조제1항제6호 중 '별정직공무원'을 '별정직공무원(고위공무원단에 속하는 일반직공무원 또는 별정직공무원을 포함한다)'로 한다.

<210> 내지 <241> 생략

부칙 (산림자원의 조성 및 관리에 관한 법률 시행령) <제19639호, 2006.8.4>

제1조 (시행일) 이 영은 2006년 8월 5일부터 시행한다.

제2조 내지 제4조 생략

제5조 (다른 법령의 개정) ① 내지 <29> 생략

<30> 청소년활동진흥법 시행령 일부를 다음과 같이 개정한다.

제17조제1항제5호 중 ‘「산림법」제31조’를 ‘「산림문화・휴양에관한법률」제13조, 제14조 및 제19조’로 한다.

<31> 내지 <35> 생략

제6조 생략

부칙 (폐기물관리법 시행령) <제20244호, 2007.9.6>

제1조 (시행일) 이 영은 공포한 날부터 시행한다. <단서 생략>

제2조부터 제5조까지 생략

제6조 (다른 법령의 개정) ①부터 ⑫까지 생략

⑬ 청소년활동진흥법 시행령 일부를 다음과 같이 개정한다.

제29조제2항제7호 중 ‘「폐기물관리법」제2조제7호’를 ‘「폐기물관리법」제2조제8호’로 한다.

⑭부터 <17>까지 생략

제7조 생략

부칙 <제20568호, 2008.1.28>

이 영은 공포한 날부터 시행한다.

부칙 (보건복지가족부와 그 소속기관 직제) <제20679호, 2008.2.29>

제1조 (시행일) 이 영은 공포한 날부터 시행한다.

제2조부터 제8조까지 생략

제9조 (다른 법령의 개정) ①부터 <69>까지 생략

<70> 청소년활동진흥법 시행령 일부를 다음과 같이 개정한다.

제9조제1항 각 호 외의 부분 및 제3항 중 ‘국가청소년위원회와’를 각각 ‘보건복지가족부장관과’로 하고, 같은 조 제4항 중 ‘국가청소년위원회가’를 ‘보건복지가족부장관이’로 한다.

제19조제2항제1호 중 ‘국가청소년위원회와 교육인적 자원부’를 ‘보건복지가족부와 교육과학기술부’로 하고, 같은 항 제3호 중 ‘국가청소년위원회위원장이’를 ‘보건복지가족부장관이’로 한다.

제24조제5호 중 ‘국가청소년위원회가’를 ‘보건복지가족부장관이’로 한다.

제25조 각 호 외의 부분 및 제26조 각 호 외의 부분 중 ‘국가청소년위

원회에'를 각각 '보건복지가족부장관에게'로 한다.

제32조제3항 중 '국가청소년위원회는'을 '보건복지가족부장관은'으로 한다.

제34조제1항 중 '국가청소년위원회'를 '보건복지가족부장관'으로 하고, 같은 조 제4항 중 '총리령'을 '보건복지가족부령'으로 한다.

제5조, 제6조제5호, 제7조제1항, 제8조제2항, 제17조제4항, 제22조제2항, 제29조제2항제2호·제6호 단서 및 제7호 단서, 제30조제2항 및 별표 1의 제7호 중 '총리령'을 각각 '보건복지가족부령'으로 한다.

<71>부터 <80>까지 생략

4. 노인복지법과 정책

노인복지는 일본에서 개호복지란 말로 사용되었다.

일본은 1970년대에 전체 인구의 7%가 고령 인구(65세 이상의 노인)인 고령화 사회로 접어들었다. 1997년에는 급속한 고령화로 고령 노인이 전체 인구의 14.5%가 되며 2050년에는 세 사람 중 한 사람이 노인인 '초고령화 사회'가 도래하리라고 예측하고 있다.[37] 이처럼 급속히 진행되고 있는 고령사회의 최대의 문제는 노환이나 기초 질병으로 인하여 침상 생활을 해야만 하는 고령자(일본에서는 이를 'ねたきり'라고 하여, '항상 누워만 있는'이라는 뜻으로 직역되는 단어를 사용하고 있다.)들의 수발에 관한 문제이다. 그동안 가족의 문제라고만 여겨졌던 노인 수발에 관한 문제를 사회의 문제로 전환하여, 일본 정부는 1997년에 개호보험제도를 창설하고 2000년 4월부터 이를 시행하고 있다.

1) 개호의 의의

'개호(介護)'라는 용어가 등장한 것은 간호사가 하는 '간호'와 구별하기 위해서였다는 설이 있는가 하면, 영어로 '돌보다'의 의미인 'care'가 개호라는 용어로 사용되게 되었다는 설 등이 있다.[38] '개호'란 용어를 정의한 규정은 없기 때문에 이곳에서 단정 지을 수는 없으나 개호에 대한 학술적 해석이나 개호에 관련되는 규정들을 종합하여 살펴보면 다음과 같이 개념화할 수 있다.

우선 학술적으로는 노상자(老床者) 등에 대한 식사, 배설, 몸을 일으켜 세우고 눕히는 동작을 도와주는 '개조 (介助)'와 구별하여 '개호'란 질병 및 장애 등으로 일상생활을 함에 지장이 있을 때 노상자의 일상생활을 수발하

---

37) 人口問題研究所 - 1997 - .
38) 『高齢者福祉』.

는 행위로서 위에서 말한 '개조'보다 넓은 의미로 파악된다. 특히 여기서 중요한 것은 이를 가족의 수발에 한정짓는 것이 아니라, 복지전문가에 의한 수발을 개호의 의미로 해석해 왔다는 것이다. 또한 개호와 관련된 규정을 살펴보면 1987년에 제정된 「사회복지사및개호복지사법」에서는 개호의 내용으로서 '입욕, 배설, 식사, 기타 개호'를 열거하고 있다. (동법 제2조제2항)

이처럼 '개호'의 개념을 명확하게 규정한 것은 없으나 이들을 통합하여 살펴보면 '개호'란, "심신의 장애로 인하여 취사, 쇼핑, 배설, 세탁, 청소 등의 일상생활을 자기 스스로 할 수 없는 노상자에 대한 서비스"라고 정의할 수 있을 것이다.

2) 개호보험제도의 성립 배경

고령으로 인하여 심신에 장애를 가지고 있는 노인의 경우에는 자신의 힘만으로 행복한 삶을 누릴 수가 없기 때문에 가족이나 친족의 도움을 받거나, 국가나 지방자치단체가 운영하는 개호시설에 의존할 수밖에 없다.

하지만 급속한 노인인구의 증가와 핵가족화가 진행되면서 노인의 수발을 더 이상 가정 내에서 해결하기가 힘들어짐에 따라 국가는 개호보험제도를 창설하고 이를 시행하게 된 것이다. 여기서는 개호보험제도의 이해를 돕기동 제도의 성립 배경에 대해서 살펴보고자 한다.

(1) 노후의 최대 불안 요인인 개호를 사회에서 지지해 줄 필요성

앞에서도 언급했듯이 일본은 2050년에 국민 세 사람당 한 명이 노인이 될 것이라는 예측이 되고 있다. 또한, 후생성의 자료에 따르면 요개호 노인이 2000년도에는 약 280만 명 정도로 집계되었으며, 2025년에는 약 520만 명이 될 것이라고 내다보고 있다. 또한, 재택개호의 경우 노인이 노인을 수발하는 소위 '노노개호(老老介護)' 현상도 두드러졌다. 그 결과 노상자들에 대한 식사나 배설 등으로 인한 스트레스 및 정신적·경제적 부담으로 인하여 가족들은 과중한 부담을 받고 있다. 이처럼 개호를 필요로 하는 노인도 점차 증가함에 따라 가정의 개호 기능도 한계에 이르러 사회 전체에서 공조하는 형태가 필요로 된 것이다.

(2) 기존 개호제도의 문제점

기존의 개호제도가 그 기능을 충분히 다하지 못했다는 것을 또 다른 배경으로 들 수가 있다. 노인복지제도에 있어 복지정책은 크게 '재택복지서비스'와 '시설복지서비스'로 대별할 수 있다. 우선 재택복지서비스로는 방문개호, 단기입소생활개호, 통소개호(day service), 재택개호지원센터 운영사업, 노인일상생활용구급부 등이 있다.

이에 반해 시설복지서비스로는 입소 시설로의 특별양호노인홈, 양호노인홈 및 경비 노인홈 등과 이용시설로서 노인복지센터와 노인휴식의 집 등이 있다.

이처럼 공비를 재원으로 하는 기존의 노인개호제도는 지방자치단체에 의한 획일적인 운영 및 복지와 의료가 별개의 제도로 연계성이 없었기 때문에 다음과 같은 문제점이 지적되어 왔다.[39]

① 시정촌에서 개호서비스에 대한 종류, 내용, 시설 등을 결정하여 이용자에게는 선택권이 주어지지 않았다. 이는 이용자의 입장에서 보면 개호서비스에 대한 청구권이 애매모호할 뿐만 아니라, 경쟁원리가 도입될 여지가 없기 때문에 개호서비스의 내용을 획일화할 수가 있다.

② 종래의 개호제도를 이용함에 있어서는 이용자에 대한 소득조사를 하게 되어 있는데, 이러한 소득조사는 이용자들이 개호제도에 대하여 심리적으로 저항감을 느끼게 하는 원인이 되어 왔다.

③ 종래의 개호제도는 노인 및 부양의무자의 수입에 따른 능력 부담을

---

39) 厚生省 老人福祉國.

원칙으로 하고 있었기 때문에, 중·고소득층의 경우에는 무거운 부담이 가중되는 등의 문제가 있었다.

④ 정신적·육체적으로 자립할 수 있음에도 불구하고 돈과 집이 없어서 병원에 입원하는 '사회적 입원' 현상이 문제점으로 지적되었었다. 노인들의 장기입원으로 인해 의료기관의 본래 목적인 '치료'가 아닌 '개호'의 상당 부분을 커버해야 한다는 문제가 부각된 것이었다.

3) 개호보험제도

일본은 이상에서 설명한 기존의 개호제도에 대한 문제점을 보완하여 노인들이 인간으로서 최소한의 존엄성을 유지하다가 아름다운 최후를 맞이할 수 있는 사회적 지원 시스템을 창설하였는데 그것이 바로 1997면 12월에 제정되어 2000년 4월부터 실시하고 있는 개호보험제도이다. 다음으로는 동 제도의 내용을 간단하게 살펴보고자 한다.

(1) 개호보험제도의 기본 이념

개호보험제도가 지향하고 있는 기본 이념은 다음과 같이 다섯 가지로 요약할 수 있다.[40)]

① 개호의 사회화

우선 개호의 사회화를 들 수가 있다. 앞에서도 언급했지만, 가정의 기능 약화로 인해 노인의 수발을 더 이상 가정에서 해결할 수가 없게 되면서, 노인들로부터 개호에 대한 불안을 제거하여 주고, 행복한 노후를 보낼 수 있도록 함과 동시에, 그 가족에게는 부담을 경감시키는 것을 개호보험제도의 이념으로 하고 있다.

---

40) 厚生省. 介護保險制度.

② 이용자 위주의 서비스

개호보험제도는 개호서비스를 이용할 경우에 본인 스스로 서비스를 선택할 수 있도록 하여 질적인 수준도 높이고자 하고 있다. 이전에는 '조치제도'라 하여 서비스를 받는 대상자 및 그 내용을 시정촌이 결정하였다. 이는 이용자인 고령자의 선택권은 없고, 행정에 의한 구제·보호라는 성격을 지니는 것이었다. 그러나 개호보험제도에서는 이용자 스스로 서비스를 선택할 수 있는 '계약제도'라는 새로운 이용 방식으로 바뀜으로써 의식의 전환이 따랐다고 할 수 있다.

③ 사회보험방식의 도입

개호보험제도는 개호비용의 재원을 안정적으로 확보하기 위하여 개호서비스에 대한 급부와 부담의 관계를 명확하게 함과 동시에 국민의 공동연대라는 사고방식에 의거하여 사회보험방식으로 대응하고 있다. 이를 위하여 노인 스스로도 피보험자가 되며 (보험에 가입되는 자) 이 제도를 유지하는 주체가 될 수 있다.

④ 시·정·촌(市·町·村) 중심의 운영

개호보험제도의 운영에 있어서는 이 중심이 되어야 한다는 것이 개호보험제도의 다섯 번째 기본 이념이다. 일본은 지방자치가 발달되어 있으며 지방분권화의 이념에서도 주민으로부터 가장 가까운 행정구역인 시·정·촌(市·町·村)에서 동 제도의 주체가 되어야 한다고 하고 있다. 이 시정촌이 주체가 되어 개호보험제도를 운영함으로써 노인들과 그 가족들이 안심하고 살 수 있는 지역사회를 만드는 것을 그 이념으로 하고 있다.

⑤ 사회보장구조 개혁의 일보

개호보험제도는 앞서 언급했던 '사회적 입원'을 해소할 수 있는 여건을 마련하고, 의료비의 낭비를 억제함과 동시에 의료보험으로부터 개호보험을 분리하여 의료보험제도가 본래 목적인 치료에 사용될 수 있도록 하는 것을 목표로 하고 있다.

(2) 개호보험제도의 보험자와 피보험자 및 수급권자

① 보험자

보험자는 보험 사업의 경영 주체를 의미한다. 개호보험제도의 보험자는 시정촌 및 특별구가 되며, 이는 지방 분권의 흐름에 따라 국민에게 가장 가까운 행정단위인 시정촌을 개호보험제도의 보험자로 한다고 규정한 데에 있다. 또한, 도도부현(동경도와 북해도 오사카부 및 각 현을 말한다), 의료보험자, 연금보험자가 시정촌을 중충적으로 지지하는 것으로 하였다. 보험자의 역할은 다른 사회보험의 경우와 같이 강제력을 가지고 피보험자를 보험에 가입시키고 보험사고가 발생한 경우에는 피보험자에 대하여 보험급부를 행하여 피보험자로부터 보험료를 징수하고 보험료 수입 및 국가로부터의 부담금 등을 재원으로 보험 정책의 균형을 꾀하면서 사업을 운영해 가는 것이다.

② 피보험자

사회보험에 있어 피보험자는 일반적으로 보험료를 부담하며, 보험사고가 발생한 경우에 보험급부를 받을 수 있는 자를 의미한다. 개호보험의 경우, 노화에 따른 개호의 필요성 등에 착안하여 노인뿐만 아니라 40세 이상을 피보험자로 하고 있다. 이러한 피보험자는 개호의 필요성이 생길 확률과 보험료의 부과 및 징수 방법 등의 차이에 따라 연령을 기준으로 하여 크게 '제1호 피보험자(65세 이상)'와 '제2호 피보험자(40세 이상 65세 미만의 의료보험가입자)'로 구분된다. 이를 구체적으로 살펴보면 다음과 같다.

ⓒ 제1호 피보험자(65세 이상인 자)

제1호 피보험자는 시정촌의 행정 구역 내에 주소를 가진 65세 이상의 노인이어야 한다. 또한, 장애를 갖고 있거나 생활보호대상자일지라도 피보험자가 되며 개호보험 서비스를 받을 수가 있다. 65세 이상의 노인의 경우 보험료와 이용료를 납부할 의무가 있으나, 생활보호를 받고 있는 경우는 생활부조로서 보험료가, 개호부조로서 이용료가 가산이 되어 지급되기 때문에 이를 통해 납부할 수가 있다.

ⓒ 제2호 피보험자(40세 이상 65세 미만의 의료보험 가입자)

제2호 피보험자는 시정촌의 행정 구역 내에 주소를 가진 40세 이상 65세 미만의 의료보험 가입자이어야 한다. 제2호 피보험자의 경우 본인이 가입된 의료보험의 종류에 따라 보험료가 정해진다. 또한 의료보험에 가입되어 있지 않은 생활보호대상자의 경우는 제1호 피보험자와 같이 생활 보호로부터 개호 부조를 받도록 되어 있다.

③ 수급권자

개호보험의 수급권자는 제1호 피보험자의 경우 요개호자와 요지원자로 판정된 피보험자가 된다. 기본적으로 이는 개호인정심사회에서 판정하게 된다. 제2호 피보험자의 경우 개호보험법에서 정한 특정 질병 15가지에 해당하는 병이라고 인정되었을 경우 수급권자가 될 수 있다. 특정 질병 15가지는 노화로 기인한 질병이며 이는 다음과 같다.

- 초노기의 치매
- 뇌혈관 질환
- 근위축성 축소경화증
- 파킨슨씨병
- 척추 소뇌변성증
- 샤이도레이가증후군
- 당뇨병성 신증, 당뇨병성 망막증 및 당뇨병성 신경장애
- 폐색성 동맥경화증
- 만성폐쇄성 폐질환
- 양측 슬관절 및 고관절에 현저한 변형을 동반한 변형성 관절증
- 만성 관절류마치스
- 척추관 협착증
- 골절을 동반한 골다공증
- 조로증
- 골연화증

(3) 보험급부의 절차와 내용

피보험자가 수급권자가 되기 위해서는 앞서 언급한 것처럼 요개호 상태임을 인정받아야 한다. 여기서는 그 절차와 내용에 대해 살펴보고자 한다.

① 신청 및 인정조사

개호가 필요한 피보험자의 경우 시정촌에 개호인정신청을 우선적으로 해야만 한다. 신청은 본인 또는 가족이 하는 것을 원칙으로 하고 있으나, 케어매니지먼트[41]나 개호보험시설(개호기관)에 의한 대행도 가능하다.

신청을 받은 시정촌은 피보험자의 ADR(일상생활 동작능력) 등의 상태 및 상황을 파악하기 위하여 피보험자의 자택에 조사원을 파견한다. 조사는 시정촌의 조사원이 하는 것이 원칙이지만, 시정촌은 케어매니지먼트 또는 개호보험시설에 위탁할 수도 있다.

1차 판정은 위의 조사원이 행한 ADR 등에 관한 조사 결과에 따라 컴퓨터로 개호 정도를 추계한 것이다. 조사원은 국가가 정한 전국 공통의 조사표에 따라 팔, 다리 동작, 돌아눕기, 일어서기, 옷 갈아입기, 식사·배설 시에 도움이 필요한지의 여부 및 정도 등 일상생활동작에 관한 73개 항목, 그리고 주사(注射)관리, 인공항문의 처리, 기관절개의 처치 등 특별한 의료에 관한 12개 항목에 대하여 항목별로 그 정도를 조사한다. 뿐만 아니라 개호 정도에 대한 구분은 일상생활동작 능력 등 심신상태에 대한 것이기 때문에, 1차 판정에서는 노인이 단독세대인지, 아니면 동거세대인지의 여부와 같은 가족상황이나 주거 형태 등의 사회적 환경을 판단 기준에 들어가지 않는다. 조사원은 항목별로 조사한 상황을 인정조사표에 기입하고 이를 컴퓨터가 객관적으로 판단하게 된다. 즉 1차 판정은 컴퓨터가 객관적으로 하는 것인데, 컴퓨터가 사람의 요개호 상태를 판정하는 것에 위화감을 가질 수 있다는 우려의 목소리도 높다. 따라서 조사원은 방문 시 신청자의 특기 사항 등을 따

---

41) '재택개호지원사업자'는 개호의 필요성을 인정받은 자가 재택서비스를 적절하게 이용할 수 있도록 피보험자의 의뢰를 받아서 개호서비스 계획을 작성하고 지정재택서비스 사업자와의 연락·조정 및 편의를 제공하는 사업자를 말하며 이 사업을 하기 위해서는 도도부현에 신청하여 그 지정을 받아야 한다.

로 적어 이를 제출하도록 되어 있다.

2차 판정은 앞서 행해진 1차 판정과 신청자의 특기 사항, 그리고 주치의의 의견서를 기초로 하여 개호인정심사회에서 판단하게 된다. 개호인정심사회는 의료·복지·보건의 전문가로 5명으로 구성되어 있으며 이는 보험자로부터 위임받는다.

② 심사 판정 및 요개호도

구분	내용
직접생활개조	신체에 직접 행하는 목욕, 배설, 식사 등의 개호
간접생활개조	의복 등의 세탁, 일용품의 정리 등의 일상생활상 도움
문제행동관련개조	배회, 불결행동 등의 행위에 대한 탐색과 대응
기능훈련관련행위	보행 훈련 등의 보조 등 신체 기능의 훈련 및 보조
의료관련행위	호흡관리, 욕창처치의 실시 등 진료의 보조

보험자는 개호인정심의회를 설치하여 전국 공통의 일률적인 기준에 따라 개호 및 지원의 필요성 여부를 판단하게 된다. 이를 좀 더 구체적으로 설명하면, 개호인정심의회는 신청자가 개호 또는 지원이 필요한지를 판단하고 개호의 필요도에 따라 이를 구분하여 제2호 피보험자의 경우 개호 필요성이 노화에 기인한 특정 질병에 의한 것인지의 여부 등에 대한 심사 판정을 한다. 그리고 보험자는 개호인정심사회의 심사 판정의 결과에 따라 인정여부를 결정한 뒤 그 결과를 신청자에게 30일 이내에 통보하도록 되어 있다.[42]

개호의 필요성이 인정된 경우 그 필요의 정도에 따라 5단계로 구분하여 개호서비스를 제공한다. 입욕이나 배설 그리고 식사 등 일상생활의 일부에 대하여 부분적인 개호 서비스가 요구되는 요개호도 1에서부터 최고 중도의 개호가 필요한 요개호도 5에 이르기까지 5단계로 구분되며, 사회적 지원이 필요하다고 판단되는 요지원의 경우까지 총 6등급으로 구분하게 된다. 이들을 나누는 기준은 1차 판정 때 이루어지는데, 표와 같이 고령자에 대해 어

---

42) 개호보험법 제27조제14항.

느 정도 개호서비스가 필요한가를 판정하는 지표에 의해 5개 분야별로 계산된 요개호 인정 등 기준 시간에 따라 심사한다.

위의 5개 분야에 따라 개호가 필요한 기준 시간의 길이를 잰다.

이러한 과정을 통해 개호의 정도를 나누어 이에 맞는 서비스를 제공하도록 하고 있다.

구분	내용
요지원	5개 분야를 합계하여 요개호 인정 등 기준시간이 30분 미만으로 - 요개호 인정 등 기준시간이 25분 이상 또는 - 간접생활개조, 기능훈련관련행위의 2분야의 요개호 인정 등 기준시간의 합계가 10분 이상
요개호1	5분야를 합계하여 요개호 인정 등 기준시간이 30분 이상 50분 미만
요개호2	5분야를 합계하여 요개호 인정 등 기준시간이 50분 이상 70분 미만
요개호3	5분야를 합계하여 요개호 인정 등 기준시간이 70분 이상 90분 미만
요개호4	5분야를 합계하여 요개호 인정 등 기준시간이 90분 이상 110분 미만
요개호5	5분야를 합계하여 요개호 인정 등 기준시간이 110분 이상

노인복지법에 대해서 기술하면 다음과 같다. 미래사회는 노령인구의 증가로 인하여 중요한 복지 문제가 발생하게 될 것이다.

㉠ 노인복지의 개념: 노인에게 일어나는 문제를 해결하고 노인복지를 이룩하려는 사회적 노력이라고 할 수 있다. 이러한 노력은 사회복지를 지향하는 지구상의 모든 국가가 인간의 존엄성을 철학적 바탕으로 하여 통합을 이루려는 데에 목표를 두고 있다. 구체적으로 표현하면 노인복지란 모든 노인의 경제적 안정, 직업, 주택, 가족생활, 의료위생, 교육, 문화, 오락 등 사회적 생활상의 기본적 욕구충족을 사회적으로 보장하는 일반적 대책으로서 노인을 위한 사회적 대책과 정책으로 불리고 있다. 더 나아가 노인복지란 비생산적인 연령에 도달한 노인들의 생활을 안정시키며 육체적, 정신적으로 보다 쾌적하고 행복한 여생을 누릴 수 있도록 경제, 사회 및 문화적인 여건

을 조성해 주고 도와주는 행동 또는 처분을 말한다고 할 수 있다.

ⓛ 노인복지법의 법원: 우리나라의 현행 노인복지법에 있어서 헌법적 근거는 바로 위와 같은 복지국가주의라는 헌법상의 기본원리 및 이를 구현하는 생존권보장규정과 함께 국가의 기본권보장의무를 규정한 헌법 제10조의 인간으로서의 존엄과 가치 및 행복추구권조항, 그리고 제11조의 평등권보장규정 헌법전문 등에서 찾을 수 있다.

ⓒ 노인복지의 대상: 65세 이상의 모든 노인이 적용대상이다. 다만 65세 미만의 노인이라도 그 노쇠현상이 현저하여 특별히 보호할 필요가 인정되는 자는 포함된다(법 제28조제2항). 외국인은 원칙적으로 적용대상에 포함되지 않는다.

◎ 노인복지조치
 ‑ 소극적 복지조치
  ·시설수용
  ·건강진단
 ‑ 적극적 복지조치
  ·상담, 지도
  ·생업지원
  ·경로우대조치
  ·가정봉사원파견 및 주간, 단기보호시설 등 재가노인복지시설운영
  ·경로사업의 실시 및 지원
  ·경로연금의 지급
  ·직종개발 및 취업기회 제공
  ·생업지원을 위한 사업의 허가 또는 위탁 시 우선 조치
  ·경로우대 및 노인의 날 지정

ⓔ 노인보호의 유형: 병약한 노인을 보호하기 위해서는 전적으로 가족구성원에 의해서 보호되는 가족보호(family care), 재가보호(home care or domiciliary care) 또는 지역사회보호(community care), 시설보호(institutional care)라는 세 가지 경우가 있다. 그중에서 일반적으로 가장 이상적이라고 생각되는 선택은 가족보호이다. 그러나 더 이상 가족보호에만 전적으로 의존하기 어렵기 때문에 재가보호 및 지역사회보호나 시설보호 같은 다른 대안들이 등장했던 것이다.

선진국에서 발달해 온 사회적 보호의 서비스체계는 주로 시설보호와 지역사회보호로 구성되어 있다. 시설보호는 보호대상 노인을 입소시켜 급식, 치료, 재활 등의 서비스를 제공하는 것으로, 대표적인 시설로는 노인요양원(nursing home)과 노인보건시설이 있다. 지역사회보호는 지역사회서비스(community service)와 재가보호서비스(in - home care service) 두 종류로 나누어진다. 전자는 대상노인에게 낮 동안의 보호를 제공하는 주간보호(day care)와 일정기간의 보호를 제공하는 단기보호(respite care)를 말하며, 후자는 재가노인의 가정을 방문하여 제공하는 가정간호(home nursing)와 가정봉사원서비스(home helper service) 등을 포함하는 것이다. 지역사회서비스는 가정 밖에서 이루어지는 것인 데 비하여 재가보호서비스는 가정 안에서 이루어진다. 이 두 종류의 지역사회 보호는 노인이 가정에 있으면서 보호를 받는다는 뜻에서 넓은 의미로 보면 재가노인복지서비스에 포함된다.

4) 재가노인복지서비스

가정봉사원 파견사업은 훈련을 받은 가정봉사원이 신체적·정신적 장애로 혼자서 일상생활을 영위하기 곤란한 노인의 가정을 방문하여 노인의 일상생활에 필요한 각종 편의를 제공함으로써 지역사회 안에서 건전하고 안정된 노후생활을 영위하도록 원조하는 프로그램이다(노인복지법 제38조 1항).

가정봉사원 양성교육사업의 목표는 재가노인복지시설이나 기관에서 가정봉사원으로 활동하고자 하는 자에게 필요한 지식 기술의 교육 훈련을 시키는 것이며 또한 혼자서 일상생활을 영위하기 어려운 재가노인에게 적정한 서비스를 제공하는 것이다.(보건복지부, 1998).

주간보호사업은 부득이한 사유로 가족의 보호를 받을 수 없는 노인들을 낮 동안 시설에 입소시켜 필요한 각종 서비스를 제공하는 사업으로, 주요 대상은 중풍, 치매 등 만성질환이나 심신허약 노인과 장애노인으로서 노인의 생활안정과 심신기능의 유지 향상을 도모하고, 부양가족의 신체적 정신적 부담을 덜어 주기 위한 사업이다(노인복지법 제38조 2항).

단기보호사업은 부득이한 사유로 가족의 보호를 받을 수 없는 심신이 허약한 노인과 장애노인을 단기간 시설에 입소시켜 필요한 각종 편의를 제공함으로써 노인의 생활안정과 심신 기능의 유지향상을 도모하고, 부양가족의 신체적 정신적 부담을 덜어 주기 위한 사업이다(노인복지법 제38조 3항).

개호보험제도 개호의 사회화가정의 기능 약화로 인해 노인의 수발을 더 이상 가정에서 해결할 수가 없게 되면서, 노인들로부터 개호에 대한 불안을 제거하여 주고, 행복한 노후를 보낼 수 있도록 함과 동시에, 그 가족에게는 부담을 경감시키는 것을 개호보험제도의 이념으로 하고 있다. 이용자 위주의 서비스개호보험제도는 개호서비스를 이용할 경우에 본인 스스로 서비스를 선택할 수 있도록 하여 질적인 수준도 높이고자 하고 있다. 이전에는 '조치제도'라 하여 서비스를 받는 대상자 및 그 내용을 시정촌이 결정하였다. 이는 이용자인 고령자의 선택권은 없고, 행정에 의한 구제·보호라는 성격을 지니는 것이었다. 그러나 개호보험제도에서는 이용자 스스로 서비스를 선택할 수 있는 '계약제도'라는 새로운 이용방식으로 바뀜으로써 의식의 전환이 따랐다고 할 수 있다. 사회보험방식의 도입 개호보험제도는 개호비용의 재원을 안정적으로 확보하기 위하여 개호서비스에 대한 급부와 부담의 관계를 명확하게 함과 동시에 국민의 공동연대라는 사고방식에 의거하여 사회보험방식으로 대응하고 있다. 이를 위하여 노인 스스로도 피보험자가 되며 (보험에 가입되는 자) 이 제도를 유지하는 주체가 될 수 있다. 시·정·

촌(市·町·村) 중심의 운영개호보험제도의 운영에 있어서는 이 중심이 되어야 한다는 것이 개호보험제도의 다섯 번째 기본 이념이다. 일본은 지방자치가 발달되어 있으며 지방분권화의 이념에서도 주민으로부터 가장 가까운 행정구역인 시·정·촌(市·町·村)에서 동 제도의 주체가 되어야 한다고 하고 있다. 이 시정촌이 주체가 되어 개호보험제도를 운영함으로써 노인들과 그 가족들이 안심하고 살 수 있는 지역사회를 만드는 것을 그 이념으로 하고 있다. 사회보장구조 개혁의 일보 개호보험제도는 앞서 언급했던 '사회적 입원'을 해소할 수 있는 여건을 마련하고, 의료비의 낭비를 억제함과 동시에 의료보험으로부터 개호보험을 분리하여 의료보험제도가 본래 목적인 치료에 사용될 수 있도록 하는 것을 목표로 하고 있다.

유엔에서는 노인복지 향상을 위하여 특정한 사업을 추진하는 경우 지켜야 할 바람직한 원칙으로 유엔원칙[43]을 제시하고 있다. 첫째, 독립의 원칙, 둘째, 참여의 원칙, 셋째, 보호의 원칙, 넷째, 자아실현의 원칙, 다섯째, 존엄의 원칙이다. 이 다섯 가지 원칙이 나타내는 바는 노인도 우리들과 다름없는 사회의 당당한 구성원의 한 사람으로서 권리가 있다는 것이다. 과연 우리나라의 노인복지법과 제도는 위에 다섯 가지 원칙에 충실하고 있는가. 위의 연구한 바에 의하면 우리나라의 노인복지는 아직 보호의 원칙을 지키는 수준 정도라고 할 수 있겠다.

1990년대 들어와서 노인인구의 급증으로 인해 노인문제가 곧 사회문제화되었다. 사회적으로는 정년퇴직한 노인들의 수가 늘어나면서 노인들의 각종 욕구가 다양하게 사회문제로 대두되었다. 그로 인하여 우리 사회에 실버산업이란 용어가 등장하게 되었고, 많은 국민들이 노후에 대한 관심을 갖기 시작하면서 보험회사 등에서도 노후보장보험 같은 것을 개발하여 선을 보이기 시작하기도 했다. 1993년 및 1997년 2, 3차에 걸친 노인복지법 개정으로 재가노인복지사업이 노인복지사업의 한 분야로 법적근거를 마련하였고, 가정봉사원파견사업, 주간보호사업, 단기보호사업으로 전개되고 있으며, 가정

---

43) United Nations Principles for Older Persons 1991년 12월 16일 유엔총회에서 채택(보건복지부, 2000:37 - 38).

봉사원 양성사업이 추가되었고 치매노인들을 위한 치매센터도 실시단계에 있다. 2003년에 이르기까지 수차례의 개정을 통해 노인복지법이 개선되어 오고 있다. 계속적인 노인복지법의 개정으로 내용면에서는 체계적이고 다양한 프로그램을 제시하고 있지만, 여전히 강제규정이 아닌 임의 규정이나 법 선언적인 성격이 여러 곳에 남아 있어서 이러한 면은 개선해야 할 것이다.

현 세대에서는 소득에 따른 계층 간의 갈등이 심각했다. 사용자와 근로자의 갈등이 파업과 같은 형태로 사회 전면에 수시로 나타났으며, 계층 간의 갈등으로 인한 범죄도 있었다.

하지만 다음 세대에서는 젊은 세대와 노인 세대 간의 갈등이 사회보장비용으로 인해 극심해질 것이라는 예상이 있다. 그만큼 노인의 부양문제는 이제 가정을 넘어선 사회의 문제 중 하나로 자리잡고 있다. 부양의무를 지게 되는 젊은 세대와 부양을 받는 노인 세대 간의 갈등의 골이 깊어지는 것을 막기 위해선 어떤 한 세대나 계층에 노후에 대한 부담을 집중시키지 않고 노후를 보장할 수 있는 제도의 정착이 필요할 것이다. 누구나 나이를 먹는다. 겪어 보지 못하면 알지 못하는 것이 인간의 심리이지만 분명 누구에게나 노년의 시기는 다가온다. 그러기에 노인복지법은 우리 모두에 관한 법이라고 할 수 있다. 교육을 百年之大計라 하는 것처럼 노인복지 역시 100년을 내다보고 만들어 가야 할 것이라고 생각하며 신중하고 충실한 법의 보완 과정이 앞으로도 계속 이루어져야 할 것이라 본다.

5) 독거노인복지

(1) 노인보호의 유형

병약한 노인을 보호하기 위해서는 전적으로 가족구성원에 의해서 보호되는 가족보호(family care), 재가보호(home care or domiciliary care) 또는 지역사회보호(community care), 시설보호(institutional care)라는 세 가지 경우가 있다. 그중에서 일반적으로 가장 이상적이라고 생각되는 선택은 가족보호이다. 그러나 더 이상 가족보호에만 전적으로 의존하기 어렵기 때문에 재가보호 및 지역사회보호나 시설보호 같은 다른 대안들이 등장했던 것이다.

선진국에서 발달해 온 사회적 보호의 서비스체계는 주로 시설보호와 지역사회보호로 구성되어 있다. 시설보호는 보호대상 노인을 입소시켜 급식, 치료, 재활 등의 서비스를 제공하는 것으로, 대표적인 시설로는 노인요양원(nursing home)과 노인보건시설이 있다. 지역사회보호는 지역사회서비스(community service)와 재가보호서비스(in - home care service)의 두 종류로 나누어진다. 전자는 대상노인에게 낮 동안의 보호를 제공하는 주간보호(day care)와 일정기간의 보호를 제공하는 단기보호(respite care)를 말하며, 후자는 재가노인의 가정을 방문하여 제공하는 가정간호(home nursing)와 가정봉사원 서비스(home helper service) 등을 포함하는 것이다. 지역사회서비스는 가정 밖에서 이루어지는 것인 데 비하여 재가보호서비스는 가정 안에서 이루어진다. 이 두 종류의 지역사회 보호는 노인이 가정에 있으면서 보호를 받는다는 뜻에서 넓은 의미로 보면 재가노인복지서비스에 포함된다.

선진국의 경험에서 보면 노인에 대한 보호서비스의 전달체계는 가족보호 속에서 의료기관을 이용하는 형태에서 시설보호, 지역사회보호 등의 사회적 보호를 이용하는 형태로 변화하여 왔다. 시설보호는 원래 가족보호가 어려운 노인을 위한 보호형태로 오래전부터 존재하여 왔는데, 보호의 수요가 증가한 20세기 중반기에 노인 요양원과 같은 시설이 크게 증가하였다. 그러나 시설보호는 시설 내에서 전문적 서비스를 제공하는 장점이 있지만, 거기에 따른 재정소요와 사회적 격리에 따른 노인의 심리적·정신적 불만족 문제 등이 대두되면서 이를 부정적으로 보는 경향이 생겨나게 되었다.

이에 따라 노인에 대한 보호의 정책적 관심은 지역사회보호로 전환되었다. 즉 노인이 고령, 허약, 질병 등의 이유로 타인의 보호가 필요하게 되는 경우 곧 시설로 이주하여 보호를 받는 것이 아니라, 자기가 현재 살고 있는 곳에서 가족이나 친지들의 부양을 받으며 필요한 서비스를 가정과 지역사회의 서비스 기관으로부터 제공받는 것이다. 이 지역사회보호는 전적으로 가족이 보호하는 것과는 달리 가족·친지 등의 비공식적 보호를 대체 혹은 보완하는 기능으로서 공식적 기관이 전문적 인력을 동원하여 대상자에게 필요한 서비스를 제공하는 방식이다.

(2) 독거노인복지의 의의

노인들은 노인 특유의 문제를 지니고 있다. 정년 후 은퇴생활을 하거나 명예퇴직이라는 명목하에 조기 퇴직을 강요당한 경우 등을 비롯하여, 퇴직 후의 경제적 보장이 되어 있지 않은 노인들은 여러 가지 압박감이 작용되고 있다. 의료 및 보건기술의 발전으로 평균 수명이 연장되었으나 문화 체육시설의 부진으로 늘어난 여가시간 활용이 노인에게 있어서 새로운 심리적, 사회적 부담이 되고 있다.

가족이 경제적 단위로서의 기능이 증대되면서 핵가족 제도가 빠르게 확산되고 있으며, 노인부양을 위한 기능은 크게 위축되고, 노인부양의 사회적 책임이 상대적으로 증가되고 있다. 이로 인하여 노인들이 겪는 박탈감, 고독감, 소외감의 해결이 노후생활의 큰 과제로 등장하였다. 이와 같이 노인들은 직업적 역할 상실 후의 빈곤 문제와 자녀들의 노인부양 기피 현상 등으로 인한 건강유지와 보호의 문제, 기술 정보화 시대의 세대 간 격차 등으로 인한 박탈감·고독감·소외감 등의 심리적·사회적 문제 등을 겪고 있다. 이러한 문제들은 모든 노인들이 당면하게 되는 문제이지만, 특히 경제적 어려움을 겪고 있고, 가족이 없는 독거노인들에게 있어서는 문제의 심각성이 더욱 크다고 하겠다.

독거노인의 복지는 생의 끝까지 보다 인간다운 생활을 누릴 수 있도록 필요한 자원과 서비스를 공적 및 사적 차원에서 조직하여 제공하는 제반 활동으로서 사회복지 실천의 한 분야이다. 인간다운 생활보장이 노인복지의 중심 이념이므로 단순한 보호나 수용의 정도를 넘어 생활의 질적 보장을 목표로 하여야 한다. 한편 복지사회는 모든 국민, 모든 인류의 복리안정상태를 구현하는 것이 그 목적이기에, 노인 가운데서 소외되고 취약성을 가진 계층이 우선적으로 배려되어야 한다.

우리나라도 1980년대부터 독거노인 복지를 위한 노력들이 있어 왔지만 아직 그 수준이 매우 저조한 형편이다. 과학・기술・정보의 급속한 발달로 야기되는 제반 사회변화에 신속하게 대처할 수 있는 노인복지정책을 수립하기 위해서는 노인복지의 실태를 정확하게 파악・분석하여 계속적으로 개선하는 노력이 매우 필요할 것이며, 이러한 노력만이 소외된 계층-독거노인들을 제대로 관리하여 복지 혜택을 골고루 나누어 줄 수 있을 것이다.

독거노인 복지를 주제로 한 논문들이 몇 편 있기는 하지만, 그것은 독거노인 자체만의 복지가 아니라 가정보호를 받고 있는 노인의 경우에도 이용자가 될 수 있는 재가복지 혹은 재가노인복지사업이라는 용어 대신에 독거노인복지라는 용어를 사용한 것이었고, 독거노인과 같이 일상생활을 수행함에 있어서 가정의 보호를 받을 수 없고, 경제적인 어려움을 겪으면서 혼자 살고 있는 노인들의 정책에 관한 연구는 찾기가 힘들었다.

지역사회보호(community care)는 앞에서도 언급했듯이 세부적으로는 재가노인보호서비스와 지역사회서비스의 두 종류로 나누어진다. 전자는 대상노인의 가정에서 행해지는 서비스로 가정을 방문하여 이루어지는 가정간호와 가정봉사원 서비스 등이 여기에 해당된다. 후자는 독거노인을 대상으로 지역사회 내에서 일시적으로 보호하는 서비스로 대상노인에게 낮 동안의 보호를 제공하는 주간보호와 일정기간의 보호를 제공하는 단기보호가 해당된다. 그러나 지역사회 내에서 일시적으로 보호하는 서비스로 대상노인에게 낮 동안의 일부 시간 혹은 단기간 동안만 가정 밖에서 보호를 받는 것이므로, 결국 가정에 기반을 두면서 지역사회서비스를 제공한다는 점에서 독거노인보호서비스와 크게 다를 바는 없다. 독거노인복지서비스란 좁게는 독거노인보호서비스만을 한정하나, 넓게는 지역사회서비스까지 포함하는 것으로 시설보호의 상대적인 개념으로 해석되기도 한다.

(3) 우리나라 독거노인복지의 발달과정

우리나라에서 독거노인들을 지지할 수 있는 재가복지사업은 정부 주도적이기보다 민간차원[44]에서 시범적 사업이 시초였고 이를 정부사업으로 법제화되기 시작된 것은 1980년대 중반부터이다. 그 이전에는 극소수의 무의탁노인을 위한 시설보호사업이 노인복지정책의 전부였다.[45] 1987년에 저소득계층 노인을 대상으로 가정봉사원 파견사업을 시범적으로 실시한 것을 필두로 1989년부터는 보건사회부 훈령 제458호에 제정된 사회복지관설치 운영규정에 의하여 가정봉사원 파견을 통한 목욕서비스, 식사 서비스 등의 재가노인 복지사업이 법정사업으로 규정되었다.[46]

1991년에 정부는 노인, 장애인, 소년소녀가장 등 독거 요보호자에게 우선적으로 일상생활 서비스를 제공하기 위하여 지역사회복지관 부설 재가복지봉사센터를 설치·운영하게 하였고, 같은 해에 한국사회복지협의회 시·도지부는 정부의 지원을 받아 지역사회봉사센터를 설치하고, 가정봉사원파견사업, 주간보호사업, 단기보호사업 등을 시범적으로 행하였다. 1993년의 사회복지사업법 개정으로 재가노인복지사업이 사회복지사업의 한 종류로서 규정되고 재가노인복지사업의 개념이 정의되면서 제도화되었다. 또한 재가노인복지사업의 세부사업으로서 가정봉사원파견사업, 주간보호사업, 그리고 단기보호사업이 명시되었다. 지금은 단기보호사업을 노인수용시설에서 제공할 뿐만 아니라 지역사회복지관, 노인복지관, 독거노인봉사센터와 같은 이용시설에서도 허약한 노인이나 심신장애 노인들을 일시적으로 수용하여 급식, 목욕, 물리치료, 기타 일상생활에 필요한 각종 서비스를 제공하고 있다. 우리나라에는 1998년 현재 전국에 22개[47]의 단기보호사업소가 운영되고 있다. 부산은 1998년 현재 수용시설을 갖추고 있는 남광사회복지재단과 애광원 2곳의 단기보호센터가 있다. 또한 1997년에 노인복지법을 개정하여 기존의

---

44) 보건복지부, 1998, 공개자료.
45) 한국노인복지회. '가정봉사원 파견사업 1주년 보고서', 1998.
46) 한국노인복지회. '가정봉사원 파견사업 1주년 보고서', 1998.
47) 이 가운데 국가 지원은 15개.

가정봉사원파견사업, 주간보호사업, 단기보호사업 외에 가정봉사원양성교육사업을 재가노인 복지사업에 추가하였으며, 세부사업별로 유형화된 재가노인복지시설을 법정 노인복지시설로 규정하였다.[48)]

(4) 독거노인복지서비스의 배경

최근 들어 선진국의 경우 전통적으로 강조되어 오던 시설보호에서 재가노인복지서비스 중심으로 대전환을 하고 있는 것이 일반적인 추세인데 이러한 경향은 다음과 같은 사회적 배경과 관련이 있다. 이와 같은 원칙에는 몇 가지 이유[49)]가 있다. 첫째, 고령인구의 증가와 가정의 노인부양기능의 약화이다. 경제성장과 보건의료서비스의 향상으로 인간의 수명이 연장되면서 노인인구가 증가되는 데 반해 상대적으로 이들을 돌볼 가정은 산업화, 도시화, 핵가족화로 인해 부양기능이 약화되면서 가정의 노인부양기능을 보강할 다른 서비스의 개발이 시급히 필요하였다. 둘째, 시설보호서비스의 한계와 대인서비스에 대한 욕구 증가이다. 시설보호는 다수의 인원을 수용관리하기 위해서 관료적이고 통제적인 경우가 많았고 개인의 다양한 욕구에 개별적으로 대응하거나 특수한 서비스제공이 어려울 뿐 아니라 개인의 독립적 생활을 보장하는 데 한계가 있었다. 셋째, 사회통합과 정상화의 강조이다. 종래의 사회복지서비스와 같이 요보호자들을 생활의 장으로부터 격리시켜서 보호하는 데 그치지 않고 예방, 재활, 더욱이 사회의 통합에 목적을 둔 양질의 서비스가 요구되고 있다. 또한 요보호자가 사회의 일원으로서 생활할 수 있도록 정상화의 이념에 입각한 사회보호서비스의 조직화가 요구되고 있기 때문이다. 넷째, 국가 재정의 부담을 최소화하기 위한 자구책이었다. 노인들의 시설보호를 위해 사용되는 막대한 재정부담이 복지국가의 재정난을 과중시키고 탈시설화가 강조되면서, 이에 대한 대안으로 시설운영을 민영화하거나 노인복지재정을 다양화해야 한다는 복지다원주의 등이 중요하게 부각되었다.[50)]

48) 이혜원, '노인복지론 — 이론과 실무서', 유풍 출판사, 1998, p.53.
49) 장인협·최성재 공저, '노인복지학', 서울대학교 출판부,1994, pp.362~363.

(5) 독거노인들의 문제

독거노인들은 노인들 중에서도 가족과 분리되어 독립된 가구로 생활하고 있어, 특별한 외부 지원 체계가 없는 상태에서 스스로의 욕구를 해결해 나갈 수 없는 경우 결정적인 어려움에 직면하게 된다. 이는 예외적이거나 일반적인 현상이 아니라 노년기의 일반적인 가구 형태 중의 하나로서 전환되어 간다는 점에서 이들에 대한 노인복지정책은 독거노인의 독특한 욕구나 현재의 생활실태 및 미래의 전환 방향에 맞게 시행되어야 할 것이다.

독거노인의 문제에 있어 가족에 의한 노인 부양의 기능이 약화되고 가족의 별거가 늘어남에 따라 근래 급격한 증가율을 보이며, 그에 따른 빈곤문제는 심각한 실정이다. 따라서 저소득층인 독거노인의 빈곤생활은 경제적 부양문제와 사회문제로 대두되고 있어 노인문제를 국가 차원의 사회문제로 인식하고 노후의 빈곤에 적극적으로 대처해야 할 필요성을 나타내고 있는 것이다. 일상생활능력, 즉 세수, 목욕, 옷 갈아입기, 실내이동, 화장실 이용 등의 활동 등이 매우 불편하므로 많은 노인들이 일상생활에서 외부의 도움이 절대적으로 필요하다. 그러므로 가족의 지원을 받을 수 없는 독거노인들은 그들의 일생생활능력을 도와줄 지지체계가 필요하다. 만성질환을 가지고 있는 독거노인의 경우에 문제는 더욱 심각하다고 하겠다. 독거노인들은 질병에 대한 높은 이환율을 보이고 일상생활활동에 있어서 육체적으로 기능적 장애가 높을 수밖에 없으며, 건강치 못한 상태는 구성된 가구 특성상 더욱 심각하게 나타나고 있다. 또 진료비나 약값이 많이 들어 경제적으로 어렵다. 만성질환 독거노인들의 특징이 갑작스런 병으로 응급을 요하는 상태가 아니며, 꾸준한 치료를 요하는 상태가 대부분으로 가까운 병원을 찾아 거의 매일 진료를 받고 있고 1차 기관인 병원은 무료진료가 가능하여 진료비에 대한 부담은 없으나 만성질환이 합병증을 유발하여 심장 질환 등을 겪고 있는 경우 등에는 응급한 상태가 자주 발생하고 2차 기관인 병원의 진료비는 본인 부담금의 발생으로 경제적으로 많은 부담이 될 수밖에 없다. 또한 교통

---

50) 장인협 · 최성재 공저, '노인복지학', 서울대학교 출판부, 1994, pp.362~363.

이 불편하고, 교통비도 많이 들 수밖에 없다. 지하철 이용은 무료이고, 버스
비는 저렴하긴 하지만, 노인들 스스로가 거동이 불편하여서 교통에 많은 어
려움을 갖는다. 또한 의료기관에 갈 때 도와줄 사람이 없고, 간호와 수발해
줄 사람이 없는 등의 이유들로 많은 어려움을 겪고 있다. 그러한 만성질환
독거노인들에 대한 문제를 해결하기 위하여 재가보호서비스와 가정봉사원
파견 등이 이루어지고 있다.

(6) 재가보호

노인복지는 궁극적으로 노인을 지역사회 일원으로 통합시키며 노인의 개
인적인 욕구와 개발을 목표로 한다. 그러나 노인복지시설 프로그램은 노인
을 지역사회와 분리시키고 개별적 서비스보다는 집단적 서비스에 치중한다
는 측면에서 효과성이 떨어진다고 하겠다. 또한 시설보호의 비효과성 이외
에도 가정은 가장 이상적인 생활기반이라는 우리 사회의 가치관으로 볼 때,
노인은 가능한 한 자신이 거주하던 지역과 집에서 가족과 가까이에 살면서
혹은 가족과 밀접하게 상호 교류하면서 생활하는 것에 더욱 만족감을 가질
수 있다. 더욱이 급격한 인구의 고령화 추세는 요보호노인 연구를 모두 시
설에 의한 보호로서 감당하기 어렵게 한다. 이러한 배경에서 노인들이 자신
의 삶의 터전인 가정과 환경을 유지하면서 생활상의 어려움을 해결해 갈 수
있도록 도움을 주는 재가노인 복지사업이 큰 관심의 대상이 되었다.

우리나라에서도 1987년부터 재가노인복지사업의 한 형태로 노인 자신이
가정에서 서비스를 제공받는 가정봉사원 파견사업이 시작되었으며, 1991년
부터 가정간호사업, 1992년부터 주간보호사업, 단기보호사업 등 여러 가지
형태의 재가노인복지사업이 시작되었다.

보건복지부의 재가노인복지사업 지침(보건복지부, 2002)을 보면, 재가노인
복지사업은 심신이 노쇠하여 일상생활 유지에 불편이 있는 노인가구에 대하
여 필요한 각종 서비스를 제공함으로써 지역사회 내에서 건전하고 안정된
정상생활을 할 수 있도록 돕는 것을 목적으로 하고 있다. 실시 주체는 시·

군·구로 되어 있고 실시기관은 사회복지법인 등의 비영리법인에서 하도록 하고 있다. 서비스 대상은 65세 이상의 국민기초생활보장대상 노인인 경우는 무료, 4인 가족 기준 도시근로자 가구당 월평균 소득 (약 273만 원) 미만인 가구의 65세 이상 노인의 경우는 실비, 그 외 60세 이상의 일반노인에게는 유료로 서비스가 제공되고 있다.

2001년 현재 우리나라 재가노인복지사업 기관은 가정봉사원 파견시설이 88개소, 주간보호시설이 57개소, 단기보호시설이 23개소로 모두 168개소가 운영 중이다.

재가노인복지는 지역의 다양한 사회적 욕구를 충족시킬 수 있고, 주민의 참여와 지역사회의 자원동원을 통해 개인과 지역사회와의 연대 및 통합을 이룰 수 있다는 점에서 지역복지개념에 의한 재가복지사업의 활성화가 필요하다.

① 재가노인복지의 등장배경

1950년대까지만 해도 선진국에서의 노인복지에 대한 사회복지사업이라고 하면, 수용시설, 즉 시설복지사업이 중심을 이루어 왔다. 거의 대부분의 국가에서 그렇듯이 노인복지는 경제적으로 빈곤한 노인으로서 부양의무자가 없거나 부양의무자가 있어도 부양할 능력이 없는 경우에 일시적 또는 영구적으로 노인을 일정한 건물에 수용하여 무상으로 숙식을 제공하며 보호하는 시설보호를 중심으로 발전하여 왔다.

그러나 수용시설 중심의 사회복지사업이 국가적으로나 사회적으로 막중한 경제적 부담이 되었음에도 불구하고 시설에서 생활하는 장애자, 노인, 고아 등의 대상자들에게 만족을 주지 못한다는 연구결과가 잇따르자 1970년대부터 본격적인 탈시설화(deinstitutionalization)의 과정에 들어갔다. 1970년대 들어 영국을 위시한 서구의 여러 국가에서 시설병 혹은 시설습벽이라고 일컬어지는 호스피털리즘(hospitalism)의 문제가 제기되었으며, 탈시설화의 이론과 노멀라이제이션(Normalization), 사회통합(Social integration)의 이념이 대두되면서 시설복지·시설보호의 문제점을 개선하려는 노력들이 나타났다. 이와 같은 탈시설화의 노력으로 인해 수용시설의 개방화, 수용시설의 사회화, 수용시설의 중간시설화(halfway house), 수용시설의 임시보호시설화, 대형시설의 소규모화, 소규모 그룹홈(group home)의 시설 등 수용시설의 형태가 다양하게 변화되어 왔다.

최근 선진국의 노인복지정책은 노인의료비 증가에 대비하고 생활여건의 변화에 따른 노인들의 정서적 안정과 독립성을 보장하기 위해, 또한 낮은 비용으로 노인복지를 실현하고자 시설보호로부터 재가노인복지사업을 강화하는 방향으로 추진하고 있다. 이것은 양로원과 같은 시설을 운영하는 비용이 재가보호서비스 비용보다 많이 들기 때문이며, 또한 노인들은 시설에서 생활하는 것보다 자택에서 서비스를 받으며 생활할 때 더 큰 만족을 느끼기 때문이다. 이와 같이 시설보호의 문제점은 곧 대안적 프로그램인 지역사회복지의 발전에 가장 핵심적인 요인이 되었고, 이는 재가복지사업의 발전의 핵심적 배경이 되었다고 할 수 있다. 이상에서 언급한 재가노인복지사업이 중요시되는 사회적 요인에 따른 필요성을 알아보면 다음과 같다.

㉠ 노멀라이제이션(Normalization) 이념

대부분의 노인들은 보수적 성향이 강하며 가족지향적인 태도를 가지고 있기 때문에 대체적으로 가족이나 지역사회와 분리되지 않기를 바라며 자기의 보금자리에서 노후를 보내기를 원한다. 노인의 경우 특히 지금까지 살아온 환경에서 가장 편안하고 원활한 기능을 할 수 있기 때문이다. 노인이 시설에 입소할 경우 낯선 환경에서의 단체생활은 소외감은 물론 의존성을 조장하며 자율성을 제한함으로써 사회심리적 노화현상이 촉진된다. 이에 반하여, 재가노인은 가족 및 이웃과 함께 친밀한 생활의 장에서 활동함으로 심리적, 사회적 그리고 육체적으로 원활한 기능을 발휘할 수 있다. 이는 다른 말로 노인의 생활의 장을 시설과 같이 특수하거나 제한된 환경이 아닌 평범한 일상생활 속에서 유지하는 것이 바람직하다는 것이 원칙이라 할 수 있다. 재가복지는 이러한 노멀라이제이션 이념[51]을 바탕으로 전개되었다.

노멀라이제이션의 이념은 1959년 덴마크를 중심으로 한 유럽에서 장애인의 정상적인 생활을 추구하려는 노력에서 시작되었으며, 이는 1981년 '국제 장애자 해'의 '완전참여와 평등'이라는 슬로건으로 표현되었고, 이를 계기로 전 세계적으로 파급되었다. 노멀라이제이션의 이념은 사회복지의 대상자를 특수하게 보고 격리하여 처우하는 것보다 일반 사회에서 정상적으로 생활하도록 하는 것이 바람직하다는 사고방식에 바탕을 두고 있다. 즉 고령자와 젊은이, 장애인과 그렇지 않은 사람이 함께 살아갈 수 있는 사회야말로 정상적인 사회이며, 고령자나 장애인의 시설을 만들고 그들을 먼 곳에 격리 또는 단절시키는 사회는 비정상적이라는 의미를 담고 있다. 여기서 노멀라이제이션은 장애인이나 고령자를 정상적인 사람으로 만든다는 의미가 아니라, 이들이 정상적인 행동을 유발시킬 수 있는 환경의 정비를 의미한다. 그러므로 노멀라이제이션 이념은 기존의 지배적인 복지서비스 이데올로기에 반대하며, 정상적이고 일상적인 생활의 리듬을 강조하고 개인의 성장과 발달에서 정상적인 발달경험, 인생주기에서 선택의 자유, 정상적인 이웃과 같이하는 정상적인 가정에서의 삶, 지역사회에 통합되어 있는 삶을 강조하면서 시설집중화에 반대한다.

시설 위주의 보호는 노인들의 의식주를 충족시켜 줄 수 있지만, 노인들은 심리적인 특성상 자신이 살아오던 영역을 떠나 생소한 곳에서 삶을 의지한다는 데 대해 부정적인 생각을 가지며 만족하지 못하는 경향이 있다. 대부분의 노인들은 같은 장소에서 오랫동안 살기 원하며 집과 환경에 대한 추억에 매우 애착을 가지고 있다. 또한 사람은 나이가 들어감에 따라 집의 중요성이 점점 증가하며, 노인기의 이주는 심리적·사회적으로 부정적인 영향을 준다고 한다. 시설이 아무리 훌륭하더라도 시설보호는 불가피하게 노인의 시간사용, 주거환경, 개인적 습관에 따른 선택의 자유를 제한할 수밖에 없

---

51) 노멀라이제이션의 개념을 최초로 사용한 사람은 덴마크의 정신장애자협회 회장인 뱅크 미켈슨이며, 1950년대 말에 스웨덴의 정신장애자 협회 사무국장 벤트 니르제 등에 의하여 체계화되어 1967년에는 스웨덴에서 장애자복지정책에 도입되었다.

다. 식사만 하더라도 정해진 시간에, 노인의 개인적 취향을 무시한 획일적인 메뉴를 이용할 수밖에 없다. 노인의 생활은 시설의 규칙과 직원들에 의해 좌우된다. 독립적인 생활의 상실은 노인을 가족·친구·이웃으로부터의 고립시키고, 주위환경에 대한 통제결여, 자기존중감 결여 등의 심리적 위축을 야기한다.

이와 같이 시설을 바람직하지 않다고 보는 견해는 고프만의 관료적 시설모형과 일치된다. 고프만은 시설의 관료적 구조에 의해 입소자의 심리적·정서적 위축과 환자역할과의 동일시가 야기된다고 주장하였다. 미국에서의 경험을 보면 시설보호가 급증하면서 일부 요양원의 비효과적인 보호, 비인도적 처우, 학대 혹은 방임, 미숙하고 사명감 없는 직원들에 의한 비리가 문제가 되었다. 또한 요양원 운영자들이 직원 수를 줄이고 시설설비, 음식, 난방, 보호의 수준을 낮추어 운영비용을 최소화시킴으로써 이윤을 높이고 질 낮은 보호를 하는 것이 문제로 드러났다. 이러한 문제점들은 사실이 최소한의 기준을 지키도록 하기 위한 엄격한 자격요건을 규정하면서 어느 정도는 해결되었다. 여러 개선책·보완책의 실시로 시설보호의 사회적 이미지가 크게 좋아지긴 했지만, 아직도 시설보호는 미국에서 가족보호나 지역사회보호보다 덜 바람직한 것으로 인식되고 있다. 실제로 미국의 요양원 입주자들 중 1/3이 시설생활을 원하지 않으며 자신의 집에서 도움을 받으며 살 수 있다고 생각하고 있다. 이러한 현상은 인상도니 시설비용과 지역사회에 남으려는 노인들의 욕구가 결합된 것으로, 이것이 미국의 가정보호사업을 확장시키는 이유가 되고 있다.

반면 시설이 노인에게 바람직하다는 주장도 소수 의견이나마 있다. 이들은 시설의 필요성을 낳는 사회구조적 측면, 즉 노인의 빈곤, 질병, 사회적 고립이라는 세 가지 요인을 지적하고 있다. 또 일반적으로 시설보호는 재가보호를 이용하는 노인집단과 상이한 인구층인 의존성이 매우 높은 재가보호가 어려운 노인집단을 대상으로 한다는 점에서 시설보호냐 재가보호냐를 동일선상에서 논의할 필요조차 없다고 주장하기도 한다. 사실 재가보호가 결코 절대적 최선책은 아니다. 말기 환자나 밀도 높은 수발서비스를 장기간 받아야 하는 와상 노인은 재가보호의 한계를 넘어선 사람들이다. 신체적, 정신적으로 자립해서 생활할 수 없는 가족이 없는 노인이나 가족의 원조가 있더라도 가족의 원조능력을 넘어서는 강도 높은 보살핌을 받아야 하는 노인의 시설보호는 불가피하다.

ⓛ 가족의 노인부양기능 보강 강화

가족부양의 전통이 아직도 지배적인 우리나라에서는 재가복지사업이 가족보호를 유지하고 촉진하기 위한 일종의 가족지원정책으로 실시되어야 한다. 재가노인복지사업은 노인과 그 가족에게 문제해결 능력을 고취시키기 위한 여러 가지 방도를 제시함으로 노인들이 자립성과 존엄성을 갖고 살 수 있도록 돕는다고 하는 노인복지 프로그램의 대원칙과도 합치하는 개념이다.

또한 인구의 고령화현상과 사회구조의 변화에 따라 가족 구조와 기능이 변하게 되면서 요보호노인의 수발이 더 이상 가족에 의한 보호만으로는 불가능해지고 있다. 노인을 보호하는 대부분의 가족의 경우 핵가족화 현상의 심화 그동안 전통적 주 부양자였던 여성의 사회진출의 증가, 자녀들의 취업 등으로 낮 시간에 노인을 보호할 수 없는 경우가 많고 또한 가족보호자의 일시적인 외출, 휴식 등으로 지속적으로 노인을 보호할 수 없는 경우도 많다. 이러한 경우 낮 시간 동안 가족이 아닌 사람이 가족의 보호업무를 대신해 주거나 며칠간 대신해 줄 수 있게 되면 가족들의 노인보호 업무는 훨씬 쉬워지고 오랫동안 노인을 보호할 수 있게 되어 가족이 노인보호 기능이 보강, 강화된다. 이러한 재가노인복지서비스가 없다면 가족은 보호기능이 약화되어 가족 간의 갈등을 초래하기도 하고, 가족들이 노인을 학대하거나 유기할 가능성이 높아지고, 나아가서는 노인 자신이 가출 자살하거나 시설 입소를 서두를 가능성도 높아지게 된다. 따라서 재가노인복지사업은 현대사회에서 점차 악화되어 가는 가족의 노인보호 기능을 보강하기 위해서 필요한 것이다.

ⓒ 개선방안

ⓐ 현행 노인복지법에 임의규정으로 명시하여 열거된 사업내용을 강제규정으로 전환하여 정부의 부담금으로 실행하여야 한다. 이를 위하여 정부는 저소득층 노인 대상, 그리고 민간은 중산층 이상 노인 대상의 공사 역할과 책임을 명확하게 규정·분담하고, 조세제도 등을 통한 정부지원의 활성화 방안을 중심으로 민간자원의 활용방안을 함께 모색하여야 한다. 재가노인에 대한 친구, 친척, 이웃 및 공식 지원망 등 지역사회의 인적·물적 자원활용을 통하여 가족보호의 기능을 더욱 강화하고 가족 구성원의 부담을 어느 정도 덜어 주는 것이 바람직하다.

ⓑ 새로운 프로그램을 개발하여야 한다.

현행 복지정책 체계가 복잡하여 독거노인들께 전달되기까지 까다로운 단계를 거쳐야 하므로 현실에 맞지 않는 부분들이 많다. 따라서 시간과 비용을 절감할 수 있게 1차 기관에서 모두 해결가능한 새로운 전달체계가 필요하다.

둘째, 독거노인들이 가장 많이 사용하고 있는 복지시설은 보건소라는 연구결과가 있었듯이 더 많은 지원과 시설 이용에 불편이 없도록 하는 구체적 방안을 모색해야 할 것이다.

ⓒ 눈높이 서비스 정책이 필요하다.

75세 이상의 노인들은 보건소나 복지관을 거의 모르고, 거동 불편한 노인이 많기 때문에 각별한 관심과 더불어 복지시설과 서비스에 대해 홍보정책과 안내가 필요하다. 또한 서비스 내용 전문화와 체계화, 노인병원 설치, 가정간호사제 도입 운영, 노인복지주택 운영, 노인 휴양소 편의시설 확충 등 장기적이고 체계적인 독거노인 복지사업이 향후 본격적으로 진행되어야 한다고 본다.

ⓓ 노인층 중 가장 취약한 계층인 만성질환을 앓고 있는 독거노인들에 대한 요보호정책이 필요하다.

만성질환이 있는 독거노인은 주변환경 또한 대체로 빈곤한 생활을 하고
있었기에 물질적인 지지와 수발부담의 역할은 이루어지기 힘들었고, 정서적
인 지지조차 형성되지 못하고 있다. 진료비나 약값의 부담, 교통비의 부담과
불편함, 수발자의 역할이 절실히 요구되고 있으며 지속되는 질환으로 인한
합병증의 문제점들이 들어나고 있다. 그러한 만성질환을 앓고 있는 노인의
경우에는 의료복지서비스와 재가복지서비스 등을 잘 이용할 수 있도록 해야
한다.

　　ⓔ 재가노인복지서비스 대상자의 포괄화

　　- 대상노인의 선정기준 개선
　　현행 재가노인복지사업의 대상 노인은 신체적 정신적 이유로 혼자서 일상
생활을 영위하기 어려운 노인(주간 단기보호의 경우 심신이 허약한 노인과
장애노인)으로 소득수준에 따라 65세 이상의 국민기초생활보장 수급 노인
(전체 노인의 10.4%)과 저소득층 노인(전체 노인의 45.9%), 그리고 60세 이
상의 중산층 노인(전체 노인의 44.1%)으로 구분하여 각각 무료 실비 유료의
형태로 이용하도록 되어 있다.

　　그러나 현실적으로 실비이용 대상 노인의 선정기준인 도시근로자 월평균
소득은 대다수 노인가구의 수입이 분명하지 않은 점과 농어촌 지역 거주 노
인가구는 제외되는 점으로 인하여 노인가구의 경제상태를 측정하기에는 부
적합한 것으로 분석된다. 그 결과 현행 재가노인복지 사업은 호적상 거택
자화보호대상 노인만을 중심으로 전개하고 있으며, 이들의 보건 의료 등 당
면문제 해결욕구에도 충분하게 대응하지 못하고 있다.

　　특히 현행 노인복지법이 제시된 '신체적 정신적 이유'라는 기준이 기능적
장애를 의미하는 것인지 또는 전문적 질환인지가 모호하며, '일상생활을 영
위하기 어려운 정도'라는 기준도 명확하지 않다. 따라서 재가노인복지 세부
사업별 및 전문 인력별로 대상노인을 선정하기에는 현행기준이 모호하다.

　　이를 위하여 대상 노인의 선정기준을 현실적인 노인가구 경제지표(현행

의료보험 납부액 등급 등)와 건강상태지표(장애 및 질환정도, 일상생활 수행능력, 수단적 일상생활 수행능력 등)에 따라 대상별로 차별화하여 전문인력의 업무를 분담하여야 한다.

- 대상 노인의 확대

현재 우리나라에서 재가복지서비스를 실제로 이용하고 있는 노인은 65세 이상 노인의 0.8%에 불과한 것으로 추정된다.

따라서 현행의 소득수준별 선정기준을 단계적으로 상향 조정하여 무료 실비이용노인의 수를 확대하고, 노인의 건강상태별 선정기준을 개발하여 중증의 장애 질환 노인, 중증 등의 장애 질환 노인, 경증의 장애노인 순으로 확대해야 한다.

[참고문헌]

김응렬 외, '한국의 노인복지', 고려대학교 한국학 연구소 2003.
김수영 외, '노인과 지역사회보호', 양서원 2001.
박차상외, '한국노인복지론', 학지사 2002.
문선화 외, '노인의 현실과 노인복지개혁의 과제', 세종출판사 2002.
한국재가노인복지협회 편, '재가노인복지서비스', 동인 1999.
한국노인문제연구소 편, '외국의 노인복지정책', 동인 1996.

노인복지의 구체적인 개념과 내용은 노인에게 일어나는 문제를 해결하고 노인복지를 이룩하려는 사회적 노력이라고 할 수 있다. 이러한 노력은 사회복지를 지향하는 지구상의 모든 국가가 인간의 존엄성을 철학적 바탕으로 하여 통합을 이루려는 데에 목표를 두고 있다. 구체적으로 표현하면 노인복지란 모든 노인의 경제적 안정, 직업, 주택, 가족생활, 의료위생, 교육, 문화, 오락 등 사회적 생활상의 기본적 욕구충족을 사회적으로 보장하는 일반적 대책으로서 노인을 위한 사회적 대책과 정책으로 불리고 있다. 더 나아가 노인복지란 비생산적인 연령에 도달한 노인들의 생활을 안정시키며 육체적, 정신적으로 보다 쾌적하고 행복한 여생을 누릴 수 있도록 경제, 사회 및 문화적인 여건을 조성해 주고 도와주는 행동 또는 처분을 말한다고 할 수 있다.

"노인복지법 제2조 ① 노인은 후손의 양육과 국가 및 사회의 발전에 기여하여 온 자로서 존경받으며 건전하고 안정된 생활을 보장받는다."라고 규정함으로써 노인은 사회의 기생집단이 아니라 사회의 유지발전의 공헌자로서 국가, 사회로부터 보호를 받아야 할 당연한 권리가 있음을 선언하고 있다.

"노인복지법 제2조 ② 노인은 그 능력에 따라 적당한 일에 종사하고 사회적 활동에 참여할 기회를 보장 받는다."라고 규정함으로써 취업기회를 보장하여 노인의 4고(빈곤, 질병, 고독, 무위) 중 소득의 감소를 덜어 주고 노인의 사회적 지위 및 역할의 회복과 그 향상을 도모하려는 것이다.

"노인복지법 제3조 국가와 국민은 경로효친의 미풍양속에 따른 건전한 가족제도가 유지·발전되도록 노력하여야 한다."

이것은 노인을 사랑함에 있어서 자기 부모와 마찬가지로 이웃 부모를 사랑하는 것을 의미하는 것으로 우리 사회의 오랜 전통에 근거한 이 경로효친 사상을 통하여 사회통합을 도모하려는 뜻도 포함되어 있다. "노인복지법 제2조 ③ 노인은 노령에 따르는 심신의 변화를 자각하여 항상 심신의 건강을 유지하고 그 지식과 경험을 활용하여 사회의 발전에 기여하도록 노력하여야 한다."

이것은 노인 스스로에 의한 복지증진 노력과 사회에 봉사함으로써 노인의 자존과 노인에 대한 사회적 인식을 긍정적으로 유도하려는 뜻이 내포된 규정이라 할 수 있겠다. 노인복지법의 제정[1981.6.5 법률 제3453호]은 의약기술의 발달과 문화생활의 향상으로 평균수명이 연장되어 노인인구의 절대수가 크게 증가하는 한편 산업화, 도시화, 핵가족화의 진전에 따라 노인문제가 점차 큰 사회문제로 대두되고 있음에 대처하여 우리 사회의 전통적 가족제도에 연유하고 있는 경로효친의 미풍양속을 유지·발전시켜 나아가는 한편 노인을 위한 건강보호와 시설의 제공 등 노인복지시책을 효과적으로 추진함으로써 노인의 안락한 생활을 북돋우어 주며 나아가 사회복지의 증진에 기여하려고 입법된 것이다.

노인복지법의 제정과정을 살펴보면 ① 1969년에 국회보사위원회에 상정되었다가 노인문제가 사회문제로 간주되지 않아 폐기되었고 ② 1970년에는 분과위원회에 통과된 후 법사위원회에서 심의 도중 회기만료로 폐기되었으며 ③ 1976년, 1977년, 1978년에는 노인복지법 제정에 관한 국회청원이 있었다. ④ 최초의 노인복지법이 1981년 5월 8일 임시국회에 상정되어 동년 6월 5일 공포, 시행되기에 이르렀다.

노인복지법은 ① 노인의 질환을 사전예방 또는 조기발견하고 질환상태에 따른 적절한 치료·요양으로 심신의 건강을 유지하고 ② 노후의 생활안정을 위하여 필요한 조치를 강구함으로써 노인의 보건복지증진에 기여함을 목적으로 한다(노인복지법 제1조).

노인복지법은 헌법의 '인간다운 생활을 할 권리'에 근거하여 국가는 노인의 복지향상을 위한 정책을 실시할 의무(헌법 제34조제1항과 2항)가 있음을 구체화한 입법이다.

노인복지법의 대상은 연령을 기준으로 하여 65세 이상으로 정하고 있다. 이는 노인복지법 제28조에 명문으로 규정되어 있다. 보건복지부장관, 특별시장·광역시장·도지사(이하 '시·도지사'라 한다), 시장·군수·구청장(자치구의 구청장을 말한다. 이하 같다)은 노인에 대한 복지를 도모하기 위하여 필요하다고 인정한 때에는 다음 각 호의 조치를 하여야 한다.<개정 1999.2.8>

1. 65세 이상의 자 또는 그를 보호하고 있는 자를 관계공무원 또는 노인복지상담원으로 하여금 상담·지도하게 하는 것
2. 65세 이상의 자로서 신체적·정신적·경제적 이유 또는 환경상의 이유로 거택에서 보호받기가 곤란한 자를 노인주거복지시설 또는 재가노인복지시설에 입소시키거나 입소를 위탁하는 것
3. 65세 이상의 자로서 신체 또는 정신상의 현저한 결함으로 인하여 항상 보호를 필요로 하고 경제적 이유로 거택에서 보호받기가 곤란한 자를 노인의료복지시설에 입소시키거나 입소를 위탁하는 것

원칙은 65세 이상의 노인을 그 대상으로 하나 "노인복지법 제28조제2항에서 65세 미만의 자에 대하여도 그 노쇠현상이 현저하여 특별히 보호할 필요가 있다고 인정할 때에는 제1항 각 호의 조치를 할 수 있다."고 규정하고 있다.

우리나라의 근대적인 노인복지사업은 일본이 패망을 1년 앞둔 1944년에 공포한 '조선구호령'으로부터 비롯되었다고 할 수 있으며 일본 패망 이후에도 동 영에 의하여 미약하기는 하지만 노인복지사업이 실시되어 왔다.[52] 이후 1961년 12월 30일 65세 이상 무의탁 노인에 대한 시설보호사업 및 거택보호서비스 제공을 규정한 생활보호법이 제정됨으로써 노인복지사업이 오늘에 이르고 있다.

1962년 사회보장제도의 장기 발전계획을 수립, 심의하기 위하여 보건사회부 산하에 설치된 사회보장심의위원회에서는 1968년에 '사회개발 제1집: 기본구상'을 발표하면서 노인복지 증진을 위하여는 ① 양로보험제도의 도입, ② 양로시설의 확충 및 개선, ③ 유료양로시설, 노인복지센터, 경로회관, 경로당 설치 등이 추진되어야 한다고 정부 측에 건의한다.[53]

이후 1973년에 사회보장심의위원회에서 발표한 '사회개발 제3집: 구상시안'에서는 국민복지연금 제도의 필요성 및 노인복지법 제정 필요성 등이 주

---

52) 현외성(한국과 일본의 노인복지정책의 형성과정. 유풍출판사 1994).
53) 최순남(현대노인복지론 한신대학교출판부 1995).

장되었으며 이와 유사한 내용의 주장이 사회보장심의위원회를 통하여 여러 차례 발표되었으나 정책 입안의 참고자료로만 활용되었을 뿐이고 실제 노인복지정책결정과정에서 채택되지는 못하였다.

정부차원의 노인복지 법제화 움직임은 1972년에 최초로 보이기 시작하는데 당시 보건사회부에서 노인복지법 제정 법률안을 입안하여 법제처 심사에 회부하였으나 법제화되지 못하고 폐기되었던 것으로 알려져 있다.

국회차원에서의 노인복지법제화의 움직임은 1970년 국회보건사회위원회 소속 의원이 노인복지법제정안을 발의한 데서 찾을 수 있으나 동 법안은 국회 법제사법위원회의 심의 중 국회 본회의 폐회로 인하여 자동 폐기된 것으로 알려져 있다.

민간부문에서도 노인복지법 제정을 위한 몇 차례의 시도가 있었는데 그중 중요한 것으로는 1969년 당시 노인복지시설을 운영하고 있던 이윤영의 '노령자복지법안', 1978년 한국노인문제연구소 소장의 '노인복지법안', 1979년 및 1980년 사회보장심의위원회 위원 중의 한 사람이었던 김국도의 '노인복지법제정법률시안'을 들 수 있다.[54]

노인복지법상 노인의 개념에 대한 규정이 없는 상태여서 노인의 범위를 어디까지로 볼 것인가가 문제인데 노인복지법에서 노인복지의 내용인 '경로연금'의 대상자를 65세 이상의 자로 하고 있고 기타 '경로우대', '상담, 시설입소', '건강진단' 등 노인복지 수급의 대상자에 대하여도 65세 이상으로 하고 있는 점을 보아 65세 이상의 자를 노인으로 보고 있다고 할 수 있겠다.

그러나 노인복지법 제28조제2항에서는 "65세 미만의 자에 대하여도 그 노쇠현장이 현저하여 특별히 보호할 필요가 있다고 인정할 때에는 제1항 각 호의 조치를 할 수 있다."고 규정하여 연령에 하한선은 없는 상태이다.

노인들은 노인 특유의 문제를 지니고 있다. 정년 후 은퇴생활을 하거나 명예퇴직이라는 명목하에 조기 퇴직을 강요당한 경우 등을 비롯하여, 퇴직 후의 경제적 보장이 되어 있지 않은 노인들은 여러 가지 압박감이 작용되고

---

54) 현외성(한국과 일본의 노인복지정책의 형성과정. 유풍출판사 1994).

있다. 의료 및 보건기술의 발전으로 평균 수명이 연장되었으나 문화 체육시설의 부진으로 늘어난 여가시간 활용이 노인에게 있어서 새로운 심리적, 사회적 부담이 되고 있다.

가족이 경제적 단위로서의 기능이 증대되면서 핵가족 제도가 빠르게 확산되고 있으며, 노인부양을 위한 기능은 크게 위축되고, 노인부양의 사회적 책임이 상대적으로 증가되고 있다. 이로 인하여 노인들이 겪는 박탈감, 고독감, 소외감의 해결이 노후생활의 큰 과제로 등장하였다. 이와 같이 노인들은 직업적 역할 상실 후의 빈곤 문제와 자녀들의 노인부양 기피 현상 등으로 인한 건강유지와 보호의 문제, 기술 정보화 시대의 세대 간 격차 등으로 인한 박탈감·고독감·소외감 등의 심리적·사회적 문제 등을 겪고 있다. 이러한 문제들은 모든 노인들이 당면하게 되는 문제이지만, 특히 경제적 어려움을 겪고 있고, 가족이 없는 독거노인들에게 있어서는 문제의 심각성이 더욱 크다고 하겠다.

독거노인의 복지는 생의 끝까지 보다 인간다운 생활을 누릴 수 있도록 필요한 자원과 서비스를 공적 및 사적 차원에서 조직하여 제공하는 제반 활동으로서 사회복지 실천의 한 분야이다. 인간다운 생활보장이 노인복지의 중심 이념이므로 단순한 보호나 수용의 정도를 넘어 생활의 질적 보장을 목표로 하여야 한다. 한편 복지사회는 모든 국민, 모든 인류의 복리안정상태를 구현하는 것이 그 목적이기에, 노인 가운데서 소외되고 취약성을 가진 계층이 우선적으로 배려되어야 한다.

우리나라도 1980년대부터 독거노인 복지를 위한 노력들이 있어 왔지만 아직 그 수준이 매우 저조한 형편이다. 과학·기술·정보의 급속한 발달로 야기되는 제반 사회변화에 신속하게 대처할 수 있는 노인복지정책을 수립하기 위해서는 노인복지의 실태를 정확하게 파악·분석하여 계속적으로 개선하는 노력이 매우 필요할 것이며, 이러한 노력만이 소외된 계층－독거노인들을 제대로 관리하여 복지 혜택을 골고루 나누어 줄 수 있을 것이다.

독거노인 복지를 주제로 한 논문들이 몇 편 있기는 하지만, 그것은 독거노인 자체만의 복지가 아니라 가정보호를 받고 있는 노인의 경우에도 이용자가 될 수 있는 재가복지 혹은 재가노인복지사업이라는 용어 대신에 독거노인복지라는 용어를 사용한 것이었고, 독거노인과 같이 일상생활을 수행함에 있어서 가정의 보호를 받을 수 없고, 경제적인 어려움을 겪으면서 혼자 살고 있는 노인들의 정책에 관한 연구는 찾기가 힘들었다. 그래서 독거노인복지가 포함되어 있으며 현재 우리나라 노인복지의 가장 큰 흐름인 재가노인복지서비스를 통해서 독거노인복지가 어떻게 이루어지고 있는지 알아보도록 하겠다.

지역사회보호(community care)는 세부적으로는 재가노인보호서비스와 지역사회서비스의 두 종류로 나누어진다. 전자는 대상노인의 가정에서 행해지는 서비스로 가정을 방문하여 이루어지는 가정간호와 가정봉사원 서비스 등이 여기에 해당된다. 후자는 독거노인을 대상으로 지역사회 내에서 일시적으로 보호하는 서비스로 대상노인에게 낮 동안의 보호를 제공하는 주간보호와 일정기간의 보호를 제공하는 단기보호가 해당된다. 그러나 지역사회 내에서 일시적으로 보호하는 서비스로 대상노인에게 낮 동안의 일부 시간 혹은 단기간 동안만 가정 밖에서 보호를 받는 것이므로, 결국 가정에 기반을 두면서 지역사회서비스를 제공한다는 점에서 독거노인보호서비스와 크게 다를 바는 없다. 독거노인복지서비스란 좁게는 독거노인보호서비스만을 한정하나, 넓게는 지역사회서비스까지 포함하는 것으로 시설보호의 상대적인 개념으로 해석되기도 한다.

독거노인들은 노인들 중에서도 가족과 분리되어 독립된 가구로 생활하고 있어, 특별한 외부 지원 체계가 없는 상태에서 스스로의 욕구를 해결해 나갈 수 없는 경우 결정적인 어려움에 직면하게 된다. 이는 예외적이거나 일반적인 현상이 아니라 노년기의 일반적인 가구 형태 중의 하나로서 전환되어 간다는 점에서 이들에 대한 노인복지정책은 독거노인의 독특한 욕구나 현재의 생활실태 및 미래의 전환 방향에 맞게 시행되어야 할 것이다.

독거노인의 문제에 있어 가족에 의한 노인 부양의 기능이 약화되고 가족의 별거가 늘어남에 따라 근래 급격한 증가율을 보이며, 그에 따른 빈곤문제는 심각한 실정이다. 따라서 저소득층인 독거노인의 빈곤생활은 경제적 부양문제와 사회문제로 대두되고 있어 노인문제를 국가차원의 사회문제로 인식하고 노후의 빈곤에 적극적으로 대처해야 할 필요성을 나타내고 있는 것이다. 일상생활능력, 즉 세수, 목욕, 옷 갈아입기, 실내이동, 화장실 이용 등의 활동 등이 매우 불편하므로 많은 노인들이 일상생활에서 외부의 도움이 절대적으로 필요하다. 그러므로 가족의 지원을 받을 수 없는 독거노인들은 그들의 일생생활능력을 도와줄 지지체계가 필요하다. 만성질환을 가지고 있는 독거노인의 경우에 문제는 더욱 심각하다고 하겠다. 독거노인들은 질병에 대한 높은 이환율을 보이고 일상생활활동에 있어서 육체적으로 기능적 장애가 높을 수밖에 없으며, 건강치 못한 상태는 구성된 가구 특성상 더욱 심각하게 나타나고 있다. 또 진료비나 약값이 많이 들어 경제적으로 어렵다. 만성질환 독거노인들의 특징이 갑작스런 병으로 응급을 요하는 상태가 아니며, 꾸준한 치료를 요하는 상태가 대부분으로 가까운 병원을 찾아 거의 매일 진료를 받고 있고 1차 기관인 병원은 무료진료가 가능하여 진료비에 대한 부담은 없으나 만성질환이 합병증을 유발하여 심장 질환 등을 겪고 있는 경우 등에는 응급한 상태가 자주 발생하고 2차 기관인 병원의 진료비는 본인 부담금의 발생으로 경제적으로 많은 부담이 될 수밖에 없다. 또한 교통이 불편하고, 교통비도 많이 들 수밖에 없다. 지하철 이용은 무료이고, 버스비는 저렴하긴 하지만, 노인들 스스로가 거동의 불편하여서 교통에 많은 어려움을 갖는다. 또한 의료기관에 갈 때 도와줄 사람이 없고, 간호와 수발해 줄 사람이 없는 등의 이유들로 많은 어려움을 겪고 있다. 그러한 만성질환 독거노인들에 대한 문제를 해결하기 위하여 재가보호서비스와 가정봉사원 파견 등이 이루어지고 있다.

병약한 노인을 보호하기 위해서는 전적으로 가족구성원에 의해서 보호되는 가족보호(family care), 재가보호(home care or domiciliary care) 또는 지역사회보호(community care), 시설보호(institutional care)라는 세 가지 경우가 있다. 그중에서 일반적으로 가장 이상적이라고 생각되는 선택은 가족보호이다. 그러나 더 이상 가족보호에만 전적으로 의존하기 어렵기 때문에 재가보호 및 지역사회보호나 시설보호 같은 다른 대안들이 등장했던 것이다.

선진국에서 발달해 온 사회적 보호의 서비스체계는 주로 시설보호와 지역사회보호로 구성되어 있다. 시설보호는 보호대상 노인을 입소시켜 급식, 치료, 재활 등의 서비스를 제공하는 것으로, 대표적인 시설로는 노인요양원(nursing home)과 노인보건시설이 있다. 지역사회보호는 지역사회서비스(community service)와 재가보호서비스(in – home care service)의 두 종류로 나누어진다. 전자는 대상노인에게 낮 동안의 보호를 제공하는 주간보호(day care)와 일정기간의 보호를 제공하는 단기보호(respite care)를 말하며, 후자는 재가노인의 가정을 방문하여 제공하는 가정간호(home nursing)와 가정봉사원 서비스(home helper service) 등을 포함하는 것이다. 지역사회서비스는 가정 밖에서 이루어지는 것인 데 비하여 재가보호서비스는 가정 안에서 이루어진다. 이 두 종류의 지역사회 보호는 노인이 가정에 있으면서 보호를 받는다는 뜻에서 넓은 의미로 보면 재가노인복지서비스에 포함된다.

선진국의 경험에서 보면 노인에 대한 보호서비스의 전달체계는 가족보호 속에서 의료기관을 이용하는 형태에서 시설보호, 지역사회보호 등의 사회적 보호를 이용하는 형태로 변화하여 왔다. 시설보호는 원래 가족보호가 어려운 노인을 위한 보호형태로 오래전부터 존재하여 왔는데, 보호의 수요가 증가한 20세기 중반기에 노인 요양원과 같은 시설이 크게 증가하였다. 그러나 시설보호는 시설 내에서 전문적 서비스를 제공하는 장점이 있지만, 거기에 따른 재정소요와 사회적 격리에 따른 노인의 심리적·정신적 불만족 문제 등이 대두되면서 이를 부정적으로 보는 경향이 생겨나게 되었다.

이에 따라 노인에 대한 보호의 정책적 관심은 지역사회보호로 전환되었다. 즉 노인이 고령, 허약, 질병 등의 이유로 타인의 보호가 필요하게 되는 경우 곧 시설로 이주하여 보호를 받는 것이 아니라, 자기가 현재 살고 있는 곳에서 가족이나 친지들의 부양을 받으며 필요한 서비스를 가정과 지역사회의 서비스 기관으로부터 제공받는 것이다. 이 지역사회보호는 전적으로 가족이 보호하는 것과는 달리 가족·친지 등의 비공식적 보호를 대체 혹은 보완하는 기능으로서 공식적 기관이 전문적 인력을 동원하여 대상자에게 필요한 서비스를 제공하는 방식이다.

우선 노인복지사업은 노인의 일상생활을 지원하고, 노인의 당면문제를 경감하거나 해결함으로써 안정된 노후생활을 보장하기 위하여 제공되는 대인적 사회서비스로 정의된다. 구체적으로는 노인의 사회·심리적 적응을 위한 상담사업, 삶의 보람을 위한 여가지원사업, 당면문제의 경감 또는 해결을 위한 일상생활지원사업 등을 들 수 있다. 재가노인이란 시설에 입소된 노인을 제외한 지역사회의 모든 노인을 의미하며, 우리나라의 경우 1999년 현재 65세 이상 전체 노인 3,371,000명 가운데 노인복지시설 입소노인 10,225명 (0.3%)을 제외한 3,360,775명(99.7%)이 해당된다. 따라서 재가노인복지 사업은 대다수의 노인들이 자신의 익숙한 환경에서 생활하면서 필요한 서비스를 지원, 제공받거나 때로는 지역사회 노인복지시설을 이용함으로써 정상적인 가정생활을 유지하도록 원조하는 서비스이다. 이러한 재가노인복지사업의 중요한 기능은 가족의 부담을 경감시킴으로써 현대사회에서 약화된 가족수발 또는 가족보호의 기능을 지지하고 보충하는 것이다(kadushin, 1980).

한편 재가복지사업의 개념은 흔히 지역사회복지사업의 개념과 혼동되어 사용되기도 한다. 지역사회복지사업은 지역사회의 욕구를 지역사회 안에서 지역사회 주민에 의하여 해결하고 예방하기 위한 서비스를 정의된다. 즉 재가복지사업의 제공 기반인 家의 개념을 보다 확대하여 지역사회를 단위로 제반 서비스를 제공한다는 의미를 내포하고 있다고 하겠다. 따라서 지역사회에서 생활하고 있는 지역주민에게 필요한 서비스가 제공된다는 점에서 지역사회복지사업은 재가복지사업과 맥을 같이한다고 논의할 수 있다. 환언하면, 지역사회복지사업은 재가복지사업은 물론, 보다 광범위하게 지역사회 내의 입소시설, 이용시설, 그리고 자원봉사활동 등을 포괄하는 광의의 상위개념으로 볼 수 있다. 즉 재가노인복지사업은 일반가정에서 생활하고 있는 노인의 일상생활을 지원하고, 당면하는 문제를 경감하거나 해결함으로써 안정된 노후생활을 보장하기 위하여 제공되는 사회복지사업이라고 정의할 수 있다. 이러한 정의는 광의의 개념으로서 재가노인복지사업의 대상노인을 요보호노인뿐만 아니라 장애노인, 허약노인, 건강노인 등 모든 재가노인을 포괄한다. 한편 1993년에 개정된 노인복지법 제11조에서는 재가노인복지사업을 신체적·정신적 장애가 있는 노인이 가정에서 계속 생활하면서 필요한 각종 보호와 지원을 받을 수 있도록 제공하는 사업으로 정의하면서, 대상 노인을 장애노인으로 제한하고 있다. 이러한 협의의 개념을 바탕으로 보건복지부(1980)는 법정 재가노인복지사업으로 가정봉사원 파견사업, 가정봉사원 양성 교육사업, 주간보호사업, 그리고 단기보호사업으로 규정하고 있다. 여기서는 우리나라 재가노인복지사업의 현황을 분석한다는 목적에 따라 후자의 개념에 제한하고자 한다. 그러나 현행 노인복지법의 재가노인복지사업 개념과 세부사업내용은 정부의 재정적 현실에 적합한 범위 내에서 소극적으로 규정된 것임을 간과해서는 안 된다.

노인복지는 궁극적으로 노인을 지역사회 일원으로 통합시키며 노인의 개인적인 욕구와 개발을 목표로 한다. 그러나 노인복지시설 프로그램은 노인을 지역사회와 분리시키고 개별적 서비스보다는 집단적 서비스에 치중한다는 측면에서 효과성이 떨어진다고 하겠다. 또한 시설보호의 비효과성 이외에도 가정은 가장 이상적인 생활기반이라는 우리 사회의 가치관으로 볼 때, 노인은 가능한 한 자신이 거주하던 지역과 집에서 가족과 가까이에 살면서 혹은 가족과 밀접하게 상호 교류하면서 생활하는 것에 더욱 만족감을 가질 수 있다. 더욱이 급격한 인구의 고령화 추세는 요보호노인 연구를 모두 시설에 의한 보호로서 감당하기 어렵게 한다.

이러한 배경에서 노인들이 자신의 삶의 터전인 가정과 환경을 유지하면서 생활상의 어려움을 해결해갈 수 있도록 도움을 주는 재가노인 복지사업이 큰 관심의 대상이 되었다.

6) 외국의 노인복지법

(1) 일본: 노인행정·예산·사회참여 최고수준

일본은 고령화현상이 매우 빠른 속도로 진행되고 있어 노인문제가 하나의 커다란 사회문제화하고 있다. 1970년대 초까지만 하더라도 이 나라의 65세 이상 노인인구는 전체 인구대비 7.0%였던 것이 2000년에는 17.2%로 증가하였으며, 앞으로 10년 후인 2010년에는 그 비율이 22.0%를 상회하게 될 것으로 전망된다. 한편 일본인의 평균수명은 1950년에는 남자 50세, 여자 54세였던 것이 1970년에는 남자 69.3세, 여자 74.6세, 그리고 2000년에는 남자 77.1세, 여자 84세로 세계에서 가장 장수하는 나라가 되었다.

일본에서 노인문제가 심각한 사회문제로 대두되고 있는 요인 중에는 가족해체현상이 가속화되고 있다는 것과도 상관관계가 있다. 최근 일본정부가 발간한 고령화 사회백서에 의하면 일본 전체 노인 중 혼자 살거나 노부부끼리만 살고 있는 비율은 45.1%이고, 미혼자녀와의 동거율은 13.7%, 그리고 결혼한 자녀와 동거한다는 비율은 29.7%로 발표되고 있다. 그러므로 아직 일본 노인의 과반수는 가족에 의해서 부양받고 있는 것으로 인식될 수도 있으나 그 실상을 면밀히 분석해 보면 자녀들과 동거하는 노인들이라 하더라도 그들이 자식으로부터 부양받는 형태에서 노후생활을 하는 비율은 극소수에 불과하다는 것을 알게 된다.

결혼한 자녀가 부모와 동거한다는 것은 부모를 부양한다는 의미의 동거라기보다는 젊은 부부가 맞벌이를 하는 경우 가사노동을 담당케 하기 위한 방편의 일환으로 동거를 택하고 있는 사례가 적지 않다는 점 등을 고려할 때 일본도 이미 자식이 노부모를 부양하는 전통적 형태의 가족규범은 거의 자취를 감춘 상태로 볼 수 있다. 더욱 문제가 되는 것은 75세 이상의 고령 후기 노인비율이 증가하고 있다는 점이다. 1995년 현재 75세 이상의 고령 후기 노인은 전체 노인 중 42.5%라는 높은 비율을 나타내고 있는바, 이들 중 가족으로부터 제대로 보살핌을 받지 못할 경우 국가나 사회가 돌보아야 하기 때문이다.

일본은 이러한 문제를 해결해 나가기 위해서 1963년도에 노인복지법을 제정했고, 이것을 시작으로 노인보건법, 고령사회대책기본법, 노인간병보험법을 잇따라 제정함과 동시에 노인복지관련 예산을 포함한 사회보장비를 계속 증액시키는 조치를 취하고 있다. 일본의 국민소득대비 사회보장비가 차지하는 비율을 살펴보면 1970년에는 6.0% 내외였는데 1993년에는 12.0%, 1998년에는 18.2%로 상승했다.

1998년도의 사회보장비 지급액은 68조 4천억 엔인바, 이를 부문별로 분류해 보면 연금지급액 33조 8천억 엔, 보건의료비 25조 6천억 엔, 기타가 7조 5천억 엔이다. 이 중에서 노인복지관련 급부액은 38조 8천억 엔인바, 그 내역으로는 정년퇴직자에 대한 연금과 공적 부조 지급액 28조6천억 엔, 노인보건의료비 8조 9천억 엔, 기타 노인복지서비스 관련비용 1조 3천억 엔 등이다. 사회보장비 중 노인을 위해서 지출되는 금액의 비율은 1970년에는 24.9%, 1980년에는 42.4%였던 것이 1998년에는 66.5%로 상승했다.

국민의 공적 부담률을 나타내는 지표로써 흔히 사용되는 조세부담과 사회보장비를 합한 국민부담률의 동향을 1970년에는 그 부담률이 24.3%였던 것이 1980년에는 32.5%, 그리고 1998년에는 38.8%로 상승하였는데 앞으로도 이러한 상승추세는 계속될 것으로 전망된다.

노인복지를 전담하는 행정부서는 후생성 내에 있는 노인보건복지국이다. 노인복지기획과, 노인복지진흥과, 노인보건과 등이다. 노인복지기획과는 노인복지정책의 수립과 이와 관련된 법을 입안하는 업무를 관장하고 있고, 노인복지진흥과는 재가노인복지와 시설노인복지 등의 시설과 프로그램의 집행을 담당하고 있고, 노인보건과는 노인보건법과 노인간병보험 등을 관장하고 있다. 이 외에도 노인관련 업무를 담당하는 부서로는 노동성에는 노인들의 취업활동을 지원하는 행정업무를, 그리고 경제기획청에서는 노인들의 소비자보호와 관련된 업무를 관장하고 있다.

일본의 노인복지서비스의 전달체계 역시 다른 나라와 마찬가지로 재가복지서비스와 시설복지서비스 등 두 가지 형태로 이루어지고 있다. 그리고 재가노인복지서비스에 있어서도 건강한 노인대상의 서비스와 허약한 노인들을 대상으로 하는 것 등으로 나누어진다. 허약한 노인을 대상으로 하는 재가노인서비스로의 유형으로는 방문간호서비스와 간병 및 가사지원 서비스 등이고, 건강상 이상이 없는 노인 대상의 사업으로는 취업알선서비스, 여가활동지원서비스, 그리고 생활상담서비스 등이 있다.

일본에는 재가노인들의 간호와 간병, 그리고 가사지원을 위해서 지역단위로 노인방문간호 스테이션이 설치·운영되고 있는데, 1998년 현재 그 수는 1천8백2십 개소이고, 서비스를 받고 있는 노인은 28만 명을 상회한다. 노인을 수용·보호하는 시설로는 경비노인홈, 양호노인홈, 특별양호노인홈 등이 설치·운영되고 있는데, 1998년 현재 경비노인홈의 입소자는 1만 6천8백 명, 양호노인홈에는 6만 7천 명, 특별양호 노인홈에는 23만 4천 명 등 합계 31만 7천 명이 수용·보호되고 있다.

일본에는 상기한 노인수용시설 이외에도 병원에서 퇴원은 했지만, 건강상태가 아직 가정으로 복귀하기에는 좀 이르다고 여겨지는 노인들을 대상으로 그들을 입소시켜 보호하는 노인보건시설이라는 것이 설치·운영되고 있다. 노인보건시설에서는 입소노인들에게 의료서비스보다는 주로 간병과 간호, 그리고 물리치료와 기능회복훈련 서비스를 제공한다.

노인보건법에 의해서 설치·운영되는 이 시설은 현재 전국에 1천5백7십 개소인바, 입소자 수는 13만 7천 명을 상회한다. 노인보건시설의 운영 주체는 85.0% 내외가 의료법인이고 다음이 사회복지법인 10.0%, 나머지 5.0%는 지방자치단체 또는 공제조합 등이다. 일본이 이러한 시설을 대상으로 설치·운영하는 목적 중에는 병원에서의 노인환자들의 병상회전율을 높임으로써 의료비를 절감해 보고자 하는 데 있다.

일본은 구미선진제국보다도 노인들의 경제활동참가율이 가장 높은 나라이다. 세계노동기구(I.L.O)에서 발표한 1995년도 통계에 의하면 일본은 60세에서 64세 사이 노인들의 경제활동참가율을 살펴보면 미국이 44.3%, 영국이

46.2%, 프랑스가 22.8%, 독일이 17.1%인 데 비해서 일본은 73.8%라는 높은 비율을 나타내고 있다. 특히 65세에서 69세까지의 취업률에 있어서도 서구사회 여러 나라의 경우는 대체율 10.0% 미만인 데 비하여 일본은 44.8%라는 높은 비율을 나타내고 있다. 다른 선진각국의 경우는 70세 이상의 고령 후기 노인들은 거의 취업을 하지 않고 있는데 일본의 경우는 70세에서 74세 연령층 38.3%, 75세에서 79세에서는 20.6%, 그리고 80세 이상 연령층에서도 13.7%가 취업을 하고 있다.

일본 노인들의 경제활동참가율이 이와 같이 높은 원인으로는 첫째, 이 나라 노인들은 자녀들의 노부모부양의식의 감퇴현상의 심화로 인해서 생계비를 스스로 벌어들여야 할 입장이라는 점, 둘째, 이 나라는 아직 공적연금제도 미성숙단계에 놓여 있기 때문에 서구사회 여러 나라에 비해서 연금을 수급받고 있는 노인의 수가 적다는 점, 셋째, 연금을 수급받고 있는 노인의 경우라 하더라도 그 연금의 수급액이 서구사회 여러 나라의 그것에 비해서 훨씬 낮은 수준이기 때문에 정년퇴직 이후에도 생계비의 부족현상을 메워 나가기 위해서 재취업을 하지 않을 수 없다는 점을 들 수 있다.

(2) 미국: 연방정부, 주정부, 지역단위로 이어지는 광활한 서비스망

미국은 개인주의, 자유방임주의, 지방분권주의의 경향이 농후한 나라이다. 따라서 국가가 노인문제를 해결하기 위한 정책을 펴 나감에 있어서도 지방분권주의, 자유방임주의의 성격이 강하게 부각되고 있다. 이 나라의 노인복지행정체계는 연방정부, 주정부, 지역단위 행정기구 및 민간단체로 이어지는 서비스망(aging network)에 의해서 이루어진다.

연방정부는 큰 테두리의 정책방향의 설정과 관련법규의 제정, 그리고 지방정부에서 행하는 노인복지사업에 소요되는 예산의 전부 또는 일부를 지원하는 역할을 담당하고, 주정부 또는 지역단위 행정기구는 연방정부의 방침에 의한 사업과 병행해서 해당 지역의 특수사정에 부합되는 독자적인 사업을 개발하는 등 융통성 있는 복지행정을 펴 나간다. 그러므로 미국은 지역에 따라 노인복지 프로그램의 형태나 내용이 각기 다른 경우도 적지 않다. 또한 미국에서는 노인복지서비스 분야에 있어서 민간단체 또는 민간기업이 수행하는 역할의 비중이 매우 높다는 특징이 있다.

이들 민간단체는 정부차원에서 제공되는 서비스의 미흡한 부분을 효과적으로 보완해 주는 역할을 수행하고 있다.

미국에서 노인복지정책이 본격적으로 개발되기 시작한 것은 1960년대 이후부터의 일이다. 이 나라에서 65세 이상 노인인구가 전체 인구대비 7.0% 선을 넘어서서 고령화 사회로 진입한 것은 1950년대 초부터이다. 더구나 제2차세계대전 이후 가족해체현상이 두드러지게 나타나면서 노부부 또는 노인 단독세대의 증가현상이 가속화되었고 이들 중 대부분은 생계, 수발, 간병, 그리고 주택문제 등으로 고통을 받고 있어 이것이 하나의 커다란 사회문제로 대두되었음에도 불구하고 국가나 사회는 이러한 문제를 해결하기 위한 효과적인 대처방안이 마련되어 있지 못한 상황이었다.

그래서 1961년 아이젠하워 대통령은 이 나라가 당면한 노인문제의 해결책을 모색하기 위해서 대통령이 직접 주관하는 백안관회의(White House Conference on Aging)를 개최하여 노인문제 해결을 위한 방안을 다각적으로 강구한 바 있는데, 이 회의에서 토의되거나 문제가 제기된 내용의 상당 부분은 그 후 정책결정과정에서 반영되어 나갔다.

1965년에 제정된 노인복지법(Older American Act), 그리고 같은 해에 보강·개정된 사회보장법(Social Security Act), 그리고 다음 해인 1966년 노인들의 보건과 의료에 관한 문제를 해결하기 위한 조치의 일환으로 마련된 메디케어와 메디케이드(Medicare, Medicaid) 등은 모두가 백악관 회의에서 논의된 사항의 후속조치이다. 이러한 법에서는 연방정부 또는 주정부가 노인들의 소득보장 및 건강보호를 비롯해서 그들이 당면한 제방문제를 해결하기 위한 복지서비스의 제공을 의무화하고 있다.

1970년에도 노인복지에 대한 국가정책은 계속해서 보강되어 나갔다. 1973년에는 노인복지법을 개정해서 복지혜택의 수혜대상을 종전의 65세에서 60세

부터로 확대했으며, 74년에는 생계가 넉넉지 못한 빈곤노인에 대하여 최소
한의 사회적 보호를 하기 위한 공적 부조 형태의 보충소득보장제도(Supple
mental Security Income)가 실시되기 시작했다. 또한 1974년에는 국립으로 노
인문제연구소(National Institute on Aging)를 설립하여 연방정부차원에서 노
인과 관련된 여러 가지 문제를 해결하기 위한 정책대안을 강구하여 국가정
책에 반영토록 하는 조치를 취하기 시작했다.

1960년대와 1970년대에 마련된 노인과 관련된 각종 법과 제도는 80년대
와 90년대를 거치는 동안 계속 보강 또는 확대되어 오늘에 이르고 있다. 그
중에서도 미국노인들에게 가장 필요로 하는 노인복지법은 그 후 10여 차례
의 개정을 통해서 오늘에 이르고 있다. 이법의 주요골자를 살펴보면, 노인에
대한 적절한 소득, 건강, 안락한 주택, 차별 없는 고용기회, 건강관련 서비
스, 명예로운 퇴직, 의미 있는 사회적 활동, 그리고 지역사회로부터 효율적
인 서비스를 받을 수 있도록 보장하는 한편, 연방정부와 주정부는 이를 위
한 재정적 지원을 의무화할 것 등을 규정하고 있다.

또한 노인복지법에는 노인복지서비스와 관련된 사항들이 매우 구체적으로
명시되어 있는데, 그중에는 다목적 노인센터, 노인자원봉사프로그램, 노인을
위한 영양프로그램, 지역사회가 노인을 위해서 행하여야 할 서비스의 내용,
노인복지관련업무 종사자에 대한 교육훈련, 노인문제에 대한 조사연구와 관
련된 사항 등도 이에 포함되어 있다.

노인복지정책 및 행정을 다루는 부서로는 연방정부 내에는 노인복지청(Admin-
istration on Aging), 주정부에는 노인복지국(State – Unit on Aging), 그리고
지역단위에는 지역노인복지사무소(Area Agencies on Aging) 등이 있다. 노인
복지청은 보건사회복지부(Department of Health and Human Services) 산하기
구로서 노인복지법에 명시된 제반 서비스의 제공 및 이의 집행을 위한 행정
업무를 담당하고 있다. 그리고 이와는 별도로 대통령 직속으로 연방정부관
료, 노인문제전문가, 그리고 노인단체의 대표들로 구성되는 노인대책자문위
원회가 구성되어 있다.

주정부의 노인복지국은 노인복지청의 하부조직으로 노인과 관련된 주단위 행정의 주무부서이다. 노인복지국에서는 노인들을 대상으로 서비스 프로그램을 직접 집행하기보다는 지역단위의 하부 행정기관 또는 비영리단체가 수행하는 사업에 대하여 재정지원을 하며, 또한 그것이 어느 정도 효과적으로 이루어지고 있는가를 평가 또는 감독하는 업무를 수행한다. 노인복지국은 하부 행정기관 또는 민간단체 등에서 제출된 각종 계획안을 토대로 그러한 사업의 긴급성, 서비스 제공자들의 능력 등을 감안하여 재정지원 여부를 결정한다.

주단위에도 연방정부의 경우와 동일하게 노인관련 자문위원회(State Council on Aging)가 구성되어 있다. 이 위원회에는 노인단체 대표, 정부관료, 그리고 노인관련 사업을 하는 민간단체의 대표 등이 포함되는바 동 위원회는 주정부 차원에서 시행되는 노인복지정책 및 프로그램들의 검토 및 평가에 대한 일을 담당한다.

지역단위 노인복지사무소는 해당 지역 노인들의 욕구와 관심사를 대변 또는 해결해 주는 공적인 기구로서 주정부가 이 기관을 지휘·감독한다. 지역단위 노인복지사무소는 해당 지역 내에서 필요로 하는 장기보호 서비스를 비롯하여, 모든 프로그램의 계획, 조정 등의 기능을 수행한다. 또한 가정과 지역사회로부터 고립된 노인들을 도와주는 사회적 서비스 및 급식지원 서비스체계의 개발 등을 책임진다. 지역단위에도 노인관련자문위원회가 구성되어 있는바 이 위원회는 해당 지역노인에게 영향을 미치는 모든 정책과 프로그램에 대한 검토 및 평가를 담당함으로써 해당 지역 노인을 직접적으로 대변하는 역할을 수행한다. 미국에는 현재 670개의 지역단위 노인복지사무소가 있는바, 이들 기관은 지역 간의 정보교환 및 업무협의를 위해서 전국지역노인기관협의회를 구성하여 운영하고 있기도 한다.

'노인 특성별 보호체계 완비'
일반적으로 미국에서는 부모가 자력으로 생계를 꾸려 나갈 수 없을 정도로 신체적 노쇠현상이 심화되었을 때는 자식들 중 하나가 그 부모를 자기 집 근처에 거처를 마련해 주고 하루에 한두 번씩 그곳에 들러 가사를 돌보 아드리는 경우는 있지만 와상상태에 놓여 있는 부모를 자신의 집으로 모셔 다가 그 시중을 들어 준다는 경우는 거의 찾아볼 수 없다고 해도 과언이 아 니다.

그러므로 만성질환상태에 놓여 있거나 평상시에도 누군가로부터 신체적 도움을 받아야 한다거나 하는 노인의 경우는 요양시설(nursing home) 또는 병원의 신세를 지지 않을 수 없게 된다. 그러나 미국은 의료비가 원래 고가 이기 때문에 상당히 부유층에 속하는 노인들이라 하더라도 장기간 병원에 입원한다는 것은 용이한 일이 아니다.

현재 미국에서 통용되는 의료비 수가 몇 가지를 소개한다면, 감기나 설사 등 비교적 간단한 병의 치료를 위해서 병원에 간다 하더라도 진찰료가 50달 러, 거기에다 검사료, 약값 등을 포함하면 100달러를 초과한다.

병원에 입원하는 경우에는 방값과 간호서비스 비용이 300달러 내외, 거기 에다 검진료, 수술실 사용료, 약값 등을 포함하면 하루에 적게는 500달러 많게는 1,000달러에 이르기도 한다.

미국에는 'Medical Needy'라는 말이 성행되고 있다. 이것을 우리말로 의역 하면 웬만한 중산층이라 하더라도 한 번 병에 걸리면 가난뱅이로 전락하게 된다는 말이다. 병원에 가면 병을 고칠 수는 있지만, 그 대신에 경제적으로 파산할 수밖에 없다는 것이 미국의 현실이다.

이러한 문제점을 해결하기 위해서 마련된 것이 메디케어/메디케이드 (Medicare/Medicaid)제도이다. 메디케어는 조세부담에 의해서 운영되는 의료 보호제도이고, 메디케이드는 의료보험제도인바, 이러한 제도에 의해서 보다 많은 혜택을 받을 수 있는 계층은 주로 60세 이상 노인과 경제력이 없는 사 람들이다.

노인들은 젊은이들에 비해 3배 이상의 이병을 나타내고 있다는 것은 이미 널리 알려진 사실이다. 겉으로는 건강하게 보이는 노인이라 하더라도 속으로는 한두 가지 병을 내포한 상태에서 여생을 보내고 있는 경우가 적지 않다. 그럼에도 불구하고 미국은 의료비가 고가이기 때문에 병원이용은 엄두도 내지 못하는 노인들이 적지 않다.

그래서 건강이 좋지 못한 노인들 중에는 병원보다는 경비가 덜 드는 요양시설 쪽을 택한다. 요양시설에는 의사는 상주하지 않는다 하더라도 전문간호사(skilled nurse)가 담당의사와 수시로 상의하며 고도의 의료행위를 하고 있어 해당 노인들로서는 병원에 입원해서 치료를 받는 것과 동질의 혜택을 받을 수 있다. 노쇠현상이 심한 노인들이 이러한 시설을 이용하는 또 하나의 이유는 재가에서 생활하면 몸시중과 세탁, 취사 등을 자력으로는 해결할 수 없기 때문이기도 하다.

현재 미국에는 약 2만 4,000개소의 노인요양시설이 있고, 이러한 시설에 수용되어 있는 노인들은 합계 1백6십만 명을 상회한다. 연방정부 또는 주정부가 노인요양시설에 수용되어 있는 저소득층 노인들의 보건의료 및 간병을 위해서 투입되는 예산은 연간 300억 달러를 상회한다.

미국에서 요양시설 운영사업에 민간기업이 참여하기 시작한 것은 1965년 메디케어/메디케이드가 법제화되면서부터의 일이다. 이러한 사업은 복지적 성격이 강하기 때문에 최초에는 종교단체, 자치단체 또는 자선단체 등이 그 경영의 주체가 되는 경우가 대부분이었지만, 메디케어 등의 법례화가 된 이후부터 민간기업의 참여율이 급격히 증가하여 지금은 미국 내에 있는 전체 시설의 70.0% 내지 80.0%가 민간기업에 의해서 운영되고 있다.

요양시설에 입주하는 노인들은 두 가지 유형으로 구분된다. 하나는 메디케어/메디케이드 등 국가에서 보조를 받고 있는 노인들이고, 또 하나는 중산층 이상의 노인으로서 국가에서 보조를 받지 못하는 노인들이다. 그런데 요양시설의 운영에 참여하는 민간기업들은 이윤이 적은 저소득층 노인을 대상으로 하는 요양시설보다는 경제력이 있는 중산층 이상의 노인을 대상으로 하는 고급요양시설의 운영을 선호한다.

그래서 아리조나(Arizonna)주 등 일부 주정부에서는 요양시설 운영자는 반드시 일정비율 이상의 저소득노인을 의무적으로 입소시키도록 하고 있기도 하다. 이러한 요양시설 건설의 선두주자 또는 대표적인 회사는 알칸사스주에 본사를 둔 베버리 엔터프라이즈(Beverly Enterprise)라 해도 과언이 아니다. 이 회사는 미국 각 처에 1천여 개소 이상의 요양시설을 운영하고 있는데, 그중 3분의 2는 중산층 이상의 노인들을 대상으로 하는 호화시설들이다.

미국에는 건강한 노인들을 위한 주거시설인 노인전용아파트 또는 노인촌락(Retirement Community)의 운영사업도 활성화되고 있다. 이러한 주거시설은 고령자들의 생활에는 없어서는 안 될 만큼 중요한 위치를 차지하고 있다. 그중에서도 주목할 만한 시설은 노인촌락이다. 노인촌락의 규모는 대체로 5백 세대에서 1천 세대, 그리고 큰 규모의 것은 5만 세대가 넘는 것도 있다. 현재 미국에는 5백 세대 이상 되는 노인촌락만도 3천여 개소에 달한다.

노인촌락에는 노인들이 생활하기에 편리하도록 각종 편의시설, 의료시설, 가사조력서비스 시스템 등이 구비되어 있을 뿐 아니라 주택 내의 설비도 노인들의 신체적 조건을 감안하여 설계되었기 때문에 사회에서 은퇴한 노인들에게는 안성맞춤의 생활의 터전으로 자리매김하고 있다. 노인촌락에의 입주방식은 매우 다양하다. 분양의식, 입주권방식, 임대방식 등 시설에 따라 그 운영형태가 다르다. 1960년대와 70년대에는 입주권방식이 주류를 이루었는데, 최근에는 임대방식이 보편화되고 있다.

입주권방식이라 함은 시설에 입주할 때 보조금조로 거액의 돈을 일시불로 지불하는 제도를 말함인데, 이 제도의 단점은 매년 일정비율의 감가상각비를 보증금에서 공제함으로 인해서 나중에 다른 시설로 이동하고자 할 때에는 새로이 보증금을 마련해야 한다는 점이다. 그래서 최근에는 많은 시설들이 수요자의 편의를 도모하기 위해서 임대방식을 택하고 있기도 하다.

노인촌락이라 함은 일반적으로 휠체어를 타고 다니든가, 지팡이를 짚고 다니는 사람 또는 노환으로 고통을 받는 사람들만이 집중 거주하는 곳으로 인식하기 쉽다. 그러나 현지를 답사해 보면 그러한 이미지가 얼마나 잘못된 것인가를 금방 깨닫게 된다. 노인촌락 중에는 그들이 여가활동의 일환으로

즐길 수 있는 취미오락시설과 프로그램이 100종류가 넘는 곳도 있다. 입주노인들은 그중 2개 내지 3개의 클럽활동에 참가하고 있으므로 그들은 하루하루를 계획된 스케줄에 따라 매우 바쁘게 움직여야 한다.

오전에는 교양강좌나 강연회에 나가고, 오후에는 볼링을 하거나 실내수영장에 나가며, 저녁에는 사교댄스클럽에 나간다는 노인도 있고, 오전에는 화실에 나가서 그림을 그리고 오후에는 동료들과 골프클럽 또는 에어로빅클럽에 참가하는 것을 일과로 삼는 노인도 있다. 수공예품제작 또는 도자기 굽는 일에 몰두하는 노인이 있는가 하면 화훼단지에 나가서 하루 종일 화초를 가꾸는 일에 매달려 있는 노인들도 있다.

60년대 중반에 정년퇴직한 노인들은 젊은이 못지않게 건강상태가 양호하다. 그래서 이들 중에는 여생을 취미오락활동 위주로 여생을 즐기고 있는 분들이 적지 않다. 그들에게 있어서는 레크레이션 중심으로 운영되는 노인촌락에서의 생활은 꿈의 실현을 뜻한다. 앞으로 노인촌락에서 생활하는 노인비율은 더욱 증대될 것으로 예상된다.

'노인위한 주택·서비스산업 활발'

미국이나 유럽의 젊은이들은 자신의 부모를 부양하거나 신체적으로 보살피는 데 소홀히 하는 경향이 있다는 말을 종종 듣는다. 그러나 이것은 사실과는 거리가 먼 와전된 이야기들이다. 동서양을 막론하고 자식이 부모를 생각하는 마음은 하등 다를 바가 없다. 서양의 젊은이들도 부모의 은공을 알고 있고 또한 그 은공에 보답하고자 하는 생각은 우리와 전혀 다를 바 없다.

서구사회의 젊은이들이 경제적으로 부모를 돕는 비율이 낮은 것은 그들 사회에서는 노후생계를 위한 연금제도가 보편화되고 있어 구태여 도와드릴 필요성을 느끼지 않기 때문이다. 우리나라의 경우도 부모가 경제적으로 자립생계가 가능할 경우 자식은 부모에게 생계비 지원을 하지 않는 것과 동일한 이치이다.

미국에서도 신체적으로 자립생활이 불가능한 노인들을 보살피는 일은 자녀들의 몫이다. 이 나라의 젊은이들 중에는 한 주간에 한 번씩 별거하는 부모를 찾아가서 가사 시중을 들어 주기도 하고, 일용품이나 식품을 마련해드리는 경우도 적지 않다.

그럼에도 불구하고 보다 높은 비율의 노인들은 자녀들로부터는 만족할 만큼 보살핌을 받지 못하고 있는 것이 오늘의 현실이다.

핵가족화의 심화 또는 부부맞벌이 사회로 전환하고 있는 것이 그 원인이다. 그래서 지금 미국에서는 자녀들을 대신해서 그들의 부모를 보살펴 주는 효도대행서비스업이 날이 갈수록 조직적으로 확산되어 나가고 있다. 부모를 돌보아 주는 데 소요되는 비용은 자식이 부담하는 것을 원칙으로 한다.

효도대행서비스업 중에는 고령 후기 노인들을 대상으로 음식조리, 세탁, 청소, 시장보기 등의 잔심부름이 있는가 하면, 건강이 매우 좋지 못한 노인들을 대상으로 몸 수발을 들어 주는 일에 이르기까지 그 영역은 매우 광범위하다. 이러한 사업체는 노인 당사자 또는 그 자녀들이 언제나 도움을 필요로 할 때 비상벨 또는 전화로 호출만 하면 즉시 달려갈 수 있도록 24시간 대기상태에 있기 때문에 자녀들과 별거하거나 몸을 제대로 가누지 못하는 노인들도 효도대행서비스업체와 연계를 맺어 두면 안심하고 노후생활을 할 수 있다.

홈 어시스턴트 서비스 에이젠시(Home Assistant Service Agency), 케어 매니지먼트 에이젠시(Care Management Agency) 또는 에이징 네트워크 서비스 에이젠시라고 호칭되는 노인대상 서비스산업은 현재 미국에서는 비영리단체가 운영하는 것도 있기는 하지만 그 대부분은 영리를 목적으로 하는 민간기업이 이에 참여하고 있다.

아리조나(Arizona)주의 수도 휘닉스(Phaenix)에서 동남쪽 50km 지점에는 세계최대규모의 노인촌락이 형성되어 있다. 이 촌락은 통칭 선시티(Sun City)라고 호칭되고 있기도 하다. 선벨트 내에 위치해 있기 때문에 붙인 명칭일 것으로 짐작된다. 선시티는 건축업자인 델웨브(Del Welb) 씨가 노후생활의 새로운 형태를 실현시켜 보겠다는 이상을 품고 1960년대 초 이 촌락의 건설에 착수한 바 있었는데, 현재 여기에는 8만 명 이상의 노인들이 집중 거주하는 거대한 촌락으로 탈바꿈하고 있다.

이곳에는 비영리단체가 운영하는 종합병원이 설치되어 있고, 18홀의 골프장이 17개소, 15개소의 교회, 은행과 금융신탁회사 등이 25개소, 그리고 실내수영장, 볼링장, 헬스클럽, 샤플보드장 등을 구비한 대규모의 노인종합 레크레이션센터가 5개소나 설치·운영되고 있다. 선시티에 거주하는 노인들은 연간 300달러 내외의 세금밖에 내지 않는다. 이것은 타 지역 거주자들이 내고 있는 세금액에 비하면 엄청나게 싼 금액이다. 미국은 교육관계 세금이 전체 담세율의 40.0%를 점하는데 이곳에는 청소년대상 교육기관이 없기 때문에 교육세를 낼 필요가 없다는 것이 그 이유이다.

1960년대 초 델웨브건설회사가 선시티를 건설하기 위해 모델하우스를 처음 공개했을 때의 일이다. 공개를 시작한 처음 1주일간 10만 명 이상의 방문객이 이곳을 찾았고, 이 기간에 1천2백 명 이상의 노인들이 입주계약을 체결했다. 촌락 건설을 담당했던 회사의 당사자들도 이와 같은 좋은 성과를 거두리라고는 미처 생각지 못했었다고 한다.

선시티에 이와 같이 노인들이 몰려드는 이유로는, 이곳에는 다양한 취미/오락시설과 여가프로그램이 완비되어 있고, 시설관리가 잘 되어 있어 일상생활에서 입주자들이 신경을 쓸 일이 별반 없으며, 동년배 노인들끼리의 집단생활이기 때문에 대화의 상대자 또는 취미오락활동을 같이할 파트너가 많다는 점 등을 들 수 있다.

현대사회에서 제기되는 노인문제 중에는 고독과 소외라는 것이 있지만 이곳에 입주해 있는 노인들은 그러한 문제 때문에 고통을 체험하는 경우는 거의 찾아볼 수 없다. 노인들이 이 촌락에 몰려와서 사는 이유는 취미오락을 위한 여가프로그램이 매우 다양하다는 것 이외에도 이곳은 노인들이 생활하기에 가장 안전한 곳이라는 점을 들 수 있다.

노인들은 신체적으로 허약하기 때문에 그들의 소지금품을 노리는 범죄집단의 희생물이 되는 경우가 적지 않다. 특히 미국의 경우 강도들이 노인이 거주하는 집에는 대낮에도 서슴없이 침입해서 금품을 약탈해 가는 사례가 적지 않다. 그런데 노인촌락에 거주하는 노인들은 강도집단으로부터 피해를 당하는 일이 거의 존재하지 않는다는 장점이 있다. 입주자들로 구성된 자경단이 24시간 끊임없이 촌락의 전 지역을 순회하며, 경비에 만전을 기하고 있기 때문이다.

이곳에 일단 입주한 노인들은 결코 다른 곳으로 이주할 생각을 하지 않는다. 인간이 노후생활을 함에 있어서 이 이상 편리하고 마음에 드는 곳이 없다고 생각하기 때문이다. 이곳에는 무료함이라든가 고독감 때문에 고통을 받지 않아도 된다. 많은 노인들이 한데 모여 살고 있기 때문에 본인이 원하기만 하면 언제나 손쉽게 마음에 맞는 친구를 사귈 수 있다.

선시티에는 노인들이 취미활동, 여가활동 또는 일상생활에 필요한 모든 설비와 프로그램이 완비되어 있을 뿐만 아니라 그러한 활동을 같이할 수 있는 친구들을 얼마든지 사귈 수 있다.

이 촌락에는 100여 종류에 달하는 클럽활동이 있다. 음악동호클럽, 볼링클럽, 에어로빅클럽, 카드놀이클럽, 화초가꾸기클럽, 승마클럽, 그리고 수공예부문에서는 도자기굽기클럽, 보석세공클럽 등도 있다. 영화, 연극, 강연회, 강습회, 음악회 등이 매주 한 번씩 정기적으로 개최되고, 레크레이션센터나 체육관에서는 각종 프로그램을 마련해 놓고 이를 입주자들에게 알린다. 의료서비스, 간호서비스를 비롯해서 심부름을 해 주는 사람, 빨래나 청소를 해 줄 사람, 그리고 일용품을 구입하는 일에 이르기까지 모든 편의가 시설 내에서 손쉽게 해결될 수 있다.

식사문제에 있어서도 자취할 수도 있고 시설 내의 공용식당을 이용할 수도 있도록 되어 있고, 주택구조도 건강이 좋지 못한 노인들이라 하더라도 용이하게 생활이 가능하도록 구조설계가 잘 되어 있다. 정원에는 화초, 잔디, 관상수 등이 조화를 이루어 잘 정리되어 있다. 노인들 중에는 촌락 내에서 승용차 대신 골프카트(Golf Cart)를 이용하는 등 연중 장기휴가를 즐기는 것과 같은 분위기 속에서 생활한다.

(3) 프랑스: OECD국가 중 노인보호 가장 활성화

프랑스는 유럽대륙 중심부에 위치하고 있는 국토면적 5십5만 평방킬로미터에 인구는 5천9백만 명을 약간 상회한다. 65세 이상 노인인구는 2000년 현재 8백1십만 명으로 전체 인구대비 16.0%이지만 앞으로 10년 후인 2010년에는 20.0% 선에 도달할 것으로 전망된다.

프랑스 여성의 평균수명은 83세이고, 남성의 경우는 74세이다. 이와 같은 이유 때문에 이 나라는 노인 중 여성이 차지하는 비율이 상당히 높다. 65세에서 79세의 노인 중 여성노인이 차지하는 비율은 60.0% 내외이지만 80세에서 89세 사이에서는 74.0%, 그리고 90세 이상에서는 79.0%가 여성이다.

프랑스의 65세 이상 노인 중 94.0%는 일반주민들과 더불어 지역사회에서 살고 있고 나머지 6.0%는 공공기관 또는 민간단체가 운영하는 노인주거시설에서 생활하고 있다. 그리고 일반주택에서 생활하고 있는 노인 중 32.0% 내외는 독신가구이고 53.0%는 노부부세대이며, 나머지 10.0% 내외는 자녀 또는 친지들과 동거한다.

프랑스가 노인복지와 관련된 정책을 본격적으로 개발하기 시작한 것은 1960년대 중반부터의 일이다. 고령화, 핵가족화 경향의 심화로 인하여 노인문제가 심각한 사회문제로 대두됨에 따라 각 매스컴에서는 연일 사설이나 특집기사를 통해서 노인문제의 해결을 위한 범국민적인 대응책의 수립이 필요함을 강조했다.

따라서 이에 대한 종합적인 대책이 필요하다고 판단한 정부는 1967년 사회문제, 노인문제와 관련된 전문가들로 구성된 국가노인복지대책위원회(Fondation Nationale de Gerontologie)를 설치하고 본격적으로 이 문제의 해결책을 강구하기 위한 정책대안을 마련하기 시작했다.

그리고 1976년부터 시작되는 제7차 사회경제개발계획에서부터는 노인은 가급적 지역사회에서 보호해야 한다는 원칙(community care)하에 가정보호서비스(home care service)망의 구축, 지역단위로 노인클럽(third age clubs)의 조직과 노인주간보호센터(Day Centres)를 설치하는 사업, 그리고 독거노인들에게는 가정으로 식사를 배달해 주는 사업 등을 수행함으로써 노인들로 하여금 가급적이면 젊었을 때부터 살아왔던 지역사회에 계속 그대로 머물러 있도록 하는 정책을 펴 나갔다.

1981년 미테랑이 주도하는 사회당정권이 출범하면서부터 노인복지정책은 비약적으로 활성화하기 시작했다. 미테랑은 대통령으로 취임함과 동시에 정부조직법을 개정하여 노인문제를 전담하는 노인복지부장관(Secretary of State for Old People)제도를 신설하였고, 1982년에는 정부관계자, 노인단체지도자, 그리고 사회복지전문가들로 구성되는 노인복지대책국가위원회를 발족시킴과 동시에 중앙정부 각 부처에는 노인전담위원회를 설치하고 각 부처로 하여금 각자 노인을 위해서 해야 할 역할을 수행하도록 했다.

프랑스는 전통적으로 중앙집권적 성격이 농후한 정치시스템을 유지해 왔는데 미테랑정권은 1983년 지방자치법을 제정함으로써 종전까지 중앙정부 소관이었던 많은 권한을 지방자치단체로 이관하게 되었다. 따라서 이때부터 노인복지와 관련된 모든 업무는 지방자치단체 책임하에 수행하게 되었다.

프랑스의 주요연금제도로는 직업과 관련된 노령연금과 기초생활보장연금(Old Age Pension)의 두 가지가 있는데 이는 직장연금관리공단과 지방정부에 의해서 관리되고 있다. 직업과 관련된 연금제도에는 근로자의 75.0%가 가입하고 있다. 이 연금제도에 다해서 37년 이상 갹출금을 불입한 60세 이상 노인은 과거에 소득이 제일 많았던 10년 동안 평균소득의 70.0% 정도를 수급받는다. 기초생활보장연금은 국가가 조세부담에 의해서 그 재원을 조달한다. 따라서 이 연금의 수급대상은 일정소득 이하의 노인층에 국한된다.

프랑스의 의료보험은 고용자와 피고용자의 갹출금과 국고보조금에 의해서 운영되고 있는데 국민의 99.0%가 이 제도에 의해서 의료혜택을 받고 있다. 프랑스의 전체 의료시설 중 70.0% 내외는 국가 또는 지방자치단체에 의해서 운영되고 있다. 병원을 이용하는 환자들이 의료시설을 이용할 경우 진료비를 먼저 현찰로 병원에 지불하고 난 후 나중에 의료보험기금에서 진료비 총액의 75.0%를 환불받는다. 그러므로 의료비 중 본인 부담은 25.0% 내외이다.

그러나 대부분의 노인들은 별도로 제정된 법률에 의해서 의료비의 면제혜택을 받고 있다. 현재 65세 이상 노인 중 의료보험의 갹출금을 지불하고 있는 비율은 8.0% 내외에 불과하지만 이 나라의 의료보험기금 중 48.0% 이상이 노인계층의 의료비로 지급되고 있는 실정인데 앞으로 노인대상 의료비의 지출비율은 더욱 늘어날 것으로 전망되고 있다.

프랑스는 OECD 국가 중에서도 노인을 위한 지역사회보호서비스가 가장 활성화되고 있는 나라에 속한다. 프랑스가 노인복지에 있어서 지역사회보호서비스 프로그램에 중점을 두게 된 것은 제6차 경제개발계획이 시작된 1971년도부터이다. 노인들로 하여금 재가에서 생활할 수 있는 환경을 조성해 줌으로써 시설수용을 극소화시켜 보자는 취지에서이다. 노인들에게 재가생활을 가능케 하기 위해서는 첫째로 생계를 위한 수입이 있어야 하고, 둘째는 거처할 수 있는 주택이 있어야 하고, 셋째, 몸이 불편했을 때에는 누군가 시중을 들어 줄 사람이 있어야 한다. 따라서 지역사회 보호서비스는 이러한 문제를 해결하기 위한 다양한 프로그램의 운영을 필요로 한다.

따라서 프랑스는 이때부터 재가노인들을 대상으로 주택수당제도의 실시와 주택개량사업, 가사원조사업, 간병간호사업을 본격적으로 추진하기 시작했다. 이와 같은 노인에 대한 복지사업은 주로 시군구(department) 단위의 행정기구가 책임을 진다. 시군구에는 고령자에 관한 위원회(comite departmental des personnes agees)가 설치되어 있는바 노인복지에 관한 업무는 모두 이 위원회가 관장한다.

노인을 위한 재가복지서비스 프로그램은 매우 다양한데 그중에서는 국가적인 차원에서 의무적으로 수행해야 할 프로그램이 있고, 시군구나 읍면동(commune)이 스스로 필요에 의해서 수행하는 프로그램도 있다. 읍면동 등 지방자치단체에서 노인을 대상으로 임의적 자발적으로 수행하는 사업으로는 생활상담서비스, 여가활동촉진과 관련된 사업, 가사지원사업, 간병보호와 노인급식과 관련된 사업 등이다.

프랑스에는 노인을 위한 재가요양서비스(district nutsing/home care nursing)

프로그램이 매우 조직적으로 운영되고 있다. 이러한 지역요양서비스의 주요 목적은 노인을 가능한 병원에 입원시키는 것을 피하고자 함에 있다. 현재 프랑스 노인 중 지역사회보호서비스를 받고 있는 노인은 85만 명을 상회하지만 아직도 이러한 프로그램이 더욱 확대되어야 한다는 것이 전문가들의 공통된 견해이다.

노인 위한 여가·주택분야 집중투자

프랑스정부는 노인들의 여가활동 활성화를 위해서 많은 투자를 하고 있다. 이 나라 노인들의 여가활동을 돕기 위해서 설치·운영되는 시설 중에는 제3세대 대학(University du Traisieme Age), 노인여가대학(University du Temps Disponible) 등이 있는바 이러한 시설은 프랑스 어느 도시에서나 어렵지 않게 찾아볼 수 있다. 제3세대 대학은 주로 큰 도시에 분포되어 있고, 노인여가 대학은 인구가 그리 많지 않은 읍면(commune) 단위에서 흔히 찾아볼 수 있다.

필자가 파리에 들렀을 때 투숙했던 호텔에서 그리 멀지 않은 곳에 위치한 제3세대 대학 한 곳을 방문한 일이 있다. 그곳 대학에서 학습프로그램 운영을 책임지고 있다는 싸롬(Michel Salom) 씨가 필자를 반갑게 맞아 주었는데, 그에 의하면 동 대학에는 영어학습반, 역사학습반, 고고학 학습반, 미술학습반, 컴퓨터학습반 등 10여 과목의 학습프로그램이 개설되어 있다고 했다.

시설 내에는 노인들이 여가시간을 이용해서 취미활동을 할 수 있도록 하기 위한 당구장, 탁구장, 음악감상실, 헬스클럽 등이 병설되어 있었는데 이곳에 나오는 노인들 중에는 학습활동보다는 오락이나 스포츠활동에 더욱 관심을 나타내는 분들도 적지 않다고 했다.

시설의 관리비를 비롯해서 프로그램 운영에 소요되는 모든 비용은 정부와 지방자치단체가 공동으로 부담하는 것을 원칙으로 하고 있지만, 식사비 또는 수강료의 일부는 시설이용 노인들이 자부담하기도 한다고 했다. 프랑스에서는 전국적으로 이와 같은 노인대학이 600여 개소가 개설되고 있는데,

앞으로도 계속 증설되어 나갈 것이라 한다.

프랑스에도 노인들에게 교통요금의 할인혜택을 비롯하여 각종 이용요금의 할인혜택을 주는 제도가 실시되고 있다. 지역에 따라 약간의 치이는 있으나 65세 이상 노인은 시내버스를 이용할 경우 무료 또는 50.0%까지의 할인혜택을 받고 있다. 파리에 살고 있는 노인의 경우 1개월간의 소득이 5,000프랑(85만 원) 미만의 노인은 버스와 지하철을 무료로 이용할 수 있다고 하는데, 이에 소요되는 비용은 지방자치단체의 예산으로 충당된다.

국영철도공사에서는 60세 이상 노인에게 모든 철도요금의 50.0%를 할인해 주는 제도(Carte Emeraude)를 실시하고 있으며, 프랑스항공사는 에어프랑스(Air France)를 이용하는 65세 이상 노인에게 국내여행에서는 50.0%, 해외여행 시에는 25.0%의 할인혜택을 주고 있다. 노인들에게 이와 같이 할인혜택을 주는 제도는 극장 미술관, 박물관, 고궁, 운동경기장 등 광범위하게 실시되고 있다.

프랑스의 노인단체들은 노인권익신장을 위한 활동에 매우 적극적이다. 이 나라에는 10여 개의 노인단체가 있지만 그중 대표적인 단체로는 전국고령자클럽연합회(National Senior Clubs)와 전국노인연맹(Older Personis Federatopn)이라 할 수 있다. 전국고령자클럽연합회는 4천여 개의 지역단위 노인클럽의 연합체이고, 전국노인연맹은 각 노인단체의 대표와 노인복지관련 사업체의 책임자들로 구성된 단체이다.

이들은 국가의 노인복지정책 결정과정에 크게 영향력을 행사하고 있다. 1967년 국가가 노인복지대책위원회를 구성할 때, 1981년 사회당 정권이 노인복지청을 신설할 때, 1996년 노인여가대학, 노인클럽 등의 활동비 지원액을 획기적으로 증액하는 조치를 취하는 과정 등에서 이들은 거대한 압력단체로서의 위력을 유감없이 발휘했다.

프랑스의 전체 노인 중 입소시설에서 생활하고 있는 비율은 6.0% 내외이다. 그중 노인집합주택(logement foyer)에서 생활하는 노인이 12만 3,000명, 노인보호주택(maison du retraite · arsist living facility)에는 21만 6천여 명, 그리고 중증요양시설(maison daccueil) 또는 노인전문병원(long sejaur) 등에서 보호를 받고 있는 노인은 15만 2,000 명 내외이다.

노인집합주택이라 함은 건강상태가 비교적 양호한 노인들이 입주하여 자취생활을 할 수 있도록 설계된 임대주택으로서 그 규모는 대부분 15세대에서 20세대 내외이다. 이러한 시설에는 반드시 관리인 1명이 배치된다. 입주노인들은 취사, 세탁, 청소 등 일상생활에 필요한 모든 일을 스스로 해결한다고는 하지만 상대가 노인들이라 이것저것 도와주어야 할 일들이 적지 않았기 때문이다.

프랑스 정부가 노인집합주택 건설사업에 집중적으로 투자한 것은 1960년대의 일이다. 건강한 노인을 위한 주거시설사업 위주의 정책을 폈던 이유 중에는 당시까지만 하더라도 허약한 노인들의 수발은 의례히 자녀들이 책임져야 한다는 생각이 지배적이었음과 상관관계가 있다. 그러나 그 후 고령 후기 노인비율의 증가추세가 현저히 나타났고, 부부맞벌이 가정의 비율이 증가하여 시설보호의 필요성은 증대하였는데 노인집합주택의 기능은 이러한 노인들을 위한 주거조건으로는 적합지 않다는 판단하에 1970년대에 접어들면서부터는 노인보호주택 건설에 중점을 두는 정책으로 전환하게 되었다.

노인보호주택에서는 입주노인들에게 식사, 세탁, 청소 등 서비스 이외에도 그들의 신체적 또는 정서적 조건에 부합되는 각종 취미오락 프로그램까지 운영함으로써 고령의 노인들이 생활하기에는 안성맞춤의 시설이다. 노인보호주택개발과 병행하여 건설하기 시작한 또 다른 시설은 중증요양시설과 노인전문병원이다. 중증요양시설은 치매 또는 중풍 등으로 하루 24시간 수발 또는 보호를 필요로 하는 노인을 수용·보호하는 시설이고, 노인전문병원은 장기간 입원치료를 요하는 노인들을 수용하여 지병을 치료해 줄 것을 목적으로 하는 시설이다.

이러한 노인주거시설의 건설사업은 임대주택의 공급을 목적으로 정부출자에 의해서 설립·운영되는 HLM주택공사와 분양주택을 공급하는 공공기관인 국토건설공사(OPAC), 그리고 광역자치단체인 리지온(Region)이 출자한 주택건설공사 등이 담당한다. 상기한 주택공사는 노인과 관련된 주거시설을 건설한 후 이를 시설의 운영을 전담하는 비영리단체에게 임대해 주고 있다. 따라서 노인수용시설의 운영을 전담하는 비영리단체는 건물은 임대방식에 의해서 사용할 수 있으므로 그리 많은 자산이 없어도 노인입소시설을 운영할 수가 있다.

다른 서구사회 여러 나라에서도 다 그러하듯이 프랑스 역시 시설의 입소비용은 각자 개인이 부담하는 것을 원칙으로 하고 있다. 노인들의 대부분은 노후를 대비해서 젊었을 때 비축해 둔 재산이 있거나 또는 연금을 수급받고 있어 국가나 지방자치단체가 입소비용을 부담할 필요가 없기 때문이다. 그러나 입소자 중 소득이 일정 수준 이하인 노인에게는 국가가 정한 공적 부조정책에 의해서 비용의 일부를 보조받기도 한다.

프랑스는 노인문제 또는 노년학연구에 많은 투자를 하고 있는 나라 중의 하나다. 이 나라에서 노년학 연구에 관심을 갖기 시작한 것은 1930년대부터의 일이지만 이 분야 학문의 연구가 본격적으로 이루어지기 시작한 것은 1940년대 중반부터라 할 수 있다. 1948년에 정부출자에 의해서 설립된 노인문제연구소(The Center for Gerontological Studies and Research)는 지난 50년간 계속해서 노인복지와 관련된 정책대안을 마련해서 정부정책결정과정에 반영시키고 있고, 각 대학에서는 노인복지학과, 노년사회학과, 노인병학과 등을 설치하여 이 분야의 인재를 양성하고 있다.

(4) 영국: 탈시설화정책에 따라 재가노인복지 집중투자

영국은 잉글랜드, 웨일스, 스코틀랜드 등 3개의 섬으로 구성되어 있고 국토의 연면적은 24만 3천 평방킬로미터, 인구는 5천8백만 명을 약간 상회한다. 65세 이상 노인인구는 9백2십만 명으로 전체 인구대비 15.7%이다. 평균수명은 남자 74.5세이고, 여성은 79.5세의 장수국가이다. 전체 노인 중 94.2%는 개인주택에 거주하고 있는데 그중 독거노인은 35.0%, 노부부끼리 세대를 구성하고 있는 비율은 38.0% 내외이다. 1960년대 초까지만 하더라도 독거노인은 21.0%, 노부부세대는 33.0% 수준이었던 것에 비하면 지난 40년간 가족해체현상이 완만하게 진행되고 있음을 알 수 있다.

현재 이 나라에는 80세 이상의 고령 후기 노인이 급격히 증가하고 있다는 것이 문제가 되고 있다. 1980년에는 65세 이상 노인 중 80세 이상의 노인비율은 7.0% 수준이었던 것이 1998년에는 그것이 12.0%로 증가했다.

사회적인 수발의 필요성이 증가하는 고령 후기 노인들의 대부분은 여성노인들인데 이들은 남성노인보다는 경제적인 자립도가 약할 뿐 아니라 그들 중 높은 비율은 독거노인이라는 점 때문에 커다란 사회문제가 되고 있기도 하다.

영국에 있어서 노인을 위한 근대적인 복지서비스관련 정책이 본격적으로 개발되기 시작한 것은 제2차세계대전이 끝난 1945년 이후라고 보아야 한다. 1946년에는 국가의료서비스법(National Health Service Act)에 의해서 전 국민에게 무료로 의료서비스가 제공되기 시작했고, 1948년에는 사회보장법(Social Security Act)과 국가보조법(National Assist Act)을 제정하여 생계의 어려움을 겪고 있는 노인들의 생활을 안정시키는 조치를 취했다.

영국의 행정기구는 중앙정부 밑에 카운트(County)라고 불리는 광역자치단체가 있고, 그 산하에 디스트릭트(district)라는 기초자치단체가 있다. 영국의 지방자치단체는 독자성이 매우 강하므로 지역마다 정책이나 행정의 내용이 크게 차이가 있다. 주지하는 바와 같이 영국은 전통적으로 노동당과 보수당이 서로 번갈아 가며 집권을 하는 나라이다. 따라서 중앙정부는 말할 것도 없고 지방자치단체의 정책이나 행정도 어느 정당소속의원이 지방의회의 다수파를 점하느냐에 따라 그 내용이 많이 달라진다. 그러므로 노인복지와 관련된 정책이나 행정에 있어서도 예외일 수 없다.

중앙정부 내에 설치되어 있는 사회복지관련 부서로는 보건성, 사회복지성, 그리고 환경성 등이 있다. 보건성은 의료보장과 사회복지서비스부문을 담당하고, 사회보장성은 소득보장과 관련된 연금부문을, 그리고 환경성은 주택공급과 관련된 업무를 관장한다. 그러나 중앙정부는 주로 정책을 개발하여 지방자치단체에 시달하고 그것이 제대로 시행되고 있는지 여부를 점검 또는 조언하는 역할만을 수행할 뿐 모든 행정의 운영주체는 지방자치단체라고 해도 과언이 아니다.

중앙정부의 정책은 대부분 큰 테두리만을 제시하고 있으므로 지방자치단체는 이러한 정책이나 방침을 실천하고 옮김에 있어서는 해당 지역의 특수사정에 부합되도록 별도로 세부규정을 마련하는 방법으로 운영의 묘를 기하고 있다.

광역자치단체인 카운티 또는 기초자치단체인 디스트릭트 등에서는 의회의 의장이 해당 자치단체장을 겸임하고 행정업무는 의회 산하 기구인 각 위원회 내에 설치된 행정부서에 의해서 수행된다. 예를 들어 복지서비스와 관련된 행정은 사회서비스위원회 산하의 사회서비스국이 담당하고, 주택행정은 주택위원회 산하의 주택부가 담당한다.

영국 노인복지의 기본방향은 커뮤니티케어개념(community care concept)의 적용 또는 탈시설화정책의 추구라고 말할 수 있다. 이것은 노인으로 하여금 가능한 한 그들이 살고 있는 주택에 그대로 머물러 생활할 수 있도록 국가나 사회가 도와줌으로써 시설수용을 가급적 억제해 보자는 데 있다. 이러한 정책을 추구하기 위하여 영국은 재가노인복지사업에 많은 예산을 집중적으로 투입하고 있다.

영국에서 실시하고 있는 재가노인복지사업으로는 사회적 서비스(Social Work Service)와 가정봉사원 파견서비스의 두가지 유형이 있다. 전자는 문제를 지닌 노인 당사자 또는 그 가족에 대해서 문제해결을 위한 상담과 사전평가 등을 행하는 서비스이고, 후자는 노쇠현상의 심화 등으로 인해서 자력으로는 일상생활을 해 나가기 곤란한 노인들을 대상으로 가사지원 또는 신체적 수발 등을 해 주는 서비스이다.

중앙정부는 1972년에 가사지원서비스의 기준을 정한 가이드라인을 설정한 바 있는데 그 기준에 의하면 첫째, 서비스 종사자의 배치는 인구 10만 명당 150인, 그리고 65세 이상 노언 1천 명당 12인을 배치한다. 둘째, 서비스 종사자의 근로조건은 1일 5시간, 주당 5일간 근무한다. 그리고 종사자에 대한 근무수당은 서비스를 받는 노인들 개인이 부담하는 것을 원칙으로 하지만 본인 부담의 능력이 없는 노인들에게는 그 비용의 일부 또는 전부를 지방자치단체가 보조하는 것으로 되어 있다. 현재 재가서비스를 받고 있는 노인 중 38.0% 내외는 서비스 이용의 일부 또는 전부를 지방비보조에 의존하고 있다. 영국에는 현재 재가노인복지서비스 분야에서 일하고 있는 종업원 수가 63만 명 내외인데 앞으로 10년 후에는 약 30만 명의 인원이 더 보충되어야 할 것으로 전망되고 있다.

재가노인복지사업의 유형으로는 가사지원서비스, 신체수발서비스, 주간휴식처 제공서비스, 배식서비스, 신체보조기구 대여서비스 등이 있다. 가사지원서비스는 취사, 세탁, 청소 등을 돕는 일이고, 신체수발서비스는 입욕, 배설, 투약, 그리고 보행을 돕는 일이다. 주간휴식처 제공서비스(Day Care Service)는 마을단위로 설치되어 있는 주간휴식처(데이센터)에서 노인들을 대상으로 레크레이션 프로그램을 운영하는 사업이고, 배식프로그램은 독거노인들에게 하루 한 끼씩 영양가가 높은 식사를 배달해 주는 서비스이다. 신체보조기구 대여서비스는 지방행정구역단위별로 1개소씩 설치되어 있는 신체보조기구센터로 하여금 해당 지역 노인들에게 휠체어, 보청기, 보행보조기구, 병상용 침대 등을 유상 또는 무상으로 대여해 주는 서비스이다.

영국의 노인들은 대중교통수단인 시내버스나 지하철을 이용할 때 무료 또는 할인혜택을 받고 있다. 어떤 지역에서는 시내버스를 이용할 때 아무런 제한없이 요금을 안 받는 제도를 실시하고 있고, 어떤 지역에서는 저소득노인들에게만 무료혜택을 주고 있다. 런던의 경우는 월요일에서 금요일까지는 아침 9시 이후, 그리고 주말과 공휴일에는 시간제한 없이 시내버스와 지하철을 무료로 제공한다. 그리고 영국관광공사가 직영하는 고속버스는 영국 내에서는 물론이고 유럽대륙을 여행하는 노인에게까지도 탑승요금의 30.0%까지 할인해 주고 있고, 민간기업이 운영하는 관광버스 등에서도 노인에 대해서는 20.0% 내외의 할인혜택을 부여하고 있다.

영국의 국영철도청은 65세 이상 노인에게 노인철도카드(Senior Rail Card)

를 제공하고 있는데 이 카드의 소지자는 국내는 물론이고 다른 유럽국가를 여행함에 있어서도 철도요금과 여객선 탑승요금의 50.0%까지 할인받을 수 있다. 영국항공사(British Airways)는 65세 이상 노인에게는 국내노선 이용시에는 탑승요금의 50.0%를 할인해 주는 제도를 실시하고 있다. 박물관은 노인에게 무료로 개방하고 있고, 극장과 미술관 그리고 공공기관에서 운영하는 각종 시설에서도 노인에게는 입장료의 할인혜택을 부여하고 있다.

'요람에서 무덤까지' 세계 근대복지 견인차

영국은 사회복지가 가장 잘 발달되어 있는 나라 중의 하나다. 이 나라의 사회복지는 수혜대상을 국민 중 일부계층에 국한하지 않고 전 국민을 대상으로 하는 보편주의의 원리(universal concept)를 채택하고 있다는 데 그 특징이 있다. 우리가 일반적으로 영국의 사회복지를 말할 때 이 나라는 요람에서 무덤에 이르기까지 사회복지가 완벽하게 이루어지고 있는 나라라고들 하는 것도 바로 이 때문이다. 또한 영국의 이러한 제도는 오늘날 세계 모든 국가가 근대적 사회복지의 기본틀을 구축하는 과정에서 견인차 역할을 해 왔다고 해도 과언이 아니다.

그러나 영국의 사회복지가 오늘에 이르기까지에는 그간 여러 단계의 발전 과정을 거쳐야 했다. 19세기 말까지만 하더라도 영국에는 구빈사업은 있었지만 사회복지개념에 입각한 복지정책은 존재하지 않았다. 그러므로 당시의 구빈사업은 대부분 자선단체 또는 종교단체가 주도했고 국가는 단편적 또는 케이스별로 그들의 사업을 지원하는 형태를 취했을 뿐이다.

그러므로 국가가 사회복지정책에 개입하기 시작한 것은 20세기에 들어서면서부터라고 할 수 있다. 1908년에는 노령연금법(Old age Pension), 1911년에는 국민보험법(National Insurance Act), 그리고 20년대와 30년대에는 산업 재해 보상법과 실업보험법 등도 뒤이어 제정되기에 이르렀다.

당시 제정된 노령연금법은 70세 이상의 노인으로서 20년 이상 영국에 거주한 자로서 일정소득 이하인 경우 국가가 조세부담에 의해서 최저생계비를 지급하는 제도였고, 국민보험법은 수혜자의 갹출을 근거로 하여 복지혜택을 부여하는 사회보험방식이다. 그러나 당시에 실시되었던 이러한 사회보장과 관련된 제도들은 타 제도와의 연계성의 결여, 제도 자체의 결함 등 많은 문제를 내포한 상태여서 운영 면에서 적지 않은 시행착오를 겪어야 했다.

그러므로 영국에서 근대적 사회복지제도의 기본틀이 마련된 것은 1940년 대에 들어와서부터라고 봐야 한다. 사회복지제도개혁의 필요성을 절감한 영국정부는 1941년 베버리지(William Beveridge) 경을 중심으로 한 사회정책개발위원회를 구성하고 사회복지정책의 개혁을 위한 대안을 마련하도록 한 바 있었는데 동 위원회가 2년간에 걸친 작업을 통해서 마련된 것이 그 유명한 사회보험과 관련서비스(Social Insurance and Allied Services)라고 불리는 대정부권고안이다.

당시 베버리지 경이 중심이 된 위원회에서 제시한 사회보장체계는 국민보험을 근간으로 하여 공적 부조, 완전고용, 국민건강서비스, 그리고 가족수당을 구성요소로 하고 있었는데, 그중 국민보험의 기본원리로는 적용대상의 전 국민화, 모든 위험에 대한 포괄적인 적용, 최저생계를 지탱할 수 있는 급여수준의 보장, 갹출(contribute)에 대한 권리로서의 급여혜택의 보장 등의 요소가 포함되어 있다.

일명 '베버리지보고서'라고도 불리는 이 대정부정책건의안이 발표되자 일반대중의 폭발적인 지지와 조속한 실천을 요구하는 목소리가 드높았고 서점가에는 이 보고서를 입수하려는 군중들로 장사진을 이루기도 했다. 그러나 당시의 수상이었던 처칠(Winston Churchill) 경은 이 보고서의 정책건의 내용 중에는 유토피아와 같은 허구적인 측면이 적지 않다는 점을 지적하며 국민들은 별반 큰 기대를 갖지 않는 것이 좋을 것이라고 말함으로써 권고안의 채택은 일시 보류상태에 놓이기도 했었다.

그러자 당시 세계적으로 명성이 높았던 영국의 경제학자인 케인즈(Maynard Keynes)를 위시해서 훼이반학파의 사회주의자인 코올(G. D. H Cole) 교수와 토오니(R. H. Tawney) 교수, 그리고 정치학계의 거두인 라스키(Harold Laski)

교수 등의 적극적인 지지에 힘입어 이 권고안은 국가정책으로 채택되기에 이르렀다.

이와 같은 과정을 거쳐 제2차대전 막바지단계인 1944년에 국민보험법이 제정되었고, 이듬해인 45년에는 가족수당법, 그리고 1946년에는 국민보험에 가입하지 못한 자에 대한 구제대책으로 조세를 재원으로 하는 공적 부조법(Public Assistant Act)이 제정되기에 이르렀다. 영국의 연금제도를 규정하는 국민보험법은 46년에 법이 제정되기는 하였지만 제도를 발족시킨 것은 48년도부터이다. 국민보험법은 발족 당시에는 균일갹출 균일급부(flat rate pension)제도였으나 그 후 수차에 걸쳐 제도수정이 가해져서 현재는 이것이 두 가지 형태로 분리·시행되고 있다.

그중 첫 번째 형태는 자영업자를 대상으로 하는 제도로서 이것은 기초연금만이 지급된다. 그리고 두 번째 형태는 기초연금에 소득비례를 가산한 형태로서 이것은 우리나라의 국민연금과 유사한 성격의 것으로 볼 수도 있다. 연금의 수급 개시시기는 남자는 65세, 여자는 60세부터이고, 연금의 수급액은 기초연금에 있어서는 단신은 190파운드(380,000원), 부부의 경우는 320파운드(640,000원)이다. 직장근무자인 경우에는 기초연금에 소득비례연금(earnings-related pension)분까지 포함시켜 지급받을 수 있으므로 그 수급액은 대체로 종전소득의 50.0%에서 60.0%에 이른다.

영국은 현재 65세 이상 노인 중 19.0%에 해당하는 1백7십2만 명이 공적 부조법에 의해서 국가로부터 최저생계비를 수급받고 있다. 캠브리지대학 사회학과의 워커(Walker) 교수가 실시한 노인대상 조사에 의하면 영국의 노인 가운데 상당수는 공적 부조법에 의해서 국가로부터 생계보조비를 받을 수 있음에도 불구하고 그것을 신청하지 않는 것으로 나타났는데 그것을 받기 위해서는 자격조건심사(means test)에서 당하게 되는 치욕감과 이용가능한 혜택에 대한 정보의 부족이 그 이유라고 했다.

영국의 의료보장제도 최대의 특징은 그 재원의 대부분을 세금에 의해서 충당하고 있다는 점이다. 따라서 노인은 말할 것도 없고 일반 젊은이들도 병원비 또는 약값을 자부담하지 않는다. 국가가 의료를 공급하는 국민보건제도(National Health Service)가 바로 그것이다.

이 제도는 1946년 노동당정권 당시 제정된 국민보건서비스법에 의해서 1948년부터 실시되고 있다. 이러한 제도적인 장치에 의해서 모든 국민은 질병의 치료와 그 예방, 간병과 간호, 그리고 리헤비리테이숀까지를 포함하는 포괄적인 보건의료서비스를 무료로 받을 수 있게 되었다.

국민보건의료제도(NHS)의 내용은 가정의(家庭醫) 서비스, 병원서비스, 지역보건서비스 등 세 가지로 구분될 수 있다. 가정의 서비스의 내용으로는 주민들은 해당 지역의 일반의사 중 1명을 가정의로 선택하고 이를 가정의위원회에 등록한다. 가정의는 해당자를 정기적으로 검진·예방·접종 또는 건강상담 등을 행하는 한편 전문적인 치료를 받을 필요가 있는 자에 대하여는 전문병원을 소개한다.

주민들은 여행이나 응급치료가 필요한 경우를 제외하고는 가정의에게만 가야 한다. 병원에 가기 위해서는 반드시 가정의의 소개가 있어야 한다. 지역에 살던 노인이 양로시설에 입원했을 경우라 하더라도 등록된 가정의의 왕진을 받도록 되어 있다. 따라서 양로시설에서는 별도의 의사를 고용할 필요가 없다.

병원은 가정의로부터 소개받은 환자에 대하여 전문적인 의료행위를 한다. 병원의 대부분은 국영이고 의사, 간호사 등 직원은 모두 국가공무원이다. 지역보건서비스사업은 재가노인과 보다 밀접한 관계가 있다. 지역단위(district)로 설치되어 있는 지역보건국 소속의 간호사, 간병사 등은 간병과 간호를 필요로 하는 모든 노인들을 대상으로 침구의 교환, 붕대교환, 주사, 투약, 혈압검사 등의 서비스를 제공한다.

지역사회중심 복지정책지향

영국은 커뮤니티케어(community care)라는 새로운 개념을 사회복지정책의 일환으로 받아들이고 있다. 이것은 노인들은 가급적 시설에 입소시키지 않고 지역사회에 그대로 머물러 살 수 있도록 하자는 취지에서 개발된 개념이다. 시설에 입소하는 노인들은 대부분 대인서비스를 받아야 할 입장임에도 불구하고 일반주택에서는 그러한 서비스를 제대로 받을 수 없다는 점 때문에 시설을 택하게 된다.

노인들은 가급적이면 자신이 지난 오랜 기간 생활해 오면서 정들었던 지역사회에 그대로 머물러 있기를 원한다. 그곳에는 가족과 친척이 있고 평소 가깝게 지내고 있는 친구와 친지들도 있어 고독이나 고립감을 느끼지 않고 노후생활을 할 수 있다는 이점이 있기 때문이다. 따라서 노인들은 자신이 지금까지 살고 있는 지역에 그대로 머물며 생활하면서 자신이 필요로 하는 각종 대인서비스를 받을 수 있는 여건만 마련된다면 구태여 시설에 입소하지 않아도 된다.

그러므로 영국정부는 커뮤니티케어 정책의 실효성을 높이기 위해서 재가노인들이 필요로 하는 각종 대인서비스를 가정으로 전달하는 지원망 구축에 전력을 투구하고 있다. 가사지원서비스, 가정간호사 파견사업, 노인이 사는 주택으로 식사를 배달하는 프로그램, 재가노인들을 대상으로 교통편의를 제공하는 프로그램, 그리고 노인들이 일반주택에서 생활하기에 편리하도록 하기 위한 주택개조사업 등에 막대한 투자를 하는 것도 모두가 시설에의 입소를 극소화시켜 보자는 정책의 일환이다.

영국정부가 커뮤니티케어의 정책을 구현하기 위해서 심혈을 기울이는 또하나의 이유는 복지재정의 절감과도 상관관계가 있다. 재가노인복지서비스를 통해서 문제를 해결하는 것이 시설에 수용하는 것보다 복지예산을 절감할 수 있다고 판단하고 있기 때문이다. 노인을 시설에 입소시키기 위해서는 시설건축비와 유지관리비, 인건비 등 막대한 예산이 소요되지만 재가노인서비스의 경우는 우선 시설비가 들지 않고 대인서비스 프로그램을 운영함에 있어서도 지역사회에 존재하는 기존의 자원, 즉 가족과 친지, 그리고 자원봉사자 등 비공식자원의 효과적인 활용을 통하여 인건비를 절감할 수 있다는 이점이 있어 시설수용보다는 비용이 50.0% 이상 절감될 수 있기 때문이다.

영국에서는 어느 동네에 가나 쉘터드하우징(shelterd housing)이라고 호칭되는 노인보호주택을 흔히 찾아볼 수 있다. 지역단위로 설치·운영되고 있는 이 보호주택은 대체로 적게는 10인, 큰규모의 것은 20인 정도가 입주할 수 있도록 되어 있다. 실내의 구조로는 침대, 응접셋트, 취사시설, 화장실 등이 구비된 원베드룸 형태를 갖추고 있다.

이곳에 입주한 노인들은 75세 이상 연령층이 주류를 이루지만 식사, 세탁, 청소 등은 스스로 해결해야 한다. 노쇠현상이 심한 노인들의 경우는 마을단위로 설치되어 있는 가사지원센터에서 파견되는 홈헬퍼의 도움을 받는다. 매월 일정액의 주택임대료와 관리비를 내야 하지만 이것은 대부분의 경우 정부로부터 지급받는 주택보조수당으로 충당된다.

영국정부가 노인보호주택 건설에 중점을 두는 정책을 펴기 시작한 것은 1960년대 이후부터의 일이다. 영국이 이러한 정책을 펴게 된 동기는 당시 가족관계학 분야에서 세계적으로 명성이 높았던 타운젠드(Peter Townsend) 교수가 주도하는 탈시설화 운동의 대두가 그 배경을 이룬다. 그에 의하면 노인들이 양로시설에 들어가게 되는 것은 주택의 결여, 사회적 고립, 가족들로부터 원조를 받기 어렵게 된 피치 못할 사정이 있기 때문이지, 결코 그곳이 좋아서 그런 것은 아니라는 것이다. 따라서 노인복지적인 관점에서도 노인을 시설에 수용하기보다는 가급적 지역사회에 그대로 머물러서 생활하도록 해드려야 한다는 것이 이 운동을 일으키게 한 동기이다.

노인용 보호주택은 양로시설보다는 건축비, 운영비가 적게 들기 때문에 재정 면에서도 크게 도움이 된다는 점도 고려되어 1960년대 초에서부터 1970년대 후반에 이르는 동안 영국의 공용주택부문에서는 임대용 노인보호주택 건설을 매년 증가시켜 나갔다. 그러나 대처정권이 들어선 80년대 초부터는 작은 정부(small government)를 표방하게 됨에 따라 그때까지 국가재정을 투입해서 임대용으로 지었던 보호주택 중 높은 비율을 입주자들에게 매도하는 한편 보호주택을 신규로 건설하려던 계획도 모두 취소하는 사태가 발생했다.

고령화 사회의 진전이 가속화되고 있는 것이 당시 영국의 실정이었으므로 보호주택을 필요로 하는 고령자는 날이 갈수록 증가하는데 이와 관련된 주택건설은 중단됨으로 인해서 노인사회로서는 심각한 주택부족현상을 나타냈다. 이러한 상황하에서 보호주택공급 주체로 새로이 등장한 것이 민간의 건설회사 또는 부동산회사들이다. 민간기업에 의한 보호주택의 건설은 대처정권의 또 하나의 슬로건인 민영화정책(Privatization Policy)과도 관련된다.

현재 구입을 전제로 하는 보호주택이 얼마나 되는지에 대한 정확한 통계는 찾아볼 수 없다. 그러나 1990년대 초의 각종 자료에 의하면 민간기업은 연간 5천세대에서 8천세대 정도의 보호주택을 신축하고 있는 것으로 보고되고 있다.

지방자치단체나 주택협회 등 공공주택부문에서 공급하던 보호주택은 그 대부분이 임대용이었다는 데 비하여 민간부문에서 건축하고 있는 보호주택은 거의 모두가 구입을 전제로 하고 있다는 데 그 특징이 있다. 이 구입제도는 소유를 전제로 하는 것이 아니라 다른 시설로 이동했을 때에는 그 보증금을 환불받는 리즈계약(lease contract)에 의한 것이다.

필자가 영국에 들렀을 때 그곳 최대의 노인주택전문건설업체로 알려진 BUPA라는 건설회사의 주선으로 사우스테임즈(South Thames)지구 주택가 중심부에 위치한 노인보호주택 한 곳을 방문한 일이 있다. 그 보호주택은 연건평 520평 내외로 추산되는 규모였는데, 입주노인은 22인, 평균 연령은 82세, 3인만 남성이었고, 나머지는 모두 여성노인들이었다.

직원은 건물관리인(Warden) 한 사람뿐이었다. 관리인의 역할은 시설관리 이외에도 입주노인들이 건강상 문제가 있을 경우 서비스관련 담당기관, 예를 들어 가사지원센터, 방문간호센터 또는 해당 노인의 자녀들에게 연락을 취해 주는 일들이라 했다.

영국의 사회보장성이 1997년에 발표한 자료에 의하면 영국노인 중 일반주택에서 생활하고 있는 노인은 88.0%로서 절대다수를 차지하고 있고, 노인보호주택의 입주자는 8.0%, 노인홈(assist living facility)에는 0.5%, 요양시설에는 2.5%, 노인병원에는 1.0%로 집계되고 있다. 이러한 시설들은 지방자치단체가 직영하는 것도 있고 자선단체 등 비영리단체가 운영하는 것, 그리고 민간기업이 영리를 목적으로 운영하는 것도 있다.

노인보호주택인 경우 전국적으로 1만 3천여 개소인바, 그중 지방자치단체가 운영하는 시설은 2천1백5십 개소, 자선단체 등 비영리단체가 운영하는 것이 1천8백2십 개소인 데 비하여 민간기업이 운영하는 시설은 9천8백 개소를 상회한다.

(5) 스웨덴: '집에서 이웃과 더불어 생활' 노인정책 근간

스웨덴은 유럽대륙의 최북단 스칸디나비아 반도에 위치한 면적 450만 k㎡에 인구 885만 명으로 구성된 복지국가이다. 이 나라가 노인복지정책을 본격적으로 체계화 또는 활성화시키기 시작한 것은 1960년대 초부터이며, 이러한 정책에 중점을 두기 시작한 배경에는 인구의 고령화, 가족해체현상의 가속화, 그리고 국민소득증대에 따른 생활수준의 향상 등을 들 수 있다.

첫째, 인구의 고령화현상은 노인복지정책을 활성화시키지 않을 수 없는 요인으로 작용하였다. 노인인구가 급격히 증가추세를 나타내기 시작한 것은 1960년대 초부터이다. 1950년까지만 하더라도 65세 이상 노인인구는 전체 인구대비 6.2%에 불과했었는데 그 후 계속 증가추세를 나타내 1998년에는 17.4%로서 세계에서도 가장 노인인구 비율이 높은 장수국으로 자리매김하게 되었다. 앞으로도 노인인구의 증가추세는 계속되어 10년 후인 2010년에는 19.3%, 2030년에는 24.2%가 될 것으로 전망된다.

65세 이상 노인 중 대부분은 건강상태가 양호하여 일상생활을 해 나가는 과정에서 자신의 문제는 스스로 해결해 나가고 있지만 타인으로부터 몸시중 또는 간병을 받아야 할 고령 후기 노인층의 증가는 국가적인 차원에서의 복지서비스 수요를 증가시키는 요인이 되고 있다.

둘째는 핵가족화현상의 가속화로 인해서 자녀들과 동거하지 못하는 노인비율이 증가하고 있다는 점이다. 1954년에는 전체 노인 중 노인 혼자 사는 비율은 22.5%, 노부부끼리 사는 비율까지 합한다 하더라도 58.5% 수준에 불과했었는데 1995년에는 독거노인이 41.6%, 노부부세대까지 합하면 95.0%에 이른다. 이와는 반대로 자녀들과 동거하는 비율에 있어서는 1954년에는 39.3%였던 것이 1995년에는 5.0% 이내로 감소하고 있다.

스웨덴의 경우 독거노인이라 하더라도 자녀들과 근거리에 거주하는 비율이 높다. 그리고 대부분의 노인들은 자녀들과의 교류가 매우 빈번하다. 스독크호름(Stockholm)시가 노인의 생활실태를 조사한 자료에 의하면 노인 중 73.0% 내외는 1주에 1회 내지 2회씩 자녀들과 접촉하고 있고, 고령 후기 노인들의 경우 그 빈도는 더욱더 높게 나타나고 있었다. 이것은 자녀들이 별거하는 노부모를 보살피는 일에 많은 신경을 쓰고 있음을 의미한다. 그렇다고 하지만 자녀들과의 동거비율의 감소는 필연적으로 노인들에 대한 사회적 서비스의 확대를 불가피하게 하는 요인으로 등장한다.

셋째는 1950년대 이후 여성의 사회진출폭이 확대됨으로써 가정에서 노인을 보살필 여성인력의 부족현상이 나타나고 있다는 점이다. 1950년대까지만 하더라도 여성의 사회진출비율은 28.0% 수준에 머물렀던 것이 1997년에는 81.5%로 상승하기에 이르렀다. 이와 같은 현상은 종전까지 가족에 의해서 보살핌을 받아 왔던 노인들의 문제를 사회지원체제의 확대를 통해서 해결할 수밖에 없는 요인이 되었다.

스웨덴의 노인복지서비스와 관련된 정책 또는 프로그램은 매우 다양하지만 이것을 크게 나누면 주택정책, 재가노인복지서비스와 관련된 정책, 그리고 노인을 모시는 가족에 대한 국가 또는 사회의 지원정책 등으로 요약될 수 있다.

스웨덴의 노인주택정책의 특징은 노인도 일반주민과 더불어 생활하도록 해야 한다는 소위 노마라이제이숀 이념(normalization concept)에 입각해서 수립되고 있다는 점이다.

노인은 사회에서 고립되기를 원치 않는다. 그들은 가급적이면 자신이 젊었을 때 살던 지역에 그대로 머물면서 지난 오랜 세월에 걸쳐 교우관계를 맺어 왔던 친척 친지들과 더불어 교우관계를 계속해 나가며 노후를 보내고 싶어 한다. 그런데 그들을 자신이 살던 지역에서 뚝 떨어진 양로시설이나 요양시설 같은 곳으로 보내면 그날부터는 지역사회로부터 고립된 생활을 하게 될 수밖에 없는데 이것은 노인복지의 기본이념과는 상반된다는 생각을 하고 있다.

그래서 스웨덴 정부는 거동이 불편하여 누군가의 보살핌을 받아야 할 처지에 놓여 있는 노인이라 하더라도 그를 가급적이면 시설에 보내지 않고 그 자신이 오랫동안 살아왔던 정든 집에 그대로 머물면서도 불편없이 노후생활을 할 수 있도록 하는 다각적인 정책을 펴고 있다.

그러한 정책 중에는 신체적으로 자유롭지 못한 노인으로 휠체어 등을 이용해야 할 사태가 발생했을 경우 정부는 그 노인에게 주택 내에서 휠체어를 이용해서 취사장, 거실 또는 화장실 등을 자유로이 이동할수록 주택 내부구조를 개조하는 데 필요한 비용을 보조해 주기도 하고, 항상 간병과 간호 또는 몸시중을 받아야 할 입장의 노인에 대해서는 그러한 서비스를 제공할 수 있는 인력을 가정으로 파견하는 프로그램을 운영하고 있기도 한다. 이와 같은 정책의 성공적인 수행으로 인해서 현재 스웨덴의 노인 중 90.0% 내외는 계속해서 젊었을 때부터 살아왔던 자신의 집에서 노후를 보내고 있다.

고령화 사회에서는 제아무리 노마라이제이숀의 정책을 편다 하더라도 시설에 수용하지 않으면 안 될 노인은 있기 마련인바, 스웨덴 역시 예외일 수는 없다. 이 나라가 노인을 수용보호하기 위해서 운영하는 시설로는 서비스하우징(servicehus), 노인홈(olderdom honde), 너싱홈(sjuhen) 등이 그 대표적인 것들이다.

1960년대까지만 하더라도 이러한 시설은 대부분 인구 30만 명 단위에 1개소씩 설치하여 200~300명 이상을 수용할 수 있는 큰 규모의 것들이 주류를 이루어 왔는데 1980년대 이후부터는 읍면동 단위로 노인수용시설을 1개소씩 짓고 있고, 그 시설의 규모도 1개 시설당 15~30명 정도를 수용할 수 있는 작은 규모의 것들로 전환하고 있다. 이러한 정책전환 역시 노인을 지역사회에 그대로 머물게 해야 한다는 노마라이제이숀의 이념을 구현하기 위해서이다.

시설을 소규모화하게 된 또 다른 이유로는 첫째, 대규모의 시설에서는 입주노인 각자가 필요로 하는 다양한 욕구를 골고루 충족시키기 어렵다는 점이고, 둘째로는 큰 규모의 집단생활에서는 개인의 사생활(privacy)에 대한 침해가 불가피할 뿐 아니라 가족적인 분위기를 보장받기 어렵다는 점이다.

스웨덴의 노인복지정책 중 주목할 만한 대목은 재가노인들을 대상으로 하는 복지서비스 프로그램의 운영이라고 할 수 있다. 프로그램의 유형 중에는 가정도우미(home helper)로 하여금 기동이 불편한 노인이 거주하는 집을 방문하여 청소, 세탁, 취사, 입욕서비스도 해드리고, 병원에 가야 할 일이 있거나 기타 부득이한 사정으로 외출하지 않으면 안 될 상황에 놓여 있는 노인에게는 교통편의도 제공한다.

만성질환 등으로 와상상태에 놓여 있는 노인들을 위해서는 간병인 또는 간호사를 파견하여 보살피는 프로그램도 있다. 이와 같이 홈헬퍼서비스를 받는 대상자는 65세 이상에서는 11.0%에 불과하지만 80세 이상 연령층에서는 27.0%라는 높은 비율을 차지한다.

재가노인들에 대한 공적서비스 프로그램이 제아무리 완벽하게 실시되고 있는 사회라 하더라도 그것만으로는 노후생활에서 제기되는 문제를 골고루 해결할 수는 없다. 그래서 스웨덴정부는 가족구성원들로 하여금 자신의 부모를 보살피는 일에 더욱 많은 시간을 할애할 수 있도록 하기 위한 방편의 일환으로 가족지원정책을 펴고 있기도 하다.

이러한 정책에 의해서 노부모를 모시고 있는 직장인에게는 자기부모의 노쇠현상이 매우 심하거나 와병 중이어서 그를 보살펴야 할 입장인 직원에 대해서는 유급휴가제를 실시하기도 하고, 간병기간이 장기화할 것으로 전망되는 경우에는 정부가 그를 간병기간 동안 직장에서 휴직시키고 유급간병인을 고용하여 부모를 보살피게 하는 제도를 실시하고 있기도 하다.

필자는 스웨덴의 이러한 가지가지의 제도를 살펴보면서 앞으로 우리나라도 노인들을 대상으로 하는 정책을 수립해 나가는 과정에서 스웨덴의 노마라이제이숀의 이념은 크게 참고가 되어야 한다는 생각을 해 보기도 했다.

노인, 사회복지 인력활용 '일석삼조'

스웨덴은 사회보장 사회복지 분야에 있어서는 세계 여러 나라 중에서도 가장 모범적인 국가로 알려져 있다. 현재 스웨덴은 사회보장을 위해서 지출되고 있는 비용이 GNP 대비 30.0%, 국민소득 대비 42.0%라는 높은 비율을 차지하고 있다. 이와 같이 복지가 잘 되어 있는 배경에는 이 나라 국민들이 복지에 소요되는 비용을 그만큼 많이 분담하고 있음을 뜻한다.

스웨덴 국민들의 세금부담률은 자신의 소득액 중 적게는 38.0%에서 많게는 50.0% 내외에 이른다. 이와 같이 과중한 세금을 분담하면서도 국민들의 대다수는 사회보장체제의 유지를 위해서는 이 정도의 세금 부담은 어쩔 수 없는 일이라고 생각한다. 정부는 몇 년에 한 번씩 이와 관련된 의식조사를 하고 있는바, 이러한 조사에서 높은 비율의 국민들은 고부담을 해서라도 고복지의 현 체제의 유지를 원하고 있는 것으로 나타났다.

이 나라의 대표적인 경제학자인 린드백(Lindbeck)은 스웨덴 국민들이 현 체제에 대한 국민적 합의를 얻고 있는 배경에 대하여 다음과 같은 점을 지적하고 있다.

첫째, 스웨덴은 보편적 포괄적인 사회보장제도를 실시하고 있고, 둘째, 정부 책임하에 완전고용정책을 실시하고 있으며, 셋째, 자유시장 원리에 기초를 두면서도 정부가 사회보장체제의 유지를 위하여 적극적인 역할을 수행하는 혼합경제시스템이 구축되어 있다는 점 등을 들고 있다.

스웨덴이 세계에서도 가장 본받을 만한 복지국가의 모델로 지목되고 있는 배경에는 정치 또는 행정에 관여하는 공직자들이 부패하지 않고 있다는 점과 나라살림을 처리해 나감에 있어서 모두가 철저히 민주적인 방식을 택하고 있다는 점이다. 그러나 이 나라의 정책에는 문제점이 적지 않다는 비판의 소리도 있다. 세계 모든 나라들은 국민의 세금부담을 줄이기 위해서 적은 정부(small government)를 지향하고 있는데 이 나라는 정부기능이 너무 비대함으로 인해서 경제가 활성화되지 못하고 있다는 지적이다.

1980년대 이후 이 나라의 사회보장비는 40.0% 선을 초과했고 전체 취업 인구 중 36.0% 내외가 공공부문에 종사하는 등 정부기능이 너무 비대한바 이것은 국가재정의 압박요인이 되고 있다는 지적이다.

둘째, 이 나라는 사회적 아노미 현상이 나타나고 있다는 지적이다. 높은 이혼율과 혼외 출산의 증가, 프리섹스의 만연, 그리고 높은 비율의 노인자살 률 등이 바로 그런 것이다. 그러나 이러한 비판의 목소리는 약간 과장되었 거나 또는 설사 그렇다 하더라도 이런 문제는 다른 서구사회 여러 나라에서 도 공통적으로 제기되고 있는 문제들이다.

세계에서 노인 자살률이 가장 높은 나라는 헝가리이고 다음은 일본이다. 최근 우리나라도 자살률이 높은 나라 중 하나다. 스웨덴 역시 다른 나라에 비해서 자살률이 약간 높은 나라일지는 모르나 이것이 사회문제로 대두될 만한 것은 못 된다.

스웨덴의 의료공급체계의 특징은 정부 또는 지방자치단체가 병원을 비롯 한 모든 의료기관을 직접 운영하는 의료공영제를 택하고 있다는 점이다. 따 라서 모든 병원의 운영주체는 국가 또는 지방자치단체이고 민간부문에서 운 영하는 병원은 7.0%에도 미치지 못한다. 그러므로 기초자치단체의 예산 중 병원운영비를 포함한 보건의료비는 63.0%를 상회한다. 중앙통계국 발표에 의하면 스웨덴의 의료비는 GNP 대비 8.8%로서 세계적으로도 의료비를 가 장 많이 지출하는 나라에 속한다.

스웨덴의 노인복지정책을 올바르게 이해하기 위해서는 1992년에 채택된 에델개혁(Adel reformen)과 관련된 정책의 내용을 알아 둘 필요가 있다. 에 델개혁은 보건의료와 복지서비스를 통합해서 하나의 체계하에 운영함으로써 복지서비스의 질적 향상을 기하면서도 소요예산은 대폭 감축시킬 수 있다는 착상하에 이루어진 정책이다. 이러한 개혁에 의해서 취해진 주요 내용을 소 개하면 다음과 같다.

첫째, 노인복지서비스와 관련된 모든 업무는 기초자치단체인 코뮌(Kommun)에 이관함과 동시에 이에 소요되는 재원 조달권 역시 해당 자치단체로 이관했다. 이와 같은 조치로 인해서 양로시설이나 요양시설의 규모도 과거에는 큰 규모의 것이었던 것이 소규모의 시설로 전환하지 않을 수 없게 되었다. 기초자치단체 구역 내에는 시설에 수용할 만한 요보호 노인들이 그리 많지 않다는 것도 그 원인 중의 하나지만 재가복지서비스에 의해서 노인들의 복지욕구를 충족시키는 것이 복지예산을 더욱 절감할 수 있기 때문이다.

둘째는 노인복지자원 분배에 관한 기본방향의 전환을 들 수 있다. 종전까지는 65세 이상 모든 노인에게 의료와 복지서비스의 혜택을 주는 소위 보편주의(universal concept) 정책을 펴 왔던 것을 에델개혁에서는 80세 이상 후기노령자에게 중점적으로 복지서비스의 혜택을 부여하는 방향으로의 정책전환이 이루어졌다는 점이다.

스웨덴 정부가 이와 같은 정책을 펴게 된 배경에는 60대 또는 70대의 노인들은 아직 건강상태도 양호하고 활동능력도 있기 때문에 이들에게는 생계유지를 위한 연금만 지급하면 문제가 해결될 수 있지만 80세가 넘으면 건강상태도 좋지 않아서 일상생활을 독자적으로 해 나갈 수 없을 뿐만 아니라 78.0% 이상은 배우자를 상실한 상태에서 혼자 생활하고 있고 그중 25.0% 내외는 치매 또는 중풍 등의 증세로 인해서 사회적으로 제공되는 복지서비스의 제공이 절실히 필요하다는 판단 때문이다.

셋째는 대부분의 여타 국가에서는 노인에 대한 의료행위는 의료기관이 담당하고 복지서비스 프로그램은 사회복지 전담기구가 담당하는 것을 통례로 하고 있는데 에델개혁에서는 고령 후기 노인들을 대상으로 하는 진료와 간호간병 그리고 복지서비스에 관한 업무를 하나의 행정체계 속에 통합시킴으로써 노인복지 비용을 대폭 감축시키고 있다는 점이다.

넷째는 노인들을 대상으로 하는 치료 또는 의료에 관한 서비스를 제공함에 있어서 의사의 권한 중 일부는 간호사에게 이관하고 간호사의 권한 중 일부는 간호보조원 또는 간병사(care worker)에게, 그리고 간병사 업무의 일부는 가정봉사원(home helper) 또는 무자격 근로자에게 이관하는 조치를 취했다는 점이다.

스웨덴이 이러한 조치를 취하게 된 배경으로는 보다 많은 노인들이 보다 손쉽게 서비스를 받을 수 있도록 함과 동시에 국가의 복지비용도 훨씬 절감될 수 있다는 판단 때문이다. 간호사에게 의료행위의 일부를 부여한다는 것은 안전성에 문제가 있다는 지적도 있으나 스웨덴 정부의 판단은 간호사의 경우는 환자를 다루는 교육도 받았을 뿐 아니라 어느 정도 경력이 있는 간호사는 치매 또는 중풍 등의 만성질환은 널리 알려진 노인성 질환이므로 간단한 치료행위에 있어서는 의사와 동등한 의료행위를 해낼 수 있을 뿐만 아니라 의료복지 수요를 보다 신속히, 그리고 보다 효율적으로 소화해 낼 수 있다는 판단에 의거한다.

다섯째, 에델개혁에서는 직장에서 은퇴한 노인들로 하여금 보다 적극적으로 사회에 참여할 수 있도록 유인하는 다각적인 정책을 펴고 있다. 그중에는 취미오락 프로그램, 사회봉사활동 프로그램, 학습프로그램, 그리고 파트타임제도에 의해서 일을 할 수 있도록 하는 프로그램 등이 이에 속한다. 노인들의 사회참여가 활발하면 할수록 지역사회 발전에 도움이 될 뿐 아니라 노인들 자신의 건강증진에도 기여할 수 있기 때문이다.

이상 예거한 프로그램 중 가장 특기할 만한 점은 노인을 사회복지서비스 분야의 인적 자원 공급원으로 활용하는 정책을 펴고 있다는 점이다. 보건복지성 산하의 노인복지청이 노인들의 인적 자원을 사회복지서비스 분야에 집중적으로 투입하고 있는 이유는 첫째, 노인들로 하여금 사회활동을 계속하게 하는 것은 본인의 건강유지에 도움이 되고, 둘째, 노인을 사회적 고립에서 탈피시키는 효과가 있고, 셋째, 연금수급자인 노인인력의 활용은 복지예산의 절감이라는 효과도 동시에 기대할 수 있기 때문이다. 현실적으로 재가노인복지 분야에서 유급에 의한 파트타임으로 근무하거나 자원봉사활동을 하는 인적 자원 중 48.0% 내외는 60세 이상 노인들로 충당되고 있다.

노인복지법

[일부개정 2008.3.21 법률 제8974호]

제1장 총칙

제1조 (목적) 이 법은 노인의 질환을 사전예방 또는 조기발견하고 질환상태에 따른 적절한 치료·요양으로 심신의 건강을 유지하고, 노후의 생활안정을 위하여 필요한 조치를 강구함으로써 노인의 보건복지증진에 기여함을 목적으로 한다.

제1조의2 (정의) 이 법에서 사용하는 용어의 정의는 다음과 같다. <개정 2007.1.3>

1. '부양의무자'라 함은 배우자(사실상의 혼인관계에 있는 자를 포함한다)와 직계비속 및 그 배우자(사실상의 혼인관계에 있는 자를 포함한다)를 말한다.

2. '보호자'라 함은 부양의무자 또는 업무·고용 등의 관계로 사실상 노인을 보호하는 자를 말한다.

3. '치매'라 함은 퇴행성 뇌질환 또는 뇌혈관계 질환 등으로 인하여 기억력, 언어능력, 지남력, 판단력 및 수행능력 등의 기능이 저하됨으로써 일상생활에서 지장을 초래하는 후천적인 다발성 장애를 말한다.

4. '노인학대'라 함은 노인에 대하여 신체적·정신적·정서적·성적 폭력 및 경제적 착취 또는 가혹행위를 하거나 유기 또는 방임을 하는 것을 말한다.

[본조신설 2004.1.29]

제2조 (기본이념)

① 노인은 후손의 양육과 국가 및 사회의 발전에 기여하여 온 자로서 존경받으며 건전하고 안정된 생활을 보장받는다.

② 노인은 그 능력에 따라 적당한 일에 종사하고 사회적 활동에 참여할 기회를 보장받는다.

③ 노인은 노령에 따르는 심신의 변화를 자각하여 항상 심신의 건강을 유지하고 그 지식과 경험을 활용하여 사회의 발전에 기여하도록 노력하여야 한다.

제3조 (가족제도의 유지·발전) 국가와 국민은 경로효친의 미풍양속에 따른 건전한 가족제도가 유지·발전되도록 노력하여야 한다.

제4조 (보건복지증진의 책임)

① 국가와 지방자치단체는 노인의 보건 및 복지증진의 책임이 있으며, 이를 위한 시책을 강구하여 추진하여야 한다.

② 국가와 지방자치단체는 제1항의 규정에 의한 시책을 강구함에 있어 제2조에 규정된 기본이념이 구현되도록

노력하여야 한다.

③ 노인의 일상생활에 관련되는 사업을 경영하는 자는 그 사업을 경영함에 있어 노인의 보건복지가 증진되도록 노력하여야 한다.

제5조 (노인실태조사)

① 보건복지가족부장관은 노인의 보건 및 복지에 관한 실태조사를 3년마다 실시하고 그 결과를 공표하여야 한다. <개정 2008.2.29>

② 제1항의 규정에 따른 조사의 방법과 내용 등에 관하여 필요한 사항은 보건복지가족부령으로 정한다. <개정 2008.2.29>

[본조신설 2007.1.3]

제6조 (노인의 날 등)

① 노인에 대한 사회적 관심과 공경의식을 높이기 위하여 매년 10월 2일을 노인의 날로, 매년 10월을 경로의 달로 한다.

② 부모에 대한 효사상을 앙양하기 위하여 매년 5월 8일을 어버이날로 한다.

③ 치매의 예방과 치료에 관한 사회적 인식을 제고하기 위하여 매년 9월 21일을 치매극복의 날로 한다. <신설 2007.1.3>

제7조 (노인복지상담원)

① 노인의 복지를 담당하게 하기 위하여 특별자치도와 시·군·구(자치구를 말한다. 이하 같다)에 노인복지상담원

을 둔다. <개정 2007.8.3>

② 노인복지상담원의 임용 또는 위촉, 직무 및 보수 등에 관하여 필요한 사항은 대통령령으로 정한다. <개정 1999.2.8>

제8조 (노인전용주거시설) 국가 또는 지방자치단체는 노인의 주거에 적합한 기능 및 설비를 갖춘 주거용 시설의 공급을 조장하여야 하며, 그 주거용시설의 공급자에 대하여 적절한 지원을 할 수 있다.

제2장 삭제 〈2007.4.25〉

제9조 삭제 <2007.4.25>
제10조 삭제 <2007.4.25>
제11조 삭제 <2007.4.25>
제12조 삭제 <2007.4.25>
제13조 삭제 <2007.4.25>
제14조 삭제 <2007.4.25>
제15조 삭제 <2007.4.25>
제16조 삭제 <2007.4.25>
제17조 삭제 <2007.4.25>
제18조 삭제 <2007.4.25>
제19조 삭제 <2007.4.25>
제20조 삭제 <2007.4.25>
제21조 삭제 <2007.4.25>
제22조 삭제 <2007.4.25>

제3장 보건·복지조치

제23조 (노인사회참여 지원)

① 국가 또는 지방자치단체는 노인의 사회참여 확대를 위하여 노인의 지역봉사 활동기회를 넓히고 노인에게 적합한 직종의 개발과 그 보급을 위한 시책을 강구하며 근로능력 있는 노인에게 일할 기회를 우선적으로 제공하도록 노력하여야 한다.

② 국가 또는 지방자치단체는 노인의 지역봉사 활동 및 취업의 활성화를 기하기 위하여 노인지역봉사기관, 노인취업알선기관 등 노인복지관계기관에 대하여 필요한 지원을 할 수 있다.

제23조의2 (노인일자리전담기관의 설치·운영 등)

① 국가 또는 지방자치단체는 노인의 능력과 적성에 맞는 일자리의 개발·보급과 교육훈련 등을 전담할 기관(이하 '노인일자리전담기관'이라 한다)을 설치·운영하거나 그 운영의 전부 또는 일부를 법인·단체 등에 위탁할 수 있다.

② 노인일자리전담기관의 설치·운영 또는 위탁에 관하여 필요한 사항은 대통령령으로 정한다.

[본조신설 2005.7.13]

제24조 (지역봉사지도원 위촉 및 업무)

① 국가 또는 지방자치단체는 사회적 신망과 경험이 있는 노인으로서 지역봉사를 희망하는 경우에는 이를 지역봉사지도원으로 위촉할 수 있다.

② 제1항의 규정에 의한 지역봉사지도원의 업무는 다음 각 호와 같다.

1. 국가 또는 지방자치단체가 행하는 업무 중 민원인에 대한 상담 및 조언

2. 도로의 교통정리, 주·정차단속의 보조, 자연보호 및 환경침해 행위단속의 보조와 청소년 선도

3. 충효사상, 전통의례 등 전통문화의 전수교육

4. 문화재의 보호 및 안내

5. 기타 대통령령이 정하는 업무

제25조 (생업지원) 국가 또는 지방자치단체 기타 공공단체가 설치·운영하는 공공시설 안에 식료품·사무용품·신문 등 일상생활용품의 판매를 위한 매점이나 자동판매기의 설치를 허가 또는 위탁할 때에는 65세 이상의 자의 신청이 있는 경우 이를 우선적으로 반영하여야 한다.

제26조 (경로우대)

① 국가 또는 지방자치단체는 65세 이상의 자에 대하여 대통령령이 정하는 바에 의하여 국가 또는 지방자치단체의 수송시설 및 고궁·능원·박물관

· 공원 등의 공공시설을 무료로 또는 그 이용요금을 할인하여 이용하게 할 수 있다.

② 국가 또는 지방자치단체는 노인의 일상생활에 관련된 사업을 경영하는 자에게 65세 이상의 자에 대하여 그 이용요금을 할인하여 주도록 권유할 수 있다.

③ 국가 또는 지방자치단체는 제2항의 규정에 의하여 노인에게 이용요금을 할인하여 주는 자에 대하여 적절한 지원을 할 수 있다.

제27조 (건강진단 등)

① 국가 또는 지방자치단체는 대통령령이 정하는 바에 의하여 65세 이상의 자에 대하여 건강진단과 보건교육을 실시할 수 있다.

② 국가 또는 지방자치단체는 제1항의 규정에 의한 건강진단 결과 필요하다고 인정한 때에는 그 건강진단을 받은 자에 대하여 필요한 지도를 하여야 한다.

제27조의2 (홀로 사는 노인에 대한 지원)

① 국가 또는 지방자치단체는 홀로 사는 노인에 대하여 방문요양서비스 등의 서비스와 안전확인 등의 보호조치를 취하여야 한다.

② 제1항의 서비스 및 보호조치의 구체적인 내용 등에 관하여는 보건복지부장관이 정한다.

[본조신설 2007.8.3]

제28조 (상담 · 입소 등의 조치)

① 보건복지가족부장관, 특별시장 · 광역시장 · 도지사 · 특별자치도지사(이하 '시 · 도지사'라 한다), 시장 · 군수 · 구청장(자치구의 구청장을 말한다. 이하 같다)은 노인에 대한 복지를 도모하기 위하여 필요하다고 인정한 때에는 다음 각 호의 조치를 하여야 한다. <개정 1999.2.8, 2007.8.3, 2008.2.29>

1. 65세 이상의 자 또는 그를 보호하고 있는 자를 관계공무원 또는 노인복지상담원으로 하여금 상담 · 지도하게 하는 것

2. 65세 이상의 자로서 신체적 · 정신적 · 경제적 이유 또는 환경상의 이유로 거택에서 보호받기가 곤란한 자를 노인주거복지시설 또는 재가노인복지시설에 입소시키거나 입소를 위탁하는 것

3. 65세 이상의 자로서 신체 또는 정신상의 현저한 결함으로 인하여 항상 보호를 필요로 하고 경제적 이유로 거택에서 보호받기가 곤란한 자를 노인의료복지시설에 입소시키거나 입소를 위탁하는 것

② 보건복지가족부장관, 시 · 도지사 또는 시장 · 군수 · 구청장(이하 '복지실시기관'이라 한다)은 65세 미만의 자에 대하여도 그 노쇠현상이 현저하여 특

별히 보호할 필요가 있다고 인정할 때에는 제1항 각 호의 조치를 할 수 있다. <개정 2008.2.29>

③ 복지실시기관은 제1항 또는 제2항의 규정에 의하여 입소조치된 자가 사망한 경우에 그 자에 대한 장례를 행할 자가 없을 때에는 그 장례를 행하거나 당해 시설의 장으로 하여금 그 장례를 행하게 할 수 있다.

제29조 (치매관리사업)

① 국가 또는 지방자치단체는 치매예방 및 치매퇴치를 위하여 치매연구 및 관리사업을 실시하여야 한다.

② 제1항의 치매연구 및 관리사업의 업무내용 및 기타 필요한 사항은 보건복지가족부령으로 정한다. <개정 2008. 2.29>

제29조의2 (치매상담센터의 설치)

① 시·군·구의 관할 보건소에 치매예방 및 치매환자관리를 위한 치매상담센터를 설치한다.

② 제1항의 치매상담센터의 업무, 인력기준 그 밖의 필요한 사항은 보건복지가족부령으로 정한다. <개정 2008.2.29>

[본조신설 2007.1.3]

제30조 (노인재활요양사업)

① 국가 또는 지방자치단체는 신체적·정신적으로 재활요양을 필요로 하는 노인을 위한 재활요양사업을 실시할 수 있다.

② 제1항의 노인재활요양사업의 내용 및 기타 필요한 사항은 보건복지가족부령으로 정한다. <개정 2008.2.29>

제4장 노인복지시설의 설치·운영

제31조 (노인복지시설의 종류) 노인복지시설의 종류는 다음 각 호와 같다. <개정 2004.1.29>

1. 노인주거복지시설
2. 노인의료복지시설
3. 노인여가복지시설
4. 재가노인복지시설
5. 노인보호전문기관

제31조의2 (「사회복지사업법」에 따른 신고와의 관계) 제33조제2항, 제35조제2항 본문, 제37조제2항 및 제39조제2항에 따라 노인복지시설의 설치신고를 한 경우 「사회복지사업법」 제34조제2항에 따른 사회복지시설 설치신고를 한 것으로 본다.

[본조신설 2007.8.3]

제32조 (노인주거복지시설)

① 노인주거복지시설은 다음 각 호의 시설로 한다. <개정 2007.8.3>

　　1. 양로시설: 노인을 입소시켜 급식과 그 밖에 일상생활에 필요한 편의를 제공함을 목적으로 하는 시설

2. 노인공동생활가정: 노인들에게 가정과 같은 주거여건과 급식, 그 밖에 일상생활에 필요한 편의를 제공함을 목적으로 하는 시설

3. 노인복지주택: 노인에게 주거시설을 분양 또는 임대하여 주거의 편의·생활지도·상담 및 안전관리 등 일상생활에 필요한 편의를 제공함을 목적으로 하는 시설

② 노인주거복지시설의 입소대상·입소절차·입소비용 및 분양·임대 등에 관하여 필요한 사항은 보건복지가족부령으로 정한다. <개정 2007.8.3, 2008.2.29>

③ 노인복지주택의 설치·관리 및 공급 등에 관하여 이 법에서 규정된 사항을 제외하고는 「주택법」의 관련규정을 준용한다. <신설 1999.2.8, 2003.5.29, 2007.8.3>

제33조 (노인주거복지시설의 설치)

① 국가 또는 지방자치단체는 노인주거복지시설을 설치할 수 있다.

② 국가 또는 지방자치단체 외의 자가 노인주거복지시설을 설치하고자 하는 경우에는 특별자치도지사·시장·군수·구청장(이하 '시장·군수·구청장'이라 한다)에게 신고하여야 한다. <개정 2005.3.31, 2007.8.3>

③ 노인주거복지시설의 시설, 인력 및 운영에 관한 기준과 설치신고, 설치·

운영자가 준수하여야 할 사항, 그 밖에 필요한 사항은 보건복지가족부령으로 정한다. <개정 1999.2.8, 2007.8.3, 2008.2.29>

제33조의2 (노인복지주택의 입소자격 등)

① 노인복지주택에 입소할 수 있는 자는 60세 이상의 노인(이하 '입소자격자'라 한다)으로 한다. 다만, 입소자격자의 배우자는 60세 미만의 자라 하더라도 입소자격자와 함께 입소할 수 있다.

② 노인복지주택을 설치하거나 설치하려는 자가 노인복지주택을 분양 또는 임대하려는 경우 입소자격자에게 분양 또는 임대하여야 한다.

③ 제2항에 따라 노인복지주택을 분양받거나 임차한 자는 해당 노인주거시설을 입소자격자가 아닌 자에게 양도(매매·증여나 그 밖에 소유권변동을 수반하는 일체의 행위를 포함한다. 이하 같다) 또는 임대할 수 없다.

④ 제3항에도 불구하고 노인복지주택을 상속받은 경우 입소자격자가 아닌 자도 노인복지주택을 취득할 수 있다. 다만, 상속에 의하여 노인복지주택을 취득한 자라도 입소자격자가 아닌 자는 노인복지주택에 입소할 수 없으며 입소자격자가 아닌 자에게 해당 노인복지주택을 양도 또는 임대할 수 없다.

⑤ 시장·군수·구청장은 지역 내 노인 인구, 노인주거복지시설의 수요와

공급실태 및 노인복지주택의 효율적인 이용 등을 고려하여 노인복지주택의 공급가구 수와 가구별 건축면적(주거의 용도로만 쓰이는 면적에 한한다)을 일정규모 이하로 제한할 수 있다.

⑥ 제33조제2항에 따라 노인복지주택을 설치한 자는 당해 노인복지주택의 전부 또는 일부 시설을 시장·군수·구청장의 확인을 받아 대통령령으로 정하는 자에게 위탁하여 운영할 수 있다. [본조신설 2007.8.3]

제33조의3 (입소자격이 없는 자에 대한 노인복지주택의 처분명령) 시장·군수·구청장은 입소자격이 없는 자로서 노인복지주택을 소유한 자(상속받은 자를 제외한다)에 대하여 상당한 기간을 정하여 해당 노인복지주택을 입소자격자에게 처분하도록 명할 수 있다. [본조신설 2007.8.3]

제34조 (노인의료복지시설) ① 노인의료복지시설은 다음 각 호의 시설로 한다. <개정 2007.8.3>

1. 노인요양시설: 치매·중풍 등 노인성질환 등으로 심신에 상당한 장애가 발생하여 도움을 필요로 하는 노인을 입소시켜 급식·요양과 그 밖에 일상생활에 필요한 편의를 제공함을 목적으로 하는 시설

2. 노인요양공동생활가정: 치매·중풍 등 노인성질환 등으로 심신에 상당한 장애가 발생하여 도움을 필요로 하는 노인에게 가정과 같은 주거여건과 급식·요양, 그 밖에 일상생활에 필요한 편의를 제공함을 목적으로 하는 시설

3. 노인전문병원: 주로 노인을 대상으로 의료를 행하는 시설

② 노인의료복지시설의 입소대상·입소비용 및 입소절차와 설치·운영자의 준수사항 등에 관하여 필요한 사항은 보건복지가족부령으로 정한다. <개정 2007.8.3, 2008.2.29>

제35조 (노인의료복지시설의 설치) ① 국가 또는 지방자치단체는 노인의료복지시설을 설치할 수 있다.

② 국가 또는 지방자치단체 외의 자가 노인의료복지시설을 설치하고자 하는 경우에는 시장·군수·구청장에게 신고하여야 한다. 다만, 노인전문병원은 의료법에 의한 의료기관을 개설할 수 있는 자(치과의사 및 조산사를 제외한다)에 한하여 시·도지사의 허가를 받아 설치할 수 있다. <개정 2005.3.31>

③ 노인의료복지시설의 시설, 인력 및 운영에 관한 기준과 설치신고 및 설치허가 등에 관하여 필요한 사항은 보건복지가족부령으로 정한다. 다만, 노인전문병원의 시설 등에 관한 기준은 「의료법」

제36조의 규정에 의한 의료기관의 시설 등의 기준에 관한 규정 중 요양병원에 관한 규정을 준용하되, 보건복지가족부령이 따로 정하는 경우에는 그러하지 아니하다. <개정 1999.2.8, 2007.4.11, 2008.2.29>

④ 노인전문병원에 관하여 이 법에서 규정된 사항을 제외하고는 의료법의 규정을 준용하되, 그 관리 및 운영 등에 있어서는 이를 의료법 제3조제2항의 규정에 의한 의료기관중 요양병원으로 본다. <개정 1999.2.8>

제36조 (노인여가복지시설)
① 노인여가복지시설은 다음 각 호의 시설로 한다. <개정 2007.8.3>

1. 노인복지관: 노인의 교양·취미생활 및 사회참여활동 등에 대한 각종 정보와 서비스를 제공하고, 건강증진 및 질병예방과 소득보장·재가복지, 그 밖에 노인의 복지증진에 필요한 서비스를 제공함을 목적으로 하는 시설

2. 경로당: 지역노인들이 자율적으로 친목도모·취미활동·공동작업장 운영 및 각종 정보교환과 기타 여가활동을 할 수 있도록 하는 장소를 제공함을 목적으로 하는 시설

3. 노인교실: 노인들에 대하여 사회활동 참여욕구를 충족시키기 위하여 건전한 취미생활·노인건강

유지·소득보장 기타 일상생활과 관련한 학습프로그램을 제공함을 목적으로 하는 시설

4. 노인휴양소: 노인들에 대하여 심신의 휴양과 관련한 위생시설·여가시설 기타 편의시설을 단기간 제공함을 목적으로 하는 시설

② 노인여가복지시설의 이용대상 및 이용절차 등에 관하여 필요한 사항은 보건복지가족부령으로 정한다. <개정 2008.2.29>

제37조 (노인여가복지시설의 설치)
① 국가 또는 지방자치단체는 노인여가복지시설을 설치할 수 있다.

② 국가 또는 지방자치단체 외의 자가 노인여가복지시설을 설치하고자 하는 경우에는 시장·군수·구청장에게 신고하여야 한다.

③ 노인여가복지시설의 시설, 인력 및 운영에 관한 기준과 설치신고 등에 관하여 필요한 사항은 보건복지가족부령으로 정한다. <개정 1999.2.8, 2008.2.29>

제38조 (재가노인복지시설)
① 재가노인복지시설은 다음 각 호의 어느 하나 이상의 서비스를 제공함을 목적으로 하는 시설을 말한다.

1. 방문요양서비스: 가정에서 일상생활을 영위하고 있는 노인(이하 '재가노인'이라 한다)으로서 신체적·

정신적 장애로 어려움을 겪고 있는 노인에게 필요한 각종 편의를 제공하여 지역사회 안에서 건전하고 안정된 노후를 영위하도록 하는 서비스

2. 주·야간보호서비스: 부득이한 사유로 가족의 보호를 받을 수 없는 심신이 허약한 노인과 장애노인을 주간 또는 야간 동안 보호시설에 입소시켜 필요한 각종 편의를 제공하여 이들의 생활안정과 심신기능의 유지·향상을 도모하고, 그 가족의 신체적·정신적 부담을 덜어주기 위한 서비스

3. 단기보호서비스: 부득이한 사유로 가족의 보호를 받을 수 없어 일시적으로 보호가 필요한 심신이 허약한 노인과 장애노인을 보호시설에 단기간 입소시켜 보호함으로써 노인 및 노인가정의 복지증진을 도모하기 위한 서비스

4. 방문 목욕서비스: 목욕장비를 갖추고 재가노인을 방문하여 목욕을 제공하는 서비스

5. 그 밖의 서비스: 그 밖에 재가노인에게 제공하는 서비스로서 보건복지부령이 정하는 서비스

② 제1항에 따른 재가노인복지시설의 이용대상·비용부담 및 이용절차 등에 관하여 필요한 사항은 보건복지부령으로 정한다.

[전문개정 2007.8.3]

제39조 (재가노인복지시설의 설치)

① 국가 또는 지방자치단체는 재가노인복지시설을 설치할 수 있다.

② 국가 또는 지방자치단체 외의 자가 재가노인복지시설을 설치하고자 하는 경우에는 시장·군수·구청장에게 신고하여야 한다.

③ 재가노인복지시설의 시설, 인력 및 운영에 관한 기준과 설치신고 등에 관하여 필요한 사항은 보건복지가족부령으로 정한다. <개정 1999.2.8, 2008.2.29>

제39조의2 (요양보호사의 직무·자격증의 교부 등)

① 노인복지시설의 설치·운영자는 보건복지가족부령으로 정하는 바에 따라 노인 등의 신체활동 또는 가사활동 지원 등의 업무를 전문적으로 수행하는 요양보호사를 두어야 한다. <개정 2008.2.29>

② 요양보호사가 되려는 자는 제39조의3에 따른 요양보호사교육기관에서 교육과정을 마쳐야 한다.

③ 시·도지사는 제2항에 따라 요양보호사 교육과정을 마친 자에게 요양보호사의 자격을 검정하고 자격증을 교부하여야 한다.

④ 요양보호사의 등급, 등급별 교육과정, 자격증 교부 등에 관하여 필요한

사항은 보건복지가족부령으로 정한다.
<개정 2008.2.29>

[전문개정 2007.8.3]

제39조의3 (요양보호사교육기관의 설치 등)

① 요양보호사를 교육하는 기관(이하 '요양보호사교육기관'이라 한다)을 설치하려는 자는 보건복지가족부령으로 정하는 기준을 갖추고 시·도지사에게 신고하여야 한다. <개정 2008.2.29>

② 요양보호사교육기관의 신고절차 등에 관하여 필요한 사항은 보건복지가족부령으로 정한다. <개정 2008.2.29>

[전문개정 2007.8.3]

제39조의4 (긴급전화의 설치 등)

① 국가 및 지방자치단체는 노인학대를 예방하고 수시로 신고를 받을 수 있도록 긴급전화를 설치하여야 한다.

② 제1항의 규정에 의한 긴급전화의 설치·운영에 관하여 필요한 사항은 대통령령으로 정한다.

[본조신설 2004.1.29]

제39조의5 (노인보호전문기관의 설치)

① 국가 및 지방자치단체는 노인학대에 관한 다음 각 호의 업무를 담당하는 노인보호전문기관을 설치하여야 한다. 다만, 대통령령이 정하는 범위 안에서 다른 노인복지시설을 노인보호전문기관으로 지정한 경우에는 그러하지

아니하다.

1. 노인학대의 예방 및 방지를 위한 홍보

2. 학대받은 노인의 발견·상담·보호와 의료기관에의 치료의뢰 및 노인복지시설에의 입소의뢰

3. 노인학대행위자, 노인학대행위자로 신고된 자 및 그 가정 또는 업무·고용 등의 관계로 사실상 노인을 보호·감독하는 기관이나 시설 등에 대한 조사

4. 노인학대행위자에 대한 상담 및 교육

5. 그 밖에 학대받은 노인의 보호를 위하여 필요한 사항

② 노인보호전문기관에 두는 상담원 등 직원의 자격은 대통령령으로, 그 설치기준 및 운영에 관하여 필요한 사항은 보건복지가족부령으로 정한다.
<개정 2008.2.29>

[본조신설 2004.1.29]

제39조의6 (노인학대 신고의무와 절차)

① 누구든지 노인학대를 알게 된 때에는 노인보호전문기관 또는 수사기관에 신고할 수 있다. <개정 2007.4.11>

② 다음 각 호의 1에 해당하는 자는 그 직무상 노인학대를 알게 된 때에는 즉시 노인보호전문기관 또는 수사기관에 신고하여야 한다.

1. 의료법 제3조제1항의 의료기관

에서 의료업을 행하는 의료인

2. 노인복지시설의 장 및 그 종사자

3. 「장애인복지법」 제58조의 규정에 의한 장애인복지시설에서 장애노인에 대한 상담·치료·훈련 또는 요양을 행하는 자

4. 가정폭력방지및피해자보호등에관한법률 제5조 및 제7조의 규정에 의한 가정폭력관련상담소의 상담원 및 가정폭력피해자보호시설의 종사자

5. 노인복지상담원 및 사회복지사업법 제14조의 규정에 의한 사회복지전담공무원

③ 신고인의 신분은 보장되어야 하며 그 의사에 반하여 신분이 노출되어서는 아니 된다.

[본조신설 2004.1.29]

제39조의7 (응급조치의무 등) ① 제39조의6의 규정에 의하여 노인학대신고를 접수한 노인보호전문기관의 직원이나 사법경찰관리는 지체없이 노인학대의 현장에 출동하여야 한다.

② 제1항의 규정에 의하여 현장에 출동한 자는 학대받은 노인을 노인학대행위자로부터 분리하거나 치료가 필요하다고 인정할 때에는 노인보호전문기관 또는 의료기관에 인도하여야 한다.

[본조신설 2004.1.29]

제39조의8 (보조인의 선임 등)

① 학대받은 노인의 법정대리인, 직계친족, 형제자매, 노인보호전문기관의 상담원 또는 변호사는 노인학대사건의 심리에 있어서 보조인이 될 수 있다. 다만, 변호사가 아닌 경우에는 법원의 허가를 받아야 한다.

② 법원은 학대받은 노인을 증인으로 신문하는 경우 본인·검사 또는 노인보호전문기관의 신청이 있는 때에는 본인과 신뢰관계에 있는 자의 동석을 허가할 수 있다.

③ 수사기관이 학대받은 노인을 조사하는 경우에도 제1항 및 제2항의 절차를 준용한다.

[본조신설 2004.1.29]

제39조의9 (금지행위) 누구든지 다음 각 호의 1에 해당하는 행위를 하여서는 아니 된다.

1. 노인의 신체에 폭행을 가하거나 상해를 입히는 행위

2. 노인에게 성적 수치심을 주는 성폭행·성희롱 등의 행위

3. 자신의 보호·감독을 받는 노인을 유기하거나 의식주를 포함한 기본적 보호 및 치료를 소홀히 하는 방임행위

4. 노인에게 구걸을 하게 하거나 노인을 이용하여 구걸하는 행위

5. 노인을 위하여 증여 또는 급여

된 금품을 그 목적 외의 용도에 사
용하는 행위

[본조신설 2004.1.29]

제39조의10 (실종노인에 관한 신고의
　　무 등)

① 누구든지 정당한 사유 없이 사고
또는 치매 등의 사유로 인하여 보호자
로부터 이탈된 노인(이하 '실종노인'이
라 한다)을 경찰관서 또는 지방자치단
체의 장에게 신고하지 아니하고 보호
하여서는 아니 된다.

② 제31조에 따른 노인복지시설(「사회
복지사업법」 제2조제3호에 따른 사회
복지시설 및 사회복지시설에 준하는
시설로서 인가·신고 등을 하지 아니
하고 노인을 보호하는 시설을 포함한
다. 이하 '보호시설'이라 한다)의 장
또는 그 종사자는 그 직무를 수행하면
서 실종노인임을 알게 된 때에는 지체
없이 보건복지부령으로 정하는 신상카
드를 작성하여 지방자치단체의 장과
제3항제2호의 업무를 수행하는 기관의
장에게 제출하여야 한다.

③ 보건복지부장관은 실종노인의 발생
예방, 조속한 발견과 복귀를 위하여
다음 각 호의 업무를 수행하여야 한다.
이 경우 보건복지부장관은 노인복지
관련 법인이나 단체에 그 업무의 전부
또는 일부를 위탁할 수 있다.

　　1. 실종노인과 관련된 조사 및 연구

2. 실종노인의 데이터베이스 구축
　·운영

3. 그 밖에 실종노인의 보호 및 지
원에 필요한 사항

[본조신설 2007.8.3]

[종전 제39조의10은 제39조의11로
이동 <2007.8.3>]

제39조의11 (조사 등)

① 보건복지부장관, 시·도지사 또는
시장·군수·구청장은 필요하다고 인
정하는 때에는 관계공무원 또는 노인
복지상담원으로 하여금 노인복지시설
과 노인의 주소·거소, 노인의 고용장
소 또는 제39조의9의 금지행위를 위반
할 우려가 있는 장소에 출입하여 노인
또는 관계인에 대하여 필요한 조사를
하거나 질문을 하게 할 수 있다.

② 경찰청장, 시·도지사 또는 시장·
군수·구청장은 실종노인의 발견을 위
하여 필요한 때에는 보호시설의 장 또
는 그 종사자에게 필요한 보고 또는 자
료제출을 명하거나 소속 공무원으로 하
여금 보호시설에 출입하여 관계인 또는
노인에 대하여 필요한 조사 또는 질문
을 하게 할 수 있다. <신설 2007.8.3>

③ 제1항 및 제2항의 경우 관계공무원,
노인복지상담원은 그 권한을 표시하는
증표를 지니고 이를 노인 또는 관계인
에게 내보여야 한다. <개정 2007.8.3>

④ 제3항에 따른 증표의 내용·형식

등에 관하여 필요한 사항은 보건복지부령으로 정한다. <개정 2007.8.3>

[본조신설 2004.1.29]

[제39조의10에서 이동, 종전의 제39조의11은 제39조의12로 이동 <2007.8.3>]

제39조의12 (비밀누설의 금지)

① 이 법에 의한 학대노인의 보호와 관련된 업무에 종사하였거나 종사하는 자는 그 직무상 알게 된 비밀을 누설하지 못한다.

② 경찰청장, 시·도지사 또는 시장·군수·구청장은 실종노인의 발견을 위하여 필요한 때에는 보호시설의 장 또는 그 종사자에게 필요한 보고 또는 자료제출을 명하거나 소속 공무원으로 하여금 보호시설에 출입하여 관계인 또는 노인에 대하여 필요한 조사 또는 질문을 하게 할 수 있다. <신설 2007.8.3>

[본조신설 2004.1.29]

[제39조의12에서 이동 <2007.8.3>]

제40조 (변경·폐지 등 <개정 1999.2.8>)

① 제33조제2항의 규정에 의하여 노인주거복지시설을 설치한 자 또는 제35조제2항의 규정에 의하여 노인의료복지시설(노인전문병원을 제외한다)을 설치한 자가 그 설치신고사항 중 보건복지가족부령이 정하는 사항을 변경하거나 그 시설을 폐지 또는 휴지하고자 할 때에는 대통령령이 정하는 바에 의

하여 시장·군수·구청장에게 미리 신고하여야 한다. <개정 1999.2.8, 2005.3.31, 2008.2.29>

② 노인전문병원을 설치한 자가 그 설치허가사항 중 보건복지가족부령이 정하는 사항을 변경하고자 하는 때에는 의료법이 정하는 바에 따라 시·도지사의 변경허가를 받아야 하며, 그 시설을 폐지 또는 휴지하고자 하는 때에는 동법이 정하는 바에 따라 시·도지사에게 미리 신고하여야 한다. <신설 1999.2.8, 2008.2.29>

③ 제37조제2항에 의하여 노인여가복지시설을 설치한 자 또는 제39조제2항의 규정에 의하여 재가노인복지시설을 설치한 자가 그 설치신고사항 중 보건복지가족부령이 정하는 사항을 변경하거나 그 시설을 폐지 또는 휴지하고자 할 때에는 대통령령이 정하는 바에 의하여 시장·군수·구청장에게 미리 신고하여야 한다. <개정 1999.2.8, 2008.2.29>

④ 제39조의3제1항에 따라 요양보호사교육기관을 설치한 자가 그 설치신고사항 중 보건복지가족부령이 정하는 사항을 변경하거나 그 시설을 폐지 또는 휴지하고자 하는 때에는 대통령령이 정하는 바에 따라 시·도지사에게 미리 신고하여야 한다. <신설 1999.2.8, 2005.3.31, 2007.8.3, 2008.2.29>

제41조 (수탁의무) 제32조제1항의 규정

에 의한 양로시설, 노인공동생활가정 및 노인복지주택, 제34조제1항의 규정에 의한 노인요양시설 및 노인요양공동생활가정 또는 제38조제1항의 규정에 의한 재가노인복지시설을 설치·운영하는 자가 복지실시기관으로부터 제28조제1항제2호 및 제3호, 동조제2항 또는 제3항의 규정에 의하여 노인의 입소·장례를 위탁받은 때에는 정당한 이유 없이 이를 거부하여서는 아니 된다. <개정 2007.8.3>

제42조 (감독)

① 복지실시기관은 제31조의 규정에 의한 노인복지시설 또는 제39조의3제1항에 따른 요양보호사교육기관을 설치·운영하는 자로 하여금 당해 시설 또는 사업에 관하여 필요한 보고를 하게 하거나 관계공무원으로 하여금 당해 시설 또는 사업의 운영상황을 조사하게 하거나 장부 기타 관계서류를 검사하게 할 수 있다. <개정 1999.2.8, 2007.8.3>

② 제31조의 규정에 의한 노인복지시설을 설치·운영하는 자는 보건복지가족부령이 정하는 바에 따라 매 연도 입소자 또는 이용자 현황 등에 관한 자료를 복지실시기관에 제출하여야 한다. <신설 1999.2.8, 2008.2.29>

③ 제1항의 규정에 의하여 조사·검사를 행하는 자는 그 권한을 표시하는 증표를 지니고 이를 관계인에게 내보여야 한다.

제43조 (사업의 정지 등)

① 시·도지사 또는 시장·군수·구청장은 요양보호사교육기관 또는 노인주거복지시설·노인의료복지시설이 다음 각 호의 어느 하나에 해당하는 때에는 그 사업의 정지 또는 폐지를 명할 수 있다. <개정 1999.2.8, 2005.3.31, 2007.8.3>

1. 제33조제3항·제35조제3항 또는 제39조의3제2항의 규정에 의한 시설 등에 관한 기준에 미달하게 된 때
2. 제41조의 규정에 위반하여 수탁을 거부한 때
3. 정당한 이유 없이 제42조의 규정에 의한 보고 또는 자료제출을 하지 아니하거나 허위로 한 때 또는 조사·검사를 거부·방해하거나 기피한 때
4. 제46조제5항의 규정에 위반한 때
5. 삭제 <2007.8.3>

② 시장·군수·구청장은 노인여가복지시설 또는 재가노인복지시설이 다음 각 호의 어느 하나에 해당하는 때에는 그 사업의 정지 또는 폐지를 명할 수 있다. <개정 1999.2.8, 2007.8.3>

1. 제37조제3항 또는 제39조제3항의 시설 등에 관한 기준에 미달하게 된 때
2. 제41조의 규정에 위반하여 수탁

을 거부한 때(재가노인복지시설의 경우에 한한다)

3. 정당한 이유 없이 제42조의 규정에 의한 보고 또는 자료제출을 하지 아니하거나 허위로 한 때 또는 조사·검사를 거부·방해하거나 기피한 때

4. 제46조제7항의 규정에 위반한 때

5. 삭제 <2007.8.3>

③ 제1항 내지 제2항의 규정에 의한 행정처분의 세부적인 기준은 위반의 정도 등을 참작하여 보건복지가족부령으로 정한다. <개정 2008.2.29>

제44조 (청문) 시장·군수·구청장은 제43조의 규정에 의한 사업의 폐지를 명하고자 하는 경우에는 청문을 실시하여야 한다. <개정 2005.3.31>

제5장 비용

제45조 (비용의 부담)

① 삭제 <2007.4.25>

② 다음 각 호의 어느 하나에 해당하는 비용은 대통령령이 정하는 바에 따라 국가 또는 지방자치단체가 부담한다. <개정 2005.7.13>

1. 제23조의2제1항의 규정에 따른 노인일자리전담기관의 설치·운영 또는 위탁에 소요되는 비용

2. 제27조 및 제28조의 규정에 따른 건강진단 등과 상담·입소 등의 조치에 소요되는 비용

3. 제33조제1항·제35조제1항·제37조제1항 및 제39조제1항의 규정에 따른 노인복지시설의 설치·운영에 소요되는 비용

제46조 (비용의 수납 및 청구)

① 제27조 및 제28조의 규정에 의한 복지조치에 필요한 비용을 부담한 복지실시기관은 당해 노인 또는 그 부양의무자로부터 대통령령이 정하는 바에 의하여 그 부담한 비용의 전부 또는 일부를 수납하거나 청구할 수 있다.

② 부양의무가 없는 자가 제28조의 규정에 의한 복지조치에 준하는 보호를 행하는 경우 즉시 그 사실을 부양의무자 및 복지실시기관에 알려야 한다.

③ 제2항의 보호를 행한 자는 부양의무자에게 보호비용의 전부 또는 일부를 청구할 수 있다.

④ 제1항 또는 제3항의 규정에 의한 부담비용의 청구 등에 관하여 필요한 사항은 보건복지가족부령으로 정한다. <개정 2008.2.29>

⑤ 제32조제1항에 따른 양로시설, 노인공동생활가정 및 노인복지주택, 제34조제1항에 따른 노인요양시설 및 노인요양공동생활가정을 설치한 자는 그 시설에 입소하거나 그 시설을 이용하

는 기초수급권자 외의 자로부터 그에 소요되는 비용을 수납하고자 할 때에는 시장·군수·구청장에게 신고하여야 한다. 다만, 보건복지가족부령이 정한 비용수납 한도액의 범위 안에서 수납할 때에는 그러하지 아니하다. <개정 1999.2.8, 2005.3.31, 2007.8.3, 2008.2.29>

⑥ 삭제 <1999.2.8>

⑦ 제36조제1항의 규정에 의한 노인여가복지시설 또는 제38조제1항의 규정에 의하여 재가노인복지시설을 설치한 자 또는 편의를 제공하는 자가 그 시설을 이용하는 자로부터 그에 소요되는 비용을 수납하고자 할 때에는 미리 시장·군수·구청장에게 신고하여야 한다.

제47조 (비용의 보조) 국가 또는 지방자치단체는 대통령령이 정하는 바에 의하여 노인복지시설의 설치·운영에 필요한 비용을 보조할 수 있다.

제48조 (유류물품의 처분) 복지실시기관 또는 노인복지시설의 장은 제28조제3항의 규정에 의한 장례를 행함에 있어서 사망자가 유류한 금전 또는 유가증권을 그 장례에 필요한 비용에 충당할 수 있으며, 부족이 있을 때에는 유류물품을 처분하여 그 대금을 이에 충당할 수 있다.

제49조 (조세감면) 제31조의 규정에 의한 노인복지시설에서 노인을 위하여 사용하는 건물·토지 등에 대하여는 조세감면규제법 등 관계법령이 정하는 바에 의하여 조세 기타 공과금을 감면할 수 있다. <개정 2007.4.25>

제6장 보칙

제50조 (심사청구 등)

① 노인 또는 그 부양의무자는 이 법에 의한 복지조치에 대하여 이의가 있을 때에는 당해 복지실시기관에 심사를 청구할 수 있다.

② 복지실시기관은 제1항의 심사청구를 받은 때에는 30일 이내에 이를 심사·결정하여 청구인에게 통보하여야 한다.

③ 제2항의 심사·결정에 이의가 있는 자는 그 통보를 받은 날부터 90일 이내에 행정심판을 제기할 수 있다. <개정 1999.2.8>

④ 제46조제3항의 규정에 의하여 부양의무자가 부담하여야 할 보호비용에 대하여 보호를 행한 자와 부양의무자 사이에 합의가 이루어지지 아니하는 경우로서 시장·군수·구청장은 당사자로부터 조정요청을 받은 경우에는 이를 조정할 수 있다. <개정 2004.1.29>

⑤ 시장·군수·구청장은 제4항의 조

정을 위하여 필요하다고 인정하는 경우 부양의무자에게 소득·재산 등에 관한 자료의 제출을 요구할 수 있다.

제51조 (노인복지명예지도원)

① 복지실시기관은 양로시설, 노인공동생활가정, 노인복지주택, 노인요양시설 및 노인요양공동생활가정의 입소노인의 보호를 위하여 노인복지명예지도원을 둘 수 있다. <개정 2007.8.3>

② 노인복지명예지도원의 위촉방법·업무범위 등 기타 필요한 사항은 대통령령으로 정한다.

제52조 삭제 <1999.2.8>

제53조 (권한의 위임·위탁)

① 보건복지가족부장관 또는 시·도지사는 이 법에 의한 권한의 일부를 대통령령이 정하는 바에 의하여 각각 시·도지사 또는 시장·군수·구청장에게 위임할 수 있다. <개정 2008.2.29>

② 보건복지가족부장관, 시·도지사 또는 시장·군수·구청장은 이 법에 의한 업무의 일부를 대통령령이 정하는 바에 의하여 법인 또는 단체에 위탁할 수 있다. <개정 2008.2.29>

제54조 (국·공유재산의 대부 등) 국가 또는 지방자치단체는 노인보건복지관련 연구시설이나 사업의 육성을 위하여 필요하다고 인정하는 경우에는 국유재산법 또는 지방재정법의 규정에 불구하고 국·공유재산을 무상으로 대부하거나 사용·수익하게 할 수 있다.

제55조 (「건축법」에 대한 특례 <개정 2007.8.3>)

① 이 법에 의한 재가노인복지시설, 노인공동생활가정 및 노인요양공동생활가정은 「건축법」 제19조의 규정에 불구하고 단독주택 또는 공동주택에 설치할 수 있다. <개정 2007.8.3, 2008.3.21>

② 이 법에 의한 노인복지주택의 건축물의 용도는 건축관계법령에 불구하고 노유자시설로 본다. <신설 1999.2.8, 2007.8.3>

제7장 벌칙

제55조의2 (벌칙) 제39조의9제1호(상해에 한한다)의 행위를 한 자는 7년 이하의 징역 또는 2천만 원 이하의 벌금에 처한다.

[본조신설 2004.1.29]

제55조의3 (벌칙) 다음 각 호의 어느 하나에 해당하는 자는 5년 이하의 징역 또는 1천500만 원 이하의 벌금에 처한다.

1. 제39조의9제1호(폭행에 한한다)부터 제4호까지에 해당하는 행위

를 한 자

2. 제39조의10제1항을 위반하여 정당한 사유 없이 신고하지 아니하고 실종노인을 보호한 자

[전문개정 2007.8.3]

제55조의4 (벌칙) 다음 각 호의 어느 하나에 해당하는 자는 3년 이하의 징역 또는 1천만 원 이하의 벌금에 처한다.

1. 제39조의9제5호에 해당하는 행위를 한 자

2. 위계 또는 위력을 행사하여 제39조의11제2항에 따른 관계 공무원의 출입 또는 조사를 거부하거나 방해한 자

[전문개정 2007.8.3]

제56조 (벌칙)

① 제33조의2제2항을 위반하여 입소자격자 아닌 자에게 노인복지주택을 분양 또는 임대한 자는 2년 이하의 징역에 처하거나 위법하게 분양 또는 임대한 세대의 수에 1천만 원을 곱한 금액 이하의 벌금에 처한다.

② 제33조제2항 및 제35조제2항에 따른 신고를 하지 아니하고 양로시설, 노인공동생활가정, 노인복지주택, 노인요양시설 또는 노인요양공동생활가정을 설치하거나 운영한 자는 2년 이하의 징역 또는 1천만 원 이하의 벌금에

처한다.

[전문개정 2007.8.3]

제56조의2 (벌칙) 다음 각 호의 어느 하나에 해당하는 자는 1년 이하의 징역 또는 1천만 원 이하의 벌금에 처한다.

1. 제33조의2제3항을 위반하여 양도 또는 임대한 자

2. 제33조의2제4항을 위반하여 입소·양도 또는 임대한 상속자

[본조신설 2007.8.3]

제57조 (벌칙) 다음 각 호의 1에 해당하는 자는 1년 이하의 징역 또는 300만 원 이하의 벌금에 처한다. <개정 2007.8.3>

1. 제33조제2항·제35조제2항·제37조제2항·제39조제2항 또는 제39조의3제1항의 규정에 의한 신고를 하지 아니하고 양로시설·노인공동생활가정·노인복지주택·노인요양시설·노인요양공동생활가정·노인여가복지시설·재가노인복지시설 또는 요양보호사교육기관을 설치하거나 운영한 자

2. 제39조의11의 규정을 위반하여 직무상 알게 된 비밀을 누설한 자

[전문개정 2004.1.29]

제58조 삭제 <2007.4.25>

제59조 (벌칙) 제41조를 위반하여 수탁

을 거부한 자는 50만 원 이하의 벌금에 처한다. <개정 2007.8.3>

1. 삭제 <2007.8.3>
2. 삭제 <2007.8.3>

제60조 (양벌규정) 법인의 대표자나 법인 또는 개인의 대리인·사용인 기타 종업원이 그 법인 또는 개인의 업무에 관하여 제55조의3·제56조·제57조 또는 제59조의 위반행위를 한 때에는 행위자를 벌하는 외에 그 법인 또는 개인에 대하여도 각 해당 조의 벌금형을 과한다. <개정 2007.8.3>

제61조 삭제 <2007.4.25>

제61조의2 (과태료)

① 제39조의11제2항에 따른 명령을 위반하여 보고 또는 자료제출을 하지 아니하거나 거짓으로 보고하거나 거짓 자료를 제출한 자 또는 정당한 사유 없이 관계 공무원의 출입 또는 조사·질문을 거부·기피·방해하거나 거짓의 답변을 한 자에게는 500만 원 이하의 과태료를 부과한다.

② 다음 각 호의 어느 하나에 해당하는 자는 200만 원 이하의 과태료를 부과한다.

1. 제39조의10제2항을 위반하여 신상카드를 제출하지 아니한 자
2. 제40조를 위반하여 신고하지 아니하고 노인복지시설을 폐지 또는 휴지한 자

③ 제1항 및 제2항에 따른 과태료는 대통령령으로 정하는 바에 따라 보건복지부장관, 시·도지사, 시장·군수·구청장이 부과·징수한다.

④ 제3항에 따른 과태료 처분에 불복하는 자는 그 처분을 고지받은 날부터 30일 이내에 보건복지부장관, 시·도지사, 시장·군수·구청장에게 이의를 제기할 수 있다.

⑤ 제3항에 따른 과태료 처분을 받은 자가 제4항에 따라 이의를 제기한 때에는 보건복지부장관, 시·도지사, 시장·군수·구청장은 지체 없이 관할 법원에 그 사실을 통보하여야 하며, 그 통보를 받은 관할 법원은 「비송사건절차법」에 따른 과태료 재판을 한다.

⑥ 제4항에 따른 기간 이내에 이의를 제기하지 아니하고 과태료를 납부하지 아니한 때에는 국세 또는 지방세 체납처분의 예에 따라 징수한다.

[본조신설 2007.8.3]

제62조 (이행강제금)

① 시장·군수·구청장은 제33조의3에 따른 명령을 이행하지 아니한 자에 대하여 당해 명령의 이행에 필요한 상당한 이행기한을 정하여 그 기한까지 명령을 이행하지 아니하는 경우 이행강제금을 부과할 수 있다. 이 경우 이

행강제금의 금액은 「지방세법」에 따라 해당 노인복지주택에 적용되는 1제곱미터당 시가표준액의 100분의 10에 상당하는 금액에 위반면적(주거의 용도로만 쓰이는 면적을 말한다)을 곱한 금액 또는 「부동산가격공시및감정평가에관한법률」에 따라 해당 노인복지주택에 적용되는 주택가격의 공시금액의 100분의 10에 상당하는 금액으로 한다.

② 시장·군수·구청장은 제1항에 따라 이행강제금을 부과하기 전에 이행강제금을 부과·징수한다는 뜻을 미리 문서로 계고하여야 한다.

③ 시장·군수·구청장은 제1항에 따른 이행강제금을 부과하는 경우 이행강제금의 금액, 부과사유, 납부기한 및 수납기관, 이의제기방법 및 이의제기기관 등을 명시한 문서로 행하여야 한다.

④ 시장·군수·구청장은 최초의 명령이 있은 날을 기준으로 하여 1년에 2회 이내의 범위 안에서 당해 명령이 이행될 때까지 반복하여 제1항에 따른 이행강제금을 부과·징수할 수 있다.

⑤ 시장·군수·구청장은 제33조의3에 따라 명령을 받은 자가 명령을 이행한 경우 새로운 이행강제금의 부과를 즉시 중지하고, 이미 부과된 이행강제금은 징수하여야 한다.

⑥ 시장·군수·구청장은 제3항에 따라 이행강제금 부과처분을 받은 자가 이행강제금을 기한 이내에 납부하지 아니하는 때에는 지방세 체납처분의 예에 따라 징수한다.

[본조신설 2007.8.3]

부칙 <제5359호, 1997.8.22>

① (시행일) 이 법은 공포 후 9월이 경과한 날부터 시행한다. 다만, 제2장(제9조 내지 제22조)의 개정규정은 1998년 7월 1일부터 시행한다.

② (노령수당에 대한 경과조치) 이 법 시행 당시 종전의 노인복지법 제13조의 규정에 의한 노령수당은 1998년 6월 30일까지 지급한다.

③ (노인복지시설 등에 관한 경과조치) 이 법 시행 당시 종전의 규정에 의하여 설치된 노인복지시설은 이 법에 의하여 설치된 것으로 본다.

④ (다른 법령과의 관계) 다른 법령에서 이 법 시행 당시 노인복지법의 규정을 인용하고 있는 경우 이 법 중 그에 관한 규정이 있는 때에는 이 법의 해당 조항을 인용한 것으로 본다.

부칙 (행정절차법의시행에따른공인회계사법등의정비에관한법률) <제5453호, 1997. 12.13>

제1조 (시행일) 이 법은 1998년 1월 1일부터 시행한다. <단서 생략>

제2조 생략

부칙 <제5851호, 1999.2.8>

① (시행일) 이 법은 공포한 날부터 시행한다. 다만, 제39조의2·제39조의3·제40조·제42조·제43조·제46조제5항 단서·제52조 및 제57조의 개정규정은 공포 후 6월이 경과한 날부터 시행한다.
② (경로연금수급권자 인정에 관한 경과조치) 이 법 시행 당시 종전의 규정에 의하여 수급권자로 결정된 자는 제9조제1항제2호의 개정규정에 불구하고 종전의 규정에 의한다.
③ (가정봉사원교육기관에 관한 경과조치) 이 법 시행 당시 종전의 규정에 의하여 지정된 가정봉사원 교육을 위한 교육기관은 제39조의3제1항의 개정규정에 의하여 신고한 가정봉사원교육기관으로 본다.
④ (노인복지시설비용수납승인에 관한 경과조치) 이 법 시행 당시 종전의 규정에 의하여 시·도지사로부터 비용수납의 승인을 얻은 것은 제46조제5항의 개정규정에 의하여 비용수납에 관한 신고를 한 것으로 본다.

부칙 (사립학교교직원연금법) <제6124호, 2000.1.12>

제1조 (시행일) 이 법은 공포한 날부터 시행한다.

제2조 내지 제4조 생략

제5조 (다른 법령의 개정 등) ① 내지 ⑪ 생략
⑫ 노인복지법 중 다음과 같이 개정한다.
제9조제2항 본문 중 '사립학교교원연금법'을 '사립학교교직원연금법'으로 한다.
⑬ 생략

제6조 생략

부칙 (주택법) <제6916호, 2003.5.29>

제1조 (시행일) 이 법은 공포 후 6월이 경과한 날부터 시행한다. <단서 생략>
제2조 내지 제11조 생략

제12조 (다른 법률의 개정) ① 내지 ⑧ 생략
⑨ 노인복지법 중 다음과 같이 개정한다.
제32조제3항 중 '주택건설촉진법'을 '주택법'으로 한다.
⑩ 내지 <47> 생략

제13조 생략

부칙 <제7152호, 2004.1.29>

이 법은 공포 후 6월이 경과한 날

부터 시행한다.

부칙 <제7452호, 2005.3.31>

제1조 (시행일) 이 법은 공포 후 3월이
　　경과한 날부터 시행한다.

제2조 (행정처분 등에 관한 일반적 경
　　과조치)
　① 이 법 시행 당시 종전의 제43조제1
항 및 제44조의 규정에 의한 행정기관
이 행한 처분은 이 법의 개정규정에
의한 행정기관이 행한 처분으로 본다.
　② 이 법 시행 당시 종전의 제33조제2
항·제35조제2항·제39조의3제1항·
제40조제1항 및 제4항·제46조제5항
본문의 규정에 의한 행정기관에 대하
여 행한 신고는 이 법의 개정규정에
의한 행정기관에 대하여 행한 신고로
본다.

부칙 <제7585호, 2005.7.13>

　　이 법은 공포 후 3월이 경과한 날
　　부터 시행한다.

부칙 <제8200호, 2007.1.3>
　① (시행일) 이 법은 공포 후 6개월이
경과한 날부터 시행한다.
　② (노인실태조사에 관한 적용례) 제5
조의 개정규정에 따른 최초의 실태조

사는 2008년에 실시한다.

부칙 (의료법) <제8366호, 2007.4.11>

제1조 (시행일) 이 법은 공포한 날부터
　　시행한다. <단서 생략>
　　제2조 내지 제19조 생략

제20조 (다른 법률의 개정) ① 내지 ④
　　생략
　⑤ 노인복지법 일부를 다음과 같이 개
정한다.
제35조제3항 단서 중 ‘「의료법」 제32
조’를 ‘「의료법」 제36조’로 한다.
　⑥ 내지 <17> 생략

제21조 생략

부칙 (장애인복지법)
　　　<제8367호, 2007.4.11>

제1조 (시행일) 이 법은 공포 후 6개월
　　이 경과한 날부터 시행한다.
　　제2조 내지 제4조 생략

제5조 (다른 법률의 개정) ① 및 ② 생략
　③ 노인복지법 일부를 다음과 같이 개
정한다.
제39조의6제1항제3호 중 ‘「장애인복
지법」 제48조’를 ‘「장애인복지법」 제
58조’로 한다.
　④ 내지 ⑬ 생략

제6조 생략

부칙 (기초노령연금법)
　　<제8385호, 2007.4.25>

제1조 (시행일) 이 법은 2008년 1월 1일
　　부터 시행한다.

제2조 내지 제4조 생략

제5조 (다른 법률의 개정 등) ① 노인복
　　지법 일부를 다음과 같이 개정한다.
　　제2장(제9조부터 제22조까지)을 삭
　　제한다.
　　제45조제1항을 삭제한다.
　　제49조 중 '제11조의 규정에 의한
　　수급권자가 받는 연금과 제31조'를
　　'제31조'로 한다.
　　제58조 및 제61조를 각각 삭제한다.
　② 생략

부칙 (가족관계의 등록 등에 관한 법률)
　　<제8435호, 2007.5.17>

제1조 (시행일) 이 법은 2008년 1월 1일
　　부터 시행한다. <단서 생략>

제2조부터 제7조까지 생략

제8조 (다른 법률의 개정) ①부터 <30>
　　까지 생략
　　<31> 노인복지법 일부를 다음과
　　같이 개정한다.

제21조 중 '「호적법」 제88조'를 '「가
족관계의등록등에관한법률」 제85조'
로 한다.
　　<32>부터 <39>까지 생략

제9조 생략

부칙 <제8608호, 2007.8.3>

제1조 (시행일) 이 법은 공포 후 1년이
　　경과한 날부터 시행한다. 다만, 제
　　32조, 제34조 및 제38조의 개정규
　　정은 공포 후 8개월이 경과한 날부
　　터 시행하고, 제39조의2 및 제39조
　　의3의 개정규정은 공포 후 6개월이
　　경과한 날부터 시행한다.

제2조 (노인복지주택의 공급 등의 제한
　　에 관한 적용례) 제33조의2제5항
　　의 개정규정은 이 법 시행 이후 최
　　초로 「주택법」 제16조에 따른 사
　　업계획승인을 신청하는 노인복지
　　주택의 경우부터 적용한다.

제3조 (노인복지주택의 처분명령 및 이
　　행강제금에 관한 적용례) 제33조의
　　3 및 제62조의 개정규정은 이 법
　　시행 이후 노인복지주택을 분양받
　　거나 양수한 자부터 적용한다.

제4조 (양로시설 등에 관한 경과조치)
　　이 법 시행 당시 종전의 규정에 따

라 설치된 양로시설, 실비양로시설 및 유료양로시설은 제32조제1항제1호의 개정규정에 따른 양로시설로, 실비노인복지주택 및 유료노인복지주택은 제32조제1항제3호의 개정규정에 따른 노인복지주택으로, 노인요양시설, 실비노인요양시설, 유료노인요양시설, 노인전문요양시설 및 유료전문요양시설은 제34조제1항제1호의 개정규정에 따른 노인요양시설로, 가정봉사원파견시설, 주간보호시설 및 단기보호시설은 제38조제1항의 개정규정에 따른 재가노인복지시설로 각각 본다.

제5조 (노인복지관에 관한 경과조치) 이 법 시행 당시 종전의 규정에 따라 설치된 노인복지회관은 제36조제1항의 개정규정에 따른 노인복지관으로 본다.

제6조 (가정봉사원교육기관에 관한 경과조치) 이 법 시행 당시 종전의 규정에 따라 설치된 가정봉사원의 교육을 위한 기관은 이 법 시행 후 1년까지 요양보호사의 교육을 수행할 수 있다.

제7조 (요양보호사에 대한 경과조치) 이 법 시행 당시 종전의 규정에 따라 노인복지시설에서 생활지도원 또는 가정봉사원으로 근무하고 있는 자는 이 법 시행 후 2년까지 제39조의2제1항의 개정규정에 따른 요양보호사 업무를 수행할 수 있다.

제8조 (벌칙 및 과태료에 관한 경과조치) 이 법 시행 전의 행위에 대한 벌칙 및 과태료의 적용에 있어서는 종전의 규정에 의한다.

부칙 (정부조직법) ＜제8852호, 2008. 2.29＞

제1조 (시행일) 이 법은 공포한 날부터 시행한다. 다만, ……＜생략＞…… 부칙 제6조에 따라 개정되는 법률 중 이 법의 시행 전에 공포되었으나 시행일이 도래하지 아니한 법률을 개정한 부분은 각각 해당 법률의 시행일부터 시행한다.

제2조부터 제5조까지 생략

제6조 (다른 법률의 개정) ①부터 ＜455＞까지 생략
＜456＞ 노인복지법 일부를 다음과 같이 개정한다.
제5조제1항 및 제39조의10제1항 중 '보건복지부장관'을 각각 '보건복지가족부장관'으로 한다.
제5조제2항, 제29조의2제2항, 제39조의2제1항 및 제4항, 제39조의3제

1항 및 제2항 및 제39조의5제2항 중 '보건복지부령'을 각각 '보건복지가족부령'으로 한다.

제28조제1항 각 호 외의 부분 및 제2항, 제32조제1항제4호, 제53조제1항 및 제2항 중 '보건복지부장관'을 각각 '보건복지가족부장관'으로 한다.

제29조제2항, 제30조제2항, 제32조제2항, 제33조제3항, 제34조제2항, 제35조제3항 본문 및 단서, 제36조제2항, 제37조제3항, 제39조제3항, 제40조제1항부터 제4항까지, 제42조제2항, 제43조제3항, 제46조제4항 및 제5항 단서 중 '보건복지부령'을 각각 '보건복지가족부령'으로 한다.

<457>부터 <760>까지 생략

제7조 생략

부칙 (건축법) <제8974호, 2008.3.21>

제1조 (시행일) 이 법은 공포한 날부터 시행한다. <단서 생략>

제2조부터 제12조까지 생략

제13조 (다른 법률의 개정) ①부터 ⑬까지 생략

⑭ 노인복지법 일부를 다음과 같이 개정한다.
제55조제1항 중 '「건축법」 제14조'를 '「건축법」 제19조'로 한다.
⑮부터 <70>까지 생략

제14조 생략

7) 노인복지시설

우리나라에서 설치운영되고 있는 복지시설은 해당 법령에 근거하고 노인 복지시설의 경우에는 노인복지법에 근거를 두고 있습니다. 현행 노인복지법 에서 규정하고 있는 노인복지시설에는 아래와 같은 것이 있습니다. 그리고 각 시설을 설치하고 싶으실 때에는 해당 설치 기준에 맞게 시설과 인력을 갖추시고 해당 시군구에 신고하면 된다. 보통 남을 위해 무언가를 하고자 하시는 분들이 사회복지시설 설치를 희망하시는 경우들이 많이 있다. 그런 데 통상적으로 생각하시는 것보다 시설을 설치하고 운영하는 것이 바로 다 른 것이 아니라 가장 존귀한 인간을 케어하는 일이기에 쉬운 일이 아니다. 그래서 시설을 설치하고 운영하시기 위해서는 전문적인 지식과 준비가 필요 하고, 마인드가 필요하다는 것을 충분히 인식하시고 시작하여야 한다.

아래는 현행 노인복지법에 나와 있는 시설의 종류이다.

(1) 노인주거복지시설

① 양로시설: 노인을 입소시켜 무료 또는 저렴한 요금으로 급식 기타 일 상생활에 필요한 편의를 제공함을 목적으로 하는 시설

② 실비양로시설: 노인을 입소시켜 저렴한 요금으로 급식 기타 일상생활 에 필요한 편의를 제공함을 목적으로 하는 시설

③ 유료양로시설: 노인을 입소시켜 급식 기타 일상생활에 필요한 편의를 제공하고 이에 소요되는 일체의 비용을 입소한 자로부터 수납하여 운 영하는 시설

④ 실비노인복지주택: 보건복지부장관이 정하는 일정소득 이하의 노인에 게 저렴한 비용으로 분양 또는 임대 등을 통하여 주거의 편의·생활 지도·상담 및 안전관리 등 일상생활에 필요한 편의를 제공함을 목적 으로 하는 시설

⑤ 유료노인복지주택: 노인에게 유료로 분양 또는 임대 등을 통하여 주거

의 편의·생활지도·상담 및 안전관리 등 일상생활에 필요한 편의를
제공함을 목적으로 하는 시설

(2) 노인의료복지시설

① 노인요양시설: 노인을 입소시켜 무료 또는 저렴한 요금으로 급식·요
양 기타 일상생활에 필요한 편의를 제공함을 목적으로 하는 시설

② 실비노인요양시설: 노인을 입소시켜 저렴한 요금으로 급식·요양 기타
일상생활에 필요한 편의를 제공함을 목적으로 하는 시설

③ 유료노인요양시설: 노인을 입소시켜 급식·요양 기타 일상생활에 필요
한 편의를 제공하고 이에 소요되는 일체의 비용을 입소한 자로부터
수납하여 운영하는 시설

④ 노인전문요양시설: 치매·중풍 등 중증의 질환노인을 입소시켜 무료
또는 저렴한 요금으로 급식·요양 기타 일상생활에 필요한 편의를 제
공함을 목적으로 하는 시설

⑤ 유료노인전문요양시설: 치매·중풍 등 중증의 질환노인을 입소시켜 급
식·요양 기타 일상생활에 필요한 편의를 제공하고 이에 소요되는 일
체의 비용을 입소한 자로부터 수납하여 운영하는 시설

⑥ 노인전문병원: 주로 노인을 대상으로 의료를 행하는 시설

(3) 노인여가복지시설

① 노인복지회관: 무료 또는 저렴한 요금으로 노인에 대하여 각종 상담에
응하고, 건강의 증진·교양·오락 기타 노인의 복지증진에 필요한 편
의를 제공함을 목적으로 하는 시설

② 경로당: 지역노인들이 자율적으로 친목도모·취미활동·공동작업장 운
영 및 각종 정보교환과 기타 여가활동을 할 수 있도록 하는 장소를
제공함을 목적으로 하는 시설

③ 노인교실: 노인들에 대하여 사회활동 참여욕구를 충족시키기 위하여 건전한 취미생활·노인건강유지·소득보장 기타 일상생활과 관련한 학습프로그램을 제공함을 목적으로 하는 시설

④ 노인휴양소: 노인들에 대하여 심신의 휴양과 관련한 위생시설·여가시설 기타 편의시설을 단기간 제공함을 목적으로 하는 시설

(4) 재가노인복지시설

① 가정봉사원파견시설: 신체적·정신적 장애로 일상생활을 영위하기 곤란한 노인이 있는 가정에 가정봉사원을 파견하여 노인의 일상생활에 필요한 각종 편의를 제공하여 지역사회 안에서 건전하고 안정된 노후생활을 영위하도록 하는 시설

② 주간보호시설: 부득이한 사유로 가족의 보호를 받을 수 없는 심신이 허약한 노인과 장애노인을 낮 동안 시설에 입소시켜 필요한 각종 편의를 제공하여 이들의 생활안정과 심신기능의 유지·향상을 도모하고, 그 가족의 신체적·정신적 부담을 덜어 주기 위한 시설

③ 단기보호시설: 부득이한 사유로 가족의 보호를 받을 수 없어 일시적으로 보호가 필요한 심신이 허약한 노인과 장애노인을 시설에 단기간 입소시켜 보호함으로써 노인 및 노인가정의 복지증진을 도모하기 위한 시설

(5) 노인보호전문기관

노인보호기관은 학대받는 노인들을 위한 발견, 상담, 보호를 위한 전문기관 등이다. 그리고 시설의 설치, 운영에 관한 기준들을 노인복지법 시행령에 근거하고 있다. 덧붙여 주의하실 점은 누구나 시설을 설치하고 운영할 수는 있다. 그러나 해당하는 기준과 인력을 만족시키지 못하신다면 미신고시설이 되며, 미신고 시설일 경우에는 시군구 자치단체의 지원을 받을 수 없음을 기억하여야 한다.

5. 장애인 복지법과 정책

장애인복지법
[일부개정 2008.2.29 법률 제8852호]

제1장 총칙

제1조 (목적) 이 법은 장애인의 인간다운 삶과 권리보장을 위한 국가와 지방자치단체 등의 책임을 명백히 하고, 장애발생 예방과 장애인의 의료·교육·직업재활·생활환경 개선 등에 관한 사업을 정하여 장애인복지대책을 종합적으로 추진하며, 장애인의 자립생활·보호 및 수당지급 등에 관하여 필요한 사항을 정하여 장애인의 생활안정에 기여하는 등 장애인의 복지와 사회활동 참여증진을 통하여 사회통합에 이바지함을 목적으로 한다.

제2조 (장애인의 정의 등)
① '장애인'이란 신체적·정신적 장애로 오랫동안 일상생활이나 사회생활에서 상당한 제약을 받는 자를 말한다.
② 이 법을 적용받는 장애인은 제1항에 따른 장애인 중 다음 각 호의 어느 하나에 해당하는 장애가 있는 자로서 대통령령으로 정하는 장애의 종류 및 기준에 해당하는 자를 말한다.

1. '신체적 장애'란 주요 외부 신체 기능의 장애, 내부기관의 장애 등을 말한다.
2. '정신적 장애'란 발달장애 또는 정신 질환으로 발생하는 장애를 말한다.

제3조 (기본이념) 장애인복지의 기본이념은 장애인의 완전한 사회 참여와 평등을 통하여 사회통합을 이루는 데에 있다.

제4조 (장애인의 권리)
① 장애인은 인간으로서 존엄과 가치를 존중받으며, 그에 걸맞은 대우를 받는다.
② 장애인은 국가·사회의 구성원으로서 정치·경제·사회·문화, 그 밖의 모든 분야의 활동에 참여할 권리를 가진다.
③ 장애인은 장애인 관련 정책결정과정에 우선적으로 참여할 권리가 있다.

제5조 (장애인 및 보호자 등에 대한 의견수렴과 참여) 국가 및 지방자치단체는 장애인 정책의 결정과 그 실시에 있어서 장애인 및 장애인의 부모, 배우자, 그 밖에 장애인을 보호하는 자의 의견을 수렴하여야 한다. 이 경우 당사자의 의견수렴을 위한 참여를 보장하여야 한다.

제6조 (중증장애인의 보호) 국가와 지방자치단체는 장애 정도가 심하여 자립하기가 매우 곤란한 장애인(이하 '중증장애인'이라 한다)이 필요한 보호 등을 평생 받을 수 있도록 알맞은 정책을 강구하여야 한다.

제7조 (여성장애인의 권익보호 등) 국가와 지방자치단체는 여성장애인의 권익을 보호하고 사회참여를 확대하기 위하여 기초학습과 직업교육 등 필요한 시책을 강구하여야 한다.

제8조 (차별금지 등)

① 누구든지 장애를 이유로 정치·경제·사회·문화생활의 모든 영역에서 차별을 받지 아니하고, 누구든지 장애를 이유로 정치·경제·사회·문화생활의 모든 영역에서 장애인을 차별하여서는 아니 된다.

② 누구든지 장애인을 비하·모욕하거나 장애인을 이용하여 부당한 영리행위를 하여서는 아니 되며, 장애인의 장애를 이해하기 위하여 노력하여야 한다.

제9조 (국가와 지방자치단체의 책임)

① 국가와 지방자치단체는 장애 발생을 예방하고, 장애의 조기 발견에 대한 국민의 관심을 높이며, 장애인의 자립을 지원하고, 보호가 필요한 장애인을 보호하여 장애인의 복지를 향상시킬 책임을 진다.

② 국가와 지방자치단체는 여성 장애인의 권익을 보호하기 위하여 정책을 강구하여야 한다.

③ 국가와 지방자치단체는 장애인복지정책을 장애인과 그 보호자에게 적극적으로 홍보하여야 하며, 국민이 장애인을 올바르게 이해하도록 하는 데에 필요한 정책을 강구하여야 한다.

제10조 (국민의 책임) 모든 국민은 장애 발생의 예방과 장애의 조기 발견을 위하여 노력하여야 하며, 장애인의 인격을 존중하고 사회통합의 이념에 기초하여 장애인의 복지향상에 협력하여야 한다.

제11조 (장애인정책조정위원회)

① 장애인 종합정책을 수립하고 관계 부처 간의 의견을 조정하며 그 정책의 이행을 감독·평가하기 위하여 국무총리 소속하에 장애인정책조정위원회(이하 '위원회'라 한다)를 둔다.

② 위원회는 다음 각 호의 사항을 심의·조정한다.

    1. 장애인복지정책의 기본방향에 관한 사항

    2. 장애인복지 향상을 위한 제도개선과 예산지원에 관한 사항

    3. 중요한 특수교육정책의 조정에 관한 사항

    4. 장애인 고용촉진정책의 중요한

조정에 관한 사항

　5. 장애인 이동보장 정책조정에 관한 사항

　6. 장애인정책 추진과 관련한 재원 조달에 관한 사항

　7. 장애인복지에 관한 관련 부처의 협조에 관한 사항

　8. 그 밖에 장애인복지와 관련하여 대통령령으로 정하는 사항

③ 위원회는 필요하다고 인정되면 관계 행정기관에 그 직원의 출석·설명과 자료 제출을 요구할 수 있다.

④ 위원회는 제2항의 사항을 미리 검토하고 관계 기관 사이의 협조 사항을 정리하기 위하여 위원회에 장애인정책조정실무위원회(이하 '실무위원회'라 한다)를 둔다.

⑤ 위원회와 실무위원회의 구성·운영에 관하여 필요한 사항은 대통령령으로 정한다.

제12조 (장애인정책책임관의 지정 등)
　① 중앙행정기관의 장은 해당 기관의 장애인정책을 효율적으로 수립·시행하기 위하여 소속공무원 중에서 장애인정책책임관을 지정할 수 있다.

② 제1항에 따른 장애인정책책임관의 지정 및 임무 등에 관하여 필요한 사항은 대통령령으로 정한다.

제13조 (지방장애인복지위원회)

① 장애인복지 관련 사업의 기획·조사·실시 등을 하는 데에 필요한 사항을 심의하기 위하여 지방자치단체에 지방장애인복지위원회를 둔다.

② 제1항의 지방장애인복지위원회를 조직·운영하는 데에 필요한 사항은 대통령령으로 정하는 기준에 따라 지방자치단체의 조례로 정한다.

제14조 (장애인의 날)

① 장애인에 대한 국민의 이해를 깊게 하고 장애인의 재활의욕을 높이기 위하여 매년 4월 20일을 장애인의 날로 하며, 장애인의 날부터 1주간을 장애인 주간으로 한다.

② 국가와 지방자치단체는 장애인의 날의 취지에 맞는 행사 등 사업을 하도록 노력하여야 한다.

제15조 (다른 법률과의 관계) 제2조에 따른 장애인 중 「정신보건법」과 「국가유공자등예우및지원에관한법률」 등 대통령령으로 정하는 다른 법률을 적용 받는 장애인에 대하여는 대통령령으로 정하는 바에 따라 이 법의 적용을 제한할 수 있다.

제16조 (법제와 관련된 조치 등) 국가와 지방자치단체는 이 법의 목적을 달성하기 위하여 필요한 법제(법제)·재정과 관련된 조치를 강구하여야 한다.

제2장 기본정책의 강구

제17조 (장애발생 예방)

① 국가와 지방자치단체는 장애의 발생 원인과 예방에 관한 조사 연구를 촉진하여야 하며, 모자보건사업의 강화, 장애의 원인이 되는 질병의 조기 발견과 조기 치료, 그 밖에 필요한 정책을 강구하여야 한다.

② 국가와 지방자치단체는 교통사고·산업재해·약물중독 및 환경오염 등에 의한 장애발생을 예방하기 위하여 필요한 조치를 강구하여야 한다.

제18조 (의료와 재활치료) 국가와 지방자치단체는 장애인이 생활기능을 익히거나 되찾을 수 있도록 필요한 기능치료와 심리치료 등 재활의료를 제공하고 장애인의 장애를 보완할 수 있는 장애인보조기구를 제공하는 등 필요한 정책을 강구하여야 한다.

제19조 (사회적응 훈련) 국가와 지방자치단체는 장애인이 재활치료를 마치고 일상생활이나 사회생활을 원활히 할 수 있도록 사회적응 훈련을 실시하여야 한다.

제20조 (교육)

① 국가와 지방자치단체는 사회통합의 이념에 따라 장애인이 연령·능력·장애의 종류 및 정도에 따라 충분히 교육받을 수 있도록 교육 내용과 방법을 개선하는 등 필요한 정책을 강구하여야 한다.

② 국가와 지방자치단체는 장애인의 교육에 관한 조사·연구를 촉진하여야 한다.

③ 국가와 지방자치단체는 장애인에게 전문 진로교육을 실시하는 제도를 강구하여야 한다.

④ 각급 학교의 장은 교육을 필요로 하는 장애인이 그 학교에 입학하려는 경우 장애를 이유로 입학 지원을 거부하거나 입학시험 합격자의 입학을 거부하는 등의 불리한 조치를 하여서는 아니 된다.

⑤ 모든 교육기관은 교육대상인 장애인의 입학과 수학(修學) 등에 편리하도록 장애의 종류와 정도에 맞추어 시설을 정비하거나 그 밖에 필요한 조치를 강구하여야 한다.

제21조 (직업) ① 국가와 지방자치단체는 장애인이 적성과 능력에 맞는 직업에 종사할 수 있도록 직업 지도, 직업능력 평가, 직업 적응훈련, 직업훈련, 취업 알선, 고용 및 취업 후 지도 등 필요한 정책을 강구하여야 한다.

② 국가와 지방자치단체는 장애인 직업재활훈련이 원활히 이루어질 수 있도록

장애인에게 적합한 직종과 재활사업에 관한 조사·연구를 촉진하여야 한다.

제22조 (정보에의 접근)

① 국가와 지방자치단체는 장애인이 정보에 원활하게 접근하고 자신의 의사를 표시할 수 있도록 전기통신·방송시설 등을 개선하기 위하여 노력하여야 한다.

② 국가와 지방자치단체는 방송국의 장 등 민간 사업자에게 뉴스와 국가적 주요 사항의 중계 등 대통령령으로 정하는 방송 프로그램에 청각장애인을 위한 수화 또는 폐쇄자막과 시각장애인을 위한 화면해설 또는 자막해설 등을 방영하도록 요청하여야 한다.

③ 국가와 지방자치단체는 국가적인 행사, 그 밖의 교육·집회 등 대통령령으로 정하는 행사를 개최하는 경우에는 청각장애인을 위한 수화통역 및 시각장애인을 위한 점자자료 등을 제공하여야 하며 민간이 주최하는 행사의 경우에는 수화통역 및 점자자료 등을 제공하도록 요청할 수 있다.

④ 제2항과 제3항의 요청을 받은 방송국의 장 등 민간 사업자와 민간 행사 주최자는 정당한 사유가 없으면 그 요청에 따라야 한다.

⑤ 국가와 지방자치단체는 시각장애인이 정보에 쉽게 접근할 수 있도록 점자도서와 음성도서 등을 보급하기 위하여 노력하여야 한다.

⑥ 국가와 지방자치단체는 장애인의 특성을 고려하여 정보통신망 및 정보통신기기의 접근·이용에 필요한 지원 및 도구의 개발·보급 등 필요한 시책을 강구하여야 한다.

제23조 (편의시설)

① 국가와 지방자치단체는 장애인이 공공시설과 교통수단 등을 안전하고 편리하게 이용할 수 있도록 편의시설의 설치와 운영에 필요한 정책을 강구하여야 한다.

② 국가와 지방자치단체는 공공시설 등 이용편의를 위하여 수화통역·안내보조 등 인적서비스 제공에 관하여 필요한 시책을 강구하여야 한다.

제24조 (안전대책 강구) 국가와 지방자치단체는 추락사고 등 장애로 인하여 일어날 수 있는 안전사고와 비상재해 등에 대비하여 시각·청각 장애인과 이동이 불편한 장애인을 위하여 피난용 통로를 확보하고, 점자·음성·문자 안내판을 설치하며, 긴급 통보체계를 마련하는 등 장애인의 특성을 배려한 안전대책 등 필요한 조치를 강구하여야 한다.

제25조 (사회적 인식개선)

① 국가와 지방자치단체는 학생, 공무

원, 근로자, 그 밖의 일반국민 등을 대상으로 장애인에 대한 인식개선을 위한 교육 및 공익광고 등 홍보사업을 실시하여야 한다.

② 국가는 「초·중등교육법」에 따른 학교에서 사용하는 교과용 도서에 장애인에 대한 인식개선을 위한 내용이 포함되도록 하여야 한다.

③ 제1항 및 제2항의 사업에 관하여 필요한 사항은 대통령령으로 정한다.

제26조 (선거권 행사를 위한 편의 제공) 국가와 지방자치단체는 장애인이 선거권을 행사하는 데에 불편함이 없도록 편의시설·설비를 설치하고, 선거권 행사에 관하여 홍보하며, 선거용 보조기구를 개발·보급하는 등 필요한 조치를 강구하여야 한다.

제27조 (주택 보급)

① 국가와 지방자치단체는 공공주택등 주택을 건설할 경우에는 장애인에게 장애 정도를 고려하여 우선 분양 또는 임대할 수 있도록 노력하여야 한다.

② 국가와 지방자치단체는 주택의 구입자금·임차자금 또는 개·보수비용의 지원 등 장애인의 일상생활에 적합한 주택의 보급·개선에 필요한 시책을 강구하여야 한다.

제28조 (문화환경 정비 등) 국가와 지방자치단체는 장애인의 문화생활과 체육활동을 늘리기 위하여 관련 시설 및 설비, 그 밖의 환경을 정비하고 문화생활과 체육활동 등을 지원하도록 노력하여야 한다.

제29조 (복지 연구 등의 진흥)

① 국가와 지방자치단체는 장애인복지의 종합적이고 체계적인 조사·연구·평가 및 장애인 체육활동 등 장애인정책개발 등을 위하여 필요한 정책을 강구하여야 한다.

② 제1항에 따른 장애인 관련 조사·연구 수행 및 정책개발·복지진흥·재활체육진흥 등을 위하여 재단법인 한국장애인개발원(이하 '개발원'이라 한다)을 설립한다.

③ 개발원의 사업과 활동은 정관으로 정한다.

④ 국가와 지방자치단체는 개발원 운영에 필요한 비용을 보조할 수 있으며, 「조세특례제한법」에서 정하는 바에 따라 조세를 감면하고 개발원에 기부된 재산에는 소득계산의 특례를 적용한다.

제30조 (경제적 부담의 경감)

① 국가와 지방자치단체, 「공공기관의 운영에 관한 법률」 제4조에 따른 공공기관, 「지방공기업법」에 따른 지방공사 또는 지방공단은 장애인과 장애인을 부양하는 자의 경제적 부담을 줄이고

장애인의 자립을 촉진하기 위하여 세제상의 조치, 공공시설 이용료 감면, 그 밖에 필요한 정책을 강구하여야 한다.

② 국가와 지방자치단체, 「공공기관의 운영에관한법률」 제4조에 따른 공공기관, 「지방공기업법」에 따른 지방공사 또는 지방공단이 운영하는 운송사업자는 장애인과 장애인을 부양하는 자의 경제적 부담을 줄이고 장애인의 자립을 돕기 위하여 장애인과 장애인을 보호하기 위하여 동행하는 자의 운임 등을 감면하는 정책을 강구하여야 한다.

제3장 복지 조치

제31조 (조사)

① 보건복지가족부장관은 이 법의 적절한 시행을 위하여 3년마다 장애인의 실태조사를 실시하여야 한다. <개정 2008.2.29>

② 제1항에 따른 조사의 방법과 내용 등에 관하여 필요한 사항은 대통령령으로 정한다.

제32조 (장애인 등록)

① 장애인, 그 법정대리인 또는 대통령령이 정하는 보호자는 장애 상태와 그 밖에 보건복지가족부령이 정하는 사항을 시장·군수 또는 구청장(자치구의 구청장을 말한다. 이하 같다)에게 등록하여야 하며, 시장·군수·구청장은 등록을 신청한 장애인이 제2조에 따른 기준에 맞으면 장애인등록증(이하 '등록증'이라 한다)을 내주어야 한다. <개정 2008.2.29>

② 제1항에 따라 등록증을 받은 자와 그 법정대리인 또는 대통령령이 정하는 보호자는 해당 장애인이 제2조에 따른 기준에 맞지 아니하게 되거나 사망하면 그 등록증을 반환하여야 한다.

③ 시장·군수·구청장은 장애 상태의 변화에 따른 장애 등급 조정을 위하여 장애 진단을 받게 하는 등 필요한 조치를 할 수 있으며, 장애 진단 명령 등 필요한 조치를 거부하거나 제2항 또는 제5항을 위반한 경우에는 등록증을 반환하게 할 수 있다.

④ 장애인의 장애 인정과 등급 사정(사정)에 관한 업무를 담당하게 하기 위하여 보건복지가족부에 장애판정위원회를 둘 수 있다. <개정 2008.2.29>

⑤ 등록증은 양도하거나 대여하지 못하며, 등록증과 비슷한 명칭이나 표시를 사용하여서는 아니 된다.

⑥ 장애인의 등록, 등록증의 교부와 반환, 장애 진단 및 장애판정위원회 등에 관하여 필요한 사항은 보건복지가족부령으로 정한다. <개정 2008.2.29>

제33조 (장애인복지상담원)

① 장애인 복지 향상을 위한 상담 및

지원 업무를 맡기기 위하여 시·군·구(자치구를 말한다. 이하 같다)에 장애인복지상담원을 둔다.

② 장애인복지상담원은 그 업무를 할 때 개인의 인격을 존중하고, 업무상 알게 된 개인의 신상에 관한 비밀을 누설하여서는 아니 된다.

③ 장애인복지상담원의 임용·직무·보수와 그 밖에 필요한 사항은 대통령령으로 정한다.

제34조 (재활상담과 입소 등의 조치)

① 보건복지가족부장관, 특별시장·광역시장·도지사·특별자치도지사 또는 시장·군수·구청장(이하 '장애인복지실시기관'이라 한다)은 장애인에 대한 검진 및 재활상담을 하고, 필요하다고 인정되면 다음 각 호의 조치를 하여야 한다. <개정 2008.2.29>

1. 국·공립병원, 보건소, 보건지소, 그 밖의 의료기관(이하 '의료기관'이라 한다)에 의뢰하여 의료와 보건지도를 받게 하는 것

2. 국가 또는 지방자치단체가 설치한 장애인복지시설에서 주거편의·상담·치료·훈련 등의 필요한 서비스를 받도록 하는 것

3. 제59조에 따라 설치된 장애인복지시설에 위탁하여 그 시설에서 주거편의·상담·치료·훈련 등의 필요한 서비스를 받도록 하는 것

4. 공공직업능력개발훈련시설이나 사업장 내 직업훈련시설에서 하는 직업훈련 또는 취업알선을 필요로 하는 자를 관련 시설이나 직업안정업무기관에 소개하는 것

② 장애인복지실시기관은 제1항의 재활 상담을 하는 데에 필요하다고 인정되면 제33조에 따른 장애인복지상담원을 해당 장애인의 가정 또는 장애인이 주거편의·상담·치료·훈련 등의 서비스를 받는 시설이나 의료기관을 방문하여 상담하게 하거나 필요한 지도를 하게 할 수 있다.

제35조 (장애 유형·장애 정도별 재활 및 자립지원 서비스 제공 등) 국가와 지방자치단체는 장애인의 일상생활을 편리하게 하고 사회활동 참여를 높이기 위하여 장애 유형·장애 정도별로 재활 및 자립지원 서비스를 제공하는 등 필요한 정책을 강구하여야 하며, 예산의 범위 안에서 지원할 수 있다.

제36조 (의료비 지급)

① 장애인복지실시기관은 의료비를 부담하기 어렵다고 인정되는 장애인에게 장애 정도와 경제적 능력 등을 고려하여 장애 정도에 따라 의료에 소요되는 비용을 지급할 수 있다.

② 제1항에 따른 의료비 지급 대상·

기준 및 방법 등에 관하여 필요한 사항은 보건복지가족부령으로 정한다. <개정 2008.2.29>

제37조 (산후조리도우미 지원 등)
① 국가 및 지방자치단체는 임산부인 여성장애인과 신생아의 건강관리를 위하여 경제적 부담능력 등을 감안하여 여성장애인의 가정을 방문하여 산전·산후 조리를 돕는 도우미(이하 '산후조리도우미'라 한다)를 지원할 수 있다.
② 국가 및 지방자치단체는 제1항의 규정에 따른 산후조리도우미 지원사업에 대하여 보건복지가족부령이 정하는 바에 따라 정기적으로 모니터링(산후조리도우미 지원사업의 실효성 등을 확보하기 위한 정기적인 점검활동을 말한다)을 실시하여야 한다. <개정 2008.2.29>
③ 산후조리도우미 지원의 기준 및 방법 등에 관하여 필요한 사항은 대통령령으로 정한다.

제38조 (자녀교육비 지급)
① 장애인복지실시기관은 경제적 부담능력 등을 고려하여 장애인이 부양하는 자녀 또는 장애인인 자녀의 교육비를 지급할 수 있다.
② 제1항에 따른 교육비 지급 대상·기준 및 방법 등에 관하여 필요한 사항은 보건복지가족부령으로 정한다. <개정 2008.2.29>

제39조 (장애인이 사용하는 자동차 등에 대한 지원 등)
① 국가와 지방자치단체, 그 밖의 공공단체는 장애인이 이동수단인 자동차 등을 편리하게 사용할 수 있도록 하고 경제적 부담을 줄여 주기 위하여 조세감면 등 필요한 지원정책을 강구하여야 한다.
② 시장·군수·구청장은 장애인이 이용하는 자동차 등을 지원하는 데에 편리하도록 장애인이 사용하는 자동차 등임을 알아볼 수 있는 표지(이하 '장애인사용자동차등표지'라 한다)를 발급하여야 한다.
③ 장애인사용자동차등표지를 대여하거나 보건복지가족부령이 정하는 자 외의 자에게 양도하는 등 부당한 방법으로 사용하여서는 아니 되며, 이와 비슷한 표지·명칭 등을 사용하여서는 아니 된다. <개정 2008.2.29>
④ 장애인사용자동차등표지의 발급 대상과 발급 절차 등에 관하여 필요한 사항은 보건복지가족부령으로 정한다. <개정 2008.2.29>

제40조 (장애인 보조견의 훈련·보급 지원 등)
① 국가와 지방자치단체는 장애인의 복지 향상을 위하여 장애인을 보조할 장애인 보조견(보조견)의 훈련·보급을 지원하는 방안을 강구하여야 한다.

② 보건복지가족부장관은 장애인 보조견에 대하여 장애인 보조견표지(이하 '보조견표지'라 한다)를 발급할 수 있다. <개정 2008.2.29>

③ 누구든지 보조견표지를 붙인 장애인 보조견을 동반한 장애인이 대중교통수단을 이용하거나 공공장소, 숙박시설 및 식품접객업소 등 여러 사람이 다니거나 모이는 곳에 출입하려는 때에는 정당한 사유 없이 거부하여서는 아니 된다.

④ 보건복지가족부장관은 장애인보조견의 훈련·보급을 위하여 전문훈련기관을 지정할 수 있다. <개정 2008.2.29>

⑤ 보조견표지의 발급대상, 발급절차 및 전문훈련기관의 지정에 관하여 필요한 사항은 보건복지가족부령으로 정한다. <개정 2008.2.29>

제41조 (자금 대여 등) 국가와 지방자치단체는 장애인이 사업을 시작하거나 필요한 지식과 기능을 익히는 것 등을 지원하기 위하여 대통령령으로 정하는 바에 따라 자금을 대여할 수 있다.

제42조 (생업 지원)

① 국가와 지방자치단체, 그 밖의 공공단체는 소관 공공시설 안에 식료품·사무용품·신문 등 일상생활용품을 판매하는 매점이나 자동판매기의

설치를 허가하거나 위탁할 때에는 장애인이 신청하면 우선적으로 반영하도록 노력하여야 한다.

② 시장·군수 또는 구청장은 장애인이 「담배사업법」에 따라 담배소매인으로 지정받기 위하여 신청하면 그 장애인을 우선적으로 지정하도록 노력하여야 한다.

③ 장애인이 우편법령에 따라 국내 우표류 판매업 계약 신청을 하면 우편관서는 그 장애인이 우선적으로 계약할 수 있도록 노력하여야 한다.

④ 제1항부터 제3항까지의 규정에 따른 허가·위탁 또는 지정 등을 받은 자는 특별한 사유가 없으면 직접 그 사업을 하여야 한다.

⑤ 제1항에 따른 설치 허가권자는 매점·자동판매기 설치를 허가하기 위하여 설치 장소와 판매할 물건의 종류 등을 조사하고 그 결과를 장애인에게 알리는 조치를 강구하여야 한다.

제43조 (자립훈련비 지급)

① 장애인복지실시기관은 제34조제1항제2호 또는 제3호에 따라 장애인복지시설에서 주거편의·상담·치료·훈련 등을 받도록 하거나 위탁한 장애인에 대하여 그 시설에서 훈련을 효과적으로 받는 데 필요하다고 인정되면 자립훈련비를 지급할 수 있으며, 특별한 사정이 있으면 훈련비 지급을 대신

하여 물건을 지급할 수 있다.

② 제1항에 따른 자립훈련비의 지급과 물건의 지급 등에 관하여 필요한 사항은 보건복지가족부령으로 정한다. <개정 2008.2.29>

제44조 (생산품 구매)

① 국가와 지방자치단체, 그 밖의 공공단체는 그 소요물품 중 보건복지가족부장관이 정한 품목과 물량의 범위 안에서 매년 그 품목과 물량을 정하여 장애인복지시설과 장애인복지단체에 생산을 의뢰하여야 하며, 생산한 물품의 구매를 요청받으면 우선적으로 구매하여야 한다. <개정 2008.2.29>

② 국가와 지방자치단체, 그 밖의 공공단체는 장애인복지시설과 장애인복지단체에서 생산한 물품을 수의계약으로 구매할 수 있다.

③ 제1항과 제2항에 따른 품목과 물량을 지정하는 데에 필요한 사항은 대통령령이 정하며, 수의계약의 절차와 방법 등에 관한 사항은 관계 법령의 규정에 따른다.

제45조 (생산품 인증)

① 보건복지가족부장관은 장애인복지시설, 장애인복지단체에서 생산한 물품의 판매촉진·품질향상 및 소비자와 구매자 보호를 위하여 인증제도를 실시할 수 있다. <개정 2008.2.29>

② 제1항에 따른 인증의 신청·기준·절차·표시방법 및 대상품목의 선정 등에 관하여 필요한 사항은 보건복지가족부령으로 정한다. <개정 2008.2.29>

제46조 (고용 촉진) 국가와 지방자치단체는 직접 경영하는 사업에 능력과 적성이 맞는 장애인을 고용하도록 노력하여야 하며, 장애인에게 적합한 사업을 경영하는 자에게 장애인의 능력과 적성에 따라 장애인을 고용하도록 권유할 수 있다.

제47조 (공공시설의 우선 이용) 국가와 지방자치단체, 그 밖의 공공단체는 장애인의 자립을 지원하는 데에 필요하다고 인정되면 그 공공시설의 일부를 장애인이 우선 이용하게 할 수 있다.

제48조 (국유·공유 재산의 우선매각이나 유상·무상 대여)

① 국가와 지방자치단체는 이 법에 따른 장애인복지시설을 설치하거나 장애인복지단체가 장애인복지사업과 관련한 시설을 설치하는 데에 필요할 경우 국유·공유 토지와 시설 등을 우선 매각하거나 임대 또는 무상으로 대부할 수 있다.

② 국가와 지방자치단체는 제1항에 따라 국가나 지방자치단체로부터 토지와 시설을 매수·임차하거나 대부받은 자

가 그 매수·임차 또는 대부한 날부터 2년 이내에 장애인복지시설을 설치하지 아니하거나 장애인복지단체의 장애인복지사업 관련 시설을 설치하지 아니할 때에는 토지와 시설을 환수하거나 임차계약을 취소할 수 있다.

제49조 (장애수당)

① 국가와 지방자치단체는 장애인의 장애 정도와 경제적 수준을 고려하여 장애인의 소득 보전을 위한 장애수당을 지급할 수 있다. 다만, 「국민기초생활보장법」에 따른 생계급여를 받는 장애인에게는 장애수당을 반드시 지급하여야 한다.

② 제1항에 따른 장애수당의 지급 대상·기준 및 방법 등에 관하여 필요한 사항은 대통령령으로 정한다.

제50조 (장애아동수당과 보호수당)

① 국가와 지방자치단체는 장애아동에게 보호자의 경제적 생활수준 및 장애아동의 장애 정도를 고려하여 장애로 인한 추가적 비용을 보전(保全)하게 하기 위하여 장애아동수당을 지급할 수 있다.

② 국가와 지방자치단체는 장애인을 보호하는 보호자에게 그의 경제적 수준과 장애인의 장애 정도를 고려하여 장애로 인한 추가적 비용을 보전하게 하기 위하여 보호수당을 지급할 수 있다.

③ 제1항과 제2항에 따른 장애아동수당과 보호수당의 지급 대상·기준 및 방법 등에 관하여 필요한 사항은 대통령령으로 정한다.

제51조 (비용의 징수) 거짓 그 밖의 부정한 방법으로 장애수당, 장애아동수당 등을 받거나 타인으로 하여금 받게 한 경우에는 수당을 지급한 기관은 그 수당의 전부를 수당을 받은 자 또는 수당을 받게 한 자(이하 '부정수급자'라 한다)로부터 징수하여야 한다.

제52조 (장애인의 재활 및 자립생활의 연구)

① 국가와 지방자치단체는 장애인 재활 및 자립생활에 대하여 종합적이고 체계적으로 조사·연구·평가하기 위하여 전문 연구기관에 장애예방·의료·교육·직업재활 및 자립생활 등에 관한 연구 과제를 선정하여 의뢰할 수 있다.

② 국가와 지방자치단체는 제1항에 따른 연구과제를 수행하는 데에 들어가는 비용을 예산의 범위 안에서 보조할 수 있다.

제4장 자립생활의 지원

제53조 (자립생활지원) 국가와 지방자

치단체는 중증장애인의 자기결정에 의한 자립생활을 위하여 활동보조인의 파견 등 활동보조서비스 또는 장애인보조기구의 제공, 그 밖의 각종 편의 및 정보제공 등 필요한 시책을 강구하여야 한다.

제54조 (중증장애인자립생활지원센터)
① 국가와 지방자치단체는 중증장애인의 자립생활을 실현하기 위하여 중증장애인자립생활지원센터를 통하여 필요한 각종 지원서비스를 제공한다.
② 제1항의 규정에 따른 중증장애인자립생활지원센터에 관하여 필요한 사항은 보건복지가족부령으로 정한다. <개정 2008.2.29>

제55조 (활동보조인 등 서비스 지원)
① 국가와 지방자치단체는 중증장애인이 일상생활 또는 사회생활을 원활히 할 수 있도록 그 활동에 필요한 활동보조인의 파견 등 활동보조서비스를 지원할 수 있다.
② 국가 및 지방자치단체는 임신 등으로 인하여 이동이 불편한 여성장애인에게 임신 및 출산과 관련한 진료 등을 위하여 경제적 부담능력 등을 감안하여 활동보조인의 파견 등 활동보조서비스를 지원할 수 있다.
③ 제1항 및 제2항의 규정에 따른 활동보조인의 파견 등 서비스 지원의 기준 및 방법 등에 관하여 필요한 사항은 대통령령으로 정한다.

제56조 (장애동료 간 상담)
① 국가와 지방자치단체는 장애인이 장애를 극복하는 데 도움이 되도록 장애동료 간 상호대화나 상담의 기회를 제공하도록 노력하여야 한다.
② 제1항에 따른 장애동료 간의 대화나 상담의 기회를 제공하기 위한 구체적인 사업 등에 관하여 필요한 사항은 보건복지가족부령으로 정한다. <개정 2008.2.29>

제5장 복지시설과 단체

제57조 (보호조치 등) 국가와 지방자치단체는 장애인의 성·연령 및 장애의 유형과 정도를 고려하여 제58조에 따른 장애인복지시설에서 보호·의료·생활지도·재활훈련과 자립생활지원 등의 서비스를 제공함으로써 장애인이 기능 회복과 사회성 향상을 도모할 수 있도록 필요한 정책을 강구하여야 한다.

제58조 (장애인복지시설)
① 장애인복지시설의 종류는 다음 각 호와 같다.
　1. 장애인 생활시설: 장애인이 필요한 기간 생활하면서 재활에 필요

한 상담·치료·훈련 등의 서비스를 받아 사회복귀를 준비하거나 장애로 인하여 장기간 요양하는 시설

2. 장애인 지역사회재활시설: 장애인을 전문적으로 상담·치료·훈련하거나 장애인의 여가 활동과 사회참여 활동 등에 편의를 제공하는 장애인복지관·의료재활시설·체육시설·수련시설 및 공동생활가정 등의 시설

3. 장애인 직업재활시설: 일반 작업환경에서는 일하기 어려운 장애인이 특별히 준비된 작업환경에서 직업훈련을 받거나 직업 생활을 할 수 있도록 하는 시설

4. 장애인 유료복지시설: 장애인이 필요한 치료·상담·훈련 등 편의를 제공받고 그에 소요되는 모든 비용을 시설 운영자에게 납부하여 운영하는 시설

5. 그 밖에 대통령령으로 정하는 시설

② 제1항 각 호에 따른 장애인복지시설의 구체적인 종류와 사업 등에 관한 사항은 보건복지가족부령으로 정한다. <개정 2008.2.29>

제59조 (장애인복지시설 설치)

① 국가와 지방자치단체는 장애인복지시설을 설치할 수 있다.

② 제1항에 규정된 자 외의 자가 장애인복지시설을 설치·운영하려면 해당 시설 소재지 관할 시장·군수·구청장에게 신고하여야 하며, 신고한 사항 중 보건복지가족부령으로 정하는 중요한 사항을 변경할 때에도 신고하여야 한다. 다만, 제62조에 따른 폐쇄 명령을 받고 1년이 지나지 아니한 자는 시설의 설치·운영 신고를 할 수 없다. <개정 2008.2.29>

③ 제58조제1항제2호에 따른 의료재활시설의 설치는 「의료법」에 따른다.

④ 제2항에 따른 장애인복지시설의 시설기준·신고·변경신고 및 입소 등에 관하여 필요한 사항은 보건복지가족부령으로 정한다. <개정 2008.2.29>

제60조 (시설 운영의 개시 등)

① 제59조제2항에 따라 신고한 자는 지체 없이 시설 운영을 시작하여야 한다.

② 시설 운영자는 시설 운영을 중단 또는 재개하거나 시설을 폐지하려는 때에는 보건복지가족부령이 정하는 바에 따라 미리 시장·군수·구청장에게 신고하여야 한다. <개정 2008.2.29>

③ 시설 운영자는 제2항에 따라 시설 운영을 중단 또는 재개하거나 시설을 폐지할 때에는 보건복지가족부령이 정하는 바에 따라 시설 거주자의 권익을 보호하기 위하여 다음 각 호의 조치를 하여야 한다. <개정 2008.2.29>

1. 시설의 장에게 시설 거주자를 다른 시설로 보내게 하고 그 이행

을 확인하는 조치

2. 시설 거주자가 이용료·사용료 등의 비용을 부담하는 경우 이를 반환하게 하고 그 이행을 확인하는 조치

3. 보조금·후원금 등의 사용 실태 확인과 이를 재원으로 조성한 재산 중 남은 재산의 회수조치

4. 그 밖에 시설 거주자의 권익 보호를 위하여 필요하다고 인정되는 조치

④ 제1항과 제2항에 따른 시설 운영의 개시·중단·재개 및 시설 폐지의 신고 등에 관하여 필요한 사항은 보건복지가족부령으로 정한다. <개정 2008.2.29>

제61조 (감독)

① 장애인복지실시기관은 장애인복지시설을 설치·운영하는 자의 소관업무 및 시설이용자의 인권실태 등을 지도·감독하며, 필요한 경우 그 시설에 관한 보고 또는 관련 서류 제출을 명하거나 소속 공무원에게 그 시설의 운영상황·장부, 그 밖의 서류를 조사·검사하거나 질문하게 할 수 있다.

② 제1항에 따라 관계 공무원이 그 직무를 할 때에는 권한을 표시하는 증표를 관계인에게 내보여야 한다.

제62조 (시설의 개선, 사업의 정지, 폐쇄 등) 장애인복지실시기관은 장애인복지시설이 다음 각 호의 어느 하나에 해당하는 때에는 그 시설의 개선, 사업의 정지, 시설의 장의 교체를 명하거나 해당 시설의 폐쇄를 명할 수 있다.

1. 제59조제4항에 따른 시설기준에 미치지 못한 때

2. 정당한 사유 없이 제61조에 따른 보고를 하지 아니하거나 거짓으로 보고한 때 또는 조사·검사 및 질문을 거부·방해하거나 기피한 때

3. 사회복지법인이나 비영리법인이 설치·운영하는 시설인 경우 그 사회복지법인이나 비영리법인의 설립 허가가 취소된 때

4. 시설의 회계 부정이나 시설이용자에 대한 인권침해 등 불법행위, 그 밖의 부당행위 등이 발견된 때

5. 설치 목적을 이루었거나 그 밖의 사유로 계속하여 운영할 필요가 없다고 인정되는 때

6. 이 법 또는 이 법에 따른 명령이나 처분을 위반한 경우

제63조 (단체의 보호·육성)

① 국가와 지방자치단체는 장애인의 복지를 향상하고 자립을 돕기 위하여 장애인복지단체를 보호·육성하도록 노력하여야 한다.

② 국가와 지방자치단체는 예산의 범위 안에서 제1항에 따른 단체의 사업

또는 활동이나 그 시설에 필요한 경비의 전부 또는 일부를 보조할 수 있다.

제64조 (장애인복지단체협의회)

① 장애인복지단체의 활동을 지원하고 장애인의 복지를 향상하기 위하여 장애인복지단체협의회(이하 '협의회'라 한다)를 설립할 수 있다.

② 협의회는 「사회복지사업법」에 따른 사회복지법인으로 하되, 「사회복지사업법」 제23조제1항은 적용하지 아니한다.

③ 협의회의 조직과 운영 등에 관하여 필요한 사항은 정관으로 정한다.

제6장 장애인보조기구

제65조 (장애인보조기구)

① '장애인보조기구'란 장애인이 장애의 예방·보완과 기능 향상을 위하여 사용하는 의지(의지)·보조기 및 그 밖에 보건복지가족부장관이 정하는 보장구와 일상생활의 편의 증진을 위하여 사용하는 생활용품을 말한다. <개정 2008.2.29>

② 보건복지가족부장관은 제1항에 따른 장애인보조기구의 품질향상 등을 위하여 장애인보조기구의 품목·기준 및 규격을 정하여 고시할 수 있다. <개정 2008.2.29>

제66조 (장애인보조기구의 교부 등)

① 국가와 지방자치단체는 장애인의 신청이 있을 때에는 예산의 범위 안에서 장애인보조기구를 교부·대여 또는 수리하거나 장애인보조기구 구입 또는 수리에 필요한 비용을 지급할 수 있다.

② 제1항에 따른 비용의 지급은 장애인보조기구의 교부 또는 수리가 곤란하다고 인정되는 경우에만 한다.

③ 제1항에 따른 신청을 할 수 있는 자의 범위, 장애인보조기구의 교부·대여·수리 및 비용 지급의 기준과 방법 등에 관하여 필요한 사항은 보건복지가족부령으로 정한다. <개정 2008.2.29>

제67조 (장애인보조기구업체의 육성·연구지원 등)

① 국가와 지방자치단체는 장애인보조기구의 개발·보급을 촉진하기 위하여 장애인보조기구를 생산하는 업체(이하 '장애인보조기구업체'라 한다)에 대한 생산장려금 지급, 기술지원, 연구개발의 장려 등 필요한 조치를 강구하여야 한다.

② 국가와 지방자치단체는 장애인보조기구업체의 육성을 위하여 장애인보조기구업체 중 우수업체를 지정하여 자금을 융자하거나 보조할 수 있다.

③ 국가와 지방자치단체는 제2항에 따라 지정된 우수업체가 지정의 필요성을 상실하였다고 인정될 경우 그 지정

을 취소할 수 있다.

④ 제1항부터 제3항까지의 규정에 따른 생산장려금 지급, 기술지원, 우수업체 지정 및 취소, 자금 융자와 보조 등에 관하여 필요한 사항은 보건복지가족부령으로 정한다. <개정 2008.2.29>

제68조 (장애인보조기구 연구개발의 지원 등)
① 보건복지가족부장관은 장애인보조기구의 품질 향상 등을 위하여 장애인보조기구에 관한 연구개발을 장려하고 보호·육성하기 위한 정책을 강구하여야 한다. <개정 2008.2.29>
② 국가와 지방자치단체는 장애인보조기구에 관한 연구개발활동에 대하여 자금의 보조 등 필요한 지원정책을 강구하여야 한다.

제69조 (의지·보조기제조업의 개설사실의 통보 등)
① 의지·보조기를 제조·개조·수리하거나 신체에 장착하는 사업(이하 '의지·보조기제조업'이라 한다)을 하는 자는 그 제조업소를 개설한 후 7일 이내에 보건복지가족부령이 정하는 바에 따라 시장·군수·구청장에게 제조업소의 개설사실을 알려야 한다. 제조업소의 소재지 변경 등 보건복지가족부령이 정하는 중요 사항을 변경한 때에도 또한 같다. <개정 2008.2.29>

② 의지·보조기 제조업자는 제72조에 따른 의지·보조기 기사(보조기 기사)를 1명 이상 두어야 한다. 다만, 의지·보조기 제조업자 자신이 의지·보조기 기사인 경우에는 따로 기사를 두지 아니하여도 된다.
③ 의지·보조기 제조업자가 제70조에 따른 폐쇄 명령을 받은 후 6개월이 지나지 아니하면 같은 장소에서 같은 제조업을 하여서는 아니 된다.
④ 의지·보조기 제조업자는 의사의 처방에 따라 의지·보조기를 제조하거나 개조하여야 한다.

제70조 (의지·보조기 제조업소의 폐쇄 등)
① 시장·군수·구청장은 의지·보조기 제조업자가 다음 각 호의 어느 하나에 해당하는 경우에는 그 제조업소의 폐쇄를 명할 수 있다.
  1. 제69조제2항을 위반하여 의지·보조기 기사를 두지 아니하고 의지·보조기제조업을 한 경우
  2. 영업정지처분 기간에 영업을 하거나 3회 이상 영업정지처분을 받은 경우
② 시장·군수·구청장은 의지·보조기제조업자가 의지·보조기 제조업을 하면서 고의나 중대한 과실로 의지·보조기를 착용하는 사람의 신체에 손상을 입힌 사실이 있는 때에는 6개월의 범위 안에서 보건복지가족부령으로

정하는 바에 따라 영업정지를 명할 수 있다. <개정 2008.2.29>

제7장 장애인복지 전문인력

제71조 (장애인복지 전문인력 양성 등)
① 국가와 지방자치단체 그 밖의 공공단체는 수화통역사, 점역(점역)·교정사 등 장애인복지 전문인력, 그 밖에 장애인복지에 관한 업무에 종사하는 자를 양성·훈련하는 데에 노력해야 한다.
② 제1항에 따른 장애인복지전문인력의 범위 등에 관한 사항은 보건복지가족부령으로 정한다. <개정 2008.2.29>
③ 국가와 지방자치단체는 제1항에 따른 장애인복지전문인력의 양성업무를 관계 전문기관 등에 위탁할 수 있다.
④ 국가와 지방자치단체는 제1항에 따른 장애인복지전문인력의 양성에 소요되는 비용을 예산의 범위 안에서 보조할 수 있다.

제72조 (의지·보조기 기사자격증 교부 등)
① 보건복지가족부장관은 다음 각 호의 어느 하나에 해당하는 자로서 제73조에 따른 국가시험에 합격한 자(이하 '의지·보조기 기사'라 한다)에게 의지·보조기 기사자격증을 내주어야 한다. <개정 2008.2.29>

1. 「고등교육법」에 따른 전문대학이나 교육인적 자원부장관이 이와 같은 수준 이상의 학력이 있다고 인정하는 학교에서 보건복지가족부령으로 정하는 의지·보조기 관련 교과목을 이수하고 졸업한 자
2. 보건복지가족부장관이 인정하는 외국에서 제1호에 해당하는 학교와 같은 수준 이상의 교육과정을 마치고 외국의 해당 의지·보조기 기사 자격증을 받은 자
② 의지·보조기 기사자격증을 분실하거나 훼손한 자에게는 신청에 따라 자격증을 재교부한다.
③ 의지·보조기 기사자격증은 다른 자에게 대여하지 못한다.
④ 제1항과 제2항에 따른 자격증의 교부·재교부 절차와 그 밖에 그 관리에 관하여 필요한 사항은 보건복지가족부령으로 정한다. <개정 2008.2.29>

제73조 (의지·보조기 기사 국가시험의 실시 등)
① 의지·보조기 기사 국가시험은 보건복지가족부장관이 실시하되, 실시시기·실시방법·시험과목, 그 밖에 시험 실시에 관하여 필요한 사항은 대통령령으로 정한다. <개정 2008.2.29>
② 보건복지가족부장관은 제1항에 따른 국가시험의 실시에 관한 업무를 대통령령으로 정하는 바에 따라 시험관

리 능력이 있다고 인정되는 관계 전문기관에 위탁할 수 있다. <개정 2008. 2.29>

제74조 (응시자격 제한 등)
① 다음 각 호의 어느 하나에 해당하는 자는 제73조에 따른 국가시험에 응시할 수 없다. <개정 2007.10.17>
1. 「정신보건법」 제3조제1호에 따른 정신질환자. 다만, 전문의가 의지·보조기 기사로서 적합하다고 인정하는 사람은 그러하지 아니하다.
2. 마약·대마 또는 향정신성의약품 중독자
3. 금치산자·한정치산자
4. 이 법이나 「형법」 제234조·제317조제1항, 「의료법」, 「국민건강보험법」, 종전의 「국민의료보험법」, 「의료보험법」, 「의료보호법」, 「보건범죄단속에 관한 특별조치법」, 「마약법」, 「대마관리법」, 「향정신성의약품 관리법」 또는 「후천성면역결핍증 예방법」을 위반하여 금고 이상의 형을 선고받고 그 형의 집행이 끝나지 아니하였거나 집행을 받지 아니하기로 확정되지 아니한 자
② 부정한 방법으로 제73조에 따른 국가시험에 응시한 자나 국가시험에 관하여 부정행위를 한 자는 그 수험을 정지시키거나 합격을 무효로 한다.
③ 제2항에 따라 수험이 정지되거나 합격이 무효가 된 자는 그 후 2회에 한하여 제73조에 따른 국가시험에 응시할 수 없다.

제75조 (보수교육)
① 보건복지가족부장관은 의지·보조기 기사에 대하여 자질 향상을 위하여 필요한 보수(보수) 교육을 받도록 명할 수 있다. <개정 2008.2.29>
② 제1항에 따른 보수교육의 실시 시기와 방법 등 필요한 사항은 보건복지가족부령으로 정한다.
<개정 2008.2.29>

제76조 (자격취소) 보건복지가족부장관은 의지·보조기 기사가 다음 각 호의 어느 하나에 해당한 때에는 그 자격을 취소해야 한다. <개정 2008.2.29>
1. 제72조제3항을 위반해서 타인에게 의지·보조기 기사자격증을 대여한 때
2. 제74조제1항 각 호의 어느 하나에 해당하게 된 때
3. 제77조에 따른 자격정지처분 기간에 그 업무를 하거나 자격정지처분을 3회 받은 때

제77조 (자격정지) 보건복지가족부장관은 의지·보조기 기사가 다음 각 호의 어느 하나에 해당하면 6개월 이내의 범위 안에서 보건복지가족부령으로

정하는 바에 따라 자격을 정지시킬 수 있다. <개정 2008.2.29>

1. 의지·보조기 기사의 업무를 하면서 고의 또는 중대한 과실로 의지·보조기 착용자의 신체에 손상을 입힌 사실이 있는 때

2. 제75조에 따른 보수교육을 연속하여 2회 이상 받지 아니한 때

제78조 (수수료) 의지·보조기 기사 국가시험에 응시하려고 하거나 의지·보조기 기사자격증을 교부 또는 재교부받으려 하는 자는 보건복지가족부령으로 정하는 바에 따라 수수료를 내야 한다. <개정 2008.2.29>

제8장 보칙

제79조 (비용 부담) 제36조제1항, 제38조제1항, 제43조제1항, 제49조제1항, 제50조제1항·제2항, 제55조제1항, 제66조제1항 및 제67조제1항·제2항에 따른 조치와 제59조제1항에 따른 장애인복지시설의 설치·운영에 드는 비용은 예산의 범위 안에서 대통령령으로 정하는 바에 따라 장애인복지실시기관이 부담하게 할 수 있다.

제80조 (비용 수납)

① 제34조제1항제1호에 따른 조치에 필요한 비용을 부담한 장애인복지실시기관은 해당 장애인 또는 그 부양의무자로부터 대통령령으로 정하는 바에 따라 장애인복지실시기관이 부담한 비용의 전부 또는 일부를 받을 수 있다.

② 제58조제1항제4호에 따라 장애인 유료복지시설을 설치·운영하는 자는 그 시설에 입소하는 자로부터 필요한 비용을 받으려면 미리 시장·군수·구청장에게 신고하여야 한다.

제81조 (비용 보조) 국가와 지방자치단체는 대통령령으로 정하는 바에 따라 장애인복지시설의 설치·운영에 필요한 비용의 전부 또는 일부를 보조할 수 있다.

제82조 (압류 금지) 이 법에 따라 장애인에게 지급되는 금품은 압류하지 못한다.

제83조 (조세감면)

① 이 법에 따라 지급되는 금품, 제58조에 따른 장애인복지시설 및 제63조에 따른 장애인복지단체에서 장애인이 제작한 물품에는 「조세특례제한법」과 「지방세법」, 그 밖의 조세 관계법령이 정하는 바에 따라 조세를 감면한다.

② 국가 및 지방자치단체는 장애인복지시설에 대하여 「기반시설부담금에관한법률」이 정하는 바에 따라 부담금을 부과하지 아니할 수 있다.

제84조 (심사청구) ① 장애인, 장애인의 법정대리인 또는 대통령령으로 정하는 보호자는 이 법에 따른 복지조치에 이의가 있으면 해당 장애인복지실시기관에 심사를 청구할 수 있다.

② 장애인복지실시기관은 제1항에 따른 심사청구를 받은 때에는 1개월 이내에 심사·결정하여 청구인에게 통보하여야 한다.

③ 제2항에 따른 심사·결정에 이의가 있는 자는 「행정심판법」에 따라 행정심판을 제기할 수 있다.

제85조 (권한위임 등) 이 법에 따른 보건복지가족부장관과 시·도지사의 권한은 그 일부를 대통령령으로 정하는 바에 따라 국립재활원장, 시·도지사 또는 시장·군수·구청장에게 위임하거나 관련 단체 또는 법인에 위탁할 수 있다. <개정 2008.2.29>

제9장 벌칙

제86조 (벌칙) 다음 각 호의 어느 하나에 해당하는 자는 1년 이하의 징역이나 500만 원 이하의 벌금에 처한다.

1. 제8조제2항을 위반하여 장애인을 이용하여 부당한 영리행위를 한 자

2. 제32조제5항을 위반하여 등록증을 양도 또는 대여하거나 양도 또는 대여를 받은 자 및 유사한 명칭 또는 표시를 사용한 자

3. 제33조제2항을 위반하여 업무상 알게 된 개인의 신상에 관한 비밀을 누설한 자

4. 제59조제2항에 따른 신고 또는 변경신고를 하지 아니하고 장애인복지시설을 설치·운영한 자

5. 제60조제3항에 따른 시설 거주자의 권익 보호조치를 위반한 시설 운영자

6. 정당한 사유 없이 제61조제1항에 따른 보고를 하지 아니하거나 거짓의 보고를 한 자, 자료를 제출하지 아니하거나 거짓 자료를 제출한 자, 조사·검사·질문을 거부·방해 또는 기피한 자

7. 제62조에 따른 명령 등을 받고 이행하지 아니한 자

8. 제69조제2항을 위반하여 의지·보조기 기사를 두지 아니하고 의지·보조기제조업을 한 자

9. 제69조제3항을 위반하여 폐쇄 명령을 받은 후 6개월이 지나지 아니하였음에도 불구하고 같은 장소에서 같은 제조업을 한 자

10. 제70조제1항에 따른 제조업소 폐쇄 명령을 받고도 영업을 한 자

제87조 (벌칙) 다음 각 호의 어느 하나에 해당하는 자는 300만 원 이하의 벌금에 처한다.

1. 제20조제4항을 위반하여 장애인의 입학 지원을 거부하거나 입학시험 합격자의 입학을 거부하는 등 불리한 조치를 한 자

2. 제72조제3항을 위반하여 타인에게 의지·보조기 기사자격증을 대여한 자

3. 제80조제2항을 위반하여 신고를 하지 아니하고 비용을 받은 자

제88조 (양벌규정)

① 법인의 대표자, 대리인, 사용인, 그 밖의 종업원이 그 법인의 업무에 관하여 제86조 또는 제87조의 위반행위를 하면 그 행위자를 벌할 뿐만 아니라 그 법인에도 해당 조문의 벌금형을 과(과)한다.

② 개인의 대리인, 사용인, 그 밖의 종업원이 그 개인의 업무에 관하여 제86조 또는 제87조의 위반행위를 하면 그 행위자를 벌할 뿐만 아니라 그 개인에게도 해당 조문의 벌금형을 과한다.

제89조 (과태료)

① 다음 각 호의 어느 하나에 해당하는 자에게는 300만 원 이하의 과태료를 부과한다. <개정 2008.2.29>

1. 제32조제3항에 따른 등록증 반환 명령을 거부한 자

2. 제39조제3항을 위반하여 장애인사용자동차등표지를 대여하거나 보건복지가족부령으로 정하는 자 외의 자에게 양도한 자 또는 부당하게 사용하거나 이와 비슷한 표지·명칭 등을 사용한 자

3. 제40조제3항을 위반하여 보조견표지를 붙인 장애인 보조견 등을 동반한 장애인 등의 출입을 정당한 사유 없이 거부한 자

4. 제60조제1항에 따른 시설 운영 개시 의무를 위반한 자

5. 제60조제2항에 따른 시설의 운영 중단·재운영·시설폐지 등의 신고의무를 위반한 자

6. 제69조제1항을 위반하여 의지·보조기 제조업소의 개설 또는 변경 사실을 통보하지 아니한 자

7. 제69조제4항을 위반하여 의사의 처방에 의하지 아니하고 의지·보조기를 제조하거나 개조한 의지·보조기 제조업자

② 제1항에 따른 과태료는 대통령령으로 정하는 바에 따라 시장·군수·구청장(이하 '부과권자'라 한다)이 부과·징수한다.

③ 제2항에 따른 과태료 처분에 불복하는 자는 그 처분을 고지받은 날부터 30일 이내에 부과권자에게 이의를 제

기할 수 있다.

④ 제2항에 따른 과태료 처분을 받은 자가 제3항에 따라 이의를 제기하면 부과권자는 지체 없이 관할 법원에 그 사실을 통보하여야 하며, 그 통보를 받은 관할 법원은 「비송사건절차법」에 따른 과태료 재판을 한다.

⑤ 제3항에 따른 기간에 이의를 제기하지 아니하고 과태료를 내지 아니하면 지방세 체납처분의 예에 따라 징수한다.

부칙 <제8367호, 2007.4.11>

제1조 (시행일) 이 법은 공포 후 6개월이 경과한 날부터 시행한다.

제2조 (한국장애인복지진흥회에 관한 경과조치)

① 이 법 시행 당시 종전의 규정에 따른 재단법인 한국장애인복지진흥회는 제29조의 개정규정에 따른 재단법인 한국장애인개발원으로 본다.

② 재단법인 한국장애인복지진흥회는 이 법 시행 후 6개월 이내에 보건복지부장관의 허가를 받아 정관의 변경 등 필요한 조치를 하여야 한다.

제3조 (처분 등에 관한 일반적 경과조치) 이 법 시행 당시 종전의 규정에 따른 행정기관의 행위나 행정기관에 대한 행위는 그에 해당하는 이 법에 따른 행정기관의 행위나 행정기관에 대한 행위로 본다.

제4조 (벌칙이나 과태료에 관한 경과조치) 이 법 시행 전의 행위에 대해 벌칙이나 과태료 규정을 적용할 때에는 종전의 규정에 따른다.

제5조 (다른 법률의 개정)

① 가정폭력방지 및 피해자보호 등에 관한 법률 일부를 다음과 같이 개정한다.
제18조제4항제2호 중 '「장애인복지법」 제29조'를 '「장애인복지법」 제32조'로 한다.

② 관세법 일부를 다음과 같이 개정한다.
제91조제5호 중 '「장애인복지법」 제48조'를 '「장애인복지법」 제58조'로 한다.

③ 노인복지법 일부를 다음과 같이 개정한다.
제39조의6제1항제3호 중 '「장애인복지법」 제48조'를 '「장애인복지법」 제58조'로 한다.

④ 보호시설에있는미성년자의후견직무에관한법률 일부를 다음과 같이 개정한다.
제2조제1호나목 중 '「장애인복지법」 제48조제1항제1호'를 '「장애인복지법」 제58조제1항제1호'로 한다.

⑤ 복권 및 복권기금법 일부를 다음과 같이 개정한다.

제30조제1호 중 '「장애인복지법」 제29조'를 '「장애인복지법」 제32조'로 한다.

⑥ 산업집적활성화 및 공장설립에 관한 법률 일부를 다음과 같이 개정한다.

제16조제6항제14호 중 '제50조제1항'을 '제60조제1항'으로 한다.

⑦ 위치정보의 보호 및 이용 등에 관한 법률 일부를 다음과 같이 개정한다.

제26조제1항제3호 중 '「장애인복지법」 제29조'를 '「장애인복지법」 제32조'로 하고, 같은 조 제2항제3호 중 '「장애인복지법」 제48조제1항제1호'를 '「장애인복지법」 제58조제1항제1호'로 한다.

⑧ 의료기기법 일부를 다음과 같이 개정한다.

제2조제1항 각 호 외의 부분 단서 중 '「장애인복지법」 제55조의 규정에 의한 재활보조기구'를 '「장애인복지법」 제65조에 따른 장애인보조기구'로 한다.

⑨ 장애인고용촉진및직업재활법 일부를 다음과 같이 개정한다.

제2조제8호 중 '「장애인복지법」 제48조제1항제3호'를 '「장애인복지법」 제58조제1항제3호'로 한다.

제8조제2항제2호 중 '「장애인복지법」 제48조제1항제2호'를 '「장애인복지법」 제58조제1항제2호'로 하고, 같은 항 제3호 중 '「장애인복지법」 제48조제1항제3호'를 '「장애인복지법」 제58조제1항제3호'로 하며, 같은 항 제4호

중 '「장애인복지법」 제53조'를 '「장애인복지법」 제63조'로 한다.

⑩ 장애인기업활동 촉진법 일부를 다음과 같이 개정한다.

제2조제1호가목 중 '「장애인복지법」 제29조'를 '「장애인복지법」 제32조'로 한다.

⑪ 제주특별자치도 설치 및 국제자유도시 조성을 위한 특별법 일부를 다음과 같이 개정한다.

제332조를 다음과 같이 한다.

제332조 (장애인복지에 관한 특례) 「장애인복지법」 제36조제2항, 제38조제2항, 제43조제2항, 제49조제2항, 제50조제3항, 제58조제2항, 제59조제4항 및 제66조제3항에서 대통령령 또는 보건복지부령으로 정하도록 한 사항은 도조례로 정할 수 있다.

⑫ 조세특례제한법 일부를 다음과 같이 개정한다.

제88조의2제1항제2호 중 '「장애인복지법」 제29조'를 '「장애인복지법」 제32조'로 한다.

⑬ 중소기업진흥및제품구매촉진에관한법률 일부를 다음과 같이 개정한다.

제82조제3호 중 '제53조'를 '제63조'로 한다.

제6조 (다른 법령과의 관계) 이 법 시행

당시 다른 법령에서 종전의 「장애인복지법」 또는 그 규정을 인용한 경우에 이 법 가운데 그에 해당하는 규정이 있으면 종전의 규정을 갈음하여 이 법의 해당 조항을 인용한 것으로 본다.

부칙 <제8652호, 2007.10.17>

이 법은 공포 후 6개월이 경과한 날부터 시행한다.

부칙 (정부조직법) <제8852호, 2008.2.29>

제1조 (시행일) 이 법은 공포한 날부터 시행한다. 다만, ……<생략>……, 부칙 제6조에 따라 개정되는 법률 중 이 법의 시행 전에 공포되었으나 시행일이 도래하지 아니한 법률을 개정한 부분은 각각 해당 법률의 시행일부터 시행한다.

제2조부터 제5조까지 생략

제6조 (다른 법률의 개정) ①부터 <488>까지 생략
<489> 장애인복지법 일부를 다음과 같이 개정한다.
제31조제1항, 제34조제1항, 제40조제2항 및 제4항, 제44조제1항, 제45조제1항, 제65조제1항 및 제2항, 제68조제1항, 제72조제1항 각 호

외의 부분 및 제2호, 제73조제1항 및 제2항, 제75조제1항, 제76조, 제77조, 제85조 중 '보건복지부장관'을 각각 '보건복지가족부장관'으로 한다.
제32조제1항 및 제6항, 제36조제2항, 제37조제2항, 제38조제2항, 제39조제3항 및 제4항, 제40조제5항, 제43조제2항, 제45조제2항, 제54조제2항, 제56조제2항, 제58조제2항, 제59조제2항 및 제4항, 제60조제2항부터 제4항까지, 제66조제3항, 제67조제4항, 제69조제1항 전단 및 후단, 제70조제2항, 제71조제2항, 제72조제1항제1호 및 제4항, 제75조제2항, 제77조, 제78조, 제89조제1항제2호 중 '보건복지부령'을 각각 '보건복지가족부령'으로 한다.
제32조제4항 중 '보건복지부'를 '보건복지가족부'로 한다.
<450>부터 <760>까지 생략

제7조 생략

다음은 두산백과사전에 기재되어 있는 장애인복지에 대한 글을 기술해 보도록 하겠다. 이해를 위해 그대로 전재한다.

장애인복지는 다음과 같은 몇 가지 특질로 구분할 수 있다.

첫째, 장애인 문제가 갖고 있는 복잡성이다. 장애인은 각종 정신적·신체적 기능이 의학적·생리학적으로 불편할 뿐 아니라 장애인이라는 사실로부터 파생되는 여러 문제, 즉 취학·취직·결혼 등에 미치는 불이익 때문에 고통을 받고 있다. 이처럼 장애인이 겪는 문제는 중층화(重層化)됨은 물론, 복잡한 구조를 지니고 있다. 또한 이 같은 양상의 근저에는 사회 전체의 잘못된 장애인관(障碍人觀)이 깔려 있다.

둘째, 장애인복지의 통합성(統合性) 문제이다. 장애인 문제는 어느 일면만의 해결로는 만족되지 않는다. 장애인복지는 사회복지로서만의 문제가 아니고 의학·교육학·심리학·사회학, 기타 여러 분야의 학문과도 관련되어 있는 통합성이 요구되는 복지이기 때문이다.

셋째, 장애인복지의 운동성(運動性) 문제이다. 선진국의 경우, 장애인복지 실시 초기에는 위정자·전문가 중심이었으나 점차 장애인 자신의 권리의식이 높아져 이것이 하나의 사회보장운동으로 전개되기 시작하였다. 이 운동이 시민의 장애인에 대한 이해를 깊게 하고 공감대를 가지게 함으로써 장애인의 권리주체를 확보하게 하였다.

한국에도 1977년 특수교육진흥법이 제정되었으며, 이어 1989년 장애인복지법, 1990년 장애인고용촉진 등에 관한 법률이 제정되었다.

선진국에서는 정신박약아를 중심으로 한 장애인복지가 일찍부터 법제화되었으며, 영국과 스웨덴 및 덴마크의 장애인복지제도가 가장 잘 되어 있는 나라로 꼽히고 있다.

장애인복지의 대상은 시각장애·청각장애·정신박약·지체부자유·병허약·정서장애·중증심신장애(重症心身障碍) 등으로 분류할 수 있으며 내용은 다음과 같다.

1) 시각장애: 시각기능의 장애에 의하여 사회생활에 지장을 가져오고 있는 상태를 가리킨다. 시각장애는 시력장애로도 볼 수 있으나 넓은 의미에서 보면 시야의 장애(맹인), 광각(光覺) 및 색각(色覺)의 장애가 포함된다.

2) 청각장애: 일반적으로 청각수용기나 그 신경경로의 기능상의 장애에 의한 청력장애를 말한다. 청력장애는 청력손실의 정도에 따라 난청(難聽:輕度·中等度·高度)과 귀머거리로 분류된다. 분류상으로는 언어장애도 포함시키고 있다.

3) 정신박약(精神薄弱): 여러 원인으로 뇌수에 기질적(器質的)·기능적(機能的) 장애가 있어 지적인 정신기능 면에서 지속적인 발달장애가 생기는 것이다. 지능정도에 의하여 편의적으로 지능지수(IQ) 75 또는 70 이하를 정신박약으로 부르고 있지만, 정도분류(程度分類)의 대표적인 것에 의하면 교육가능(IQ 50~75), 훈련가능(IQ 35~50), 요보호(IQ 20~35)의 세 가지로 분류된다.

4) 지체부자유: 지체(肢體: 四肢 및 體幹)의 기능이 자유롭지 못하여 그대로는 자활이 곤란한 경우이다. 외관상으로 형태이상이 있을지라도 생활상, 운동기능에 장애가 없는 것은 포함되지 않는다.

5) 병허약(病虛弱): 병약과 질병으로 인해 장기에 걸쳐 의료 또는 생활규제를 필요로 하는 것을 말한다. 급성질병은 여기에 포함되지 않는다. 즉 선천적 또는 후천적 요인에 의하여 신체의 여러 기능이 열악하고 질병에 대한 저항력이 약한 상태이다.

6) 정서장애(情緒障碍): 정서의 표출에 이상이 있고 적응행동이 곤란한 상태이다. 정서장애의 범위는 넓은 의미로는 정신의학적 입장에서 지능장애를 제외한 정신장애, 즉 신경증(노이로제)·정신병질(精神病質)·내인성정신병(內因性精神病)·뇌장애 등에 의한 행동이상, 정신신체증세 등을 포함한다.

7) 중증심신장애: 이 용어의 의미는 명확하지 않지만, 중도(重度)·중복

(重複)의 심신장애를 가진 자를 구분하기 위해 규정하는 경우가 많다. 즉 중도의 정신병약, 중도의 지체부자유 등이 포함된다.

국민복지연금의 연금급부 종류에는 장애연금이 포함되어 있으며 가입기간이 1년 이상인 자로서 가입기간 중 질병·부상으로 인한 장애정도(3등급)에 따라 연금을 지급하도록 되어 있다.[55]

1) 장애인복지단체 활성화 방안

- 현재 우리 사회는 'UN 장애인 10년 및 아·태 장애인 10년'을 통해 우리 사회의 장애인복지의 토대가 마련되고 있는 시점이나, 법·제도 및 환경조성 이외의 구체적 삶의 질 향상을 위한 복지환경 구축은 아직 많은 과제가 남아 있음
- 아·태 장애인 10년 등 그동안 장애인복지발전을 담당했던 부분은 국가(제1섹터)였으나, 복지선진국들의 선례와 같이 우리 사회도 점차적으로 민간부분의 역할(제3섹터)이 강조되고 있는 실정
- 지금까지의 장애인복지단체의 역할은 민간 자조 조직 결성을 통한 연대의 역할과 국가복지부분의 대행 역할을 주로 하여 왔으나, 90년 중반 이후 장애인중심의 적극적이고 현실적인 서비스를 개발·시행하고 있는 추세
- 특히 장애범주의 확대 및 사회환경의 변화는 장애인 회원을 중심으로 한 장애인단체의 역할이 증대되어야 한다는 시대적 요구이며, 장애인단체의 특성상 장애인이 가장 쉽게 지역사회 내에서 접근할 수 있다는 정점으로 인하여 앞으로 장애인단체의 역할은 매우 증가할 것으로 예상됨
- 그러나 아직까지는 한국의 장애인복지단체의 자조능력에 많은 한계가

---

55) 두산대백과사전, 장애인복지편.

존재하고 있으며, 따라서 대부분의 재원을 국가에서 담당하고 있는 실정. 이러한 국가 지원 형태는 장애인복지단체의 자조능력이 정상화되는 시점부터는 급격히 줄어들 것으로 전망됨

- 이러한 면을 고려할 때 국가에서 지원되는 장애인단체예산은 장애인단체의 서비스 개발 및 보급의 발전을 위해서는 크게 못 미치고 있는 실정이며, 따라서 장애인단체예산 및 정책적 지원이 보다 증액되어야 할 필요 있음

장애인복지 발전을 위한 정책개발

1) 장애수당 현실화 방안

(1) 장애수당 현실화 요구에 대한 배경

- 장애수당은 현재 월 4만 5천 원이 약 91천 명에게 지급되고 있으며, 97년도 이후 지급액이 동결된 상태

장애수당은 장애로 인한 추가적 경제부담을 경감시키고자 하는 것이 그 취지이나 장애유형별·등급별 차등지원이 실시되고 있지 않아 본래의 목적을 올바르게 반영하지 못하고 있는 실정

- 기초생활보장법 수급권자에만 지급되는 장애수당은 저소득 가구에게는 지급되고 있지 않아 가계 빈곤화를 조장하며, 이로 인해 대다수의 장애인은 정상적인 사회적 보호를 하지 못한 채 소외층으로 전락하게 하여 사회통합을 저해하고 있는 상황

- 따라서 시급히 장애정도 및 지급대상을 확대하여 장애수당을 지급하여야 하며, 지급액수 또한 현실적으로 장애로 인한 추가비용을 보전할 수 있을 만큼 지급도록 해야 함

- 또한 법에 명시되어 있으나 시행되고 있지 않은 장애아동부양수당 및

보호수당의 시행이 절실히 요구되며 보다 장기적인 장애인 자립생활 근거를 마련해야 할 필요성이 대두되고 있음

(2) 장애수당 및 관련 수당 제도의 문제점

비현실적 급여 책정으로 실질적 지원효과 미미
- 장애로 인하여 추가로 소요되는 경비는 최저 3만 5천 원에서 최고 36만 3천 원으로 평균 9만 4천3백 원에 이르는 것으로 정부 연구기관 조사 보고(보건사회연구원)
- 현재 지원되는 월 4만 5천 원은 최저 소요 경비 50%에도 미치지 못하는 수준으로 실질적 소득보전 효과는 매우 미미

장애수당 지급 목적 및 기능에 대한 혼선 야기
- 장애수당이 장애로 인한 추가비용 보전임을 고려할 때 장애수당은 인구학적 지급기준(demo – grant)적 성격으로 지원되어야 함
- 생산적 복지이념 실현을 위해 자립생활(Independent Living)을 기본전제로 생계보조 수단이 아닌 추가비용의 현실적 보전으로 지급되어야 함

법 제45조에 근거한 '장애아동부양수당, 보호수당'의 미실행
- 장애인복지법 제45조의 장애아동부양수당, 보호수당은 지원계획이 없이 표류하는 실정으로 이에 대한 시급한 대책 필요(장애인부모, 보호자의 고충 극에 달함)

o 장애유형, 등급, 연령 등이 고려되지 않은 획일적 지원체계
- 장애유형 및 등급, 연령 등에 따른 추가비용 지출 수준이 상이함에도 동일한 급여액이 지급됨에 따라 예산지원 효과의 효율성 저하

(3) 장애수당제도 개선 방안

장애수당 및 관련수당의 지급액 및 대상자 확대 필요
- 현행의 국기법 수급대상자에서 전체 장애인으로 지급 대상자 범위를

확대해야 하며, 이를 위해 「장애인복지법 관련 시행령」의 개정이 필요

시행령 제25조 (장애수당 등의 지급대상자) ①항의 '국민기초생활보장법 수급자'로 제한된 지급 대상자 범위를 삭제해야 함

- 장애로 인한 추가비용 지출에 대한 보전의 당위성 확보를 위해 추가 비용이 소요되는 전체 장애인으로 확대 시행 요구
- 장애로 추가비용 부담은 장애인이 세대주로 있는 국기법 수급자만이 아니라 모든 장애인에게 공히 보전되어야 함

비현실적 급여액의 현실화 필요

- 장애수당은 자립생활(IL)의 기본 전제로 지원되어야 함(생산적 복지개념)
- 장애수당은 생계보존이 아닌 장애로 인한 추가비용 보존 개념에서 지원되어야 함

ex) 보조장구, 의료비, 이동에 대한 교통비, 통신비, 주거비 등

- 장애인 가구의 삶의 질적 개선과 전 생애주기의(all life cycle) 의료, 교육, 직업, 경제, 사회, 문화적 재활 대책으로 지원해야 함
- 따라서 2000년 보건사회연구원에서 조사 발표한 '장애로 인한 추가비용'의 기준에 따라 장애수당을 현실화해야 함

2) 장애인 직업재활 기금사업 개선 방안

(1) 장애인직업재활기금사업 현황

이에 2000년 7월 1일부터 법이 시행되었고, 실제적인 사업은 동년 10월 1일부터 시작되었으며, 복지부 관할 직업재활 관련 사업을 진행하기 위하여 2000년도에 총 63억 원, 2001년도에 약 130억 원의 예산을 사용하고 있는 실정

예산 범위 결정에 따라 복지부는 2000년도 직업재활기금사업의 방향과 내용을 2001년도까지 유지하기로 하고 각 직업재활실시기관들을 대상으로 공모를 받아 복지관(센터) 35개, 시설 73개(보호작업장 41개 포함), 장애인단체 25개, 기타 3곳을 선정하여 현재 지원 중

직업재활기금사업에 대한 지원은 2000년도에 약 33억, 2001년도에 약 130억, 그리고 2002년도에 약 150억 정도를 지원할 예정이며, 지원내용으로는 대부분 전문인력(인건비 지원) 지원 등으로 구성되어 있음

(2) 직업재활기금사업의 문제점

노동부 중심의 권한 집중

전달체계 이원화가 가져오는 직업재활실시기관의 이중적 부담 초래

- 직업재활법 개정은 공단이 장애인중심의 직업재활기금사업을 적절히 수행하지 못했다는 장애인계의 비판 및 요구에 기인한 것이었으며, 당시 주요한 문제점으로 기금의 낭비 예방, 공단 규모의 축소 등이었음

- 따라서 개정된 직업재활법에 의하면 고용촉진 및 직업재활기금 1/3을 복지부에서 독립적으로 운영할 수 있도록 하였으나, 장애인고용촉진및직업재활법 및 시행령·시행규칙 개정 시 대부분의 사업 관리감독 권한이 노동부에 집중되도록 하여 복지부는 그 권한을 행사할 수 없게 되어 있는 상태

* 장애인고용촉진및직업재활법 제53조 (사업계획 및 예산안 작성의 특례) 보건복지부장관은 장애인의 직업재활 등을 위하여 사업계획 및 예산안에 반영될 수 있도록 공단에 요청할 수 있다.

- 따라서 복지부는 사업 계획 수립 및 선정업무만을 하고, 실제적인 사업 권한이 배제된 채 직업재활기금사업에 대한 모든 지도·감독 권한이 노동부(공단)에 귀속됨으로써, 현장의 직업재활실시기관들은 복지부 및 노동부(공단)의 이중적인 전달체계 속에서 지도·감독을 받게 되는 부담을 갖게 되어 사업의 질적 하락 등 장애계의 반발이 일어나고 있음

• 중증장애인 중심의 직업재활이라는 본래의 취지 왜곡

'직업재활기금사업' 전문성 결여

- 법률 개정을 통한 직업재활기금사업의 본질적 목표는 지역사회중심의 직업재활과 중증장애인을 위한 실질적 서비스 도입이었음

- 직업재활법 본래의 취지에 기반을 두어 성공적인 '직업재활기금사업'이 되기 위해서는 새로이 도입된 '지원고용, 전문가양성' 등과 같은 프로그램들이 올바르게 반영되고 제정되어야 할 필요 있음

- 현재 노동부(공단)의 규정에 의하면 전문적 프로그램들이 대부분 충분한 전문적 검증 없이 이루어짐으로써 직업재활기금사업의 수준을 하락시킬 위험을 내포

3) 직업재활기금사업 개선 방안

(1) 직업재활법 개정 필요

- 직업재활기금사업의 문제점, 즉 노동부 중심의 권한 집중, 전문성 결여, 지속적인 계획에 의하지 않고 예산을 단지 배분하는 방식의 현재 시스템 등은 기본적으로 법률 개정에 의해 정비되어야 함

- 개정된 「직업재활법」 제53조 (사업계획 및 예산안 작성의 특례)와 제71조 (권한의 위임·위탁)에 의해 1/3에 해당하는 기금을 실제로 복지부가 사용할 수 있도록 개정해야 함

- 본법의 개정에 따라 시행령·시행규칙 및 규정 등이 아울러 개정되도록 하여, 현재는 관리·감독 권한이 이원화되어 있는 구조를 합리적으로 개선하여 복지부 관할 복지현장의 자율성을 보장하도록 해야 함

합리적인 전달체계 정비의 필요

- 합리적인 직업재활기금사업이 되기 위해서는 장애인고용촉진 및 직업

재활기금의 1/3의 운영 권한을 복지부가 갖게 된 본 법에 따라, 복지부의 독립적인 전달체계 수립이 절실히 요구됨
- 따라서 복지부는 사업에 대한 총괄 운영을 하고, 복지부 산하에 전문적 직업재활전담기구(10～20인 내외의 인력 구성)를 설치하여 사업에 대한 세부계획, 선정, 관리ㆍ감독, 평가, 연구, 홍보, 의견 수렴 등 구체적 역할을 부여하는 것이 바람직함
- 이는 현재 노동부(공단)는 경증장애인 위주의 고용촉진사업과 복지부는 중증장애인을 중심으로 한 직업재활기금사업을 운영하는 취지에 부합되는 것이며, 중앙부처인 복지부가 실제적인 관리ㆍ감독 업무를 수행하기에는 한계가 있음에 기인함(복지부 직업재활 담당 공무원은 현재 1명으로 130～150억의 예산을 운영하고 관리할 수 없음)

복지부 직업재활기금사업 계정 분리 필요(독립계정)
- 현재의 직업재활기금사업은 노동부 산하 한국장애인고용촉진공단(이하 공단)에서 관리하는 '장애인고용촉진및직업재활기금'에서 특별회계 형식으로 지원되고 있으며, 이는 복지부가 사업계획을 수립한 후 노동부와 협의과정을 마치면 실제 예산지원은 공단을 통해 일선 직업재활실시기관에 지원되는 구조임
- 이와 같이 협의과정을 거쳐야 하고 또한 예산 전체가 노동부(공단)에 귀속되어 있는 상황에서는 구조적으로 복지부의 직업재활기금사업이 자율적으로 진행될 수 없으며, 1년 단위의 단기성 사업과 인건비 위주의 경직된 예산 지원에 머무를 수밖에 없는 한계를 수반
- 따라서 직업재활법 본래의 취지에 따라 기금의 1/3 권한이 복지부에 있는바, 복지부가 자율적으로 관할할 수 있도록 기금의 계정을 분리하여 운영하게 함으로써 중ㆍ장기계획에 기반을 둔 지속적이고 발전적인 직업재활기금사업이 될 수 있도록 해야 함

4) 장애인복지단체 활성화 방안

(1) 장애인복지단체 활성화를 위한 배경

현재 우리 사회는 'UN 장애인 10년 및 아·태 장애인 10년'을 통해 우리 사회의 장애인복지의 토대가 마련되고 있는 시점이나, 법·제도 및 환경조성 이외의 구체적 삶의 질 향상을 위한 복지환경 구축은 아직 많은 과제가 남아 있음

아·태 장애인 10년 등 그동안 장애인복지발전을 담당했던 부분은 국가(제1섹터)였으나, 복지선진국들의 선례와 같이 우리 사회도 점차적으로 민간부분의 역할(제3섹터)이 강조되고 있는 실정

지금까지의 장애인복지단체의 역할은 민간 자조 조직 결성을 통한 연대의 역할과 국가복지부분의 대행 역할을 주로 하여 왔으나, 90년 중반 이후 장애인중심의 적극적이고 현실적인 서비스를 개발·시행하고 있는 추세

특히 장애범주의 확대 및 사회환경의 변화는 장애인 회원을 중심으로 한 장애인단체의 역할이 증대되어야 한다는 시대적 요구이며, 장애인단체의 특성상 장애인이 가장 쉽게 지역사회 내에서 접근할 수 있다는 정점으로 인하여 앞으로 장애인단체의 역할은 매우 증가할 것으로 예상됨

그러나 아직까지는 한국의 장애인복지단체의 자조능력에 많은 한계가 존재하고 있으며, 따라서 대부분의 재원을 국가에서 담당하고 있는 실정. 이러한 국가 지원 형태는 장애인복지단체의 자조능력이 정상화되는 시점부터는 급격히 줄어들 것으로 전망됨

이러한 면을 고려할 때 국가에서 지원되는 장애인단체예산은 장애인단체의 서비스 개발 및 보급의 발전을 위해서는 크게 못 미치고 있는 실정이다.[56]

---

56) 사단법인 한국장애인단체 총연맹 보고자료.

6. 여성복지법과 정책

여성발전기본법 시행령

[일부개정 2008.10.20 대통령령 제21087호]

제1장 총칙

제1조 (목적) 이 영은 「여성발전기본법」에서 위임된 사항과 그 시행에 관하여 필요한 사항을 규정함을 목적으로 한다. <개정 2006.3.10>

제2조 (여성정책의 범위 등)

① 「여성발전기본법」(이하 '법'이라 한다) 제3조제1호에서 '대통령령이 정하는 정책'이라 함은 다음 각 호의 정책을 말한다. <개정 2003.3.12, 2006. 3.10, 2008.1.15>

1. 교육에서의 남녀평등에 관한 정책
2. 정책결정과정의 여성참여확대에 관한 정책
3. 고용상의 남녀차별해소에 관한 정책
4. 여성고용촉진 및 안정에 관한 정책
5. 여성보건 및 모성보호에 관한 정책
5의2. 여성인적 자원의 개발에 관한 정책
6. 보육시설에 관한 정책
7. 저소득 모자가족의 여성, 미혼모, 가출여성, 장애여성 등 보호를 요하는 여성 및 노인여성의 복지증진에 관한 정책
8. 농어촌여성의 복지증진에 관한 정책
8의2. 평등한 가족관계의 확립에 관한 정책
9. 성폭력, 가정폭력 등 여성에 대한 폭력의 방지에 관한 정책
9의2. 성매매 방지 및 성매매 피해자 보호 등에 관한 정책
10. 가사노동가치의 평가 등에 관한 정책
11. 여성의 국제적 평화증진운동 및 국제협력강화에 관한 정책
11의2. 여성의 자원봉사활동에 관한 정책
12. 기타 여성의 권익증진에 관한 정책

② 법 제3조제2호에서 '대통령령이 정하는 단체'라 함은 다음 각 호의 어느 하나에 해당하는 단체를 말한다. <개정 1998. 2.28, 2001.1.29, 2005.6.23, 2006.3.10, 2008.2.29>

1. 남녀평등의 촉진, 여성의 사회참여확대 및 복지증진을 주된 목적으로 설립된 단체
2. 그 밖에 여성발전을 위한 사업을 수행하는 단체로서 여성부장관이 인정하는 단체

③ 법 제3조제3호에서 '대통령령이 정하는 시설'이라 함은 남녀평등의 촉진,

여성의 사회참여확대 및 복지증진을 위한 시설로서 다음 각 호의 어느 하나에 해당하는 시설을 말한다. <개정 2006.3.10>

　　1. 국가 및 지방자치단체가 설치·운영하는 시설

　　2. 개인·법인 또는 단체가 관계법령의 규정에 의하여 설치·운영하는 시설

④ 법 제3조제4호에서 '대통령령으로 정하는 공공단체'란 다음 각 호의 기관·단체를 말한다. <신설 2006.3.10, 2008.9.10>

　　1.「초·중등교육법」제2조 및「고등교육법」제2조의 규정에 의한 학교 및 그 밖에 다른 법률에 의하여 설치된 각급 학교

　　2.「공직자윤리법 시행령」별표 1에 따른 공직유관단체(같은 법 시행령 제2조제2항에 따라 공직유관단체에서 제외된 단체는 제외한다)

제3조 (적극적 조치의 시행 및 점검)

① 여성부장관은 법 제6조제1항의 규정에 의한 적극적 조치의 시행을 위하여 여성의 참여가 부진한 분야에 관한 조사를 실시할 수 있으며, 이를 위하여 국가기관 및 지방자치단체의 장에 대하여 협조를 요청할 수 있다. <개정 2005.6.23, 2008.2.29>

② 여성부장관은 법 제6조제2항의 규정에 의한 권고에 대한 결과를 점검한 후 이를 법 제11조제1항의 규정에 의한 여성정책조정회의(이하 '조정회의'라 한다)에 보고하여야 한다. <개정 2005.6.23, 2008.2.29>

[전문개정 2003.3.12]

제2장 여성정책기본계획 등

제4조 (여성정책기본계획의 수립)

① 여성부장관은 법 제7조의 규정에 의한 여성정책에 관한 기본계획(이하 '기본계획'이라 한다)을 기본계획 개시연도의 전년도에 수립하여야 한다. <개정 2005.6.23, 2008.2.29>

② 여성부장관은 관계 중앙행정기관의 장과 협의하여 기본계획을 수립하고, 조정회의의 심의를 거쳐 이를 확정한다. <개정 2005.6.23, 2008.2.29>

[전문개정 2003.3.12]

제5조 (연도별 시행계획의 수립·시행)

① 여성부장관은 중앙행정기관의 장과 특별시장·광역시장·도지사 및 특별자치도지사(이하 '시·도지사'라 한다)가 법 제8조제1항에 따라 연도별 시행계획을 수립할 수 있도록 다음연도의 시행계획 수립을 위한 지침(이하 '시행계획수립지침'이라 한다)을 정하고, 이를 매년 11월 말까지 중앙행정기관의

장 및 시·도지사에게 알려야 한다. <신설 2003.3.12, 2005.6.23, 2008.2.29, 2008.9.10>

② 중앙행정기관의 장과 시·도지사는 시행계획수립지침에 따라 매년 1월 말까지 당해연도의 소관 여성관련업무에 관한 시행계획안을 각각 여성부장관에게 제출하고, 여성부장관은 이 시행계획안을 종합하여 조정회의의 심의를 거쳐 확정한 후 이를 매년 4월 말까지 중앙행정기관의 장 및 시·도지사에게 알려야 한다. <개정 1998.2.28, 2001.1.29, 2003.3.12, 2005.6.23, 2008.2.29>

③ 시장·군수·구청장(자치구의 구청장을 말한다. 이하 같다)은 매년 12월 말까지 시·도지사에게 다음 연도의 소관 여성관련 업무에 관한 시행계획안을 제출하여야 한다.

④ 시장·군수·구청장은 매년 1월 중순까지 시·도지사에게, 중앙행정기관의 장 및 시·도지사는 매년 1월 말까지 여성부장관에게 각각 전년도 시행계획의 시행결과를 제출하여야 하며, 여성부장관은 그 시행결과를 조정회의에 보고하여야한다 <개정 1998.2.28, 2001.1.29, 2003.3.12, 2005.6.23, 2008.2.29>

제5조의2 (시행계획의 이행상황 점검)
① 여성부장관은 법 제8조제2항의 규정에 의한 시행계획의 이행상황을 점검하기 위하여 필요한 경우 20인 이내

의 반원으로 구성된 점검반을 둘 수 있다. <개정 2005.6.23, 2008.2.29>
② 여성부장관은 시행계획의 이행상황을 점검하기 위하여 필요한 경우 전문가에게 자문을 구하거나 조사·연구를 의뢰할 수 있다. 이 경우 여성부장관은 해당 전문가에 대하여 예산의 범위 안에서 수당·여비 그 밖의 필요한 경비를 지급할 수 있다.
<개정 2005.6.23, 2008.2.29>
[본조신설 2003.3.12]

제6조 (협조부서의 지정) 중앙행정기관의 장 및 시·도지사는 법 제9조의 규정에 의하여 기본계획 및 시행계획의 수립·시행을 위하여 당해 기관에 여성정책관련 협조부서를 지정·운영하여야 한다.

제7조 (정책의 분석·평가를 위한 교육) 여성부장관은 중앙행정기관 및 지방자치단체의 소속공무원을 대상으로 법 제10조제1항의 규정에 의한 정책의 분석·평가 업무에 필요한 교육을 실시할 수 있다. <개정 2005.6.23, 2008.2.29>
[본조신설 2003.3.12]

제8조 삭제 <2008.10.20>

제9조 (정책의 분석·평가에 관한 지침 등)
① 여성부장관은 법 제10조제1항의 규정에 의한 정책의 분석·평가를 수행

할 수 있도록 분석·평가의 방향, 절차, 대상정책 및 세부기준 등에 관한 사항을 포함하는 지침을 마련하여 중앙행정기관 및 지방자치단체의 장에게 알려야 한다. <개정 2005.6.23, 2008.2.29>

② 중앙행정기관 및 지방자치단체의 장은 제1항의 규정에 의한 지침에 따라 정책의 분석·평가계획을 수립·시행하고, 분석·평가계획 및 분석·평가결과를 여성부장관에게 제출하여야 한다. <개정 2005.6.23, 2008.2.29>

③ 여성부장관은 제2항의 규정에 의하여 제출된 결과를 종합하여 연 1회 조정회의에 보고하여야 한다. <개정 2005. 6.23, 2008.2.29>

[본조신설 2003.3.12]

제10조 (조정회의의 구성 등)

① 조정회의는 의장 1인과 부의장 1인을 포함한 30인 이내의 위원으로 구성한다. <개정 2004.6.25>

② 조정회의의 의장(이하 이 조에서 '의장'이라 한다)은 국무총리가 되고, 부의장(이하 이 조에서 '부의장'이라 한다)은 여성부장관이 된다. <개정 2005.6.23, 2008.2.29>

③ 조정회의의 위원은 다음 각 호의 자로 한다. <개정 2004.6.25, 2008. 2.29>

　　1. 기획재정부장관·교육과학기술부장관·법무부장관·행정안전부장관·문화체육관광부장관·농림수산식품부장관·지식경제부장관·보건복지가족부장관·노동부장관·국무총리실장 및 부의안건과 관련되어 의장이 지정하는 중앙행정기관의 장

　　2. 여성문제에 관한 전문지식과 경험이 풍부한 자 중에서 부의장의 제청을 거쳐 의장이 위촉하는 5인이내의 민간위원

④ 제3항제2호의 규정에 의한 민간위원의 임기는 2년으로 하되, 1차에 한하여 연임할 수 있다. 다만, 위원의 사임 등으로 새로이 위촉된 위원의 임기는 전임위원의 잔임기간으로 한다. <신설 2004.6.25>

⑤ 의장은 조정회의의 회의를 소집하고 조정회의의 업무를 통할한다.

⑥ 부의장은 의장을 보좌하고 의장이 부득이한 사유로 그 직무를 수행할 수 없는 경우 그 직무를 대행한다.

⑦ 의장은 조정회의의 회의를 소집하고자 하는 때에는 회의의 일시·장소 및 부의안건을 회의개최 5일 전까지 각 위원에게 서면으로 통지하여야 한다. 다만, 긴급을 요하는 경우에는 그러하지 아니하다.

⑧ 조정회의에 안건을 제출하고자 하는 위원 또는 중앙행정기관의 장은 회의개최 7일 전까지 의장에게 해당안건을 송부하여야 한다. 다만, 긴급을 요

하는 경우에는 그러하지 아니하다.

⑨ 조정회의는 재적위원 과반수의 출석으로 개의하고, 출석위원 과반수의 찬성으로 의결한다.

⑩ 조정회의의 사무를 처리하기 위하여 조정회의에 간사 2인을 두며, 간사는 의장이 국무총리실 및 여성부의 소속공무원 중에서 각 1인을 지명한다. <개정 2005.6.23, 2008.2.29>

⑪ 간사는 회의록을 작성하여야 한다.

⑫ 그 밖에 조정회의의 운영에 관하여 필요한 사항은 조정회의의 의결을 거쳐 의장이 정한다.

[본조신설 2003.3.12]

제11조 (조정회의의 심의·조정사항) 법 제11조제2항제4호에서 "그 밖에 여성정책을 위하여 대통령령이 정하는 사항"이라 함은 다음 각 호의 사항을 말한다.

1. 남녀평등을 실현하기 위한 적극적 조치의 시행에 관한 사항

2. 다른 법령에 의하여 조정회의의 심의·조정이 필요한 사항

3. 그 밖에 조정회의의 의장이 필요하다고 인정하여 심의·조정에 부치는 사항

[본조신설 2003.3.12]

제12조 (여성정책실무회의)

① 법 제11조제3항의 규정에 의한 여성정책실무회의(이하 '실무회의'라 한다)는 의장 1인을 포함한 25인 이내의 위원으로 구성한다.

② 실무회의의 의장(이하 이 조에서 '의장'이라 한다)은 여성부차관이 된다. <개정 2005.6.23, 2008.2.29>

③ 의장이 부득이한 사유로 직무를 수행할 수 없는 때에는 의장이 지명하는 위원이 그 직무를 대행한다.

④ 실무회의의 위원은 기획재정부·교육과학기술부·법무부·행정안전부·문화체육관광부·농림수산식품부·지식경제부·보건복지가족부·노동부·여성부·국무총리실의 여성정책책임관 및 부의안건과 관련되어 의장이 지정하는 중앙행정기관의 여성정책책임관으로 한다. <개정 2004.6.25, 2005.6.23, 2008.2.29>

⑤ 실무회의의 사무를 처리하기 위하여 실무회의에 간사 1인을 두며, 간사는 여성부소속공무원 중에서 의장이 지명한다. <개정 2005.6.23, 2008.2.29>

⑥ 제10조제5항·제7항 내지 제9항 및 제11항의 규정은 실무회의의 운영에 관하여 이를 준용한다. 이 경우 '조정회의'는 '실무회의'로 본다. <개정 2004.6.25>

⑦ 그 밖에 실무회의의 운영에 관하여 필요한 사항은 실무회의의 의결을 거쳐 의장이 정한다.

[본조신설 2003.3.12]

제13조 (여성정책책임관)

① 법 제12조제1항의 규정에 의하여
중앙행정기관의 장은 당해 기관의 기
획조정실장 또는 이에 준하는 직위의
공무원을 여성정책책임관으로 지정하
여야 한다. <개정 2006.3.10, 2008.2.29>

② 중앙행정기관의 장은 제1항의 규정
에 의하여 여성정책책임관을 지정한
때에는 이를 여성부장관에게 통보하여
야 한다. <개정 2005.6.23, 2008.2.29>

③ 여성정책책임관의 임무는 다음 각
호와 같다.

　　1. 당해 기관의 연도별 시행계획의
　　종합·조정 및 추진실적의 점검
　　2. 법 제10조의 규정에 의한 정책
　　의 분석·평가에 관한 사항
　　3. 당해 기관의 여성공무원의 지위
　　향상 등

[본조신설 2003.3.12]

제14조 삭제 <1998.2.28>

제15조 삭제 <1998.2.28>

제16조 삭제 <1998.2.28>

제17조 삭제 <2001.1.29>

제18조 삭제 <2001.1.29>

제19조 삭제 <2001.1.29>

제20조 삭제 <2001.1.29>

제21조 삭제 <2001.1.29>

제22조 삭제 <2001.1.29>

제23조 삭제 <2001.1.29>

제24조 삭제 <2001.1.29>

제25조 (여성관련 문제의 조사 및 보고)
여성부장관은 법 제13조제1항의
규정에 의하여 여성과 관련된 문
제에 관한 기초조사 및 여론조사
를 실시하여야 하며, 그 조사결과
를 조정회의에 보고하여야 한다.
<개정 1998.2.28, 2001.1.29, 2003.
3.12, 2005.6.23, 2008.2.29>

제26조 (여성주간 행사)

① 법 제14조의 규정에 의하여 매년 7
월 1일부터 7월 7일까지를 여성주간으
로 한다.

② 제1항의 여성주간을 기념하기 위하
여 국가·지방자치단체·공공단체 등
에서는 각각 그 실정에 따라 다음 각
호의 행사를 실시한다.

　　1. 기념행사
　　2. 연구발표행사
　　3. 유공자 및 유공단체에 대한 격려
　　4. 대중매체 등을 통한 홍보
　　5. 기타 남녀평등의 촉진 등에 대한
범국민적인 관심을 높이기 위한 행사

제3장 여성정책의 기본시책

제27조 (여성위원참여확대) 법 제15조제1항의 규정에 의하여 중앙행정기관의 장 및 지방자치단체의 장은 당해 기관에 소속된 위원회에 여성위원의 참여를 확대하기 위한 연도별 목표를 수립하고 이를 시행하여야 한다.

제27조의2 (성희롱 방지조치 및 점검 등)
① 법 제17조의2제1항에 따라 국가기관·지방자치단체 및 제2조제4항에 따른 기관 또는 단체(이하 '국가기관 등'이라 한다)의 장은 성희롱 방지를 위하여 다음 각 호의 조치를 하여야 하고, 「남녀고용평등과일·가정양립지원에관한법률」 제3조제1항에 따른 사업·사업장 중 국가기관 등이 아닌 사업·사업장의 사업주는 「남녀고용평등과일·가정양립지원에관한법률」에 따라 성희롱 방지조치를 하여야 한다.
　　1. 연 1회 이상 성희롱 예방교육 실시
　　2. 성희롱 방지조치 연간 추진계획 수립
　　3. 성희롱 관련 상담 및 고충 처리를 위한 공식 창구의 마련
　　4. 성희롱 고충담당자 지정
　　5. 자체 성희롱 예방지침의 마련
　　6. 그 밖에 자체 성희롱 방지를 위한 조치
② 제1항제1호에 따른 성희롱 예방교육에는 다음 각 호의 내용이 포함되어야 한다.
　　1. 성희롱 예방에 관한 법령
　　2. 성희롱 발생 시 처리절차 및 조치기준
　　3. 성희롱 피해자에 대한 고충상담 및 구제절차
　　4. 성희롱을 한 자에 대한 징계 등 제재조치
　　5. 그 밖에 성희롱 예방에 필요한 사항
③ 국가기관 등의 장은 제1항에 따른 성희롱 방지조치의 결과를 매년 2월 말까지 여성부장관에게 제출하여야 한다.
④ 법 제17조의2제2항에 따라 여성부장관은 제3항에 따라 제출된 성희롱 방지조치결과를 전산입력방식 등의 서면으로 점검하되, 필요하면 현장점검을 할 수 있다.
⑤ 법 제17조의2제3항에 따라 여성부장관은 성희롱 방지조치가 부실하다고 인정되는 국가기관 등에 대하여 점검 후 6개월 이내에 관리자 특별교육을 실시하여야 한다.
⑥ 제1항부터 제5항까지에서 규정한 사항 외에 성희롱 방지를 위하여 필요한 사항은 여성부장관이 정하여 고시한다.
[전문개정 2008.9.10]

제28조 (대중매체의 성차별개선 지원 및 협조요청) 여성부장관은 법 제28조의 규정에 의하여 방송에 의한 성차별적 내용에 관하여는 「방송법」 제100조의 규정에 의한 제재조치 등을 통하여 그 내용이 개선되도록 방송위원회 위원장에게 지원 및 협조를 요청할 수 있다. <개정 1998.2.28, 2001.1.29, 2001.4.21, 2005.6.23, 2006.3.10, 2008.2.29>

제28조의2 (여성자원활동센터의 설치·운영)

① 여성부장관은 법 제28조의2의 규정에 의하여 전국단위의 여성자원봉사활동을 지원하기 위하여 전국여성자원활동센터를 설치·운영할 수 있다. <개정 2005.6.23, 2008.2.29>

② 지방자치단체의 장은 여성자원봉사활동을 촉진하기 위하여 여성자원활동센터(이하 이 조에서 '센터'라 한다)를 설치·운영할 수 있다.

③ 여성부장관은 센터를 운영하는 지방자치단체에 대하여 예산의 범위 안에서 그 경비의 전부 또는 일부를 보조할 수 있다. <개정 2005.6.23, 8.2.29>

④ 센터를 설치·운영하는 지방자치단체의 장은 센터운영계획을 수립·시행하고, 센터의 운영현황 및 운영계획을 여성부장관에게 보고하여야 한다. <개정 2005.6.23, 2008.2.29>

[본조신설 2003.3.12]

제4장 여성발전기금

제29조 (기타 수입금) 법 제29조제2항 제4호에서 '기타 대통령령이 정하는 수입금'이라 함은 다음의 수입금을 말한다. <개정 1998.2.28, 2001.1.29, 2005.6.23, 2008.2.29>

1. 다른 기금으로부터의 전입금
2. 금융기관으로부터의 차입금
3. 기타 여성부장관이 인정하는 수입금

제30조 (기금의 관리·운용)

① 법 제29조제3항의 규정에 의하여 여성부장관은 여성발전기금(이하 '기금'이라 한다)을 다음의 방법으로 관리·운용한다. <개정 1998.2.28, 2001.1.29, 2003.3.12, 2005.6.23, 2006.3.10, 2008.2.29>

1. 여성발전을 위한 사업에의 투자 및 융자
2. 금융기관에의 예치
2의2. 「증권거래법」 제2조제1항의 규정에 의한 유가증권의 매입
3. 기타 기금조성을 위하여 여성부장관이 필요하다고 인정하는 사업에의 투자 및 융자

② 기금은 기업회계의 원칙에 의하여 계리한다.

③ 기금의 회계연도는 정부의 회계연도에 따른다.

④ 기금을 관리 · 운용하는 자는 기금의 수입과 지출을 명확히 하기 위하여 한국은행에 여성발전기금계정을 설치하여야 한다.

⑤ 삭제 <2004.6.25>

제30조 (기금의 관리 · 운용)

① 법 제29조제3항의 규정에 의하여 여성부장관은 여성발전기금(이하 '기금'이라 한다)을 다음의 방법으로 관리 · 운용한다. <개정 1998.2.28, 2001.1.29, 2003.3.12, 2005.6.23, 2006.3.10, 2008.2.29, 2008.7.29>

1. 여성발전을 위한 사업에의 투자 및 융자

2. 금융기관에의 예치

2의2. 「자본시장과금융투자업에관한법률」 제4조에 따른 증권의 매입

3. 기타 기금조성을 위하여 여성부장관이 필요하다고 인정하는 사업에의 투자 및 융자

② 기금은 기업회계의 원칙에 의하여 계리한다.

③ 기금의 회계연도는 정부의 회계연도에 따른다.

④ 기금을 관리 · 운용하는 자는 기금의 수입과 지출을 명확히 하기 위하여 한국은행에 여성발전기금계정을 설치하여야 한다.

⑤ 삭제 <2004.6.25>

[시행일: 2009.2.4] 제30조제1항제2호의2

제31조 삭제 <2001.4.21>

제32조 (기금의 용도) 법 제30조제5호에서 '대통령령이 정하는 사업'이라 함은 다음 각 호의 사업을 말한다. <개정 1998.2.28, 1999.6.30, 2001.1.29, 2003.3.12, 2005.6.23, 2006.3.10, 2008.2.29>

1. 여성인력의 양성

2. 남녀평등교육의 실시

3. 여성의 자원봉사활동

4. 여성의 참여확대를 위한 적극적 조치의 시행

5. 삭제 <2003.3.12>

6. 삭제 <2006.3.10>

7. 그 밖에 여성부장관이 여성발전 및 가족지원 등을 위하여 필요하다고 인정하는 사업

제33조 삭제 <2003.3.12>

제5장 여성단체의 지원 등

제34조 (여성단체 등의 지원 및 보조의 범위 <개정 2003.3.12>) 국가 또는 지방자치단체가 법 제32조의 규정에 의하여 여성단체 등에 지원 및 보조할 수 있는 범위는 다음

과 같다. <개정 2003.3.12>

1. 여성단체 등이 행하는 남녀평등의 촉진, 여성의 사회참여확대 또는 복지증진 사업에 대한 지원 및 보조

2. 삭제 <2003.3.12>

3. 삭제 <2003.3.12>

4. 기타 중앙행정기관의 장 또는 지방자치단체의 장이 여성단체의 육성을 위하여 필요하다고 인정하는 사항에 관한 지원 및 보조

제34조의2 (여성사전시관의 설치·운영)
① 국가 및 지방자치단체는 법 제33조제1항의 규정에 의하여 여성관련 자료의 수집·보존·전시 및 교육을 위한 시설(이하 '여성사전시관'이라 한다)을 설치·운영할 수 있다.
② 국가가 설치하는 여성사전시관의 설비 및 관리·운영에 관하여 필요한 사항은 여성부장관이 정한다. <개정 2005.6.23, 2008.2.29>

[본조신설 2004.6.25][종전 제34조의2는 제34조의3으로 이동 <2004.6.25>]

제34조의3 (여성인력개발센터 지정 기준 등)
① 법 제33조제3항에 따라 여성의 인력 개발을 위한 시설(이하 '여성인력개발센터'라 한다)로 지정받으려는 자는 별표 1의 지정 기준을 갖추어야 한다.
② 법 제33조제3항에 따라 여성인력개발센터로 지정받으려는 자는 별지 제1호 서식의 여성인력개발센터 지정신청서에 다음 각 호의 서류를 첨부하여 시·도지사에게 제출하여야 한다.

1. 법인의 정관(법인인 경우에만 제출한다) 1부

2. 인력 및 시설 현황 1부

3. 사업계획서 1부

4. 여성인력개발 교육 및 취업알선 실적(해당 실적이 있는 경우에만 제출한다) 1부

③ 제2항에 따른 신청서를 제출받은 시·도지사는 「전자정부법」 제21조제1항에 따른 행정정보의 공동이용을 통하여 법인등기부등본(법인인 경우에만 해당된다)을 확인하여야 한다. 다만, 신청인이 이에 동의하지 아니하면 그 서류를 첨부하도록 하여야 한다.
④ 시·도지사는 제2항에 따른 여성인력개발센터의 지정신청을 받은 때에는 다음 각 호의 사항을 고려하여 지정 여부를 결정한 후, 신청을 받은 날부터 30일 이내에 그 결과를 신청인에게 알려야 한다.

1. 여성인력개발 관련 시설의 지역별 분포

2. 사업계획서의 충실성 및 실행가능성

3. 여성인력개발 교육 및 취업알선 실적

4. 해당 특별시·광역시·도 및 특별자치도의 관련 예산 편성 여부와 그 규모

⑤ 시·도지사는 제4항에 따라 여성인력개발센터를 지정한 때에는 별지 제2호 서식의 여성인력개발센터 지정서를 신청인에게 내주어야 한다. [전문개정 2008.9.10]

제34조의4 삭제 <2006.3.10>

제35조 (여성인력개발센터 지정의 취소 등)
① 법 제33조의2제2항제2호에서 '사업 실적 부진 등 대통령령으로 정하는 사유'란 다음 각 호의 어느 하나에 해당하는 경우를 말한다.
1. 정당한 사유 없이 1년 이상 여성인력개발 교육 및 취업알선 등 운영 실적이 없는 경우
2. 목적달성에 반하는 영리활동을 하는 경우
3. 교육생 모집에 있어서 과대 또는 거짓 광고를 한 경우

② 법 제33조의2제3항에 따른 여성인력개발센터에 대한 시정명령·지정취소의 구체적인 기준은 별표 2와 같다. [본조신설 2008.9.10]

제6장 보칙

제36조 (사전협의) 중앙행정기관의 장은 여성의 권익과 지위에 중요한 영향을 미치는 법령안 및 정책을 입안할 때에는 여성부장관과 미리 협의하여야 한다. <개정 2001.1.29, 2005.6.23, 2008.2.29>
[전문개정 1998.2.28]

제37조 삭제 <2008.9.10>

부칙 <제15099호, 1996.6.29>

① (시행일) 이 영은 1996년 7월 1일부터 시행한다.
② (다른 법령의 폐지) 여성정책심의위원회규정은 이를 폐지한다.
③ (여성정책심의위원회의 위원에 관한 경과조치) 이 영 시행 전에 종전의 여성정책심의위원회규정에 의하여 여성정책심의위원회의 위원으로 위촉받은 자는 이 영에 의한 여성정책심의위원회의 위원으로 보며, 그 임기는 종전의 규정에 의하여 위촉받은 날부터 기산한다.

부칙 (여성특별위원회규정) <제15693호, 1998.2.28>

제1조 (시행일) 이 영은 공포한 날부터 시행한다.

제2조 (다른 법령의 개정) ① 생략
② 여성발전기본법 시행령 중 다음과

같이 개정한다.

제2조제2항제2호, 제29조제3호, 제30조제1항제3호 및 제32조제6호 중 '정무장관(제2)이'를 각각 '여성특별위원회가'로 한다.

제3조, 제4조, 제5조제1항·제3항, 제25조, 제28조 및 제30조제1항 각 호 외의 부분 중 '정무장관(제2)은'을 각각 '여성특별위원회는'으로 한다.

제3조, 제5조제3항 및 제25조 중 '여성정책심의위원회에'를 각각 '대통령에게'로 한다.

제4조 및 제5조제1항 중 '여성정책심의위원회의 심의를 거쳐'를 각각 '대통령의 승인을 얻어'로 한다.

제5조제1항·제3항 중 '정무장관(제2)에게'를 각각 '여성특별위원회에'로 한다.

제5조제3항 중 '2월 말'을 '1월 중순'으로, '3월 말까지'를 '1월 말까지'로 한다.

제7조 내지 제16조를 각각 삭제한다.

제17조제1항 중 '정무장관(제2)'를 '여성특별위원회'로 한다.

제17조제3항, 제31조제3항제1호·제2호 및 제33조 중 '정무장관(제2)'를 각각 '여성특별위원회위원장'으로 한다.

제31조제1항·제3항제1호 중 '정무장관(제2)실'을 각각 '여성특별위원회'로 한다.

제31조제3항 각 호 외의 부분 중 '정무차관(제2)'을 '여성특별위원회사무처

장'으로 한다.

제31조제3항제1호 중 '재정경제원'을 '재정경제부'로 한다.

제35조제2항을 다음과 같이 하고, 동 조 제3항을 삭제한다.

② 센터를 설치·운영하는 기관의 장은 지역별·센터별 제반사정을 고려하여 센터운영계획을 수립·시행하고, 센터의 운영현황 및 운영계획을 여성특별위원회에 보고하여야 한다.

제36조를 다음과 같이 한다.

제36조 (사전협의) 중앙행정기관의 장은 여성의 권익과 지위에 중요한 영향을 미치는 법령안 및 정책을 입안할 때에는 여성특별위원회와 미리 협의하여야 한다.

부칙 (남녀차별금지및구제에관한법률 시행령) <제16429호, 1999.6.30>

① (시행일) 이 영은 1999년 7월 1일부터 시행한다.

② (다른 법령의 개정) 여성발전기본법 시행령 중 다음과 같이 개정한다.

제32조제6호를 제7호로 하고, 동 조에 제6호를 다음과 같이 신설한다.

　6. 남녀차별금지 및 구제에관한법률 제35조의 규정에 의한 소송지원

부칙 (여성부직제)

　<제17116호, 2001.1.29>

제1조 (시행일) 이 영은 공포한 날부터 시행한다.

제2조 내지 제4조 생략

제5조 (다른 법령의 개정) ① 여성발전기본법 시행령 중 다음과 같이 개정한다.

제17조 내지 제24조를 각각 삭제한다.

제2조제2항제2호, 제29조제3호, 제30조제1항제3호 및 제32조제7호 중 '여성특별위원회가'를 각각 '여성부장관이'로 한다.

제3조, 제4조, 제5조제1항·제3항, 제25조, 제28조 및 제30조제1항 본문 중 '여성특별위원회는'을 각각 '여성부장관은'으로 한다.

제5조제1항·제3항 및 제35조제2항 중 '여성특별위원회에'를 각각 '여성부장관에게'로 한다.

제31조제1항 중 '여성특별위원회에'를 '여성부장관 소속하에'로 한다.

제31조제3항 본문 중 '여성특별위원회사무처장'을 '여성부차관'으로 한다.

제31조제3항제1호 중 '여성특별위원회 소속'을 '여성부 소속'으로 한다.

제31조제3항제1호·제2호 및 제33조 중 '여성특별위원회위원장'을 각각 '여성부장관'으로 한다.

제36조 중 '여성특별위원회와'를 '여성부장관과'로 한다.

② 내지 ⑭ 생략

부칙 <제17200호, 2001.4.21>

이 영은 공포한 날부터 시행한다.

부칙 (국고금관리법 시행령) <제17824호, 2002.12.30>

제1조 (시행일) 이 영은 2003년 1월 1일부터 시행한다. <단서 생략>

제2조 내지 제4조 생략

제5조 (다른 법령의 개정) ① 내지 <19> 생략

<20> 여성발전기본법 시행령 중 다음과 같이 개정한다.

제33조 중 '기금출납명령관과 기금출납공무원'을 '기금수입징수관·기금재무관·기금지출관 및 기금출납공무원'으로 한다.

<21> 내지 <28> 생략

제6조 생략

부칙 <제17940호, 2003.3.12>

① (시행일) 이 영은 2003년 3월 12일부터 시행한다.

② (유효기간) 제8조의 개정규정은 이 영 시행일부터 6년이 경과하는 날까지

효력을 가진다. <개정 2006.3.10>

부칙 <제18444호, 2004.6.25>

이 영은 공포한 날부터 시행한다.
다만, 제30조제5항의 개정규정은 2004
년 7월 1일부터 시행한다.

부칙 (여성가족부 직제) <제18873호,
2005.6.23>

제1조 (시행일) 이 영은 공포한 날부터
시행한다.
제2조 내지 제4조 생략

제5조 (다른 법령의 개정) ① 내지
<18> 생략
<19> 여성발전기본법 시행령 일
부를 다음과 같이 개정한다.
제2조제2항제2호, 제3조제1항・제
2항, 제4조제1항・제2항, 제5조제1
항・제2항・제4항, 제5조의2제1항・
제2항, 제7조, 제8조제1항・제3항,
제9조제1항 내지 제3항, 제10조제2
항, 제13조제2항, 제25조, 제28조,
제28조의2제1항・제3항・제4항,
제29조제3호, 제30조제1항 각 호
외의 부분・동항제3호, 제32조제7
호, 제34조의2제2항, 제34조의3 각
호 외의 부분, 제36조 및 제37조
중 '여성부장관'을 각각 '여성가족

부장관'으로 한다.
제10조제10항 및 제12조제4항・제
5항 중 '여성부'를 각각 '여성가족
부'로 한다.
제12조제2항 중 '여성부차관'을 '여
성가족부차관'으로 한다.
제34조의4제2항 중 '여성부령'을 '여
성가족부령'으로 한다.
<20> 내지 <35> 생략

부칙 <제19387호, 2006.3.10>

① (시행일) 이 영은 공포한 날부터 시
행한다. 다만, 제2조제4항・제27조의2
및 제32조제7호의 개정규정은 2006년
3월 30일부터 시행한다.
② (다른 법령의 개정) 남녀차별금지
및구제에관한법률 시행령 폐지령 일부
를 다음과 같이 개정한다.

부칙 단서를 삭제한다.

부칙 (한부모가족지원법 시행령) <제
20548호, 2008.1.15>

제1조 (시행일) 이 영은 2008년 1월 18
일부터 시행한다.

제2조 (다른 법령의 개정) ① 및 ② 생략
③ 여성발전기본법 시행령 일부를 다
음과 같이 개정한다.

제2조제1항제7호 중 '모자가정'을 '모
자가족'으로 한다.

제3조 생략

부칙 (여성가족부 직제) <제20682호, 2008.
2.29>

제1조 (시행일) 이 영은 공포한 날부터
시행한다.

제2조 생략

제3조 (다른 법령의 개정) ①부터 ③까
지 생략
④ 여성발전기본법 시행령 일부를 다
음과 같이 개정한다.
제2조제2항제2호, 제3조제1항·제2항,
제4조제1항·제2항, 제5조제1항·제2
항·제4항, 제5조의2제1항·제2항, 제
7조, 제8조제1항·제3항, 제9조제1항
부터 제3항까지, 제10조제2항, 제13조
제1항, 제25조, 제27조의2제3항·제4
항, 제28조, 제28조의2제1항·제3항·
제4항, 제29조제3호, 제30조제1항 각
호 외의 부분 및 같은 항 제3호, 제32
조제7호, 제34조의2제2항, 제34조의3
각 호 외의 부분, 제36조, 제37조 중
'여성가족부장관'을 각각 '여성부장관'
으로 한다.
제10조제3항제1호 중 '재정경제부장관
·교육인적 자원부장관·법무부장관

·행정자치부장관·과학기술부장관·
문화관광부장관·농림부장관·산업자
원부장관·보건복지부장관·노동부장
관·기획예산처장관·국무조정실장·
국정홍보처장'을 '기획재정부장관·교
육과학기술부장관·법무부장관·행정
안전부장관·문화체육관광부장관·농
림수산식품부장관·지식경제부장관·
보건복지가족부장관·노동부장관·국
무총리실장'으로 한다.
제10조제10항 중 '국무조정실 및 여성
가족부'를 '국무총리실 및 여성부'로
한다.
제12조제2항 중 '여성가족부차관'을
'여성부차관'으로 한다.
제12조제4항 중 '재정경제부·교육인
적 자원부·법무부·행정자치부·과
학기술부·문화관광부·농림부·산업
자원부·보건복지부·노동부·여성가
족부·기획예산처·국무조정실·국정
홍보처'를 '기획재정부·교육과학기술
부·법무부·행정안전부·문화체육관
광부·농림수산식품부·지식경제부·
보건복지가족부·노동부·여성부·국
무총리실'로 한다.
제12조제5항 중 '여성가족부'를 '여성
부'로 한다.
제13조제1항 중 '정책홍보관리본부장'
을 '기획조정실장'으로 한다.
⑤ 생략

부칙 (남녀고용평등과 일·가정 양립 지원에 관한 법률 시행령) <제 20803호, 2008.6.5>

제1조 (시행일) 이 영은 2008년 6월 22일부터 시행한다. <단서 생략>
제2조 및 제3조 생략

제4조 (다른 법령의 개정) ① 및 ② 생략
③ 여성발전기본법 시행령 일부를 다음과 같이 개정한다.
제27조의2제1항 단서 중 '「남녀고용평등법」'을 각각 '「남녀고용평등과일·가정양립지원에관한법률」'로 한다.

제5조 생략

부칙 (자본시장과 금융투자업에 관한 법률 시행령) <제20947호, 2008.7.29>

제1조 (시행일) 이 영은 2009년 2월 4일부터 시행한다. <단서 생략>
제2조부터 제25조까지 생략

제26조 (다른 법령의 개정) ①부터 <71>까지 생략
<72> 여성발전기본법 시행령 일부를 다음과 같이 개정한다.
제30조제1항제2호의2 중 '「증권거래법」 제2조제1항의 규정에 의한 유가증권'을 '「자본시장과 금융투자업에 관한 법률」 제4조에 따른 증권'으로 한다.

<73>부터 <113>까지 생략
제27조 및 제28조 생략

부칙 <제20999호, 2008.9.10>

이 영은 2008년 9월 14일부터 시행한다.

부칙 (행정기관 소속 위원회의 정비를 위한 평생교육법 시행령 등 일부개정령) <제21087호, 2008.10.20>

제1조 (시행일) 이 영은 공포한 날부터 시행한다. 다만, 제10조는 2008년 11월 1일부터 시행하고, 제24조부터 제26조까지는 2010년 1월 1일부터 시행하며, 제29조는 2009년 7월 1일부터 시행하고, 제48조는 2013년 1월 1일부터 시행한다.

제2조 (「공무원징계령」 개정에 따른 경과조치) ① 이 영 시행 당시 개정 전의 「공무원징계령」에 따른 제1중앙징계위원회 및 제2중앙징계위원회는 이 영에 따른 중앙징계위원회로 본다.
② 이 영 시행 당시 개정 전의 「공무원징계령」에 따라 제1중앙징계위원회 및 제2중앙징계위원회에 접수된 징계의결요구서는 이 영에 따라 중앙징계위원회에 접수된 것으로 본다.

③ 이 영 시행 당시 개정 전의 「공무원징계령」에 따른 제1중앙징계위원회 및 제2중앙징계위원회의 의결은 이 영에 따른 중앙징계위원회의 의결로 본다.

④ 이 영 시행 당시 개정 전의 「공무원징계령」에 따른 제2중앙징계위원회 위원은 이 영에 따라 중앙징계위원회 위원으로 임명 또는 위촉된 것으로 본다.

제3조 (「물류정책기본법 시행령」 개정에 따른 경과조치) 이 영 시행 당시 개정 전의 「물류정책기본법 시행령」에 따라 국토해양부장관이 물류관리사 시험위원회의 심의·의결을 거쳐 행한 사항은 이 영에 따라 국토해양부장관이 행한 것으로 본다.

제4조 (다른 법령의 개정) ① 모범공무원규정 일부를 다음과 같이 개정한다.

제4조 중 '「정부표창규정」 제12조의 규정에 의한 중앙공적심사위원회의 심사'를 '행정안전부장관과의 협의'로 한다.

② 법무부와 그 소속기관 직제 일부를 다음과 같이 개정한다.

제13조제3항제57호를 삭제한다.

③ 보건복지가족부와 그 소속기관 직제 일부를 다음과 같이 개정한다.

제14조제3항제37호마목을 삭제한다.

④ 행정안전부와 그 소속기관 직제 일부를 다음과 같이 개정한다.

제9조제2항제17호를 삭제한다.

⑤ 행정중심복합도시건설청과 그 소속기관 직제 일부를 다음과 같이 개정한다.

제10조제3항제4호를 삭제한다.

성매매방지및피해자보호법

성매매방지및피해자보호등에관한법률 시행규칙

[일부개정 2008.9.10 여성부령 제2호]

제1조 (목적) 이 규칙은 「성매매방지및피해자보호등에관한법률」 및 동법 시행령에서 위임된 사항과 그 시행에 관하여 필요한 사항을 규정함을 목적으로 한다.
<개정 2006.5.2>

제1조의2 (성매매 실태조사의 방법과 내용)

① 여성부장관은 「성매매방지및피해자보호등에관한법률」(이하 '법'이라 한다) 제3조의2제1항에 따른 성매매 실태조사를 여성부장관이 지정하는 기관 또는 단체에 의뢰하여 실시할 수 있다.

② 제1항에 따른 성매매 실태조사의 내용에는 다음 각 호의 사항이 포함되어야 한다.

1. 성매매업소 집결지역에 대한 조사
2. 성매매 알선 가능 업소에 대한 전국 표본조사
3. 인터넷 등을 이용한 새로운 성매매 실태
4. 성산업의 시장 분포 및 규모
5. 성매매와 관련된 사람들의 실태
6. 성매매에 관한 형사법적 대응 현황
7. 내국인의 해외 성매매 경로 및 실태
8. 그 밖에 성매매와 관련하여 여성부장관이 조사가 필요하다고 인정하는 사항

[본조신설 2008.9.10]

제2조 (지원시설의 지원기간 연장)

① 법 제5조제1항에 따른 성매매피해자 등을 위한 지원시설(이하 '지원시설'이라 한다) 중 법 제5조제1항제1호에 따른 일반지원시설의 장은 법 제5조제2항에 따라 입소자 본인이 지원기간의 연장을 희망하는 경우 해당 지원시설에 종사하는 상담원의 의견을 들어 6월 이내의 범위에서 지원기간을 연장할 수 있다. <개정 2006.5.2, 2008. 9.10>

② 지원시설 중 법 제5조제1항제2호의 규정에 의한 청소년지원시설의 장은 법 제5조제3항의 규정에 의하여 입소자 본인이 지원기간의 연장을 희망하고 법정대리인의 동의가 있는 경우

당해 지원시설에 종사하는 상담원의 의견을 들어 입소자가 19세에 달할 때까지 지원기간을 연장할 수 있다. 다만, 법정대리인의 소재불명 등의 사유로 동의를 받는 것이 불가능한 경우에는 본인의 동의로써 그 법정대리인의 동의에 갈음한다. <개정 2006.5.2>

③ 법 제16조제1항의 규정에 의하여 지원시설의 장은 제1항 및 제2항의 규정에 의하여 입소자의 지원기간을 연장한 경우에 연장사유를 명시하여 지원기간을 연장한 날부터 15일 이내에 시장·군수·구청장(자치구의 구청장을 말한다. 이하 같다)에게 보고하여야 한다.

제3조 (지원시설 및 상담소의 신고절차)

① 지원시설 또는 법 제10조에 따른 성매매피해상담소(이하 '상담소'라 한다)를 설치하고자 하는 자(국가 또는 지방자치단체를 제외한다)는 별지 제1호 서식에 의한 성매매피해자지원시설(상담소)설치신고서(전자문서로 된 신고서를 포함한다)에 다음 각 호의 서류(전자문서를 포함한다. 이하 같다) 전부를 첨부하여 시장·군수·구청장에게 제출하여야 한다. <개정 2006.5.2>

1. 법인의 정관(법인인 경우에 한한다) 1부
2. 운영에 필요한 재산목록(소유 또

는 사용할 수 있는 권리를 증명할 수 있는 서류를 첨부하여야 한다) 1부

3. 삭제 <2006.5.2>

4. 운영계획서 및 예산서 각 1부

5. 지원시설 또는 상담소의 평면도 (시설의 층별 및 구조별 면적을 표시하여야 한다) 1부

6. 지원시설 또는 상담소에 종사할 직원의 명단과 자격증 사본(자격증이 필요한 경우에 한한다) 각 1부

② 제1항에 따른 신고를 받은 담당공무원은 지원시설 또는 상담소의 설치신고를 하는 자가 법인인 경우 법인등기부등본의 내용을 「전자정부법」제21조제1항에 따른 행정정보의 공동이용을 통하여 확인하여야 한다. 다만, 신고인이 확인에 동의하지 아니하는 경우에는 당해 서류를 첨부하도록 하여야 한다. <신설 2006.5.2, 2008.9.10>

③ 시장·군수·구청장이 제1항의 규정에 의한 성매매피해자지원시설(상담소)설치신고서를 수리한 때에는 별지 제2호 서식에 의한 성매매피해자지원시설(상담소)설치신고필증을 신고인에게 교부하여야 한다. <개정 2006.5.2>

④ 제2항의 규정에 의하여 지원시설 또는 상담소의 설치신고를 마친 자가 지원시설 또는 상담소의 장, 명칭, 소재지 또는 입소정원을 변경하고자 하는 경우에는 법 제16조제1항의 규정에 의하여 별지 제3호 서식에 의한 성매매피해자지원시설(상담소)변경통지서(전자문서로 된 통지서를 포함한다)에 다음 각 호의 서류를 첨부하여 시장·군수·구청장에게 보고하여야 한다. <개정 2006.5.2>

1. 입소자 조치계획서(지원시설의 입소정원 변경에 한한다) 1부

2. 운영에 필요한 재산목록(지원시설의 소재지 또는 입소정원의 변경에 한하며, 소유 또는 사용할 수 있는 권리를 증명하는 서류를 첨부하여야 한다) 1부

3. 지원시설 또는 상담소의 설치신고필증

⑤ 시장·군수·구청장은 제2항의 규정에 의하여 지원시설(상담소)설치신고필증을 교부하거나 제3항의 규정에 의하여 지원시설(상담소)변경통지를 받은 경우에는 그 때부터 15일 이내에 특별시장·광역시장·도지사(이하 '시·도지사'라 한다)를 거쳐 여성부장관에게 보고하여야 한다. <개정 2005.6.23, 2006.5.2, 2008.3.4>

제4조 (지원시설 및 상담소의 설치기준) 법 제6조제3항 및 법 제10조제4항의 규정에 의한 지원시설 및 상담소의 설치기준은 별표 1과 같다.

제5조 (지원시설 및 상담소 종사자의 자격기준·수 등) 법 제6조제3항 및 법 제10조제4항의 규정에 의하여 지원시설 및 상담소에 두어야 할 종사자의 자격기준은 별표 2와 같고, 지원시설 및 상담소 종사자 수의 기준은 별표 3과 같다.

제6조 삭제 <2008.9.10>

제7조 (지원시설의 입소·이용절차 등) ① 법 제8조제4항의 규정에 의하여 지원시설에 입소하거나 이용하고자 하는 자는 다음 각 호의 구분에 따른 서류를 지원시설의 장에게 제출하여야 한다. <개정 2006.5.2>

  1. 본인이 희망하는 경우: 별지 제4호 서식의 입소동의서

  2. 상담소의 장으로부터 입소 또는 이용요청을 받은 경우: 상담소의 장이 작성한 별지 제5호 서식의 성매매피해자지원시설입소(이용)요청서 및 별지 제6호 또는 별지 제7호 서식에 의한 상담기록카드

  3. 검사 또는 사법경찰관으로부터 지원시설에의 인계요청을 받은 경우: 검사 또는 사법경찰관이 작성한 지원시설에의 인계요청서

  4. 삭제 <2006.5.2>

② 지원시설의 장은 제1항의 규정에 의한 입소 또는 이용요청을 받은 경우 정원초과 등의 특별한 사유가 없는 한 입소 또는 이용결정을 하여야 한다.

③ 지원시설의 장이 제2항에 따라 입소 또는 이용을 결정한 때에는 별지 제6호 또는 별지 제7호 서식에 의한 상담기록카드 및 별지 제8호 서식에 의한 입소·이용자카드를 작성하여 유지하여야 한다. 다만, 제1항제2호에 따라 상담소의 장으로부터 입소요청을 받은 경우에는 별도로 상담기록카드를 작성하지 아니하여도 된다. <개정 2008.9.10>

④ 법 제8조제3항에 따라 지원시설의 장은 지원시설의 입소자 또는 이용자가 다음 각 호의 어느 하나에 해당하는 경우에는 퇴소조치를 하거나 이용을 중단시켜야 한다. <개정 2006.5.2, 2008.9.10>

  1. 법 제5조에 따른 지원기간이 만료된 경우

  2. 퇴소 또는 이용중단을 희망하는 경우

  3. 「성매매알선등행위의처벌에관한법률」 제4조 각 호의 어느 하나에 해당하는 행위를 한 경우

  4. 지원시설의 내부규정에 의한 퇴소사유에 해당하는 경우

  5. 거짓 그 밖의 부정한 방법으로 입소한 경우

⑤ 법 제16조제1항의 규정에 의하여

지원시설의 장은 입소·이용대상자의 입소·이용 또는 퇴소·이용중단을 결정한 경우에는 15일 이내에 그 사실을 시장·군수·구청장에게 보고하여야 한다.

제8조 (지원시설 및 상담소의 운영방법·운영기준) 법 제9조제4항 및 법 제10조제4항의 규정에 의한 지원시설 및 상담소의 운영기준은 별표 4와 같다.

제9조 (지원시설 종사자 등의 신분증 발급)

① 시장·군수·구청장은 지원시설 및 상담소의 장, 사무국장 및 상담원에게 별지 제9호 서식에 의한 신분증급할 수 있다.

② 시장·군수·구청장은 별지 제10호 서식에 의한 상담원 등 종사자의 신분증 발급 및 관리대장을 작성·유지하여야 한다.

③ 제1항의 규정에 의하여 신분증을 발급받은 자가 퇴직하는 경우에는 발급받았던 신분증을 시장·군수·구청장에게 반납하여야 한다.

제9조의2 (성매매방지중앙지원센터의 업무) 법 제11조의2제2항제9호에서 '그 밖에 여성부령으로 정하는 사항'이란 성매매 방지활동 및 성매매피해자와 성을 파는 행위를 한 자에 대한 지원서비스를 위하여 여성부장관이 필요하다고 인정하는 사항을 말한다.

[본조신설 2008.9.10]

제9조의3 (성매매방지중앙지원센터의 위탁 운영) 국가는 법 제11조의2제3항에 따라 성매매방지중앙지원센터의 운영을 정부출연연구기관, 성매매 방지를 목적으로 하는 사회복지법인 등의 비영리법인 또는 단체에 위탁할 수 있다.

[본조신설 2008.9.10]

제10조 (의료비의 지원범위) 법 제14조제2항에 따라 국가 또는 지방자치단체는 다음 각 호의 치료항목에 대한 의료비용중 「의료급여법」상의 급여가 실시되지 아니하는 의료비용의 전부 또는 일부를 지원할 수 있다 <개정 2006.5.2, 2008.9.10>

1. 성병감염여부의 진찰·검사 및 감염된 성병의 치료비용

2. 성매매 또는 성매매와 관련한 폭력으로 인한 상해의 치료비용

3. 알코올 및 약물중독의 치료·보호비용

4. 성매매로 인한 정신질환 [기분장애, 불안장애(외상 후 스트레스 증후군), 섭식장애, 인격장애, 정신분열증, 해리성장애, 성적장애 등]

의 치료비용

5. 성매매로 인하여 임신한 성매매
피해자와 성을 파는 행위를 한 자
의 검사 및 출산 등 임신과 관련한
비용

6. 성매매와 관련된 것으로 판단되
는 문신제거 및 피부질환 치료비용

7. 그 밖에 성매매피해 질환을 확
인하기 위한 검진에 소요되는 비용
(초음파, 자기공명영상 및 양전자
단층촬영을 포함한다)

제11조 (운영실적 등의 보고)

① 법 제16조제1항의 규정에 의하여
지원시설 또는 상담소의 장은 지원시
설의 반기별 입소·이용현황 및 상담
소의 반기별 운영실적을 그 반기 다음
달 15일까지 시장·군수·구청장에게
보고하여야 한다.

② 제1항의 규정에 의하여 보고를 받
은 시장·군수·구청장은 그 반기 다
음 달 말일까지 보고 받은 내용을
시·도지사를 거쳐 여성부장관에게 보
고하여야 한다. <개정 2005.6.23, 2008.
3.4>

제12조 (지원시설 또는 상담소의 폐지
등 신고)

① 법 제17조에 따라 지원시설 또는
상담소를 폐지 또는 휴지하거나 운영
을 재개하고자 하는 자는 별지 제11호

서식의 성매매피해자 지원시설·상담
소 폐지(휴지·운영 재개) 신고서(전자
문서로 된 신고서를 포함한다)에 다음
각 호의 구분에 따른 서류를 첨부하여
시장·군수·구청장에게 제출하여야
한다. <개정 2008.9.10>

1. 폐지 또는 휴지후의 입소자 조
치계획서(폐지 또는 휴지하는 지원
시설의 경우에 한한다) 1부

2. 폐지 또는 휴지후의 지원시설
또는 상담소의 재산에 관한 사용
또는 처분계획서(폐지 또는 휴지의
경우에 한한다) 1부

3. 지원시설 또는 상담소의 설치신
고필증(폐지의 경우에 한한다)

4. 지원시설 또는 상담소에 종사할
직원의 명단과 자격증 사본(휴지전
과 종사자를 달리하여 운영재개하
는 경우에 한한다)

② 시장·군수·구청장이 제1항에 따른
폐지(휴지·운영 재개)신고서를 수리한
때에는 15일 이내에 시·도지사를 거쳐
여성부장관에게 보고하여야 한다. <개
정 205.6.23, 2008.3.4, 2008.9.10>

제13조 (행정처분의 기준)

① 법 제20조제3항의 규정에 의한 지
원시설 또는 상담소에 대한 행정처분
의 세부기준은 별표 5와 같다.

② 시장·군수·구청장이 제1항의 규
정에 의하여 행정처분을 한 때에는 별

지 제12호 서식에 의한 행정처분기록 대장에 그 처분내용을 기록하여 유지하여야 한다.

제14조 삭제 <2008.9.10>

부칙 <제12호, 2004.11.5>

제1조 (시행일) 이 규칙은 공포한 날부터 시행한다.

제2조 (다른 법령의 폐지) 윤락행위등방지법시행규칙은 이를 폐지한다.

제3조 (지원시설 및 상담소 종사자의 자격에 관한 경과조치) 이 규칙 시행 당시 종전의 윤락행위등방지법시행규칙에 의하여 복지시설 및 여성복지상담소에 두는 종사자의 자격이 인정되어 복지시설 및 여성복지상담소에 종사하고 있던 자는 이 규칙 시행일부터 2년 이내에 여성부장관 또는 여성부장관으로부터 상담원 등 종사자에 대한 교육실시를 위탁받은 자가 개설·운영하는 교육을 이수할 것을 조건으로 하여 이 규칙 제5조 및 별표 2에 의한 지원시설 및 상담소에 두는 종사자의 자격이 있는 것으로 본다. 이 경우 종전의 윤락행위등방지법시행규칙에 의하여 총무의 자격이 인정되던 자는 이 규

칙 제5조 및 별표 2에 의한 사무국장의 자격이 있는 것으로 본다.

제4조 (입소자에 관한 경과조치) 이 규칙 시행 당시 종전의 윤락행위등방지법시행규칙의 규정에 의한 복지시설에 입소하고 있던 자는 최초로 당해 복지시설에 입소한 날에 이 규칙에 의한 지원시설에 입소한 것으로 본다.

제5조 (다른 법령과의 관계) 이 규칙 시행 당시 다른 법령에서 종전의 윤락행위등방지법시행규칙 또는 그 규정을 인용하고 있는 경우 이 규칙 중 그에 해당하는 규정이 있는 때에는 이 규칙 또는 이 규칙의 해당 규정을 인용한 것으로 본다.

부칙 (여성가족부 직제 시행규칙) <제1호, 2005.6.23>

제1조 (시행일) 이 규칙은 공포한 날부터 시행한다.

제2조 생략

제3조 (다른 법령의 개정) ① 내지 ③ 생략
④ 성매매방지및피해자보호등에관한법률 시행규칙 일부를 다음과 같이 개정한다.

제3조제4항, 제11조제2항, 제12조제2항 및 별표 2의 제1호 중 '여성부장관'을 각각 '여성가족부장관'으로 한다.
⑤ 내지 ⑦ 생략

부칙 <제5호, 2006.5.2>

① (시행일) 이 규칙은 공포한 날부터 시행한다.
② (상담원 등 종사자 양성교육과정에 관한 경과조치) 이 규칙 시행 당시 종전의 규정에 의한 상담원 등 종사자 양성교육과정을 이수하였거나 이수 중인 사람은 이 규칙에 의한 상담원 등 종사자 양성교육과정을 이수하였거나 이수 중인 것으로 본다.
③ (서식에 관한 경과조치) 이 규칙 시행 당시 종전의 규정에 의하여 작성되어 사용하던 서식은 계속 사용하되, 이 규칙에 의한 개정내용을 반영하여 사용하여야 한다.

부칙 (여성부 직제 시행규칙) <제1호, 2008.3.4>

제1조 (시행일) 이 규칙은 공포한 날부터 시행한다.

제2조 (다른 법령의 개정) ① 생략
② 성매매방지및피해자보호등에관한법률 시행규칙 일부를 다음과 같이 개정한다.

제3조제5항, 제11조제2항, 제12조제2항 및 별표 2의 제1호 중 '여성가족부장관'을 각각 '여성부장관'으로 한다.
③ 및 ④ 생략

부칙 <제2호, 2008.9.10>

이 규칙은 2008년 9월 14일부터 시행한다. 다만, 제14조, 별표 1 및 별표 5의 개정규정은 공포한 날부터 시행하고, 제1조의2 및 제2조제1항의 개정규정은 2008년 9월 22일부터 시행한다.

한부모가족지원법
[일부개정 2008.2.29 법률 제8852호]

제1장 총칙 〈개정 2007.10.17〉

제1조 (목적) 이 법은 한부모가족이 건강하고 문화적인 생활을 영위할 수 있도록 함으로써 한부모가족의 생활 안정과 복지 증진에 이바지함을 목적으로 한다.
[전문개정 2007.10.17]

제2조 (국가 등의 책임)
① 국가와 지방자치단체는 한부모가족의 복지를 증진할 책임을 진다.
② 모든 국민은 한부모가족의 복지 증진에 협력하여야 한다.
[전문개정 2007.10.17]

제3조 (자립을 위한 노력) 한부모가족의 모(母) 또는 부(父)와 아동은 그가 가지고 있는 자산과 노동능력 등을 최대한으로 활용하여 자립과 생활 향상을 위하여 노력하여야 한다.

[전문개정 2007.10.17]

제4조 (정의) 이 법에서 사용하는 용어의 뜻은 다음과 같다. <개정 2008.2.29>

1. '모' 또는 '부'란 다음 각 목의 어느 하나에 해당하는 자로서 아동인 자녀를 양육하는 자를 말한다.

가. 배우자와 사별 또는 이혼하거나 배우자로부터 유기(遺棄)된 자

나. 정신이나 신체의 장애로 장기간 노동능력을 상실한 배우자를 가진 자

다. 미혼자{사실혼(사실혼) 관계에 있는 자는 제외한다}

라. 가목부터 다목까지에 규정된 자에 준하는 자로서 보건복지가족부령으로 정하는 자

2. '한부모가족'이란 모자가족 또는 부자가족을 말한다.

3. '모자가족'이란 모가 세대주{세대주가 아니더라도 세대원(세대원)을 사실상 부양하는 자를 포함한다}인 가족을 말한다.

4. '부자가족'이란 부가 세대주{세대주가 아니더라도 세대원을 사실상 부양하는 자를 포함한다}인 가족을 말한다.

5. '아동'이란 18세 미만(취학 중인 경우에는 22세 미만을 말한다)의 자를 말한다.

6. '보호기관'이란 이 법에 따른 보호를 행하는 국가나 지방자치단체를 말한다.

7. '한부모가족복지단체'란 한부모가족의 복지 증진을 목적으로 설립된 기관이나 단체를 말한다.

[전문개정 2007.10.17]

제5조 (보호대상자의 범위) 이 법에 따른 보호대상자는 제4조제1호부터 제5호까지의 규정에 해당하는 자로서 보건복지가족부령으로 정하는 자로 한다. <개정 2008.2.29>

[전문개정 2007.10.17]

제5조의2 (보호대상자의 범위에 대한 특례)

① 출산 후 해당 아동을 양육하지 아니하는 미혼모는 제5조에도 불구하고 제19조제1항제9호의 미혼모 공동생활가정을 이용할 때에는 이 법에 따른 보호대상자가 된다.

② 다음 각 호의 어느 하나에 해당하는 아동과 그 아동을 양육하는 조부 또는 조모로서 보건복지가족부령으로 정하는 자는 제5조에도 불구하고 이

법에 따른 보호대상자가 된다. <개정 2008.2.29>

　　1. 부모가 사망하거나 생사가 분명하지 아니한 아동

　　2. 부모가 정신 또는 신체의 장애·질병으로 장기간 노동능력을 상실한 아동

　　3. 부모의 장기복역 등으로 부양을 받을 수 없는 아동

　　4. 제1호부터 제3호까지에 규정된 자에 준하는 자로서 보건복지가족부령으로 정하는 아동

③ 국내에 체류하고 있는 외국인 중 대한민국 국민과 혼인하여 대한민국 국적의 아동을 양육하고 있는 사람으로서 대통령령으로 정하는 사람이 제5조에 해당하면 이 법에 따른 보호대상자가 된다.

[전문개정 2007.10.17]

제5조의3 삭제 <2007.10.17>
제6조 삭제<1998.12.30>

제7조 (한부모가족복지상담소)

① 한부모가족복지에 관한 사항을 상담하거나 지도하기 위하여 특별시장·광역시장·도지사(이하 '시·도지사'라 한다)와 시장·군수·구청장(자치구의 구청장을 말한다. 이하 같다)은 관할 구역에 한부모가족복지상담소를 설치할 수 있다. 이 경우 시장·군수·구청장은

시·도지사의 승인을 받아야 한다.

② 한부모가족복지상담소의 조직과 운영 등에 필요한 사항은 대통령령으로 정한다.

[전문개정 2007.10.17]

제8조 (한부모가족복지상담원)

① 특별시·광역시·도와 시·군·구(자치구를 말한다) 및 제7조에 따른 한부모가족복지상담소에 한부모가족복지상담원을 둔다.

② 한부모가족복지상담원의 자격과 직무에 관하여 필요한 사항은 대통령령으로 정한다.

[전문개정 2007.10.17]

제9조 (한부모가족복지단체의 육성) 국가나 지방자치단체는 한부모가족복지단체를 지원·육성할 수 있다.

[전문개정 2007.10.17]

제2장 복지의 내용과 실시 <개정 2007.10.17>

제10조 (보호대상자의 조사·보고 등)

① 시장·군수·구청장은 매년 1회 이상 관할 구역의 보호대상자를 조사하여야 한다.

② 시장·군수·구청장은 제1항에 따라 보호대상자를 조사한 경우에는 조

사 결과를 시·도지사에게 보고하여야 한다.

③ 시·도지사는 제2항에 따른 보고를 받으면 이를 보건복지가족부장관에게 보고하여야 한다. <개정 2008.2.29>

④ 보호기관은 보호대상자와 피보호자의 실태에 관한 대장(대장)을 작성·비치하여야 한다.

⑤ 제1항부터 제4항까지의 규정에 따른 조사·보고 및 대장에 필요한 사항은 보건복지가족부령으로 정한다. <개정 2008.2.29>

[전문개정 2007.10.17]

제11조 (복지 급여의 신청)

① 보호대상자 또는 그 친족이나 그 밖의 이해관계인은 제12조에 따른 복지 급여를 관할 시장·군수·구청장에게 신청할 수 있다.

② 제1항에 따라 복지 급여를 신청하는 방법·절차 및 이해관계인의 범위 등에 필요한 사항은 보건복지가족부령으로 정한다. <개정 2008.2.29>

[전문개정 2007.10.17]

제12조 (복지 급여의 내용)

① 국가나 지방자치단체는 제11조에 따른 복지 급여의 신청이 있으면 다음 각 호의 복지 급여를 실시할 수 있다. 다만, 이 법에 따른 보호대상자가 「국민기초생활보장법」 등 다른 법령에 따

라 보호를 받고 있는 경우에는 그 범위에서 이 법에 따른 급여를 하지 아니한다.

　1. 생계비

　2. 아동교육지원비

　3. 직업훈련비 및 훈련기간 중 생계비

　4. 아동양육비

　5. 그 밖에 대통령령으로 정하는 비용

② 제1항제4호의 아동양육비를 지급할 때에 미혼모나 미혼부가 5세 이하의 아동을 양육하면 예산의 범위에서 추가적인 복지 급여를 실시할 수 있다. 이 경우 미혼모나 미혼부가 자녀를 양육하지 아니하고 미혼모나 미혼부의 직계존속이 양육하는 경우에도 추가적인 복지 급여를 실시할 수 있다.

③ 제1항에 따른 복지 급여는 보건복지가족부령으로 정하는 기간을 단위로 하여 실시한다. <개정 2008.2.29>

[전문개정 2007.10.17]

제13조 (복지 자금의 대여)

① 국가나 지방자치단체는 한부모가족의 생활안정과 자립을 촉진하기 위하여 다음 각 호의 어느 하나의 자금을 대여할 수 있다.

　1. 사업에 필요한 자금

　2. 아동교육비

　3. 의료비

　4. 주택자금

　5. 그 밖에 대통령령으로 정하는 한

부모가족의 복지를 위하여 필요한 자금

② 제1항에 따른 대여 자금의 한도, 대여 방법 및 절차, 그 밖에 필요한 사항은 대통령령으로 정한다.

[전문개정 2007.10.17]

제14조 (고용의 촉진)

① 국가 또는 지방자치단체는 한부모가족의 모 또는 부와 아동의 직업능력을 개발하기 위하여 능력 및 적성 등을 고려한 직업능력개발훈련을 실시하여야 한다.

② 국가 또는 지방자치단체는 한부모가족의 모 또는 부와 아동의 고용을 촉진하기 위하여 적합한 직업을 알선하고 각종 사업장에 모 또는 부와 아동이 우선 고용되도록 노력하여야 한다.

[전문개정 2007.10.17]

제14조의2 (고용지원 연계)

① 국가 및 지방자치단체는 한부모가족의 모 또는 부와 아동의 취업기회를 확대하기 위하여 한부모가족 관련 시설 및 기관과 「직업안정법」 제4조제1호에 따른 직업안정기관간 효율적인 연계를 도모하여야 한다.

② 노동부장관은 한부모가족의 모 또는 부와 아동을 위한 취업지원사업 등이 효율적으로 추진될 수 있도록 보건복지가족부장관과 긴밀히 협조하여야

한다. <개정 2008.2.29>

[본조신설 2007.10.17]

제15조 (공공시설에 매점 및 시설 설치) 국가나 지방자치단체가 운영하는 공공시설의 장은 그 공공시설에 각종 매점 및 시설의 설치를 허가하는 경우 이를 한부모가족 또는 한부모가족복지단체에 우선적으로 허가할 수 있다.

[전문개정 2007.10.17]

제16조 (시설 우선이용) 국가나 지방자치단체는 한부모가족의 아동이 공공의 아동 편의시설과 그 밖의 공공시설을 우선적으로 이용할 수 있도록 노력하여야 한다.

[전문개정 2007.10.17]

제17조 (가족지원서비스) 국가나 지방자치단체는 한부모가족에게 다음 각 호의 가족지원서비스를 제공하도록 노력하여야 한다.

1. 아동의 양육 및 교육 서비스
2. 장애인, 노인, 만성질환자 등의 부양 서비스
3. 취사, 청소, 세탁 등 가사 서비스
4. 교육·상담 등 가족관계 증진 서비스
5. 그 밖에 대통령령으로 정하는 한부모가족에 대한 가족지원서비스

[전문개정 2007.10.17]

제18조 (국민주택의 분양 및 임대) 국가
나 지방자치단체는 「주택법」에서
정하는 바에 따라 국민주택을 분
양하거나 임대할 때에는 한부모가
족에게 일정 비율이 우선 분양될
수 있도록 노력하여야 한다.
[전문개정 2007.10.17]

제3장 한부모가족복지시설 〈개정 2007.10.17〉

제19조 (한부모가족복지시설)
① 한부모가족복지시설은 다음 각 호
의 시설로 한다.
　1. 모자보호시설: 생활이 어려운 모
자가족을 일시적으로 또는 일정 기
간 보호하여 생계를 지원하고 퇴소
(퇴소) 후 자립 기반을 조성하도록
지원하는 것을 목적으로 하는 시설
　2. 모자자립시설: 자립이 어려운 모
자가족에게 일정 기간 주택 편의만을
제공하는 것을 목적으로 하는 시설
　3. 부자보호시설: 생활이 어려운 부
자가족을 일시적으로 또는 일정 기
간 보호하여 생계를 지원하고 퇴소
후 자립 기반을 조성하도록 지원하
는 것을 목적으로 하는 시설
　4. 부자자립시설: 자립이 어려운 부
자가족에게 일정 기간 주택 편의만
을 제공하는 것을 목적으로 하는
시설
　5. 미혼모자시설: 미혼 여성의 임신·
출산 시 안전 분만 및 심신의 건강
회복과 출산 후 아동의 양육 지원
을 위하여 일정 기간 보호하는 것을
목적으로 하는 시설
　6. 미혼모자 공동생활가정: 출산 후
의 미혼모와 해당 아동으로 구성된
미혼모자가족이 일정 기간 공동으
로 가정을 이루어 아동을 양육하고
보호할 수 있도록 지원하는 것을
목적으로 하는 시설
　7. 모자 공동생활가정: 독립적인 가
정생활이 어려운 모자가족이 일정
기간 공동으로 가정을 이루어 생활
하면서 자립을 준비할 수 있도록
지원하는 것을 목적으로 하는 시설
　8. 부자 공동생활가정: 독립적인 가
정생활이 어려운 부자가족이 일정
기간 공동으로 가정을 이루어 생활
하면서 자립을 준비할 수 있도록
지원하는 것을 목적으로 하는 시설
　9. 미혼모 공동생활가정: 출산 후
해당 아동을 양육하지 아니하는 미
혼모들이 일정 기간 공동으로 가정
을 이루어 생활하면서 자립을 준비
할 수 있도록 지원하는 것을 목적
으로 하는 시설
　10. 일시보호시설: 배우자(사실혼 관
계에 있는 자를 포함한다)가 있으나

배우자의 물리적·정신적 학대로 아동의 건전한 양육이나 모의 건강에 지장을 초래할 우려가 있을 경우 일시적으로 또는 일정기간 그 모와 아동 또는 모를 보호함을 목적으로 하는 시설

11. 여성복지관: 모자가족과 미혼여성에 대한 각종 상담을 실시하고 생활지도, 생업지도, 탁아 및 직업보도(직업보도)를 행하는 등 모자가족과 미혼여성의 복지를 위한 편의를 종합적으로 제공하는 것을 목적으로 하는 시설

12. 한부모가족복지상담소: 한부모가족에 대한 조사, 지도, 시설 입소(입소) 등에 관한 상담 업무를 수행할 것을 목적으로 하는 시설

② 제1항제1호부터 제10호까지의 규정에 따른 한부모가족복지시설에서의 보호 기간과 그 기간의 연장 등에 필요한 사항은 보건복지가족부령으로 정한다. <개정 2008.2.29>

[전문개정 2007.10.17]

제20조 (한부모가족복지시설의 설치)
① 국가나 지방자치단체는 한부모가족복지시설을 설치할 수 있다.
② 국가나 지방자치단체 외의 자가 한부모가족복지시설을 설치·운영하려면 시장·군수·구청장에게 신고하여야 한다.

③ 한부모가족복지시설의 시설 기준과 설치 신고에 필요한 사항은 보건복지가족부령으로 정한다. <개정 2008.2.29>

[전문개정 2007.10.17]

제21조 (폐지 또는 휴지) 제20조제2항에 따라 한부모가족복지시설의 설치 신고를 한 자가 그 시설을 폐지하거나 그 시설의 운영을 일시적으로 중단하려면 보건복지가족부령으로 정하는 바에 따라 미리 시장·군수·구청장에게 신고하여야 한다. <개정 2008.2.29>

[전문개정 2007.10.17]

제22조 (수탁 의무) 한부모가족복지시설을 설치·운영하는 자는 시·도지사 또는 시장·군수·구청장으로부터 한부모가족복지시설에 한부모가족을 입소보호하도록 위탁받으면 정당한 사유 없이 이를 거부하지 못한다.

[전문개정 2007.10.17]

제23조 (감독)
① 보건복지가족부장관, 시·도지사 또는 시장·군수·구청장은 한부모가족복지시설을 설치·운영하는 자에게 그 시설에 관하여 필요한 보고를 하게 하거나, 관계 공무원에게 시설의 운영 상황을 조사하게 하거나 장부 등 그 밖의 서류를 검사하게 할 수 있다. <개

정 2008.2.29>

② 제1항에 따라 그 직무를 수행하는 관계 공무원은 그 권한을 표시하는 증표를 지니고 이를 관계인에게 내보여야 한다.

[전문개정 2007.10.17]

제24조 (시설 폐쇄 등) 시장·군수·구청장은 한부모가족복지시설이 다음 각 호의 어느 하나에 해당하면 그 사업의 정지나 폐지를 명하거나 시설을 폐쇄할 수 있다.

　1. 제20조제3항의 시설 기준에 미달하게 된 경우

　2. 제22조를 위반한 경우

　3. 정당한 이유 없이 제23조제1항에 따른 보고를 하지 아니하거나 거짓으로 한 경우 또는 조사·검사를 거부하거나 기피한 경우

　[전문개정 2007.10.17]

제24조의2 (청문) 시장·군수·구청장은 제24조에 따라 사업의 폐지를 명하거나 시설을 폐쇄하려면 청문을 하여야 한다.

　[전문개정 2007.10.17]

제4장 비용 〈개정 2007.10.17〉

제25조 (비용의 보조) 국가나 지방자치단체는 대통령령으로 정하는 바에 따라 한부모가족복지사업에 드는 비용을 보조할 수 있다.

[전문개정 2007.10.17]

제25조의2 (부정수급자에 대한 비용의 징수)

① 거짓이나 그 밖의 부정한 방법으로 복지 급여를 받거나 타인으로 하여금 복지 급여를 받게 한 경우 복지 급여를 지급한 보호기관은 그 비용의 전부 또는 일부를 그 복지 급여를 받은 자 또는 복지 급여를 받게 한 자(이하 '부정수급자'라 한다)로부터 징수할 수 있다.

② 제1항에 따라 징수할 금액은 부정수급자에게 통지하여 징수하고, 부정수급자가 이에 응하지 아니하는 경우 국세 또는 지방세 체납처분의 예에 따라 징수한다.

[본조신설 2007.10.17]

제26조 (보조금 등의 반환명령)

① 국가나 지방자치단체는 한부모가족복지시설의 장이나 한부모가족복지단체의 장이 다음 각 호의 어느 하나에 해당하면 이미 내준 보조금의 전부 또는 일부의 반환을 명할 수 있다.

　1. 보조금의 교부 조건을 위반한 경우

　2. 거짓이나 그 밖의 부정한 방법으로 보조금을 받은 경우

　3. 한부모가족복지시설을 경영하면

서 개인의 영리를 도모하는 행위를 한 경우

4. 이 법 또는 이 법에 따른 명령을 위반한 경우

② 보호기관은 복지 급여의 변경 또는 복지 급여의 정지·중지에 따라 보호대상자에게 이미 지급한 복지 급여 중 과잉지급분이 발생한 경우에는 즉시 보호대상자에 대하여 그 전부 또는 일부의 반환을 명하여야 한다. 다만, 이를 소비하였거나 그 밖에 보호대상자에게 부득이한 사유가 있는 경우에는 그 반환을 면제할 수 있다.

[전문개정 2007.10.17]

제5장 보칙 〈개정 2007.10.17〉

제27조 (압류 금지) 이 법에 따라 지급된 금품과 이를 받을 권리는 압류하지 못한다.

[전문개정 2007.10.17]

제28조 (심사 청구)

① 보호대상자 또는 그 친족이나 그 밖의 이해관계인은 이 법에 따른 복지 급여 등에 대하여 이의가 있으면 그 결정을 통지받은 날부터 90일 이내에 서면으로 해당 복지실시기관에 심사를 청구할 수 있다.

② 복지실시기관은 제1항의 심사 청구를 받으면 30일 이내에 이를 심사·결정하여 청구인에게 통보하여야 한다.

[전문개정 2007.10.17]

제29조 (벌칙)

① 다음 각 호의 어느 하나에 해당하는 자는 1년 이하의 징역 또는 300만 원 이하의 벌금에 처한다.

1. 제20조제2항에 따른 신고를 하지 아니하고 한부모가족복지시설을 설치한 자

2. 제24조에 따라 시설의 폐쇄, 사업의 정지 또는 폐지의 명령을 받고 사업을 계속한 자

② 거짓이나 그 밖의 부정한 방법으로 복지 급여를 받거나 타인으로 하여금 복지 급여를 받게 한 자는 1년 이하의 징역, 500만 원 이하의 벌금, 구류 또는 과료에 처한다.

③ 제22조를 위반한 자는 100만 원 이하의 벌금에 처한다.

[전문개정 2007.10.17]

제30조 (양벌규정)

① 법인의 대표자, 대리인, 사용인, 그 밖의 종업원이 그 법인의 업무에 관하여 제29조의 위반행위를 하면 그 행위자를 벌할 뿐만 아니라 그 법인에도 해당 조문의 벌금형을 과(科)한다.

② 개인의 대리인, 사용인, 그 밖의 종업원이 그 개인의 업무에 관하여 제29

조의 위반행위를 하면 그 행위자를 벌할 뿐만 아니라 그 개인에게도 해당 조문의 벌금형을 과한다.
[전문개정 2007.10.17]

제31조 (권한의 위임) 보건복지가족부장관이나 시·도지사는 대통령령으로 정하는 바에 따라 이 법에 따른 권한의 일부를 시장·군수·구청장에게 위임할 수 있다. <개정 2008.2.29>
[전문개정 2007.10.17]

부칙 <제4121호, 1989.4.1>

① (시행일) 이 법은 1989년 7월 1일부터 시행한다.
② (모자보호시설 등에 관한 경과조치) 이 법 시행 당시 아동복지법에 의하여 설치된 모자보호시설은 이 법에 의하여 허가를 받아 설치된 모자복지시설로 본다.

부칙 (사회복지사업법) <제5358호, 1997.8.22>

제1조 (시행일) 이 법은 1998년 7월 1일부터 시행한다. <단서 생략>

제2조 내지 제8조 생략
제9조 (다른 법률의 개정 등) ① 및 ②

생략
③ 모자복지법 중 다음과 같이 개정한다.
제20조제2항 중 '시·도지사의 허가를 받아'를 '시·도지사에게 신고하고'로 하고, 동 조 제3항 중 '설치허가에'를 '설치신고에'로 한다.
제24조의 제목 '(허가의 취소 등)'을 '(시설폐쇄 등)'으로 하고, 동 조 본문 중 "제20조제2항의 규정에 의한 허가를 취소할 수 있다."를 "시설을 폐쇄할 수 있다."로 한다.
제29조제1항제1호 중 '허가를 받지'를 '신고를 하지'로 한다.
④ 내지 ⑧ 생략

부칙 (행정절차법의시행에따른공인회계사법등의정비에관한법률) <제5453호, 1997.12.13>

제1조 (시행일) 이 법은 1998년 1월 1일부터 시행한다. <단서 생략>

제2조 (초지법 등의 개정에 따른 경과조치) ① 및 ② 생략
③ 이 법 시행일부터 1998년 6월 30일까지는 모자복지법 제24조의2의 개정규정 중 '시설을 폐쇄'를 '허가를 취소'로 본다.
④ 내지 ⑧ 생략

부칙 (정부부처명칭등의변경에따른건축법

등의정비에관한법률) <제5454호, 1997. 12.13>

이 법은 1998년 1월 1일부터 시행한다. <단서 생략>

부칙 <제5612호, 1998.12.30>

제1조 (시행일) 이 법은 공포 후 3월이 경과한 날부터 시행한다.

제2조 (여성복지관 등의 명칭변경에 따른 경과조치) 이 법 시행 당시 종전의 규정에 의하여 설치된 부녀복지관 및 부녀상담소는 제19조의 개정규정에 의한 여성복지관 및 모자가정상담소로 본다.

제3조 (벌칙에 관한 경과조치) 이 법 시행 전의 행위에 대한 벌칙의 적용에 있어서는 종전의 규정에 의한다.

부칙 (국민기초생활보장법) <제6024호, 1999.9.7>

제1조 (시행일) 이 법은 2000년 10월 1일부터 시행한다. <단서 생략>

제2조 생략

제3조 (다른 법률의 개정) ① 내지 ③ 생략

④ 모자복지법 중 다음과 같이 개정한다.
제12조 중 '생활보호법 등'을 '국민기초생활보장법 등'으로 한다.

⑤ 내지 ⑩ 생략

제4조 내지 제13조 생략

부칙 <제6801호, 2002.12.18>

제1조 (시행일) 이 법은 공포 후 6월이 경과한 날부터 시행한다.

제2조 (보호대상자의 범위 등에 대한 경과조치) 이 법 시행 당시 종전의 규정에 의한 보호대상인 모자가정 및 사회보장기본법에 의한 지원대상인 부자가정은 이 법에 의한 보호대상인 모·부자가정으로 본다.

제3조 (모자복지상담소에 대한 경과조치) 이 법 시행 당시 종전의 규정에 의하여 설치된 모자복지상담소는 제7조의 개정규정에 의하여 설치된 모·부자복지상담소로 본다.

제4조 (모자복지상담원에 대한 경과조치) 이 법 시행 당시 종전의 규정에 의한 모자복지상담원은 제8조의 개정규정에 의한 모·부자복지상담원으로 본다.

제5조 (모자복지시설에 대한 경과조치) 이 법 시행 당시 종전의 규정에 의한 모자복지시설은 제20조의 개정규정에 의하여 설치된 모·부자복

지시설로 본다.

제6조 (행정처분 등에 관한 경과조치) 이 법 시행 전에 종전의 규정에 의한 보호기관의 처분 그 밖의 행위 또는 보호기관에 대하여 행한 신청 등의 행위는 이 법에 의한 보호기관의 처분 그 밖의 행위 또는 보호기관에 대한 신청 등의 행위로 본다.

제7조 (다른 법률의 개정)
① 보호시설에있는미성년자의후견직무에관한법률 중 다음과 같이 개정한다.
제2조제1호 라목을 다음과 같이 한다.
라. 모·부자복지법 제19조제1항제5호의 규정에 의한 미혼모 시설
② 윤락행위등방지법 중 다음과 같이 개정한다.
제14조제3항을 다음과 같이 한다.
③ 모·부자복지법 제7조의 규정에 의하여 설치된 모·부자복지상담소는 상담소의 업무를 수행할 수 있다.
제15조제2항제7호를 다음과 같이 한다.
　7. 모·부자복지법 제8조의 규정에 의한 모·부자복지상담원의 업무
③ 사회복지사업법 중 다음과 같이 개정한다.
제2조제1항제5호를 다음과 같이 한다.
　5. 모·부자복지법
④ 아동복지법 중 다음과 같이 개정한다.
제26조제2항제7호를 다음과 같이 한다.

　7. 모·부자복지법 제8조 및 제19조의 규정에 의한 모·부자복지상담소의 상담원 및 모·부자복지시설의 종사자
⑤ 청소년의성보호에관한법률 중 다음과 같이 개정한다.
제17조제1항 중 '모자복지법 제7조의 규정에 의한 모자복지상담소'를 '모·부자복지법 제7조의 규정에 의한 모·부자복지상담소'로 한다.
⑥ 여성농어업인육성법 중 다음과 같이 개정한다.
제11조제1호를 다음과 같이 한다.
　1. 모·부자복지법 제4조제2호의 규정에 의한 모·부자가정 중 농어업을 경영하는 모자가정에 대한 지원

부칙 (정부조직법) <제7413호, 2005.3.24>

제1조 (시행일) 이 법은 공포한 날부터 시행한다. 다만, 다음 각 호의 사항은 각 호의 구분에 의한 날부터 시행한다.
　1. 제26조……부칙 제2조 내지 제4조의 규정은 이 법 공포 후 3월 이내에 제42조의 개정규정에 의한 여성가족부의 조직에 관한 대통령령이 시행되는 날
　2. 생략

제2조 생략

제3조 (다른 법률의 개정) ① 내지 ④ 생략
⑤ 모·부자복지법 일부를 다음과 같이 개정한다.

제4조제1호 라목 중 '보건복지부령'을 '여성가족부령'으로 한다.
제5조, 제10조제5항, 제11조제2항, 제12조제2항, 제19조제2항, 제20조제3항 및 제21조 중 '보건복지부령'을 각각 '여성가족부령'으로 한다.
제10조제3항, 제23조제1항 및 제31조 중 '보건복지부장관'을 각각 '여성가족부장관'으로 한다.
⑥ 내지 ⑭ 생략

제4조 생략

부칙 <제8119호, 2006.12.28>

① (시행일) 이 법은 공포 후 3개월이 경과한 날부터 시행한다. 다만, 제5조의2의 개정규정은 2007년 1월 1일부터 시행한다.
② (미혼모시설에 관한 경과조치) 이 법 시행 당시 종전의 규정에 따라 설치·운영 중인 미혼모시설은 제19조제1항제5호의 개정규정에 따른 미혼모자시설로 본다. 다만, 이 법 시행일부터 1년 이내에 제20조제3항의 규정에 따른 시설기준을 갖추어야 한다.

③ (미혼모자 공동생활가정의 신고에 관한 경과조치) 이 법 시행 당시 미혼모자 공동생활가정을 설치·운영하고 있는 자는 이 법 시행일부터 3개월 이내에 제20조제3항의 규정에 따른 시설기준을 갖추어 시장·군수·구청장에게 신고하여야 한다.
④ (다른 법률의 개정) 보호시설에있는미성년자의후견직무에관한법률 일부를 다음과 같이 개정한다.
제2조제1호 라목 중 '19조제1항제5호의 규정에 의한 미혼모 시설'을 '제19조제1항제5호·제6호 및 제8호의 규정에 따른 미혼모자시설·미혼모자 공동생활가정 및 미혼모 공동생활가정'으로 한다.

부칙 <제8655호, 2007.10.17>

제1조 (시행일) 이 법은 공포 후 3개월이 경과한 날부터 시행한다. 다만, 부칙 제6조제12항의 개정규정은 2008년 2월 4일부터 시행한다.

제2조 (보호대상자에 대한 경과조치) 이 법 시행 당시 종전의 「모·부자복지법」에 따라 보호대상자가 된 자는 이 법에 따라 보호대상자가 된 자로 본다.

제3조 (모·부자복지상담원에 대한 경과조치) 이 법 시행 당시 종전의 「모·

부자복지법」에 따라 임용된 모·부자복지상담원은 이 법에 따라 임용된 한부모가족복지상담원으로 본다.

제4조 (모·부자복지상담소 및 모·부자복지시설에 관한 경과조치) 이 법 시행 당시 종전의 「모·부자복지법」에 따라 설치된 모·부자복지상담소 및 모·부자복지시설은 각각 이 법에 따라 설치된 한부모가족복지상담소 및 한부모가족복지시설로 본다.

제5조 (모·부자복지단체에 관한 경과조치) 이 법 시행 당시 종전의 「모·부자복지법」에 따른 모·부자복지단체는 이 법에 따른 한부모가족복지단체로 본다.

제6조 (다른 법률의 개정)
① 건강가정기본법 일부를 다음과 같이 개정한다.
제21조제4항 중 '모·부자가정'을 '한부모가족'으로 한다.
② 농어촌주민의 보건복지증진을 위한 특별법 일부를 다음과 같이 개정한다.
제26조의 제목 중 '모·부자가정'을 '한부모가족'으로 하고, 같은 조 중 '모·부자가정'을 '한부모가족'으로, 「모·부자복지법」을 「한부모가족지원법」'으로 한다.
③ 보호시설에있는미성년자의후견직무

에관한법률 일부를 다음과 같이 개정한다.
제2조제1호라목 중 '「모·부자복지법」'을 '「한부모가족지원법」'으로, '제8호'를 '제9호'로 한다.
④ 복권 및 복권기금법 일부를 다음과 같이 개정한다.
제30조제3호 중 '「모·부자복지법」'을 '「한부모가족지원법」'으로, '모·부자가정'을 '한부모가족'으로 한다.
⑤ 사회복지사업법 일부를 다음과 같이 개정한다.
제2조제1호마목을 다음과 같이 한다.
마. 「한부모가족지원법」
⑥ 아동복지법 일부를 다음과 같이 개정한다.
제26조제2항제10호 중 '「모·부자복지법」'을 '「한부모가족지원법」'으로, '모·부자복지상담소'를 '한부모가족복지상담소'로, '모·부자복지시설'을 '한부모가족복지시설'로 한다.
⑦ 여성농어업인 육성법 일부를 다음과 같이 개정한다.
제11조제1호를 다음과 같이 한다.
　1. 「한부모가족지원법」 제4조제3호에 따른 모자가족 중 농어업을 경영하는 모자가족에 대한 지원
⑧ 여성발전기본법 일부를 다음과 같이 개정한다.
제22조제2항 중 '모자가정'을 '모자가족'으로 한다.

제24조제2항 중 '편부모가정'을 '한부모가족'으로 한다.

⑨ 영유아보육법 일부를 다음과 같이 개정한다.

제28조제1항제2호 중 「모·부자복지법」을 「한부모가족지원법」으로 한다.

⑩ 제주특별자치도 설치 및 국제자유도시 조성을 위한 특별법 일부를 다음과 같이 개정한다.

제337조의 제목 중 '모·부자복지'를 '한부모가족복지'로 하고, 같은 조 중 「모·부자복지법」을 「한부모가족지원법」으로 한다.

⑪ 청소년의 성보호에 관한 법률 일부를 다음과 같이 개정한다.

제17조제1항 중 「모·부자복지법」을 「한부모가족지원법」으로, '모·부자복지상담소'를 '한부모가족복지상담소'로 한다.

⑫ 법률 제8634호 청소년의성보호에관한법률 전부개정법률 일부를 다음과 같이 개정한다.

제21조제2항제9호 중 「모·부자복지법」을 「한부모가족지원법」으로, '모·부자복지상담소'를 '한부모가족복지상담소'로, '모·부자복지시설'을 '한가족복지시설'로 한다.

제30조제1항 중 「모·부자복지법」을 「한부모가족지원법」으로, '모·부자복지상담소'를 '한부모가족복지상담

소'로 한다.

⑬ 학교급식법 일부를 다음과 같이 개정한다.

제9조제2항제1호 중 「모·부자복지법」을 「한부모가족지원법」으로 한다.

제7조 (다른 법률과의 관계) 이 법 시행 당시 다른 법률에서 종전의 「모·부자복지법」을 인용하고 있는 경우 이 법 중 그에 해당하는 규정이 있는 때에는 종전의 규정에 갈음하여 이 법의 해당 규정을 인용한 것으로 본다.

부칙 (정부조직법) <제8852호, 2008.2.29>

제1조 (시행일) 이 법은 공포한 날부터 시행한다. 다만, ……<생략>……, 부칙 제6조에 따라 개정되는 법률 중 이 법의 시행 전에 공포되었으나 시행일이 도래하지 아니한 법률을 개정한 부분은 각각 해당 법률의 시행일부터 시행한다.

제2조부터 제5조까지 생략

제6조 (다른 법률의 개정) ①부터 <543>까지 생략

<544> 한부모가족지원법 일부를 다음과 같이 개정한다.

제4조제1호라목, 제5조, 제5조의2 제2항 각 호 외의 부분 및 같은 항 제4호, 제10조제5항, 제11조제2항, 제12조제3항, 제19조제2항, 제20조

제3항, 제21조 중 '여성가족부령'을 각각 '보건복지가족부령'으로 한다. 제10조제3항, 제14조의2제2항, 제23조제1항, 제31조 중 '여성가족부장관'을 각각 '보건복지가족부장관'으로 한다.

<545>부터 <760>까지 생략

제7조 생략

건강가정기본법 시행규칙

[일부개정 2008.3.3 보건복지가족부령 제1호]

제1조 (목적) 이 규칙은 건강가정기본법 및 동법 시행령에서 위임된 사항과 그 시행에 관하여 필요한 사항을 규정함을 목적으로 한다.

제2조 (가족실태조사의 실시 등)
① 건강가정기본법(이하 '법'이라 한다) 제20조의 규정에 의하여 보건복지가족부장관은 2005년을 기준연도로 하여 전국을 대상으로 하는 가족실태조사를 실시하고, 특별시장·광역시장·도지사(이하 '시·도지사'라 한다) 또는 시장·군수·구청장(자치구의 구청장에 한한다. 이하 같다)은 관할 지역을 대상으로 필요한 경우에 가족실태조사를 실시한다. <개정 2005.6.23, 2008.3.3>
② 제1항의 규정에 의한 가족실태조사에는 다음 각 호의 사항이 포함되어야 한다. <개정 2005.6.23, 2008.3.3>
1. 성별·연령·학력·혼인상태·취업상태·건강상태 등 가족구성원의 일반특성에 관한 사항
2. 소득·지출·자산 등 가족의 경제상태에 관한 사항
3. 가정의 형성·유지와 관련한 가족의 가치관에 관한 사항
4. 혼인·출산·자녀양육·가족부양·가족역할 등 가족행태에 관한 사항
5. 부부관계·부모자녀관계 등 가족관계에 관한 사항
6. 의식주·소비·여가·정보이용 등 생활양식에 관한 사항
7. 가족갈등·가족해체 등 가족문제에 관한 사항
8. 건강가정관련 교육·상담·가정봉사원의 이용 등 서비스 욕구에 관한 사항
9. 그 밖에 건강가정에 관한 사항으로서 보건복지가족부장관이 필요하다고 인정하는 사항
③ 보건복지가족부장관은 사회환경의 급격한 변동 등으로 추가적인 조사가 필요한 때에는 제1항의 규정에 의한 가족실태조사 외에 임시조사를 실시하여 이를 보완할 수 있다.
<개정 2005.6.23, 2008.3.3>

제3조 (가정봉사원의 교육 등)

① 법 제30조제2항의 규정에 의하여 가정봉사원은 법 제35조제1항의 규정에 의한 건강가정지원센터에서 가사·육아·산후조리·간병 등에 관한 이론교육과 실습교육을 매년 16시간 이상 받아야 한다. 이 경우 이론교육은 건강가정지원센터에 출석하여 받는 교육과 동일한 내용의 시청각교육으로 갈음할 수 있다.
② 보건복지가족부장관 및 지방자치단체의 장은 제1항의 규정에 의한 가정봉사원의 교육에 소요되는 비용의 전부 또는 일부를 건강가정지원센터에 보조할 수 있다. <개정 2005.6.23, 2008.3.3>

제4조 (건강가정교육계획의 수립 등) 보건복지가족부장관 및 시·도지사는 법 제32조제1항의 규정에 의하여 매년 건강가정교육에 관한 계획을 수립·시행하고, 건강가정에 관한 교재·교구 등을 개발·보급하여야 한다. <개정 2005.6.23, 2008.3.3>

제5조 (건강가정사의 이수교과목) 법 제35조제3항의 규정에 의한 관련 교과목은 별표와 같다.

제6조 (건강가정지원센터의 위탁운영) 국가 및 지방자치단체는 법 제35조제5항의 규정에 의하여 다음 각 호의 어느 하나에 해당하는 민간기관에 건강가정지원센터의 운영을 위탁할 수 있다.
1. 건강가정사업을 수행하기 위하여 설립된 사회복지법인 등 민법 제32조의 규정에 의한 비영리법인
2. 고등교육법 제2조의 규정에 의한 학교

부칙 <제302호, 2004.12.31>

① (시행일) 이 규칙은 2005년 1월 1일부터 시행한다.
② (건강가정사의 교과목 이수에 관한 특례) 이 규칙 시행 당시 대학 또는 이와 동등 이상의 학교에서 사회복지학·가정학·여성학을 전공하고 졸업한 자 및 2005년 상반기 졸업예정인 자는 2006년 12월 31일까지 보건복지부장관이 지정하는 교육훈련기관에서 4주 이상 건강가정에 관한 교육훈련을 이수한 경우에는 제5조 및 별표의 규정에 불구하고 건강가정사의 자격을 취득하기 위한 관련 교과목을 이수한 것으로 본다.

부칙 (여성가족부 직제 시행규칙) <제1호, 2005.6.23>

제1조 (시행일) 이 규칙은 공포한 날부터 시행한다.

제2조 생략

제3조 (다른 법령의 개정) ① 생략

② 건강가정기본법시행규칙 일부를 다음과 같이 개정한다.

제2조제1항·제2항제9호·제3항, 제3조제2항, 제4조 및 별표의 비고란 제2호 중 '보건복지부장관'을 각각 '여성가족부장관'으로 한다.

③ 내지 ⑦ 생략

부칙 <제14호, 2007.9.10>

제1조 (시행일) 이 규칙은 공포한 날부터 시행한다.

제2조 (교과목 이수에 관한 경과조치)

① 이 규칙 시행 당시 대학 또는 이와 동등 이상의 학교에서 종전의 규정에 따라 관련 교과목을 이수하였거나 이수 중인 자는 별표의 개정규정에 불구하고 다음 각 호의 구분에 따라 별표의 개정규정에 따른 관련 교과목을 이수하였거나 이수 중인 것으로 본다.

1. 전공과목 중 (여)성과 가족을 이수하였거나 이수 중인 경우에는 별표의 개정규정에 따른 핵심과목 중 가족과 젠더를 이수하거나 이수 중인 것으로 본다.

2. 전공과목 중 한국가정(족)생활문화를 이수하였거나 이수 중인 경우에는 별표의 개정규정에 따른 핵심과목 중 가족(정)과 문화를 이수하

거나 이수 중인 것으로 본다.

3. 전공과목 중 가족복지실천기술론을 이수하였거나 이수 중인 경우에는 별표의 개정규정에 따른 핵심과목 하나를 이수하였거나 이수 중인 것으로 본다.

4. 기초이론 중 여성학이론을 이수하였거나 이수 중인 경우에는 별표의 개정규정에 따른 기초이론 중 여성주의이론을 이수하였거나 이수 중인 것으로 본다.

5. 기초이론 중 공공가정경영론을 이수하였거나 이수 중인 경우에는 별표의 개정규정에 따른 기초이론 하나를 이수하였거나 이수 중인 것으로 본다.

6. 상담·교육 등 실제 중 여성학방법론을 이수하였거나 이수 중인 경우에는 별표의 개정규정에 따른 상담·교육 등 실제 하나를 이수하였거나 이수 중인 것으로 본다.

② 이 규칙 시행 당시 종전의 규정에 따라 12과목 이상 36학점(대학원의 경우 8과목 이상 24학점)으로 관련 교과목을 이수한 자는 별표의 개정규정에 따라 관련 교과목을 이수한 것으로 본다.

부칙 (보건복지가족부와 그 소속기관 직제 시행규칙) <제1호, 2008.3.3>

제1조 (시행일) 이 규칙은 공포한 날부터 시행한다.

제2조 생략

제3조 (다른 법령의 개정) ① 및 ② 생략
③ 건강가정기본법 시행규칙 일부를
다음과 같이 개정한다.
제2조제1항·제2항제9호 및 제3항, 제
3조제2항, 제4조 중 '여성가족부장관'
을 각각 '보건복지가족부장관'으로 한다.
④ 부터 <94>까지 생략

사회복지사업법 시행규칙

[일부개정 2008.11.5 보건복지가족부령
제73호]

제1조 (목적) 이 규칙은 「사회복지사업
법」 및 동법 시행령에서 위임된
사항과 그 시행에 관하여 필요한
사항을 규정함을 목적으로 한다.
<개정 2007.3.7>

제1조의2 (사회복지위원회의 구성 및 운
영) ① 「사회복지사업법」(이하 '법'
이라 한다) 제7조에 따른 사회복지
위원회는 위원장 1명을 포함한 15
명 이상 30명 이하의 위원으로 구성
한다. <개정 2007.3.7, 2008.11.5>
② 사회복지위원회의 위원장은 위원
중에서 호선한다.
③ 사회복지위원회의 위원의 임기는 2
년으로 한다.
[본조신설 2004.9.6]

제1조의3 (지역사회복지협의체의 구성
및 운영)
① 법 제7조의2제1항에 따른 지역사
회복지협의체는 위원장을 포함한 10명
이상 30명 이하의 위원으로 구성한다.
<개정 2008.11.5>
② 지역사회복지협의체의 위원장은 위
원 중에서 호선하되, 임명직위원과 위
촉직위원 각 1명을 공동위원장으로 선
출할 수 있다. <개정 2008.11.5>
③ 지역사회복지협의체의 위원의 임기
는 2년으로 한다. 다만, 공무원인 위원
의 임기는 그 재직기간으로 한다.
[본조신설 2004.9.6]

제1조의4 (실무협의체의 구성 및 운영)
① 법 제7조의2제3항에 따른 실무협
의체(이하 '실무협의체'라 한다)는 위
원장 1명을 포함한 10명 이상 30명 이
하의 위원으로 구성한다.
<개정 2008.11.5>
② 실무협의체의 위원장은 위원 중에
서 호선하고, 위원은 다음 각 호의 어
느 하나에 해당하는 자 중에서 지역사
회복지협의체의 위원장이 임명 또는
위촉한다. 이 경우 지역사회복지협의
체의 위원장이 2명의 공동위원장인 경
우에는 공동으로 임명 또는 위촉한다.
<개정 2008.11.5>

1. 사회복지 또는 보건의료에 관한

실무지식과 경험이 풍부한 자

2. 법 제7조의2제2항제2호부터 제4호까지의 규정에 의한 기관·단체의 실무자

3. 사회복지업무 또는 보건의료업무를 담당하는 공무원

4. 공익단체(「비영리민간단체지원법」제2조에 따른 비영리민간단체를 말한다. 이하 같다)에서 추천한 자

③ 실무협의체의 위원의 임기는 2년으로 한다. 다만, 공무원인 위원의 임기는 그 재직기간으로 한다.

[본조신설 2004.9.6]

제2조 (복지위원)

① 법 제8조에 따른 복지위원은 다음 각 호의 어느 하나에 해당하는 자 중에서 읍·면·동의 장의 추천으로 시장·군수·구청장(자치구의 구청장에 한한다. 이하 같다)이 위촉한다. <개정 2004.9.6, 2008.11.5>

1. 해당 지역사회의 실정에 밝고 사회복지증진에 열의가 있는 자

2. 사회복지에 관한 학식과 경험이 풍부한 자

② 복지위원의 임기는 3년으로 한다.

③ 복지위원의 정수는 읍·면·동별로 각 2명 이상으로 하되, 지역여건을 감안하여 시·군·구(자치구에 한한다. 이하 같다)의 조례로 정한다. <개정 2008.11.5>

④ 복지위원은 다음 각 호의 직무를 행한다. <개정 2008.11.5>

1. 관할지역 안의 저소득 주민·아동·노인·장애인·모자가족·부자가족·요보호자 등 법 제2조제1호의 사회복지사업에 의한 도움을 필요로 하는 자(이하 이 항에서 '사회복지대상자'라 한다)에 대한 선도 및 상담

2. 사회복지대상자의 권익을 보호하기 위하여 필요한 사항

3. 사회복지관계 행정기관, 사회복지시설 그 밖의 사회복지관계 단체와의 협력

4. 그 밖에 관할지역 주민의 복지증진을 위하여 필요한 사항의 처리

제3조 (사회복지학 전공교과목과 사회복지관련 교과목) 「사회복지사업법 시행령」(이하 '영'이라 한다) 별표 1, 별표 1의2 및 별표 3에서 '보건복지가족부령이 정하는 사회복지학 전공교과목과 사회복지관련 교과목'이라 함은 별표 1과 같다. <개정 2007.3.7, 2008.3.3>

제4조 (사회복지사자격증의 발급신청 등 <개정 2008.11.5>)

① 영 제2조제2항 및 영 제25조제2항에 따라 사회복지사의 자격증(이하 '자격증'이라 한다)을 발급받으려는 자는

별지 제1호 서식의 사회복지사자격증 발급 신청서에 다음 각 호의 서류를 첨부하여 법 제46조에 따른 한국사회복지사협회(이하 '협회'라 한다)에 제출하여야 한다. <개정 2000.1.26, 2002.12.31, 2008.11.5>

1. 삭제 <2002.12.31>
2. 영 별표 1의 사회복지사 자격기준에 해당함을 증명하는 서류 1부(사회복지사 1급 국가시험에 합격한 자를 제외한다)
3. 6개월 이내에 촬영한 탈모정면 상반신 반명함판(3 × 4센티미터) 사진 2매

② 제1항에 따라 자격증을 발급받은 자가 그 자격증을 잃어버리거나 헐어서 못쓰게 되어 재발급를 받고자 하는 때에는 별지 제2호 서식의 사회복지사자격증 재발급 신청서에 다음 각 호의 서류를 첨부하여 협회에 제출하여야 한다. <개정 2000.1.26, 2008.11.5>

1. 사회복지사자격증(헐어서 못쓰게 된 경우에 한한다) 1부
2. 6개월 이내에 촬영한 탈모정면 상반신 반명함판(3 × 4센티미터) 사진 1매

③ 협회는 제1항 및 제2항에 따라 자격증의 발급 또는 재발급신청을 받은 때에는 별지 제3호 서식의 사회복지사자격증발급대장에 이를 기재한 후 별지 제4호 서식의 사회복지사자격증을 발급하여야 한다. <개정 2008.11.5>

④ 법 제11조제4항에 따라 자격증을 발급 또는 재발급 받으려는 자는 수수료로 1만 원을 납부하여야 한다. <개정 2000.1.26, 2008.11.5>

제5조 (응시수수료)
① 법 제12조제3항의 규정에 의한 사회복지사 1급 국가시험의 응시수수료는 4만 2천 원으로 한다. <개정 2002.12.31>
② 제1항의 규정에 의한 수수료를 납부한 때에는 시험에 응시하지 아니한 경우에도 이를 반환하지 아니한다.

제5조 (사회복지사 보수교육 등)
① 보건복지가족부장관은 법 제13조제2항 본문에 따라 사회복지사에 대하여 교육을 명하려면 미리 교육 목적·내용·시간 등을 알려야 한다.
② 법 제13조제2항 단서에 따라 사회복지법인 또는 사회복지시설에 종사하는 사회복지사는 연간 8시간 이상의 보수교육을 받아야 한다. 다만, 다음 각 호의 어느 하나에 해당하는 자에 대하여는 보수교육을 면제한다.

1. 군복무, 질병, 해외체류, 휴직 등 부득이한 사유로 해당 연도에 6개월 이상 사회복지법인 또는 사회복지시설에 종사하지 아니한 자
2. 법 제2조제1호 각 목의 법률에

따른 교육을 받은 자

3. 그 밖에 불가피한 사유로 보수교육을 받기가 곤란하다고 보건복지가족부장관이 인정하는 자

③ 제2항 단서에 따라 보수교육이 면제되는 자는 별지 제5호 서식의 사회복지사 보수교육 면제신청서에 면제대상자임을 증명할 수 있는 서류를 첨부하여 제5항에 따른 협회의 장에게 제출하여야 한다.

④ 제2항에 따른 보수교육에는 사회복지윤리, 사회복지정책 및 사회복지실천기술 등이 포함되어야 한다.

⑤ 법 제13조제4항에 따라 보건복지가족부장관은 제1항 및 제2항에 따른 교육을 협회에 위탁한다.

⑥ 협회는 사회복지법인 또는 사회복지시설을 운영하는 자에게 보수교육 대상자명단 제출을 요청할 수 있다.

[전문개정 2008.11.5]

[시행일: 2009.1.1] 제5조

제5조의2 (보수교육 계획 및 실적보고 등) ① 협회의 장은 매년 1월 31일까지 별지 제5호의2서식에 따른 해당 연도 보수교육 계획서를, 매년 2월 말일까지 별지 제5호의3서식에 따른 전년도 보수교육 실적보고서를 각각 보건복지가족부장관에게 제출하여야 한다.

② 협회의 장은 보수교육을 받은 자에 대하여 별지 제5호의4서식의 사회복지사 보수교육 이수증을 발급하여야 한다.

[본조신설 2008.11.5]

[시행일: 2009.1.1] 제5조의2

제5조의3 (보수교육 관계서류의 보존) 협회의 장은 다음 각 호의 서류를 3년 동안 보존하여야 한다.

1. 보수교육 대상자명단(대상자 교육이수 여부가 명시되어야 한다)

2. 보수교육 면제자 명단

3. 그 밖에 이수자의 보수교육이수를 확인할 수 있는 서류

[본조신설 2008.11.5]

[시행일: 2009.1.1] 제5조의3

제6조 (사회복지전담공무원의 임용·배치현황 보고) 특별시장·광역시장 또는 도지사(이하 '시·도지사'라 한다)는 영 제7조제2항의 규정에 의하여 사회복지전담공무원을 임용·배치하는 경우에는 그 현황을 다음 연도 1월 말까지 별지 제6호 서식에 의하여 보건복지가족부장관에게 보고하여야 한다. <개정 2008.3.3>

제6조의2 (지역사회복지계획의 조정권고) ① 법 제15조의3제4항의 규정에 따라 보건복지가족부장관 또는 시·도지사가 지역사회복지계획의 내용에 대하여 조정을 권고할 수 있는 경우는 다음 각 호의 경우로 한다. <개정 2008.3.3>

1. 지역사회복지계획의 내용이 법

령에 위반된다고 판단되는 경우

2. 지역사회복지계획의 내용이 국가 또는 특별시·광역시·도(이하 '시·도'라 한다)의 사회복지시책에 부합되지 아니한 경우

3. 지역사회복지계획의 내용이 지방자치단체의 행정구역과 주민생활권역 간의 차이를 반영하지 아니한 경우

4. 지역사회복지계획의 내용이 2이상의 지방자치단체에 걸쳐 있음에도 당해 지방자치단체 간 협의를 거치지 아니한 경우

5. 지방자치단체 간 지역사회복지계획의 내용에 현저한 불균형이 있는 경우

② 보건복지가족부장관 또는 시·도지사는 법 제15조의3제4항의 규정에 따른 지역복지계획의 조정권고를 위하여 필요하다고 인정되는 경우에는 당해 지방자치단체의 장에게 관련자료의 제출을 요구할 수 있다. <개정 2008.3.3>
[본조신설 2004.9.6]

제7조 (법인의 설립허가 신청 등)
① 영 제8조제1항에 따른 사회복지법인(이하 '법인'이라 한다) 설립허가신청서는 별지 제7호 서식에 의한다. <개정 2008.11.5>
② 제1항의 신청서에는 다음 각 호의 서류를 첨부하여야 한다. 다만, 「전자

정부법」 제21조제1항에 따른 행정정보의 공동이용을 통하여 첨부서류에 대한 정보를 확인할 수 있는 경우에는 그 확인으로 첨부서류에 갈음할 수 있다. <개정 2005.6.8, 2007.3.7, 2008.11.5>

1. 설립취지서 1부
2. 정관 2부
3. 재산출연증서 1부
4. 삭제 <2008.11.5>
5. 재산의 소유를 증명할 수 있는 서류(부동산의 경우에는 등기부등본을 말한다. 이하 같다) 1부
6. 재산의 평가조서(「부동산가격공시및감정평가에관한법률」에 따른 감정평가업자의 감정평가서 또는 표준지의 공시지가를 기준으로 하여 산정한 개별필지에 대한 개별공시지가확인서를 첨부하여야 한다. 이하 같다) 1부
7. 재산의 수익조서(수익용 기본재산을 갖춘 경우에 한하며, 공인된 감정평가기관의 수익증명 또는 수익을 증명할 수 있는 기관의 증빙서류를 첨부하여야 한다. 이하 같다) 1부
8. 임원의 취임승낙서 및 이력서 각 1부
9. 임원 상호간의 관계에 있어 법 제18조제2항의 규정에 저촉되지 아니함을 입증하는 각서 1부
10. 설립 해당 연도 및 다음 연도의

사업계획서 및 예산서 각 1부

③ 보건복지가족부장관 또는 특별시장·광역시장·도지사(이하 '주무관청'이라 한다)는 제1항에 따른 신청에 대하여 허가를 하는 때에는 별지 제8호서식의 사회복지법인설립허가증을 신청인에게 발급하여야 한다. <개정 2008.3.3, 2008.11.5>

제8조 (정관의 변경) 법 제17조제2항에 따라 법인이 정관을 변경하고자 하는 때에는 별지 제9호 서식의 사회복지법인정관변경인가신청서에 다음 각 호의 서류를 첨부하여 주무관청에 제출하여야 한다. 다만, 「전자정부법」 제21조제1항에 따른 행정정보의 공동이용을 통하여 첨부서류에 대한 정보를 확인할 수 있는 경우에는 그 확인으로 첨부서류에 갈음할 수 있다. <개정 2005.6.8, 2008.11.5>

1. 정관의 변경을 결의한 이사회 회의록사본 1부

2. 정관변경안 1부

3. 사업변경계획서, 예산서 및 재산의 소유를 증명할 수 있는 서류(사업의 변동이 있는 경우에 한한다) 각 1부

4. 재산의 평가조서 및 재산의 수익조서(사업의 변동이 있는 경우에 한한다) 각 1부

제9조 (인가를 요하지 아니하는 정관변경) 법 제17조제2항 단서에서 '보건복지가족부령으로 정하는 경미한 사항'이라 함은 법 제17조제1항제11호의 사항을 말한다. <개정 2008.3.3>

제10조 (임원의 임면보고 <개정 2000.1.26>) 법 제18조제5항의 규정에 의하여 법인이 임원의 임면보고를 하고자 하는 때에는 별지 제10호서식의 법인임원임면보고서에 다음 각 호의 서류를 첨부하여 주무관청에 제출하여야 한다. 이 경우 법인 설립당시 취임하는 임원에 대하여는 법인설립허가신청서에 임원의 선임보고를 한 것으로 본다. <개정 2000.1.26, 2004.9.6, 2007.3.7>

1. 당해임원의 선임 또는 해임을 결의한 이사회 회의록사본 1부

2. 제7조제2항제8호 및 제9호의 서류 각 1부

제11조 (임시이사의 선임청구) 법 제20조제3항의 규정에 의하여 이해관계인이 임시이사의 선임을 청구하고자 하는 때에는 청구사유와 이해관계인임을 증명하는 서류를 주무관청에 제출하여야 한다. <개정 2004.9.6>

제12조 (재산의 구분 및 범위)

① 법 제23조의 규정에 의한 법인의 기본재산은 다음 각 호에 해당하는 재산으로 하고, 그 밖의 재산은 보통재산으로 한다.

　1. 부동산

　2. 정관에서 기본재산으로 정한 재산

　3. 이사회의 결의에 의하여 기본재산으로 편입된 재산

② 제1항의 규정에 의한 기본재산은 다음 각 호와 같이 목적사업용 기본재산과 수익용 기본재산으로 구분한다. 다만, 제13조제2항의 규정에 해당하는 법인에 있어서는 이를 구분하지 아니할 수 있다. <개정 2000.1.26>

　1. 목적사업용 기본재산: 법인이 사회복지시설(이하 '시설'이라 한다) 등을 설치하는 데 직접 사용하는 기본재산

　2. 수익용 기본재산: 법인이 그 수익으로 목적사업의 수행에 필요한 경비를 충당하기 위한 기본재산

제13조 (기본재산의 기준) ① 법 제23조에 따라 시설의 설치·운영을 목적으로 하는 법인은 다음 각 호의 구분에 따라 기본재산을 갖추어야 한다. <개정 2004.9.6, 2008.11.5>

　1. 시설거주자를 보호하기 위한 시설: 다음 각 목의 구분에 따라 상시 10명 이상의 시설거주자를 보호할 수 있는 목적사업용 기본재산을 갖추어야 한다. 다만, 법 제2조제1호 각 목의 법령에서 10명 미만의 소규모시설을 따로 정하고 있는 경우에는 해당 법령에 의한 시설의 설치기준에 해당하는 목적사업용 기본재산을 갖추어야 한다.

　가. 법 제2조제1호 각 목의 법령에 의한 시설 및 법 제34조제4항에 따른 시설: 법 제2조제1호 각 목의 법령에 의한 시설 및 법 제34조제4항에 따른 시설의 설치기준에 해당하는 목적사업용 기본재산

　나. 결핵 및 한센병 요양시설: 입소정원에 13.2제곱미터를 곱한 시설면적 이상에 해당하는 목적사업용 기본재산

　2. 제1호외의 시설: 해당 법인이 설치·운영하고자 하는 시설을 갖출 수 있는 목적사업용 기본재산

② 법 제23조에 따라 시설의 설치·운영을 목적으로 하지 아니하고 사회복지사업을 지원하는 것을 목적으로 하는 법인은 법인의 운영경비의 전액을 충당할 수 있는 기본재산을 갖추어야 한다. <개정 2008.11.5>

[전문개정 2000.1.26]

제14조 (기본재산의 처분)

① 법인은 법 제23조제3항제1호에 따라 기본재산의 매도·증여·교환·임

대 · 담보제공 또는 용도변경(이하 '처분'이라 한다)에 관한 허가를 받고자 하는 경우에는 별지 제11호 서식의 기본재산처분허가신청서에 다음 각 호의 서류를 첨부하여 주무관청에 제출하여야 한다. <개정 2000.1.26, 2004.9.6, 2008.11.5>

　　1. 기본재산의 처분을 결의한 이사회 회의록사본 1부

　　2. 처분하는 기본재산의 명세서 1부

　　3. 처분하는 기본재산의 감정평가서 또는 표준지의 공시지가를 기준으로 하여 산정한 개별필지에 대한 개별공시지가확인서(교환의 경우에는 취득하는 재산의 감정평가서 또는 표준지의 공시지가를 기준으로 하여 산정한 개별필지에 대한 개별공시지가확인서를 포함한다) 1부

② 법 제23조제3항 단서에서 '보건복지가족부령으로 정하는 사항'이란 기본재산에 관한 임대계약을 갱신하는 경우를 말한다. <개정 2008.3.3, 2008.11.5>

제15조 (장기차입금액의 허가) ① 법 제23조제3항제2호에서 '보건복지가족부령이 정하는 금액 이상'이라 함은 장기차입하고자 하는 금액을 포함한 장기차입금의 총액이 기본재산 총액에서 차입 당시의 부채 총액을 공제한 금액의 100분의 5에 상당하는 금액 이상을 말한다.

<개정 2008.3.3>

② 제1항의 규정에 의한 금액을 장기차입하고자 하는 경우에는 별지 제12호 서식의 장기차입허가신청서에 다음 각 호의 서류를 첨부하여 주무관청에 제출하여야 한다. <개정 2000.1.26, 2004.9.6>

　　1. 이사회 회의록사본 1부

　　2. 차입목적 또는 사유서(차입용도를 포함한다) 1부

　　3. 상환계획서 1부

제16조 (재산취득보고) 법인은 법 제24조 후단의 규정에 의하여 매년 1월 말까지 전년도의 재산취득상황을 주무관청에 보고하여야 한다. <개정 2000.1.26, 2004.9.6>

제17조 삭제 <2000.1.26>

제18조 삭제 <2000.1.26>

제19조 (법인의 합병)

① 영 제11조제1항의 규정에 의한 법인합병허가신청서는 별지 제14호 서식에 의한다.

② 제1항의 신청서에는 다음 각 호의 구분에 따른 서류를 첨부하여야 한다.

　　1. 합병 후 존속하는 법인

　　가. 관계법인의 합병결의서 · 정관 · 재산목록 및 대차대조표 각 1부

　　나. 정관변경안 1부

　　다. 사업계획서 · 예산서 및 재산의

소유를 증명할 수 있는 서류 각 1부

라. 재산의 평가조서 및 재산의 수익조서 각 1부

2. 합병에 의하여 새로이 설립되는 법인

가. 합병취지서·재산목록 및 대차대조표 각 1부

나. 합병 당해 연도 및 다음 연도의 사업계획서 및 예산서 각 1부

다. 제7조제2항제2호 내지 제9호의 서류 각 1부

제19조의2 (보호의 신청 및 통지)

① 법 제33조의2의 규정에 의하여 사회복지서비스의 제공(이하 '보호'라 한다)을 신청하고자 하는 자는 별지 제14호의2서식에 의한 사회복지서비스제공신청서에 보건복지가족부장관이 정하는 바에 따라 보호대상자의 부양관계, 소득·재산상태 및 건강상태를 확인할 수 있는 서류를 첨부하여 시장·군수·구청장에게 제출하여야 한다. <개정 2008.3.3>

② 제1항의 규정에 따라 사회복지서비스의 제공을 받고 있는 자가 서비스의 내용을 변경하여 받고자 하는 때에는 별지 제14호의2서식에 의한 사회복지서비스변경신청서에 보건복지가족부장관이 정하는 바에 따라 보호대상자의 부양관계, 소득·재산상태, 건강상태를 확인할 수 있는 서류를 첨부하여 시장·군수·구청장에게 제출하여야 한다.

<개정 2008.3.3>

③ 시장·군수·구청장이 법 제33조의4제3항의 규정에 의하여 보호의 실시여부와 그 유형을 통지함에 있어서는 신청일부터 20일 이내에 하여야 한다. 다만, 조사 등에 시일을 요하는 특별한 사유가 있는 경우에는 그 사유를 명시하여 신청일부터 30일 이내에 통지할 수 있다.

[본조신설 2004.9.6]

제19조의3 (보호계획의 작성 등)

① 시장·군수·구청장은 법 제33조의5제1항의 규정에 의하여 보호대상자별 보호계획을 작성하는 때에는 보호대상자의 경제상황, 가정상황 및 건강상황을 종합적으로 고려하여 사회복지 및 보건의료서비스가 제공될 수 있도록 하여야 한다.

② 제1항의 규정에 의한 보호대상자별 보호계획은 별지 제14호의3서식에 의하여 작성한다.

[본조신설 2004.9.6]

제19조의4 (사회복지서비스 이용권)

① 법 제33조의7제3항에 따라 보건복지가족부장관은 보호대상자의 복지요구, 소득·재산 상태 등을 고려하여 사회복지서비스 이용권(이하 '이용권'이라 한다)의 지급대상에 대한 기준을 정하고, 시장·군수·구청장은 보건복

지가족부장관이 정한 기준에 따라 예산의 범위 내에서 이용권 지급대상자를 결정한다. <개정 2008.3.3>

② 제1항에 따른 이용권으로 이용할 수 있는 사회복지서비스의 유형은 개인과 가정의 돌봄 지원, 활동의 보조, 가사 또는 간병서비스, 신체적·정신적 건강의 향상을 목적으로 하는 사회복지서비스와 그 밖에 보건복지가족부장관이 정하는 사회복지서비스로 한다. <개정 2008.3.3>

③ 보건복지가족부장관, 시·도지사, 시장·군수·구청장은 사회복지서비스를 제공하는 기관 또는 단체 중 보건복지가족부장관이 정하는 기준을 갖춘 자를 이용권을 받고 보호를 실시하는 기관 또는 단체(이하 '보호실시기관'이라 한다)로 선정하고 이를 공고하여야 한다. <개정 2008.3.3>

④ 시장·군수·구청장은 보호대상자 중 보호실시기관을 이용하게 하는 것이 보호에 적합하다고 인정되는 자에게 이용권을 지급하고 이용권의 가격, 사용기한, 이용이 가능한 보호실시기관 등에 관한 정보를 제공하여야 한다.

⑤ 보호실시기관의 운영자는 이용권을 제출한 보호대상자에 대하여 이용권의 범위에서 보호를 실시하고 이에 따른 비용을 시장·군수·구청장에게 청구하여야 한다.

⑥ 시장·군수·구청장은 제5항에 따른 보호실시비용의 지급과 정산 등에 관한 업무를 보건복지가족부장관이 정하는 전문기관이나 단체로 하여금 수행하게 할 수 있다. 이 경우 시장·군수·구청장은 당해 전문기관이나 단체에 미리 보호실시비용을 예탁하여야 한다. <개정 2008.3.3>

[본조신설 2007.3.7]

제20조 (시설의 설치·운영신고 등)

① 법 제34조제2항에 따라 국가 또는 지방자치단체 외의 자가 시설을 설치·운영하고자 하는 때에는 별지 제15호 서식의 사회복지시설설치·운영신고서(전자문서로 된 신고서를 포함한다)에 다음 각 호의 서류(전자문서를 포함한다)를 첨부하여 관할 시장·군수·구청장에게 제출하여야 한다. <개정 2004.9.6, 2005.6.8, 2005.10.17, 2006.7.3, 2008.11.5>

1. 법인의 정관(법인에 한한다) 1부
2. 시설운영에 필요한 재산목록(소유를 증명할 수 있는 서류를 첨부하여야 한다. 다만, 국·공유 토지나 건물에 시설을 설치·운영하고자 하는 경우에는 그 사용권을 증명할 수 있는 서류로 갈음할 수 있다) 1부
3. 삭제 <2006.7.3>
4. 사업계획서 및 예산서 각 1부
5. 시설의 평면도(시설의 층별 및 구조별 면적을 표시하여야 한다)와

건물의 배치도 각 1부

6. 삭제 <2002.12.31>

② 제1항에 따라 신고서를 제출받은 담당 공무원은 「전자정부법」 제21조 제1항에 따른 행정정보의 공동이용을 통하여 법인등기부등본(법인인 경우에 한한다)을 확인하여야 한다. 다만, 신고인이 이에 동의하지 아니하는 경우에는 그 서류를 첨부하도록 하여야 한다. <신설 2006.7.3, 2008.11.5>

③ 시장·군수·구청장은 제1항에 따라 신고를 받은 경우에는 별지 제18호 서식의 사회복지시설신고증을 발급하여야 한다. <개정 2000.1.26, 2008.11.5>

④ 시장·군수·구청장은 별지 제19호 서식의 사회복지시설신고관리대장을 작성·관리하여야 한다.

제21조 (사회복지관의 설치기준)

① 법 제34조제2항의 규정에 의하여 사회복지관을 설치할 때에는 시설입구 등 일반이 보기 쉬운 곳에 사회복지관의 명칭을 부착하여야 한다.

② 사회복지관에는 강당 또는 회의실과 방음설비를 갖춘 상담실을 갖추어야 하며, 제22조제1항의 규정에 의한 업무수행에 필요한 공간을 확보하여야 한다.

[본조신설 2004.9.6]

제22조 (사회복지관의 운영기준)

① 사회복지관에는 사무분야, 가족복지분야, 지역사회보호분야, 지역사회조직분야, 교육 및 문화분야, 자활분야 등으로 업무분야를 나누어 이를 수행할 수 있는 직원을 각각 두거나 겸임할 수 있도록 하되, 직원의 수는 사회복지관의 규모 및 수행하는 사업을 고려하여 정하여야 한다.

② 사회복지관의 관장과 각 분야별 책임자는 다음 각 호의 자격을 갖춘 자로 하여야 한다. <개정 2008.11.5>

1. 관장: 2급 이상의 사회복지사자격증 소지자 또는 이와 동등한 자격이 있다고 법 제36조에 따른 운영위원회(이하 '운영위원회'라 한다)에서 인정한 자

2. 사무분야의 책임자: 3급 이상의 사회복지사자격증 소지자 또는 이와 동등한 자격이 있다고 운영위원회에서 인정한 자

3. 그 밖의 업무분야의 책임자: 해당 분야의 자격증 소지자

③ 사회복지관의 관장은 별표 2에 해당하는 사업 중 지역사회의 특성과 지역주민의 복지욕구를 고려한 사업을 선택하여 복지사업을 수행하여야 한다.

④ 사회복지관의 관장은 지역주민의 복지욕구에 대한 조사, 관계행정기관 및 단체의 의견을 수렴하여 매 연도의 사회복지관 복지사업계획을 수립하여

야 한다.

⑤ 사회복지관은 복지사업을 함에 있어서 지역주민을 그 대상으로 실시하되, 다음 각 호에 해당하는 주민이 우선적인 사업대상이 되도록 하여야 한다. <개정 2007.3.7, 2008.1.15, 2008.11.5>

 1. 「국민기초생활보장법」에 따른 수급자 등 저소득 주민

 2. 장애인, 노인, 한부모가족 등 취약계층 주민

 3. 직업·부업훈련 및 취업알선이 필요한 주민

 4. 유아, 아동 또는 청소년의 보호 및 교육이 필요한 주민

⑥ 사회복지관의 재무·회계는 「사회복지법인 재무·회계 규칙」을 준용한다. <개정 2008.11.5>

⑦ 사회복지관의 관장은 보건복지가족부장관이 정하는 바에 따라 사회복지관현황보고서를 매년 1월 말까지 시장·군수·구청장 및 시·도지사를 거쳐 보건복지가족부장관에게 제출하여야 한다. <개정 2008.3.3, 2008.11.5>

[본조신설 2004.9.6]

제22조의2 (시설의 위탁기준 및 방법)

① 법 제34조제5항에 따라 국가 또는 지방자치단체가 설치한 시설을 위탁하여 운영하고자 하는 경우에는 공개모집에 의하여 수탁자를 선정하되, 수탁자의 재정적 능력, 공신력, 사업수행능력, 지역 간 균형분포 및 제27조에 따른 평가결과(평가를 한 경우에 한한다) 등을 종합적으로 고려하여 선정하여야 한다. <개정 2008.11.5>

② 제1항에 따른 시설의 수탁자 선정을 위하여 당해 시설을 설치한 국가 또는 지방자치단체(이하 '위탁기관'이라 한다)에 수탁자선정심의위원회(이하 '선정위원회'라 한다)를 둔다. <개정 2008.11.5>

③ 국가 또는 지방자치단체는 제1항에 따라 수탁자를 선정하고자 하는 경우에는 제2항에 따른 선정위원회의 심의를 거쳐야 한다. <개정 2008.11.5>

④ 선정위원회는 위원장 1명을 포함한 9명 이내의 위원으로 구성하고, 위원은 다음 각 호의 어느 하나에 해당하는 자 중에서 위탁기관의 장이 임명 또는 위촉하며, 위원장은 위원 중에서 위탁기관의 장이 지명한다. <개정 2007.3.7, 2008.11.5>

 1. 사회복지업무를 담당하는 공무원

 2. 사회복지에 관한 학식과 경험이 풍부한 자

 3. 공익단체에서 추천한 자

 4. 그 밖에 법률전문가 등 선정위원회 참여가 필요하다고 위탁기관의 장이 인정하는 자

⑤ 선정위원회는 재적위원 과반수의 출석으로 개의하고 출석위원 과반수의

찬성으로 의결한다.

⑥ 이 규칙에 정한 것 외에 선정위원회의 운영에 관하여 필요한 사항은 위탁기관의 장이 정한다.

[본조신설 2004.9.6]

제23조 (시설의 위탁)

① 법 제34조제5항의 규정에 의하여 위탁기관이 시설을 위탁하여 운영하고자 하는 때에는 다음 각 호의 내용이 포함된 계약을 체결하여야 한다. <개정 2004.9.6>

　　1. 수탁자의 성명 및 주소
　　2. 위탁계약기간
　　3. 위탁대상시설 및 업무내용
　　4. 수탁자의 의무 및 준수 사항
　　5. 시설의 안전관리에 관한 사항
　　5의2. 시설종사자의 고용승계에 관한 사항
　　6. 계약의 해지에 관한 사항
　　7. 기타 시설의 운영에 필요하다고 인정되는 사항

② 제1항제2호의 규정에 의한 위탁계약기간은 5년 이내로 한다. 다만, 위탁자가 필요하다고 인정하는 때에는 제22조의2제2항의 규정에 의한 선정위원회의 심의를 거쳐 그 계약기간을 갱신할 수 있다. <개정 2004.9.6>

제24조 (운영위원회의 조직 및 운영)

① 법 제36조제2항의 규정에 의한 운영위원회의 위원은 위원장 및 시설의 장을 포함하여 5인 이상 10인 이하의 위원으로 구성한다. <개정 2004.9.6>

② 운영위원회의 위원은 다음 각 호의 1에 해당하는 자 중에서 시설의 장의 추천을 받아 관할 시장·군수·구청장이 임명 또는 위촉한다. 다만, 제4호에 해당하는 자의 경우에는 시설의 장의 추천을 받지 아니한다. <개정 2000.1.26, 2004.9.6>

　　1. 시설거주자 또는 시설거주자의 보호자 대표
　　2. 지역주민
　　3. 후원자 대표
　　4. 관계공무원
　　5. 기타 시설운영에 관하여 전문적인 지식과 경험이 풍부한 자

③ 운영위원회의 위원장은 위원 중에서 호선한다. <개정 2004.9.6>

④ 위원의 임기는 3년으로 한다.

⑤ 이 규칙에서 정한 사항 외에 운영위원회의 운영에 관하여 필요한 사항은 보건복지가족부장관이 정한다. <개정 2004.9.6, 2008.3.3>

제25조 (시설의 서류비치) 법 제37조의 규정에 의하여 시설에 비치하여야 할 서류는 다음 각 호와 같다. <개정 2000.1.26>

　　1. 법인의 정관(법인에 한한다)
　　2. 법인설립허가증사본(법인에 한한다)

3. 사회복지시설신고증

4. 시설거주자 및 퇴소자의 명부

5. 시설거주자 및 퇴소자의 상담기록부

6. 시설의 운영계획서 및 예산·결산서

7. 후원금품대장

8. 시설의 건축물관리대장

9. 시설의 장과 종사자의 명부

제26조 (시설의 휴지·재개·폐지신고 등)
① 법 제38조제2항의 규정에 의하여 시설의 운영을 휴지 또는 재개하거나 시설을 폐지하고자 하는 때에는 별지 제20호 서식에 의한 신고서에 다음 각 호의 서류를 첨부하여 휴지·재개·폐지 3월 전까지 관할 시장·군수·구청장에게 제출하여야 한다.

1. 시설의 휴지·재개·폐지사유서(법인의 경우에는 휴지·재개·폐지를 결의한 이사회의 회의록 사본) 1부

2. 시설거주자에 대한 조치계획서(시설 재개의 경우를 제외한다) 1부

3. 시설의 재산에 관한 사용 또는 처분계획서(시설 재개의 경우를 제외한다) 1부

4. 사회복지시설신고증(시설 폐지의 경우에 한한다) 1부

② 법 제38조제3항의 규정에 의하여 시장·군수·구청장은 제1항의 규정

에 의한 휴지 또는 폐지신고를 받은 경우에는 시설거주자의 권익을 보호하기 위하여 다음 각 호의 1에 해당하는 조치를 하여야 한다.

1. 제1항제2호의 조치계획의 이행여부 확인

2. 시설거주자가 사용료 등을 부담한 경우 그 반환여부의 확인

3. 보조금·후원금품 등의 사용실태의 확인

4. 기타 시설거주자의 권익보호를 위하여 필요하다고 인정되는 사항
[전문개정 2000.1.26]

제26조의2 (행정처분의 기준) 법 제40조제3항의 규정에 의한 행정처분의 세부적인 기준은 별표 3과 같다.
[본조신설 2004.9.6]

제26조의3 (지원금의 지급기준 등)
① 법 제42조의3에 따른 지원금의 지급기준은 다음 각 호의 어느 하나에 해당하는지 여부로 한다.

1. 지방자치단체에서 수행하는 복지사업의 평가결과 평가점수가 높거나 현저히 향상된 경우

2. 지방자치단체가 실시한 사회복지사업이 복지행정 발전 및 주민의 복지증진에 기여한 경우

3. 그 밖에 보건복지가족부장관이 정하는 기준에 해당하는 경우

② 보건복지가족부장관은 매년 제1항의 지급기준에 해당하는 시·도지사 또는 시장·군수·구청장에게 지원금을 지급한다.

③ 제2항에 따라 지급하는 지원금은 예산의 범위에서 보건복지가족부장관이 정한다.

④ 제1항 각 호에 해당하는지 여부에 대한 세부적인 판정기준은 보건복지가족부장관이 정한다.

[본조신설 2008.11.5]

제27조 (시설의 평가) ① 보건복지가족부장관 및 시·도지사는 법 제43조의 규정에 의하여 3년마다 1회 이상 시설에 대한 평가를 실시하여야 한다. <개정 2000.1.26, 2008.3.3>

② 제1항의 규정에 의한 시설의 평가기준은 다음 각 호와 같다. <개정 2000.1.26>

1. 입소정원의 적정성

2. 종사자의 전문성

3. 시설의 환경

4. 시설거주자에 대한 서비스의 만족도

5. 기타 시설의 운영개선에 필요한 사항

③ 제1항의 규정에 의한 평가의 방법 기타 평가에 관하여 필요한 사항은 보건복지가족부장관이 정한다. <개정 2008.3.3>

제28조 (비용징수의 통지) 영 제21조의 규정에 의한 비용징수의 통지는 별지 제21호 서식에 의한다.

[전문개정 2000.1.26]

제29조 (지도·감독공무원의 증표) 법 제51조제2항의 규정에 의한 지도·감독공무원의 권한을 표시하는 증표는 별지 제22호 서식에 의한다.

제30조 삭제 <2000.1.26>

제31조 (부대시설의 지원)

① 시·도지사 또는 시장·군수·구청장은 시설을 설치·운영하는 자가 시설거주자의 원활한 보호를 위하여 종사자(시설의 장을 포함한다. 이하 같다)의 숙소를 시설에 부대하여 설치하고자 하는 때에는 예산의 범위 안에서 그 종사자의 숙소를 설치하는 데 필요한 비용을 보조할 수 있다. 이 경우 가족과 같이 거주하는 종사자의 숙소는 「주택법」에 의한 국민주택의 규모 이하로 하고, 가족과 같이 거주하지 아니하는 종사자의 숙소는 1인당 20제곱미터 이내로 한다. <개정 2000.1.26, 2003.12.15, 2007.3.7>

② 삭제 <2000.1.26>

제32조 삭제 <2008.11.5>

부칙 <제71호, 1998.8.11>

① (시행일) 이 규칙은 공포한 날부터 시행한다. 다만, 제5조의 개정규정은 2003년 1월 1일부터 시행한다.

② (법인의 기본재산 등에 관한 경과조치) 이 규칙 시행 당시 종전의 규정에 의하여 허가를 받은 법인의 기본재산 또는 시설의 종류별 규모에 관하여는 제13조 또는 별표 2의 개정규정에 불구하고 종전의 규정에 의한다.

③ (법인설립허가신청 등에 관한 경과조치) 이 규칙 시행 당시 접수된 법인설립허가신청 또는 시설설치허가신청에 대하여는 제13조 또는 별표 2의 개정규정에 불구하고 종전의 규정에 의한다.

④ (사회복지학 전공교과목과 사회복지관련 교과목에 관한 경과조치) 이 규칙 시행 당시 고등교육법에 의한 대학원, 대학 또는 이와 동등 이상의 학력이 있다고 교육부장관이 인정하는 학교와 전문대학에 재학 중인 자는 별표 1의 개정규정에 불구하고 종전의 규정에 의하여 필수과목 중 사회보장론을 이수한 경우에는 별표 1의 개정규정에 의한 사회복지정책론을 이수한 것으로 보고, 종전의 규정에 의하여 필수과목 중 개별지도 또는 집단지도를 이수한 경우에는 별표 1의 개정규정에 의한 사회복지실천론 또는 사회복지실천기술론을 이수한 것으로 보며, 종전의 규정에 의하여 선택과목 중 사회사업통합방법론·사회심리학 또는 사회변동론을 이수한 경우에는 이수한 과목의 수만큼 별표 1의 개정규정에 의한 선택과목의 수를 이수한 것으로 본다.

⑤ (시설설치·운영허가신청에 관한 경과조치) 이 규칙 시행 당시 종전의 규정에 의하여 시설의 설치·운영을 위한 허가신청서를 제출한 경우에는 이 규칙에 의하여 시설의 설치·운영 신고서를 제출한 것으로 본다.

부칙 <제142호, 2000.1.26>

이 규칙은 공포한 날부터 시행한다.

부칙 <제233호, 2002.12.31>

이 규칙은 공포한 날부터 시행한다.

부칙 (주택법시행규칙) <제382호, 2003. 12.15>

제1조 (시행일) 이 규칙은 공포한 날부터 시행한다.

제2조 내지 제7조 생략

제8조 (다른 법령의 개정) ① 내지 ⑨ 생략

⑩ 사회복지사업법시행규칙 중 다음과 같이 개정한다.

제31조제1항 후단 중 '주택건설촉진

법'을 '주택법'으로 한다.
⑪ 내지 <19> 생략

부칙 <제297호, 2004.9.6>

① (시행일) 이 규칙은 공포한 날부터 시행한다. 다만, 제1조의2 내지 제1조의4, 제6조의2, 제19조의3의 개정규정은 2005년 7월 31일부터 시행한다.
② (시설의 위탁에 관한 적용례) 제22조의2 및 제23조제1항제5호의2의 개정규정은 이 규칙 시행 후의 위탁분부터 적용한다.
③ (사회복지관의 직원의 자격기준에 관한 경과조치) 이 규칙 시행 전에 설치된 사회복지관에 근무하고 있는 종사자는 제22조제2항의 개정규정에 불구하고 당해 사회복지관에 한하여 계속 근무할 수 있다.
④ (사회복지관 복지사업계획수립에 대한 경과조치) 이 규칙 시행 전에 수립된 사회복지관 복지사업계획은 제22조제4항의 개정규정에 의하여 수립된 것으로 본다.

부칙 (전자적 민원처리를 위한 「공중위생관리법 시행규칙」 등 일부개정령) <제317호, 2005.6.8>
① (시행일) 이 규칙은 공포한 날부터 시행한다.
② (서식에 관한 경과조치) 이 규칙 시

행 당시 종전의 규정에 의하여 작성되어 사용 중인 서식은 계속하여 사용하되, 이 규칙에 의한 개정내용을 반영하여 사용하여야 한다.

부칙 (전자적 민원처리를 위한 간호조무사 및 의료유사업자에 관한 규칙 등 일부개정령) <제333호, 2005.10.17>

이 규칙은 공포한 날부터 시행한다.

부칙 (행정정보의공동이용및문서감축을 위한건강기능식품에관한법률 시행규칙 등 일부개정령) <제363호, 2006.7.3>

이 규칙은 공포한 날부터 시행한다.

부칙 <제388호, 2007.3.7>

① (시행일) 이 규칙은 공포한 날부터 시행한다.
② (사회복지법인 임원임면 보고서에 관한 적용례) 제10조의 개정규정은 이 규칙 시행 이후 임면보고서를 제출하는 자부터 적용한다.

부칙 (한부모가족지원법 시행규칙) <제17호, 2008.1.15>

제1조 (시행일) 이 규칙은 2008년 1월

18일부터 시행한다.

제2조 (다른 법령의 개정) ① 및 ② 생략
③ 사회복지사업법 시행규칙 일부를 다음과 같이 개정한다.
제22조제5항제2호 중 '모·부자가정'을 '한부모가족'으로 한다.
④ 및 ⑤까지 생략

제3조 생략

부칙 (보건복지가족부와 그 소속기관 직제 시행규칙) <제1호, 2008.3.3>

제1조 (시행일) 이 규칙은 공포한 날부터 시행한다.

제2조 생략

제3조 (다른 법령의 개정) ①부터 <41>까지 생략
<42> 사회복지사업법 시행규칙 일부를 다음과 같이 개정한다.
제3조, 제9조, 제14조제2항, 제15조제1항 중 '보건복지부령'을 각각 '보건복지가족부령'으로 한다.
제6조, 제6조의2제1항 각 호 외의 부분 및 제2항, 제7조제3항, 제19조의2제1항 및 제2항, 제19조의4제1항부터 제3항까지 및 제6항 전단, 제22조제7항, 제24조제5항, 제27조제1항 및 제3항, 별표 1의 비고란, 별지 제4호 서식, 별지 제7

호 서식 앞쪽, 별지 제8호 서식 앞쪽, 별지 제9호 서식 앞쪽, 별지 제14호 서식 앞쪽, 별지 제22호 서식 중 '보건복지부장관'을 각각 '보건복지가족부장관'으로 한다.
별지 제9호 서식 뒤쪽, 별지 제14호 서식 앞쪽 처리기간란 중 '보건복지부'를 각각 '보건복지가족부'로 한다.
<43>부터 <94>까지 생략

부칙 <제73호, 2008.11.5>

제1조 (시행일) 이 규칙은 공포한 날부터 시행한다. 다만, 제5조, 제5조의2부터 제5조의4까지, 별지 제5호 서식, 별지 제5호의2서식부터 별지 제5호의4서식까지의 개정규정은 2009년 1월 1일부터 시행하고, 별표 1의 개정규정은 2010년 1월 1일부터 시행한다.

제2조 (사회복지학 전공교과목과 사회복지관련 교과목에 관한 경과조치) 이 규칙 시행 당시 사회복지학 전공교과목과 사회복지관련 교과목을 이수하였거나 이수하고 있는 자에 대하여는 별표 1의 개정규정에도 불구하고 종전의 규정에 따른다.

제3조 (서식에 관한 경과조치) 이 규칙 시행 당시 종전의 규정에 따라 작성되어 사용 중인 서식은 계속하

여 사용하되, 이 규칙에 따른 개정
내용을 반영하여 사용하여야 한다.

건강가정기본법 시행규칙

[일부개정 2008.3.3 보건복지가족부령
  제1호]

제1조 (목적) 이 규칙은 건강가정기본법
    및 동법 시행령에서 위임된 사항
    과 그 시행에 관하여 필요한 사항
    을 규정함을 목적으로 한다.

제2조 (가족실태조사의 실시 등)
① 건강가정기본법(이하 '법'이라 한
다) 제20조의 규정에 의하여 보건복지
가족부장관은 2005년을 기준연도로 하
여 전국을 대상으로 하는 가족실태조사
를 실시하고, 특별시장·광역시장·도
지사(이하 '시·도지사'라 한다) 또는
시장·군수·구청장(자치구의 구청장에
한한다. 이하 같다)은 관할 지역을 대상
으로 필요한 경우에 가족실태조사를 실
시한다. <개정 2005.6.23, 2008.3.3>
② 제1항의 규정에 의한 가족실태조사
에는 다음 각 호의 사항이 포함되어야
한다. <개정 2005.6.23, 2008.3.3>
  1. 성별·연령·학력·혼인상태·취
    업상태·건강상태 등 가족구성원
    의 일반특성에 관한 사항
  2. 소득·지출·자산 등 가족의 경

제상태에 관한 사항
  3. 가정의 형성·유지와 관련한 가
    족의 가치관에 관한 사항
  4. 혼인·출산·자녀양육·가족부양·
    가족역할 등 가족행태에 관한 사항
  5. 부부관계·부모자녀관계 등 가
    족관계에 관한 사항
  6. 의식주·소비·여가·정보이용
    등 생활양식에 관한 사항
  7. 가족갈등·가족해체 등 가족문
    제에 관한 사항
  8. 건강가정관련 교육·상담·가정
    봉사원의 이용 등 서비스 욕구에
    관한 사항
  9. 그 밖에 건강가정에 관한 사항
    으로서 보건복지가족부장관이 필
    요하다고 인정하는 사항
③ 보건복지가족부장관은 사회환경의
급격한 변동 등으로 추가적인 조사가
필요한 때에는 제1항의 규정에 의한 가
족실태조사 외에 임시조사를 실시하여
이를 보완할 수 있다. <개정 2005.6.23,
2008.3.3>

제3조 (가정봉사원의 교육 등)
① 법 제30조제2항의 규정에 의하여
가정봉사원은 법 제35조제1항의 규정
에 의한 건강가정지원센터에서 가사·
육아·산후조리·간병 등에 관한 이
론교육과 실습교육을 매년 16시간 이
상 받아야 한다. 이 경우 이론교육은

건강가정지원센터에 출석하여 받는 교육과 동일한 내용의 시청각교육으로 갈음할수 있다.

② 보건복지가족부장관 및 지방자치단체의 장은 제1항의 규정에 의한 가정봉사원의 교육에 소요되는 비용의 전부 또는 일부를 건강가정지원센터에 보조할 수 있다. <개정 2005.6.23, 2008.3.3>

제4조 (건강가정교육계획의 수립 등) 보건복지가족부장관 및 시·도지사는 법 제32조제1항의 규정에 의하여 매년 건강가정교육에 관한 계획을 수립·시행하고, 건강가정에 관한 교재·교구 등을 개발·보급하여야 한다. <개정 2005.6.23, 2008.3.3>

제5조 (건강가정사의 이수교과목) 법 제35조제3항의 규정에 의한 관련 교과목은 별표와 같다.

제6조 (건강가정지원센터의 위탁운영) 국가 및 지방자치단체는 법 제35조제5항의 규정에 의하여 다음 각호의 어느 하나에 해당하는 민간기관에 건강가정지원센터의 운영을 위탁할 수 있다.
  1. 건강가정사업을 수행하기 위하여 설립된 사회복지법인 등 민법 제32조의 규정에 의한 비영리법인
  2. 고등교육법 제2조의 규정에 의한 학교

부칙 <제302호, 2004.12.31>

① (시행일) 이 규칙은 2005년 1월 1일부터 시행한다.

② (건강가정사의 교과목 이수에 관한 특례) 이 규칙 시행 당시 대학 또는 이와 동등 이상의 학교에서 사회복지학·가정학·여성학을 전공하고 졸업한 자 및 2005년 상반기 졸업예정인 자는 2006년 12월 31일까지 보건복지부장관이 지정하는 교육훈련기관에서 4주 이상 건강가정에 관한 교육훈련을 이수한 경우에는 제5조 및 별표의 규정에 불구하고 건강가정사의 자격을 취득하기 위한 관련 교과목을 이수한 것으로 본다.

부칙 (여성가족부 직제 시행규칙) <제1호, 2005.6.23>

제1조 (시행일) 이 규칙은 공포한 날부터 시행한다.

제2조 생략

제3조 (다른 법령의 개정) ① 생략
② 건강가정기본법시행규칙 일부를 다음과 같이 개정한다.
제2조제1항·제2항제9호·제3항, 제3조제2항, 제4조 및 별표의 비고란 제2호 중 '보건복지부장관'을 각각 '여성가족부장관'으로 한다.

③ 내지 ⑦ 생략

부칙 <제14호, 2007.9.10>

제1조 (시행일) 이 규칙은 공포한 날부터 시행한다.

제2조 (교과목 이수에 관한 경과조치) ① 이 규칙 시행 당시 대학 또는 이와 동등 이상의 학교에서 종전의 규정에 따라 관련 교과목을 이수하였거나 이수 중인 자는 별표의 개정규정에 불구하고 다음 각 호의 구분에 따라 별표의 개정규정에 따른 관련 교과목을 이수하였거나 이수 중인 것으로 본다.

1. 전공과목 중 (여)성과 가족을 이수하였거나 이수 중인 경우에는 별표의 개정규정에 따른 핵심과목 중 가족과 젠더를 이수하거나 이수 중인 것으로 본다.

2. 전공과목 중 한국가정(족)생활문화를 이수하였거나 이수 중인 경우에는 별표의 개정규정에 따른 핵심과목 중 가족(정)과 문화를 이수하거나 이수 중인 것으로 본다.

3. 전공과목 중 가족복지실천기술론을 이수하였거나 이수 중인 경우에는 별표의 개정규정에 따른 핵심과목 하나를 이수하였거나 이수 중인 것으로 본다.

4. 기초이론 중 여성학이론을 이수하였거나 이수 중인 경우에는 별표의 개정규정에 따른 기초이론 중 여성주의이론을 이수하였거나 이수 중인 것으로 본다.

5. 기초이론 중 공공가정경영론을 이수하였거나 이수 중인 경우에는 별표의 개정규정에 따른 기초이론 하나를 이수하였거나 이수 중인 것으로 본다.

6. 상담·교육 등 실제 중 여성학방법론을 이수하였거나 이수 중인 경우에는 별표의 개정규정에 따른 상담·교육 등 실제 하나를 이수하였거나 이수 중인 것으로 본다.

② 이 규칙 시행 당시 종전의 규정에 따라 12과목 이상 36학점(대학원의 경우 8과목 이상 24학점)으로 관련 교과목을 이수한 자는 별표의 개정규정에 따라 관련 교과목을 이수한 것으로 본다.

부칙 (보건복지가족부와 그 소속기관 직제 시행규칙) <제1호, 2008.3.3>

제1조 (시행일) 이 규칙은 공포한 날부터 시행한다.

제2조 생략

제3조 (다른 법령의 개정) ① 및 ② 생략
③ 건강가정기본법 시행규칙 일부를 다음과 같이 개정한다.

제2조제1항·제2항제9호 및 제3항, 제3조제2항, 제4조 중 '여성가족부장관'을 각각 '보건복지가족부장관'으로 한다.

④부터 <94>까지 생략

7. 사회복지사업법과 정책

사회복지사업은 복지를 근간으로 하는 사업을 통하여 지역과 국가가 발전하며 복지국가를 이룩하는 데 중요한 매개체가 된다고 할 수 있다. 그러므로 바람직한 사회복지 사업이 되어야 하며, 건전한 복지사업으로 인도하는 데 국가가 큰 역할을 하여야 하며 잘못된 복지시설과 사업은 정비해 나아가야 한다. 이에 대한 법령을 보면 다음과 같이 기술할 수 있다.

사회복지사업법 시행령

[일부개정 2008.10.28 대통령령 제21093호]

제1조 (목적) 이 영은 「사회복지사업법」에서 위임된 사항과 그 시행에 필요한 사항을 규정함을 목적으로 한다. <개정 2008.10.28>

제1조의2 (사회복지업무의 전자적 처리) ① 「사회복지사업법」(이하 '법'이라 한다) 제6조의2제1항에 따라 시장·군수·구청장(자치구의 구청장을 말한다. 이하 같다)은 관할 시·군·구(자치구를 말한다. 이하 같다)의 복지행정시스템과 보건복지가족부장관이 보급한 사회복지시설의 정보시스템이 전자적으로 연계될 수 있도록 하여야 한다. ② 법 제6조의2제2항에 따라 사회복지법인의 대표이사 및 사회복지시설의 장은 보건복지가족부장관이 보급한 사회복지시설의 정보시스템을 우선적으로 이용하여 사회복지업무의 전자화 시책에 협력하여야 한다.

[전문개정 2008.10.28]

제2조 (사회복지사의 등급별 자격기준 등) ① 법 제11조제2항의 규정에 의한 사회복지사의 등급별 자격기준은 별표 1과 같다. <개정 1999.10.30> ② 사회복지사의 자격증을 교부받고자 하는 자는 사회복지사자격증교부신청서에 보건복지가족부령이 정하는 서류를 첨부하여 보건복지가족부장관에게 제출하여야 한다. <개정 2008.2.29>

제3조 (국가시험의 시행 등) ① 보건복지가족부장관은 법 제12조의 규정에 의한 사회복지사 1급의 국가시험(이하 '시험'이라 한다)을 매년 1

회 이상 실시하여야 한다. <개정 2008.
2.29>

② 보건복지가족부장관은 법 제12조
제1항에 따라 다음 각 호의 어느 하나
에 해당하는 관계전문기관을 시험관리
기관으로 지정하여 시험관리업무를 위
탁한다. <신설 2002.12.26, 2007.10.31,
2008.2.29>

　　1. 시험에 관한 조사·연구 등을 통
하여 시험에 관한 전문적인 능력을
갖춘 비영리법인

　　2. 사회복지에 관한 전문지식과 기
술을 갖춘 비영리법인

　　3. 「한국산업인력공단법」에 따른
한국산업인력공단

③ 시험관리기관의 장은 제1항의 규정
에 의한 시험을 실시하고자 하는 때에
는 미리 보건복지가족부장관의 승인을
얻어 시험일시·시험장소·시험과목·
응시원서의 제출기간 기타 필요한 사
항을 시험일 30일 전까지 공고하여야
한다. <개정 2002.12.26, 2008.2.29>

④ 시험은 필기시험의 방법에 의하여
실시하며, 그 시험과목은 별표 2와 같다.

⑤ 시험의 합격결정에 있어서는 매 과
목 4할 이상, 전 과목 총점의 6할 이상
을 득점한 자를 합격자로 한다.

제4조 (시험의 응시자격 및 시험관리
　　　<개정 2002.12.26>)

① 법 제12조제4항의 규정에 의하여
시험에 응시할 수 있는 자격은 별표 3
과 같다.

② 시험에 응시하고자 하는 자는 시험
관리기관의 장이 정하는 응시원서를
시험관리 기관의 장에게 제출(전자문
서에 의한 제출을 포함한다)하여야 한
다. <신설 2002.12.26, 2007.12.31>

③ 시험관리기관의 장은 시험을 실시
한 때에는 합격자를 결정·발표하고,
그 합격자에 대한 다음 각 호의 사항
을 보건복지가족부장관 및 법 제46조
의 규정에 의한 한국사회복지사협회
(이하 '협회'라 한다)에 통보하여야 한
다. <신설 2002.12.26, 2008.2.29>

　　1. 성명 및 주소

　　2. 시험 합격번호 및 합격 연월일

제5조 (시험위원)

① 시험관리기관의 장은 시험을 실시
하고자 하는 때에는 시험과목별로 전
문지식을 갖춘 자 중에서 시험위원을
위촉한다.

② 제1항의 시험위원에게는 예산의 범
위 안에서 수당과 여비를 지급할 수
있다.

제5조의2 (관계기관 등에의 협조요청)
　　시험관리기관의 장은 시험관리업
　　무의 원활한 수행을 위하여 필요
　　한 경우에는 국가·지방자치단체 또
　　는 관계기관·단체에 대하여 시험

장소 및 시험감독의 지원 등에 필요한 협조를 요청할 수 있다.

[본조신설 2002.12.26]

제6조 (사회복지사의 채용)

① 법 제13조 본문의 규정에 의하여 사회복지법인 또는 사회복지시설을 설치·운영하는 자는 당해 법인 또는 시설에서 다음 각 호에 해당하는 업무에 종사하는 자를 사회복지사로 채용하여야 한다. 다만, 법 제2조제1항 각 호의 법률에서 따로 정하고 있는 경우에는 그에 의한다. <개정 1999.10.30>

　　1. 사회복지프로그램의 개발 및 운영업무

　　2. 시설거주자의 생활지도업무

　　3. 사회복지를 필요로 하는 사람에 대한 상담업무

② 법 제13조 단서에서 '대통령령이 정하는 사회복지시설'이라 함은 다음 각 호의 시설을 말한다. <개정 2004.9.23>

　　1. 노인복지법에 의한 노인여가복지시설(노인복지회관을 제외한다)

　　2. 장애인복지법에 의한 점자도서관과 점서 및 녹음서 출판시설

　　3. 영유아보육법에 의한 보육시설

　　4. 성매매방지및피해자보호등에관한법률 제5조의 규정에 의한 성매매피해자 등을 위한 지원시설 및 동법 제10조의 규정에 의한 성매매피해상담소

5. 정신보건법에 의한 정신질환자 사회복귀시설 및 정신요양시설

6. 성폭력범죄의처벌및피해자보호등에관한법률에 의한 성폭력피해상담소

제6조 (사회복지사의 채용)

① 법 제13조제1항 본문에 따라 사회복지법인 또는 사회복지시설을 설치·운영하는 자는 해당 법인 또는 시설에서 다음 각 호에 해당하는 업무에 종사하는 자를 사회복지사로 채용하여야 한다. 다만, 법 제2조제1호 각 목의 법률에서 따로 정하고 있는 경우에는 그에 의한다. <개정 1999.10.30, 2008.10.28>

　　1. 사회복지프로그램의 개발 및 운영업무

　　2. 시설거주자의 생활지도업무

　　3. 사회복지를 필요로 하는 사람에 대한 상담업무

② 법 제13조제1항 단서에서 '대통령령이 정하는 사회복지시설'이란 다음 각 호의 시설을 말한다. <개정 2008.10.28>

　　1. 「노인복지법」에 따른 노인여가복지시설(노인복지관은 제외한다)

　　2. 「장애인복지법」에 따른 점자도서관과 점자도서 및 음성도서 출판시설

　　3. 「영유아보육법」에 따른 보육시설

　　4. 「성매매방지및피해자보호등에관한법률」 제5조에 따른 성매매피해자 등을 위한 지원시설 및 같은 법

제10조에 따른 성매매피해상담소

5. 「정신보건법」에 따른 정신질환
   자사회복귀시설 및 정신요양시설
6. 「성폭력범죄의처벌및피해자보호등
   에관한법률」에 따른 성폭력피해상담소
   [시행일: 2009.1.1] 제6조

제7조 (사회복지전담공무원의 임용)

① 법 제14조의 규정에 의한 사회복지
전담공무원은 사회복지사의 자격이 있
는 자 중에서 임용하되, 그 임용 등에
관하여는 지방공무원임용령이 정하는
바에 의한다. 다만, 사회복지전담공무
원 중 별정직공무원인 자의 임용 등에
관하여는 당해 지방자치단체의 조례가
정하는 바에 의한다.

② 특별시장·광역시장 또는 도지사(이
하 '시·도지사'라 한다)는 제1항의 규
정에 의하여 사회복지전담공무원을 임
용·배치하는 경우에는 보건복지가족
부령이 정하는 바에 의하여 보건복지
가족부장관에게 그 사실을 보고하여야
한다. <개정 2008.2.29>

제7조의2 (지역사회복지계획의 수립방
         법 및 제출시기)

① 시장·군수·구청장은 법 제15조
의3제1항에 따른 시·군·구의 지역
사회복지계획(이하 '시·군·구복지계
획'이라 한다)을 수립하기 전에 지역주민
의 복지욕구 및 지역 내 복지자원 등에 대

한 자료를 수집하고 이에 필요한 조사를
실시하여야 한다. <개정 2008.10.28>

② 시장·군수·구청장은 제1항에 따
른 복지욕구 및 복지자원의 실태조사
결과에 따라 해당 지역에 필요한 사업
내용을 종합적으로 고려하여 시·군
·구복지계획을 수립하되, 「사회보장
기본법」 제20조에 따른 사회보장증진
을 위한 장기발전방향에 부합되게 하
여야 한다. <개정 2008.10.28>

③ 시장·군수·구청장은 제2항의 규
정에 따라 수립한 시·군·구복지계
획의 주요내용을 20일 이상 공고하여
지역주민의 의견을 수렴하여야 한다.

④ 시장·군수·구청장은 법 제7조의
2제1항의 규정에 의한 지역사회복지협
의체(이하 '지역사회복지협의체'라 한
다)의 심의를 거쳐 확정된 시·군·구
복지계획과 그 연차별 시행계획을 시
행연도의 전년도 6월 말까지 시·도지사
에게 제출(전자문서에 의한 제출을 포함
한다)하여야 한다. <개정 2007.12.31>

⑤ 시·도지사는 제4항의 규정에 따
라 제출받은 시·군·구복지계획을 종
합·조정하여 법 제15조의3제2항의
규정에 의한 시·도의 지역사회복지계
획(이하 '시·도복지계획'이라 한다)을
작성한 후 이를 20일 이상 공고하여
지역주민의 의견을 수렴하여야 한다.

⑥ 시·도지사는 법 제7조제1항의 규
정에 의한 사회복지위원회(이하 '사회

복지위원회'라 한다)의 심의를 거쳐 확정된 시·도복지계획과 그 연차별 시행계획을 시행연도의 전년도 11월 말까지 보건복지가족부장관에게 제출(전자문서에 의한 제출을 포함한다)하여야 한다. <개정 2007.12.31, 2008.2.29>

[본조신설 2004.7.30]

제7조의3 (지역복지계획의 수립시기 및 변경)

① 시·도지사 또는 시장·군수·구청장은 4년마다 시·도복지계획 또는 시·군·구복지계획(이하 '지역복지계획'이라 한다)을 수립하여야 하되, 그 수립연도는 「지역보건법」 제3조제1항에 따른 지역보건의료계획의 수립시기와 일치하도록 하여야 한다. <개정 2008. 10.28>

② 시·도지사 또는 시장·군수·구청장은 지역 내 인구의 급격한 변화 등 예측하지 못한 복지환경의 변화에 따라 지역복지계획을 변경하고자 하는 경우에는 지역주민, 사회복지 및 보건의료관련기관·단체, 전문가의 의견을 들은 후 사회복지위원회 또는 지역사회복지협의체의 심의를 거쳐 이를 변경할 수 있다.

③ 제2항의 규정에 따라 지역복지계획을 변경한 때에는 시·도지사는 보건복지가족부장관에게, 시장·군수·구청장은 시·도지사에게 각각 그 변경내용

을 제출(전자문서에 의한 제출을 포함한다)하여야 한다. <개정 2007.12.31, 2008.2.29>

[본조신설 2004.7.30]

제7조의4 (지역복지계획 시행결과의 평가)

① 보건복지가족부장관 또는 시·도지사는 법 제15조의6의 규정에 따라 지역복지계획의 시행결과를 평가하고자 하는 경우에는 지역복지계획 내용의 충실성, 시행과정의 적정성, 시행결과의 목표달성도, 지역주민의 참여도와 만족도 등을 고려하여 보건복지가족부장관이 정하는 평가기준에 따라 평가하여야 한다. <개정 2008.2.29>

② 제1항의 규정에 따라 지역복지계획의 시행결과를 평가하기 위하여 시장·군수·구청장은 시·군·구복지계획의 시행결과와 연차별 시행계획의 시행결과를 시행연도 다음 해 2월 말까지 시·도지사에게, 시·도지사는 시·도복지계획의 시행결과와 연차별 시행계획의 시행결과를 시행연도 다음 해 3월 말까지 보건복지가족부장관에게 각각 제출(전자문서에 의한 제출을 포함한다)하여야 한다. <개정 2007.12.31, 2008.2.29>

③ 보건복지가족부장관 및 시·도지사는 제1항의 규정에 따라 지역복지계획의 시행결과를 평가한 때에는 그 결과를 공표할 수 있다. <개정 2008.2.29>

[본조신설 2004.7.30]

제8조 (사회복지법인의 설립허가신청 등 <개정 2004.7.30>)

① 법 제16조의 규정에 따라 사회복지법인의 설립허가를 받고자 하는 자는 법인설립허가신청서에 보건복지가족부령이 정하는 서류를 첨부하여 사회복지법인의 주된 사무소의 소재지를 관할하는 시장·군수·구청장 및 시·도지사를 거쳐 보건복지가족부장관에게 제출(전자문서에 의한 제출을 포함한다)하여야 한다. <개정 2004.7.30, 2007.12.31, 2008.2.29>

② 제1항의 규정에 의한 경유기관이 법인설립허가신청서를 받은 때에는 자산에 관한 실지조사의 결과와 사회복지법인설립의 필요성에 관한 검토의견을 첨부하여 보건복지가족부장관에게 송부(전자문서에 의한 송부를 포함한다)하여야 한다. <개정 1999.10.30, 2004.7.30, 2007.12.31, 2008.2.29>

제9조 (특별한 관계에 있는 자의 범위)

① 법 제18조제2항에서 '대통령령이 정하는 특별한 관계에 있는 자'라 함은 다음 각 호의 자를 말한다.

1. 출연자

2. 출연자 또는 이사와 다음 각목의 1에 해당하는 친족. 다만, 출연자 또는 이사가 출가녀인 경우에는 남편과의 관계에 의한다.

가. 6촌 이내의 부계혈족과 4촌 이내의 부계혈족의 처

나. 3촌 이내의 부계혈족의 남편 및 자녀

다. 3촌 이내의 모계혈족과 그 배우자 및 자녀

라. 처의 3촌 이내의 부계혈족 및 그 배우자

마. 배우자(사실상 혼인관계에 있는 자를 포함한다)

바. 입양자의 생가의 직계존속

사. 출양자 및 그 배우자와 출양자의 양가의 직계비속

아. 혼인 외의 출생자의 생모

자. 2촌 이내의 부계혈족의 배우자의 2촌 이내의 부계혈족

3. 출연자 또는 이사의 사용인 그 밖에 고용관계에 있는 자(출연자 또는 이사가 출자에 의하여 사실상 지배하고 있는 법인의 사용인 그 밖에 고용관계에 있는 자를 포함한다)

4. 출연자 또는 이사의 금전 그 밖의 재산에 의하여 생계를 유지하는 자 및 그와 생계를 함께하는 자

5. 출연자 또는 이사가 재산을 출연한 다른 법인의 이사

② 제1항제3호에서 '출자에 의하여 사실상 지배하고 있는 법인'이라 함은 법인이 다음 각 호의 1에 해당하는 것

을 말한다.

　　1. 법인의 발행주식총액 또는 출자
총액의 100분의 30 이상을 출자자
1인과 그와 제1항제2호ㆍ제4호 및
사용인 그 밖에 고용관계에 있는
자(이하 이 항에서 '지배주주'라 한
다)가 소유하고 있는 경우

　　2. 법인의 발행주식총액 또는 출자
총액의 100분의 50 이상을 제1호
의 법인과 그의 지배주주가 소유하
고 있는 경우

　　3. 법인의 발행주식총액 또는 출자
총액의 100분의 50 이상을 제1호
의 법인과 그의 지배주주 및 제2호
의 법인이 소유하고 있는 경우

　[전문개정 2004.7.30]

제10조 (감사의 추천) 법 제18조제6항
의 규정에 의하여 보건복지가족부
장관이 감사 1인을 추천하고자 하
는 경우에는 해당 사회복지법인이
업무와 재산관리에 있어서 위법
또는 부당하여 정상적인 업무수행
이 곤란하다고 판단되는 때에 한
하여 이를 행할 수 있으며, 그 뜻
을 당해 사회복지법인에게 서면으
로 통지(해당 사회복지법인이 원하
는 경우에는 전자문서에 의한 통지
를 포함한다)하여야 한다. ＜개정
1999.10.30, 2004.7.30, 2007.12.31,
2008.2.29＞

제10조의2 (이사와 특별한 관계에 있는
자의 범위) 법 제27조제2항 단서
에서 '대통령령이 정하는 특별한
관계가 있는 자'라 함은 이사와 제
9조제1항제2호 내지 제5호의 관계
가 있는 자를 말한다.

　[본조신설 2004.7.30]

제11조 (사회복지법인의 합병 ＜개정 2004.
7.30＞)

① 법 제30조의 규정에 의하여 사회복
지법인의 합병허가를 받고자 하는 때
에는 법인합병허가신청서에 합병 후
존속하는 사회복지법인 또는 합병에
의하여 설립되는 사회복지법인의 정관
과 보건복지가족부령이 정하는 서류를
첨부하여 보건복지가족부장관에게 제출
(전자문서에 의한 제출을 포함한다)하여
야 한다. ＜개정 1999.10.30, 2004.7.30,
2007.12.31, 2008.2.29＞

② 합병에 의하여 사회복지법인을 새
로이 설립하고자 하는 경우에는 관계
사회복지법인이 각각 5인씩 지명하는
설립위원이 정관의 작성 등 사회복지
법인설립에 관한 사무를 공동으로 행
하여야 한다. ＜개정 2004.7.30＞

제12조 (한국사회복지협의회 등의 업무)
① 법 제33조제1항의 규정에 의한 한
국사회복지협의회(이하 '중앙협의회'라
한다)는 다음 각 호의 업무를 행한다.

<개정 2008.2.29>

1. 사회복지에 관한 조사연구 및 정책건의

2. 사회복지에 관한 교육훈련

3. 사회복지에 관한 자료수집 및 간행물 발간

4. 사회복지에 관한 계몽 및 홍보

5. 자원봉사활동의 진흥

6. 사회복지사업에 종사하는 자의 교육훈련과 복지증진

7. 사회복지에 관한 학술도입과 국제사회복지단체와의 교류

8. 보건복지가족부장관이 위탁하는 사회복지에 관한 업무

9. 기타 중앙협의회의 목적달성에 필요하여 정관으로 정하는 사항

② 법 제33조제1항의 규정에 의한 시·도사회복지협의회(이하 '시·도협의회'라 한다)는 당해 지역 안에서 다음 각 호의 업무를 행한다. <개정 2004.7.30>

1. 제1항제1호 내지 제7호의 사업

2. 시·도지사 또는 중앙협의회가 위탁하는 업무

3. 그 밖에 시·도협의회의 목적달성에 필요하여 정관으로 정하는 사항

③ 법 제33조제1항의 규정에 의한 시·군·구사회복지협의회(이하 '시·군·구협의회'라 한다)는 당해 지역 안에서 다음 각 호의 업무를 행한다. <신설 2004.7.30>

1. 제1항제1호 내지 제7호의 사업

2. 시·도지사, 시장·군수·구청장, 중앙협의회 또는 시·도협의회가 위탁하는 업무

3. 그 밖에 시·군·구협의회의 목적달성에 필요하여 정관으로 정하는 사항

제13조 (중앙협의회 등의 회원)

① 다음 각 호의 1에 해당하는 자는 중앙협의회의 회원이 될 수 있다. <개정 2004.7.30>

1. 시·도협의회의 장

2. 사회복지법인 및 사회복지사업과 관련 있는 비영리법인의 대표자

3. 경제계·언론계·종교계·법조계·문화계·교육계 및 보건의료계 등을 대표하는 자

4. 기타 사회복지사업수행에 필요하다고 인정되어 중앙협의회의 장이 추천하는 자

② 다음 각 호의 1에 해당하는 자는 시·도협의회의 회원이 될 수 있다. <개정 2004.7.30>

1. 시·군·구협의회의 장

2. 당해 지역에 주된 사무소가 있는 사회복지법인 및 사회복지사업과 관련 있는 비영리법인의 대표자

3. 당해 지역의 경제계·언론계·종교계·법조계·문화계·교육계 및 보건의료계 등을 대표하는 자

4. 그 밖에 지역사회의 복지발전을 위하여 시·도협의회의 장이 추천하는 자

③ 다음 각 호의 1에 해당하는 자는 시·군·구협의회의 회원이 될 수 있다. <신설 2004.7.30>

1. 당해 지역에 주된 사무소가 있는 사회복지법인 및 사회복지사업과 관련 있는 비영리법인의 임직원

2. 당해 지역에 주된 사무소가 있는 사회복지시설의 종사자

3. 당해 지역의 경제계·언론계·종교계·법조계·문화계·교육계 및 보건의료계 등에 종사하는 자

4. 그 밖에 지역사회의 복지발전을 위하여 시·군·구협의회의 장이 추천하는 자

제14조 (임원)

① 중앙협의회, 시·도협의회 및 시·군·구협의회(이하 '각 협의회'라 한다)는 임원으로 대표이사 1인을 포함한 15인 이상 30인 이하(시·군·구협의회의 경우에는 10인 이상 30인 이하)의 이사와 감사 2인을 둔다. <개정 2004.7.30>

② 이사와 감사의 임기는 3년으로 하되, 각각 연임할 수 있다.

③ 임원의 선출방법과 그 자격요건에 관하여 필요한 사항은 정관으로 정한다.

제15조 (이사회)

① 각 협의회에 이사로 구성되는 이사회를 둔다.

② 이사회는 정관이 정하는 바에 따라 각 협의회의 업무에 관한 중요사항을 심의·의결한다.

③ 대표이사는 이사회를 소집하고, 그 의장이 된다.

④ 감사는 이사회에 출석하여 의견을 진술할 수 있다.

⑤ 이사회의 운영에 관하여 필요한 사항은 정관으로 정한다.

제16조 삭제 <1999.10.30>

제17조 (각 협의회의 운영경비) 각 협의회의 운영경비는 회원의 회비, 국가 및 지방자치단체의 보조금, 사업수입 및 기타 수입으로 충당한다.

제18조 (상호협조) 각 협의회는 원활한 업무추진을 위하여 상호협조하여야 한다.

제18조의2 (보험가입의무) 법 제34조의2제3항의 규정에 의한 손해책임보험에 가입하여야 할 사회복지시설의 범위는 다음 각 호와 같다. <개정 2004.7.30>

1. 다음 각목의 사회복지시설 중 시설거주자를 보호하기 위한 사회복지시설

가. 법 제2조제1항 각 호의 법령에 의한 사회복지시설

나. 법 제34조제4항의 규정에 의한 사회복지시설

2. 결핵 및 한센병 요양시설

[본조신설 2000.7.10]

제18조의3 (시설의 안전점검 등)
① 법 제34조의3의 규정에 의한 안전점검을 받아야 하는 사회복지시설의 범위는 다음 각 호와 같다. <개정 2004.7.30>

　　1. 법 제2조제1항 각 호의 법령에 의한 사회복지시설

　　2. 법 제34조제4항의 규정에 의한 사회복지시설

　　3. 결핵 및 한센병 요양시설

② 제1항의 규정에 의한 사회복지시설(이하 이 조에서 '시설'이라 한다)의 장은 반기마다 보건복지가족부장관이 정하는 바에 따라 정기안전점검을 실시하여야 한다. <개정 2008.2.29>

③ 시설의 장은 제2항에 따른 정기안전점검 결과 해당 시설의 구조·설비의 안전도가 취약하여 위해의 우려가 있는 때에는 다음 각 호의 어느 하나에 해당하는 안전점검기관에 「시설물의안전관리에관한특별법」 제13조에 따른 안전점검및정밀안전진단지침에 따라 수시안전점검을 실시하도록 하여야 한다. <개정 2008.10.28>

　　1. 「시설물의안전관리에관한특별법」

제9조에 따라 등록한 안전진단전문기관

2. 「건설산업기본법」 제9조에 따라 등록한 시설물의 유지관리를 업으로 하는 건설업자

[본조신설 2000.7.10]

제19조 (수용인원 300명 초과시설) 법 제41조 단서에 따라 수용인원 300명을 초과할 수 있는 사회복지시설은 다음 각 호의 어느 하나에 해당하는 시설로 한다.

1. 「노인복지법」 제32조에 따른 노인주거복지시설 중 양로시설과 노인복지주택

2. 「노인복지법」 제34조에 따른 노인의료복지시설 중 노인요양시설

[전문개정 2008.10.28]

제20조 (보조금 등) 법 제42조제1항에서 '대통령령이 정하는 자'라 함은 다음 각 호의 1에 해당하는 자를 말한다.

1. 사회복지법인

2. 사회복지사업을 수행하는 비영리법인

3. 사회복지시설 보호대상자를 수용하거나 보육·상담 및 자립지원을 하기 위하여 사회복지시설을 설치·운영하는 개인

제21조 (비용의 징수)
① 법 제44조제1항에 따라 비용을 징

수하고자 하는 때에는 그 산출근거를
명시하여 서면으로 통지하여야 한다.
다만, 그 혜택을 받은 본인이 「국민기
초생활보장법」에 따른 수급자인 경우
에는 그 비용을 징수하지 아니한다.
<개정 2004.7.30, 2008.10.28>

② 제1항의 규정에 의한 비용의 징수
방법 및 절차 등에 관하여 필요한 사
항은 보건복지가족부령으로 정한다.
<개정 2008.2.29>

제22조 (한국사회복지사협회의 업무)
협회는 다음 각 호의 업무를 행한
다. <개정 2002.12.26, 2008.2.29>

1. 사회복지사에 대한 전문지식 및
기술의 개발·보급

2. 사회복지사의 전문성 향상을 위
한 교육훈련

3. 사회복지사제도에 대한 조사연
구·학술대회개최 및 홍보·출판
사업

4. 국제사회복지사단체와의 교류·
협력

5. 보건복지가족부장관이 위탁하는
사회복지사업에 관한 업무

6. 기타 협회의 목적달성에 필요한
사항

제23조 (협회의 회원) 협회의 회원은
사회복지사 자격증을 교부받은 자
로 한다.

제24조 (준용규정) 제14조 내지 제17조
의 규정은 협회에 관하여 이를 준
용한다. 이 경우 '각 협의회'는 이
를 '협회'로 본다.

제25조 (권한의 위임·위탁)

① 법 제52조제1항에 따라 보건복지
가족부장관은 사회복지법인에 관한 권
한 중 다음 각 호의 권한을 해당 사회
복지법인의 주된 사무소의 소재지를
관할하는 시·도지사에게 위임한다. 다
만, 중앙협의회 및 「사회복지공동모금
회법」 제4조에 따른 사회복지공동모금
회에 관한 권한을 제외한다. <개정
2004.7.30, 2008.2.29, 2008.10.28>

1. 법 제16조제1항의 규정에 의한
사회복지법인의 설립허가

2. 법 제17조제2항 본문의 규정에
의한 사회복지법인의 정관변경 인가

3. 법 제18조제5항의 규정에 의한
임원 임면보고의 접수

4. 법 제18조제6항의 규정에 의한
감사의 추천

5. 법 제20조제2항의 규정에 의한 임
시이사의 선임

6. 법 제22조의 규정에 의한 임원
의 해임명령

7. 법 제23조제3항 본문의 규정에
의한 기본재산의 처분 등에 관한
허가

8. 법 제24조의 규정에 의한 재산

취득보고의 접수

9. 법 제26조의 규정에 의한 시정명령 또는 사회복지법인 설립허가의 취소

10. 법 제30조제1항의 규정에 의한 사회복지법인 합병의 허가(주사무소가 서로 다른 시·도에 소재한 사회복지법인간의 합병을 제외한다)

② 법 제52조제2항의 규정에 의하여 보건복지가족부장관의 업무 중 법 제9조의 규정에 의한 자원봉사활동의 지원·육성에 관한 업무는 중앙협의회에, 법 제11조의 규정에 의한 사회복지사자격증의 교부업무는 협회에 위탁한다. <개정 1999.10.30, 2004.7.30, 2008.2.29>

③ 법 제52조제2항의 규정에 의하여 보건복지가족부장관은 다음 각 호의 업무를 정부가 설립·운영비용의 일부를 출연한 비영리법인으로서 사회복지지도·훈련 또는 시설평가에 관한 전문적인 능력을 갖춘 전문기관에 위탁할 수 있다. <신설 2004.7.30, 2008.2.29>

1. 법 제10조의 규정에 의한 사회복지사업종사자에 대한 지도·훈련업무

2. 법 제43조제1항의 규정에 의한 사회복지시설에 대한 평가업무

제26조 (과태료의 부과·징수) 법 제58조에 따른 과태료의 부과기준은 별표 4와 같다.

[전문개정 2008.10.28]

부칙 <제15839호, 1998.7.16>

제1조 (시행일) 이 영은 공포한 날부터 시행한다. 다만, 제3조 내지 제5조, 별표 2 및 별표 3의 개정규정은 2003년 1월 1일부터 시행한다.

제2조 (사회복지사의 자격기준에 관한 특례 등)

① 제2조제1항 및 별표 1의 개정규정에 불구하고 2002년 12월 31일까지의 사회복지사의 등급별 자격기준은 별표 1의2와 같다.

② 이 영 시행 당시 고등교육법에 의한 대학원에서 사회복지학 또는 사회사업학을 전공하고 있는 자에 대하여는 별표 1의2의 사회복지사 1급란의 가목 단서의 규정에 불구하고 2002년 12월 31일까지는 종전의 규정에 의한다. <개정 1999.10.30>

③ 이 영 시행 당시 종전의 별표 사회복지사 2급란의 제1호 및 동표 사회복지사 3급란의 제1호에 해당하는 자는 2002년 12월 31일까지는 별표 1의2의 사회복지사 1급란의 다목 및 동표의 사회복지사 2급란의 가목에 각각 해당하는 것으로 본다.<개정 1999.10.30>

제3조 (사회복지사의 채용에 관한 경과조치) 이 영 시행 당시 사회복지법

인 또는 사회복지시설을 설치·운영하는 자가 사회복지사가 아닌 자로 하여금 제6조제1항 각 호의 1에 해당하는 업무에 종사하게 한 경우에는 이 영 공포일부터 3년 이내에 사회복지사를 채용하여 그 업무에 종사하게 하여야 한다.

제4조 (사회복지사자격증의 교부업무에 관한 특례) 중앙협의회는 제25조제2항의 개정규정에 불구하고 1998년 12월 31일까지 사회복지사자격증의 교부업무를 행한다.

제5조 (한국사회복지협의회 임원의 임기에 관한 경과조치) 이 영 시행 당시 한국사회복지협의회의 임원의 임기는 종전의 규정에 불구하고 법 부칙 제5조의 규정에 의하여 변경인가받은 정관에 따라 구성된 총회에서 선출된 임원에 대하여 등기한 날까지로 한다.

부칙 <제16589호, 1999.10.30>

이 영은 1999년 11월 1일부터 시행한다.

부칙 <제16903호, 2000.7.10>

이 영은 2000년 7월 13일부터 시행한다. 다만, 제18조의2 및 별표

4 제4호의 개정규정은 2003년 1월 13일부터 시행한다.

부칙 <제17814호, 2002.12.26>

이 영은 공포한 날부터 시행한다. 다만 별표 1 및 별표 3의 개정규정은 2003년 1월 1일부터 시행한다.

부칙 <제18501호, 2004.7.30>

제1조 (시행일) 이 영은 2004년 7월 31일부터 시행한다. 다만, 제7조의2 내지 제7조의4의 개정규정은 2005년 7월 31일부터 시행한다.

제2조 (특별한 관계에 있는 자의 범위에 관한 경과조치) 이 영 시행 당시 종전의 규정에 따라 구성된 사회복지법인의 이사회에 대하여는 제9조의 개정규정에 불구하고 종전의 규정에 의한다.

제3조 (권한의 위임 및 위탁에 따른 경과조치)

① 이 영 시행 당시 종전의 규정에 따라 보건복지부장관이 사회복지법인에 대하여 행한 허가 및 인가는 제25조제1항의 개정규정에 따라 시·도지사가 행한 것으로 본다.

② 이 영 시행 당시 보건복지부장관에게 신청 중인 사회복지법인 설립의 허

가신청 및 정관변경의 인가신청 등은 제25조제1항의 개정규정에 따라 시·도지사에게 신청한 것으로 본다.

③ 이 영 시행 당시 종전의 규정에 따라 사회복지사업종사자에 대한 지도·훈련업무를 위탁받은 자는 제25조제3항의 개정규정에 따라 위탁받은 것으로 본다.

제4조 (과태료에 관한 경과조치) 이 영 시행 전의 행위에 대한 과태료의 적용에 있어서는 종전의 규정에 의한다.

제5조 (사회복지사 자격기준 및 응시자격에 관한 특례) 이 영 시행 당시 고등교육법에 의한 대학원에서 사회복지학 또는 사회사업학을 전공하고 있는 자에 대하여는 별표 1 및 별표 3의 개정규정에 불구하고 종전의 규정에 의한다.

부칙 (성매매방지및피해자보호등에관한법률 시행령) <제18553호, 2004.9.23>

① (시행일) 이 영은 2004년 9월 23일부터 시행한다.

② (다른 법령의 개정) 사회복지사업법 시행령 중 다음과 같이 개정한다.
제6조제2항제4호를 다음과 같이 한다.
   4. 성매매방지및피해자보호등에관한법률 제5조의 규정에 의한 성매매

피해자등을 위한 지원시설 및 동법 제10조의 규정에 의한 성매매피해상담소

③ 생략

부칙 <제20356호, 2007.10.31>

이 영은 공포한 날부터 시행한다.

부칙 (전자적 업무처리의 활성화를 위한 국유재산법 시행령 등 일부개정령) <제20506호, 2007.12.31>

이 영은 공포한 날부터 시행한다.

부칙 (보건복지가족부와 그 소속기관 직제) <제20679호, 2008.2.29>

제1조 (시행일) 이 영은 공포한 날부터 시행한다.

제2조부터 제8조까지 생략

제9조 (다른 법령의 개정) ①부터 <31>까지 생략
   <32> 사회복지사업법 시행령 일부를 다음과 같이 개정한다.
   제2조제2항, 제7조제2항, 제8조제1항, 제11조제1항, 제21조제2항, 제26조제4항, 별표 1의 사회복지사 2급란 가목 단서·나목부터 마목까지, 별표 1의2의 사회복지사 1급란

가목 단서·나목 및 다목·사회복지사 2급란 가목 및 나목, 별표 3 제1호 단서·제2호 및 제3호 중 '보건복지부령'을 각각 '보건복지가족부령'으로 한다.

제2조제2항, 제3조제1항·제2항 각 호 외의 부분 및 제3항, 제4조제3항 각 호 외의 부분, 제7조제2항, 제7조의2제6항, 제7조의3제3항, 제7조의4제1항부터 제3항까지, 제8조제1항 및 제2항, 제10조, 제11조제1항, 제12조제1항제8호, 제18조의3제2항, 제22조제5호, 제25조제1항 각 호 외의 부분 본문·제2항 및 제3항 각 호 외의 부분,

제26조제2항 전단 및 제3항, 별표 1의 사회복지사 2급란 바목·사회복지사 3급란 가목부터 라목까지 및 비고란, 별표 1의2의 사회복지사 2급란 다목·사회복지사 3급란 가목부터 라목까지 및 비고란, 별표 3 제4호, 별표 4의 비고란 중 '보건복지부장관'을 각각 '보건복지가족부장관'으로 한다.

<33>부터 <80>까지 생략

부칙 <제21093호, 2008.10.28>

이 영은 공포한 날부터 시행한다. 다만, 제6조 및 별표 4의 개정규정은 2009년 1월 1일부터 시행한다.

VI

바람직한 복지정책

바람직한 복지국가와 복지기구를 만드는 것이 중요하며, 이를 위해 모든 학계와 정치가들이 힘을 합쳐야 할 것이다. 앞으로의 복지국가는 글로벌하며 지구촌적인 복지 기구의 활동이 예상된다. 그리하여 어느 나라에서든지 동일하게 복지 혜택과 서비스를 받는 시기가 올 것이다. 지금의 환경운동이 글로벌 운동으로서 세계 각국에서 동일하게 움직이고 네트워킹되어 움직이는 것처럼, 복지정책들도 글로벌화가 되어, 한국에서 서비스 받는 복지활동이, 카드 하나로 전산입력되어 미국, 프랑스, 독일, 일본, 방글라데시 등 어느 나라에서든지 동일하게 혜택을 받게 될 것이다. 이것이 복지 기구의 활동인 것이다.

① 지구촌 역사성과 주체성을 높이는 글로벌 국가 완성
② 지구촌에 살고 있는 동일한 인간이라는 데서의 자부심
③ 정체성을 유지하면서 모든 민족과 화합하는 열린 민족주의 구현

◎ 정의로운 복지국가
① 세계 모든 국민이 삶의 질을 골고루 향상시키고 사회 생활에 공정한 기회 균등과 형평성 보장
② 불공정한 분배나 상대적 빈곤에 따른 계층 간의 갈등 해소
③ 시장 기구의 작동과 공정한 분배와 공익을 강화하는 공동체적 시장 경제 활성화
→ 시장 경제에 바탕을 두고 생산성과 경제력 향상, 민주적 합의를 형성, 성원들의 적극적 참여 보장

◎ 풍요로운 문화 국가
■ 문화 전통을 계승 발전, 세계에서 공통의 분모수를 찾고 함께 봉사하

며, 도움을 주는 문화적 정체성과 이질성을 극복

복지 마인드가 협의의 마인드에서 광의의 마인드로의 전환이 되며, 함께 상생하는 길을 찾게 될 것이며, 인종차별, 학력차별, 연령차별, 신분차별을 극복하며 상생할 수 있는 새로운 이념으로서 복지 마인드가 역할을 할 것이다. 과거에는 공산주의, 사회주의, 전체주의, 민주주의 등으로 사상의 맥을 갈라 움직였다면, 앞으로의 미래는 복지 마인드로 세계가 한 마음으로 움직이는 지구촌 복지가 이루어질 것이다. 그것을 위하여 복지 기구의 조속한 창설을 희망한다. 이것을 다른 말로 표현하면 글로벌월드 체인이라고 할 것이다. 체인 줄로 세계가 하나 되고 묶이는 역할을 통하여 세계가 잘 돌아가는 역할이 될 수 있기 때문이다.

바람직한 복지정책은 한마디로 현장감 있으면서 실효성 있는 복지정책인 것이다. 아무리 좋은 이론과 정책일지라도 그 실효성이 없거나, 탁상행정으로서 현장감이 없으면 안 된다. 그러므로 신의성실에 입각한 실천적 복지정책이어야 할 것이다. 이것이 국가를 발전시키며, 지역사회를 풍요롭게 만드는 원동력이 될 것이다.

[참고문헌]

강민 外.「국가와 공공정책」. 서울: 법문사, 1993.
김동현 外編.「행정학사전」. 서울: 고시원, 1993.
김번웅 外.「현대한국행정론」. 서울: 박영사, 1991.
김영식.「행정학」. 서울: 대명출판사, 1994.
김영평 編,「행정개혁의 신화와 논리」. 서울: 나남출판, 1994.
박동서.「한국정부론」. 서울: 법문사, 1991.
박동서 外.「발전행정론」. 서울: 법문사, 1992.

서울대학교 행정대학원 編, 「행정조직개혁」. 서울: 장원출판사, 1993.

성균관대학교 사회과학연구소 編, 「행정학개론」. 서울: 대영문화사, 1990.

안병만. 「한국정부론」. 서울: 다산출판사, 1994.

유봉영. 「한국지방자치의 발전정책론」. 서울: 녹원출판사, 1991.

윤재풍 譯. 「관료제와 민주주의」. 서울: 대영문화사, 1991.

21세기위원회. 「2020년의 한국과 세계」. 서울: 동아일보사, 1992.

정세욱. 「지방행정론」. 서울: 법문사, 1993.

최병선. 「정부규제론」. 서울: 법문사, 1994.

한원택. 「도시.지방행정론」. 서울: 법문사, 1993.

한만봉. 「행정복지론」. 서울: 한국학술정보(주), 2007.

한만봉. 「행정정책기획론」. 서울: 한국학술정보(주), 2007.

한만봉. 「인사행정론」. 서울: 한국학술정보(주), 2007.

한만봉. 「교육정책학」. 서울: 한국학술정보(주), 2007.

한만봉. 「사회복지행정론」. 서울: 한국학술정보(주), 2008.

한만봉, 「행정학」. 서울: 한국학술정보(주), 2008.

한만봉, 「멘토」. 서울: 한국학술정보(주), 2008.

저자 한만봉 Han Man Bong

■ 약 력

1994. U.S.A. Midwest University (M.Div)
2002. 고려대학교 (교육정책학 석사 - 수석장학생)
2005. 성균관대학교 대학원 박사Cand (교육행정학 전공)

1991. 한국세무신문사 전문취재부 기자
1995. 한국어린이선교원신학교 캠퍼스 분교장
2002. 고려교육정책학회 상임회장(학진 학회검색 가능)
2002. 몬테쏘리학회 상임회장(학진 학회검색 가능)
2002. 고구려대학교 설립추진위원회 법인이사
2003. 한주신학 학술원 설립이사(신학원 교수)
2003. U.S.A. Glenford University 교육학과 교수 역임
2004. U.S.A. Cohen University 정책학과 외래교수
2004. 한국복지상담학술재단 이사 겸 홍보처장
2005. U.S.A Holy People University Campus 유학담당 지도교수
2005. PHILIPPINE PRESBYTERIAN THEOLOGICAL COLLEGE 객원교수
2005. 대통령직속기관 사법개혁추진위원회 모의재판 배우활동(광주법원, 서울공연)
2005. 혜전대학 adjunct professor 역임
2006. 고위직 직무교육 콘텐츠 연기자 활동(기아, 현대, 대우 자동차)
2006. 장애인복지시설, 행복한재단 이사 활동
2008. 혜전대학 초빙교수
2008. 지방분권신문사 사장(대표이사)
2008. 중부권발전연구소 소장

■ 주요논문

우리나라의 복지행정제도에 관한 고찰 연구(1988)
Kal Barth의 신관 연구(1988)
한국 민중문화와 민중 신학 연구(1992)
Rein hold Niebuhr & Marx에 대한 상관관계 연구(1993)
A CHRONOLOGICAL HARMONY OF THE RESURRECTION
    APPEARANCES OF JESUS THE MESSIAH(1994)
북한종교의 변화 전망 연구(2002)
교육위원회와 지방의회 간의 갈등 현상에 관한 연구(2001)
조선조 과거시험 방식의 정책적 분석(공동, 2005)
조선의 과거제도에 대한 정책적 연구(공동, 2005)
조선왕조 과거제도 인사정책 연구(공동, 2005)
조선왕조 과거시험주기 정책적 주장 분석연구(공동, 2005)
조선왕조 과거제도가 현대 정책에 주는 의미(공동, 2005)
과거제도 시험주기의 정책 분석연구(공동, 2005)
북한 종교지형 변천 정책 분석연구(공동, 2005)

■ 주요저서

『대학생활영어』(공저)
『행정경제교육』(저술)   『행정정책기획론』(저술)
『의원학』(저술)   『국회의원학』(저술)
『교육정책학·상』(저술)   『교육정책학·하』(저술)
『산학협동교육학』(저술)   『현대교육학실기론』(저술)
『현대환경행정론』(공저)   『행정사무관리론』(공저)
『영재교육심리』(저술)   『인사행정학』(저술)

『행정복지론』(저술)　　　　『조직신학』(공저)
『아다르마 성공비법』(저술)　『동양환경행정』(저술)
『교육학과 비서행정』(저술)　『7만교인 교육론』(저술)
『지방자치발전론』(저술)　　『CEO 지도자론』(공저)
『NGO 행정론』(공저)　　　『경영행정학』(저)
『직업과경제』(저)　　　　　『실기교육방법론』(저)
『전산실무』(저)　　　　　　『사회복지행정론』(공저)
『대박마케팅』(공저)　　　　『행정학』(저)
『멘토』(저)　　　　　　　　『모세오경의 교육론』(공저)
『사회복지정책』(공저)　　　『브랜드 지역발전론』(저)

　　　　　　　　　　　　　　　　　　　　　　외 다수

·연락처·
doctor@skku.edu
010 - 4432 - 8561, 041 - 633 - 8561, 633 - 5741, 631 - 2094

저자 이필호(李弼鎬) Lee PiL Ho

▋약 력
건국대학교 행정학과 (행정학사)
건국대학교 행정대학원 (행정학석사)
선문대학교 일반대학원 박사 Cand (행정학전공)

국토연구원 토지·주택연구실 연구원 역임
한국지방공기업학회 간사 역임
선문대학교 21세기지역발전연구소 연구원 역임
현, 대진대학교, 선문대학교, 혜전대학 출강

▋주요논문
율곡의 행정개혁사상에 관한 연구
용인시 서북부지역 종합계획수립 연구(공동)
토공과 주공의 통합방안 연구(공동)
대전광역시 새주소 부여체계에 관한 연구(공동)
고속도로접도구역 지정범위조정 및 매수 청구제도(공동)

▋저 술
『NGO 행정론』, 한국학술정보(주)(공저)
『CEO 지도자』, 한국학술정보(주)(공저)
『대박마케팅』, 한국학술정보(주)(공저)
『사회복지정책』, 한국학술정보(주)(공저)
외 다수

꼭 알아야 할 사회복지
사회복지정책
Social welfare policy

초판인쇄 | 2009년 2월 27일
초판발행 | 2009년 2월 27일

지은이 | 한만봉·이필호
펴낸이 | 채종준
펴낸곳 | 한국학술정보㈜
주 소 | 경기도 파주시 교하읍 문발리 513-5 파주출판문화정보산업단지
전 화 | 031) 908-3181(대표)
팩 스 | 031) 908-3189
홈페이지 | http://www.kstudy.com
E-mail | 출판사업부 publish@kstudy.com

등 록 | 제일산-115호(2000. 6. 19)
가 격 | 39,000원

ISBN   978-89-534-1212-5 93330 (Paper Book)
       978-89-534-1213-2 98330 (e-Book)